JN395008

NCC 목요기도회 30년사 1

# 시대와 함께하는 용기

(1974. 7.~1976. 5.)

NCC 목요기도회 30년사 1
시대와 함께하는 용기(1974. 7.~1976. 5.)

2025년 3월 27일 처음 펴냄

지은이 고성휘
펴낸이 김영호
펴낸곳 도서출판 동연
등 록 제1-1383호(1992. 6. 12)
주 소 서울시 마포구 월드컵로 163-3
전화/팩스 02-335-2630 / 02-335-2640
이메일 yh4321@gmail.com
인스타그램 instagram.com/dongyeon_press



ISBN 978-89-6447-094-7 03300

이 저서는 2023년 대한민국 교육부와 한국연구재단의 지원을 받아 수행된 연구임.
(NRF-2023S1A5B5A16078973)

NCC 목요기도회 30년사 I

# 시대와 함께하는 용기

1974. 7.~1976. 5.

**고성휘** 지음

동연

# 머리말

본 연구서는 한국 현대사에서 가장 긴 저항 공론장을 형성하였던 NCC 목요기도회의 토대 연구서이다. 사료집의 성격을 갖고 있으나 그 안에 쟁점 되는 부분을 주목하는 시선 역시 포함되어 있기에 굳이 토대 연구라 지칭하였다.

목요기도회는 몇 시기로 구분할 수 있다. 몇몇 소장파 목회자들의 의지로 시작하고, 이에 구속자 가족들과 연합하여 목요정기기도회의 이름으로 이끌어갔던 첫 번째 시기, 즉 1974. 7.~1976. 5.까지 **자발적 공론장 형성** 시기이다. 두 번째 시기는 3.1구국선언 직후 결성된 NCC 선교자유수호대책위원회가 기도회의 공식적인 주체가 된 때이다. NCC 선교자유수호대책위원회가 결성되어 공식적으로 기도회의 주체가 되었고, 노동자, 도시빈민 계층의 참여로 연대의 장을 펼친 금요기도회, 즉 1976. 5.~1979. 12.까지 **저항과 연대**의 시기이다. 세 번째 시기는 **암흑기**로서 1980년 신군부의 서슬 아래 공식적인 기도회를 열지 못하고 각 개인의 집에서 예배를 드리면서 기도회 재개를 위해 힘쓰던 시기, 즉 1980. 1.~1982. 12.까지의 시기이다. 네 번째 시기는 **확장기**로서 1983. 1.~1987. 12.까지 신군부 세력의 전방위적 폭력에 맞서 모든 단체들이 조직적으로 저항했고 목요기도회는 기층 민중들의 생존권 투쟁을 공론화하여 학생, 재야, 민중 세력과의 거대한 연대를 이루어 6월 항쟁까지 이끌어갔던 개신교의 꽃 같았던 시기이다. 다섯 번째 시기는 **침체기**로서 형식적 민주주의로 전환되는 사회 전반에 개신교의 정체성과 운동사적 위치 등에 고민을 해야 했던 1988. 1.~1997. 12.까지의 시기이다. 여섯 번째 시기는 **정리 및 해체기**로서 김대중 정부 수립 이후 간헐적인 기도회를 갖다가 2003년 발전적 해산을 한 시기를 지칭한다. 1998~2003년이 그에 해당한다.

본 연구서는 여섯 번째 시기 중 첫 번째에 해당하는 자발적 공론장 형성 시기를 복원하고자 하였다. 특히 이 시기는 세 가지 흐름이 존재한다.

가장 큰 흐름은 단연 1973년 남산부활절 사건 이후 10.2 서울대 문리대학 시위 등으로 확산되는 학생시위가 결국 민청학련 사건으로 전개되면서 부각되는 학생운동의 흐름이다. 두 번째 흐름은 도시산업선교회와 수도권특수지역선교회의 활동, KSCF 학사단 활동 등이 전태일 분신 사건을 만나면서 더욱 치열해진 모습으로 접점을 이룬 개신교와 민중의 연합전선 흐름이다. 이 흐름은 1970년대 중반 SMCO 사건으로 표면에 등장하면서 1970년대 하반기에는 개신교와 민중 세력과의 연대로 확장되었다. 세 번째 흐름은 민청학련 사건을 매개로 등장한 개신교 저항 세력과 민변, 동아·조선투위, 대학교수, 재야, 문학인 등이 연대한 시민사회의 저항 흐름이다. 이 저항 과정에는 서로 다른 경로의 조직들이 다양하게 존재했으나 특히 눈여겨보아야 할 흐름은 단연 개신교의 다양화된 움직임이다. 1970년대 시민사회를 대표할 만큼 저항 문화를 형성한 개신교의 크고 작은 단체들 즉, 각 교단, 각 노회, 개 교회를 넘어서 성서 연구, 직장 모임에 이르기까지 다양한 모임체의 자발적인 대응 양상이 사회 전반에 드러났다. 또 광주기독교연합회, 제주도 기독교연합회 같이 교단을 초월한 지역적 움직임 등 수많은 개신교도들의 십자가 행진이 그 흐름이다.

본 연구서는 한국 민주화 운동사에 기여한 1970년대 시민 세력, 특히 개신교인들의 자발적인 저항 과정이 시민사회를 형성하는 1990년대에 이르기까지 개신교가 시민사회와 어떻게 상호 소통을 해나갔고 그 방식들이 오늘에 있어서 지속적으로 유의미한 것은 무엇인가를 살펴보는 데 의의를 갖는다.

그러기 위해서는 목요기도회의 출발, 과정, 그 안에서 벌어진 수많은 사건들의 연속을 세세하게 최대한 복원하는 일이 중요했다. 기도회 내용, 그 안에서 공유된 이야기들, 기도회에 참여한 다양한 그룹들의 이야기, 기도회를 통해 연대를 확대한 단체들의 이야기 등을 사건 순으로 나열하고 쟁점을 정리하였다. 목요기도회뿐 아니라 긴급조치 4호가 해제되는 순간부터 긴급조치 9호가 발동되는 9개월여 사이에 분출된 수많은 기도회, 동아일보 백지광고에 들불처럼 확산된 시민 저항운동, 특히 개신교인들의 자발적 참여 과정들은 따로 빼내어 분류하고 약간의 분석을 시도하였다. 기도회는 시기별, 세대별, 교단별 등으로 나누어 살펴보았으며 격려광고는 교단별, 조직별, 언표행위별로 나누어 전체를 조망할 수 있게 하였다. 또한 긴급조치 9호 구속자들에 대한 학생, 성직자 및 재야, 일반인, 교직자, 언론인 비율을 비교해 놓았다. 긴급조치 9호 구속자 중 일반인에 대한 연구가 진행되기를 바라는 문제제기였다. 성명서, 기도회, 격려광고, 구속자 유형별 분류 등은 상당한 시간을 요하는 일이었는데 매번 숫자가 달라지는 당혹스런 경험이 무수하였다. 그래도 이들 분석이 유의미한 시도가 되기를 바란다.

그리고 이들 기초 사료들은 부록에 실었다. 동아·조선일보 기자들이 자유언론을 선언하고 투쟁하며 해직될 때까지 그들의 열정과 흘린 땀의 성과물을 남기고자 하였다. 동아와 조선일보가 100여 년의 역사 속에 정론지로서 자기 역할을 다했던 시기, 특히 1974년 8월 23일 긴급조치 4호가 해제되면서 들불처럼 일어난 기도회와 시국선언들을 정론지에서 기사화했던 소중한 시기의 기록이다. 자유언론 실천을 선언한 1971년부터 1974, 75년은 동아·조선 창간 125년의 역사 중에 가장 치열했던 시기였다. 조선·동아의 시간은 1920년대 창간 후 카프 문학 활동이 왕성했던 시기인 1927~1932년까지와 1974~75년의 시기가 가장 빛나는 시기가 아니었을까. 동아·조선 투위는 아직도 투쟁을 멈추지 않았지만, 우리는 정론지에서 볼 수 있는 그들의 기사, 그 마지막 시기인 1974년에서 75년까지의 귀한 기록을 마주할 수 있다.

또한 동아와 조선에서 상세하게 다뤄준 목요기도회의 기사는 NCC 소장 자료에서는 볼 수 없는 내용이기에 목요기도회 측면에서도 더욱 소중한 기록이다. 동일한 사건에 대한 기사이기 때문에 다소 반복되는 경향이 있지만 두 신문이 조간과 석간이라는 특이성이 있어서 석간인 동아일보는 사실에 입각한 기사를, 그다음 날 조간인 조선일보는 내용에 더 많은 비중을 두었기에 두 신문 기사의 중복을 제외한 내용을 병렬하여 각 신문의 특이성을 살리고자 하였다.

이에 더하여 1975년 동아일보 격려광고에서 나타나는 시민들의 자발적 저항운동과 그 안에 드러나는 개신교인들의 참여 양상은 한국 현대사에서 볼 수 없는 참으로 희귀한 사료들이기에 함께 실었다. 이 사료들을 정론지 동아에서 볼 수 있다는 것만으로도 감사한 일이다. 1970년대 중반 개신교인들이 시대를 보는 시각이 어떠했었는지 알 수 있는 방법은 없다. 물어보지 않았으니 말이다. 그런데 동아일보 격려광고가 그 역할을 다 해 주었다. 시대를 살아가는 개신교인들의 자의식, 그들이 살았던 시대와 믿음으로 고백한 성서의 관통 지점은 무엇이었는지, 그들이 가진 시대적 용기의 근거는 무엇이었는지 알 수 있는 최상의 자료들이다. 동아일보 백지 광고 사태는 동아일보 기자들에게는 너무나 힘든 시기였겠으나 역사적으로는 너무나 감사한 시기였다. 이 두 묶음을 부록에 실었다. 어쩌면 길고 지루한 나열일 수도 있으나 이 지면들이 아니면 어디에서도 볼 수 없는 기록이기에 독자의 지루함에 양해를 구하면서 굳이 수록했다.

짧은 시간 내에 기초사료를 나열하고 정리하면서 괴로웠던 일은 다른 문헌에서 볼 수 있는 내용을 굳이 다시 옮겨놓는 작업이 유의미할지 판단하기 어려웠다는 점이고, 아쉬웠던 일은 기초사료를 수집하는 시간이 너무 많이 들어 정작 보고 싶은, 논의하고 싶은 쟁점들은 핵심을 찌르지도 못한 채 주변을 서성이다 마무리되었다는 점이다. 그러나 어떤 괴로움도 아쉬움도 감사함을 따를 수는 없다. 한 가지 양해드려야 할 일은 본문 서술 중에 인용출처에 관한 한 최대한 충실하게 밝히고자 하였으나, 저자의 실수로 인용출처가 누락된 부분이 있다면 넓은 아량으로 이해해 주시기를 바란다.

아무리 생각해 봐도 부족하기만 한 자인데 귀하게 써 주셔서 『목요기도회 30년사』라는 첫 발을 떼게 하신 하나님께 감사드린다.

2025년 3월

힘 있는 자들의 횡포가

이 땅에 발붙이는 일이 없기를 바라면서

저자 고성휘

## 차례

## 3장 | 치열한 담론투쟁



## 4장 | 시민들의 자발적인 저항 공론장

## 5장 | NCC 선교자유수호대책위원회, 금요기도회를 열다



## 부록

1장

# 역사적 경험이 우리를 이끌다

# I. 유신에 균열을 내다(1973. 4.~1973. 12.)

## 1. 긴급조치 이전 개신교의 저항

### 1) 은명기 목사 구속사건

1972년 10월 17일, 박정희는 위헌적 계엄과 국회해산 및 헌법정지 등을 골자로 하는 대통령 특별선언을 발표하였다. 이른바 유신헌법이다. 이를 일본의 메이지 유신에서 따와 '10월 유신'으로 명명하였다. 박정희는 10월 17일 19시를 기하여 국회를 해산하고 헌법의 일부 조항 효력을 정지시켜 정당 및 정치활동을 중지시켰다. 이내 11월 유신헌법에 대한 국민투표를 상정하여 계엄령 하에서 91.5%의 찬성으로 통과시킨 후 12월 14일 0시를 기해 계엄령을 해제하였다. 12월 15일에는 통일주체국민회의 대의원 2,359명이 선출되었고 12월 23일 박정희가 단독 입후보한 가운데 대통령 선거를 실시하여 찬성 2,357표, 무효 2표로 박정희는 임기 6년의 제8대 대통령으로 선출이 되었다. 막강한 권력을 갖고 영구집권 야욕을 공고화한 박정희는 12월 27일 취임과 동시에 유신헌법을 시행하였다.

유신헌법은 1. 대통령 직선제의 폐지 및 통일주체국민회의의 간접선거 2. 국회의원의 1/3을 대통령 추천으로 통일주체국민회의에서 선출 3. 국정감사 권한 폐지, 대통령에게 긴급조치권을 부여하고 국회 해산권 및 모든 법관 임명권을 대통령이 갖도록 하여 3권 위에 군림할 수 있도록 보장 3. 대통령의 임기를 6년으로 연장하고 연임 제한을 철폐하여 종신집권을 가능케 함 4. 부칙으로 유신헌법에 대해 제소하거나 이의를 제기할 수 없도록 규정하고 헌법에 따른 지방의회는 조국 통일이 이루어질 때까지 구성하지 않도록 규정하였다.[1]

유신헌법의 반헌법적, 폭력적 위력 앞에 어느 누구도 유신반대의 입장을 드러내지 못할 때 개신교는 저항의 포문을 열었다. 전주 남문교회 은명기 목사의 구속사건이 발생하게 된 것이다. 은명기 목사는 계엄이 해제되기 1시간 전인 1972년 12월 13일 오후 11시에 포고령 위반으로 연행되었다. 유신헌법을 반대하는 개인적 발언을 한 것이 문제가 되어 철야기

1 https://ko.wikipedia.org/wiki/10%EC%9B%94_%EC%9C%A0%EC%8B%A0.

도회 중 강단에서 기도하고 있던 1972년 12월 13일 연행, 12월 20일 구속되었다. 1973년 2월 7일 병보석으로 석방되었고 같은 해 11월 14일 징역 8월에 집행유예 2년을 선고받았다. 이 사건은 유신헌법 공포 후 최초의 성직자 구속사건이라는 점에서 그리고 유신헌법에 정치적으로 저촉되어 구속된 최초의 사례로서 큰 의의가 있다.

은명기 목사를 구속한 정부는 그가 1971년 4월 민주 수호 전북협의회 결성 준비위원, 민주 수호 전북협의회 대표위원, 민주 수호 명의로 총선 거부, 개표소 참관인단 결성, 11월 19일 함석헌, 장준하를 초청, 시국 강연회를 개최하는 등의 활동뿐 아니라 전북지사가 방문하여 계엄령의 불가피성과 10월 유신의 협조 요청에 거절한 바 있었던 점을 주시하고 있었다. 또 학생 데모를 주동하고 제적 학생의 구명운동을 위해 자금을 대는 것으로 간주하고 있던 터였다. 마침 유행처럼 돌았던 릴레이 편지인 '행운의 편지'[2] 받음을 신고하지 않았다는 이유로 부인 이영림 여사를 두 차례나 연행, 광주계엄군법회의에 회부하였다. 정부는 여기에 그치지 않고 12월 10일 남문교회 교인 2인을 연행, 이에 진정서를 제출하려는 움직임이 일자 김태수 목사, 설교를 맡은 주형욱 목사를 연행하면서 은명기 목사를 압박해 왔다. 12월 13일 수요예배가 끝난 후 철야기도회를 갖는 중에 경찰은 교회 안으로 들어와 기도하고 있는 교인들을 해산시키고 강단 위에서 기도하고 있던 은 목사를 강제 연행하였다. 이 시각은 12월 14일 0시를 기해 비상계엄을 해제하겠다고 약속한 1시간 전인 12월 13일 23시였다.

이 소식을 접한 NCC는 12월 16일 정책분과위원회를 소집하였다. 한편으로는 이영환 변호사에게 사건을 위촉하고 다른 한편으로는 당국이 교회당을 들어와 기도 중인 교인들을 해산시키고 강단 위에서 기도하는 현직 목사를 연행 구금한 일에 대한 강력한 유감의 뜻을 표하였다. 그리고 기장 총회장과 총무는 NCC 회장과 총무 및 교회와 사회위원회 위원장과 함께 당국에 선처를 요청하였으나 12월 20일 결국 은 목사는 구속되었다. 은 목사의 연행은 계엄령 해제 1시간 전에 의도적으로 이뤄짐으로 향후 기독교 탄압을 예고하고 있다는 것과 연행 과정에서 종교권의 침탈을 의도적으로 강행했다는 점에서 주목해야 할 사건이었다. 기도 중인 교인들을 강제 해산하고 강단 위에 있는 목회자를 강제 연행한 일은 유신 선포 이전부터 주시해 왔던 기독교의 사회참여 운동의 흐름을 차단하기 위해 종교권의 침해도

---

2 행운의 편지, "당신은 이 편지를 받고…".

불사하겠다는 암시였다. 당국의 탄압이 거세어질수록 1970년대 개신교의 십자가 행진은 더욱 확대, 심화되게 된다. 은 목사가 구속된 12월 20일 이후 기독교장로회 총회장 명의의 진정서(1973년 1월 26일)는 국무총리, 법무부 장관, 중앙정보부장에게 발송되었다.[3] 구속 이후 한 달여 만의 진정서이다.[4]

> 전주에서 교회를 담당한 현직 목사가 성전에서 종교적인 의식을 거행하고 있는 도중에 경찰 당국이 강제 연행, 구속되었던 문제에 대한 강력한 항의였다. (1) 은명기 목사는 하나님 말씀에 충실한 교역자, 정직하고 모범적인 목회자 (2) 계엄령 선포 후 은명기 목사의 부인 이영림 씨가 '행운의 편지' 형식의 문서를 받고 경찰에 신고하지 않았다는 이유로 연행되었고 석방된 이영림 씨는 재차 구속되어 광주 계엄군법회의에 회부, 병보석으로 나와 전주 예수병원에서 수술을 받고 가료 중, 경찰 당국은 은 목사 때문에 부인이 고통받는 것으로 전주 시내 목사 16명에게 말한 적이 있기에 은 목사는 부인의 석방을 위해 각방으로 진정과 교섭 중이었음 (3) 계엄령 해제될 시간 직전에 경찰은 은 목사를 교회 안에서 강제로 연행. 기도하는 교인들을 강제로 해산시키고 강단 위에서 기도하는 은 목사를 연행하였다. 이런 일은 일제 탄압하에서도 찾아볼 수 없는 일. 당국에 유감의 뜻을 표함과 은 목사가 도주의 우려가 없음을 확실히 보증하고 구속을 해제해 줄 것을 요청하였으나 전주 지방법원에서 기각. (4) 본 총회로서는 이러한 사건이 발생한 것에 매우 유감스러우며 일반신도 대중이 교회 탄압의 인상을 받게 될 위험이 있다고 보며 심심한 우려. (5) 공소사실이 본 총회에 보고된 내용과 크게 차이가 있어 공정한 재판 과정을 확신하며 그의 신변 구금을 해제해 주옵기를 진정.
>
> 1973. 1. 26. 한국기독교장로회 총회장 박재석

비상계엄 해제 1시간 전, 정부 당국의 '예배당 난입', '기도 중인 교인 강제 해산'과 '강단 위의 목회자를 연행'한 사건인 은명기 목사 구속은 내용상으로 심각한 종교권 침해인데도

---

3 한국기독교교회협의회 인권위원회, 『1970년대 민주화운동 I』 (서울: 한국기독교교회협의회, 1987), 223-224.

4 기장 여신도회에서도 '은명기 목사 구속에 대한 성명서'를 발표하였다는 기록이 있으나 전문이 남아 있지는 않다. 이우정·이현숙, 『한국기독교장로회 여신도회 60년사』 (서울: 한국기독교장로회 여신도회 전국연합회, 1989), 294.

폭압적 10월 유신 앞에 이렇다 할 큰 대응을 하지 못한 채 1973년이 도래되었다. 은명기 목사 구속사건은 개신교에 효과적인 대응이 미흡했다는 교훈을 남겼다.[5] 은명기 목사는 1973년 2월 7일 병보석으로 석방되었으나 전주지법의 재판부는 11월 14일 징역 8월 집행유예 2년의 유죄를 선고받았다.

### 2) 남산부활절 사건

牧師등이 內亂음모

4名구속 復活節집회서 反政府비라

은명기 목사의 구속사건에 신속한 대응을 하지 못한 기억을 남긴 채[7] 1973년 남산부활절 연합예배 내란음모 사건이 터졌다. 1973년 4월 22일 부활주일 새벽 5시 서울의 남산 야외음악당에서 부활절 연합예배가 열렸다. 몇몇의 청년들이 소소한 전단지 2천여 장과 10개의 플래카드를 들고 남산에 나타났다. 그리고 그들은 가지고 온 전단지를 다 나눠주지도, 플래카드를 펼쳐보지도 못한 채 대중 속으로 묻혀 사라졌다. 사건이라고도 말할 수 없을 정도로 스쳐 가는 일이었다. 그러나 1973년 7월 6일 동아일보, 7월 7일 조선일보에 내란음모

---

5 은명기 목사 구속의 경우, 엉겁결에 당한 첫 도발인데다가 지방에서 발생했기 때문에 효과적으로 대응하지 못했지만…. 김정남, "유신정권의 개신교 탄압, 기묘하게 일하시는 하느님," 『진실, 광장에 서다』 (서울: 창작과 비평사, 2005), 50.

6 「조선일보」 1973년 7월 7일 자, 7면.

7 "…그러나 은명기 목사 사건이 부당하게도 보도되지 못했던 데 대한 안타까움은 잊을 수가 없다…." 『기독공보』 고환규 편집국장이 중앙정보부에 연행되어 고문을 당하는 사건이 발생(1974. 1. 14), 1974년 10월 25일 NCC 인권위원회 주최 인권문제협의회에서 증언한 내용 중 일부이다. 인권위원회, 『1970년대 민주화운동 I』, 335.

기도 15명 검거, 목사 4명 구속, 11명 즉심에 넘겨졌다는 기사가 등장하였다.

서울지검 공안부는 현 정부 전복을 기도한 서울제일교회 목사 박형규 씨와 전 신민당 조직국 제2부차장 남삼우 씨 등 15명을 지난 3일부터 5일 사이에 검거했다고 발표했다.

이들은 지난 4월 22일 부활절 연합예배 날을 '거사'일로 결의, 남산 야외음악당 부활절 예배 장소에 모인 십만여 군중 속에 "민주주의 부활은 대중의 해방이다", "주여 어리석은 왕을 불쌍히 여기소서" 등의 내용이 적힌 전단을 뿌렸으며 플래카드를 들고 행동대원이 4개의 방향으로 군중들을 유도, 이를 저지하는 경찰과 투석전을 벌이면서 중앙방송국을 점거, 중앙청을 비롯한 관서들을 점령할 계획 등 내란음모를 기도했다는 것이다.

검찰은 이 음모에 가담한 15명 가운데 전 신민당 K모 국회의원 비서 진산전 씨 등 11명은 검거 후 즉심에 돌렸으며 음모 책임자 박형규 씨 등 4명은 내란 예비 음모죄를 적용, 구속했다고 밝혔다.

구속: 박형규, 권호경(기독교장로회 서울제일교회 전도사), 남삼우, 이종난(무직)

즉심 회부: 김동완(반석교회 전도사), 이철홍(전 신민당 조직국 2부 차장), 나상기(한국기독학생연맹 회장), 진산전, 이용일(통일당 서대문구당 총무부장), 이계곤(대한교육보험 외무사원), 김동윤(신민당 조직원), 이상윤(한국기독학생총연맹원), 정명기, 황인성, 서창석[8]

남산부활절 사건은 수도권도시선교위원회 빈민 선교 활동을 해 오던 권호경 목사(당시 서울제일교회 전도사)가 '많은 기독인이 모이는 연합예배에 나라의 장래를 위해 기도할 수 있으면 좋겠다'라는 생각에서 시작된다. 그는 전단지와 플래카드를 준비해 부활절 연합예배에 가져가는 방안을 생각해 내었다. 이를 박형규 목사(서울제일교회 당회장, 수도권도시선교위원회 빈민 선교)에게 동의를 구하고 남삼우와 준비 작업을 하였다. 10개의 플래카드[9]와 2천여

8 「동아일보」 1973년 7월 6일 자, 7면.

9 플래카드의 내용은 다음과 같다. "주여, 어리석은 왕을 불쌍히 여기소서", "선혈의 피로 지킨 조국 독재국가 웬말이냐", "서글픈 부활절 통곡하는 민주주의", "사울 왕아, 하늘이 두렵지 않느냐", "신도여! 부활하신 왕, 주님의 이름으로 민주주의를 꽃피우자", "민주주의 부활은 대중의 해방이다", "꿀 먹은 동아일보 아부하는 한국일

매의 전단지[10]를 준비하였다. 플래카드 제작을 담당한 남삼우는 이철흥, 진산전, 이용일, 이계곤, 김동윤 등의 협력을 구했다.

**<권호경 목사 회고>[11]**

나는 1973년에 열리는 부활절 연합예배를 하나님이 주신 기회라고 생각했으며 이를 바르게 활용하는 것이 우리의 책임이라고 느꼈다…. 김동완 목사(당시 반석교회 전도사)를 만나 그동안 품어온 생각을 말했다. "김 전도사, 뭐라도 해야 할 것 같아. 마침 김관석 목사님으로부터 부활절 연합예배가 열린다는 소식을 들었어. 우리가 처한 현실을 그날 모인 사람들에게라도 알리면 어떨까 싶어 … 그런데 이 일에 수도권이 나서게 되면 수도권(수도권특수지역선교회를 말함)의 존재 자체가 흔들릴 수도 있으니 무조건 수도권의 피해는 최소화해야 하거든. 필요한 인원은 다른 데서 채우고 우선 수도권에서는 나 혼자만 이 계획에 참여할 생각이야." 김동완 목사는 이 계획에 흔쾌히 동의했다. … 그때 진산전 씨가 떠올랐다. 그는 내가 금화아파트에서 활동할 때 함께 일을 했고 또 믿을 만한 사람이었다. 중간 다리 역할을 해 줄 사람으로 생각한 것은 남삼우 씨였다. 오재식 선생은 KSCM에서 그를 만났는데 나에게 생각이 바른 젊은이라며 소개해 주어 알고 지내는 사이였다. … 당시 남삼우 씨는 1971년 5월 제8대 국회의원 입후보자 공천 과정에서 탈락하자 국민당을 나와 무언가 의미 있는 일을 해 보려고 하고 있었다. 그 역시 독재정권에 염증을 느끼고 있던 차라 우리는 쉽게 의기투합할 수 있었다. … 전단을 맡은 나는 김동완 목사를 만나 학사단이 활동을 잘하니 학사단 단장인 나상기 씨와 만나서 얘기를 해 보라고 했다. 오랜 시간 만나서 이야기를 하려면 여관이 좋겠다 싶어 없는 돈을 털어 숙박료를 건네주었다. 내 제안대로 김동완 목사는 서울제일교회 옆에 있는 수향여관에서 나상기 씨와 이야기를 나누었고 이 계획에 동참하기로 하였다. … 그 뒤로 나상기 씨는 이 일을 같이 할 학사단 학생 몇 명을 불렀다. … 플래카드 열 개와 전단지 2,000장을 만드는데 15만 원 정도가 필요했다. 그런데 15만 원이면 당시 내 월급의 약 7개월 치라서 감당하기가 쉽지 않았다. 그래서 결국 박형규 목사를 찾아갔다. 박 목사는 아주 흡족해했다. 그리고 선뜻 15만 원을 내주었다.

전단지 제작과 배포를 담당한 김동완 목사는 나상기, 정명기, 이상윤, 황인성, 서창석 등 KSCF 회원들을 근처 여관으로 불러 간단한 설명을 하였다. 모인 학생들은 전단을 받고 일박을 한 뒤, 다음 날 새벽 연합예배에 참석하여 귀가하는 교인들에게 일부를 배포하고 나머지는 거리에 뿌렸다. 남산은 많은 경찰이 이미 포진되어 있었기에 플래카드는 펼쳐보지도 못하였다. 이 사건에 참여한 그들은 뿔뿔이 흩어졌고 그 사실조차 잊었다.

---

보", "회개하라 이후락 중앙정보부장", "윤필용 장군을 위해 기도합시다" 등.

10 전단지의 내용은 다음과 같다. "회개하라, 때가 가까웠느니라", "회개하라 위정자여", "주여, 어리석은 왕을 불쌍히 여기소서", "화나 있을 진정 위정자여, 국민주권 대부받아 전당포가 왠 말이냐", "주님의 날이여 어서옵소서, 73년도 부활주일 새벽에", "회개하라 이후락 중앙정보부장", "윤필용 장군을 위해 기도합시다" 등.

11 권호경, 『역사의 흐름, 사람을 향하여』 (서울: 대한기독교서회, 2019), 191-197 요약. 이후의 회고는 198-220을 참조.

**<서창석 선생 구술>**[12]

"…도시 빈민 운동의 리더가 권호경 목사, 김동완 목사였어요. … 어느 날 갑자기 부르더라고. 나상기 전직 회장이 임원들을 부르더라고. 그래서 어느 여관에 갔더니 저쪽 방에 제일교회 애들이 와 있더라고. 또 다른 한 방에는 감리교 신학교 애들이 와 있고. 뭐냐 하니까 내일 부활절 새벽 부활절 예배 거기 가는 거래요. 그런가 보다. 뭐 그러더니 아침에 삐라를 주는데 조잡해요. 요만한 거야. 여기에 서너 줄밖에 없어. 그걸 이만큼씩 주더라고. 그래 가지고 거기 남산 부활절 예배 뒷좌석에 쭈그리고 앉아 가지고 예배를 한참 보는데 예배는 머리에 들어오지도 않고 이걸 어떻게 뿌리냐, 예배 보는데… 이제 날은 점점 밝아오고 "야 이거 못 뿌리겠다. 도저히 우리는 못하겠다." 그때 저기 회장 선배들이 "어떻게 뿌리냐 관둬 그냥 집에 가자. 그냥 오늘 그냥 왔다 간걸로 하고 그냥 가자." 들고 나오는데 감신대에 군대 갔다 온 애가 있었어요. 근데 걔가 배짱이 좀 있어. 이거 왜 안 뿌렸냐, 나보고 자기는 뿌렸대. 그래서 "이거 어떻게 뿌리냐" 했더니 남산 내려가는데 지하도가 있었는데 그 위에 던져버린 거야. 그리고 우리 그냥 쓱 갔어요. 한두 사람이 봤을까? 그래서 삐라가 좀 뿌려졌어요. 그나마 한두 달 아무 일 없었는데…. 아무것도 아니야. 내용도 한두 줄이고 나는 거기 윤필용이가 왜 있나 윤필용이 누군가 이럴 정도였으니까.

근데 삐라 때문에 잡혀가서 보니까 나도 잘 모르는데 수사본부가 차려져 있었어요. 두 달째 아무리 뒤져도 안 나왔는데 그 삐라가 이거구나 해서 이제 권호경 목사한테 "삐라를 누가 뿌렸냐?" 그랬더니 거기서 겨우 나상기 하나만 불었어. 딴 애들은 다 직함도 없는 애들이고 케이 임원들 부는 게 낫지 않겠나 싶어서 세 그룹 중에 한 그룹의 리더만 부른 거예요. 그래서 나상기가 붙들려 가고 황인성 할 수 없이 들어가고 그다음에 정명기, 나, 이상윤 이렇게 해서 5명이 연행되었죠. 그래서 김경남이나 나병식 이쪽 그룹은 하나도 안 붙잡힌 거예요. 그렇게 하면서 서울대 기독 학생들, 제일교회 대학생들은 하나도 안 잡혔잖아. 자기들도 같이 뿌렸는데. 애들이 부채 의식이 굉장한 거예요. 자기네 담임 목사가 들어가고 자기네 부목사들이 들어갔고 그렇죠. 그리고 KSCF 임원들은 들어가서 한 달 동안 구류 살고 나왔는데 자기는 붙들려서 매도 안 맞았거든. 얘네들 부채 의식이 굉장해서 열심히 석방 운동하다가 결국은 서울대 데모를 일으킨 거예요."

사건의 발단은 펼쳐보지도 못한 플래카드를 소각하지 않고 각자의 집에 두었다가 이종란에게 발각된 것에 있었다. 그는 불온한 내용의 플래카드를 소지하였다는 약점을 이용하여 고발 운운하며 금품을 빈번하게 요구하였다. 그는 다른 일로 공무원자격 사칭 등의 혐의를 받고 보안사령부의 조사를 받게 되다가 플래카드 내용을 발설하게 되었다. 뜻하지 않은 경로로 남산 사건은 보안사령부의 손에 들어갔다. 이미 간헐적으로 뿌려진 유인물은 확보한 상태였으나 누가 어떤 경로로 뿌렸는지 실체를 알 길이 없다가 플래카드로 우연찮게 밝혀지게 된 셈이었다.

---

12 1973년 KSCF 부회장, 1974년 KSCF 회장. 서창석 구술 중에서, 2024. 11. 28. 오후 5시.

**<정명기 목사 회고>**[13]

"처음에는 어디로 가는지, 왜 끌려가는지 알 수 없었다. 나중에 알게 되었지만, 지금은 철거되어 없어졌지만, 서빙고동에 있던 보안사 분실이었다. 그리고 부활절 연합예배 시에 유인물(전단)을 나누어 준 것과 관련된 것임을 알게 되었다. 이미 그곳에는 박형규 목사, 권호경 전도사, 김동완 전도사, 나상기 선배가 연행되어 조사를 받고 있었다. 그곳에서 일주일 동안 조사를 받았는데 함께 연행되었던 서창석, 황인성, 이상윤과 본인은 남대문 경찰서 유치장으로 이송되어 하룻밤을 지내고 이튿날 약식 재판을 받았다. 죄목은 '도로교통법 위반'으로 각각 25일간의 구류처분을 받았다. … 재판이 열릴 때마다 법원 근처인 정동 제일교회 젠센 기념관에 모여 기도회를 가졌다. 이 기도회가 훗날 한국기독교회관에서 열리게 된 '구속자를 위한 목요기도회'의 전신이 되었다고 할 수 있겠다."

**<나상기 선생 회고>**[14]

서빙고 보안사 대공수사대는 우선 들어가자마자 입고 있던 옷을 전부 벗기고 수사실 전기의자에 앉혀 몸을 묶고 나서 무조건 야구방망이로 발바닥을 후려치는 폭행으로 시작되었다. 수사관이 앞에서 얼굴을 수십 대 때리며 "여기는 간첩 잡는 곳이다", "여기서 죽으면 쥐도 새도 모르게 한강으로 그냥 흘려 보낸다"는 등 공포 분위기를 조성하면서 그냥 무지막지하게 두들겨 패는 "보안사"식의 몽둥이 고문을 진행하였다. 그리고 전기 의자 버튼을 누르면 갑자기 지하로 쭉 내리고 다시 버튼을 눌러 올리는 공포의 연속, 몇 번을 위아래 왔다 갔다 하면 정신이 혼미하고 "정말 죽는구나"하는 생각을 갖게 하였다. 어느 정도 두들겨 패고 지하실로 내렸다 올렸다 몇 번 하여 육체적으로 묵사발을 만들고 정신적으로 공포감을 가졌다고 판단하면 군복을 입혀 조사실로 데려가 취조를 시작하였다. 그리고 그들이 의도하는 대로 수사가 안 되면 다시 고문실 의자에 앉혀 두들겨 패기를 반복하여 그냥 불러주는 대로 적을 수밖에 없도록 취조를 하였다. 그들은 인간이 아니라 그냥 영혼 없는 군인 고문 기술자 야수들이었다.

서빙고 조사실은 밖에서는 안이 보이고 안에서는 밖을 볼 수 없게 되어 있었다. "네 얼굴이 완전히 삐뚤이가 되어 있더라. 그래서 네가 많이 얻어맞았구나 생각했다." 나중에 박형규 목사님으로부터 들은 이야기였다. 저들이 박형규 목사님을 취조실 밖에서 학생들을 보게 하여 박형규 목사님을 압박하는 과정에서 나를 본 것이었다. 서빙고에서는 조사를 받다가 종종 권호경, 김동완 전도사와 대질 심문을 받기도 했다. … 알리바이가 확인되기까지 엄청 얻어맞아 얼굴이 비뚤이가 되었다.

사건이 발표된 지 나흘이 지난 7월 10일에 NCC 임원회는 NCC 실행위원회를 소집하기로 하였다. 7월 20일 실행위원회 정기사업 보고를 마치고 난 후 동 사건의 진상조사를 위한 조사위원회를 구성키로 결의하였다. 기독교장로회도 7월 14일 임원회를 열어 NCC와 공동

---

13 1972년 KSCF 부회장 정명기, "남산부활절 연합예배 사건에 참여하게 된 경위," (사)한국기독교민주화운동, 「1973년 남산부활절 연합예배 사건 50주년 기념행사 자료집」(2023), 21-22.

14 나상기(1973년 KSCF 회장). 박형규목사기념사업회, 『(박형규와 함께) 그 길을 걷다: 박형규 목사 추모집』(서울: 동연, 2018), 154-156.

보조를 취하기로 하면서 적극적으로 대처할 자세를 취했다. 1973년 은명기 목사 구속사건 경험을 토대로 교단과 NCC는 이번 사건에 발 빠른 대처를 하게 되었다. 은명기 목사 구속 후 대응은 한 달이 넘는 시간이 걸렸다. 그러나 두 번째 탄압에는 신속한 대응을 하였다. 국내·외에 이 사건을 적극적으로 알려 해외에서는 지원을, 국내에서는 기독교인들의 저항을 이끌어내었다.

기독교의 대처 과정을 날짜순으로 정리하면 다음과 같다.

▲ 7월 10일 NCC 임원회, 조사위원회 구성 결의

▲ 7월 14일 한국기독교장로회 총회 임원회, NCC와 공동 대응할 것을 결의

▲ 7월 19일 한국교회여성연합회(이하 한교여연)는 법무부 장관 앞으로 탄원서 제출

▲ 7월 19일 기장 여신도회전국연합회(이하 기장 여신도회)도 대통령과 국무총리 앞 탄원서 제출

▲ 한교여연과 기장 여신도회는 박형규 목사 등 구속자들의 가족을 돕는 운동 펴기로 결의

▲ 7월 20일 월간지 「제3일」지 관계 당국에 탄원서 제출

▲ 7월 20일 월간지 「기독교사상」 관계 당국에 탄원서 제출

▲ 7월 22일부터 29일까지 박형규 목사가 시무, 서울제일교회 구속자 위한 특별 철야 기도회

▲ 7월 27일 한국기독교장로회 대책위원회 구성

▲ 8월 1일 한경직, 백낙준, 김옥길, 김관석 목사 등 교계지도자 일행, 김종필 국무총리 면담. 당국의 기소가 부당함을 표명, 조속한 해결을 요청

▲ 8월 1일 해외 교회들이 파견한 조사위원단 한국 도착. 에드윈 라이던스(미국 NCC 극동아시아 총무), 조지 타드(WCC, UIM 간사), 이이자까(일본 NCC 대표), 마사오 다께나까(EACC, UIM 위원장) 등 조사단은 사건의 진상과 한국교회의 대응을 조사

▲ 8월 3일 NCC 측 조사위원들과 해외파견조사위원단 연석회의. 협력 방안 논의

▲ 8월 6일 한국기독교장로회 서울노회 임시노회 열어 대책위원회를 구성

▲ 8월 7일 한국기독교장로회 총회, 은명기 목사 등 성직자 구속에 대한 교단 입장 성명서로 발표

▲ 8월 18일 서울제일교회, 신도 140여 명의 연명으로 박형규 목사와 권호경 전도사에 대한 선처를 바라는 진정서 작성

▲ 8월 18~19일 서울제일교회 중고등학생회 철야기도회

▲ 8월 19일 대한예수교장로회 새문안교회 대학생부, '박형규 목사를 위한 철야기도회'를 가지려 하였으나 참석자들 중 외부 청년들이 많다는 이유로 철야기도회 중지 종용. 11시 40분경 수도교회 마당에서 철야기도회 강행

▲ 8월 20일 경동교회 교육관에서 구속 성직자와 그 가족들을 위한 아침기도회가 초교파적으로 열림. 각 교단 성직자 120여 명 참석, 초교파적인 대책위원회 조직을 결의.

▲ 8월 21일 첫 공판

▲ 8월 28일 제2회 공판 전 구속자들을 위한 기도회

▲ 8월 28일 제2회 공판

▲ 9월 12일 제3회 공판 전 구속자들을 위한 기도회

▲ 9월 12일 제3회 공판

▲ 9월 18일 결심공판

▲ 9월 25일 선고공판. 박형규, 권호경 각각 징역 2년, 남삼우 징역 1년 6월, 이종란 징역 1년

▲ 9월 27일 박형규, 권호경, 남삼우 등 세 피고인에 대한 보석 결정, 벌금 10만 원 내고 석방

이로써 남산부활절 사건은 발생한지 84일 만에 종결되었다. 이 기간 동안에 국내에는 4개의 기독교기관 조사위원회 혹은 대책위원회가 구성되었고 탄원서 5건, 성명서 2건, 기도회 14건, 정부 관계자 면담 2건, 조사 및 대책위원회 활동 7건, 5회 차 공판 방청, 한교여연과 기장 여신도회의 구속자 가족 돕기 운동 등이 있었다.

특히 주목할 만한 일은 해외 교회들이 파견한 조사위원단의 조사 과정, 세계기독교회들

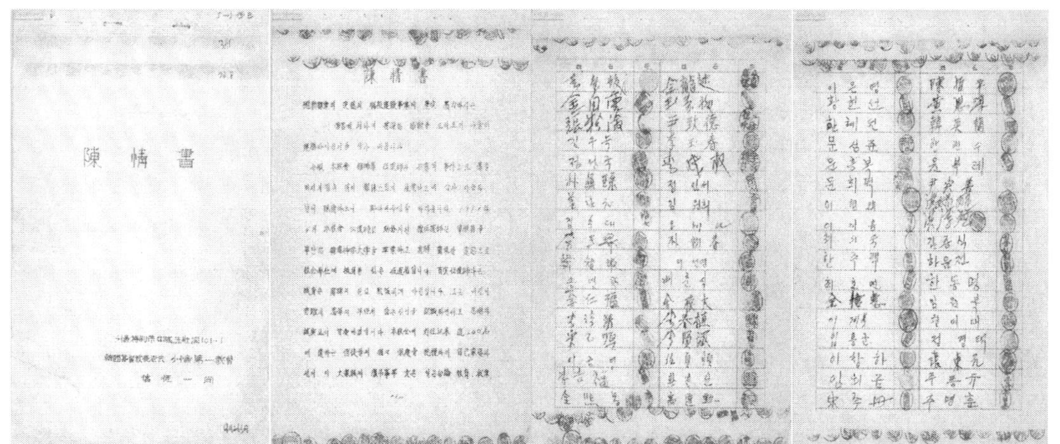

陳情書

서울제일교회 전교인 연명 진정서. 권호경 전도사[15]

의 재판비용 지원과 구속자 가족에 대한 기부 등의 활동, 박정희 대통령에게 보내진 성직자의 조속한 석방을 요청하는 편지가 공적 단체에서 4편, 개인적으로 구속자와 가족들을 격려의 서신들이 쏟아져 한국 기독교가 갖는 국제 네트워크의 규모를 실감케 하였다.

이렇게 다양한 대응 양상들은 정권으로 하여금 신속히 그리고 신중하게 사건을 처리할 수밖에 없게 하였다. 실체 없는 내란음모 사건이었지만 유신헌법이 공표된 지 일 년도 안 되어 내란음모로 구속시킨 성직자들을 징역 2년의 선고에서 단 이틀 만에 보석으로 석방시킨 것은 세계기독교회와 NCC, 각 교단의 확고한 신뢰에 기반 한 네트워크의 힘이 컸다고 할 수 있다. 교단과 NCC를 비롯한 여러 기독교 단체들이 합심해 공론을 만들고 개 교회는 그들의 장을 열어 철야기도회로 이어갔으며, 초교파적 기도회로 확산하는 양상을 보였다. 해외에서는 재정 지원과 정부에 대해 압력을 행사하고 구속자 가족들에 대한 격려 편지를 보내 국내 외 결속을 다졌다. 은명기 목사 구속과 남산부활절 예배, 이 두 사건의 경험은 신속하고 다양한 대응 양상과 연대의 힘이 얼마나 중요한지 알게 하는 사건이었다. 이렇게 남산부활절 사건은 유신이 선포된 이래 최초로 정권에 저항하여 승리를 이룬 첫 번째 사건이 되었다.[16]

15 총 11쪽, 한국민주화운동기념사업회 오픈 아카이브, 등록번호 00842658.

16 민청학련계승사업회, 「한국민주화운동사(1970년대) 쟁점연구 결과보고서」(2022), 153.

**<박형규 목사 회고>17**

나는 지금도 이 사건에 하나님의 보이지 않는 손이 작용했다고 믿는다. 실패로 끝났다고 실망했던 이 사건이 새삼스럽게 부상하여 전혀 상상하지 못한 파장을 일으키며 발전해 갔기 때문이다. 그런 점에서 이 사건은 나의 신앙생활에서 잊을 수 없는 체험이다. 오히려 유신체제는 공포의 대상이 아니라 도전할 수 있는 대상이라는 것을 국민이 알게 되었다. 하나님은 자유의지를 가진 사람을 통해 일하시지만, 그 진행과 결과는 하나님께서 만들어 가신다는 것을 그때 체험했다.

이 사건은 그리스도인들의 신앙 선언만이 아니라 구체적인 행동과 그에 따른 네트워크와 대응 역량을 확인하는 계기로 작용하였고 향후 보다 활발하게 민주화운동을 펼쳐나갈 수 있는 교두보의 역할을 하였다. 이 교두보는 10. 2 시위로 연결되고 또 긴급조치 1, 4호를 통과하면서 학생·청년, 구속자 가족을 위시하여 재야, 사회단체 등과 관련된 민주인사들과 개신교 그리고 국제사회, 해외교포 및 교회들과의 거대한 교집합을 형성하게 하였다.

또한 1974년 구속자가족협의회가 결성되기까지 구속자 가족들이 어떻게 활동해야 하는지, 어떻게 연대해야 하는지 대처방식을 알게 된 것도 남산 부활절 사건으로 시작된다. 특히 여성의 역할이 1970년대 민주화운동에 있어서 중차대한 비중을 차지하게 되는 신호탄이 되었다. 남산부활절 사건 직후 맨 처음 신속한 대응에 나선 곳도 한교여연과 기장 여신도회이며 이들에 의한 구속자 가족 돕기 운동은 모금뿐 아니라 재판 방청과 기도회에서 구속자 가족과의 연대를 꾀했고 가족들은 어느새 투사가 되어가고 있었다.

**<김설이 ·이경은 선생 회고>18**

1973년 부활절 연합예배 사건은 가족운동에서도 차지하는 비중이 높다. 구속자 가족으로서 어떻게 활동을 해야 구속된 사람을 돕는 것인지 그리고 바깥의 지원 세력과 어떻게 연계 활동을 해야 하는지 등에 관해 가족으로서의 활동 내용이 정립되는 단초가 되었기 때문이다.

박형규 목사의 부인 조정하 여사는 남편의 예기치 않은 구속에 처음엔 굉장히 당황했다고 한다. 기독교계의 친지들이 함께 해 주긴 했지만, 구치소 면회며 옥바라지며 그 밖의 변호사 선임이나 기타 해야 할 일은 많은데, 정신을 차릴 수도 없고 슬프기도 하여 매일 울면서 다녔다고 한다. 조정하 여사는 구치소 앞마당의 나무에 기대서 울고, 면회하면서 울고 눈물이 마를 새가 없었다. 이종옥 여사도 당시 조정하 여사의 눈물을 기억한다.

---

17 민청학련계승사업회, 『민청학련』 (서울: 메디치미디어, 2018), 121.

"외로웠죠. 우리 박 목사님 사모님 치마저고리 입고 말이야. 재판정 마당에 그 나무에 기대서서 그냥 울기만 하셨거든요. 아유! 그 옛날 초창기에는 정말 눈물밖에 안 흘렸어요. 한복 길게 입고 그렇게 허구 나무에 붙어 서서 맨날 울구. 그랬을 때 같이 해 줬어요. 저희가요. 목사님 그 호송차에 실고 가면 막 힘! 힘내시라고 격려해 드리구 그러다 보니까 인제 차츰차츰 목사님들도 모여들기 시작을 했고 그랬지요."

혼자일 때는 외로움도 슬픔이 된다. 함께하는 사람이 많으면 거센 탄압도 두렵지 않다. 어떻게 하든 많은 사람이 모이려면 조직적인 연락 체계가 있어야 하고 유신정권과 맞서 싸운 사람들에 대한 지원 의지가 있어야 한다. 모이면 두려움도 물러가는 법이다. 재판이 열리는 날엔 법원 근처의 정동감리교회에서 1, 2백 명이 모여 구속자를 위한 예배를 드리고 난 뒤 재판 방청을 하는 등, 조직적인 구속자 지원 투쟁을 벌였다. 해외에서도 속속 지원이 들어왔다. 박형규 목사가 졸업한 동경신학교 동문들이 연명 탄원서를 보내오기도 했다. 일본의 오시오 목사가 들고 온 연명 탄원서를 택시에 두고 내려 잃어버리는 바람에 조정하 여사는 이리저리 각 지역의 파출소에 연락을 하여 돈암동 파출소에서 찾아다가 법원에 제출하는 해프닝이 벌어지기도 했다.

처음에는 말 그대로 혼자 울고 다녔을 만큼 아무것도 몰랐던 조정하 여사는 이후 계속되는 민주화운동 과정에서 발생하는 구속자들의 가족들에게 선생 노릇을 하게 된다. 구치소에서는 어떻게 면회 신청을 하고, 어떤 옷과 담요 등을 차입하고 어떤 절차를 통해 구속자들을 지원해야 하는가 등의 경험과 지식을 공유하면서 선도적 역할을 담당하게 된다. 박형규 목사는 다시 1974년 전국민주청년학생총연맹(민청학련) 사건, 1975년 수도권선교자금횡령조작 사건 등으로 계속 감옥을 드나들게 되는데 조정하 여사의 경험은 구속자 가족 모임을 통해 빠르게 전파되고 공동의 대응을 할 수 있는 발판이 되었기 때문이다.

## 2. 10. 2 서울대 시위의 전국 확산

### 1) 1971년 위수령과 국가비상사태

유신체제에 대한 학생들의 첫 도전이라 할 수 있는 서울대학교 1973. 10. 2 시위는 유신체제 붕괴의 기점이 된 사건이다.[19] 10. 2 시위는 1971년 10월 15일 위수령[20]이 발동된 이후 연이은 유신헌법 선포 및 계엄령 등으로 침묵할 수밖에 없었던 긴 시간을 깨고 처음 발생한 시위이다. 1973년 10. 2 시위를 살펴보기 전에 위수령이 발동되었던 1971년 상황을 간단하

---

18 김설이·이경은, 『잿빛 시대 보랏빛 고운 꿈』 (민주화운동기념사업회, 2007), 30-32 요약.

19 민청학련계승사업회, 「한국민주화운동사(1970년대) 쟁점연구 결과보고서」, 156.

20 위수령은 1965년 한일협정 반대, 1971년 교련 반대, 1979년 부마항쟁 등 역사적 전환점이 있을 때마다 3번 발령되었다. 위수령은 치안유지에 군 병력을 동원하는 계엄령과 비슷하지만 국회 동의가 필요 없다는 점에서 계엄령과 다르다. 2018년 9월 위수령은 폐지되었다. "사라지는 위수령, 역사적 전환점 때 세 번 발령됐다." https://www.hani.co.kr/arti/society/society_general/855149.html.

게 정리해 본다.

양대 선거(4.27 제7대 대통령 선거, 5.25 제8대 국회의원 선거)의 부정선거 방지를 위한 선거 참관인 운동, 부정선거 항의운동 및 총선 거부 운동이 각 계 각지에서 벌어졌다. 범국민적 연합운동기구인 '민주수호국민협의회'(1971. 4. 19 창립, 대표위원 김재준, 천관우, 이병린)이 조직되었고 공명선거 캠페인과 선거참관운동에 학생, 야당 정치인, 학계, 법조계, 종교계 등 각 계의 대정부 비판 세력이 조직적으로 참여하였다. 민주수호국민협의회 결성을 계기로 각 계의 운동 세력은 선거참관운동의 합류를 공식 선언하였다. 1971년 4월 14일에는 '민주수호 전국청년학생연맹'(1,250여 명의 학생 선거참관인단 구성)이 조직되었다. 기독 학생들도 4월 20일 KSCF, 서울지구교회청년협의회, 전국 신학생 연합회 등 3개 단체가 합동하여 '민주 수호 기독청년협의회'(370여 명의 선거 참관인 구성)를 결성하는 등 민주수호국민협의회 이름 밑에 조직된 6,139명의 참관인단은 전국 각 지에 파견되어 선거의 투개표 과정을 지켜보았다.[21] 대통령 선거에는 야당이 패배하였으나 총선에서 어느 정도의 승리(득표율: 민주공화당 48.8%, 신민당 44.4%, 의원 수: 민주공화당 113명, 신민당 89명)를 거두었다. 두 개의 선거를 치르고 학생들은 새로운 단계로 운동을 전환할 필요성을 느끼고 '전국학생연맹'을 결성, 조직을 단일화하였다. 그 사이 양대 선거를 거치면서 각 계 민주 세력들, 즉 학생과 야당 정치인뿐만 아니라 언론계, 법조계, 학계 등으로 민주 지평이 확산되어 갔다.

대통령 선거 직전 4월 15일에는 동아일보 기자들의 '언론자유 선언문', 기자협회의 '언론자유 수호 행동강령' 등 언론인들의 움직임이 연이어 있었다. 양대 선거 이후 7월과 8월에는 법관들이 사법권 수호를 선언하는 건국 이래 최대의 사법부 파동이 일어났다. 전국 415명의 법관 중 1/3에 해당하는 153명이 사표를 내고 사법권 독립과 외부 압력 배제를 결의하였다.[22] 파동은 수습[23]되었으나 법관들의 집단적 움직임은 정부에게 커다란 충격을 주는

21 한국기독교사회문제연구원, 『1970년대 민주화운동과 기독교』 조사연구자료 1982~3, 103.

22 사법파동이란 1971년 7, 8월에 걸친 현직 부장판사 등에 대한 검찰의 영장 신청, 이에 반발한 판사들의 집단 사표와 검찰의 사법권 침해에 대한 폭로 그리고 대법원 판사들을 포함한 독립선언 등 연이어 발생한 일련의 사건들을 총칭하는 것이다. 민주화운동기념사업회연구소, 『한국민주화운동사 1』 (파주: 돌베개, 2008), 584. 사법파동은 이후로도 1988, 1993, 2003년에도 있었고 2, 3, 4차의 경우 성명서, 건의문, 연판장 서명 등의 집단행동을 보였으나 1971년 사법권 독립선언은 판사 스스로 사표를 제출하여 사법부의 독립 보장을 강력히 요구하였던 사건이다.

23 사법권독립선언서를 작성한 고 최영도 변호사는 이 문서로 인해 1973. 3. 23. 유신헌법에 의한 법관 재임명에서 탈락, 해직 판사가 되었다.

사건이었다.

또 8월에는 서울대 교수들을 선두로 전국 각 대학에서 대학의 자유와 교권을 확보하자는 교수들의 대학 자주화 선언 운동이 잇달아 일어났다.[24] 서울대 600여 명의 교수가 참석한 선언 운동은 지방대로 파급하여 경북대, 부산대, 전남대, 전북대, 충남대, 충북대, 강원대, 부산수대, 진주농대, 제주대 순서로 10개 지방 국공립대학도 빠짐없이 선언, 사립대들도 '사학의 자주화 선언'을 발표하였다. 그러나 정권의 힘에 부딪쳐 별다른 성과를 얻지 못하였다. 하지만 교수들의 대학 자율성 회복의 요구는 민주화운동의 저변을 확대시켰다.

양대 선거 후에 제각기 자기 자리에서 민주적 제도 요구가 확산되는 사이 학생운동은 전열을 정비하여 '교련 철폐', '현역 교관 철수', '대학 자율성 보장' 등을 주요 이슈로 격렬한 시위를 벌였다. 이른바 학원 병영화 반대운동이다. 서울대의 이념서클인 「후진국사회연구회」는 반독재 민주화 전선을 대학에 강력하게 형성하기 위해 문리대, 법대, 상대 학생회를 장악할 필요성을 느끼고 학생회장 후보를 추천, 3개 단과대학 학생회장을 당선시켰다. 이는 독재정권 아래서 학생운동이 학생회보다는 서클 중심으로 조직되고 소수 정예화를 지향해 온 점과 차이를 두면서 참여 학생을 늘릴 수 있다는 장점을 지닌다. 또한 전국의 주요 대학 간에 반독재 민주화 투쟁에 공동전선을 펴기로 의견을 모았다.

---

24 한국기독교사회문제연구원, 『1970년대 민주화운동과 기독교』, 107.

총학생회와 서클이 이원화 조직으로 각각 연대한다는 것이었는데 이것이 교련 반대 데모로 역량을 총집결하게 된다.[25] 3월~10월까지 전국의 학생 데모는 300여 회, 데모 참가 인원수는 6만 5천여 명에 달했고 성토 횟수는 250여 회, 성명은 350회에 이르고 있으며 서울시경의 집계에 따르면 3월 1일부터 11월 30일까지 서울에서만 269회 데모, 225회의 성토, 326회의 성명을 발표했으며 데모 연 인원은 62,264명에 달했다.[26]

위수령의 위력은 가공할만했다. 서울대 문리대, 법대, 고려대, 연세대, 서강대, 성균관대, 경희대, 한국외국어대 등 7개 대학에 위수군이 진입하였다. 서울대 학생들을 무차별 구타하면서 총 1,889명을 연행하였고 학생운동의 근거를 말살시키기 위해 조직적 해체 작업에 나섰다. 서울대의 문우회, 후진국사회연구회 등 7개 대학의 74개 학생 서클이 해체되고 「자유의 종」, 「전야」 등 5개 대학의 14개 교내간행물이 폐간되었으며 서울대, 고대 등 7개 대학은 학생회 등 자치 단체의 기능이 정지되었다.[27] 학생운동은 서클 중심으로 학생들을 동원하고 운동역량을 결집했었는데 그 중 대표적인 서클은 서울대 후진국사회연구회[28], 서울대 문우회, 서울법대 사회법학회·농법학회, 서울상대 이론경제학회, 연세대 한국문제연구회, 고려대 한맥회·민족사상연구회, 이화여대의 새얼회, 한국외국어대의 후진국문제연구회 등이었다.[29] 서클 중심의 운동이 위수령으로 인해 무자비하고 광범한 타격을 입게 되자 학생운동은 긴 동면의 시기로 접어들게 되었다.

박정희는 10월 15일 위수령 외에도 12월 6일 국가비상사태를 선언[30]하는 등 수시로 빌미

25 71동지회 편, 『나의 청춘 나의 조국: 71동지회 30년 기념 문집』 (서울: 나남출판, 2001), 58.

26 『합동연감』 합동통신사, 1972, 102. 한국기독교사회문제연구원, 『1970년대 민주화 운동과 기독교』, 109쪽에서 재인용.

27 『동아연감』 동아일보사, 1972, 467. 한국기독교사회문제연구원, 『1970년대 민주화운동과 기독교』, 110쪽 에서 재인용.

28 후진국사회연구회는 심재권, 신동수, 장성효, 김효순, 김경남, 이호웅, 강우영, 김상곤, 김대환, 이대용, 김문수, 나병식, 이근성, 정문화, 최명의 등 서울대의 주요 학생운동 지도자들이 회원으로 구성된 서울대에서 가장 규모가 큰 서클이었다. 이들 중 몇몇은 위수령 이후 서울제일교회로 근거지를 옮겨 대학생회를 만든다. 그 중 나병식, 김경남 등은 남산 부활절연합예배 사건으로 석방 운동을 하였고 이내 10. 2 시위를 주동하게 되었다. 1974년에는 민청학련 사건으로 나병식, 강우영은 사형을, 김효순, 이근성, 정문화는 무기징역을 구형받았다.

29 71동지회 편, 『71동지회 30년 기념 문집, 나의 청춘 나의 조국』, 59.

30 박정희는 중공의 유엔 가입을 빌미로 국가비상사태를 선언하고 다음과 같은 대국민 협박을 하였다. '사회불안을 용납하지 않으며 불안 요소를 배척, 언론의 무책임한 안보 논의 삼가, 국민의 의무실행에 자진해 성실, 모든 국민은 안보 위주의 새 가치관을 확립해야, 최악의 경우 우리가 향유하고 있는 자유의 일부도 유보할 결의를 가

를 찾아 국민들을 향한 탄압의 끈을 조여 갔다. 국민들의 가치관도 정부의 통제 하에 있어야 하고 국민들이 향유할 자유도 유보하게 하여 얻는 것은 박정희 그 자신의 영구집권 야욕밖에 없었다. 탄압이 거세어질수록 저항은 확대되고 의식은 더욱 강고해진다. 위수령과 계엄령, 유신헌법, 긴급조치로 압박을 해 갈수록 자유와 인권과 민주에의 열망은 오히려 증폭된다.

### 2) 10. 2 서울문리대 시위

유신체제로 더 깊이 조여 오는 압박에 파열구를 낸 첫 시위가 바로 10.2 서울문리대 시위이다. 유신 선포 이후 최초의 학생시위인 10.2 시위는 긴급조치 1, 4호를 선포하게 한 트리거가 되었다. 500여 명이라는 당초 예상치 못한 학생들의 시위 참여와 타 단과대학 그리고 타 대학까지 시위의 행렬이 이어지게 되었다. 서울 문리대 학생회는 4.19 기념탑 앞에서 비상학생총회를 열고 선언문을 낭독하였다. ① 정부·파쇼 통치를 중지하고 자유민주체제 확립 ② 국민 생존권 보장 ③ 중앙정보부 해체, 김대중 사건의 진상 밝히라 ④ 기성 정치인과 언론인은 각성하라는 내용의 선언문을 발표하고 500여 명의 학생들이 2시간 동안 교내시위를 벌이다 교내까지 난입한 기동 경찰에 의해 해산되고 180여 명이 현장에서 연행되었다. 20명 집시법 위반으로 구속, 9명은 불구속 처분, 57명은 즉심으로 구류 25일, 94명은 훈방되었다.

이어 10월 4일에는 서울법대생 200여 명이, 10월 5일에는 서울대 상대생 300여 명이 "자유민주주의 확립은 우리의 살 길이며 지상과제다"라는 선언문을 낭독한 후 동맹 휴학을 결의한 후 농성에 돌입했다. 이 3개 단과대학의 데모로 나병식, 강영원, 김병곤, 정문화 등 총 30명의 서울대생이 구속, 서울대학교는 강압에 못 이겨 23명 제명, 18명 자퇴, 56명에 무기정학 처분을 내렸다.

서울대 데모가 있은 직후 10월 6일에는 이화여대, 10월 10일에는 숙명여대가 시위의 움직임이 있었다. 그로부터 11월 5일 경북대생 200여 명이 시가로 뛰어나가 격렬한 데모를

---

져야 한다.' 국가기록원, 연표와 기록 https://theme.archives.go.kr/viewer/common/archWebViewer.do?singleData=Y&archiveEventId=0049318587.

벌였다. 같은 날 서울사대가 동맹 휴학을 결의, 7일에는 서울공대와 상대, 8일에는 교양과정부와 가정대 및 외국어 대학, 9일에는 서울대 농대, 약대, 치대, 한신대 등으로 맹휴와 성토대회가 번져갔다. 이화여대, 감신대, 중앙대, 숙명여대 등 서울의 주요 대학이 맹휴, 수업거부, 검은 리본 달기, 시험 거부 등이 확산되었다. 11월 15일에는 고대생 2천여 명, 16일 서울상대, 21일 서울공대 및 교양과정부 1,200여 명, 27일에는 성균관대 700여 명, 이화여대는 28일 총장과 교수까지 포함한 학생 4천여 명이 교문 앞에서 경찰과 대치하다가 교내 강당에서 철야기도회를 가진 데 이어 12월 3일에는 800여 명의 학생이 시청 앞에 집결하여 애국가 등을 부르며 시위를 벌였다.[31] 전국의 대학에서 들불처럼 번지는 시위는 고등학교까지 확산되게 하였다.[32] 경기고와 대광고, 광주일고, 신일고생들이 합류하였다. 이렇듯 10.2 시위의 파급효과는 엄청난 힘으로 확산되고 있었다. 29일 9개 대학에서 7천 명, 30일 8개 대학 4천 명, 12월 1일 10개 대학에서 6천 명, 3일 7개 대학에서 4천 명이 시위에 나섰다. 시위의 양상도 점점 과격해져 거리로 진출해 최루탄에 맞서 투석전을 벌이는 일이 비일비재했다.

박정희의 고민은 깊어만 갔다. 대학가는 날이 갈수록 저항의 파고가 세지고 1973년 10월 발생한 제1차 석유파동으로 국제유가가 3달러에서 11달러로 폭등해서 국가 경제와 서민 생활이 직격탄을 맞는 등 국내경제 상황이 나빠지고 있을 무렵 김대중 납치 살해 미수사건으로 국제여론마저 악화되어 국내·외적으로 강경 조치가 몰고 올 폭풍이 두려웠다. 결국 박정희는 한 발 물러서 12월 3일 개각을 단행하였다. 12월 7일에는 구속 학생 전면 석방을 발표하고 학원 사태와 관련된 학사 처벌도 전면 백지화하였다. 또한 12월 11일에는 학원 자율을 보장하고 언론자유를 확대한다는 담화 발표를 하였다.

학생들은 동시에 겨울방학에 들어가 잠시 소강상태를 보였으나 1974년 봄 학기에 유신체제를 끝장내겠다는 각오로 본격적인 준비를 하기 시작했다. 10.2 시위가 예상치 못하게 확산되어 좀 더 조직적으로 계획적으로 밀어붙이면 '제2의 4.19'도 불가능하지 않을 것이라 생각했다.[33] 10.2 데모는 유신에 대한 공포를 깨뜨리고 '별거 아니다. 할 수 있다'는 자신감

31 한국기독교사회문제연구원, 『1970년대 민주화운동과 기독교』, 132쪽의 내용을 전재하였음.

32 자세한 내용은 『1970년대 민주화운동과 기독교』 258-273, 『1970년대 민주화운동 I』 282-288 참조.

33 민청학련계승사업회, 『민청학련』 (서울: 메디치미디어, 2018), 204-205. 그리고 11월 말 구속된 학생 대부분이 석방되어 나오고 수배가 해제됨에 따라 10. 2 데모에 관한 평가와 전향적인 검토가 이뤄지기 시작했다. 첫째,

을 사람들의 마음속에 심어주었다.

**<황광우 선생 회고 — 나병식>34**

"나병식은 날뛰는 놈이니 조심해야 한다." 독재체제에 조그만 구멍이라도 내자고 주장했지만, 병식의 주장은 선배들로부터 치기 어린 짓으로 치부되었다. 나병식은 굵은 눈물을 흘렸다.

1973년 9월 초, 문리대 유도장에 사람들이 모였다. 그런데 아무도 말을 하지 않았다. 9월 12일 다시 모였다. 그 시절 데모는 투옥을 의미했다. 이때 겁 없는 2학년들이 나섰다. 이해찬과 정동영이었다. 동원을 맡겠다는 것이다. 4학년도 나섰다. 정문화와 이근성이었다. 그들은 선언문을 맡았다. 3학년도 나섰다. 도종수와 황인성이 나섰다. 시위 진행을 맡았다. 마침내 10·2 문리대 시위가 성사되었다.

"불이야, 도서관에 불이 났다"는 외침으로 시위는 시작되었다. 그것은 시국의 비상함을 알리는 거짓말이었다. 이어 누군가 "모이자 4·19탑으로"를 외쳤다. 학생들은 우르르 모였다. 전교생이 다 쏟아져 나왔다. "보라! 민중을 수탈하여 살찐 불의의 무리가 홀로 포식하며 오만 무례하게 거드럭거리고 있다." 정문화는 선언문을 낭독하였다. "보라! 권력을 쥔 부정의 무리가 생존권을 요구하는 민중의 몸 위에 무시무시한 정보 통치의 쇠사슬을 씌우고 있다." 명쾌한 고발이었고, 당당한 선언이었다. 일파만파(一波萬波)는 1973년 10·2 문리대 시위를 두고 만들어진 사자성어였을까? 서울대 법대생들이 시위에 들어갔다. 정의의 종을 난타하였다. 10월 4일 법대 데모에 이어, 5일엔 상대가 데모하였다. 한 달 후 11월 5일 경북대가 데모에 들어갔고, 11월 12일 이화여대생 4000명이 모였다. 치마를 잘라 검은 리본을 달았다.

**<강영원 선생 회고>35**

저희들이 이제 박형규 목사님 구속이 되셔 가지고 소위 말하는 석방 운동을 저의 교회 대학생회가 중심이 돼서 했었습니다. 서울 제일교회 '대학생회 헌신의 밤' 해 가지고 제일교회 대학생뿐만 아니라 서울 시내에 대학생회가 있는 모든 교회들을 찾아다니면서 박 목사님 사건을 설명하면서 목사님 석방을 위해서 헌신 예배를 드리려 하니까 와주십시오 했더니 제 기억으로는 서울제일교회가 생긴 이래로 가장 많은 인원이 대학생회 헌신 예배에 모였었고 당시까지만 하더라도 상당히 미온적이셨던 우리 장로님들이나 교회 어르신 분들이 많이 고무되셔 가지고 그날 헌신 예배가 매우 뜨거운 예배가 됐던 것 같아요. 그 당시 저희들이 불렀던 찬송가 소리와 기도 소리가 아마 남산 중앙정보부까지 들리지 않았을까.

사실은 시위대 주동을 할 때 우리들은 많은 공격을 받았죠. "야. 너네 지금 이렇게 어려운 상황 속에서 힘도 없이 아무 조직도 없이 (그 당시에 사실은 뛰어들었으니까) 다섯 명이 뛰어 들어서 어떻게 하려고 그러는 거냐" 해서 사실 만류하시는 선배님들이 많았습니다. 저희들도 사실은 학생 데모 자체가 성공하리라고 보지는 않았지만은, 그때 어떻게 보면 제가 조금 과격한 편에 속하게 됐었던 것 같은데 "이런 시대에

---

반 유신 투쟁을 쉬지 말고 진행시켜야 한다. 둘째, 10. 2 투쟁의 결과 우리가 전국 학생의 힘을 모아 싸운다면 전 국민의 항쟁을 만들 수 있고, 제2의 4.19 혁명을 일으킬 수 있다는 투쟁에 대한 낙관과 신심을 가지게 되었다. 특히 서울의대, 공대 등이 투쟁에 적극 나섰고, 전례 없는 여학생들의 학내시위 참여가 높이 평가되었다. 그리하여 1974년 신학기를 맞이하여 큰 '거사'를 준비하자는 의견이 공유되었다. 이철, "'민청학련' 사건에서 사형수가 되기까지," 「역사비평」(16호, 1991), 247.

아무 말도 못 한다면 학생운동이 무슨 소용이 있습니까"라는 말을 한 번 했던 기억이 나요. "이런 시대에 아무 말도 못 하고 우리가 가만히 주저앉고 있다면 나중에 뭐라고 우리가 후배들한테 무슨 얘기를 하겠습니까?" 이러면서 아마 밀어붙였던 기억이 나는데 그 밀어붙인 배경에는 우리 김경남 목사하고 저가 주동이 돼서 새문안교회, 창현교회. 대학생회가 있다고 하는 교회들 다 찾아다니면서 우리 박 목사님 구속사건을 알리고 다녔죠. 그때 그 현장의 열기라고 할까, 현장에 우리가 진리라는 게 그렇게 죽지 않는다 하는 그런 확신 같은 걸 이미 받았던 것 같아요. 학교에 있는 사람들은 전혀 해 보지 못한 그런 경험을요. 그래서 그 당시에 아마 시위대 주동할 때도 수 차례 제가 여러 차례 장소를 옮겨가면서 했던 기억이 나는데, 오류동인가요? 성공회피정센터인가 거기서 모여 마지막 회의를 했어요(저자 주: 성공회대학교 전신인 미카엘신학원). 그때 10. 2 데모 날짜를 정했었죠.

<신대균 선생 구술>36

한마디로 요약하면은 시위가 전혀 일어나지 않을 걸로 예상했던 상황에서 시위를 일으킨 사건인데 이것이 예상을 뛰어넘는 파급을 일으켜 500명이 나왔어요. 당시 우리 학생운동의 주류는 반대했던 투쟁이거든요. 주류가 반대했다는 사실은 1인 시위에 대한 집담회가 있었어요. 그거는 공지의 사실이라 지금 그건 이런 흐름 여러 군데서 논의가 그렇게 됐기 때문에 이미 공지가 돼 통설로 돼 있는 거거든. 그런데 왜 그랬냐 하면 이 운동이 승산이 없다는 논리였어요. 성과는 없고 학생운동에 얼마 남지 않은 씨앗을, 우리를 털어 가지고 소모하고 말 것이라고 하는 논리였거든요. 찬반론에서 이거를 주장한 사람들이 소수였던 거지. 메인 라인이 아니었던 거예요. 주도를 하는데 현장 리더 하는 프로그램이 없었어요. 지도자도 없고 지도부가 다 도피해 버렸어요. 현장에 남아 있는 사람이 없었으니까. 그 현장 지도를 맨 처음 시작한 사람이 강영원 씨였는데, 강영원 씨도 원래 기획된 현장 지도자는 아니었어요. 그런데 현장 지도자가 없으니까 이게 시위가 어떻게 될지 모르잖아요. 근데 현장에서 자원자로 나서 가지고 현장 지도를 했지요. 그게 신대균입니다.

내가 시위를 이끌고 법대를 들어갔어요. 구름다리를 건너서 법대생들아 다 일어나라고 외쳤어요. 그런데 이 사람들한테는 그게 상당히 자극이 된 거예요. 그런데 주도하는 팀들이 누구냐 하면은 나병식, 강영원, 정문화 등이었어요.

근데 이 사람들이 왜 주동하게 됐느냐 이 얘기를 하는 게 쟁점이에요. 이 사람들이 박형규 목사님 석방 운동을 이끌고 간 지도자들이었거든요. 남산부활절 사건 석방 운동이 3개월에 걸쳐서 석방 운동이 진행됐기 때문에 이 석방 운동의 과정에서 투쟁 의식이 굉장히 발전한 것이죠. 한편으로는 투쟁 의식도 발전하고 박형규 목사님과 성직자들에 대해서 구속자들에 대해서 그런 채무 의식이 있을 거 아니에요. 이제 구속자 석방 운동이 승리한 투쟁이었거든. 승리라는 게 무슨 뜻이냐 하면 혹독한 탄압을 하려고 했는데, 못한 거예요. 투쟁적인 성취감을 맛보게 된 사건인거죠. 한편으로는 그런 역량도 작동을 했다고 보는 거라고. 그래서 주동자들이 이 운동 흐름의 연속선상에서 10. 2 시위를 주도하게 된 거예요.

60년대 70년대의 민주화 운동이라고 하는 것의 특징이 뭐냐 하는 질문을 했는데 그 특징은 노선에 있는 게 아니에요. 그 특징은 용기에 있어요. 문리대 시위가 500명이 일어났다 하더라도 그게 나중에 주동자들이 전부 석방이 되고 탄압을 못 했어요. 그걸 안 하려고 해서 안 한 게 아니거든. 혹독하게 탄압을 하려고 했는데 그 뒤이어 일어난 전국적인 학생 시위 때문에, 그 압력 때문에 못한 거예요. 학생 시위도 일어났고 재야도 움직이고 종교계도 움직이고 전국에서 국민적인 움직임으로 일어났거든요. 그래서 내가 이거를 두 번째 승리라고 말하는 겁니다. 첫 번째 승리가 남산부활절 사건, 두 번째가 서울대 10. 2 시위, 3번째가 민청학련 사건이에요. 유신 초기에 3대 승리 투쟁입니다.

### 3) '구속학생대책위원회'와 구속자 가족

1971년 선거참관운동부터 일반 학생운동과의 연대[37]를 유지해 온 기독 학생운동은 10. 2 시위와 관련된 기독 학생들이 구속되거나 즉결에 회부되는 사태를 보며 구체적인 활동을 전개하기로 결정하였다. 10월 24일 KSCF는 임원회에서 '구속기독학생대책위원회'를 결성하고 모금 운동을 전개하기 시작하였고, 이어 10월 28일 가톨릭대학생연합회(PAX POMANA)와 YWCA 대학생협의회가 참여 위원회를 확대 조직하였다. 동위원회는 11월 5일 활동의 대상을 기독 학생에만 국한시키지 않겠다는 취지로 그 명칭을 '구속학생대책위원회'로 바꾸고 활동을 전개하였다. 합동 기도회를 열고 <구속학생대책위원회를 구성하는 우리의 주장>을 발표하였다. 이에 대책 활동에 뜻있는 성직자들이 '구속 기독 학생 성직자대책위원회'를 구성하고 11월 5일 구속 학생들을 위한 기도회를 가진 후 성명을 발표하여 전 교회적 동참을 촉구하였다. 남산 부활절 사건의 대응 경험이 대책위원회의 신속한 대응을 이끌었다.

구속학생대책위원회 및 교계의 대책 활동은 다음과 같다.

▲ 10월 24일 KSCF 학사 단장 황인성 구속, KSCF 긴급위원회 갖고 구속기독학생대책위원회 조직 (위원장 나상기, 총무 정명기, 위원 서창석, 김용순, 이상윤, 이동섭, 이광일)

▲ 10월 28일 대한가톨릭학생 서울대교구연합회와 YWCA 대학생협의회 협력 결의, 세 단체 모임으로 대책위 확대 조직(위원장: 나상기, 심혜식, 정순원 /

---

34 황광우, "'도서관에 불이 났다'는 거짓말이 만든 역사 그리고 이 사람. 풀빛처럼 살다 간 고 나병식 선생을 회고하며," 『오마이뉴스』 2023. 12. 18.

35 서울제일교회 대학생회 회원으로 남산 부활절 연합예배 사건에 함께 참여하였으나 KSCF 관련 임원들만 노출되어 연행되지 않았다. 나병식과 함께 구속 목회자 석방 운동을 하였고 9월 박형규 목사와 권호경, 김동완 전도사가 석방되어 사건이 종결된 직후 10. 2 서울문리대 시위를 주도하였다. 강영원, "남산부활절 사건 박형규 목사 구속과 10.2 데모의 관련성," (사)한국기독교민주화운동, 「1973년 남산부활절 연합예배 사건 50주년 기념행사 자료집」(2023), 25.

36 신대균 구술 중에서, 2024. 12. 5. 오후 2시.

37 앞서 언급하였던 것과 같이 1971년 4/14 민주수호전국청년학생연맹 조직이 결성되고 4/19일 민주수호국민협의회, 곧이어 4/20 민주수호기독청년협의회가 결성, 청년학생연맹과 기독청년협의회는 민주수호국민협의회 산하 단체로 합류하였다.

총무: 정명기, 이춘화, 한봉천 / 위원: 서창석, 손상호, 이상윤, 손현장, 이동섭, 김미순, 손인자, 원명선, 이정우)

▲ 10월 29일 ① 구속자 가정 방문 (10/27 강영원, 황인성, 10/28 황인성 10/29 나병식) ② 구속 송치 또는 계류, 구류 중인 학우 소재지 방문. 사식, 의복, 성서 등 넣고 전국적인 모금 운동 전개 ③ 10.2 데모와 관련 구속 혹은 구류 처분을 받은 기독 학생 명단 발표(제일교회: 황인성, 나병식, 강영원 / 새문안교회: 권만학, 전성환 / 경동교회: 정필훈 / 연동교회: 박제찬, 차문호 / 활빈교회: 김수중 외 동월교회 1인 등)

▲ 11월 5일 ① 구속학생대책위원회로 명칭 바꿈. 구속학생성직자대책위 기도회·성명서 채택 ② YWCA에서 대책 회의하려던 대책위 위원들이 강제 연행. 대책위 금지 각서 강요. 그러나 모금 운동 계속됨

▲ 11월 13일 국제사면위원회(Amnesty) 한국지부[38]로부터 구속자 변호 문제 협조 확약

▲ 11월 15일 ① WSCF 아시아 지역 사무국으로부터 격려 전문과 성금 도착 ② YWCA 대학생연합회가 자체 사정으로 대책위 정식 탈퇴

▲ 11월 19일 구속 학생 변호인단 선임, 구속 학생 부모·구속학생대책위·앰네스티 한국지부 명의로 입장 발표

▲ 11월 20일 서울지구교회청년협의회 주최로 수도교회에서 기도회를 열어 <기독청년선언> 발표. 철야기도회는 당국 압력으로 강제 해산되었고 이와 관련하여 구창완(서울제일교회 대학생회)이 11/22 즉결에 넘겨져 25일의 구류처분 받음

▲ 11월 21일 에큐메니컬 현대선교협의체, NCC 및 가톨릭 교회에 구속 학생 석방을 위해 노력 요청 건의서 발송

▲ 11월 27일 ① 새문안교회 대학생회원들, 언더우드 기념 학술강연 끝난 후 횃불 들고 "교회 사찰 중지", "구속 학생 석방", "언론자유 보장", "한일 각료

---

38 국제 앰네스티 한국지부는 1972년 3월 28일에 결성되었다. 지부장 김재준, 이사 한승헌.

회담 중지" 등을 주장하는 플래카드를 앞세우고 광화문 지하도까지 가두시위. 22명 연행 ② 기장 임원회, 교회와 사회위원회 연석 간담회, 성명 발표

▲ 11월 28일 변호인단 나병식, 강영원, 정문화 등 구속 학생에 대한 보석 허가 신청

▲ 12월 3일 ① 대책위, 교계 신문에 모금 운동 광고 ② 한국기독자교수협의회, 관계 당국에 진정서

▲ 12월 7일 대통령 특별 지시로 나병식, 강영원, 정문하, 도종수, 김병곤 석방되었고 구류 중이던 구창완 풀려남

▲ 12월 8일 구속 학생 석방 환영기도회

▲ 12월 17일 구속 학생 석방 환영 예배를 기독교회관 대강당에서 갖고 각계 인사, 친우, 친지들이 모인 가운데 석방 환영, 구속학생대책위원회 활동 보고서를 발간.[39]

이상과 같은 기독교의 대응은 구속자에 대한 후속 활동에 주요 초점이 맞춰져 있다. 남산부활절 사건 역시 의도하지 않은 곳에서 사건이 발생하여 후속 대응에 무게중심이 있다. 하지만 1973년 11월 말부터는 상황이 달라진다. 그동안 개신교가 후속 대응, 측면 지원으로 수동적 저항에 머물렀다면 이제는 능동적 저항의 수면 위로 올라오게 된다.[40]

▲ 11월 13일 기장 전북노회가 신앙의 자유 수호와 사회정의 실현에의 의지를 표명하는 성명서를 낸 데 이어 ▲ 11월 27일에는 새문안교회 대학생회가 횃불 가두시위를 벌였다. ▲ 11월 28일 기독교회관 대강당에서 NCC와 가맹 6개 교단 공동주최로 구국기도회가 개최되었다. 기독인의 사명을 외면해 온 무기력했던 자세를 하나님 앞에 통회하고 십자가 용병으로서 십자가를 질 것을 다짐하는 기도회였다. 조승혁 목사는 대표 기도를 통해 "대학가의 함성이 낮에는 민주주의를 부르짖고 밤에는 횃불을 들어 하나님의 도움을 부르짖고 있다"

39 한국기독교교회협의회 인권위원회, 『1970년대 민주화운동 I』, 293-295.

40 물론 기독 학생·청년들의 활동은 이전부터 진행되고 있었다. 1971년 4월 20일 KSCF, 서울지구교회청년협의회, 전국 신학생 연합회 3개 단체가 합동하여 '민주 수호 기독청년협의회'(370여 명의 선거 참관인 구성)를 결성하고 활발한 활동을 전개하였다. 위수령으로 조직 활동에 제약을 받았으나 개별 교회 단위의 활동은 지속되었다.

고 하였다. ▲ 기장 전남노회도 12월 2일 목회자 금식기도회를, ▲ 서울 창현교회 청년회도 구국기도회를 갖고 「교회 청년의 함성」을 선언문으로 발표하였다. ▲ 같은 날 기감 약수형제교회 교인들도 가두시위를 벌이다 22명이 일시 연행되기도 하였다. ▲ 12월 3일에는 광주기독교연합회가 광주 YWCA 회관에서 구국기도회를 열고 시국 성명을 발표하였고 ▲ 한국기독자교수협의회는 구속 학생 석방 진정서를 대통령, 국무총리, 법무부, 문교부 장관에게 발송하였다. ▲ 감리교 도시산업선교회 역시 <현실에 도전하는 성직자의 고백>을 발표, ▲ 한교여연은 매춘관광 즉각 중지, 구속 학생 석방과 민주 질서 회복을 주장하는 성명서를 발표하는 등 12월 3일 만에도 4개 단체가 성명서를 발표하였다.[41] 들불처럼 번져가는 기도회, 시위, 성명서의 행렬은 12월 말까지 멈추지 않았다. 12월 4일 개헌 청원 100만인 서명운동을 위한 '발기인대회'를 기점으로 한 민주 세력의 응집력과 운동의 확산은 박정희로 하여금 특별한 수단을 강구하지 않으면 안 되는 위협이 되었다.

12월 2일 발표한 약수형제교회의 성토문은 자세히 볼 필요가 있다. 약수형제교회는 주일예배를 마치고 신앙 양심과 국민으로서의 충정에서 현 시국에 대한 성토대회를 가진 뒤 성토문을 채택하고 오후 1시경 플래카드를 앞세우고 찬송가와 애국가를 부르며 시위에 들어갔다. "교회 사찰 금지", "언론자유 보장" 등을 외치며 장충체육관 후문에 이르렀을 때 출동한 기동경찰이 저지하자 이들의 시위는 연좌시위로 바뀌었다. 동 교회 담임 김홍기 전도사 외 교우 22명이 관할 성동경찰서로 연행되었다. 연행자들은 대부분 6시간 여 후에 훈방되어 나왔는데 경찰 당국의 권위주의적이고 강압적인 분위기와 김 전도사에 대한 폭행 등에 분노하였고 온 교회 교우들이 이러한 불행한 사태를 위해 기도해 줄 것을 호소하였다.

**성토문**

일만여 전국 교직자들이여! 교권 다툼과 불합리한 교리투쟁으로 치부만을 드러내지 말고 '비인간화의 세력 앞에 그리스도의 주권과 인간의 인간됨을 선포하라.' (중략)

(1) 대한민국의 주권은 국민에게 있으되 그것을 대표자나 국민투표에 의해서만 주권 행사를 할 수 있다고

---

41 위의 책, 301.

명문화하여 주권을 침해하고 있으며 국민을 투표의 도구로 삼고 있다.' (2) '국력의 총화는 어디에서 오는가? 권력을 조직화하여 중앙집권화하기만 하면 국력의 총화는 저절로 오는가? 인간은 노예도 아니거니와 권력의 대상이 아니라는 것을 자각하라!' (3) 향후 개신교가 민주화 인권운동으로 국가권력에 정면 도전하게 될 방향성의 제시이다. '이에 우리는 인간 이름으로 인권이, 국민의 이름으로 주권이 회복되기를 성토하는 바이다.' (후략)

이 성토문에서 나타난 '교회의 인간화'와 '인간의 이름으로 인권이, 국민의 이름으로 주권' 등은 향후 개신교의 인권 및 민주화운동에 참여하는 신학적 근거를 밝히는 핵심 어휘이다.[42]

이보다 앞서 NCC 연구위원회는 인권문제협의회를 구성하였고 11월 23~24일 '신앙과 인권'을 주제로 인권에 대한 깊숙한 논의를 마치고(신앙과 인권협의회) <인권선언>을 발표한다. 학원, 여성, 노동자, 언론인의 인권 문제와 인권 확립을 위해 교회가 투쟁할 것을 선언하였다. 이어 12월 3일 한교여연의 매춘관광 반대 성명, 12월 16일 에큐메니컬현대선교협의체의 '교회와 인권 연합예배', 12월 17일 소장 목사 23명의 시국 선언문, 12월 20일 2차 선언문, 12월 21일 3차 선언문, 12월 22일 4차 선언문이 발표되는 등 1970년대 교회가 지향해 갈 중요한 이슈들이 등장하였다.

---

42 인간화에 대한 논의는 1970년 10월 8일부터 3일간, 크리스천아카데미 대규모 대화모임에서 처음으로 등장한다. 한국 사회의 '근대화'를 대화모임의 중심 주제로 삼았던 강원용 목사는 1970년대에 '인간화'로 주제를 돌린다. 강원용은 인간화의 개념을 '자율적이고 주체적인 인간이 되는 과정'으로 정리하고 '아래로부터 자발적으로 형성되는 중간 매개 집단의 필요성을 느껴 1974년 1월에 중간 집단교육을 시작하였다(이정자, "1970년대 크리스천 아카데미의 여성인간화 교육," 「젠더연구」 19호, 2014, 4-5). 또한 한국기독자교수협의회는 1971년 1월 8~10일 제9회 협의회의 주제를 "인간화"로 정하고 2박 3일의 세미나 후 결의문을 발표하였다.
"교회의 인간화"를 강의한 서광선은 '교회가 인간화한다는 것은 그리스도가 스스로의 옥좌를 버리고 세상에 오셔서 살다 죽음으로써 신 스스로가 세속화하였으며 세상이 또한 신격화하였다는 현대적 해석을 갖고 교회는 스스로의 고답적인 가치를 내버리고 세상에 오셔서 그 몸을 던지는 것이어야 한다. 교회의 육체화, 이것이 교회의 인간화일 것이다'라고 해석하였다(한국기독자교수협의회, 「한국기독자교수협의회 30년 자료집」, 1998, 210). '인간화'는 1970년대 후반 여성 노동자들이 정권과 회사 측의 폭압에 맞서 쟁취하고자 했던 절박한 요구였다. 그녀들은 크리스천 아카데미의 중간 집단교육을 받으면서 노동자 인권 의식과 노동자로서의 주체 의식을 갖게 되었다고 회고한다.
"여성 지부장들을 좀 더 체계적·이론적으로 학습을 시켰어요. 노동운동을 이론에 바탕한 전문 운동가를 키우려고 그렇게 한 거지. 선생님이 얼마나 우리 공을 들였는지 몰라요. 그래서 내가 맨날 '지금도 선생님 덕분에 이렇게 꿋꿋하게 흔들리지 않고 할 수 있었어요' 하면, 선생님은 '나는 너네가 잘 받아들이고 해주니까 또 나도 발전하고 그렇다'고 그랬는데 그때가 동일방직, 나, 반도 상사, 원풍모방에 부지부장, 컨트롤 데이터… 이렇게 그때가 여성 지부장들이고 민주적이고 이렇게… 원풍은 부지부장이긴 하지만 가장 탄탄했던 곳이었어요."(최순영 구술 중에서, 2024. 9. 26. 오후 3시.)

12월 16일 '교회와 인권연합예배'를 다시 언급할 필요가 있다. 남산부활절 사건을 계기로 한 대책 운동의 과정에서 횡적으로 연결되어 결집하기 시작한 소장 목회자들은 기장, 예장, 성결, 루터, 감리, 복음교회에 소속된 목회자들로 이들은 성탄절을 앞두고 벌인 철야기도회를 일단 22일 해산하고 27일 연동교회에서 다시 모여 '구국참회기도회'를 가졌다. 각 교단을 망라하는 이들 소장 목사들의 운동이 활발히 전개됨으로써 기독교 운동은 새로운 국면을 맞게 되었다. 이들의 열기는 각 교단으로 파급되고 전 교회적인 참여가 가능케 되는 기반을 형성하였다. 이미 확고한 대사회, 정치적 비판의 자세를 갖추기 시작한 기장 교단에 이어 1973년 12월 21일 복음교회가 소속된 모든 교회에 대해 21일 하루 동안 '인권신장과 국가, 민권'을 위한 금식기도를 일제히 개최할 것을 교단적으로 결정함으로써 복음교회도 교단적인 참여의 자세를 보이기 시작하였다. 이는 교계 인사의 개인적 참여가 주류를 이루었던 60년대와 기독 학생, 도시산업선교 실무자들이 기존 교회 체제 밖의 각종 기독교 기구와 조직을 통한 운동이 형성되었던 70년대 초반의 기독교 운동으로부터 한걸음 발전됨을 의미하였다.[43]

43 한국기독교사회문제연구원, 『1970년대 민주화운동과 기독교』, 171.

# II. 민청학련 사건(1974. 1.~1974. 6.)

## 1. 긴급조치 1호

박정희는 1974년 1월 8일을 기해서 개헌청원운동 저지를 겨냥한 대통령 긴급조치 1, 2호를 발동하였다. 1월 9일 오전 9시경 수도권특수지역선교위원회의 사무실이 있는 서울제일교회에는 동 위원회의 실무자들이 모여들었다. 권호경 목사의 소집으로 모인 이들은 김동완, 이해학, 허병섭, 이규상, 박창빈 등이었다. 긴급조치에 즉각적으로 저항해야 한다는 데 의견의 일치를 보았다. 그들은 3단계의 전략을 세웠다. 제1단계는 이해학 전도사의 책임 아래 NCC 총무실에서 긴급조치 반대 성명 발표, 언론기관에 알려 보도케 하는 것이었다. 제2단계는 구속자가 발생하면 김동완 전도사는 구속된 교역자가 속한 교회의 교인들을 중심으로 반대 분위기 조성, 제3단계는 권호경 목사가 교단을 움직여 긴급조치 선포의 저의와 그 부당성에 도전하게 한다는 것이었다. 이해학 전도사는 1월 17일 김진홍 전도사, 이규상 전도사, 박윤수 전도사, 김경락 목사 등과 함께 실천에 옮겼다. 5명의 교역자들은 즉시 체포되었으며 1월 28일 비상보통군법회의에 기소되었다.[44]

긴급조치 1호 사건은 유신체제 수립 이후 첫 긴급조치로 경색된 상황에 있었기 때문에 교회, 교단에서의 반향을 크게 이끌어낼 수 없었다. 그러나 NCC 인권위원회 결성을 앞당겨야 하는 절실함을 안겨 주었다. 왜 그들은 긴급조치 1호 선포 다음날부터 저항하기로 결의를 했을까. 구속된 성직자들은 수도권특수지역선교위원회와 도시산업선교 실무자였고 이들의 활동이 유신체제 이후 1973년에 들어서면서 법적, 정치적 규제에 부딪치게 되자 본격적인 정치적 항거가 필요했다. 1973년 12월 3일 감리교 도시산업선교 실무자들은 '현실에 도전하는 성직자의 고백'을 발표하고 노동자들의 기본권을 박탈한 '국가 보위법 및 외국인 투자업체에 대한 특례법의 철폐',[45] '민주적 노동운동의 보장', '국민주권 무시한 대일 굴욕 외교의

---

44 한국기독교교회협의회 인권위원회, 『1970년대 민주화운동 I』, 313.

45 1971년 12월 17일 국가비상사태 선포 이후 「국가보위에 관한 특별조치법」을 제정했다(12월 27일). 이 법의 제9조 1항은 "비상사태 하에서 근로자의 단체교섭권 또는 단체행동권의 행사는 미리 주무관청에 조정을 신청하여야 하며, 그 조정 결정에 따라야 한다"고 하여 모든 사업장에서 노동자의 단체교섭권과 단체행동권을 실질적으

즉각 중지' 등을 요구하였다. 12월 10에는 세계 인권의 날을 맞아 근로자의 단체행동권, 교섭권의 제한철폐, 외국인 투자업체에 대한 특례법 철폐 등 한국 근로자의 권익 보장을 한·미·일 3국 정부에 공개 건의하였다.[46] 1974년 1월 5일에는 신·구교 도시산업선교 17개 단체가 공동으로 '노동자 인권유린에 대한 성명서'를 발표하였다. 이러한 흐름에 1974년 1월 17일 사건은 도시산업선교의 성격 전환의 움직임이 유신헌법과 긴급조치에 대한 산업선교 실무자들의 집단적인 정면 도전이라는 극적인 형태로 나타난 것이었다. 통상 한국 도시산업선교의 역사에 1973년은 '수난기'와 '투쟁기'의 기점인 것은 이러한 이유에서이다.[47]

NCC는 1월 21일 정식 구속되어 군사재판에 회부된 성직자들을 위해 어려운 상황에서도 2월 2일 대책위원회를 가졌다. 그러나 재판부는 구형 그대로 김진홍, 이해학, 이규상, 김경락 목사를 징역 15년 자격정지 15년, 인명진, 박윤수 목사는 징역 10년 자격정지 10년을 선고하였다. 대책위는 김종필 총리에게 서한 발송, 석방요청을 하였으나 항소심에서도 똑같은 형량을 구형·선고하였다. 게다가 2월 24일 김동완, 권호경, 이미경, 차옥숭, 박상희, 김매자, 김용상, 박주환 등 기독교인들이 연이어 구속되기에 이른다. 1월 17일의 구국선언기도회 사건을 전국 교회에 알리고자 우송하다가 당국의 우편물 검열에 걸려 구속되게 된 것이다.

2월 25일 NCC는 1973년 11월 인권협의회에서 결정했던 인권위원회의 조직을 서두르기로 하고 그 회칙을 심의·통과시켰다. 긴급조치 1호는 비 기독교권의 양상도 비슷해서 별다

---

로 부인했다. 명목상으로 노동조합을 금지한 것은 아니었지만 노동조합의 활동을 제한한 것이었다. 동시에 박정희 정권이 국가 보위의 주적을 '노동조합 활동'으로 여겼음을 보여준 것이기도 했다. 이를 반영하여 1973년에는 노동법을 재개정했다. '3자 개입 금지'를 통해 교섭권한을 지닌 자를 열거한 조항에서 산별노조 관련 규정을 삭제하고 행정관청에 의한 쟁의 적법성 판정하도록 하여 쟁의의 결의가 외부 심사판정에 따라 결정되도록 하는 등 노조에 대한 행정 개입권을 확대하였다. "규제의 역사 노조법 70년, 대수술 시급하다," 『매일노동뉴스』 2023. 6. 26.

46 정부는 유신헌법에 의거하여 노동관계법 개정 작업을 추진하여 1973년 3월 13일 노동조합법, 노동쟁의조정법, 노동위원회법 등 집단노동관계법을 개정하였다. 또한 73년 하반기 들어서면서 산유국의 유가 인상에 따른 이른바 오일쇼크로 세계 경제는 침체에 빠졌고 한국경제도 큰 타격을 입어 경제는 전반적인 불황 국면으로 접어들었다. 이에 따라 부당해고, 임금 체불 등 근로기준법 및 단체협약의 위반 등 부당노동행위가 거듭되어 노사관계가 악화되었다. 게다가 외자도입을 통한 고도성장 정책의 사회 내적 기반의 하나인 저임금 구조를 계속 지탱하려는 속셈에서 생겨난 단체교섭권과 단체행동권 제약 등에 편승한 기업가들은 노동운동 탄압을 1973년 이후 노골적으로 자행하였다. 한국기독교교회협의회 한국교회산업선교25주년기념대회자료편찬위원회, 『1970년대 노동현장과 증언』 (서울: 풀빛, 1984), 226, 228.

47 한국기독교사회문제연구원, 『1970년대 민주화운동과 기독교』, 175.

른 사태 진전을 보이지 못하고 장준하, 백기완은 1, 2, 3심 모두 징·자 15년을 선고받았다.[48] 나머지 구속자들도 형량이 무거웠다.

## 2. 긴급조치 4호, 민청학련 사건

### 1) 광풍의 서막

1973년 12월 24일 서울 YMCA 회관에서 함석헌, 장준하, 천관우, 계훈제, 백기완 등 재야인사 30명이 모여 '개헌청원운동본부'를 발족시키고 민주주의 회복을 위한 개헌을 요구하는 100만인 서명운동을 개시하였다. 「동아일보」는 이를 비중 있게 1면 4단 크기로 상세히 보도했다. 개헌서명운동이 확산되어가자 박정희는 12월 29일 강경한 경고성명을 발표하였다.[49] 그럼에도 불구하고 1974년 1월 4일, 개헌청원서명운동본부는 열흘 만에 서명자가 30만 명을 돌파했음을 알렸고, 이에 종교인들과 문인들마저 연이어 성명서를 발표하며 운동의 확산을 보이자 몹시 불안한 박정희는 긴급조치 1, 2호를 선포했다.

선포 이틀 후인 1974년 1월 10일. 전국 시위를 본격적으로 논의하는 첫 번째 모임이 열렸다. 조직 연결 문제와 상황 점검, 투쟁 방법 등을 논의하기 위해 서울 미아동 유인태 집에서 이철, 유인태, 서중석, 나병식 등이 회합했다. 이들은 가장 주의해야 할 점으로 간첩 사건이나 내란 사건으로 몰리지 않는 것으로 꼽았다. 전남대 <함성> 사건, 남산 부활절, 고려대 <민우>지 사건, '검은 10월단' 등이 한결같이 모두 내란 사건, 간첩단 사건으로 조작되었기 때문이다. 전국적인 투쟁을 조직하고 있다는 것이 밝혀지면 저들은 간첩이나 내란으로 엮으려 할 것이 너무나 자명했기 때문이었다. 서중석은 현실의 역량을 반영한 '3·3·3원칙'을 제안했다.[50] 이철, 유인태, 서중석, 나병식 4인과 여정남, 정윤광, 강구철, 김효순이

---

48 한국기독교교회협의회 인권위원회, 『1970년대 민주화운동 I』, 317.

49 "개헌청원서명운동 즉각 중지하라" 동아일보 1973. 12. 29, 1면. '최근 일부 지각없는 인사들 중에 유신체제를 뒤집어엎고 사회혼란을 조성하려는 불순한 움직임이 있다…. 이제라도 늦지 않으니 현 유신체제를 부정하고 뒤집어엎으려는 일체의 불온한 언동과 개헌청원서명운동을 즉각 중지할 것을 엄중히 경고하는 바이다.'

50 3: 서울대 내에서 조직력인 강한 문리대, 법대, 상대 3개 단과대학이 중심축이 되어 의대, 공대, 사범대, 농대 등의 투쟁을 선도한다. 3: 서울에서 상대적으로 역량이 튼튼한 연세대, 고려대, 서울대 3개 대학이 서울 시내 전

주축이 되어 추진하다가 정문화, 2월에 황인성, 김병곤이 추가로 가담하였다. 이렇게 점점 확산되어가는 가담자들에 의해 서울, 대구, 광주, 부산, 전주, 대전, 춘천 등의 지역이 연결되었다. 이후 계속되는 학생들의 합류와 1~2월 전국 시위 주도자들이 발로 뛴 결과 2월 말이 되자 전국 대학 간의 연결이 일단락되었다.

항상 번득이는 비밀경찰의 감시망 속에서 일을 해야 했기 때문에 조직 연결은 언제나 비밀리에 진행되었다. 활동 결과를 체계적으로 보고하는 방식은 엄두도 못 내었고 어느 누구도 전체 상황을 낱낱이 알 수 없는 채로 진행되고 있었다. 서중석은 이현배[51], 조영래, 손학규, 윤무한 등과 관계를 유지했는데 이현배는 사회 저명인사들과 선후배 관계를 따로 가지고 있었다. 조영래는 김지하, 지학순으로 연결되는 원주와의 연결고리가 있었고 기독학생운동에 영향력이 큰 서경석, 서중석과 정기적 연결이 있었다. 서중석은 유홍준, 이근성 등을 만나 "이철을 중심으로 전국적인 시위를 조직하고 있으나 이번 시위는 정부의 탄압이 극심하여 계속적인 투쟁이 필요할 거요. 1차 시위로 검거된 뒤에도 제2선 조직이 활동해야 한다"라고 하면서 2선 조직의 책임을 부탁했다.

광주에서도 학생뿐 아니라 졸업한 선배 및 사회인들이 움직이고 있었다. 홍남순 변호사, 박석무, 양성우, 김세원 등이었다. 혁신 계열로 김세원, 이기홍이 활동하고 있었고 60년대 학번으로는 박석무, 전홍준이 서울 조영래, 장기표와 연락하고 있었다. 3월 5일 서울대 황인성, 경북대 임규영, 전남대 윤한봉이 대전에서 만나 서울대학들의 연결 현황과 시위 준비 상황을 공유하였다. "전국 투쟁은 3월 말 예정이니 앞으로 남은 시일 내에 조직을 서두릅시

---

체 대학으로 확산시킨다. 3: 전국적으로는 서울대, 경북대, 전남대 3개 대학이 중심되어 이 흐름을 중부권, 영남권, 호남권 대학으로 확산시킴으로써 전국을 일제히 투쟁으로 끌고 가자는 구상이었다(3개의 단과대학, 3개의 대학, 3개의 지역). 하지만 3·3·3원칙은 실제로 조금 다르게 진행되었다. 서울 시내 대학은 이대, 성균관대가 더해진 5개 대학모임, 서울 단과대 역시 문리대, 법대, 상대, 공대, 의대, 농대 등 6개 단과대 대표모임이 열리곤 했다. 결국 3·3·3원칙만 있었을 뿐 체계적인 조직체나 기구가 있었던 것은 아니다. 민청학련계승사업회, 『민청학련』, 249-251.

51 1964년 한일협상 반대운동 6.3 시위 현장 리더였던 이현배는 서중석을 만나 "긴급조치 철회 요구는 학생들의 희생이 클 우려가 있어 긴급조치 폐지와 유신헌법 철폐는 저들의 아킬레스건이라 극도로 예민하게 나올거야. 경제문제로 돌아가는 게 좋을 것 같은데 일차적으로 대일경제 예속화 탈피, 기생관광 반대 등을 구호로 내세우는 게 좋지 않겠냐?"는 조언을 하였다. 민청학련 결의문 1, 2, 3, 6항은 근로대중 최저생활보장, 노동악법 철폐, 대외 의존 경제 청산과 자립 경제체제 확립 등의 내용이 담겨 있고 격문의 내용 역시 민중 생활고에 초점이 맞춰져 있었다.

다.” 그리고 이들은 구상 단계에서부터 몇 가지 암묵적인 원칙을 마련했다. 우선 하나는 조직을 만들지 않는 것으로 어떠한 모임에도 이름을 붙이지 말고 기구를 만들지 않는다. 둘째, 여럿이 만나지 않는다. 셋째, 일선에서 조직하는 사람 중심으로 논의한다는 ‘현장 중심의 원칙’, 즉 과거 학생운동권 선배들이나 사회의 명망가들을 만나 조직 사건으로 조작하기 좋은 모양새를 만들어 주지 않는다는 것이었다. 서중석, 유인태, 이철, 정문화, 나병식 5명은 3월 7일 밤 유인태의 집에서 모임을 가졌다. 4월 전국 시위 투쟁의 중요한 결정이 내려진 모임이었다. 제1선 현장은 이철, 정문화, 김병곤, 황인성 4인이 맡기로 합의했다. 제2선은 서중석, 유인태, 정윤광, 안양로, 나병식이 맡았다. 시내 각 대학은 김병곤이, 서울대 단과대학은 정문화가 맡아 협의해 나갔다. 이렇게 1964년 6.3 운동 이래 학생운동 지도력이 최대 규모로 결집되어 갔다.

시위에서 내걸 주요한 구호에 대한 논의가 있었다. 유인태는 서민들의 물가고와 석유 3사의 횡포를, 서중석은 대일경제 예속화와 종속경제 탈피 문제, 이철은 유신헌법 철폐와 긴급조치 해제 및 구속 학생 석방을 주장하였다. 이렇게 논의된 구호들은 4월 3일 <민중, 민족, 민주 선언>에 적용되었다.

한편, 3월 10일 박형규 목사는 나병식으로부터 연락을 받았다. “전국적인 학생 조직을 만들어 가고 있습니다. 오는 3월 말에 일제히 일어날 것입니다. 거사 날만 남겨놓고 있는데 돈이 부족합니다. 유인물과 플래카드도 만들어야 하고 그 밖에도 돈이 필요한데 목사님, 100만 원 정도만 도와주시면 감사하겠습니다.” 박 목사가 생각나는 곳은 윤보선 전 대통령뿐이었다. 그는 통행금지가 해제된 직후인 새벽 5시에 자전거를 타고 안국동 윤보선의 집을 찾았다. 신문에 “급히 도움이 필요합니다. 100만 원쯤 만들어 주십시오. 圭”라고 써서 대문 안으로 밀어 넣었다. 윤보선은 돈을 마련해서 부인 공덕귀 여사와 절친한 기장 여신도회 이우정 교수에게 전달했다. 모두 45만 원. 거액이었다. 윤 전 대통령은 두 차례에 걸쳐 100만 원 가까운 돈을 전달했다. 박형규 목사는 35만 원을 KSCF 안재웅 간사를 통해[52] 나병식

52 “나병식 동지를 만난 때는 1972년. 나는 그를 서울제일교회로 인도했다. 그해 서울제일교회에 부임해 온 박형규 목사는 먼저 나를 제일교회에 나오게 한 뒤 다른 KSCF회원들을 제일교회로 데려오도록 부탁했다. 당시 나는 김용준 목사가 담임하는 수송교회에 출석하고 있었으나 박 목사의 요청으로 서울제일교회로 옮긴 뒤 대학부를 조직하여 대학부장을 맡았다. 그리고 KSCF소속 학생들을 교회로 인도하였는데 이 때 나병식 동지도 왔다. 당시 좋은 학생지도자가 많이 나왔다. 나병식, 황인성, 강영원, 김경남, 이창식, 구창완, 윤관덕, 오세구, 조중래, 박혜

에게, 2차로 전달된 40만 원 중 20만 원을 이대 서명선에게 주면서 나병식에게 전달하도록 했다. 20만 원은 현찰로 가지고 있다가 구속될 때 압수당했다.

3월 10일 서대문 청주여관. 이철, 유인태, 김병곤, 황인성 4명이 합숙했다. 우선 전국 첫 시위로 10일 한신대 시위가 실패했다는 소식이 전해지면서 조직력이 강한 경북대가 먼저 하면 좋겠다는 의견에 따라 경북대의 선도 투쟁을 결의하였다. 여정남은 대환영이었다. 3월 21일 경북대가 먼저 시위 투쟁을 벌이기로 했다. 뒤이어 22일이나 23일에는 영남대가 가두시위를 벌이기로 하였다. "경북대에서 선봉을 감행하면 그 뒤를 이어 전국 각 대학이 다 궐기할 것이다. 모두가 한마음으로 최선봉에 선다는 생각을 하자." 경북대학교 반독재민주구국투쟁위원회의 이름으로 <경북대학교 반독재 민주구국선언>[53]을 배포하였다. 하지만 호응이 1973년과 확연히 달랐다. 임규영은 "분산된 힘을 가지고는 긴급조치의 시퍼런 칼날에 잔뜩 움츠려 있는 학생 대중을 투쟁의 현장으로 불러낼 수가 없었다. 반면에 상대방은 가을에 당한 수모를 만회하기 위해 만반의 준비를 하고 있었다"라고 회고하였다. 바로 이날부터 검거 선풍이 불었다. 임규영이 체포되고 정화영까지 체포되었다. 경북대 시위는 실패하고 말았다. 예상보다 적은 2백여 명의 시위였다.

4월 3일을 일주일 앞둔 3월 27일 밤. 멤버 4인은 전국 시위에 쓸 유인물을 나누어 작성하기로 하였다. 이철은 <민중·민족·민주 선언>[54]을, 정문화는 <지식인·언론인·종교인에게 드리는 글>, 황인성은 <격문>, 김병곤은 <결의문>[55]을 작성하기로 했다. 문제는 유인물 끝에 1974년 4월 3일이라 끝내고 주체를 표시하지 않으니, 신뢰가 떨어질까봐 고민에 고민을 거듭해 유인물에 단체 명칭을 쓰기로 했다. "전국적으로 동시 투쟁한다는 의미로 앞에 전국

숙, 강정애, 정인숙 등이다. 권호경 목사도 여기서 전도사로 일했다." 안재웅, 『역사가 내미는 손 잡고』(서울: 대한기독교서회, 2021), 108.

53 1. 살인적 물가로 인해 파탄한 국민 생활 대책 강구 2. 유신헌법 폐기 민주헌법 제정 3. 남북대화 평화통일 정책에 평화통일 운동자들 참여 4. 대일 예속화 정책 지양 5. 근로자 파업권과 단체교섭권 인정.

54 "외국 독점자본을 경제 宗主로서 뿌리박게 한 매판 특권 체제와 부정부패가 확대 재생산되는 娼婦경제의 산물 … 이것이 13년에 걸친 조국 근대화의 업적인가? … 유신 쿠데타, 국가비상사태, 1.8조치 등으로 폭압 체제를 완비하여 비판할 수 없는 정치, 이것이 과연 한국적 민주주의인가? … 남북통일이 저들의 점유물인 양 떠들면서 민중 수탈 체제를 공고히 할 때 통일의 길은 멀어진다. 진정한 민주주의 승리만이 통일의 지름길임을 모르는가?"

55 1. 부정부패 특권의 원흉 처단 2. 서민 세금 대폭 감면, 근로대중 최저 생활 보장 3. 노동 악법 철폐 4. 유신체제 폐기 민주주의 체제 확립 5. 중앙정보부 즉각 해체 6. 반민족적 대외 의존 경제 청산.

을 붙여 전국민주청년학생총연맹이라고 하면 어떨까?" 이렇게 3월 27일 이른바 '민청학련'이 처음으로 세상에 나오게 되었다.[56]

3월 28일 공안 당국은 학생운동 세력에 대한 대대적인 검거를 시작하고 있었다. 27일 이대 박혜숙, 28일 서울대 윤혜영, 29일 서울대 서중석, KSCF 서창석, 이직형, 차선각, 30일 KSCF 최민화, 나상기, 구창완, 이재웅, 최병두, 31일 서울대 이종구, 연세대 김영준, KSCF 안재웅이 연행되었다. 연행의 과정에서 시위는 계속 불발되었다. 서울에서는 3월 28일 서강대에서, 4월 1일 연세대에서 연이어 진행되기로 하였으나 서강대는 '대정부 건의문'을 낭독하는 것으로 그쳤고 연세대의 경우에도 '시국 선언문' 낭독과 주동 학생이 연행되었고 이미 신분이 노출된 활동가들이 속속 연행되는 가운데 남은 사람들은 심각한 고민에 부딪혔다. 더구나 학생회 간부들이 3월 30일 중앙정보부에 출두하여 집단으로 자수해버렸다. 그러면서 그동안의 진행 상황과 활동가 명단이 모두 노출되어버렸다.

그럼에도 불구하고 4월 3일 예정대로 투쟁을 강행하였다.

공안 기관들은 1973년 10월 서울대 데모를 주동한 이들이 모두 KSCF 회원이었던 점 때문에 이번 4월 시위에서도 기독 학생들을 가장 경계해야 할 세력으로 간주하였다. 그런 인식은 긴급조치 1호에 정면으로 도전한 성직자 시국선언 사건과 구속 성직자 경위서 발송 사건을 통해 더욱 강화되었다. KSCF 관련자들을 연행한 공안기관은 마침내 유신에 대한 도전이 소멸하였다 보고했을 가능성이 높다. 하지만 상황은 그렇게 흘러가지 않았다. 수사 과정에서 흐름이 바뀐 것이다. 3월 28일 자 <전국민주청년학생총연맹을 중심으로 한 국가변란음모 사건인지 보고>라는 문건이 있는데, 이 보고에는 주동 인물 13명이 거론되고 준비를 시작한 4인부터 일선 담당자들이 거의 모두 포함되어 있는 등 핵심 주동자를 정확히 짚어내었다. 3월 27일에 등장한 민청학련 명칭도 알고 있었을 뿐 아니라 각 권역 대표 모임, 5개 대학 사릉 모임 등 중요한 모임 7~8개가 열거되어 있었다. 전국 시위 일선 담당자 4인에 근접한 자가 아니면 알 수 없는 정보였다. 이 보고서로 인해 예상을 뛰어넘은 어마어마한

---

56 그때 거론되었던 명칭들이 "유신에 저항하는 모든 학도들", "반파쇼민주학생연맹,"(김병곤) "반독재전국민주학생연맹"(정문화) 등이었다. 그러나 명칭만큼은 안티테제의 성격보다는 지향점과 정체성의 기본이 되어야 한다는 인식 속에서 "전국민주청년학생총연맹"이라 정하였다. 특히 '청년'을 붙인 것은 우리의 투쟁이 대학생들에 한정되지 아니하고 전 계층적 투쟁이 되어야 한다는 데 있었다. 이철, "민청학련 사건에서 사형수가 되기까지," 253.

규모와 치밀한 연락망으로 시위 투쟁이 준비되어 있음을 알게 된 공안 당국과 박정희는 더 강한 조치가 필요함을 직감하였다.

예비 검거로 많은 활동가들이 연행되어 있는 상태에서 4월 3일 11시. 서울대 문리대·상대·의대, 이화여대, 성균관대, 고려대, 서울여대, 감신대, 명지대에서 일제히 유신철폐 학생 시위가 시도되었다. 그러나 어느 대학도 가두시위는 성공하지 못했다.[57]

### 2) 하나의 사건에 징역 1,650년

1974년 4월 3일 밤 10시. 박정희는 특별담화를 발표했다. '전국민주청년학생총연맹'이라는 하나의 단체에 대해 대통령이 비상대권을 발동한 것이었다. 총 12개 항으로 되어 있는 긴급조치 4호는 유신체제에 도전하는 자는 누구라도 죽여 버린다는, 이성을 잃은 초강경 극약처방이었다.[58] "민청학련과 관계되는 제 단체를 조직하거나 이에 가입, 고무, 찬양하는 일체의 행위, 정당한 이유 없이 출석·수업을 거부, 학교 관계자 지도·감독 하의 정상적 수업과 연구 활동을 제외한 학내 외 집회·시위·성토·농성 기타 일체의 개별적 집단 행위를 금하고 이 조치를 비방한 자는 5년 이상의 유기징역에서 최고 사형까지 처한다." 민주 진영에게는 공포 그 자체였다. 학생들의 수업 거부·시험 거부까지도 징역 5년 이상에 처한다고 밝혔으니, 대학은 꽁꽁 얼어붙고 말았다. 박정희는 자수 기간을 설정하여 관련 사실을 남김없이 고백하면 처벌하지 않겠다고 발표했고 이러한 꼬임에 빠져 전국에서 266명에 달하는 인원이 자진 출두하여 동지들의 비밀을 털어놓았다.

수사당국은 대대적인 검거에 나섰다. 이미 3월 28일의 서강대 시위 때 서중석·최병두·이종구·문국주 등을 연행했고, 4월 9일에는 한국기독학생회총연맹(KSCF)의 이직형 총무, 안재웅·정상복 간사, 나상기 등 26명, 서울대 공대 학생회장 이종원 등 6명, 한양대 이우회·이상익, 전남대의 문덕희·이학영·윤한봉·박형선·김상윤 등이 줄줄이 연행되고 4월 13일에

---

57 『민청학련』, 235-402의 요약.

58 김지하를 수사하던 중앙정보부 6국장이 "우리는 이미 독배를 마셨다. 이제 우리가 못할 일은 하나도 없다. 그걸 소화시키면 살고 소화 못 시키면 죽을 뿐이다"라고 한 말은 긴급조치 4호가 자신들을 죽이는 독이 될 수 있음을 알면서도 이 정도 극약을 쓰지 않으면 안 되는 상황이었다고 판단했음을 시사한다. 민청학련계승사업회, 『민청학련』, 411.

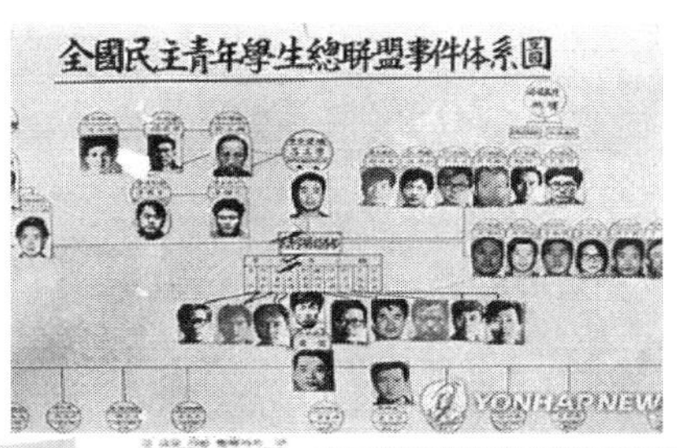

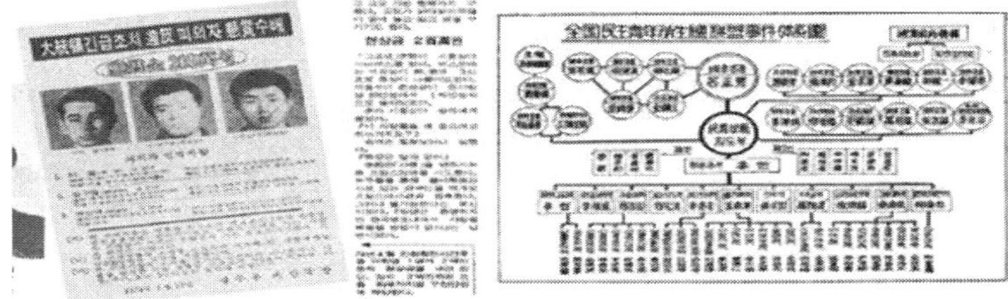

「한겨레신문」 2014년 3월 5일자. (민청학련 사건을 알리는 벽보와 현상수배지)
https://www.hani.co.kr/arti/society/media/626939.html

는 수백 명이 수배되었다. 경찰은 유인태·이철·강구철 등에 대해서는 현상금 200만 원과 1계급 특진을 내걸었다. 간첩 현상금이 30만 원이던 시절 유인태, 이철 등의 현상금은 200만 원까지 치솟아 있었다.[59] 사진을 박은 수배 전단이 시내는 물론 동네 골목 안, 버스의 창문마다 붙었다. 또 전국적으로 섬 지역까지 비상반상회를 열도록 했다. 마치 간첩 신고와 같이 수상한 사람이 이웃에 없는지 살피도록 독려하고 있었다. 거리에서는 요소마다 경찰들이 행인에게 불심검문을 했다. 15일 유인태가 불심검문으로, 17일 여정남이 붙잡혔다. 긴 도피 생활 끝에 4월 24일 이철이 붙잡혔다. 이철을 만나기로 한 친척 동생은 끌려가는 오빠의 모습을 보면서 아는 체도 못하고 눈물만 펑펑 쏟았다. 반면, 이철을 잡은 사직파출소 소속 유 모 순경은 "맞다! 너 이철이다! 만세! 만세!" 수사당국은 최종적으로 모두 1,024명을 연행해 그중 180명을 구속시켰다. 구속, 기소자 중 민청학련 사건 관련자는 123명이다. 학생 108명(서울대 40명, 전남대 14명, 서강대 11명, 연세대 10명, 경북대 8명, 성균관대 4명, 부산대,

---

59 4월 14일 유인태와 이철이 여정남의 신설동 하숙집에서 점심을 먹고 있는데 라디오에서 정오 뉴스가 나왔다. "아니, 우리 현상금이 200만 원이야!" "셋이 합쳐서겠지. 간첩이 30인데" 1시 뉴스로 다시 확인했다. 이철은 어차피 잡힐 것이니 아는 사람에게 신고하게 해서 그 현상금의 절반만이라도 어려운 가정에 보탬이 되게 했으면 좋겠다고 농담 반 진담 반으로 말했다. 4월 24일 이철의 현상금은 다시 올라 300만 원이 되었다. 민청학련계승사업회, 『민청학련』, 431.

한신대, 한양대 각 3명, 감리교신학대, 강원대, 고려대, 국민대, 단국대, 동국대, 한국외대, 홍익대 각 1명, 학생운동 선배 2명, 부산고, 동이고 각 1명)이었으며 이 중 KSCF 소속이 18명, 일반인 13명(윤보선, 지학순, 박형규, 김동길, 김찬국, 류근일, 김지하, 박두칠, 박홍식, 이직형, 안재웅, 정상복, 서경석, 일본인 2명)이 포함됐다. 이외에도 인혁당 사건 24명, 민청학련 사건 이후 관련자 5명, 기타 16명에 달했다.

이 중 조직적으로 가장 심각한 피해를 입은 곳은 KSCF였다. KSCF와 이사, 전 회원, 기독자교수협의회 교수까지 총 25명에 이르렀다. 이직형(KSCF 총무 대리), 안재웅(서부지역 담당 간사), 정상복(중부지역 담당 간사), 나상기(1973년 회장), 서창석(KSCF 회장), 최민화(서울지구 회장), 장영달(서울지구 기획부장), 신대균(서울지구 연구부장), 이원희(서울지구 조직1부장), 정명기(1972년 연맹 부회장), 서경석(전 회원), 황인성(1973년 학사단장), 이광일(1972년 서기), 김경남(회원), 권진관(회원), 구창완(회원), 윤관덕(회원), 김형기(전 회원), 이재웅(전 회원), 정문화(전 회원), 김효순(전 회원), 나병식(학사단원), 박형규(KSCF 이사), 김찬국(기독자교수협 교수), 김동길(기독자교수협 교수) 등이다. 민청학련 관련자 1,024명의 학생·지식인을 연행, 조사하여 이 중 745명은 훈방, 253명을 비상군법회의에 송치했다. 비상보통군법회의 검찰부는 송치된 253명 중 다시 73명을 석방하고 180명을 기소하였다.

**<이철 선생 회고>60**

6월 15일 오전, 국방부와 인접한 비상보통군법회의 법정에서 학생운동 관련자 32명에 대한 첫 공판이 열렸다. 32명이나 되는 피고인만으로도 공판장은 꽉 메워졌다. 재판은 투쟁의 정당성과 유신정권의 사활을 건 우리와 검찰 측 간의 설전으로 6월의 초여름 날씨를 한여름 염천으로 바꾸어 놓았다. 우리는 주장을 공세적으로 펼쳐나갔다. 때문에 재판은 발언제지, 경고, 휴정, 퇴정명령, 항의 소동으로 뒤범벅이 되었다. 7월 9일 결심공판에서 검사는 나를 포함한 8명에게 사형을 구형하였다. "이 나라의 민주주의를 위해 목숨을 바치는 것은 아깝지 않다. 하지만 나에게 빨갱이라는 누명을 씌우지는 말라. 그렇다면 나는 떳떳이 죽겠다"고 진술하였고 함께 사형을 구형받은 김병곤은 '영광'이라고까지 하였다. 32명에 대한 선고 형량은 무기, 사형을 제외하고도 340년이었다.

문제는 여기서 그치지 않았다. 또 다른 그림표, 인혁당의 민청학련 배후 조종설이 조작되

60 이철, "내가 겪은 민청학련 사건에서 사형수가 되기까지," 262.

고 있었다. 당국은 전국민주청년학생총연맹의 성격을 반국가적, 용공적인 것으로 몰아세우기 위해 '인혁당(인민혁명당)'을 연결시키는 조작을 단행하였다. 오로지 여정남이라는 한 인물을 매개로 이 두 단체를 연결 지은 당국은 인혁당 관련자들을 완전히 공산주의자들로 낙인찍고 이들과 연관 있는 학생들까지 공산주의자인 것처럼 간주하려 조작, 대대적인 연행과 고문을 통해 조직표를 완성하였다. 처음 수사관들은 여정남의 관계에 대해서 유인태에게 폭력혁명을 지시했다고 쓰라 협박하였다. 하지만 일주일도 채 지나지 않아 여정남으로부터 지시를 받았다고 바꿔 쓰라는 협박을 하였다. 여정남이 민청학련을 지도하고 여정남은 인혁당 관련자들에게서 지도받은 것으로 조작한 것이다. 기독학생연맹이 핵심 조직의 하나인 줄 알았던 수사당국은 서울대생들이 계속 잡혀 오면서 초점을 옮겼다. 일본공산당과 연결시키려 했다가 여정남을 조사하면서 방향을 바꿔 인혁당을 배후 조종 세력으로 조작하게 된 것이다.[61]

1974년 7월 13일 오전, 민청학련 관련자 32명에 대한 선고공판이 열렸다. 이철, 유인태, 여정남, 김병곤, 나병식, 김영일, 이현배 7명에게 사형을, 정문화, 황인성, 서중석, 안양로, 이근성, 김효순, 유근일 등 7명에게 무기징역을, 정윤광, 강구철, 이강철, 정화영, 임규영, 김영준, 송무호, 정상복, 이직형, 나상기, 서경석, 이광일 등 12명에게 징역 20년과 자격정지 15년에,[62] 구충서, 김정길, 이강, 윤한봉, 김수길, 안재웅 등 6명에게 징역 15년 자격정지 15년을 선고했다.[63] 1심인 '비상보통군법회의'의 사형 9명, 무기징역 21명을 제외하고서도 그 외 140명에 달하는 피고인들에게 선고된 징역 형량은 도합 1,650여 년에 달했다.[64]

KSCF 관련 구속자들은 제3심판부에서 판결했는바, 서창석 징역 20년, 김형기 징·자

---

61 민청학련계승사업회, 『민청학련』, 455.

62 비상보통군법회의 제1심판부 판결문. 민청학련운동계승사업회, 『비상보통군법회의 판결문집』 (서울: 학민사, 1994), 142.

63 제1심판부는 사건명을 6개로 분류하여 형량을 적용하였다. (가) 대통령 긴급조치 위반 (나) 국가보안법 위반 (다) 내란예비음모 (라) 내란 선동 (마) 반공법 위반 (바) 뇌물공여. 이철은 (가나다라), 유인태· 여정남· 정문화· 김병곤· 황인성· 나병식· 이근성· 정윤광· 이강철· 정화영· 임규영은 (가나다마), 김영일· 김효순· 이현배는 (가나라마), 서중석· 안양노· 강구철· 구충서· 김정길· 이강· 윤한봉· 김영준· 송무호· 김수길은 (가나다), 정상복· 나상기· 이광일은 (가다라), 유근일은 (가나라), 이직형은 (가라바), 안재웅· 서경석은 (가라)로 구분되었다. 내란 선동은 이철, 김영일, 김효순, 이현배, 정상복, 나상기, 이광일, 유근일, 이직형, 안재웅, 서경석에게 적용하였다.

64 한국기독교교회협의회 인권위원회, 『1970년대 민주화운동 1』, 368.

15년, 최민화, 윤관덕, 김경남을 각 징역 15년, 구창완 징역 12년, 이원희, 정명기, 장영달, 이재웅, 신대균, 권진관을 각 징역 10년을 선고했다.[65]

<서창석 선생 구술>

기독교가 박형규 목사 때문에 워낙 시끄러워가지고 기독교 쪽을 축소하는 방향으로 따로 떼어내고 일반 대학하고 인혁당 사람들을 완전히 공산주의자로 몰기로 하고 기독교는 일부가 그냥 꼽사리 낀 거다. 그래서 기독교 쪽은 정보부에서 수사하다가 보안사로 갔어요. 보안사에 갔더니 "야 너희들 정보부에서 매 많이 맞았지? 개들은 참 못됐어" 이러더라고. "우리는 학생들은 손 안 대" 이러면서 아주 친절하게 해주더라고. 그리고 조서 작성만 하더라고. 그러니까 축소하는 방향으로 간 거예요. 그래서 보안사가 알아서 정리하는 방향으로 간 건데 이제 일반 대학 쪽에 나병식이 황인성이 이렇게 또 우리 제일교회 애들이 들어가 있잖아요. 일반 민청학련 쪽 애들이 생각하기에 이거 안 되겠다 교회를 물고 늘어져야지 우리가 완전히 공산 빨갱이로 몰리겠다 싶어서 일부러 그 다음부터 KSCF에서 돈 받은 거 이런 거 불기 시작했대요. 처음에는 안 하다가 이거 KSCF를 끌고 들어가야겠다. 그래서 교계를 막 끌고 들어갔다고 그러더라고. 황인성이와 나병식이가 그런 얘기를 했어. 나중에 자기네가 일부러 불기 시작했다고. 기독교는 빼놓는구나 하는 걸 느끼고서. 그래서 보면 NCC의 후원을 받는 목요기도회가 세게 나왔던 겁니다.

민청학련 동지회는 50주년 기념과 작고 회원 추모식을 열면서 민청학련 사건의 사적 의의를 다음과 같이 서술하고 있다.

'1960년대 이래 민주화운동 세력이 최대 규모로 결집하여 유신 폭압 정권과 충돌한 사건이었고 종교계, 언론계, 문화예술계, 지식인 등 사회 각 분야의 민주화운동 진영을 창출하여 1979년의 10.26 유신정권 붕괴와 1987년 6월 항쟁으로 절정에 달한 대중적 민주화운동의 기반을 형성한 운동이었으며, 한국 민주화운동이 대중적 민주화운동에 이르는 발전 과정을 거쳐 성공에 이른 운동이라 할 때 민청학련 운동은 그 이전의 학생운동 위주의 민주화운동에 사회 각 부문의 민주화운동을 추가하게 하여 대중적 민주화운동의 토대를 형성하게 한 계기가 된 운동이었다. 또한 학생들의 민주화운동 참여의식에 고무된 학생연합시위 추진 운동이었으나 유신정권의 대규모 탄압 의도가 귀결시킨 대규모 민주화운동 연대를 창출하였다. 첫째, 참여 세력 규모의 측면에서 4월 혁명, 부마항쟁, 광주민주화운동, 87년 6월 항쟁 등

65 비상보통군법회의 제3심판부 판결문(1974. 8. 12). 민청학련운동계승사업회, 『비상보통군법회의 판결문집』, 889.

대중적 민주화 투쟁을 제외하고 유신 폭압 정권과 1960년대 이래 민주화운동 세력이 민주화 운동 사상 최대 규모로 결집하여 충돌한 사건이었으며 학생운동 세력, 종교계 세력 및 대학 교수, 구 제도 정치인이 참여하여 범국민 운동의 양상으로 전개된 운동이었다.'[66]

위의 의미에 더하여 민청학련 사건은 우선 전국 시위를 목표로 형성된 철저한 점조직이었다. 그들은 각 대학을 수평적으로 연결시켰다. 각 지역대학의 중심 세력을 만나 반 유신 투쟁 의지를 확인, 고취시키고 이를 결집해 나가는 방식으로 접근하였다. 권위와 명령적 질서로서의 중앙위원회가 존재했다거나 대외협력부와 같이 조직적 체계로서 상층 및 하부 간 연대 작업이 아닌 연대조직이었다. 각자의 방식으로 각자의 상황 속에서 반 유신 투쟁을 준비하고 있을 사람들이었기에 모일 수 있었고 그러하기에 일방적 리드가 아니었다. 반 유신 투쟁을 하고자 이미 준비된 사람들과의 만남. 새롭게 만나는 사람들과 또 다른 사람들과의 관계가 형성되고 점차 깊어지는 동지로서의 신뢰를 확보하였기 때문에 전국적인 학생 연대가 가능할 수 있었다.

다양한 인맥 구성을 통해 직·간접으로 그룹들을 연결하여 반 유신 투쟁의 지평을 넓혔다. 중앙일보 논설 위원 류근일, 학생운동권 선배그룹(1969년 3선 개헌운동 시 강제 징집된 후 복학한 이들 - 서중석, 유인태, 안양로, 정윤광, 이철 등)과 70-71학번을 주축으로 한 후배그룹으로 나뉘며, 이는 다시 학생운동 그룹과 기독교학생회 그룹으로 대별된다. 이외에 종교계 지학순 주교 및 원주팀(박재일 등의 농민운동 그룹과 종교계, 김지하 씨 등) 박형규 목사 그리고 정계(윤보선) 및 재야 원로(함석헌, 장준하, 백기완 등), 문학계와 학계(김동길, 김찬국, 백낙청 등)로 분류되는 다양한 층의 동지들을 연결하는 작업을 하였다.[67]

또한 이 사건을 계기로 더 큰 연대를 이끌어내는 성과를 가져왔다. 그들의 4.3 전국적 대규모 시위는 시행되지 못했지만, 그 후폭풍이 몰고 온 성과는 각계각층 연대를 최초로 일궈낸 성과였다. 이 연대는 결국 1979년 철옹성 같은 박정희 정권을 무너뜨렸다.

학생운동의 지향점과 운동의 성격을 '민중 지향적'으로 바꾸는 데 일조하였다. <민중·민

66 민청학련 동지회, 「민청학련 50주년 기념 및 작고 회원 추모식 자료집」, 2024. 5. 30, 24-25.
67 이철, "민청학련 사건에서 사형수가 되기까지," 248.

족·민주 선언>은 민주화운동과 학생운동 및 통일운동이 지향해야 할 성격에 대한 제시였다. 민청학련의 전단을 보면, 앞서간 애국시민, 학생의 뒤를 이으며 민중의 편에 서서 민중의 이익을 대변하고자 전국의 모든 학생들은 이 시각을 기하여 총궐기하였다. 1. 굶어 죽을 자유 말고 먹고 살 권리 찾자 2. 배고파서 못 살겠다 기아임금 인상하라 3. 유신이란 간판 걸고 국민 자유 박탈 마라 4. 남북통일 사탕발림 영구집권 최후 수단 5. 재벌을 위한 경제성장, 정권을 위한 국민총화 6. 왜놈을 위한 공업화에 민중들만 죽어난다. 전체 6개 항목 중 4개 항목이 민중 생존권과 연관 있다. 눈여겨보아야 할 일은 경북대 선언문이다. 각 대학의 자발성으로 전국 반 유신 대규모 시위를 기획했지만, 선언문의 이슈들은 각 대학의 상황에 따라 대처하기로 한 터였다. 그런데 경북대 선언 중 통일 세력 제안은 서울 지역 대학 유인물에서 한 발 앞서는 내용을 제시한다. 특히 박정희의 최대 지지 세력이 모여 있는 대구에서 나타난 강력한 저항, 이는 인혁당 사건 희생자가 대구에 집중해 있는 것과 같은 맥락이다. 대구의 저항 세력에 대해 박정희는 더욱 민감했을 것이다.

### 3) 억압이 새로운 연대를 부르다

시작은 학생들의 전국적 움직임의 기획이었지만 민청학련 사건은 억압이 더해질수록 더 많은 영역에서 연대를 이루게 되었다. 우선 그 연대는 가족으로부터 시작된다. 안재웅 목사의 아내 이경애의 회고부터 살펴본다.

**<이경애 선생 회고>68**

1974년 4월 3일, 긴급조치 4호가 발효되었고 소위 민청학련 사건이 박 정권에 의해 조작 발표되었다. 그러니까 남편(안재웅)은 연행된 지 사흘 만에 정보부에 의해 이미 짜여진 각본에 따라 자금책으로 끼워 넣어진 것이다. 나라 안 이곳저곳은 온통 이 사건을 알리는 홍보물로 가득 메워졌다.

덕수궁 돌담 벽 위에도, 극장의 대한뉴스에도, 관공서의 게시판 위에도 사건 연루자들의 사진과 함께 그들이 저질렀다는 반역의 내용들이 상세한 도표와 함께 붙여져 있었다.

그런데 정작 그 도표에 나와 있는 이철, 유인태, 강구철 씨 등은 그때까지도 검거되지 않고 있었다. 수많은 친인척들이 경찰서 끌려가 그들이 숨어 있는 곳을 대라는 윽박지름을 당했고 거리마다 현상금이 붙은 수배자 전단이 뿌려졌다. 사람들은 될 수만 있으면 사건 연루자들의 가족들과 마주치지 않으려 애를 썼다. 나 역시 갑자기 악성 전염병 환자가 되어버렸다.

6월 15일. 남편의 첫 재판이 열리는 날이다. 오전 9시 삼각지 육군본부. 조그만 대기실에 하나 둘 가족들이 모여들기 시작했다. 서경석, 창석 씨 형제의 어머니는 진홍빛 원피스를 곱게 차려입고 오셨다. 그 뒤를 이어 한승헌 변호사, 김지하 씨의 부인과 아기 그리고 장모인 박경리 씨가 차례로 들어왔다. 32명이 다 끝나는 데는 꽤 시간이 걸렸다. 재판은 잠시 휴정을 맞았다. 김지하 씨는 처음 만나는 아기가 신기했던지 계속 뒤돌아 선 채 어쩔 줄을 몰라 했다. "아이를 안고 빨리 뛰어가서 아빠한테 보이고 오세요" 내 말이 끝나자마자 김영주씨는 헌병들의 경계선을 뚫고 쏜살같이 앞으로 내달렸다. 김지하 씨가 감격스러운 표정으로 아기의 얼굴을 두 손으로 감싸는 순간, "피고들 뭐해요. 빨리빨리 퇴정하지 않고" 헌병들은 와락 달겨들어 김지하 씨와 아기를 떼어 놓더니 법정 밖으로 나갔다. "힘내세요" "사랑해요" "밖에서도 모두 열심히 뛰고 있어요" 가족들은 끌려 나가는 그들의 등을 향해 크게 외쳐댔다.

### 호소문69

저는 긴급조치 1, 4호 위반으로 74년 비상보통군법회의에서 사형을 선고받았다가, 관할관(국방부 장관)의 확인 과정에서 무기징역형으로 감형되어, 현재까지 광주교도소에서 복역 중에 있는 전 서울대생 유인태의 에미입니다. 저희 집 애는 75년 2월, 대부분의 정치범이 형 또는 구속 집행정지로 풀려나올 때 제외되었습니다.

이제 그 아이의 나이는 30살입니다. 74년 4월, 그 아이의 사진이 거리의 벽보판과 담벼락 등 곳곳에 나붙고, 서슬이 시퍼렇게 정보원과 형사들이 찾아 헤매다가 끝내 4월 15일 그 아이가 체포된 그때의 기억을 저는 잊을 수가 없습니다. 그로부터 만 4년 하고도 2개월을 그 아이는 감옥에만 갇혀 있습니다. 당시 수사 정보 기관원은 우리 집 그 아이가 공산주의자와 접선할 것이라면서, 그렇게 되면 그 아이가 지극히 위태해지므로 접선해 만나기 전에 서둘러 잡아야 한다면서, 저희 가족들을 설득했습니다. 잡는 데 협조해 주는 것만이 그 아이를 살리는 길이라는 것이었습니다. 그리고 길거리에 나가면, 그 아이의 사진은 서울대 친구인 이철 군 과 강구철 군의 사진과 함께 곳곳에 나붙어 있었고 통, 반의 조직을 통하여 전 서울 시내를 이 잡듯 뒤졌습니다. 당시 저희들의 심정은 무어라 표현할 길이 없습니다. 부끄럽고, 염치없는 고백입니다만, 당시 저희들은 수사 정보 기관원의 말을 믿고, 내 아들을 잡는 데 협조하는 길만이 내 아들 살리는 길인 줄만 알았습니다. 생각해 보면 너무나 어리석었습니다.

너무나 어처구니없는 일이었습니다. 그러나 그 길이 내 아들을 살리는 길이라면, 그 부모로써 어떤 짓인들 못 하겠습니까? 결국 저희는 아들을 잡히게 하는 데 어처구니없게도 협력했고 또 내 아들이 잡히기를 바랬습니다. 내 아들이 장한 아들이고, 또 저희들이 속았다는 것을 안 것은 가족 1인만의 방청이 허용되는 비상보통군법회의에서의 재판 과정을 지켜보면서부터 였습니다.

---

68 이철, "내가 겪은 민청학련 사건에서 사형수가 되기까지," 262.

69 한국기독교역사연구소 소장사료 1005-089-266-20.

그러나 그때 후회를 하고 땅을 치며 통곡을 한들 무엇하겠습니까? 엎질러진 물은 다시 퍼 담을 수 없었습니다. 결국 우리는 아들을 저 악랄한 손아귀 속에 넘겨주었던 것입니다.

비상보통군법회의에서 구형에 사형선고가 떨어질 때 자식을 가진 부모로서 그 아득하고 혼미하기만 하던 심정을 어떻게 말씀드릴 수가 있겠습니까? 더욱이 아들이 잡히기를 바랬던 어미의 심정이 어떠하였겠습니까? 그해 봄과 여름은 눈물로 지새웠습니다. 밥이 넘어가지 않았습니다. 아들에 대한 속죄로라도 죽고만 싶었습니다. 그러나 그 애는 끝내 당당하였고, 오히려 저희들을 위로하는 것이었습니다. 그때 잡혀 들어간 사람들이 200여 명을 넘어섰고, 또 그 가족들과 어울리면서 많은 위로를 받았읍니다. 그리고 사형선고가 무기징역형으로 감형된 것이 마치 하느님의 은총으로 생각되었읍니다. 75년 2월 대부분의 긴급조치 1, 4호 위반의 정치범들이 석방될 때 우리 집 아이는 74년 4월 당시 학생의 신분이 아니었다는 이유로, 즉 학적을 가지고 있지 않다는 이유로 석방에서 제외되었읍니다. 가족들의 모임에도 나가지 말고, 목요기도회, 금요기도회에도 나가지 말며, 당시 명동성당에서 있었던 인권회복 기도회에도 나가지 말라는 것이었읍니다. 혹시 당국의 말대로 가만히 있으면 자식이 더 빨리 나오지 않을까 하는 바람에서 저희들은 그러한 모임에도 나가지 않았읍니다. 다른 여러 가족에게는 항상 죄지은 느낌이었읍니다. 그렇지만 자식이 나오기만 한다면 그러한 부끄러움이야 견딜 수 있다고 생각했읍니다. 이렇게 저는 어리석기만 했읍니다. 그러나 가만히 있으면 내준다는 말과는 달리 그런 상태로 우리 집 아이는 서울에서 광주로 이감을 갔고 한 달에 한 번 가족 면회 날에는 광주에 내려가 접견을 하곤 합니다.

그것이 만 4년 2개월이 되었읍니다. 이제 저는 언제나 당국에 의하여 속아왔음을! ! 확연히 깨닫게 되었읍니다. 이 어리석음에 대한 부끄러움과 후회가 하늘에 사무칩니다. 속아온 나날에 대한 원통함이 뼈를 깎읍니다. 저는 저처럼 어리석은 부모가 없기를 간절히 바랍니다. 가만히 있으면 내준다는 말은 마치 녹음기라도 틀듯 당국이 말하는 속임수요, 어설픈 자장가라는 사실도 깨닫게 되었읍니다. 결국 우리 집 아이와 같은 모든 정치범이 석방되기 위해서는, 민주주의가 회복되어야 합니다.

민주주의가 회복되기 위해서는 현 정권으로 은혜를 기다릴 것이 아니라 양심과 정의를 사랑하는 모든 국민들의 힘으로 싸워야 한다는 사실도 깨닫게 되었읍니다. 그리하여 다시는 이 땅에 억압과 정치적 폭력이 없는 사회가 되어야 하겠읍니다. 설사 내 자식이 나온들 다른 사람들이 또 그 자리에 들어간다면 투옥과 석방만이 무수하게 되풀이될 뿐이 아니겠읍니까? 이것이 자식을 감옥에 넣고 5년 가까이 그 어미가 깨달은 결론입니다. 감옥에 있는 자식에게 배운 결론입니다.

제 몸이 아픈 데 필요한 약보다는, 동료 수형자들의 건강을 더 걱정하며, 약을 넣어 줄 것을 요구합니다. 저 역시 하느님을 믿습니다만, 오히려 그리스도 정신이니 그 가르침을 자식에게 배우는 부모일 뿐입니다. 그러나 자식의 현재 저러고 있는 상황은 너무나 처절합니다. 제 자식은 원래 그렇게 든든한 체질이 못됩니다. 1974년 4월 15일 체포될 때 그 아이는 위장병과 치질을 지병으로 가지고 있었습니다. 뒤에 들은 이야기지만 제 자식을 잡은 그 기관원은 200만 원의 현상금과 2계급 특진을 누렸다고 합니다. 이렇게 체포된 제 자식은 이른바 민청학련 사건의 주모자로서 여러 달 동안, 이름 높은 중앙정보부에서 정신적 학대와 육체적 고통을 받았읍니다. 저희들이 잡힌 뒤 그 자식을 처음 면회했을 때 제 자식은 치질로 심한 하혈을 하고 있었습니다. 그러나 약도 제대로 받아주지 않았읍니다. 그러나 서울 구치소에 있을 때에는 그래도 서울에 있다는 사실 때문에 안심이 되기는 했습니다. 설마 죽게 내버리기야 하겠느냐는 생각도 가지고 있었읍니다. 그러나 75년 11월 19일, 광주로 이감 가면서부터 저희들의 옥바라지는 더욱 고되고 또 그 아이의 병약한 몸 때문에 한시도 마음을 놓을 수가 없었습니다. 내려가서 한 달 동안은 서울서 온 정치

중죄인이라 혹독한 시련을 겪었다고 합니다.

치질은 점점 악화되어 출혈은 물론 탈항(脫肛)이 되었고 오랜 감옥 생활에 따른 영양부족으로 괴혈병에 생겨 잇몸에서는 스치기만 해도 피가 흐르고 있읍니다. 뿐만 아니라, 소화불량에 따른 만성 설사로 자식의 배에는 언제나 광목의 천으로 된 띠를 두르고 있읍니다. 거기다 감방 안으로 들어오는 모든 빛을 차단시켜 놓아 낮에도 책 읽기가 어려운 상태로서 마침내 극심한 시력 저하와 장애를 일으키고 있읍니다. 이대로 놓아두었다가는 끝내 실명하여 장님이 되지 않을까 염려될 지경입니다.

어미 된 이 사람의 가슴은 찢어지는 것 같읍니다. 저희 자식이 못 나오는 것은 이를 악물고 참을 수 있읍니다. 점점 늘어가기만 하는 정치범들 가운데 유독 제 자식만 나오기만을 결코 바라지는 않읍니다. 그러나 자식에 대한 이토록 가혹한 감옥 생활만은 개선되었으면 하는 것이 저의 간절한 소원이요, 소망입니다. 감옥에 있는 상태로서나마, 내 자식의 건강이 지켜지기를 더없이 바라옵니다. 이 어미의 호소가 이루어지도록 하여 주시기를 간절히 간절히 바랄 뿐이옵니다. 그리고 5년째 감옥에 있는 긴급조치 1, 4호 위반의 학생들과 다른 여러 인사들이 있다는 사실도, 또한 잊지 말아주시기 바랍니다.

1978. 5.

**유인태의 모 박노숙**

1978년 5월 29일 광주 노동자와 농민을 위한 기도회, 유인태 씨 어머니

7월부터 열린 목요기도회는 가족들의 염원을 모아 열린 장이었다. 유인태 어머니처럼 가족들은 처음에 나오지 못했다. 김지하 씨의 어머니같이 여기저기 문을 두드리는 가족이 있는 반면, 당국의 회유가 전부인 줄 아는 가족들도 있었다. 그러나 시간은 점점 가족들의 발길을 돌리게 하였다.

**<민청학련 새 집행부 임상호 공동대표>70**

목요기도회. 민청학련 사건에 학생들이 100여 명 구속되니까 어머니들이 갈 데가 없었어요. 면회도 안 시켜주고 하다못해 어디가 있었는지도 몰랐어요. 그럴 때 어머니가 서대문구치소 앞에서 헤매고 있는데 어떤 분들이 와서 뭐하고 있냐 하더래요. 내 아들이 서강대 누구누군데 말도 못했대요. "신문에는 내 아들이 빨갱이로 되어 있었어요" 어디 가서 말도 못했대요. 그런데 여기 이 자리로 인도되어 오셨어요. 얼마나 위로를 받았겠어요. 최근 자료사진 보고 깜짝 놀랐어요. 사진을 보고 얼마나 감동했는지 모릅니다. 민가협 모태가 되는 구속자가족협의회인데요 그 어머니들이. 유신시대예요. 최초로 플래카드 들고 나갔어요. 가족들이요. 그 사진 보니까 저희 어머니가 맨 앞에 서 있는 거예요. (청중 웃음) 감동적입니다. 저를 포함해서 가족들이 목요기도회에서 받았던 위로와 용기. 그래서 민주화되기 전까지 목요기도회는 계속되어야 할 것 같습니다.

**<강순이 선생 구술>71**

6.25 때 육군 소위로 대위까지 제대하는 사람을 아무 잘못도 없는데 조작을 해서 사람을 이렇게 죽이면 되냐 이거야. 재심하라고. 이부영 동아일보 기자를 만나 가지고 당신네들 동물 죽어도 신문에 내면서 사람이 9명이나 죽었는데 기사도 못 내냐고 찾아갔어요. 목요기도회 대환영합니다. 우리 얘기 잘 들어주고 가족같이 들어줘서 매주 찾아갔죠.

가족들은 맨 앞에 서서 싸우는 투사가 되었고 이들과 함께하는 목요기도회의 열기는 점점 뜨거워졌다. 재야, 지식인, 학생, 종교인 등이 목요기도회로 속속 모여들었고 해외 외신 기자, 동아·조선일보 기자들은 거의 한 주도 빠짐없이 기사를 내었다. NCC 구속기독자대책위원회는 KSCF 관련 구속자들을 위한 변호인단 선임을 추진하였고 교계지도자 9인은 김종필 총리를 방문하여 구속자 특면 사면을 요청하는 등 대응하였다. 교역자, 평신도 지도자 1,500여 명이 참석한 가운데 새문안교회에서 기도회를 가지며 진정서, 석방요청 담화문, 유신헌법 개정 요구 선언문 등 당국을 향해 압박을 가했다. NCC의 신속한 대응, 기독교단체들의 호소, 항의, 진정서 등 다각도의 접근방법을 통해 구속된 학생들과 연대해 나갔다. 또 각 교단 및 교회들에서도 성명서, 탄원서, 호소문, 진정서, 기도회, 철야기도회를 여는 등 연대의 규모는 커져만 갔다.

한편, 6월 15일 첫 공판을 시작으로 7월 11일 선고공판, 7월 13일, 8월 12일 차례로 열린 선고공판에서 구형대로 선고가 내려지자 구속자 가족들은 조직적인 대응을 하기 위해 서둘러 9월 '구속자가족협의회'를 결성하였다(이하 구가협). 이 모든 정보의 통로는 목요기도회였다.

---

70 목요기도회 50주년 기념 예배 인사말 중, 2024. 7. 4.

71 목요기도회 50주년 기념 예배 영상(인혁당재건위 사건 우홍선 씨 아내) 중, 2024. 7. 4.

## III. NCC, 인권위원회를 열다(1974. 4.)

NCC는 1973년 11월 23~24일, 서울 분도회관에서 인권협의회를 개최하였다. '신앙과 인권'이라는 주제를 갖고 비공개로 모였다. 이 모임에는 언론계, 학계, 노사, 여성, 신학, 교계, 법조계에서 34명이 참석하였다. 교계에서는 안병무, 한철하, 김관석, 김윤식, 김재준, 마경일, 마삼락, 박달진, 박형규, 배명준, 서광선, 우령성, 이영민, 장형일, 조향록이 참가했다. 인권을 주제로 한 첫 세미나로서 11월 24일 '인권은 하나님이 주신 지상의 가치'이며 '교회는 인권의 확립을 지상의 과제로 믿고 교회는 시대적 사명이 개인의 생존 근거이며 사회발전의 기초인 인권 확립을 확신한다'라는 <인권선언>을 채택했다.[72] 그리고 점증하는 인권침해에 주목하고 인권신장을 위해서는 인권 문제를 지속적으로 다룰 수 있는 상설기구가 필요하다는 데 의견을 모으고 NCC 실행위원회에 상설기구 설치를 건의하고 인권위원회를 상설기구로 두기로 결정하였다. 이 협의회의 가장 중요한 의의는 바로 인권위원회 설치 결정이다.

결정은 되었으나 절차를 밟는 과정 중에 박정희 정부는 긴급조치 1, 2호를 발동한다. 1973년 개헌 청원 백만인 서명운동이 전국적으로 일어나자 이를 중단하기 위한 조처였다. 서명운동은 중단되었고 당장 긴급조치 1호로 34명이 구속되었다. 장준하, 백기완에게 최고형인 징역 15년형이 선고되었고 서울대생, 연대생 10명이 구속되었다. 성직자로서는 1월 9일 권호경, 김동완, 이해학, 허병섭, 이규상, 박창언 전도사가 구속되었다. 이에 NCC는 인권위원회 조직을 서두르기 시작하여 2월 25일 회칙을 심의하고 통과시켰다. 인권위원회 발족을 앞두고 4월 3일 긴급조치 4호가 선포되어 소위 민청학련 사건으로 1,024명이 연행되고 180명이 구속되는 일이 발생했다.

NCC는 서둘러 4월 11일 오후 4시 기독교회관 소회의실에서 인권위원회 첫 회의를 하였다. NCC 총무 김관석 목사는 인권위원회가 설립되게 된 동기와 그간의 경위, 현재 세계교회가 인권에 대한 깊은 관심을 갖고 있으며 인권위원회가 발족하는 의의와 취지를 설명하였다. 고난주간으로 인해 인권위원의 전원참석이 어려워 위원회 조직구성은 보류되었으나 인권위원회의 공식 발족을 선언하였다. 그리고 긴급조치 1호로 다수의 성직자 구속으로 구성한바

72 김흥수, 『자유를 위한 투쟁』 (서울: 대한기독교서회, 2017), 165.

있는 '구속성직자대책위원회'를 4월 24일 자로 '구속기독자대책위원회'로 개편하고 변호인단을 선임하는 등 대책 활동에 들어갔다. 5월 4일 오전 7시 30분, 인권위원회 위원장 이해영 목사, 부위원장 이태영 박사, 서기 홍충남 신부를 임원으로 선출하고 임원을 제외한 17명의 위원도 추대하였다.[73] 그리고 구속 학생에 대한 교회의 비상한 관심을 교계 신문을 통해 보도키로 결의하였다. 인권위원회는 다음과 같은 목적을 두고 구체적인 활동에 들어갔다.

> '인간의 존엄성에 관한 성서적 신앙에 입각하여 선교의 자유를 수호하며, 인권의 유린을 방지 또는 제거하는 책임을 교회로 하여금 성실히 이행하도록 촉구하며, 이에 필요한 사업을 수행함에 있다.'

인권위원회의 활동은 5개 분야에서 이루어졌다.

1. 인권침해의 구체적인 사례가 발생할 경우 대책 활동, 즉 사건 진상을 조사하고 정리하며 보고하고 알리는 작업과 인권침해를 당한 분의 가족들에게 상담을 통해 사태 해결을 할 수 있도록 격려하고 지원하는 일을 수행한다. 더 나아가 진정·건의·성명 등을 통해 인권침해 해소를 촉구하는 일, 기도회 등을 통해 인권 침탈한 자의 회개를 촉구하는 일 등을 수행한다.
2. 인권 보호를 위한 법적 조치의 지원이다. 공정한 재판이 이뤄질 수 있도록 법률구조사업과 영치 활동, 교도소 방문 등을 수행한다.
3. 인권 선교활동으로서 인권침해 후 사후 조치가 아니라 인권 수호를 위한 예방 사업이다. 지방 인권선교협의회를 조직하고 그들 지역 조직을 통해 지속적으로 인권에 대한 관심을 환기시키고 의식을 고취시키고 수도권과 지역과의 격차를 줄여나가 인권 수호를 위한 연대를 강화하는 일 그리고 인권문제협의회를 통해 신학적, 이론적 근거를 정립하고 인권 주간 행사를 통해 전국 교회의 공감을 얻어내는 일들을 수행하고자 한다.
4. 홍보활동으로서는 「인권소식」을 정기적으로 발행하고(「인권소식」은 1978년 6월 25일에 첫 발행) 기타 인권 의식 고취를 위해 다양한 출판물을 발행하는 일들을 수행하는 일이다.

---

73 각 교단에서 각각 2명씩 추천한 교단 대표 12인, NCC 총무, 교회와 사회위원회 위원장, 연구위원회 위원장 등 NCC 대표 3인, 법조, 언론, 도시, 학원 관계자 각 1인, 여성 관계자 2인 등 6명의 전문위원 등 21인을 구성하도록 규정하였다. 한국기독교교회협의회 인권위원회, 『1970년대 민주화운동 Ⅱ』, 469.

5. 기반 육성 및 연합 활동이다. 인권위원회가 자립적인 활동을 할 수 있도록 인권위원회 후원회를 조직하고 그를 통해 인권위원회의 기반을 육성하고 해외 교회들과의 연대활동을 통해 인권운동에 기여하는 일을 담당하는 일이다.

이상과 같은 인권위원회 활동 분야에 발맞춰 인권위원회는 우선 민청학련사건에 대해 법적으로 대응하고, 정치인들의 기독교 선교 비방 발언들에 대한 반박성명을 내었다. 그리고 강신옥 변호사 사건[74]에 대해 진정서를 제출하였고, 언론·학원·구속자·노동자를 위한 선언문을 발표하며, 언론자주선언에 대한 격려문을, 동아일보 탄압에 대한 성명서를 발표하였다. 또 제1회 인권 문제 협의회를 개최하였고,[75] 자유언론실천운동을 지원하기 위해 노력하였으며, 오글 목사 추방 사건에 대한 항의 성명서를 발표하는 것에 그치지 않고 적극적으로 오글 목사의 행정소송을 담당할 변호인단을 선정하여 오글 목사의 추방 문제에 적극적으로 대처하였다. 또한 기독자교수협의회와 인권위원회 간 공동위원회를 추진하였고, 노동계에서의 인권침해 실태를 조사하고[76], 여성 인권 사업을 지원하기 위해[77] 기생관광 문제에 강력한 항의를 하였고 한교여연 내 인권위원회가 구성되도록 돕고 실질적인 재정후원(인건비 후원)을 하였다. 매년 인권 주간 행사(12/9~12/15)로 인권의 중요함을 알리는 활동을 시작하였다. 인권위원회는 8월 23일 긴급조치 4호가 해제되었으나 구속자 석방이 이뤄지지 않

74 민청학련 관계 KSCF 담당 변호사인 강신옥 변호사가 법정 변론 중 긴급조치 4호로 구속된 사건. 한국기독교교회협의회, 『한국기독교사회운동사 7』(2020), 109.

75 "인권과 자유"라는 제목으로 협의회를 가졌다. 고난받는 자를 위한 예배, 성서 연구, 강연, 인권 현장 보고, 분과, 종합 토의 등의 내용을 가지고 1974년 10월 24일~25일까지 인권 신학의 방향을 정립하고자 하였다. 위의 책, 109.

76 산업사회에서 인권침해 실태를 파악하기 위한 작업을 지원하고 구체적인 진정 사건들을 취급하였다. 마산 수출자유지역 근로자들의 실태와 인권침해 사례조사, 인천 삼원섬유공업주식회사 노사분규, 인천 대성목재 이국선 목사 해임 사건, 용강지구 농지정리 문제, 청주 연초 제조창 근로자 문제, 청주시 청소부 퇴직금 문제, 한강성심병원 인권침해 사례 등을 다루었다(인권위원회 회의록 1974년 7월 20일자에는 다음과 같이 기록되어 있다. 1. 재일교포 원폭 피해자 보상 문제 2. 구속 학생 및 교역자들의 당면문제 3. 서독 한국인 광부들의 인권 문제 4. 마산 자유수출 지역 근로자 인권 문제-조지송 목사와 이우정 선생을 현지에 파송하여 조사케 하기로 하다: 1974년 8월 26일자, 마산 자유수출 지역 근로자 실태조사 보고서를 받고 해결 방안을 도시산업선교회와 각 관계단체와 협력하기로 하다).

77 한교여연 인권위원회를 조직, 그 실무 총무의 인건비 지원, 관광 여성 인권침해의 구체적 사업과 재일동포 박종석 군의 사건을 지원하는 히다찌 불매운동 등을 거국적 여성단체의 교회 여론을 구체화시켜 국제 여론에 영향을 주게 함(74' 인권위원회 보고, 위의 책, 112).

자 구속자가족협의회를 지원하여 구속자 가족들의 단체행동에 구심체 역할을 수행하였다.

다음은 1974년 NCC 인권위원회 발족과 목요기도회의 출발 전후의 상황 일지표이다. 소장파 목회자들에 의해 운영된 목요기도회에 인권위원회는 협력적 관계를 형성하며 인권위원회로 들어오는 새로운 소식들을 목요기도회에서 공유하고 목요기도회에서 호소된 사례들에 법적 지원 등을 하는 방식으로 공조·운영되었다.[78] 매 순간이 긴박했고 매 순간이 절실했으며 매 순간이 역동적이었던 1974년과 1975년이었다. 그 안에 인권위원회는 순탄하게 공식 발족 되었고 숨 가쁜 활동들을 추진해 갔다.

| | |
|---|---|
| 1/5 | 도시산업선교 실무자, 한국노총 비판 |
| 1/8 | 긴급조치 1, 2호 발동. 개헌 청원 백만인 서명운동 중단 |
| 1/14 | 「기독공보」 고환규 편집국장, 1월 12일 자 신문 편집 관련 연행 조사[79] |
| 1/17 | 이해학, 이규상, 김진홍, 박윤수 전도사, 김경락 목사 긴급조치 1호로 체포 |
| 1/19 | 한국노총, 도시산업선교회 비난 성명서 발표 |
| 1/23 | KSCF, 뉴스레터 1호 100부 압수당하고 서창석 회장 연행 |
| 1/28 | 보수교단지도자회의, 현실 참여에 직접적인 행동보다 금식 통한 기도가 바람직하다고 발표 |
| 2/15 | NCC, 김종필 총리에게 '교회 사찰 중지', '구속자 석방'을 촉구하는 서한 전달 |
| 2/24 | 수도권특수지역선교위원회 실무자 등 구속. 1/17 성명서 지지 호소문 전국 교회에 배포한 혐의 8명(권호경, 김동완, 김매자, 이미경, 차옥숭, 김용상, 박주환, 박상희 구속) |
| 2/25 | NCC, 73년 11월 인권협의회에서 결정한 인권위원회 조직을 서두르기로 회칙 심의, 통과 |
| 3/28 | 긴급조치 1호 비상보통군법회의 판결(김동완, 권호경 각 징·자 15년, 박상희 10년, 이미경, 차옥숭. 김매자, 김용상, 박주환 징역 3년)[80] |
| 4/3 | 전국민주청년학생총연맹(가칭-연합시위 사용 예정이었음) 사전 발각. 실존 조직체로 간주, 긴급조치 4호 발동 |
| 4/11 | **인권위원회 공식 발족** |
| 4/24 | 구속기독자대책위원회 발족. 변호인단 선임 |
| 5/11 | ① 기장 여신도회 전국연합회 탄원서 |
| 5/13 | ① 예장 7개 노회 노회장. 구속자들에 대한 선처를 요구하는 성명서 |
| 5/14 | 예장 7개 노회 노회장, '구속 교역자와 학생을 위한 기도회' |
| 5/15 | 인천도시산업선교회 총무 조화순 목사 긴급조치 1호 위반으로 구속 |
| 5/17 | 기장, '선교활동자유수호위원회' 구성 |
| 5/20 | ① 한국교회여성연합회, 탄원서 제출 결의 |

78 인권위원회가 목요기도회를 운영하게 된 시기는 1990년대부터이다.

| | |
|---|---|
| | ② 한국교회여성연합회, 인권위원회 조직 |
| 5/23~24 | NCC, '한국교회정책 연구협의회' 열고 도시산업선교회와 학생들에 대해 당국이 용공 시하는 문제를 반박, 선교활동을 지지, 추진을 결의 |
| 6/11 | 이효상 국회의장서리 공적 발언[81] |
| 6/15 | 민청학련 사건 공판 시작 |
| 6/17 | NCC 인권위원회, 종교인들을 비방한 이효상의 공적 발언을 공박하는 결의문 채택 |
| 6/18 | 기장 총회, 선교활동 자유 수호 문제에 대한 성명서(교회와 국가, 선교 자유, 반공 문제) |
| 6/25 | NCC, 국가를 위한 금식기도회 전국적으로 실시 |
| 7/5 | 금요일 소장 목회자들 모여 기도회를 열다. 목회자 특성상 적절한 요일인 목요일로 정함 |
| 7/9 | 비상보통군법회의 제2심판부, '민청학련 사건'에 대한 결심 공판. 관련 피고 32명 중 이철, 유인태, 여정남, 김병곤, 나병식, 김영일(김지하), 이현배 등 7명에 사형 구형 |
| 7/9 | 김지하 사형구형에 김지하 어머니 정금성 씨 기장 여신도회 사무실 301호로 찾아옴 |
| 7/11 | 매주 목요일 오전 10시 목요기도회를 정례화하기로 함 |
| 7/18 | 구속자와 함께 기도하는 목요정기기도회, 공식 출발. 이해동, 김상근 목사를 주축으로 하는 성직자 기도회에서 구속자 가족들의 합류로 기도회가 공식화되었다. 기독교회관 소회의실에서 시작 |

79 『기독공보』 고환규 편집국장이 중앙정보부에 연행되어 고문 당한 사건. "70년 『기독공보』 편집국장으로 일하면서 11월 전태일 사건을 특집과 사설로 다루었다. 또 김진수 사건을 극적으로 취재, 보도하여 인간 생명의 존엄성과 인권이 유린된 실존적 사례를 지적, 빈민층의 가난한 자와 산업전선에서 기업주들에게 눌려 정당한 임금을 받지 못한 채 착취당하는 근로 대중에게 선교의 집중화가 필요함을 역설, 도시산업선교의 새 진로를 밝혔다. 7.4 남북공동성명 발표 때 남북대화의 비밀외교를 규탄, 73년부터는 불법체포, 감금, 인권침해의 현실 사건들을 폭로하기 시작하였다. 1월 12일 자에는 1면 톱에 ① 자유민주주의는 하나님의 섭리 ② 대통령 긴급조치 정치권 속에 하나님 선교 시급 ③ 종교와 정치 특별논단 시리즈를 게재하였다. 1월 12일 영락교회 대학생회 집회에서 인권 문제를 설교, 13일 주일 집회에서는 자유, 평등, 인권을 설교했다. 그 후 1월 15일 대통령 긴급조치 위반 명목으로 조서 작성과 어려움을 당하였다"(한국기독교교회협의회 인권위원회, 『1970년대 민주화운동 I』, 334-335). "청년 3~4명이 14일 아침 종로5가 기독교회관 편집국에서 까만 지프에 태워 눈을 가리고 어디론가 데려가더군요. 시멘트벽에 머리를 부딪치게 하고 쇠막대기로 머리를 무수히 때리고 졸도했다 깨어나면 또 때리고. '왜 빨갱이 신문을 만드느냐, 정권 전복 지령은 누구한테 받았느냐'며 추궁했습니다. 옆방에서는 다른 사람의 비명 소리가 들리고." 당시 이 고문 사건은 고 목사가 국제 인권 단체인 엠네스티의 한국지부 이사를 맡고 있던 터라 외신을 통해 고문 사실을 안 수십 개국 엠네스티 회원들이 정부에 항의서한을 보내왔다. 초주검 됐던 고문 후유증은 그 후 그를 줄곧 괴롭혀 왔고 지난달 26일에는 고려병원에 세 번째 입원을 해야 했다. "평소 어지러움은 말할 것도 없고 길을 가다가 갑자기 온몸에 힘이 빠지면서 푹 쓰러집니다. 왼쪽 다리의 고통도 견디기 힘들고요." 75년 편집국장을 그만둔 뒤 정신적·육체적 고통 속에서도 고 목사는 초대 NCC 인권위원회 사무국장을 맡아 정치인·지식인·언론인 등에 대한 고문 사례 조사 활동을 벌이는 등 '저항'을 계속했다"(「중앙일보」, https://www.joongang.co.kr/article/2369989).

80 민청학련계승사업회, 『비상보통군법회의 판결문』, 102.

81 공화당 이효상 당 의장 서리는 11일 동당 전남도 연락실을 돌아보고 당원들에 대한 훈시를 하는 가운데 "모든 나라 헌법이 종교와 정치를 분리해서 서로 간섭할 수 없게 규정하고 있는데 종교 지도자들이 자기 할 일을 하지 않고 남의 할 일을 하는 경우가 있다면 간판을 바꾸어야 할 것"이라고 말했다. "종교 지도자들이 반공법이나

다음은 민청학련 사건으로 구속되었던 KSCF 관련자들의 좌담회 녹취록 중 일부분을 소개한다. 2015년에 진행한 이 집담회에는 KSCF 활동가들의 시선에서 바라본 민청학련 사건과 학생사회개발단 활동의 역사적 의의 등에 대한 내용이 들어있다.

## KSCF 민청학련 관련 좌담회 녹취록

일시 2015년 8월 26일(수) 오전 10시~오후 5시
장소 한국 YMCA 전국연맹 5층
참석자 신대균, 정상복, 안재웅, 차선각, 이광일, 황인성, 이원희, 박종열, 나상기, 장병기
정리 2015. 12. 31. 김두일 (검독: 민청학련계승사업회 정진태)

| 민청학련 사건을 보는 KSCF 활동가들의 시선 |
|---|
| 황인성: 광주 갔을 때 전남대 기독학생회에서 잡혀가서 조사받고 이름은 생각 안 나는데, 다음에 전화가 왔어요. 자기들은 뭔가 하기 위해서 준비하고 했는데 4월 3일 날 뭐가 있다는 것을 아는 사람은 몇 사람밖에 없는 겁니다. 그래서 4월 3일 날 뭐를 연결시켜서 이걸 중심으로 민청학련을 이야기 하는 것은 그건 저쪽 중정의 관점이고, 그러면 몇 사람밖에 없어 진짜. 삼양동에 있던 몇 사람, 거기다가 경북하고 광주하고 연결했던 그 사람하고, 서울의 몇 개 대학 대외 협력했던 그 사람만 알지. 그래서 4월 3일 데모를 우리가 준비했냐? 안 했냐를 중심으로 보면 서술이 안 된다. 오히려 각 부분에서 72년 유신이 있었으니까, 유신을 어떻게 봤느냐 유신에 대해서 우리는 어떤 시각과 생각으로 행동을 했느냐, 또 행동을 하기 위해서 준비를 했느냐, 이걸 좀 전체적으로 아울러야 우리 관점에서 보는 민청학련사가 되는 게 아니냐, 그런 생각입니다. |
| 신대균: 저로서는 운동의 흐름 관점에서 보면, 그 전후로 시간이 길겠지만, 70년대 유신 출현 혹은 70년대, 위수령 이후 72년부터 시작해서 72년부터 이야기를 우리가, 행동이나 조직이나 사상적으로 뭐나 간에 그런 얘기를 전개하다 보면 사건들이 주욱 나와서 이야기가 스토리가 풀려나가지 않겠느냐 이런 생각을 해봤습니다. |
| 안재웅: 기독교 운동을 얘기하려면 3선 개헌 반대할 때 김재준 목사님하고, 이병린 변호사님하고 함석헌 선생 이런 분들이 대표가 되어 가지고, 3선 개헌 반대가 결정적으로 운동을 활성화 계기가 되었다라고 볼 수 있는데, 거기 김재준 목사께서 들어있다는 거, 김재준 목사를 추종하는 많은 젊은이 내지 젊은 목사 내지 기독 학생들이 같이 했다는 것이 기록이 되어야 하고. 또 하나는 위수령이 발동이 되었는데, 위수령이 나면서 서울대 고대에 탱크가 쫘악 깔려 있었어요. '위수령을 철회하라'하는 이야기를 어려워서 아무도 못 하고 있었어요, 실제적으로. 왜냐하면 반공법 |

국가보안법에 위배되는 행위를 하면 법은 만민에 평등하게 적용되는 것이기 때문에 예외로 취급할 수 없는 것이며 이를 종교탄압이라고 선전하지만, 이는 탄압이 아니고 만민을 평등하게 다룬 것에 지나지 않는다"고 말했다. 「동아일보」 1974. 6. 11, 1면.

있죠, 보안법 있죠. 그러니까 일반 지도자도 위수령을 철회하라는 이야기를 못 했어요, 그 당시에 분위기가. 그런데 기독교에서 그걸 했습니다. 거기에 심지어 그 당시에 내로라하는 어른들이 많지 않지만 서명해 가지고, 위수령 철폐를 얘기하는데 조향록 목사처럼 비교적 보수적인 사람도 거기에 참여했습니다. 나는 그때 한갓 젊은 간사인데 '너도 해야 한다' 해 가지고 저도 그 이름에 들어갔습니다. 제가 잘 나서가 아니라 KSCF라는 덩어리를 거기에 집어넣어서 "위수령 철폐를 학생들이 다 반대하는 것이다"라는 상징적으로 … 끼어 있는 거예요. 위수령 철폐를 하면서, 기독 학생운동이 지방 네트워크를 가지고 있으니까 준비하는 사람들이 여기저기 관련이 되어 있었고, 제 자신은 민청학련을 전혀 몰랐어요. 나병식 동지나 등등이 민청학련 얘기는 안 하고, 데모가 준비된다는 이야기 하고, 재정적으로 도와줬으면 좋겠다는 부탁을 받았고, 그것을 우리가 박형규 목사님에게 부탁해서 주선해 주었고, 그러고 이제 저는 4월 3일 이전에 붙들려 가서 조사를 받았는데 4월 3일은 조사관 앞에서 신문 보고 알았으니까. 여하간 공판을 받으러 나가니까 요기 황인성 총무를 당시에 딱 만났어요. 황인성 "아! 선생님 죄송하게 되었습니다, 오게 해서" 그리 얘기를 하는 거야. 서로 반갑기는 해도 본인이 몰랐던 거야. 안재웅이가 같은 재판에 얼굴 나타낸 걸 모른 거야.

황인성: 전혀 몰랐어요.

안재웅: 전혀. 몰랐지. 나는 물론 몰랐지. 본인도 똑같이 몰랐고. '미안합니다 선생님, 할 말 없습니다' 이렇게 됐다고. 그래서 인제 우리가 했다고 하면은, 기독교는 이렇게 저렇게 관련이 되어 가지고, 유신철폐에 적극적으로 관여했다는 거, 그것은 우리가 종합적으로 이야기하면 나오겠지요. 그래서 저는 그렇게 봅니다. 우리가 그래도 강경하게 나설 수 있었던 것은 기독교인이라는 거, 기독교인이기 때문에 데모를 해도 반공법 내지 국가보안법으로 올가미를 씌우지 않는다는 거 그것이 가장 큰 장점이고, 또 비기독교 사람들이 우리에게 자꾸 요청하는, 너희가 해야 한다. 해야 된다 해 가지고 총대를 맨 거지요. 그리고 우리의 신앙심도 거기에 같이 접목이 되고, 그런 것을 감안하다 보니까 민청학련 초기 32명 가운데 기독교가 3분의 1에 해당할 정도로 K와 관련된 사람들이 많았지요. 그만큼 당국은 이쪽의 덩어리를 크게 봤다 볼 수밖에 없어요. 저쪽은 학생들이 데모를 주동한 개인 리더이지만, 이쪽은 기독교라는 덩어리를 하나 끼워 넣었다는 그런 느낌을 가지고 있습니다.

## 민청학련 이전의 KSCF 조직 활동, 학사단(학생사회개발단)의 의의

박종렬: KSCF 학사단 활동을 하면서 사실은 서울제일교회 공간을 빌려서 후사연 만들어서 공부를 하고, 경남이도 들어가고 강영원 선생도 들어가고 그러면서 실질적으로 청년들과 결합 되면서 청년회를 만들려고, 학생회가 조직된 것은 남산 야외음악당 사건 이후라. 그때 경남이 들어가고 그러는데, 그때의 나병식이가 사실은 기독교와 대외협력의 스텝이었습니다. 그래서 내가 나병식한테 돈도 전달해 주고, 군대서 바로 1월달에 나왔는데, 돈을 제가 전달해 주고, 나병식이가 또 학사단 활동도 했었어요. 중국 보이들 조직한, 내가 볼 땐 인천의 전점석이라는 YMCA 친구가 학생회 간부였는데, SKA 학사단에 들어가서 만석동에서 학사단 활동을 하더라고. 그러니까 보이지 않게 실질적으로는 학생운동이 데모만 하다가 사실은 바닥 운동을 하기 시작한 게 우리와 영향이 되어서 결합된 게 상당히 많았어.

안재웅: 학사단 이야기는 이건 또 따로 해야겠지만, 학사단의 학생들 대표가, 학사단 맹주가 황주석, 황주석 다음에 황인성, 이러면서 그 당시에 뭐랄까? 학생들을 조직은 말할 것 없고, 이념적으로 열심히 묶어내는 역할을 학사단은 책임졌지요.

박종렬: 학사단에 들어오면 K 전체 조직은 사실은 … 신앙적이고 이런 부분 있는데, 학사단은 굉장히 운동을 조직적으로 별도의 조직처럼 이렇게 액셔널.

안재웅: 우리가 학사단 하면서 학사단 강좌라는 게 있었다구. 열심히 페이퍼를 만들어 가지고, 영문으로 만든 것을, 그걸 번역해서 그래서 남미의 인권운동, 흑인의 인권운동, 제3세계 인권운동을 우리가 시리즈로 주욱 했는데, 그때 학사단장이 여기 황인성 씨가 했어.

황인성: 우리 문리대 1학년 땐 교양과정부가 공릉동에 있었는데, 1학년들도 데모 할려고 문리대에 왔어요. 그때 화염병 처음 나오고, 화염병 나오고 난 이틀 후에 위수령이 나왔어요. 학교 안에 탱크 들어와 있고, 군인들 천막이 쳐지고, 군인들 놀이터가 되어버리고, 애들은 접근도 못 하게 하고. 그게 위수령 상황. 학생들 다 끌려가고 그해 겨울에. 그리고 72년도 개학이 되었는데, 72년도는 문리대는 다 끌려가 버렸으니까 이런 상황에서 무슨 학생회를 조직한들 무슨 일을 할 수 있겠느냐, 선배들 생각이 그랬던 것 같아요. 난 그때 2학년이고 문리대 캠퍼스를 옮겼는데 종로 5가로, 그전에는 공릉동에 있다가 그러니까 학교 안에서는 활동이 힘들다고 생각을 했던 것 같아. 학생회도 없으니까 써클도 등록 못 하잖아요, 조직도 못하고, 그러면서 활동 근거가 어디로 갔느냐 하면 (웃음) 종로 5가 KSCF 사무실이 된 거야. 여러 조직하고 합쳐 가지고 한국문화연구회란 걸 준비를 했어요. 72년에 준비를 해서, 그런데 등록할 곳도 없는 거야. 학생회도 없고 하니까. 그러면서 그룹으로 학사단 활동에 참여하게 되었어요. 저 말고 몇 사람 있어요. 그래서 젤 기억에 남는 것은 학사단 강좌고, 학사단 강좌가 우리나라에 제3세계라고 하는 말을 제일 먼저 도입하게 된 계기가 학사단이 아닌가 싶어요. 그전에는 제3세계라는 말을 들어본 적이 없어. 그리고 아시아 아프리카 문제 남미 상황이나, 아프리카 상황이나 필리핀 상황들을 우리 경험에서는 처음 들어보는 거예요. 그다음에 학사단 활동이란 게 강좌만 있는 게 아니라 민중 활동하는 거잖아요? 제가 제일 먼저 기억나는 것이 공장 갔다 온 여대생이 공장 경험을 이야기하더라고요. 김은혜 씨가 아닌가 싶은데, 여대생이 신분을 속이고 공장 갔다 와서 학사단 발표했어, 그때. 나병식 선배가 같이 가자고 해서 학사단 현장 활동 발표회, 또 충주 어디서 빈민 활동했던 사람들이 와서 발표를 하고, 내 기억이 그런데요, 그것의 연장선으로 중앙요식업계 노동자 실태조사를 우리가 했습니다. 문리대 팀들이. 그렇게 학사단 강좌를 열심히 참여하고, 그런 민중 활동 실태조사하고, 그다음부터는 데모 때문에 못했으니까. 빈민 지역 교회 실태 조사한 적이 있어요, 나중에 보고서까지는 못 갔는데, 그렇게 하면서 그다음에 학사단장으로 됩니다. 위수령으로 인해서 학교 활동이 굉장히 하기가 어려워지고, 선배들이 조직을 해봐야 아무 쓸모 없다. 아예 학생회 조직을 안 해 버린 거예요. 모두가 비공개 이런 식으로 하는데, 그게 기독 학생으로 다 연결이 되고. 그래서 제일교회뿐만이 아니라 창현교회, 새문안교회 이런데, 김무성 선배가 창현교회 나가고 그러면서 교회 활동 많이 하고, 문리대 운동이 연결이 되었던 것 같습니다. 일단, 우선 생각나는 것이.

안재웅: 사담이지만, 위수령 철폐 서명하고 나서, 갈 데가 없어서 K 사무실에서 잤어요. 그때 간사가 신필균이야. 신필균이 울었다구. 현실이 하도 긴박하게 돌아가니까. 여하튼 우리 그 당시 분위기는 외압을 많이 받고 있었어요.

나상기: 내 기억에 서울공대라든지, 물론 서경석 목사가 고생했지만, 서울공대 서울대학교 이런 쪽으로 막 연결이 된 게 학사단 운동이라는 새로운 운동이라는 트렌드, 흐름을 전달되면서, 도대체 이게 뭐냐? 그러면서 제3세계가 나오고, 민중이 나오고, 역사의 주어가 나오고 주체가 나오면서 전태일 열사 사건 이후 증폭됐고 연결되고, 성남으로 연결되고 학사단 운동이 각 대학별로 전부, 그 당시 그랬지요. 각 대학별로. 서울 문리대는 중국집을 잡았지만, 숭실대는 봉천동 빈민 지역을 잡았고, 한신대는 어딜 잡고 어딜 잡고 그래서 주로 각 대학별로 방을 얻어 가지고, 학생들이 수업 끝나면

거기서 하룻밤 잠자는, 그런데 그것을 어디서 배웠냐 하면, 김동완 목사, 권호경 목사, 김진홍 목사, 특히 김진홍 목사 한양대학교 뒤에 뚝방 교회 그런데 가서 무조건 시간 있으면 학생들을 데리고 가서 보고 하면서 오는 충격, 이렇게 주욱 하다가 위수령이 터지고 긴급조치가 터지니까, 이 활동 자체도 힘들어졌을뿐더러, 정부가 학생들을 탄압을 하니까 자연스럽게 정치적으로 전환되면서, 학사단 활동을 통해서 서울 같은 도시빈민 지역에 연결되었던 이 내용이 학생들만 하는 게 아니라, 투쟁에 도시빈민과 산업선교 쪽을 통한 노동자들 쪽과 연결되고 빈민들이 연결되면서, 내용이 과거의 서울대 고대 중심의 학생운동으로서의 정치투쟁에서, 어떻게 보면 포괄적으로 민중과 함께하는 정치투쟁도 밑에 깔려 있는 그런 새로운 변화가 일어난 거죠. 상당히 KSCF 등장하면서 바로 학사단 활동으로 들어가고, 들어가면서, 하면서 초기에는 주로 공부하고 했지만, 전태일, 성남 뭐 이런 거 거치면서 각 대학별로 주욱 들어가고 공장 경험하고 나오고.

황인성: 제 생각엔 "유신이 없었다면 그 운동이 훨씬 더 뿌리가 박히고 거대한 흐름으로 갔을 것이다"라는 생각이 들어요. 뒤늦게 보니까. 이게 유신 때문에 민중 지향적인 조직 활동이 정치투쟁으로 전환된 측면이 있어요.

안재웅: 얘기를 들어보니까, 그때 조선일보 남재희, 그때 문화부장이었어요. 남재희 씨가 KSCF 학사단 보고 모임에 초청을 받았어. 그 중심에 오재식 사무총장이 계신 거야. 오 선생님이 남재희를 불러서 우리 학생들이 새로운 패턴으로 지금 운동을 전개하는데 그것이 학사단이다. 와서 한 번 들어 봐라. 이렇게 된 거예요. 그래서 사람도 많지 않았어요. 우리 K 사무실에서 환등을 찍어다 돌렸다고, 현장을 환등으로 봤어요. 남재희 그 부장이 아주 감동을 먹었어요. 그리고 조선일보 첫 장에 '계급'이라고 하는 칼럼이 있었어요. 그게 남재희가 쓰는 거라. 거기에 내 기억이 생생해. 남재희가 쓴 글의 기억은 학생운동이란 게 삼각형으로 묘사될 수 있다. 맨 저변이 문화운동이고, 문화운동에서 사회운동으로, 마지막 단계가 정치운동이다. 그러면서 남재희 부장이 쓰기를 K의 학사단 운동을 보니 문화운동에서 사회운동을 지나, 이제는 정치운동으로 나갔다, 학생들이, 아주 바람직한 현실까지 왔다는 얘기를 쓴 거예요. 때문에 그것이 중요했고. 또 우리 연동교회에서 예배 볼 때, 설교를 김재준 목사님이 했던 걸로 기억나는데. 김재준 목사님이 설교를 "자유를 위하여" 이렇게 했었어요. '자유를 위하여'. 그리고 텍스트는 누가복음 4장 17절, 가난한 자여 복음을 전해서 홀로된 자를 석방, 그 이야기를 가지고 '자유를 위하여'하는 설교를 잘 하셨어요, 원고 가지고. 그 당시는 테이프를 돌리는 거 이만한 판에 녹음되는 거예요. 그거 내가 번역했네. 오 선생님이 이것 좀 써야 하니 번역해 내라 해서, 그걸 만들어서 돌렸어요, 학생들에게. 그런 기억도 나네요.

신대균: 72년에 대학 들어와서 제가 대학에 들어왔는데, 그때 학교하고 저는 학교하고 교회하고 활동을 하게 됐는데, 학교에 오니까, 72년에 입학하니까, 교양과정이잖아요. 이때 지금 얘기하는 김효순·이근성 70학번들이 후배들을 찾으려고 교양과정부에 와서 미팅을 만들고 그러는데, 위수령 직후니까 학교 전체가 쑥밭이 되어 있는, 아무도 없어진 상황인데, 교양과정부에서 모아 보려고, 한 20~30명 정도 모아서 뜻있는 친구들이 접촉을 하고 공부도 하던 때였어요. 그런데 그리고 저는 새문안교회를 나가게 되면서 교회학생회, 대학생회를 갔었는데, 새문안교회도 그러니까 전태일 열사 추모 참여와 호소, 단식기도회 하면서 70년 하나의 전환기를 거쳐서 오는 거였죠. 그런데 새문안교회에 가서 KSCF를 소개하라고. 그전에는 서울대학교는 K와 연결되는 루트가 없었어요. 새문안교회 갔다가 새문안교회에서 소개를 받고, 내가 허성삼 선배와 같이 안 선생님을 처음 만났어요. 그러다 K에 가서 KSCF 했는데, 그때도 만나면 이야기도 학사단이에요. 들은 첫마디가, 들은 첫 브랜드가 학사단이에요. 내가 봐서는 그때 학사단 활동이 전혀 없었어요. 조직이 불가능할

때니까, 그게 황인성 선배 지금 하는 이야기와 통하는 이야기입니다. 위수령 이후 학사단의 실체를 본 적이 한 번도 없어요. 왜냐하면, 프로그램을 안 했으니까.

말은 K인데 다른 얘기는 거의 없고, 모이면 통합 얘기, 학사단 이야기밖에 없었어요. 그런데 학사단은 굉장한 운동론을 가지고 준비가 상당히 잘 된 운동론이 있었습니다. 그걸 내 생각으론 오재식 선생님이 디자인하고 기획하신 거 같은데. 선생님 회고록을 보면 필리핀 URA 운동하신 거를 한국에다가, 학생운동에 연결해서 결합해서 학사단을 디자인했다고 말씀하시고 그리고 전태일 열사 사건 이후에는 제일 먼저 빠르게 움직인 그룹이 법대 장기표, 조영래 이 팀들하고 그 다음엔 오재식 선생님하고 두 팀이었어요. 그래서 그게 기독교 쪽은 오재식 선생님이 이거를 불길 붙여 가지고, 확산시킨 건대, 하여튼 학사단은, 아까 황인성 선배 말씀에 동의, 동감하는데, 학사단이 상당히 발전할 수 있는 가능성이, 이 책 어디 자료를 보면, 전국 수 백개의 조직을 만들어서 보내겠다 이렇게 되어 있었어요. 아마 그렇게 가능했을 거예요, 유신이 없었으면, 조금 자유가 있었으면, 학사단이 전국적으로 지역마다 전부 조직 만들어서 갔었을 거예요. 그런데 72년 시점에 오면은, 전혀 진행이 되지 않았어요. 그때 보니깐 나병식 선배가 뭐 중국집 어쨌다 이야기 등등 그 이야기밖에 기억이 없어요. 72년 시점에 오니까 학사단 운동은 제가 볼 때는 거의 말은 있었지만 없어졌고, 오히려 교회 들어간 그룹이 향린교회, 제일교회, 양광교회로 이어지는 움직임들 하고, 이런 움직이는 흐름을 조직적으로 틀을 찾지 못하는 중이었다고 생각해요. 그런 상황이고 73년이 되면, 그게 72년인가 73년인지 모르겠는데, 한동안 유신체제 치하에 청년 문화운동 이래 가지고, 문화운동에 대한 이야기를 많이 했습니다.

황인성: 실제로 학생운동에 개입된 건, 문리대 와서 된 것 같아요, 그전에는 데모 따라다니기만 하고. 피해 가다가. 그럴 때 중요한 게 아까 위수령인데요. 하반기에. 써클 활동하면서 학생운동 참여했고요. 위수령으로 학교가 쑥대밭이 되고 서클 활동을 할 수 없는 조건이 되면서, 교회가 학생들이 숨을 쉴 수 있는 공간이 된 겁니다. 제가 보기엔, 그래서 저는 나병식 선배를 따라서 다닌 건대. 그래서 처음으로 KSCF에 간 거고, 거기서 제일교회를 또 가게 되는 거고, 그랬는데 제 경험으로는 K에서는 정치투쟁에 대해서는 상당히 비판적이었어요. 민중 투쟁을 굉장히 강조했어요. 오르그, 스트레티지가 있느냐 없느냐를 되게 얘기하더라요. 캠퍼스에서는 그런 얘기를 들어본 적이 없어요. 조직이 제일 중요하고, 전략적으로 행동하라, 전략이 있느냐 없느냐 이걸 굉장히 강조하더라고. 나상기 선배가 대표적일 거예요. (일동 웃음)

스트레티지가 있느냐. 뭐 이런 거. 그때는 기존의 학생운동에 대한 상당한 비판이 전제가 되어서 학사단 이론 모형이나, 활동 방식이 구축됐다고 하는 건 제가 피부로 느낀 겁니다. 기존 학생운동 방식 갖고는 안 된다. 71년 위수령을 거쳤기 때문에, 72년에는 학교가 삼엄한 분위기였거든요. 그러니까 선배들이 후배들을 데리고 교회로 갔는데, K에 가서 한 게 학사단 강좌도 강좌지만 이성과 혁명을 거기서 공부했다고요. 누가 와서 그걸 했냐 하면 김낙중 선생이 와서 했습니다. 마르쿠제의 이성과 혁명. 전혀 이해가 안 되는걸, 그다음에 학사단 린다 존스 이전에, 브라이언 슈타인이 '학생과 사회정의', 그거 가지고 공부하지는 않았는데, 파울로 프레이리를 처음 봤는데, 번역된 것도 아니기 때문에, 영어 실력도 안 되는데 파울로 프레이리 읽느라 머리 쥐나고, (웃음) 그때까지만 해도 어려운 조건 속에서 강좌가 있고, 그다음에 빈민 수도권 하고 해서, 공장은 못했는데 빈민 지역을 후배들 데리고 다녔어요. 조승혁 목사 때문에 중앙요식업계 조사 활동, 그해 가을, 72년 가을이거든요. 실태조사 같은 거, 빈민 지역 교회 실태조사 같은 거, 그때 겨울방학 때 한 거고. 이런 활동을 73년도까지 했었요 학사단이. 학사단 활동이 확 찍힌 것이 남산 부활절 사건이에요. 그러니까 나상기 선배가 회장이 되었을 때, 73년도에, 그전까지만 해도 가능하면 데모를 안 하는 것이 좋다, 이런 주의였거든, 학사단이. 선배들은 꾸준히 민중 조직을 해 나가야 한다. 그래서 간헐적 시위는 운동이 아니다, 구조를 바꾸어야 한다, 구조를 바꾸려고 하려면 민중을 조직해야 하고 지속적인 운동이 가능하도록 해야 한다. 괜히 불쑥불쑥 튀어 나가 가지고 조직을 파괴하거나 피해 보면 안 된다. 그래서 오르그, 전략을 입에 달고 다녔어요, 나상기 선배님이 내 기억에. 그랬는데 이게 인제 자빠진 게 72년 10월 유신이 되잖아요. 학교에 탱크 한 번 더 들어왔거든요. 관혼상제 말고는 일체 집회를 못 하게 했잖아요, 그래서 전부 교회로 모인 거예요. 교회 그러니까 제일교회 새문안교회 창현교회 학생들이 모이면 서울 시내 학생운동권이 다 모였다고 할 정도로 주요한 사람들은 그렇게 교회 중심으로 네트워킹이 된 거고, 내 기억에. 그런데 우리가 기피하던 시위를 왜 하게 됐느냐? 사실 그때 시위, 간헐적인 시위는 낭만적인 대응이라는 게 강했어요. 특히 황주석 선배가 굉장히 강했습니다. 길게 보고 바닥을 조직해야지 이런 건대. 그때 우리로 보면 남산 부활절 사건에서 완전히 들통나서 보안사에 다 끌려 다녀왔으니까.

## 10.2 시위 사건을 보는 KSCF 활동가들의 시선

정상복: 제일 먼저 한 게 두 가지였는데 하나는 나상기가 회장일 때 구속학생대책위원회를 만들자, 이걸 왜 만들었냐 하면, 운동의 무슨 큰 열의를 가지고 장기적 안목으로 시작한 게 아니라, 감옥에 들어가면 옷도 넣어야 하고, 책도 넣어야 하고, 영치금도 넣어야 하기 때문에, 이걸 하려면 모금도 해야 하고, 우리가 할 수 있는 게 기도회뿐이니까, 기도회도 해야 하고. 이래서 이제 임원들이 급히 모여 가지고 … 아마 그때 그 과정은 나상기 회장이 잘 알 거야, 그래서 모여 가지고 구속학생대책위원회를 했고, 그다음 구속학생 학부모 대책위원회는, 구속자학생대책위원회는 어떻게 만들었냐 하면, 변호사를 선임해야겠는데 그때 우리가 알던 변호사는 한승헌 변호사 혼자뿐이야. 변호사라는 게 전혀 이런 운동하고 관계없어요. 그래서 제가 덕수궁 옆 한승헌 변호사 사무실로 무조건 찾아갔다, 그냥. 가가 지고 사정 이야기를 주욱 하면서 변호사를 우리가 선임하려고 그런다, 그러니까 해달라 그랬더니, 한승헌 변호사가 바로 위층에 가면 이세중 변호사라고 기독 신앙이 아주 좋은 분이 있는데, 그분을 만나서 같이 하라고 해라. 그래서 제가 바로 이세중 변호사를 찾아갔어요. 그래 이세중 변호사한테 이야기를 하니까, 본인이 창현교회 집사인데 … 장로 하라고 했는데 안 했다고, (일동 웃음) 그러면서 거기 또 바로 옆에 바로 옆에 황인철 변호사, 이 사람 가톨릭인데, 거기 가서 이야기하라 해서, 한 번 가가 지고 다 만나 가지고 했어요.

황인성: 민변의 태동이네. (일동 웃음)

정상복: 그게 민변의 태동이다. 그 얘길 전부 하려는 거예요. 우선 세 사람. 한승헌, 이세중, 황인철 이 세 사람을 변호사 선임했는데, 한승헌 변호사 이야기가 이걸 공동변호인으로 선출하려면 K가 할 수는 없고 가족들만 해야 된다 이거예요, 다른 사람들, 우리 K가 할 수는 없고, 가족이 할 수 있다는 거예요. 그래서 가족을 해야겠는데 나병식은 저기 무슨 광주에 있지, 정문화는 부산에 부모도 없지, 해서 강영원 혼자야 서울에. 그래서 만들어 낸 게 구속자가족대책위원회에요. 그래서 강영원의 아버지 강승택 씨가 대표로 하고. 그러니까 변호사를 선임하기 위해서 처음에 만들어진 거예요. 그래서 나중에 부모들이 올라와서 전체 연석회의하고, 오면 맨날 K가 뭐 식사 대접하고, 부모들 중에는 막 성토하는 사람들이 있어 가지고, 설득하고 뭐 이래 가지고 말하자면 구속자가족협의회를 만든 거예요. 요게 나중에 구속자가족협의회가 민청학련이 나면서 구가협이 되었다. 제일 중요한 게 뭐냐 하면 법조인들이 학생운동과 연결되고, 기독교 운동과 연결되는 계기가 이 10.2 사건이에요.

나상기: 저는 오늘 올라오면서, 가장 궁금하면서 같이 확인해 봐야 할 것이, 여기도 50년사에도 설명이

약간 이상한 게 분명하지 않은데, 내가 2월 말인가 3월 초에 잡혀 들어갔거든요. 상당히 빨리 잡혀 들어갔는데. 어떻게 해서 K와 민청학련이 어떻게 연결되어 있는가. 서로 같이 얘기해 봐야 아까 안재웅 선생님도 말씀하셨지만, 저도 들어가서야 알았단 말이에요. 내 생각엔 나병식 얘기가 자꾸 나오는데, 그러면 그전에도 만났단 말이에요. 김경남이도 만났고. 광주 출신이니까 한신대 가면, 걔들은 주로 지역 얘기해서 미안합니다만, 서울 올라와서도 광주일고 자기들끼리만 놀아요. 자기들이 항상 앞장서서 대빵인 것처럼 하면서 자기들은 K를 이용해 먹는다. 거기 나상기가 하니까 쫄로 보고, 얘기를 잘 안 하고 필요하면 또 연락이 와서 교회에서 뭐 해주라 뭐 해주라 하면서 술 먹으면서 티격태격하던 기억이 나는데, 나병식이 하고 황인성이 중간에서 뭘 한 것 같은데, 누구하고 연결이 되었느냐. 안재웅 선생하고 길숙이 협의해서 한 거냐, 정상복 선생님하고 의논한 거냐, 학생들하고는 협의된 것이 없었다 그 말이야. 그런데 대외적으로는 수사 끝나고 재판 들어가니까, 안 선생님, 정 선생님, 저, 이광일, 서경석, 황인성, 김효순, K 이쪽은 입질로 사형에 준하는 사건에 33인에 다 들어가 있었거든요. 그러면 누가 보든지, 이철 등은 직접 안 만났다 하더라도, 나병식·황인성과 나상기·안재웅·정상복 등은 보이지 않게 협의를 해 가지고, 실질적으로 여기 73년 12월 전국 총회 때 아까 정상복 선생님이 말씀하셨는데 여하튼, 총회에서 결의 중에, 여기 보니까 73년 기독학생선언을 채택했는데 그중에 민주화를 위한 100만인 서명운동, 그것을 동참하도록 결의했단 말이야, 그럼 이것하고 4월 달에 뭔가 터질 거다, 다 준비하고 있다, 민청학련하고 뭔가 연결이 있었던 거 아니냐, 이렇게 해석은 객관적으로 되는데, 우리는 그렇게 판단해 본 적도 없었고, 그게 어떻게 연결이 되어 있는가?

정상복: 황인성 씨는 민청학련에서는 역할이 거의 되게 중요한데, 고리를 풀기 위해서 얘기를 할 게요. 황인성 씨는 안 선생님과 의논했는지 모르지만, 저하고는 한 번도 민청학련에 대해 의논한 적이 없어요. 그런데 나병식이가 효창동 혼자 살 때인데, 나병식이가 밤중에 나를 찾아왔어요. 1월 초에 와 가지고, 밤새 나와 이야기를 하면서. 학생 데모 계획을 쫙 이야기하더라고. 그런데 이미 이때 벌써 73년 말부터 어떤 이야기들이 팽배해 있었냐면, 4월 위기설이라는 게 운동권 하는 사람들에게는 다 사회경제적 사정이나 퍼져 있었어요. 사무실에서 딱 보면 황인성이는 바쁘게 K 쪽 만나고 돌아다니더라고. (웃음) 그러는 우리는 안 선생과 나와 이야기는 안 했지만, 교감으로 뭔가 터지겠다 그건 왜냐하면, 우리도 여차하면 붙들려 들어가니까 우리도 항상 잠바를 입고 나오자. (웃음) 맨날 내복 입고 이런 준비를 하고 있었거든요. 그래도 학생들은 우리하고 연결이 안 됐다는 것을 알리기 위해서 이야기를 안 해요. 순전히 나병식이 와서 이야기하면서 '선생님 돈이 필요합니다' (웃음) 돈 좀 해달라는 거야. 돈 좀. 알았다 해 준다. 그래 가지고 이걸 안 선생님하고 의논을 해야 하나? 요구하는 돈이 꽤 많아요. 아무튼 많으면 많을수록 좋다는 거예요. 근데 사실 나는 그게 황인성이 하고 다 의논해서 온 줄 알았어요. 나중에 보니까 황인성이 하고는 전혀 의논을 안 했더라고. 그래서 나는 뭐 당연히, 이 나병식이가 두 라인으로 가서 얘기했어요. 박형규 목사를 찾아가서 돈 부탁을 했고 그리고 나한테 돈 부탁을 했어요. 그래서 내가 그 거금을 만들 수가 없어서, 김용준 박사도 들락거리니까, 이 눈치를 아니까, 아무 소리 안 하고 나한테 돈을 얼마 줘요. 나중에 김용준 박사님은 나도 봉급도 적고 그러니까, 나에게 용돈 쓰라고 줬다는 건대, 나는 그때 받아들이기를 이게 애들한테 들어가라는 돈으로 알았거든요. 모르긴 해도 김용준 교수가 얘기는 안 하지만, 다 히든 스토리인데, 함석헌 선생한테서도 돈이 좀 나왔을 거예요. 그래서 나중에 안 선생님께 의논을 했어요. 그랬더니 안 선생님이 쾌히 좋다, 그래 가지고 안 선생님이 돈을 해왔어요. 해서 나병식을 만나서 돈을 전해 줬는데, 둘은 어떻게 맞췄냐 하면, 사실 그때는 내가 그 돈이 박형규 목사님한테서 왔는지, 윤보선한테서 왔는지 몰랐어요. 안 선생

님은 나한테 얘기 안 하고. (웃음) 그때 마침 안 선생님이 결혼을 해가지고 축의금이 들어왔어요. 나중에 들통이 나면 축의금으로 이걸 했다 말을 맞췄어요. 그것 때문에 나는 뒤지게 얻어 맞은 거예요. (웃음) 고문도 당하고 뒤지게 얻어 맞은 거예요. 그래 가지고선 인제 돈을 해 주고 난 움직이고, 나는 돈 있는 대로 박혜숙, 권진관이에게 돈을 주고 하는데, 민청학련이 두 가지부터예요. 하나는 서울대 학생들을 중심으로 한 민청련 본부가 있고, 또 하나는 K 임원들이 활동하는 거를 거기다가 넣었어요, 다. 우리 민청학련 서울대학교 몇 명 빼고 나머지 관계된 건 K 임원 활동 상황이 다 들어가 있어요, 거기.

나상기: 그러니까 황인성 씨가 좀 솔직하게 얘기해 주셔야 하는데 (일동 웃음) 73년 12월 달에 광주 피정센터에서 총회를 하는데, 총회 때 이 부분을 수사기관에서는 내 기억에 그 당시, 중정에서는 4.3을 준비하는 과정에서 유일하게 전국적으로 모일 수 있는, 총회 때 실제로 김지하도 오고, 누구도 왔다 그 말이야, 그러면 여기서 뭔가를 전국적인 논의를 했다, 이 포인트를 보고 수사를 했어요.

황인성: 저쪽은 그렇게 봤어.

나상기: 그렇기 때문에, 아까 선생님이 말씀하신 이 내용 그대로 묶어서, 민청학련 사건을 사전 준비하는데, 활용되는 것으로 되어 있죠. 실제로 그러면 다 까먹었는데 그때 황인성 씨가, 병식이가 왔는지 모르겠는데, 온 사람들 하고, 안 선생님 실무자들하고 학생들 하고 보이지 않게, 뭔가 얘기를 했다, 어떤 형태로든, 부분적으로 했는지 이런 것이 일사불란하게 움직이자라든지, 그러기 위해서 전초적으로, 그때 아까 여기서 개헌 청원 100만인 서명운동을 여기서 결의를 하자, 라고 했는지, 뭐 이런 약간의 흐름이 있어야 설명이 되지, 그런 것이 전혀 없이 유일하게 돈 하나 만들어 달라 그것밖에 없단 말이에요.

신대균: 그걸 제가 조금만 보강하면은, 10.2 데모 난 이후 한 바탕 돌아서 서울대 시작하고 숭전대까지 했어요. 다 끝났어요. 한 바퀴 도니까, 석방되고 정리되는 게 한두 달 걸렸잖아. 그때 진행할 때, 다음 봄에는 전국적으로 연대 운동을 하자. 이런 얘기를 해요. 흐름은 다 가고있는 중이고.

정상복: K의 그 당시 전략은 K가 모든 시위운동에 앞장서 가지고 뭘 한다 이런 전략은 아니었어요.

황인성: 맞아요.

정상복: 그때 우리 전략은 일반 대학에서 운동이 일어나 가지고 뭘 하면은, K는 그 후를 담당하는 제2중대예요 항상. 대학이 문 닫으면 교회나 우리로 하고, 그 운동을 메꿔 준다고 하는 기본적인 우리 운동 전략이 있었지. 그래서 항상 K 관계하던 학생들도 그냥 대학의 이름으로, 그걸 가지고 했지, K 갖고 하지 않았어요. 민청학련에 이렇게 저렇게 연결이 되니까 사실은 우리 서울지부 임원들이 대거 걸려 들어간 것은 심히 논의한 적이 없어요. 그런데 수련회하고 이런 게 다 시위를 위한 사전 모임으로 수사가 연결된 거지.

나상기: 거기에 가장 결정적인 모임이 73년 12월 광주총회야.

황인성: 그 당시에 정명기 선배하고 저가 전국 한 바퀴 돌았거든요. 그런데 그야말로 대회 준비, 광주 많이 와라 뭐 그런 거였고요. 저는 그때 우리 분위기는 뭐냐 하면, K의 분위기는 시위 위주가 아니었어요. 장기적인 운동, 구조적인 변화, 단발적이고 간헐적인 학생 시위로 사회가 바뀌는 거 아니다, 민중과 결합해서 구조적인 변화를 해야 한다, 학사단에서 항상 얘기했던 건대, 어쨌든 변화의 계기가 된 건 어쨌든 그거예요. 학교가 막히면서 위수령 이후에 실제로 학교 활동이 어려워진 거고, 교내에 사람들이 모일 수밖에 없었고, 또 그나마 우리가 갖고 있던 학사단 강좌가 알려졌으면 더 많은 사람들이 왔을지 모르는데 일반 학생들도 안 가지고 있던 프로그램이었어요. 제 느낌으로는 10.2 데모가 어떤 형태로든 되긴 됐잖아요. 교회 나오던 사람들이 나병식 선배나 이렇게 주동이 되는 바람에, 그 대책 활동이 조직적으로 된 거는 없었을 겁니다. 그 전 학생 운동사

를 봐도 그렇게 체계적으로 된 게 있나 싶을 정도로 그 구속자 대책 활동이 된 거예요. 이게 학생들도 도움을 받았지만, 학부모들의 구속자 가족 운동에 출발점 그것도 한 거고, 그다음에 학생운동이 시위하고 감옥 가면 끝나는 것이 아니라, 사회운동과 연결이 되는 접점을 마련해 주는 그런 효과가 있지 않았나, 우선 그런 생각을 하구요. 그다음에 시위운동에 대해 우리 학사단 운동은 시위운동을 높이 평가하지 않았어요. 지속적이어야 하고, 조직적이어야 한다, 그래서 시위라고 하는 것에 대해선, 높은 평가를 안 한 겁니다. 저게 간헐적이고 단발적인 운동이다, 시위운동은 우리 학사단을 폄하했다. 학사단 운동 체계가 그렇잖아요. 유신 이후에 그런 통로가 막힌 상황 속에서 시위·데모, 나병식 선배가 처음으로 시위를 제안했는데 그때 다른 선배들은 다 반대했거든요. 70학번들이 치고 나가는데 연루가 된 거고, 저는 그때 가능하면 K와는 끊어야 한다는 생각이 굉장히 강했어요. K를 물고 들어가면 절대로 안 된다, 이건 어떻든 오픈 공간이고, K는 지속적으로, 지속성이 굉장히 중요한 건대, 데모에 걸리면 되냐 이런 생각을 했고요. 그래서 전체적으로 정명기 형하고 한 바퀴 돌았던 것도 광주대회 많이 와라 그걸 위해서 전국을 돈 거지, 시위를 조직한다 뭐 그런 생각은 전혀 없었거든요. 나중에 K가 나중에 들어온 거 보고 굉장히 놀랬어요. K는 지구적으로 가야 할 조직이지, 데모에 끌어들일 조직은 아니다. 나중에 보니까 딱 그렇더라고요. 그리고 안재웅 선생님한테 돈 받아 간 거, 인쇄공장을 차려야 하니까, 그걸 탁 털어 넣었지만, 안 돼서, 그거 하고 나중에 도피처, 때문에 불었는데, 이게 다 드러났구나, 나중에 감옥에 가서는, 그런 게 있었구요.

# 2장

# 여성,
시대의 새벽을 열다

# I. "이보시오, 내 아들을 살려주시오"(1974. 7.~1974. 9.)

## 1. 마리아의 애통함으로 목요기도회와 함께하다

1974년 6월 15일부터 열리기 시작한 민청학련 사건 공판은 7월 9일 이철, 유인태, 여정남, 김병곤, 나병식, 김지하, 이현배 7명에게 사형을 구형했다. 이에 원통하고 분한 가족들은 지푸라기라도 잡는 심정으로 기독교회관을 찾았다. 그들이 찾아간 301호 기장 여신도회 사무실은 이제 구속자 가족들의 방이 되었다. 어머니들의 애통함의 호소는 NCC 총무와 소장파 목사로 하여금 기도회를 열어야겠다는 방안을 강구하게 되었다. 긴급조치 4호는 집회를 금지했기에 기도회라는 형식을 통해 소식을 주고받는 것이 좋겠다고 판단한 NCC 총무 김관석 목사는 김상근 목사에게 제안하였고 김상근은 이해동 목사와 몇몇 소장파 목회자들과 함께 기도회를 열었다. 김상근, 이해동의 구술에 따르면 7월 5일부터 목회자 중심의 기도회가 있었고 구속자 가족들과의 결합으로 7월 18일 기독교회관 회의실에서 목회자, 구속자 가족들 22명이 목요기도회 첫 예배를 드렸다.

목요기도회 출발의 배경을 설명해 주는 두 목회자의 구술을 보면 좀 더 명확하게 출발의 동기가 드러난다.

> **<김상근 목사 구술>[1]**
> **목요기도회 출발 지점**
>
> 긴급조치 4호. 이것도 날벼락이지. 그때 김관석 목사님이 NCC 총무예요. 김관석 목사님하고 여러 가지 얘기를 하는데 김 목사님이 당신도 무슨 사건의 내용을 잘 몰라. 그 신문에 보도된 것만 아는 건데 이게 진짜일까, 가족을 만나서 그 사람들은 면회가 되기 시작했으니 무슨 의식이 있나 좀 알아봐라. 그래서 내가 가족을 만나기 시작한 거예요. 그래서 이제 이런 카드를 만들어 가지고 큰 카드에 누구 만났고 언제 만났고 뭘 물었고 대답은 뭐고 이렇게 해서 총무님한테 내가 그걸 하는 대로 드렸죠. 어느 날 총무님 말씀이야. 이 사람들을 모아야 되겠는데 긴급조치 때문에 아예 못 모여서 집회 못 해요. 자 이걸 어떡하나 그러더니 이 어른이 기도회로 모이면 되지 않을까, 종교 집회니까? 이렇게 사람들한테 연락하고 해서 첫 번 기도회를 모인 게 7월 4일 그날이야. 모였는데 모일 장소가 어디 없어요. 그래서 이제 지금은 없게 됐는데 기독교회관 2층이 2층 뒤쪽이 그게 소회의실입니다. 그 소회

의실에서 모였어요. 그런데 내가 딱 모이기로 한 데 가보니까 계단에 사복경찰이 꽉 들어선 거야. 층층마다 아니 계단마다 계단마다요. 3명이 됐나 하여튼 경관이 쫙 서 있고 그다음 사복경찰이 서 있고 한 사람이 딱 다닐 수 있게 길을 만들어 놨어. 거기를 통과해 간다는 게 쉽지 않아요. 그 형사들 사이에요. 내가 모이자고 한 사람이니까 그걸 뚫고 올라갔단 말이야. 올라가서 보니까 기억이 나는 사람들이 있어요. 설교를 문동환 목사님이 하셨거든요. 그건 기억이 나지. 내가 문 목사님한테 부탁했으니까. 기억이 나지. 이두수 목사라고 이 분이 그룹이 있었거든. 윤반웅, 전학석 목사님이 있었어요. 감리교 조승혁은 나랑 같이 올라갔지. 그러니까 많이 모인 게 아니에요. 올라오기가 어려워. 거기 밀고 올라오기가. 7월 4일이니까 7월 4일은 목사님들만. 그리고 이제 재판이 시작되고서 가족들이 자기 자녀들 얘기를 듣고 아 그리고 이제 울분을 토하고 이러면서 가족들이 모이기 시작했고 그럼 우리도 합하자. 오자. 그래서 가족들이 온 거야. 그걸 계속 무슨 기도를 가지고 가겠다는 생각이 있었던 건 아니고요. 가족들이 오니까 이제 그 방이 좁아. 장소를 옮겨야 했지요.

### 목요기도회 성명서

아. 이 성명서. 내가 썼어요. 내가 쓰고 프린트하고. 이건 내 타자기야. 다른 타자기하고 달라요. 이건 내 타자기예요. 그 때는 스텐실 없고 할 때니까 그래서 수요일 밤에 써요. 누가 뭐 성명서를 어떻게 쓰자 이런 시스템이 있는 것도 아니고 그러니까 그냥 그렇게 성명서 쓸 특별한 일이 있으면 쓰는 거예요.

### 개신교와 가톨릭 공론장의 상이함

"종로5가 NCC 인권위원회에 노동자, 도시빈민, 농민들이 하소연하러 왜 오겠어요. 명동성당은 김수환 추기경이라는 상징적인 인물이 있고, 명동성당이라고 하는 불가침적인 장소가 있고, 신부라고 하는 존재라고 할까? 그런 것이 있어. 급할 때 학생들이 몰려간다든지, 또 박종철 사건 같은 걸 폭로한다든지 하는 건 그쪽으로 가요. 보호막이 필요하니까. 그런데 거기는 이렇게 벽이 높아. 추기경을 만날 수 있는 것도 아니고 아무 때나 아무 데나 들어가서 뭐 할 수 있는 것도 아니고. 그런데 종로5가는 누구라도 억울한 사람이 있으면 와서 신문고를 두드리는 거예요. 상층부에는 굵직한 사건으로 이어가는 측면이 있다고 보면 명동성당이 상당한 중요한 장소예요. 근데 이거를 바닥 사람들의 운동으로 보면 명동성당은 아니야. 여기로 오는 거지. 다들 억울한 게 있고 폭로할 게 있고 하소연할 게 있으면 5가로 오는 거야. 바닥에서 이 민중들의 아우성과 부딪침과 희생을 통해서 또 민중과의 연대로 갔단 말이에요."(2024. 4. 29.)

1 김상근의 구술 중에서 2024. 4. 29. 오후 1시.

**<이해동 목사 회고>2**

세상은 유신독재로 꽁꽁 얼어붙었고 독재에 항거하던 젊은이들과 동료들이 무더기로 구속되어 옥고를 치르는 터에 목사들이 강 건너 불구경하듯 구경꾼으로 바라볼 수만은 없었다. 이런 마음이 이심전심 이어지고 모아져 밖에서라도 감옥 안에 갇힌 동지들과 함께 기도하자고 하여 모임을 시작하게 되었다. 이 모임에는 초교파적으로 젊은 목사들이 함께 하였다. 첫 모임 후 의견들을 나눌 때 금요일이 구역예배나 속회 등으로 목사들에게는 바쁜 날이니 목요일로 옮겨 모이는 게 좋겠다고 결정했다. 목요일로 정해진 까닭은 이 때문이었다. 모임 시간이 오전 10시인 것도 기도회가 일반인을 대상으로 한 것이 아니라 목사들의 모임이었음을 말해준다. 목요기도회가 처음 열린 장소는 지금은 없어진 종로5가 기독교회관 소회의실이었다.

6월 15일부터 시작된 민청학련 구속자들의 공판과 사형 혹은 무기징역 구형 그리고 선고 행렬은 구속자 가족들의 가슴을 무너뜨렸다. 어디에도 억울함을 호소할 길도 없으며 국가보안법, 반공법의 죄를 뒤집어쓴 아들을 둔 가족들은 반공 국가인 나라에서, 지역사회에서, 가장 작게는 일가친척들 사이에서도 철저히 소외되는 시간들을 감당해야 했다. 힘들여 키운 자식들의 운명이 사형으로 이어진다는 청천벽력과도 같은 상황은 지푸라기라도 잡아야 한다는 절박함으로 표출되었다.

**<김설이·이경은 회고>3**

김지하 시인의 어머니 정금성 씨는 KSCF 안재웅 간사의 부인과 실무자 한 사람과 함께 기독교회관으로 달려갔다. 기장 여신도회 301호에서는 마침 실행위원회가 열리고 있었다. 김정준 박사의 부인인 주재숙 장로가 회장이었고 실행 위원으로는 이우정 선생, 박용길 장로, 박순금 장로 등이었고 김윤옥 총무와 나선정 총무가 있었다. 301호 사무실을 노크도 없이 활짝 열어젖힌 정금성 선생은 통곡하며 울분을 쏟아냈다. "어머님들! 논 팔고 밭 팔고 힘들게 해서 자식을 키워놨더니 하늘같이 맑은 아들, 아무 죄 없이 오늘 사형 구형 받았는데 어머님네들! 어머님네들! 우리 좀 도와주십시오!" 자리에 있던 실행 위원들은 회의를 작파하고 정 선생의 이야기를 듣고는 함께 울었다. 구속자가족들이 기독교회관으로 몰려들었다. 할 수 있는 일은 기도밖에 없었다. 1974년 7월 18일 기독교회관에서 첫 기도 모임이 열렸다.

---

2 이해동·이종옥, 『둘이 걸은 한 길』(서울: 대한기독교서회, 2014), 102-103.
3 김설이·이경은, 『잿빛 시대 보랏빛 고운 꿈』, 47.

<김윤옥 선생 구술>4

**처음 만난 이야기**

우리가 실행위원회를 하고 있는데 문을 박차고 어떤 아주머니가 들어오는 거예요. 그러면서 당신들 아들 있지 나 좀 살려줘. 실행위원회에서 모두 놀래가지고 들어오시라 그러고 얘기를 들었어요. 김지하 씨 어머니야. 우리는 사실은 교단 여신도회니까 별로 이 사회 문제는 신경 안 쓰면서 실행위원회를 하고 있었거든. 근데 이제 이걸 뚫은 게 김지하 씨 어머니예요. 사형이라고 사형받았다고. 그분은 가톨릭 사람이니까 처음엔 명동성당에 가셨지. 가톨릭 김봉은 신부님 계셨어요. 그런데 우리한테만 오지 말고 저 개신교로 가라고. 그래 갖고는 이제 막 종로 5가 골목으로 들어서는데 기독교회관은 어딨냐고 물어보니까 저거라고 저기 301호실 가라고 그러더라고 해요. 어떤 남자가. 근데 그게 김관석 목사 같아. 김지하 씨 어머니가 그 양반은 아주 안광이 있고 현명한 사람 아주 현명해 사람이 무슨 박사학위 뭐 이런 건 없어도 공부를 많이 안 했는데 비상한 사람이에요. 그래 갖고 그 양반이 이제 이 얘기를 하니까 모두들 수긍을 하고 알았다. 우리가 돕겠다 그게 시작이에요. 교회 여성들이 이걸 도와야겠다. 우리가 할 수 있는 일을 해야겠다. 그러니까 성경에서는 내가 감옥에 갔을 때 주리고 힘들었을 때. 그 말씀이 있잖아요. 그걸 우리가 하지도 못했는데 맞다 이런 걸 해야 되는구나. 그러면서 우리가 딱 하기 시작한 거죠. 양심범이거든 양심범들 가족들이 막 생겼는데 이 사람들이 갈 데가 없으니까 자 301호실 우리 사무실로 오는 거야. 그래 갖고 우리 사무실로 오면 그 회의실 이런 책상 위에다가 서대문 감옥 가서 양말도 가져오고 빨래 가져와 가지고 올려놓고 얘가 운동을 했나 안 했나 세탁물 점검도 하고 쫙 둘러앉아 가지고 노래도 부르고 뭐 울기도 하고 시끄러워 가지고 우리는 뭘 할 수가 없어. 굉장했어요. 301호라는 데가. 우리 사무실에서 공덕귀 선생님 이우정 선생님이 이제 이 가족들을 조직화 해야겠다 내버려둘 수는 없잖아. 조직화해서 거둬야겠다. 그래 갖고는 구속자가족협의회라는 걸 만들었어요. 얌전하던 어머니나 가정주부들이 민주화운동의 투사로 변모하는 모습을 지켜보았지요.

**목요기도회 참석 분위기**

목요 기도회 참석해서 가족들이 모였는데 거기서 내가 자기소개를 돌아가면서 하자 했거든요. 서로 모르니까 근데 한 신부님이 일어서더니 나는 '지랄 지'자입니다. 전라도 임실에서 왔대요. 지정환 신부님이었어요. 문정현 신부님과 목요기도회를 열심히 참석하셨어요. 가톨릭 신부님들이 많이 왔거든요. 그래서 목요기도회에 사람들이 넘쳐나니 이제 로비로 가는 거죠. 로비는 꽤 많이 앉거든 바닥에 앉아서 움직이질 않으니깐 그러니까 이제 그래도 우리가 개신교 쪽이 주인이잖아요. 그러니까 이제 생각해낸 게 춤도 추고 그냥 박형규 목사님이 춤추고 있으면 우리도 같이 추고.

김상근, 이해동 등 젊은 목회자들의 결합으로 열린 목요기도회는 1973년 남산부활절 사건으로 이미 충분한 경험이 있었기에 기도회가 갖는 놀라운 힘을 믿으며 구속자 가족들의

---

4 김윤옥은 1969년~1975년까지 한국기독교장로회 여신도회 전국연합회 상임 총무였으며 한국교회여성연합회 서기를 맡았다. 기장 여신도회나 한교여연의 성명서를 작성하였다(김윤옥의 구술 중에서, 2024년 3월 15일 오후 2시).

애통함을 끌어안았다. 재판은 계속되는데 사형, 무기징역 구형받는 구속자들의 가족들은 어디로 가서 무엇을, 누구에게 물어봐야 하는지도 모른 채 무조건 기독교회관을 찾았다. 목회자들의 기도회에 구속자 가족들이 합류하면서 어머니들의 호소로 목요기도회 명칭은 '구속자와 함께 기도하는 목요정기기도회'로 열리게 되었다.[5]

공식적인 출발은 7월 18일이지만 1975년 2월 20일 「정의, 자유구현을 위한 목요정기기도회」의 성명서에 명시된 바에 따르면 "우리는 1974년 7월 19일 이후 31번의 정기기도회를 가지고 자유의 실현, 정의의 구현, 구속 인사의 석방, 민주 회복 등을 위해 기도하여 왔다"는 기록에 따라 31회 차를 소급하여 보니 7월 5일이 첫 기도회였다. 하지만 74년 8월 15일 기도회 중에 육영수 여사의 피살 소식을 들었다는 이해동 목사의 회고를 통해 공휴일에도 목요기도회를 운영하였음을 알 수 있었다.[6] 31회차는 7월 18일로부터 계산된 것이지만 이해동, 김상근 목사의 구술과 일치하는 내용은 구속자 가족들이 합류하기 직전 목회자들만의 기도회가 있었음을 확인할 수 있었고 따라서 7월 5일은 첫 모임을 가졌고, 금요일이 적당치 않아 목요일에 모이기 시작한 7월 11일 그리고 가족들과 결합한 날이 7월 18일이 되는 것으로 정리할 수 있다. 7월 5일 첫 기도회 이후 7월 9일 정금성 씨가 기장 여신도회 사무실에 와 도움을 요청하고 연이은 공판에서 무기징역 등을 구형받는 구속자들의 어머니들이 서로 정보교환과 억울함과 원통함을 호소하고 위로해 주는 공간이 절대적으로 필요했고 목요기도회는 그들의 공간이 되어주었다. 가족들의 합류는 목요기도회를 몇몇 목회자의 기도의 장이 아니라 한국 현대사의 저항 공론장으로서 첫 문을 열게 하는 역사적인 일이었다. 정보교류의 장, 호소와 위로의 장, 공감의 장, 민주시민 학습의 장, 인식과 행동 변화의 장, 합의의 장 등 서로의 사이를 메우는 다양한 성격의 공론장이 탄생하게 된 것이다.

---

5 목요기도회. 1974년 7월 18일 2시 22명이 첫 예배를 드리고 기독교회관에서 이해동, 김상근 목사님이 주축이 되어 매 목요일에 모이게 되었는데 문동환, 허병섭 목사님도 도와주셨다. 석방 운동 민주주의 회복을 이끌어 내는 운동의 중심이 되었다. 경찰은 기도회에 못 나가게 차에 태워 아무 데나 빙빙 돌며 두세 명씩 길에 내려놓으며 방해를 하였다. 한국기독교교회협의회, 정의구현 사제단, 기독교 인권위원 등 여러 기관의 뒷받침 세력이 점점 커졌다. '박용길 원고지 메모,' 민주화운동기념사업회 오픈 아카이브, 등록번호 00951846.

6 "8월 15일 날 육영수가 피살된 날 그 유명한 얘기가 있어요. 윤반웅 목사님이 기도하셨는데 "하나님 감사합니다. 그런데 조금 빗나갔습니다. 박정희가 안 죽고 육영수가 죽어서, 그렇지만 조금 빗나가서, 기도하면서 그렇게 기도하셨어요. 윤반웅 목사님이. 그래서 기도하다가 웃어버렸어요." 이해동·이종옥 구술 중에서, 2024. 1. 11.

**<이해동·이종옥 여사 집단 구술>**

이종옥: 가족들이 모이기 시작을 한 거죠. 그러니까 그때까지만 해도 민청학련 사건 어머니들이 전부 저 아이들, 자기 자식들이 감옥에 간 것을 부끄럽게 생각하고 있었어요.

이해동: 그 가족들이 하나둘 모이기 시작을 하니까는, 그 가족들이 목요기도회에 와서 아 우리 아이들이 한 일이 나쁜 일이 아니고 참 보람 있는, 그러면서 기가 산 거예요. 가족들이. 그래서 가족들이 모이기 시작을 해서, 이제 처음에는 그 소회의실 (이종옥 여사가 예약을 해서), 그 기독교회관 1층에 뒤에 소회의실이라고 있었습니다.

**기도회 운영 방식**

이종옥: 내가 서기를 해서 알아요. 돈이 없었어요. 그래서 NCC가 한 번, 예장이 한 번, 기장 총회가 한 번, 기장 여신도회가… 대관료를 구하러 다녔죠. 기도회에는 구속자 가족들이 와서 자기네들의 아픈 가슴 호소하고 면회 갔다 오면 그 근황 얘기하고 이게 무슨 설교가 있다기보다 순서가 딱 정해져 있는 게 아니라 어려움을 겪은 사람이 강단에 올라가서 얘기하면 돼. 자녀들이 단식한다든지 현장 보고하고 마지막에 그걸 가지고 기도를 해요.

이해동: 찬송 부르고 기도하고 하는데 그 열기라고 하는 게 대단했어요. 거기서는 기독교인이냐 비기독교인이냐고 하는 차이가 없었어요. 다 뭐 크리스천만 오는 게 아니고 찬송을 부르는데도 모두들 다 신이 나서 찬송을 불렀고 기도도 참 절실하게 기도했고 그렇게 해서 기도회가 참 활성화가 돼 가지고 이제 매주 목요일마다 그 종로에 가서 이제 기도회를 하게 된 거죠.

**가톨릭 사제와의 연관성**

이해동: 가톨릭은 우리보다 늦었죠. 10월인가? 사제단이 만들어져서 비정기적으로 명동성당에서 미사를 드린 거예요. 그러니까 신부님들이 목요기도회에 참석하고, 우리는 그 쪽에 인권미사에 참석하고 그랬죠. 문정현 신부, 지정환 신부 그 두 신부님이 목요기도회에 빠지지 않고 나왔어요.

이종옥: 임실 치즈 만든 신부님인데 본인이 지랄 지신부라고 그랬어요. (웃음)

이해동: 명동성당에서 비정기적인 기도회가 열렸는데 거기는 맘모스예요. 그냥 사람들이 구름처럼 모이는 그런 기도회였죠.

민청학련과 인혁당 재건위 사건 관련자 가족들은 중형이 선고될 것이 예견되는 공포 속에서 서로 힘을 합쳤다. 특히 KSCF 소속 학생들이 많았기 때문에 자연스럽게 기독교회관은 가족들의 공간이 되어갔다. 구치소 면회를 끝낸 가족들은 자연스럽게 기독교회관으로 모여 그날 그날의 상황을 전달하면서 고립되어 있는 구속자들에게 서로의 소식을 알려주었다. 지방에 있는 가족이 서울로 올라오면 가장 먼저 짐을 맡기는 장소였고, 다른 사람들과 만나는 장소였으며, 군사재판에 다녀오면 그 억울함을 털어놓고 경과를 보고하는 방이었다. 멀쩡하던 자식이 하루 아침에 역적이 되어버린 가족들에게 속내를 털어놓을 수 있는 유일한 숨구멍이자 안식처였다.[7] 구속자 가족들은 이 과정에서 단순한 가족 모임으로는 올바르게 대처하기 힘들다는 사실을 깨닫기 시작하였다. 가족들은 9월 '구속자가족협의회'(이하 구가협)를 조직하게 된다. 다음은 목요기도회에 특정한 내용 없이 구속자 가족들의 호소에 얼마나 집중하였는지를 보여준다.

| 회차 | 날짜 | 내용 |
|---|---|---|
| 0-1 | 7/5 | 목회자 목요기도회 (금요일을 목요일로 바꾸다) |
| 0-2 | 7/11 | 목회자 목요기도회 (목요기도회를 정기적으로 드리기로 결정) |
| 1 | 7/18 | 구속자 가족들과 함께 드리는 첫 목요기도회 |
| 2 | 7/25 | 당국의 방해 공작이 심해짐 |
| 3 | 8/1 | 목요기도회 (구체적인 내용 알 수 없으나 구속자 가족들의 호소로 이뤄짐) |
| 4 | 8/8 | 목요기도회 (구체적인 내용 알 수 없으나 구속자 가족들의 호소로 이뤄짐) |
| 5 | 8/15 | 목요기도회 (육영수 여사 피살) |
| 6 | 8/22 | 목요기도회 (8/23 긴급조치 4호 해제) |
| 7 | 8/29 | 「구속자 석방과 자유민주주의 실현을 염원하는 기도회」 개최.<br>에큐메니컬선교협의체, YWCA, 한국교회여성연합, 수도권특수지역선교협의회, NCC, 개 교단, 지방 노회, 개 교회 단위들이 함께 예배드림. |
| 8 | 9/5 | **목요기도회(구속자 가족들의 호소). 구속자가족협의회 구성 — 회장: 공덕귀 여사, 부회장: 김윤식 씨(김학민 父), 총무: 김한림(김윤 母)**<br>(박용길 기록: 1974년 9월 구속자가족협의회 구성. 회장 공덕귀, 부회장 김윤식, 총무 김한림, 도와주신 분들 이해동, 김상근 목사, 나선정 총무, 문동환 박사, 동아 서권석 기자, 이태호 기자, 이부영 기자, 김종철 기자, 기독교방송 조남선) (결성 날짜는 구체적인 기록이 없어 알 수 없다. 하지만 선고 공판이 7, 8월에 있었고 형량이 구형과 거의 동일한 충격적인 형량이었기 때문에 이에 대처하기 위해 서둘러 결성되었다면 아마 9월 초였을 것이라 추측된다.) |
| 9 | 9/12 | 목요기도회 (구속기독자대책위원회[구속자 석방요청, 담화문 발표]) |
| 10 | 9/19 | 목요기도회 (구속자 가족들의 호소) |
| 11 | 9/26 | 목요기도회 (구속자 가족들의 호소) |
| 12 | 10/3 | 목요기도회 (구속자 가족들의 호소) |
| 13 | 10/10 | 목요기도회 (인혁당 사건 구명 운동을 위한 기도회로 조지 오글 목사 인혁당 사건 |

7 정지아, 『김한림 어머니, 우리들의 어머니』(서울: 민주화운동기념사업회, 2006), 128.

|  |  | 언급, 인혁당 가족들이 대거 참석, 목요기도회 중대 전환점이 됨. 그동안 목요기도회는 민청학련 구속자 중심이었는데 이 기도회를 기점으로 인혁당과 함께 구속자 석방운동을 하게 되었고, 오글 목사 역시 이 기도회에서 인혁당 구속자들에 대해 언급한 것이 추방의 최초 원인이 되었다.) |
|---|---|---|

목요기도회가 출발하게 된 가장 큰 원인은 단연 구속자 가족들의 호소였다.

막달라 마리아와 요셉의 어머니 마리아가 예수 둔 곳을 보더라… 안식 후 첫날 매우 일찍이 해 돋을 때에 그 무덤으로 가며…(마가 15:47; 마가 16:2).

예수의 죽음 그 맨 마지막을 지키던 자들 그리고 향품을 사들고 해 돋을 때 예수의 무덤으로 맨 처음 달려간 자들은 막달라 마리아와 요셉의 어머니 마리아라는 여성들이었다. 그녀들은 예수가 부활하심을 맨 처음 목격한 자들이다. 억압을 뚫고, 두려움을 이기며 예수에게 향품을 사들고 오는 그 용기로 그녀들은 예수의 부활을 맨 처음 목도할 수 있었다. 그리고 그녀들은 예수의 부활을 처음으로 알리는 자가 되었다.

아들의 사형 구형에 소스라치게 놀란 김지하 씨의 어머니 정금성 씨는 애통함도 금기시되는 억압적 상황을 뚫고 어머니의 용기를 내어 301호를 찾았다. 그 용기 있는 발걸음이 목요기도회를, 구속자가족협의회를 구성하게 하였다. 정금성 씨뿐이랴. 구속자 가족 특히 어머니들의 애끓는 호소는 두터운 억압의 압력을 뚫을 수 있는 원천적인 힘이었다. 그녀들의 피 끓는 호소는 어느 힘보다 컸다. 그 힘은 이제 기독 여성들의 연대로 확산되고 그 연대는 해외 그리스도인들을 한국의 정치적 상황에 집중하게 만들었다.[8] 시대의 새벽을 여는 자들, 그들은 예수의 부활을 처음 목도하고 알린 여인들처럼 저항을 조직적으로 일궈나가는 한반도의 그리스도 여성들이었다. 그녀들은 이제 구속자가족협의회로 더 큰 저항의

8 가족들을 돌보는 일은 쉬운 일이 아니었다. 우선 돈이 필요했다. 그들이 병이라도 나면 돈을 들고 병원에 가야 했고 남편을 감옥에 둔 아내들이 아기라도 출산하면 그 뒤를 돌봐주어야 했다. 이들 가족들의 결혼식도 예정대로 올리게 해야 하고 빚도 청산해 주어야 했다. 그리고 무엇보다도 갑자기 구속된 양심범들에게 식비도 넣어주어야 했다. 이런 재정적인 필요를 우리는 외국 교회에 호소하기 시작했다. 독일교회의 도움이 제일 많았던 것으로 기억한다. 이런 도움의 손길을 끌어내었던 데는 한국의 동역자로 왔던 Dorothea Schweizer와 캐나다 선교부의 구미혜 선생 등이다. 김윤옥, 『빗장을 풀다 평화를 살다』(서울: 대한기독교서회, 2009), 70.

물꼬를 텄다. 구속자가족협의회가 조직되기 전까지 그녀들이 흘린 눈물을 어찌 다 서술할 수 있을 것인가.

## 2. 구속자가족협의회를 구성하다

1974년 8월 15일 육영수 여사 피살 사건이 발생했다. 정국은 반일 데모로 들끓기 시작했다. 8월 19일 국민장 이후에도 반일 데모는 끊이지 않았다. 국민들의 분노를 본 박정희는 이를 국민총화라고 생각하고 긴급조치 1, 4호를 8월 23일 해제한다. 하지만 재판 계속 중인 사건에는 재판권을 행사하겠다고 발표하였다.

'이번 사건을 계기로 국민총화가 굳건히 다져졌음을 볼 때, 나는 적이 든든한 마음을 금할 길이 없습니다. 따라서 긴급조치 1, 4호는 해제할 시기라 판단하고 이를 각기 해제하는 바입니다'(「동아일보」 1974년 8월 23일 자, 1면).

긴급조치는 이미 해제되었으나 구속된 학생들이 석방되지 않자, 8월 29일 에큐메니컬선교협의체, YWCA, 한국교회여성연합, 수도권특수지역선교협의회, NCC, 개 교단, 지방 노회, 개 교회 단위로 「구속자 석방과 자유민주주의 실현을 염원하는 기도회」가 개최되었다. 구속자 가족들도 공동의 대응을 해 나가기 위해서 1974년 9월 구속자가족협의회를 조직하였다.[9] 구체적인 날짜 기록은 남아 있지 않으나 「구속자 석방과 자유민주주의 실현을 염원하는 기도회」를 기점으로 9월부터 개신교의 기도회 행진이 시작되는 것을 볼 때 9월 초가 아니었을까 추측된다. 9월 13일에 수감자를 위한 기도회가 열리는데 공덕귀, 김명진, 이성덕 등 구속자 가족이 기도 순서를 맡은 것을 보면 구속자가족협의회의 결성된 후의 기도회로 보인다.

구속자가족협의회는 회장은 KSCF 이사장인 공덕귀 여사가, 부회장은 김윤식(김학민의 父), 총무는 김한림(김윤의 母)이 맡았다. 김한림은 장준하와 윤보선 전 대통령을 잇는 핫라인

9 1974년 구월 구속자가족협의회 구성. 회장 공덕귀, 부회장 김윤식, 총무 김한림 도와주신 분들: 이해동, 김상근 목사, 나선정 총무, 문동환 박사, 동아 서권석, 이태호, 이부영, 김종철 기자, 기독교방송 조남선. '박용길 원고지 메모,' 민주화운동기념사업회 오픈 아카이브, 등록번호 00951846.

역할을 해 왔던 사람이었다. 늘 숨어서 중요한 일을 하던 김한림이 막내딸 김 윤의 구속으로 투쟁대열의 선두에 서게 되었다. 그녀는 6.3 한일회담 반대 시위 과정에서 서울대생 김중태에게 돈을 주고 숨겨 주었다는 혐의로 구속된 경험이 있었다. 짧은 교도소 생활이었지만 직접적인 수형생활을 통해 구속자들에게 무엇이 가장 절실한지, 밖의 가족들이 어떤 일을 해야 감옥 안의 구속자들이 힘을 얻게 되는지 몸으로 겪어 아는 사람이었다. 김중태의 친구인 김정남은 6.3 시위가 일어난 1964년부터 김한림을 알았기에 구가협 창립 준비 과정에 불려와 구가협을 돕게 되면서 구가협의 창립선언서를 기초했다. 김한림의 지도력과 조직력은 탁월했다. 그녀는 기독교회관에서 거의 살다시피 하며 기독교여성단체와의 연대를 착실히 해 나갔다. 한교여연과 기장 여신도회는 301호 사무실을 같이 사용하였으니 구가협의 사무실이나 다름없이 자연스럽게 서로의 연대를 다져 나갔다. 구가협의 성명서는 이곳에서 작성되고 등사되었으며 두 단체의 실무자들은 구가협의 손발이 되어주었다.[10]

**<김윤옥 구술>[11]**

공덕귀 선생은 대통령 부인이었으니까 방패가 되거든. 그러니까 공덕귀 선생님을 가족협의회 위원장으로 하고 성명서는 다 내 손으로 나갔죠. 내가 그 틀을 만들었어요. 성명서의 틀을 처음에는 이제 신학적인 거야. 우리 교회 여성은 그렇죠, 신학적으로 하나님을 섬김으로써 뭐 어쩌고저쩌고 하면서 신학적인 걸 우선 거기다 넣고 거기서 소명감을 가지고 우리가 이렇게 하는데, 그런데 너희들은 문제가 뭐 뭐 뭐 뭐다 내가 저기 다 썼어.

성명서 쓰잖아요? 그러면 이제 이우정 선생님이나 공덕귀 선생님이 초안을 놓고 오케이 그러면 이제 그거를 타이프 치는 거지. 옛날 타이프 형편없는 거잖아요. 그렇지만 정보부가 타이프가 어디 거라는 걸 아는 거야. 그래 갖고 그 성명서 쓴 것 때문에 내가 종로서에 붙들려 갔었어요. 종로경찰서에 붙들려 가서 하룻밤 거기서 자면서 글자체를 보고서 사람들도 다 알지 이우정 선생이 나 시켜서, 나는 쫄병이라는 거. 내가 쓰던 타자기가 있거든요. 그거를 정보부는 분별을 하더라구요.

그래 갖고 싹 집어 가지고 나를 끌고 갔어요. 그러면서 밤을 안 재우고 할 수 없이 대답하고 몰라요 하며 졸고 있는데, 저쪽에는 또 구속자 가족들이 붙들려 와 가지고 앉아 있었어요.

김지하 씨 어머니가 시골 아주머니같이 늘 한복을 입고 그러니까 치마를 이렇게 하고 '나 화장실 갈래. 뭐 이래. 화장실 어디야 저기야?' 하면서 날 보는데 그 윙크 한 번에 얼마나 큰 위로가 되고 힘이 되고…. '우리 여기 있다. 안심해, 잘해 봐.' 이러더라고. '화장실 저기가 화장실 어디야 뭐' 이러면서 말이야.

---

10 김설이·이경은, 『잿빛 시대 보랏빛 고운 꿈』, 50.

11 김윤옥 구술 중에서 2024. 3. 15.

# II. 투사가 된 여성들(1974. 10.~ )

## 1. 확고한 연대

성명서 한 장도 '구속자 가족 일동' 또는 '구속자 가족 모임' 등으로 내야 했던 이들이 정식으로 '구가협'이라는 민주화운동단체를 설립하자 '구가협후원회'도 생겼다. 후원회의 회장은 시노트 신부였다. 신·구교계를 비롯해 많은 후원이 들어왔고, 활동 자금이 넉넉한 만큼 활동의 폭도 넓어졌다. 주로 구속 학생의 부모나 젊은 활동가들의 아내들인 구가협 회원들이 모이면 농성이 되고, 밥을 굶으면 단식농성이 되고, 밤을 새우면 철야농성이 되었다. 이들이 길에 나서면 그대로 가두 투쟁이 되었다. 이들의 시위와 농성은 수를 셀 수 없을 만큼 지속적으로 이루어졌다. 농성장에서는 마음을 다잡는 노래들을 불렀다. 구치소 담장 너머 아들딸에게 힘이 되기를 바라는 부모의 마음으로 "우리들은 뿌리파다",[12] "오 자유", "와서 모여 함께 하나가 되자", "우리 승리하리라" 등의 노래를 목청껏 부르면 스스로에게도 힘이 되었다. 김정남은 그 이전의 시위에서 노래를 불렀던 기억이 없다고 말한다. 시위 과정에서 노래를 부른 것은 아마도 구가협이 최초가 아닌가 싶다고 회고한다. 이를 이끈 김한림 총무의 공으로 돌린다.

이들 구가협 회원들은 민주 인사들의 비밀 연락망 노릇도 하면서 전천후 활동가로 자리매김하게 된다. 시국 사건의 모든 재판을 함께 방청하며 구속자를 지원하고 그들을 태운 호송차 앞에서는 "와서 모여 함께 하나가 되자',' "우리 승리하리라''를 외치며 응원가를 불러 주었다. 재판정의 방청을 제한해도 재판정 밖은 언제나 구가협 회원들로 만원이었다. 이들은 "민주인사 석방하라''는 구호를 외치며 법원 앞에서 시위를 벌였다. 경찰이 이들을 닭장차에 짐짝 실 듯 실어 어딘지도 모를 외진 곳에 하나하나 분산시켜 내려놓아도 어김없이 기독교회관으로 다시 모여들었다.

목요기도회는 구가협의 활동을 보고하고 성명서를 발표하는 자리가 되었다. 이들의 소

---

12 "우리들은 뿌리파다 좋다 좋아! 같이 죽고 같이 산다 좋다 좋아! 무릎을 꿇고 살기보다 서서 죽기 원한다 우리들은 뿌리파다." (노랫말은 박형규 목사)

식이 궁금하면 누구든 목요기도회에 참석하면 될 일이었다. 가톨릭 신부들도 참여하고, 종교가 달라도 전혀 문제될 것이 없었다. 사건과 관련하여 가족들이 재판부에 탄원서를 낼 때도 구가협이 나서서 김수환 추기경, 한경직 목사, 함석헌 선생, 이태영 변호사 등 사회 저명인사들의 서명을 받아 제출하여 그 무게를 더했다.[13]

구가협은 목요기도회와 공동 성명서를 발표하며 확고한 연대의 틀을 다졌다. 오명걸 목사 추방 결사 반대한다(1974. 12. 12.), 유신헌법 찬반 국민투표 유감(1975. 1. 30.), 항의서(1975. 3. 6), 동아일보와 조선일보 사태 성명서(1975. 3. 13.) 등이다. 이제 구가협의 가족들은 민청학련 사건으로 구속된 가족의 뒷바라지뿐 아니라 사회의 모든 억압적 상황에 고난받는 사람들에게 가장 먼저 달려가는 투사가 되었다.

목요기도회에 빠지지 않고 와서 가족들, 특히 인혁당 가족들을 위로하고 정신적 뒷받침이 되어준 신부가 있다. 문정현 신부. 전주에서 거의 매주 올라와 목요기도회에 참석했다. 같은 구속자 가족이지만 인혁당 관련자의 가족들은 몇 겹의 소외를 당해야 했다. 민청학련 사건이나 인혁당 사건 모두 조작임을 모르는 바 아니지만 일부 가족들과 목요기도회 참석자들에게는 부담스러운 용공 사건이기에 그들과의 접촉을 꺼리는 경향이 많았다. 이를 마음 아파한 문정현 신부는 매주 거르지 않고 목요기도회에 참석하여 그들을 위로했다.

> "민청학련 가족들, 아버지는 별로 못 봤어요. (웃음) 같은 사건임에도 불구하고 인혁당 가족들은 소외됐어요. 무서워했어요. 눈치를 봐야 하고 실제로 부담스러워했고 내 눈치가 그래요. 그래서 나는 그분들하고 더 가까이 했어요. 그분들에 대한 안타까움이 컸어요. 그래서 함께하고 수없이 연행도 되고 지금도 그분들하고 잊지 못하고 … 시국사범 구출 운동을 위한 목요기도회였어요. 정보기관의 타깃이 되어 수없이 연행되고 직간접으로 구속되고 그랬죠. 얼굴이 드러나고 탄압의 대상이 되었죠. 저도 올라가다가 연행된 적이 한두 번이 아니에요. 설악산 관광호텔에 처박아놓기도 하고…."[14]

13 김설이·이경은, 『잿빛 시대 보랏빛 고운 꿈』, 52-53.
14 문정현 신부 구술 중에서, 2024. 6. 2. 오후 3시.

인혁당 사건은 오래도록 사람들의 외면을 당했다. 이를 안타까워 한 조지 오글(오명걸) 목사가 1974년 10월 10일 수도권특수지역선교위원회 주최로 열린 인혁당 사건 구명운동을 위한 목요기도회에서 이들을 위한 설교를 했다. '인혁당 사람들은 아무런 죄도 없고 증거도 없이 극형을 선고받았으므로 인권이 유린 당하고 있는 상황이니 우리는 인혁당 사람들을 살리도록 노력해야 한다'고 호소했다.[15] 인혁당 관련자들은 대개가 대구, 영남 지역 사람들이었다. 인혁당 가족들은 구가협이 늘 모이는 목요기도회에 매주 참석할 수도 없고 면회도 되지 않는 상황에 처해 있는데 이제 구가협이 함께 인혁당을 위한 구명운동을 시작하였다. 목요기도회는 구가협의 결성으로 한 차원 발전하였고 인혁당 가족들의 합류와 공동투쟁으로 두 번째 중대 전환점을 넘었다.

구가협, 인혁당 가족, 문정현 신부, 오글 목사 한 사람씩 연대는 시작되었고 그 안에 전태일의 어머니 이소선 여사가 있었다. 더 넓게는 박용길, 재일동포 간첩으로 사형이 확정된 이 철의 약혼녀 민향숙, 어머니 조만조 여사 역시 구가협의 일원으로 목요기도회를 한 번도 결석한 적이 없었다. NCC 소속 목사들과 실무자들, 민주수호기독자회, 해직 교수, 해직 기자들 서로 모두가 연대투쟁에 나섰다. 연대는 해외까지 확산되었다.

<김윤옥 구술>

폴 슈나이스(Paul Schneiss)라고 독일교회 목사로 일본에 온 선교사인데 일본 일은 하나도 안 하고 맨날 한국에 와 있어요. 그분이 구속자 가족들 참 애정을 갖고 대했어요. 가족들도 슈나이스 목사를 참 좋아했어요. 그냥 일본에서 다니면서 가족들 도와주고 그다음에 이 사연을 일본에 가서 세계에다가 알리고 독일교회에다가 알려 가지고 돈이 오게 하고 슈나이스 목사가 참 애 많이 썼어요.

## 2. 생사의 갈림길에서 우리는 당당히 선다

구가협 회원들은 어머니의 이름으로 아버지의 이름으로 당당한 투사가 되어갔다. 1974년 11월 11일 밤 9시부터 구가협 회원 50여 명은 명동성당 뒤 가톨릭 여학생회관 1층에서

15 오글 목사의 목요기도회 설교와 경수도시산업선교회 주최로 흑석동감리교회에서 구속 성직자와 그 가족을 위한 기도회 설교로 말미암아 강제 추방당하는 빌미가 되었다.

수감자들의 석방을 위한 단식기도회를 열었다. ① 긴급조치로 구속된 사람들을 석방할 것 ② 가족들의 면회를 법적으로 보장할 것 ③ 구속된 학생을 위해 데모하는 이들을 처벌하지 말 것 등 4개 항을 결의하였다.

구가협은 국민에게 보내는 호소문과 유엔 회원국에 보내는 호소문을 발표하였다. 국민에게 보내는 호소문에서는 "진실을 밝히고 진리와 정의가 실현될 때까지 증언을 계속하겠다"고 말하고, 유엔 회원국에 보내는 호소문에서는 "한국에 진정한 민주주의가 회복되고 인간의 생명이 존중되는 사회가 이루어지도록 유엔 회원국의 '양심의 소리'를 기다린다"고 밝혔다. 이 기도회에는 구가협 회장 공덕귀 여사와 김지하 씨의 어머니 정금성 씨, 지학순 주교의 동생 지학삼 씨, 이철 군의 어머니 정경조 씨 등이 참석하였다. 12일 오후부터 몇몇 회원들은 지쳐 더러 눕기도 했는데 오후 5시 30분에 이영교 씨(인혁당 구속자 하재완 씨 부인)는 졸도하여 성모병원에서 응급치료를 받기도 하였다.

단식기도회 중에 안타까운 일이 발생하였다. 11월 12일에 나병식 군 가족의 소식이 도착했다. 연탄가스 중독으로 동생 2명이 숨지고 어머니가 중태로 입원 중이라는 소식이었다. 구가협은 이들의 장례를 구속자가족협의회장으로 결정하고 장례비로 10만 원을 모금하여 백은순 씨(이광일 군 어머니)를 대표로 뽑아 나군의 집이 있는 전남 광산군 송정읍 신촌리로 보냈다. 나병식 군의 아버지는 나병식 군을 면회하러 10일 상경한 상태였다.

**<이광일 목사 구술>16**

우리 어머님이 민청학련 관련해서 시작된 구속자가족협의회 초창기 멤버, 창립 멤버예요. 거기에 가족들이 모이기 시작을 했는데 우리 엄마가 상당히 적극적이셨던 것 같아요. 그래 가지고 그 초기에 막말로 최전선에서 일을 하셨어요. 예를 들면 가족들도 제대로 면회를 안 시키고 국방부 조사대에서 아마 국방부 법정에서 재판을 했을 거예요. 그때 거기서부터 종로 5가까지 시위를 하면서 걸어갔다는 얘기를 들었어요. 이제 가족이기 때문에 손을 못 댔다는 이야기가 그때 처음 나온 것 같아요. 이제 다 겁줘 가지고서 꼼짝 못할 때 가족이 움직이기 시작했죠. 그런 면에서 그 가족협의회 활동이 굉장히 새롭게 해석되기 시작하는데 그때 초창기에 열심히 움직였던 분들이 김한림 선생 그다음에 김지하 씨 어머니 정금성. 그 양반이 열심히 했던 모양이고 우리 어머님도 같이 다니고 그다음에 이제 공덕귀 여사님. 전투적으로 활동하셨어요.

그러니까는 나병식이네 아버지가 같이 움직이셨는데 맞아요. 그 조의금을 가지고서 광주 갔다 왔다는 얘기를 나중에 들었어요. 또 포드 대통령 올 때 오지 말라고 시위를 했는데 그래 가지고 잡혀가서 고생도 하고 그랬나 봐요. 우리 어머니 별명이 밤 호랑이예요. 목요기도회 가시면서 더 과격해지셨어요. (웃음) 2.15 석방 때 나상기가 이제 반갑게 어머니를 끌어안는 그 사진이 동아에 나오나 중앙에 나오나 하여튼 그런 게 있는데 그게 우리 어머니예요. 상기 어머니가 아니라 이광일이 어머니인거죠. 기자들이 따라다니면서 석방되는 날, 감격적으로 엄마하고 이렇게 포옹하는 그 사진이 크게 부각된 사진이 있는데 그게 나상기 엄마가 아니라 이광일이 엄마예요. (웃음)

가족들에게는 안타깝고 슬픈 소식이었으나 철야단식기도는 그치지 않았다. 몸은 점점 지쳐가도 회원들은 13일 회관 안에 "내 아들 내 남편 정치 제물 삼지 말라", "나라 사랑 무슨 죄냐, 감옥살이 웬 말인가", "내 아들 내 남편 하루속히 석방하라" 등을 써 붙이고 첫날 발표했던 4개 항의 결의문 이외에 "비밀재판 지양하고 과거의 재판 과정 공개하라"는 새로운 결의 사항을 추가로 발표했다. 그리고 14일 오전 8시30분경에는 단식기도를 마치고 종로3가까지 가두시위를 벌였다. 여기에는 시노트 신부 등 2명의 외국인 신부도 합류하였다. 가톨릭 여학생회관에서 종로3가 지하철 정류장 입구까지 약 1.5km를 "내 아들 내 남편 하루속히 석방하라", "내 아들 내 남편 정치 제물로 삼지 말라", "나라 사랑 무슨 죄냐, 감옥살이 웬 말인가" 등 4개의 플래카드를 들고 가두시위를 하였다. 철야 단식을 4일째 하면서도 지친 몸을 다독이며 가두시위를 벌이는 그들은 당당히 투쟁의 길에 서 있었다.

구가협 회원들은 종로 3가에서 경찰의 제지를 받고 뿔뿔이 흩어져 다음 목적지인 기독교회관 목요기도회를 드리러 가는 중 김윤식 씨(김학민 군 아버지), 심순랑 씨(김경남 목사 부인), 한맹순 씨(이해학 전도사 어머니), 진필세 신부(미국명 시노트) 등 4명이 연행되기도 하였다. 이종금 씨 등 3명은 집회 및 시위에 관한 법률 위반 혐의로 불구속 입건하고 미국인 진 신부는 훈방되었고 나머지 회원 50여 명은 오전 10시 30분 종로5가 기독교회관 대강당에 목요기도회를 참석하러 모였다. 종로5가 기독교회관에 모인 구속자가족협의회 회원 50여 명은 오전 10시 30분 수도권 특수지역 선교위원회 주최의 목요기도회를 가졌다. 그곳에는 함석헌 옹을 위시하여 약 200여 명의 기도회 회원들이 함께 하였다. 문동환 목사는 "국민은 1천 달러 소득이라는 물질적 환상에 마비됐고 권력을 잡은 사람은 물질을 소유하고 축적하는 데 혈안이 되어 있다. 우리는 오늘 투옥된 동지와 함께 마지막 한 사람이 풀려나올

---

16 이광일 목사 구술 중에서, 2024. 12. 24

때까지 우리가 가진 모든 것을 다 바쳐 이 일에 전념할 것이요 우리의 이 행진을 아무도 막지 못할 것"이라 했다. 자교교회 마경일 목사는 말씀 증언에서 "억압과 착취와 비인간적인 것을 해방하기 위해 의로운 싸움에 다시 한 번 불길을 올리자"고 하였다.

기도회가 끝난 뒤 인혁당 사건으로 수감 중인 전창일 씨 부인 이민영 씨가 "중앙청 앞에 재판대를 설치해 놓고 온 국민이 보는 앞에서 정당한 재판을 받아 죄가 있다면 달게 받겠다"고 울먹이며 호소하자 장내는 흐느낌으로 가득 찼다. 구가협 회원들은 찬송가 〈우리 승리하리라〉를 부르며 기도실을 나와 현관 안에서 30분 동안 연좌 농성을 벌이며 중부서에 연행된 4명이 나올 때까지 농성을 계속하겠다고 결의하고, 장소를 소회의실로 옮겨 다시 연좌 농성을 시작하였다. 150여 명이 현관 안에서 연좌 농성을 벌이는 동안 기동 경찰 약 1백여 명은 기독교회관을 둘러싸고 있었다.

구속자 가족 중엔 김지하 씨 어머니 정금성 씨, 이철 씨 어머니 정경조 씨, 서강대 영문과 김윤 양의 어머니 김한림 씨 등의 모습도 보였으며 "내 아들 석방하라", "내 딸 석방하라"는 등의 띠를 몸에 두르고 있었다. 구속자 가족 중 인혁당 사건으로 구속된 이성재 씨 부인 박순애 씨는 농성을 벌이다 오후 4시50분쯤 졸도하여 성가병원에 입원하는 일도 발생하였다. 14일 밤 10시 30분쯤에 연행됐던 사람들이 돌아오자 구가협 회원들은 자진 해산하여 4일간의 긴 집회를 마쳤다.[17]

또 11월 21일 목요기도회 19회 차에는 구속자가족협의회를 위한 특별기도회가 있었다. 구속자 가족들의 두 번째 결의문 낭독이 있었고 KSCF의 제3십자가 선언이 발표되었다. 기도회를 마친 후 구속자 가족 19명은 미국대사관 앞뜰에서 플래카드를 들고 찬송가를 부르며 시위를 벌이다 15분 만에 모두 연행되었다.[18] 11월 14일, 4일 동안의 단식기도회와 가두시위와 연좌 농성까지 감당한 구가협 가족들은 일주일 뒤 미국대사관에서 시위를 벌이다 연행되는 상황을 또 감내해야 했다.

구가협의 활동은 목요기도회와의 강력하고 긴밀한 연대를 바탕으로 구속된 남편과 자녀의 일뿐 아니라 사회 전반에 걸친 문제에 공동 대응을 하였다. 다음은 신문과 기타 자료에

---

17 「동아일보」 11월 13, 14일 자; 「조선일보」 11월 14, 15일 자 요약.

18 미 대사관 측은 대사관 구내에서 불법시위와 경찰의 사전 협의 없는 진입에 대해 유감의 뜻을 밝혔다. 외교특권 침해라는 것이다.

「한겨레신문」 2024년 6월 10일 자. (https://www.hani.co.kr/arti/area/honam/1144184.html)

서 언급된 구가협의 활동이다. 물론 이 기록은 피상적인 기록에 불과할 수 있다. 구가협의 활동은 형식적으로는 기도회와 성명서, 가두시위 등으로 드러나지만 내용적으로는 가족들에 대한 위로, 재판 방청, 구속자들에게 영치금 보내기, 가족들의 경조사에 방문, 각 교도소 방문, 한교여연과 기장 여신도회 바자회 참여 등 이루 말할 수 없이 많은 일을 전개하였다.

| 날짜 | 기도회명 | 내용 |
|---|---|---|
| 74. 7. 18. | 목요기도회 | 목회자 그룹과 첫 합류 |
| 74. 8. 29. | 목요기도회 | 「구속자 석방과 자유민주주의 실현을 염원하는 기도회」 구속자 가족, 에큐메니컬선교협의체, YWCA, 한국교회여성연합, 수도권특수지역선교협의회, NCC, 개 교단, 지방 노회, 개 교회 단위들이 참여하는 공동 예배드림 |
| 74. 9. 5. | 목요기도회 | 구속자가족협의회가 구성(날짜 미상) 회장 공덕귀 여사, 부회장 김윤식 씨, 총무 김한림 씨 |
| 74. 10. 10. | 목요기도회 | 인혁당 사건 구명운동을 위한 기도회 |
| 74. 11. 7. | 목요기도회 | 민주수호기독자회의와 구가협 등 6개 항 결의문 발표 |
| 74. 11. 8 | 15명 사회 저명인사 공동 탄원서 (구가협, 15인 서명 4일 만에 완료) | 11월 8일 사형선고 받은 구속자 가족 8명과 15명의 저명인사 공동서명 탄원서 (김수환 추기경, 한경직 목사, 이병린 변호사, 김관석 목사, 이해영 목사, 윤반웅 목사, 박창균 목사, 최명환 목사, 문정현 신부, 지정환 신부, 강신명 목사, 신현봉 신부, 이태영 변호사, 서남동 교수, 함석헌 선생) |
| 74. 11. 14. | 목요기도회 | 인혁당 사건에 대한 항의 농성, 밤 10시 해제, 오글 목사 참석 |
| 74. 11. 21. | 목요기도회 | 구속자가족협의회를 위한 기도회 |
| 74. 11. 28. | 목요기도회 | 구속자를 위한 기도회. 구가협과 민주수호기독자회 공동기도회 |
| 74. 12. 3. | 민주회복기도회 | 기독교회관, 사회: 공덕귀 여사, 구속자 가족, 외국인 선교사 등 |

| | | |
|---|---|---|
| | | 200여 명. 「대통령에게 보내는 호소문」을 통해 국민의 참된 총화를 위해 구속자들을 석방해달라고 호소 |
| 74. 12. 5. | 목요기도회 | 기독교회관 소회의실, 함석헌·함세웅·구속자 가족 1백여 명, 문정현 신부는 설교에서 "구속 인사들은 고난을 무릅쓰고 실천에 옮긴 사람들이니 가족들은 실망하지 말고 노력하면 끝내 영광을 차지하게 된다" |
| 74. 12. 7. | 구가협 성명 | 구속자 무조건 석방, 석방은 유신헌법 철폐를 통한 민주 회복이 전제, 인혁당 관련자들을 조작, 분열시키려는 간계를 철회하라는 등 5개 항을 요구 |
| 74. 12. 12. | 목요기도회 | 오글 목사, 함석헌 옹, 가족, 신도 등 150여 명. 인혁당 관련자 부인들의 호소문. "인혁당이란 10년 전에도 없었고 현재도 존재치 않는 조작된 것이므로 정치 제물이 된 남편의 생명을 구해달라. 공명정대한 재판을 요구하는 것은 국민의 권리이자 의무"라고 호소하였다. 구속자가족협의회, 정의자유구현을 위한 목요정기기도회 공동명의로 성명서 발표 |
| 74. 12. 13. | 전국도시산업선교회, 구가협 공동 성명서 | 선교활동 제한에 대한 대책을 위한 감리교선교사인 조오지 오글 목사와 천주교 인천교구 제임스 시노트 신부의 소환 심문은 현 정부의 종교탄압의 구체적 표현이라고 주장하고 두 선교사의 소환조사 행위는 중지돼야 한다는 내용의 성명서를 채택. 두 선교사의 행동을 지지하며 그들에 대한 추방 운운하는 말이 철회될 때까지 그들의 신변을 몸으로 보호하겠다고 밝힘 |
| 74. 12. 19. | 목요기도회 | 시노트 신부, 함석헌 씨, 구가협 1백여 명 참석, 오글 목사의 강제 출국 조치를 반박하는 성명서 발표, 구속자가족협의회도 성명을 통해 "오글 목사의 추방령을 취소하고 재입국을 보장하라", "백낙청 교수의 파면을 비롯한 학원 탄압을 중지하라"는 등 5개 항을 요구 |
| 74. 12. 21. | 유인물 | 기독교회관 7층에서 「크리스마스와 새해에 국민에게 드리는 말씀」이라는 유인물을 통해 "크리스마스와 새해에는 민주 애국 인사 2백3명 전원이 무조건 석방되고 그것이 곧 이 땅의 민주 회복의 첫 출발이 되어야 할 것"이라고 주장 |
| 74. 12. 26. | 목요기도회 | "감옥살이 억울한데 반성이 웬 말이냐"는 등의 구호를 벽에 붙이고 기도회를 시작, 서울 제일교회 전도사 박성자 씨는 구속자들의 조속한 석방을 기도 |
| 74. 12. 26. | 시위 및 연행 | "오글 목사 출국 명령 취소하라"는 플래카드 육교 난간에 내걸고 "내 아들, 내 남편을 석방하라" 구호 외치며 시위, 위험한 육교 위의 시위로 17명 연행 |
| 74. 12. 28. | 동아일보사 편집국 방문 | 구가협 회원 10명, "자유언론의 사명을 다하기 위해 온갖 어려움을 겪고 있는 동아일보의 용기에 감사한다"는 뜻을 송건호 편집국장에게 전달 |
| 75. 1. 8. | 「동아일보」 격려 광고 | 「이른바 민청학련 사건에 관한 호소문」 발표 |
| 75. 1. 9. | 목요기도회 | 시노트 신부, 이희호 여사, 지학삼 씨 등 구속자 가족 40여 명과 신도 등 1백여 명 참석, 구속자 가족 이은자, 김윤식 씨 정보부에 연행됨을 |

| | | 알림 |
|---|---|---|
| 75. 1. 9. | 구속자 위한 기도회 | 광주 YWCA 강당, 구속자 가족 40여 명, 신도 1백여 명 참석, 방림교회 강치원 목사, "옳은 일을 위해 투쟁하다 수감된 이들을 위해 최선을 다하자"고 설교 |
| 75. 1. 14. | 수감자 처우 개선 요구 항의문 | 대통령 긴급조치 위반 등 혐의로 기소된 구속자가족협의회 부회장 김윤식 씨는 13일 「구속자 처우에 관한 항의문」을 황산덕 법무부 장관에게 내고 형이 확정되어 복역 중인 수감자들에 대한 처우개선을 요구, 지방교도소로 분산 수용하여 서울에 가족이 있는 사람들은 뒷바라지에 불편 항의 |
| 75. 1. 15. | 이은자 씨 연행 | 이은자 씨는 긴급조치 위반으로 수감 중인 이규상 전도사의 누나로 지난 8일 오후 4시경에도 중앙정보부에 연행돼 7시간 동안 조사를 받고 그날 밤 11시경에 귀가했다가 9일 오전에 다시 정보부에 소환된 바 있음 |
| 75. 1. 16. | 목요기도회 | 기도회 마치고 구속자 가족들의 연행에 항의 농성을 17일 오전까지 하였고 17일 오전 9시에는 함석헌 옹도 농성 합류 (2일차 농성) |
| 75. 1. 30. | 목요기도회 | 구가협과 목요기도회 공동 성명. 유신헌법 찬반 투표 비난 성명 |
| 75. 2. 6. | 목요기도회 | 2백여 명, 서울시경이 기도회에 대한 탄압지시를 한 데 대해 국민투표 거부 성명. 구가협 김윤식 씨 인권회복기도회 참가 말라고 경찰 종용 |
| 75. 2. 11. | 14개 단체, 공동 성명 | 국민투표 과정상의 부정행위를 감시 적발하고 교회나 성당에 가서 양심의 고발을 할 것을 호소, 동아일보 사태 공동조사단 구성 제의 |
| 75. 2. 15. | 구속자 석방 | 구속자대책위원회의 오충일 목사, "오늘의 석방은 민주주의를 위해서 싸워온 민의의 승리이고 4백만 기독교인의 기도에 대한 응답이다" |
| 75. 2. 19. | 구가협, 구가협 후원회 공동 성명 | 구가협은 일부 구속자의 잠정적 석방은 국민을 우롱하는 처사라는 내용의 성명 발표 1. 긴급조치 위반자는 무조건 전원 석방 2. 석방의 형태는 사면 3. 고문 행위는 철저히 규명 4. 석방자 사면 및 활동은 자유 5. 학생은 당연히 복교 등 5개 항을 결의 |
| 75. 2. 20. | 목요기도회 | 석방 인사 환영회 |
| 75. 2. 27. | 목요기도회 | 김상근 목사, 2.15 석방 조치 이후에 드러난 고문 사례를 파헤치고 인혁당 사건의 공개재판을 요구 |
| 75. 3. 6. | 목요기도회 | 공동 성명, 구가협 후원회 구성, 합류. 인혁당 관련 인사에게 공산주의자로 혐의를 씌우고 공산당으로 확정된 것인 양 선전을 중지 항의. 명예훼손이며 인권침해라 주장 |
| 75. 3. 13. | 목요기도회 | 구가협과 공동 성명, 자유언론 말살 정책 중지 요구 |
| 75. 4. 10. | 목요기도회 | 4/9 인혁당 관련자들의 기습 처형, 4/10 시신 탈취 사건. 구가협, 문정현, 시노트, 함세웅, 문익환 등 목요기도회 참석자들 시신 지키려 치열한 몸싸움 |

## III. 조국근대화론을 박차고 나온 기독 여성(1974~ )

### 1. 한국교회여성연합회와 기장 여신도회 활동

남산부활절 사건이나 민청학련 사건이 발생했을 때 가장 먼저 나서는 자들이 있었다. 바로 한국교회여성연합회와 기장 여신도회 회원들이다. 본문 18쪽을 보면 남산부활절 사건이 공식 발표된 날이 73년 7월 6일이다. 나흘 지난 7월 10일 조사위원회가, 7월 14일 NCC와 기장 공동 대응 결의한 후 제일 먼저 나섰던 단체가 한국교회여성연합회와 기장 여신도회이다. 이 두 단체는 기독교회관 301호에 사무실을 공동으로 사용하기에 상호협조가 누구보다 잘 되었다. 임원 구성원이 겹치기도 하는 것을 보면 공조하는 일들이 많음을 알 수 있다. 한교여연은 법무부 장관 앞으로, 기장 여신도는 대통령과 국무총리 앞으로 각각 탄원서를 보낸다. 그리고 공동으로 구속자 가족을 돕는 운동을 시작한다.

민청학련 사건도 마찬가지이다. 긴급조치 4호 발동, 즉 민청학련 사건이 발표된 지 한 달여 시간이 지나고 5월 11일 기장 여신도회는 구속 학생 석방 요구 탄원서를 대통령에게 보낸다. 이어 5월 20일 한교여연에서도 탄원서를 내기로 결의한다.

두 기독 여성단체의 탄원서는 최대한 간곡하게 어머니의 언어로 쓰였다. 간곡함이 무기력함이 아니지만, 최대한의 간곡한 호소를 시도하였던 두 기독 여성단체는 정부를 향해 점점 강한 정치사회적인 저항활동을 해 나간다. 이 두 단체와 더불어 기감 여신도회, YWCA도 공동의 발걸음을 내딛는다. 개 교회 여신도회로서도 자체 기도회를 개최하는데 정동교회가 그 예이다. 정동교회는 12월 18일 나라와 교회를 위한 기도회로 대정부 건의문을 채택하고 구속자 석방과 오명걸 목사의 추방 재고를 촉구하였다. 각 개 교회의 특수성에 따라 능동적으로 대처를 하였는데 여신도회는 표면상으로 드러나는 기도회 이외에도 다양한 방법의 돌봄 방식으로 활동을 전개해 갔다. 다음은 「동아」와 「조선」에 기사화된 기독교 여성단체들의 활동 상황표이다.

| 한국교회여성연합회 12회 | |
|---|---|
| 날짜 | 내용 |
| 74. 5. 20. | 한국교회여성연합회 구속자 석방 요구 탄원서 결의. 한국교회 여성 인권위원회 조직(위원장: 공덕귀) |
| 74. 7. 22. | 구속자를 위한 기도회, 한국기독교회관 |
| 74. 8. 29. | 구속자 석방과 자유민주주의 실현을 염원하는 기도회 (연합), 한국기독교회관 |
| 74. 9. 23. | 한국교회여성연합회, 구속자 위한 기도회 개최. 성명서 발표, 한국기독교회관 |
| 74. 10. 22. | 한국교회여성연합회, 여성 유권자 연맹, 앰네스티 한국지부 공동주최 '수감자 월동을 돕기 위한 바자회' 개최 |
| 74. 10. 26. | 한국교회여성연합회 인권위원회 언론자유 수호 선언 지지 담화 발표 |
| 74. 12. 14. | 한국교회여성연합회서도 오글 목사 추방 재고건의문 채택, 구속자 석방을 촉구하는 건의문 법무부 장관에게 발송 |
| 74. 12. 30. | 교회여성연합회, 동아일보 지지 발표 |
| 75. 1. 1. | 교회여성연합회 성명 "동아 돕기 전국 운동 광고 해약업체 조사 상품 불매 선언" 8면 전면광고 |
| 75. 2. 3. | 한국교회여성연합회, 긴급인권위원회 열고 "국민투표 실시 전에 공정한 투표법 개정, 구속된 성직자, 민주 학생들을 유신헌법 지지 홍보자료로 악용 중지하지 않는 한 국민투표 무의미, 국민투표 거부" 성명서 발표 |
| 75. 4. 4. | 한국교회여성연합회 인권위원회, '수도권 선교자금 사건'과 관련하여 구속 영장 없이 연행한 것 비난 성명 |
| 75. 4. 26. | 기독교 7개 교파 8개 단체, 총 15개 단체 「한국기독교연합사회대책협의회」 설립 |
| 75. 11. 18. | 해직 교수 복직 촉구 진정서 제출. 8개 단체(한교여연 포함) |
| 기장 여신도회 전국연합회 1회 | |
| 74. 5. 11. | 기장 여신도회전국연합회, 구속 학생 석방 요구 탄원서 대통령에게 제출 |
| 기감 여선교회연합회 2회 | |
| 74. 12. 18. | 구속자 석방기도회 기독교대한감리회 여선교회 연합회. 2백여 명. 진정서 채택 |
| 75. 4. 28. | 감리회여선교회 전국대회 분열된 교단 국토 통일 기도 |
| 전국 YWCA 7회 | |
| 74. 11. 5. | 수감자 위한 기도회 YWCA 전국 15개 지부별로 일제히 개최 |
| 74. 11. 14. | YMCA·YWCA 연합예배 |
| 74. 11. 19. | YWCA 연합회 수감자 위한 금식기도회 |
| 75. 2. 26. | 서울 YWCA 주최, 「나라를 위한 3.1절 기념대회 기도회」 |
| 75. 4. 26. | 기독교 7개 교파 8개 단체 「기독련 사회대책협의회」 설립 |
| 75. 11. 18. | NCC 인권위원회·YWCA 등 8개 단체, 해직 교수의 복직을 촉구하는 진정서를 당국에 제출 |
| 76. 1. 5. | 버스 안내양 이영복, 회사의 삥땅 추궁에 항의 할복. 서울 YWCA연합회, 계수기의 사용 중단과 근로조건 개선을 내용으로 하는 건의문 (1/17부터 계수기 철거) |

| 광주 YWCA 9회 | |
|---|---|
| 74. 11. 5. | 수감자를 위한 광주 YWCA 기도회 1백여 명 / 제1회 |
| 74. 12. 5. | 수감자 가족을 위한 광주 YWCA 기도회 / 제2회 |
| 75. 1. 9. | 구속자를 위한 기도회 광주 YWCA / 제3회 |
| 75. 2. 6. | 광주 YWCA 구국기도회가 공동으로 목요기도회 / 제4회 |
| 75. 2. 12. | 광주 YWCA 소심당에서 구국기도회 / 제5회 |
| 75. 2. 20. | 광주기독교연합회 광주 YMCA, 광주 YWCA, 민주 회복 국민회의 전남지부 등 4개 단체, 광주 YMCA 소심당에서 출감자를 위한 환영기도회 / 제6회 |
| 75. 3. 6. | 목요기도회 출감 인사 강연회, 광주 YWCA, 광주기독교협회, 광주기독교학생회 등 4개 단체 공동주최 / 제7회 |
| 75. 3. 20. | 광주 YWCA 강당에서 목요기도회, "하느님 사도로 양심을 되찾자" / 제8회 |
| 75. 4. 3. | 광주기독교연합회 YMCA·YWCA 등 공동주최로 2백 명의 신도들이 모인 가운데 목요기도회 열림(제일감리교회) / 제9회 |
| 개 교회 1회 | |
| 74. 12. 18. | 정동교회 여신도회, 나라를 위한 기도회 |

하지만 기사화되지 않은 구가협과의 연계활동은 셀 수 없이 많다(90쪽 김윤옥 기록 참조). 기장 여신도회와 한국교회여성연합회 활동을 살펴보면 그녀들이 얼마나 숨가쁘게 조직적인 대응을 했는지 알 수 있다. 기관뿐 아니라 지역연대를 통하여 공동의 대응을 하였다. 그 대응 안에 여성의 움직임은 보다 적극적이고 치열했다. 한편으로는 구속자 석방을 위한 공동대처, 다른 한편으로는 묻힐 법한 사건들에 주목하여 사회적으로 논제의 중심에 올려놓았다. 히다찌 상품 불매운동의 경우는 가장 개인적인 한 사람의 처지를 눈여겨보아 그 안에 숨겨진 민족적 문제를 사회적 담론으로 이끌고 구체적인 실천과 그 방안들을 제안하여 기필코 성공을 이끌어낸 사례였다. 또한 기생관광 반대 운동 역시 한교여연 단체 활동의 하나로 벌인 운동이 아니라 NCC, 학생운동 등으로 확산하여 공동 행동과 사회적 이슈로 확대하였다. 또한 「동아일보」 백지 광고 사태에 항의로 제일 먼저 나서서 백지 광고주들의 상품 불매운동과 동아일보 구독 확산 운동을 제안하고 격려광고가 활성화되도록 이끌었다(격려광고 첫날 8면 전면광고를 냄). 성명서와 기도회라는 주장과 실천을 넘어서 조직적이고 구체적이고 다양한 행동 제안을 통해 유신정권의 비도덕성을 드러내고, 성장 우선의 경제정책을 비판하며 인간성의 회복과 그 안의 그리스도인으로서 돌봄의 가치들을 형성해 내었다.

## 기장여신도회전국연합회 활동 연표 (1973~1976. 5.)

### 구속자를 위한 활동

| | |
|---|---|
| 1972. | 은명기 목사 구속에 대한 **성명서**, 명백한 선교 탄압이며 그 부당성을 고발 |
| 1973. | 남산부활절 연합예배 사건: 대통령·국무총리·법무부 장관에게 **탄원서** |
| 1973. | 한국교회여성연합회와 연대, 구속자 가족 돕기. **모금 운동** |
| 1973. | 구속자 가족들이 회원으로 있는 서울연합회는 **기도회 개최**하여 이 사건의 의미를 해석하고 전파 |
| 1973. | 사건의 중대성과 선교적 의미를 지회원들에게 홍보, 가족 방문 및 위로하며 그리스도인의 연대의식을 공고히 함 |
| 1973. | **재판 방청**을 통해 사건 진실을 알림 |
| 1973. | 유신철폐 운동으로 대학생, 지식인, 종교인들의 구속자가 발생. 사회부, 구속자 **가족 돕기 운동** |
| 1973. | 각종 **성명서, 탄원서 운동**이 늘어남. 사건 대응의 전략을 갖추지 못하였으나 가족 돌봄, 기도회 개최, 석방 탄원을 전개 |
| 1973. 12. | 불의한 세력에 대한 저항운동으로 검은 옷 입기와 검은 리본 달기 **침묵시위** 운동을 전개 |
| 1973. | 전국적 유신철폐 운동이 개헌 청원 100만인 서명운동으로 집결 |
| 1974. 5. 11. | 대통령에게 구속 학생 **석방 탄원서** 제출 |
| 1974. 5. | **인권옹호 캠페인 전단** 2만 부 배포, 인권탄압 상황을 전국 지회에 알림 |
| 1974. | 한국교회여성연합회와 연계한 **구속자 돕기 바자회** (회장 이우정, 총무 구춘회, 서기 김윤옥) |
| 1974. 7. | 「자유와 정의구현 정기목요기도회」가 기독교회관 소회의실에서 열리면서 여신도회 사무실 301호는 구속자 가족들에게 개방. 휴식처 및 **상담처** 역할. 구속자 가족들과 **공동체로서 연대**를 형성 |
| 1975. 1. 8. | **1차 격려광고** "언론자유 없이 종교자유 없다" |
| 1975. 1. 21. | **2차 격려광고** "정의와 자유를 실현하기 위해서 싸우는 동아일보 사원들을 위하여 기도합니다" |
| 1975. 1. 28. | 기장 한빛교회 여신도회 격려광고 "우리 가난한 겨레는 이렇게 민주주의를 지킬 준비가 다 되었습니다" |
| 1975. 1. 31. | 기장 수도교회 여신도회 격려광고 "귀사의 뜻을 하나님은 헛되이 하지 않을 것입니다" |
| 1975. 4. 16. | **3차 연합광고** "목요기도회 개최 불가 알림 광고" |
| 1975. | 서울연합회, 동아일보 여기자들 초청하여 **지원 대책 협의와 모금운동** 전개 |
| 1975. | 전국연합회, 동아일보 기자 **농성장 방문**하여 **음식물 조달**하고 회원들의 격려를 전달. (농성장의 모든 통로가 차단되어 있어 작은 관을 통해 의사를 소통하고 음식물을 공급할 수 있었다는 증언) |
| 1975. 5. | SMCO 사건으로 구속된 김관석 총무의 가족인 **김옥실을 제1대 인권옹호부장에 선임**. 교단 지도자들의 **무죄 석방을 촉구하는 건의문**을 대통령·국무총리·법무부 장관 앞으로 제출, 조승혁 목사 석방 촉구 |
| 1975. 5월 이후. | 김옥실 부장을 중심으로 한 **인권 옹호 활동 강화**, 학생 및 다른 재소자들에게 **영치금, 침구 넣기** 운동을 전개, **재판 방청 활동** |

### 정치·사회적 문제 고발과 대응

| | |
|---|---|
| 1974. 4. 16. | 서울연합회 제50회 총회, 재일한국인 차별 시정촉구 및 일본 **히다찌 회사 상품 불매운동** 결의 |
| 1974. 5. 8. | 서울연합회, 히다찌 사와 제휴 관계를 맺고 있는 금성사와 서울시장에 건의문 제출, 불매운동 전개 |
| 1974. 5. 8 | 불매운동 보도 국내 4대 일간신문 및 아사히 신문과 방송을 통해 **일본 사회에 보도** |
| 1974. 5. 11 | 서울시경에 **가두캠페인 청원** |
| 1974. 5. 13. | 시국을 이유로 불허 통고 |

1974. 5. 15. 여신도회 전국연합회와 교회여성연합회 등 6개 여성단체에 **공동투쟁 청원서** 제출
1974. 5. 16. **문공부와 유정회에 민족 차별 시정 노력을 촉구**하는 건의문 제출
1974. 5. 18. 히다찌 회사 사과 성명 발표, 취직 차별 철회, 박종석 군 요구 수락
1974. 6. 28 성남교회에서 박종석의 요구 수락을 기원하는 **기도회** 개최
1974. 5. 20. 전국연합회 교회여성연합회와 초교파적으로 운동에 가담을 결의

**한국교회여성연합의 활동 연표 (1973~1976. 5.)**

**두 가지 이슈의 대응**

1973. 7. 19. 부활절 연합예배 사건 구속 성직자를 위해 **법무부 장관에게 탄원서** 제출
1973. 7. 19. 한국교회여성연합회 산하 회원 교단 **여성단체**에 공문 발송, **지원과 기도 호소**
1973. 7. 기생관광 문제를 사회 문제로 문제 제기, 제1회 한일교회협의회
1973. 11. 21.~28. 일본 여성팀과 함께 기생관광 실태조사
1973. 12. 3. 매춘 관광사업 즉각 중지와 함께 구속자 석방과 민주 질서 회복을 요구하는 성명서
1974. 7. 22. 기독교회관 대강당에서 **구속자를 위한 기도회**, 구속자들과의 연대를 다짐 (500여 명 참석)
1974. 9. 23. 400여 명이 참여, 구속자를 위한**기도회**(강사 이우정)를 열고 결의문을 채택, 다음 사항 요구
1974. 9. 23. 구속 학생의 어머니가 아들 공판 때문에 참석하지 못하면서 보내온 기도문 낭독. 교여연은 이날 기도문을 인쇄, 각 교파에 발송하고 교회의 기도와 성원을 호소했다
1974. 10. 22. **수감자를 위한 바자회를 개최.** 앰네스티·여성유권자연맹과 공동 주최. 이날 수입은 전국 교도소 무의무탁자, 여성 수감자, 장기 복역수, 양심수들에게 **월동 내의**를 넣는 데 쓰임. 전국 교도소 무의무탁자 553명과 긴급조치 위반자 221명에게 보내짐
1974. 10. 26. **동아일보 자유 실천 선언 지지 담화문** 발표
1974. 12. 10. 세계인권선언일과 인권옹호주간의 의미 부각. **대강연회 YWCA와 공동으로 개최.** (예수와 인권 — 문동환, 법률과 인권 — 이병린, 인권과 가족법 — 이태영)
1974. 12. 15. 인권 연합예배. 초동교회 500여 명의 신도 참여, 교회 사회참여(정하권 신부), 인권, 정권, 신권(문동환 목사), 세계인권선언문 낭독

이상과 같이 두 단체가 활동했던 내용은 광범위하고도 세심하였다. 여성의 눈으로 본 세상과 함께 함의 실천성에서 거대 담론에의 저항과 미시담론적 구체성을 동시에 볼 수 있었다. 앞장서서 거대 담론과 싸우면서도 생활영역에서는 교회 여성들의 마음을 움직였다. 어머니의 마음으로 바자회를 하여 구속자들을 돕고 내의 보내기, 영치금 보내기 등의 구체적인 활동 방안들을 교회 여성들과 함께 나눈다는 일은 1970년대 기독교민주화인권 운동가들 특히 남성 목회자들이 할 수 없는 대중 친화적 활동이다. 적대적이라 할 수 있는 독재 권력에 정면 도전을 하면서도 일반 교회 여성들에게는 설득과 대화를 하여 공동 수행하려는

노력을 통해 적대적 대항력과 협력적 대항력의 요소들을 동시에 갖추었다. 물론 보수적인 교단에서는 이들 단체활동에 염려와 두려움이 컸다고 하지만 선교의 입장에서 동일한 사명을 공감하였다.[19]

다음은 한교여연이 주최한 기도회 중 낭독된 기도문이다. 이 기도문에는 민청학련 사건을 애통함으로 겪어야만 했던 구속자 가족, 특히 기독교인으로서 애통함을 종말론적 신앙과 초월의 영성으로 승화한 예를 볼 수 있다. 두 아들이 무기징역, 20년 구형을 받은 상태로 가슴을 졸였을 어머니가 자신의 아픔보다 타인의 아픔을 더 크게 아파하고 끌어안고 하나님께 호소하는 마음은 나 자신을 비우고 타인을 기꺼이 나의 영역에 환대하는 일이었다. 더 나아가 신적 현현으로서의 고통당하는 타자의 얼굴은 윤리적으로 나에게 명령하는 신의 음성이다.[20] 그녀는 타자의 얼굴을 외면하지 않고 신의 음성에 응답하는 주체로 서 있었다.

**나의 기도**

김명진(새문안교회 여전도회 회장)[21]

하나님께서는 저희들을 지극히 사랑하셔서 독생자 예수 그리스도로 말미암아 당신의 자녀로 삼아주셨고 또한 저희들로 하여금 하나님 앞에 기도할 수 있는 특권 주신 것을 진심으로 감사하옵나이다.

이 자리에 많은 구속당한 사랑하는 아들들의 어머니들과 이 슬픔을 같이 나누는 많은 어머니들의 마음과 정성을 합하여 기도하오니 이 기도가 옛날에 솔로몬 왕과 같이 참으로 하나님의 마음에 합하는 기도로 삼아주시옵소서. 그리하여 구하지 않은 것까지도 넘치는 축복을 내려주시기를 간절히 바라고 바라옵나이다. 하나님 아버지시여 저희 사랑하는 아들들이 옥에 갇힌 지 어느덧 봄이 여름철을 지나 쌀쌀한 가을을 맞이하여 추석을 며칠 앞둔 저희 어머니들은 슬픈 마음과 눈물을 금할 길이 없읍니다. 이 답답한 마음을 가눌 길이 없어서 때로는

19 내가 10년 동안 교회여성연합회 할 때 공덕귀 선생님이 인권위원장 몇 년 하고, 회장 두 텀 했으니까 4년 하고, 그다음에 부회장도 또 하고, 이런 식으로 해갖고 이렇게 그 어려운 파트는 돌아가면서 하셨어요. 공 선생님이랑 이우정 선생님이랑 또 박순금 회장이라고 기장에 회장님 있어요. 하여튼 좀 과격하다고 그럴까? '뭐 들어가면 들어가지' 하고 일하는 사람들이 키 멤버로서 서로 돌아가면서 이 일을 하니까 교회여성연합회는 그대로 움직이는 거죠. 그리고 아주 중요한 그런 결정을 할 때에는 전화해 갖고 이번에 꼭 오셔서 이런 문제가 있으니까 같이 협의해 주시고 결정해 주셔야 된다. 그러면 꼭 나오시니까. 아 그때는 다 그런 시대였어요. 하여튼 무서움을 이겨내면서 일을 했어요. 보수교단에서 반발을 할 것 같은데 공 선생님 때문에 잘 못했어요. (1976~1985년 한교여연 총무 이문우 장로 3차 구술 중에서, 2024. 3. 13.)

20 박원빈, 『레비나스와 기독교』 (성남: 북코리아, 2011), 65.

21 민청학련 사건으로 구속된 서경석, 서창석의 어머니.

높은 산을 헤매며 하나님 앞에 통곡하며 부르짖었읍니다. 또 철야기도로써 하나님 앞에 매달려 눈물의 호소를 하였읍니다. 이제는 더 이상 지체하지 마옵시고 저희들을 불쌍히 여겨 주시옵고 저희 기도를 응답하여 주옵소서.

하나님 아버지시여, 저희 아들들의 중심을 보살펴 주시옵소서. 그들은 자기의 안일과 행복을 염두에 두지 않았고 그들은 진정 이웃을 사랑하였습니다. 이들 중에는 연희동 빈민가의 어린이들에게 야학으로 봉사하였읍니다. 또한 소외된 구두닦이와 신문팔이 아이들에게 하나님의 말씀을 증거하였고 위로하였으며 또한 그들은 불쌍한 고아들의 벗이 되기를 자원하였읍니다.

그들은 하나님의 말씀을 좇아 정직하며 불의를 싫어하며 참과 거짓은 구별하며 많은 사람들로 하여금 그리스도의 사랑을 깨닫게 하며 사랑을 실천하기를 노력하였습니다. 지금도 저희 아들들은 옥중에서 믿지 않는 형제들에게 그리스도의 말씀을 전하며 빵 한 조각이라도 나누어 먹는다는 소식을 전해 들을 때 하나님 앞에 감사하지 않을 수 없읍니다.

하나님 아버지여, 그들을 긍휼히 여기시옵소서. 그들에게 잘못이 있사옵거든 일곱 번씩 일흔 번이나 용서하여 주시는 하나님 아버지, 그들이 회개하며 용서를 빌어 소원의 그날이 속히 오기를 간절히 바라옵나이다.

황인성 어머니를 불쌍히 여겨 주시옵소서. 그는 시골에서 빨갱이 집이라는 오해를 받아 낙심하여 자살을 기도하였아오니 그를 위로하여 주시옵소서. 김경남의 어머니를 불쌍히 여겨주시옵소서. 품팔이를 하면서 아들의 뒷바라지를 하고 있아오니 그에게 도움의 손길을 주시옵소서.

김영준의 어머니는 아들을 보지 못한 채 세상을 떠났습니다. 그 아들은 눈물을 흘리면서 닷새 동안 금식을 하였답니다. 그의 유족들을 위로하여 주시옵소서.

그 외에도 많은 어머니들이 고통을 겪고 있습니다. 이들을 위하여 기도하여 주시옵소서. 저희 어머니들은 숱한 밤을 뜬눈으로 새웠읍니다. 바람이 불고 비가 올 때 아들을 생각하며 잠을 못 이룹니다. 길을 갈 때 그들의 친우를 만날 때는 목이 메어 말을 못합니다. 또한 매일 식탁을 대할 때, 음식을 보고 어찌 아들 생각을 잊을 길이 있겠습니까?

하나님 아버지시여 저희가 진심으로 하나님 앞에 회개합니다. 이 나라 이 민족을 불쌍히 여겨 주시옵소서. 과거에 내 자식만 잘 먹이고 잘 입히겠다는 죄를 용서하여 주시옵소서.

참 그리스도의 십자가에 고난을 깨닫지 못하고 내 자식이 세상에서 다 바라는 출세를 기대했던 죄를 용서하여 주시옵소서. 많은 가난한 이웃을 보면서도 그들의 이웃 되기를 꺼려한 것을 용서하여 주시옵소서. 또한 이 나라에 불우한 과부들과 고아들의 고통을 외면하는 모든 사치를 좋아하는 어머니들의 죄를 용서하여 주시옵소서. 이제 저희들은 사랑하는 아들들을 통하여 하나님께서 저희 어머니들에게 무엇을 원하는가를 깨달았읍니다. 남의 자식을 내 자식처럼 사랑하라는 것입니다.

하나님 아버지시여 저희들에게 믿음을 허락하시사 이 어려운 시련을 능히 이기고도 내 이웃을 위하여 헌신 봉사할 수 있게 도와주시옵소서. 고난을 통하여 하나님의 은혜가 얼마나 풍성한가를 깨달으며 저희 모든 성도들이 더욱 합심하여 하늘나라가 이 땅 위에 이루어지기를 간절히 바라 와서 예수 그리스도의 이름으로 기도합니다.[22]

한국교회여성연합회가 주최한 기도회, 공판 때문에 참석 못하고 보내 온 기도문(1974년 9월 23일)

---

22 "내가 나오고 나서 한 달 반 정도 미국 갔다 오셨어요. 미국 가서 뭐 했냐 그러니까 각 교회 다니면서 이 증언하고 왔대. 기도문이 미국에 퍼져서 연결이 된 거예요. 『새가정』에 전문이 실렸어요. 이게 외국에 파문을 일으켰어요. 영어 문장도 감동적인 거예요. 어머니가 영어 잘하거든요. 한 달반 정도를 미국교회들을 다니면서 신앙고백이랄까 기도합시다 해서 기도회도 했대요."(서창석 구술 중에서)

9월 23일의 기도회는 400여 명이 참석한 가운데 결의문을 채택하여 구속자 석방과 참된 민주주의 체제를 회복시키고 "시민의 기본권을 확보하라", "유신철폐", "언론 출판 자유 보장" 등을 주장하였다. 위의 기도문이 대신 낭독되었을 때 참석자들은 눈물을 흘렸고 기도문이 인쇄되어 각 교파에 발송, 교회의 기도와 성원을 호소하였다.

기독교의 유신철폐 운동이 확산되어 가는 가운데 한교여연은 10월 22일 수감자를 위한 바자회를 개최하였다. 기독교회관에서 열린 이 바자회는 앰네스티, 여성 유권자 연맹과 공동으로 주최하였는데 이날 수입은 전국 교도소에 있는 무의탁자, 여성 수감자, 장기 복역수, 양심수들에게 월동 내의를 사 보내는 데 쓰였다. 무의무탁자 553명과 긴급조치 위반자 221명에게 보내졌다.

이 두 단체에 눈여겨보아야 할 일은 국제연대가 유난히 잘 이뤄졌고 국제회의를 통해 많은 지원을 받아 활발한 활동을 할 수 있었다는 것이다. 적은 돈 모으기 운동(Fellowship of Least Coin Movement),[23] 세계 기도일(The World Prayer Day)[24] 이 대표적인 해외 연대 활동이 대표적인 예이다.[25]

## 2. 기생관광 반대운동과 원폭 피해자 지원 운동[26]

### 1) 기생관광 반대운동

한국 현대사에서 서발턴(Subaltern)은 버려진 동시에 망각된 주체들이었다. 자신의 입으로 자신을 드러낼 수 없었던 서발턴은 '혁명적 이성적 민중'이란 이름 안으로 포함시키기

---

23 과부의 동전처럼 기도와 정성으로 바쳐서 온 세계의 여성들 간의 상호이해, 교양프로그램, 사회복지 사업, 교회 확장, 문서사업 등에 쓰인다.

24 우리나라에서는 1926년에 시작. 매해 사순절 첫 금요일 같은 시간에 온 세계 크리스천 여성들이 같은 목적으로 기도하며 헌금. 우리나라에서는 이 헌금을 문서사업과 구제 사업에 사용해 왔다. 특히 1974년 세계기도일 회장인 공덕귀는 세계기도일 참석차 일본 평화회의에 참석하게 되었고 그곳에서 원폭 피해자 지원 운동에 나서는 계기가 되었다.

25 이현숙, 『한국교회여성연합회 25년사』, 38-39.

26 이 장은 고성휘의 "조국근대화 담론에 맞선 한국교회여성연합회 활동의 역사적 의의: 1970-80년대 기생관광, 원폭피해자 조사연구를 중심으로," 「한국기독교와 역사」 제61호 (2024. 9.)의 내용을 요약한 것임.

엔 부적절한 '민중답지 못한 존재'였다.[27] 민중사에도 포함되지 못할 1970, 80년대 서발턴인 관광 기생과 원폭 피해자들을 눈여겨본 이들이 있었다. 이들은 수 차례 걸친 실태조사 보고서로 관광 기생과 원폭 피해자들의 문제를 공론화하려 노력한 한국교회여성연합회의 여성 인권운동가들이다.

1970년대 유신체제는 조국 근대화에 박차를 가하기 위해 온갖 정신적 무장을 강조했다. 국민총화를 앞세워 개인의 자유를 빼앗고 여성의 몸을 물적 토대로 삼아 국가 경제의 이익을 챙기며 한편으로는 절대적인 도덕 국가의 틀을 강요하여 이중으로 가난한 여성을 소외시키고 억압하는 이른바 조국 근대화 담론이 한창 극에 달할 때였다. 박정희의 조국 근대화 담론은 선 성장, 후 복지 담론으로서 경제가 성장하면 국가 복지는 자연스럽게 보장된다는 근대화 명제에 기초해 있다.[28] 조국 근대화 담론은 경제성장은 불균등 배분으로, 민족주체성은 절대적 대미 의존 외교와 굴욕적 한일 외교로, 근대화 새로운 인간상은 개발 동원 체제에 순응하는 국민만을 강요하는 이중성이 그것이다.[29] 최상위의 지배 논리는 민족의식을 표방하였으나 결국 국가 질서의 유지를 추구하였고 수출지향적 산업화는 저임금, 장시간 노동 등 열악한 노동조건이 전제되었기에 도시 근로자들은 최저생계비의 절반 정도밖에 안 되는 저임금, 장시간 노동에 시달려야 했다. 여기에 여성 노동자의 임금은 남성 노동자의 절반에도 미치지 못했고 노동시간도 더 길었으며 취업 기회는 더욱 적었다. 공장에 취직하기 위해 24년 동안 식모로 일하며 대기하거나 소규모 영세기업, 혹은 버스 안내양으로 일하기 일쑤였다.[30]

자본축적이 충분히 이뤄지지 못한 상황에서 경공업에서 중화학공업으로 산업구조를 심

27 김원, 『박정희 시대의 유령들』 (서울: 현실문화, 2011), 23.

28 강병익, "'발전주의 복지체제'의 두 가지 담론적 기원: 조국근대화론과 대중경제론," 「한국정치연구」 24집 2호 (2015), 215.

29 1966년 1월 8일 박정희는 조국근대화론을 연두교서에서 발표했다. 첫째, 민족 주체 의식, 둘째 새로운 인간형 개발인데 국가 발전을 저해할 경우 엄단할 것임을 강조했다. 이와 같이 조국근대화론은 경제개발을 추진하기 위해 전 사회의 단결을 도모하기 위한 것이며 여기에 지식인들이 순응하여 국가 발전에 기여하도록 적극적인 동참을 요청하는 것이었다. https://encykorea.aks.ac.kr/Article/E0073426.

30 버스 안내양의 월급은 1975년 임금 상황을 보았을 때 23,300원에 근접하고 있다. 시간당 받는 금액은 당시 60% 수준을 벗어나지 못했다. 하루 18시간 27분의 근로 시간으로 기록되어 있는데 대기시간, 차내 청소 시간, 수입금 계산시간, 잔업시간 등을 빼면 그녀들의 수면시간은 많이 잡아도 4시간이다(정찬일, 『삼순이식모, 버스안내양, 여공 1』, 서울: 책과 함께, 2022, 289); "1년 12달 노는 날이라고는 거의 없이 죽을 힘을 다해 일을 해왔는데도 6년 다닌 저의 기본 임금은 19,000원이고 생리수당 잔업수당 곱빼기 수당과 이것저것 다 합해야 40,000원 정도의 월급을 받았습니다"(해태제과 서정남 "호소문," 한국기독교역사연구소 소장 사료 100508324229).

화하려는 시점에 있던 박정희 정부는 여성 노동자의 노동력을 추출하기 위해 한쪽에서는 '조국 근대화의 역군'으로 호명하여 여성들을 노동착취의 현장에 묶어두고 다른 한쪽에서는 성 착취를 정당화하였다. 효율성에 따라 통제하고 관리하는 근대화 정책은 여성의 노동력을 이중으로 착취하였다. 관광 기생을 '달러를 벌어들이는 수출 전사'로서 부추기면서도 가부장적 이데올로기에 의해 철저히 버려지는 '매춘부'라는 낙인을 찍어 자유로운 개인으로서, 주체로서 자각할 수 있는 길목을 차단하였다. 착취와 배제는 국민의 한 사람으로 인정하는 조건으로 충성을 요구하는 수단이었다. 이때 국가는 전지전능한 신이 되어 군림하기 때문에 국민은 근본적으로 자유로운 개인으로 존재하지 못하게 된다. 국가권력의 개인에 대한 권리침해를 방어할 능력을 상실하게 되는 것이다. 정치적으로는 '시민'이었으나 일터에서는 예속된 존재였다. 사실상 국가 내의 '다른 국민'이었다.[31] 이러한 관점에서 관광 기생은 자신의 성을 방어할 능력을 잃고 효율성에 의해 이용당하는 몸, 사회 속에서 대규모로 유통되는 연결고리로 전락하게 되었다.

기생관광 문제는 왜 발생하였을까. 1972년 일본은 중국과 수교를 맺고 대만과의 외교관계를 청산하게 되었다. 대만은 그동안 일본인들의 은밀한 섹스 여행지 역할을 해 왔었는데 대만과의 국교가 끊기자, 일본인의 다음 목적지는 한국이 되었다. 1969년 한국의 외국인 관광객은 13만 명에 불과하였다. 그러나 1973년에는 68만 명으로 급증하였는데 미국인의 증가율이 156.4%였던 데 비해 일본인의 증가율은 1475.3% 나 되었다. 얼마나 많은 일본인들이 한국 기생관광에 몰려왔는지 이 수치 하나만으로도 알 수 있다. 사회 문제로 대두된 기생관광에 한국 정부는 이를 "국제수지 개선을 위한 무형 수출산업", "무역수지 적자 폭을 메우는 유일한 흑자 산업", "자본도 시설도 원자재도 필요 없는 매우 유리한 외화 획득책", "굴뚝 없는 산업", "수요도 공급도 얼마든지 있는 인기 산업"으로 여기면서 저 위로는 국가기관에서부터 아래로는 구멍가게에 이르기까지 관광 기생의 화대를 둘러싼 먹이사슬을 형성케 하였다.[32]

---

31 김동춘, 『근대의 그늘: 한국의 근대성과 민족주의』(서울: 당대, 2000), 193, 196.

32 관광 기생들은 여행사, 호텔 통과세, 밴드 악사비, 요정 종업원 팁, 버스 운전사, 요정 지배인, 마담, 호텔 객실 담당, 왕복 교통비(콜택시)를 제하고 난 금액을 손에 쥐었다. 1979년 1인당 화대 6만 원 중 1만 원을 받았고 1980년대 말에는 18만 원 중 2만 원을 받았다. 여기에 교통부(호텔 등록), 재무부(환전상 등록), 상공부(특정 외래품

'조국 근대화의 역군'으로 추동된 관광 기생에 대한 문제는 교여연이 1973년 6월 4일자 「타임지」의 기사와 「월간중앙」 7월호에 실린 기사를 보고 공식적으로 거론하기 시작하면서 드러났다. 해방 28년 만에 NCC 차원에서 모인 1973년 7월 제1회 한일교회협의회에서 교여연은 이우정 회장을 통해 기생관광 문제 건의문을 제출했다. 이 건의문은 동 협의회에 파문을 던졌고 충격을 받은 일본 NCC 여성위원회와 일본교풍회는 매춘관광에 관한 자료집을 발간하고 성명을 발표했다. 이어 1973년 11월 21일 일본 NCC 여성위원회 간사 야마구치 아키코와 일본 기독교풍회 간사 다카하시 기쿠에가 기생관광 실태조사차 내한했다. 일본 여성의 방문은 교여연의 연대 행동을 강화하는 계기가 되었다. 이들은 11월 21~28일까지 머물면서 교여연 팀과 함께 실태조사를 하였다.[33] 한교여연에서는 이우정 회장, 구춘회 국내 위원장, 김윤옥 서기가 참여했다.

1차 조사는 일본팀이 고국으로 돌아가서도 계속되었는데, 한교여연은 11월 30일 오후 2시 기독교회관에서 「관광객과 윤락여성문제에 대한 세미나」를 개최하고 대응 방안을 토론했다. 그리고 12월 3일 성명서 발송하는 동시에 「매춘관광의 실태와 여론」이란 6면 소책자도 만들어 배포하고 기도와 행동으로 협력을 호소했다. 한교여연은 두 가지 이슈를 하나의 행동 지침으로 묶었다. 매춘관광 반대운동과 남산부활절 연합예배 사건은 모두 박정희 정권의 민낯과 조작의 산물이었기에 하나의 일관된 방향, 즉 민주인권운동의 일환이 되었다.

**1. 매춘관광 사업의 즉각 중지**

경제제일주의의 개발 정책은 우리나라를 일본의 경제적 속국으로 만들고 있을 뿐만 아니라 관광 진흥이라는 명목하에 우리나라의 여성들을 상품화하고 있다. 이와 같이 여성의 인권을 유린하고 한국을 일본 남성의 유곽지대화 하는 매춘관광 사업을 즉각 중지할 것.

**2. 구속 학생들의 즉각 석방**

---

판매), 경찰을 비롯해서 각종 조합(숙박업, 요식업 등)과 관광협회에 이르기까지 큰 손들이 줄지어 그녀들을 향해 손을 벌리고 있었다. 관광 기생의 몸은 개인의 몸이 아니었으며 그들의 몸과 성은 크게는 민족이나 국가라는 이름이었으나 확실하게는 각자의 주머니와 곳간, 자본의 욕망을 채우는 데 사용되었다. 언제 어디서나 교체 가능한 개발 자본주의의 부속품이 되어갔다(권창규, "산업으로서의 관광 속 관광기생의 존재," 「대중서사연구」 21권 2호, 136).

33 이현숙, 『한국교회여성연합회 25년사』(서울: 한국교회여성연합회, 1992), 86-87.

정부는 현금 발생하고 있는 학생들의 시위 원인을 본원적으로 파악하여 학원의 정상화를 회복할 것이며 이에 대한 일차적 조처로 현재 구속 중인 학생들 전원을 즉각 석방할 것.

**3. 민주 질서의 회복**

현재 비상사태하에서의 제반 표현의 자유에 대한 정부의 무제한적 관여는 나라의 주인으로서 기본권리를 극도로 침해하고 있어 이로 인한 불안과 불만이 누적되어 가고 있다. 공산주의자들과의 가장 효과적인 대결은 국민을 민주 질서 안에서 살게 하는 것인 줄 안다. 따라서 현 정부의 제반 비민주적인 체제를 즉각 시정하여 민주 질서를 회복할 것.

한교여연의 기생관광 반대운동은 이제 매춘관광으로 학생 사회에 파급되었다. 1973년 12월 19일 이화여대 학생들이 김포공항에서 피켓시위가 시작되었다. 입국하는 일본인 관광객을 향해 "경제 동물, 성적 동물은 일본으로 돌아가라", "매춘관광 반대, 더 이상 여성의 몸을 팔아 외화를 벌 수 없다", "우리는 진정한 관광객을 원한다"는 시위를 벌인 데 이어 22일 오전에는 서울대 기독 학생들이 대일 예속화를 비판하는 '기독학생선언'을 낭독하고 시위를 벌였다. 같은 날 오후에는 한신대 여학생들의 시위가 있었다. 74년에 들어서는 여성단체들의 호응 속에서 점점 확산되어 1974년 2월 26일에는 10개 여성단체가 주최한 기생관광 반대 강연회가 YWCA에서 열렸다. 이우정 회장은 기생관광 실태를 폭로하고 정부의 퇴폐적인 관광정책을 신랄하게 비판했다. 민관식 문교부 장관의 발언에 대해 "매춘 여성이 외화 획득의 역군이라면 당신들의 딸부터 내놓으라"고 질타하였다. 유신체제 하의 삼엄한 시기에 강연장 주변에는 정보부 요원들이 포진하고 있었고 이우정은 감시와 협박에 시달렸다.

반대운동이 한·일 양국에서 급속히 확산됨에 따라 한국 정부는 긴급조치 4호로 이우정 회장을 연행하며 제동을 걸었다. 이들의 운동은 유신 과업 수행을 가로막는 반정부행위로 간주되었다. 이우정의 연행과 연이은 긴급조치 9호 발동으로 기생관광 반대운동은 잠시 멈추게 된다.

기생관광 조사연구가 1차로 한일 양국 여성들에 의해 행해졌다면 2차 조사연구는 1980년 2월 15일~5월 15일까지 김현장에 의해 실시되었다. 「기생관광: 전국 4개 지역 실태조사 보고서」로 총 58쪽 분량으로 구성되었다. 3차 조사는 1986년 「여성과 관광문화: 제주 지역 중심으로」(총 70쪽) 발표되었다. 한교여연의 1988년 제주 세미나에서 제기된 '일본군 위안부' 문제는 이제 정신대공동대책협의회(가칭)의 구성을 이끌어 여성인권운동사의 새로운 국면을 전개하였다. 한교여연은 1988년 5월 16일 '정신대 문제 연구위원회'를 설치하고 정신대 문제 확산에 힘을 쏟았다. 1990년 9월 25일 역사적 사안인 정신대 문제는 다 함께 공유해야 함을 결의하고 10월 17일 15개 여성단체의 이름으로 공개서한을 발표하였다. 11월 16일에는 37개 단체들이 모여 이른바 '한국정신대문제대책협의회'(이하 '정대협')을 정식으로 결성하게 되었다.

이로써 한교여연은 1970년대 여성운동을 주도하며 시대 담론, 특히 매춘 여성이라는 아무도 돌아보지 않을 민중을 끌어안고 함께 해결해야 할 문제로 인식하며 정권의 정책적 문제로써 부각시켜 사회공론화하였다. 후에는 일본군 위안부 문제로 확산하여 여성단체들을 규합했고 그로써 조직된 '정대협' 그리고 그 후신인 '정의기억연대'의 투쟁으로 이어지도록 초석을 놓았다. 서슬 시퍼런 긴급조치 1, 2호가 시행되고 있는 전·후반에 상상조차 못할 박정희의 조국 근대화 담론에 정면 도전한 한교여연의 활동은 한국여성운동사와 민주화운동사에도 재조명되어야 한다.

### 2) 원폭 피해자 지원활동

한교여연이 원폭 피해자들에게 본격적으로 관심을 가지기 시작한 것은 1974년 2월, 미국교회여성연합회가 주최한 평화회의에 공덕귀와 이우정이 한국인 위령비를 발견한 후부터이다. 이들은 74년 가을, 합천과 서울 지역에 대한 첫 조사에 착수했다. 설문조사를 피하고 개별 가정을 방문하여 피폭자의 이야기와 경험을 구술하게 하는 심층 조사 방식을 취했고 조사는 구춘회 총무가 담당했다. 1차 실태조사자료를 정리하여 "한국 원폭 피해자의 실태"를 이우정이 「창작과 비평」에 발표하고 「한국 원폭피해자 실태보고」(1975, 총 57쪽)를 냈다. 한국 피폭자 개관, 개별사례, 원폭병 등의 내용이 수록되었다. 당시 조사연구로서 세세한 개별사례는 유의미한 발표였고 공론화에 지대한 업적을 가져왔다.

이 문제를 처음으로 제기한 사람은 공덕귀 세계기도일 위원장이었다.

"1973년 어느 여름날 나는 조간신문에 난 기사 하나를 읽고 난 후 충격을 받았다. 신문 기사는 한국에 묻혀있는 원폭 피해자들의 실상을 소상히 보도하고 있었다. 그래서 원폭 피해자협회

를 찾게 하고 자료를 얻어오게 하였다.[34]

(1974년 2월 21일 일본에서 열린 국제여성평화회의 참석차) 28일 히로시마에 도착했다. 3월 1일 원폭 피해지인 이곳에서 세계기도일을 지키고자 함이다. 3월 1일 아침 우리는 원폭 피해자 위령탑을 참배하고 원폭 자료관을 관람했다. 우리는 고 이우 공 전하[35]와 우리 교포들의 위령탑도 그곳에 있다는 말을 듣고 꽃다발을 준비했다. 일본 사람들의 비를 참배 후 전하의 비를 찾았다. 안내인을 따라 뭣도 모르고 그 넓고 넓은 광장 뒷 길가까지 안내되고 개천가에 서 있는 비를 발견했다. 눈앞이 캄캄했다. 꽃다발을 놓고 이우정 선생과 나는 그 비 앞에 엎드려 엉엉 울 수밖에 없었다. 이름 없는 많은 우리 동포가 강제로 끌려가 노동을 하다가 마침내 원폭으로 죽고 그 대가가 이것이냐 생각하니 절치부심이란 이런 때에 쓰는 말이 아닐까![36] 귀국 후 나는 또다시 예장 여전도회 전국연합회 사회부에 가서 피폭자를 위한 일을 해 보자고 했다. 답을 못 받고 돈을 10만 원 줄 터이니 서울지역조사나 해보라고 하였다. 아무래도 이 일은 교회여성연합회 밖에 할 곳이 없다고 생각하고 그때 회장인 이우정 선생과 총무 구춘회 씨와 상의했다."[37]

1974년 7월 한교여연 실행위원회에서는 원폭 피해자 문제를 인권위원회 사업으로 채택하기로 결정했다. 그 후부터 한교여연은 원폭협회와 연락을 취하면서 2만여 명이나 된다고 알려진 원폭 피해자에 대한 실태조사에 나섰다. 1975년부터 1977년까지 피폭자들을 직접 방문해서 이뤄진 실태조사는 서울 지역을 중심으로 33가족의 피해상을 밝히고 지원활동의 근거를 남겼다. 한교여연은 일본과 세계기도일 본부에서 보내온 후원금과 국내 후원금을 모아 급한 대로 생활비와 교육비 지원을 하고 의료지원을 모색하기 시작했다. 이 모든 일이 가능했던 것은 한교여연의 발 빠른 움직임이었다. 1974년 5월에 열린 8차 총회에서 교회와 사회위원회(위원장 구춘회)와 인권위원회(위원장 공덕귀)가 신설되었다. 위원회에서는 재일동

34 공덕귀, 『나, 그들과 함께 있었네』(서울: 여성신문사, 1994), 163.

35 위령비는 고종의 손자 이우 공과 2만여 명의 조선인 피폭자들을 추모하기 위해 1970년에 세워짐. 일본 측에서 평화공원 내에는 설치할 수 없다 하여 이우 공이 피폭 후 발견된 장소 근처에 세웠다. 이우 공은 의친왕의 둘째 아들로 일본 육군으로 복무하던 중 1945년 8월 6일 히로시마에서 피폭되어 사망했다.

36 한국교회여성연합회, 『씨가 자라 나무가 되듯이』(서울: 고려글방, 2017), 97.

37 공덕귀, 『나, 그들과 함께 있었네』, 174.

포차별금지운동, 양심수 석방 운동, 노동자 인권운동 등의 다른 인권 문제들과 함께 원폭 피해자 지원을 전적으로 맡았다.[38]

이후로 한교여연의 인권위원회는 실태조사 보고, 전 세계 교회를 통해 한국의 원폭 피해자 문제를 홍보하였다.

▲ 1974. 7. 23. 이우정 회장과 공덕귀 위원장 명의로 일본 다나까 총리에게 한국 피폭자들도 일본 피폭자와 동일한 피해보상과 치료 대책 요구

▲ 보건사회부 장관 면담 요청, 피폭자에게 무료 의료진찰권 발부 건의

▲ 1974. 8. 일본 외무대신, 총리대신, 후생 대신에게 한국인 위령비를 평화공원 안으로 이전요청 건의서, 일본 기독교, 시민회 등에 협조 요청

▲ 1974. 원폭 피해자들을 위한 활동 및 평화세미나

▲ 대한성공회 어머니회, 원폭 피해자 돕기 사업 참여

▲ 1975. 이우정, 「한국원폭피해자 실태보고」 발표(창작과 비평, 총 57쪽)

▲ 1976~1988 국내외 모금 활동으로 모아진 기금으로 의료지원, 생계비, 2세 교육비 후원. 피폭자 1,912명에게 167,795,990원의 치료비를 보조, 매년 중학생 5명, 고등학생 15명에게 장학금, 생활비 보조

▲ 1976. 2. 세브란스병원과 의료계약, 피폭자들이 무료로 치료받을 수 있는 길을 엶

▲ 1977. 9. 8. 제1회 핵 문제 세미나 개최(6개 교단 여성 대표, 가톨릭청년회, 여성유권자연맹 등 63명 참석)

▲ 1978. 8. 1~6. YWCA와 연합으로 신세계백화점에서 첫 사진전. 총 관람자 1만여 명에 이름. 국제연대와 후원을 이끌어 내었고 원폭 피해자 문제를 공론화시킴

▲ 1979. 9~10. 원폭 피해자 3차 실태조사, 2,200명의 조사 대상 중 피폭자 1세 1,070명, 2세 493명 총 1,563명에 대한 조사. 일본 시민회의 보충 조사와 합본 1983년에 발표. 원폭 피해자 1세대뿐 아니라 2세대까지 피폭의 유전적 가능성을 통계로 밝혀냄

38 한국교회여성연합회, 『씨가 자라 나무가 되듯이』, 100.

특히 원폭피해자 3차 실태조사는 교여연의 조사연구 중 가장 세밀한 연구로서 1970년대 당시 생존자들의 상황을 가장 상세하게 알 수 있는 근거를 남겨 그 사적 가치가 높아 그 내용 중 일부를 소개하고자 한다. 소중한 데이터와 통계분석이 유용하게 쓰이기를 바라는 마음에서이다.

원폭피해자의 삶에 대한 기록은 2000년대에 들어서야 비로소 다양하게 나타나는데 원폭피해자 1세대는 이미 많은 분이 소천하였고, 2세대 역시 유아기, 성장기 데이터를 현재 보유하고 있지 않기 때문에 실태보고서는 1979년 초기에 수집한 데이터이기 때문에 원폭피해자 문제해결에 유의미한 통계자료가 된다. 비슷한 시기인 1978년 합천군이 자체적으로 원폭피해자 실태조사를 실시하여 2,226건을 소장하고 있으나 개인 기록 중심이기 때문에 전체 조망이 어려운 한계를 갖고 있다. 이에 1978년 일본시민회의 보충보고서가 작성되었고 이후 1979년 교여연의 상세 조사가 더 실시되었다. 미국장로교여선교회의 후원을 받아 2,200명의 조사 대상 중 피폭자 1세 1,070명, 2세 493명 총 1,563명에 대해 설문조사를 진행하였다. 일본 시민회[39]의 보충조사보고서[40]와 함께 합본하여 1983년에 「한국인 원폭피해자 실태조사보고서」(한국교회여성연합회 자료 제2집, 총 198쪽)을 내었다. 실태조사는 동아투위 해직기자[41]들과 학생 등 10인이 참여했으며 질문지 및 개인면담을 거쳐 실시하였다. 피폭 1세대 1,070명과 2세대 493명으로 총 1,563명이 실태조사에 참여하였다.[42]

---

39 일본 시민회는 1971년 여름 한국원폭피해자협회(1967년 7월에 결성, 이하 협회)의 신영수 회장의 방일을 계기로 결성된 일본여성단체이다. 시민회는 협회의 피폭자실태조사계획을 지원하기로 결정하였고 협회는 이에 1975~1978년까지 3년에 걸쳐 약 800명의 조사를 행하였다. 그러나 질문항목(40항목)이 적고 미기입 항목도 많아 불충분하다고 느낀 시민회는 일본정부의 태도를 개선하여 한국피폭자 실태에 직면하고 스스로 식민지정책-전쟁-방치의 책임을 깊이 반성할 것을 강하게 호소하기 위하여 제1차, 2차 실태(보충)조사 보고서 작성에 착수하였다.

40 1978년 8월 10일부터 26일까지 1차(서울, 근교 도시, 군), 1979년 7월 24일부터 8월 8일까지 2차(경북지방) 조사를 실시한 내용이다.

41 이부영에 의하면 동아투위 기자 이기중, 이종욱, 황의방, 송재원 중 3분이 합천에 가서 직접 면담을 실시하였고 나머지 1분은 총괄정리를 맡았다고 한다. (이부영 전화인터뷰 중에서, 2024. 6. 17)

42 면담시간은 약 1시간 정도 소요되었고 주로 저녁시간을 이용해 면담이 이뤄졌다. 면담에 앞서 '원폭 피해자 실태조사 안내'를 서울, 경기, 부산, 합천 지역에 살고 있는 3,000명의 원폭피해자에게 우송했다. 응답을 거부한 대상자들은 조사연구 자체에 대한 불신 때문이라 답하였다. 수차례 조사연구가 있었지만 아무런 혜택을 받아본 적이 없다는 것이었다. 정부당국과 일반 사회로부터 얼마나 냉대와 소외를 당해왔는지를 입증한다(한국교회여성연합회, 「한국인 원폭피해자 실태조사보고서」, 1983, 11).

피폭자 성별, 피폭지 체재 이유, 피폭 당시 직업, 피폭 지역, 피폭 위치, 피폭 시 신체 이상, 피폭 후 24시간 행동, 가족 규모, 가족의 건강 이상, 피폭 후유증, 현재 상태, 현재 직업, 수입, 노동 능력, 여성 임신 상황, 피폭자 2세 연령, 학력, 질병과 치료 상황, 의식상태 등의 질문으로 되어 있고, 당시 민간단체의 실태조사에 비해 규모가 컸다. 모든 항목이 균등한 비율로 서울, 경기, 부산, 합천 지역이 조사되었다. 도일 사유의 지역적 차이로 인한 피폭 후 영향의 상이함, 피폭자 2세 성장기별 질병 상황 등을 상세히 조사하였다.

일본시민회의 '보충보고서'는 쟁점 되는 부분을 집중적으로 조사하기 위해 노력한 흔적이 보인다. 규모는 한교여연(1,563명)보다 적으나(264명) '생활사 조사'에 집중하여 1차 서울에서 51설문, 2차 경북에서 53설문으로 구성하여 상세한 조사 결과를 내었다. 일본에 오기 전 생활, 오게 된 경위, 온 후 주거, 가족, 당시 직업, 생활, 피폭 지점, 피폭 시 상태, 피폭 후 3주일간 행동, 피폭 후 생계, 귀국 후 생계, 피폭에 의한 생활 영향 등을 살펴 유의미한 결과를 도출하였다. 이를 통해 조선 남부 농촌 지대가 일본의 노동력 공급지였음을 밝혀내었다.[43]

지역별로 상이한 도일 이유 때문에 피폭자의 연령층도 상이하였고, 그 피해 역시 상이하였다. 서울은 강제징용이 37.8%, 경기도는 79.2%나 되었다. 부산은 이주가 전체의 63.2%, 합천은 생계 이유가 73.6%이기 때문에 연령별로는 서울·경기는 20대가 가장 많고, 부산·합천은 유아부터 30대까지 고른 분포를 보이며 서울·경기에서 보이지 않는 50대도 보인다.[44] 이로써 일본의 부족한 노동시장에 강제 징용된 노동자들이 히로시마 군수산업의 주요 노동력을 제공하였다는 것을 알 수 있다. 이는 또 다른 통계가 증명하는바, 히로시마에서 피폭당한 사람들이 96.1%로 절대다수를 차지했다는 것은 히로시마의 군수산업과 조선인 노동자

---

43 히로시마 서쪽지역에 집중되어 있는 조선인들은 대부분 합천사람들이었다. 유필연은 "큰아버지가 양반이니까 글도 조금 아니까 면에서 하는 일을 좀 돕고 그랬는데… 합천 사람들 다 데리고 갔다고 해…." 허종순은 "아버지가 일본에 갈 때 한국 사람들을 모집하는 그런 것을 따라서 그 동네에서 몇 사람이 같이 들어갔나 봐요…. 거기서 일본어를 빨리 배우고 하니까 일본 사람들이 책(책임)을 지웠는지 한국에서 젊은 사람들, 또래들을 모집해 달라고 해서 한국에 와서 모집도 해 가고, 또 공사 중에 한국 사람들이 문제가 생겨서 재판이 생기고 그러면 그걸 도와주고 그런 일을 하셨어요." 조경숙도 "우리 아버지가 합천 사람들 그리고 다른 지역 사람들을 많이 모집해서 갔어요"라고 증언했다(한국원폭피해자협회 편찬위원회, 『원폭피해자 65년사』, 서울: 한국원폭피해자협회, 2011, 593, 680).

44 한국교회여성연합회, 「한국인 원폭피해자 실태조사보고서」, 31, 51, 69, 88.

들과의 밀접한 연관성이 있음을 증명한다.

우선 피폭지 범위가 출신 지역에 따라 다르다. 서울 경기 지역 출신들은 피폭지 2km 내외, 부산 지역은 피폭지 1km 이내, 합천 지역은 피폭지 3-4km, 혹은 5km 이상에 주로 분포하였다. 합천 지역 사람들이 집중 거주했던 서쪽은 검은 비가 집중적으로 내린 점, 피폭 직후 실내에 있지 않고 가족들을 찾으려 방황 내지 노숙했던 비율(221명, 30.7%)이 타지역 출신(서울 14명, 경기 24명, 부산 30명, 총 21.3%)보다 많았기 때문에 피폭지에서 상대적으로 멀리 떨어져 있었으나 후유증세는 더 다양하고 복합적이다. 교여연의 조사에서 검은 비에 장기적으로 노출된 사람들과의 차이에 대한 분석은 없으나 경기와 합천 지역 피폭자의 건강 이상징후를 비교할 때 검은 비를 맞은 합천 피폭자의 신체 불구, 마비, 시력 장애, 정신이상, 척추 장애 등의 이상 징후가 집중적으로 나타났다. 이는 검은 비, 즉 낙진이 후유증에 큰 영향을 주고 있음을 보여준다.[45]

피폭자의 가장 큰 고통은 피폭 후유증으로 인한 절망적인 아픔과 사회로부터의 냉담이다. 팔다리가 잘린 사람들, 눈이 빠져나간 사람, 전신마비, 정신착란, 간질, 뼈가 썩어 내리고 피부에 고름이 흐르고 검은 반점이 몸을 덮어 한센병으로 오인받아 혐오의 대상이 되었다. 여성 피폭자들은 원폭 피해자인 동시에 성차별적 가부장제 사이에서 가중된 고통의 삶을 살았다. 빈곤과 재난에 가장 취약한 계층은 여성과 아이이다. 그녀들은 식민지 상황에서의 빈곤, 피폭 후 치료받지 못하는 일본 내 조선인 차별, 귀향 후에는 '우환 동포'라고 차별을 받는 삼중고에 더해 피폭으로 나타나는 자녀의 선천성 기형 또는 유전적 질환의 원인 제공자가 되는 참담한 상황에 직면하게 되었다. 아이가 유산되거나 사산되는 경우, 선천성 기형이나 유전적 질환을 갖는 경우 이 모두는 여성이 감당해야 할 몫이었다. 교여연의 보고서에 따르면 387명의 여성 피폭자들 중 25.2%에 이르는 98명은 피폭 이후 전혀 임신을 하지 못했다. 289명의 임신 경험 여성 중 31.5%에 해당하는 91명의 피폭 여성이 최소 한 차례의 유산을 경험하였다.[46] 피폭 1세, 2세 여성이 겪는 신체적 고통도 큰데[47] 선천성 기형과 유전

---

45 일본은 검은비에 대한 내부피폭을 인정하지 않다가 2020년에서야 비로소 인정하였다("日 히로시마 원폭 투하… 75년 만에 '검은 비' 피폭 인정," 「KBS뉴스」 2020년 7월 29일). 흑비에 대한 문제제기는 교여연의 3차 조사연구보고서가 유일하다.

46 「한국인 원폭피해자 실태조사보고서」, 27.

적 질환의 고통을 2세 3세에게 물려준다는 심리적 고통에 더해 시대의 질시, 남편의 폭력에 빈번하게 노출될 수밖에 없는 것이 더 큰 문제가 된다. 원폭방사선의 유전적 영향에 대한 일본 조사에 따르면 피폭자 자녀들의 기형 장애가 전체 594명중 445명(75%)이나 된다고 한다. 가장 많은 기형 장애는 무뇌증, 구개열, 구순열, 내반족, 다지증, 및 합지증이었다.[48] 이러한 질환들에 돌봄의 몫은 여성이 감당할 뿐이다.[49]

교여연의 조사연구에서 기여도가 가장 큰 통계는 피폭 2세의 질병과 치료 상황표로서 고통받는 신체, 피폭 2세의 삶을 낱낱이 통계로 남겼다.

**현재의 질병과 치료 상황 (469명 중 중복 있음)[50]**

| 병명/남여/계 | | | 나타난 시기 | | | | 치료상황 | | | | 병명/남여/계 | | | 나타난 시기 | | | | 치료상황 | | | |
|---|---|---|---|---|---|---|---|---|---|---|---|---|---|---|---|---|---|---|---|---|---|
| | | | 불명 | 유아 | 10대 | 20대 | 무 | 자가 | 복약 | 병원 | | | | 불명 | 유아 | 10대 | 20대 | 무 | 자가 | 복약 | 병원 |
| 신체허약 | 남 | 136 | 19 | 70 | 33 | 14 | 62 | 19 | 29 | 26 | 결핵 | 남 | 11 | 2 | 4 | 2 | 1 | 3 | 1 | 3 | 4 |
| | 여 | 92 | 11 | 48 | 32 | 1 | 45 | 13 | 22 | 12 | | 여 | 8 | | 1 | 5 | 1 | 2 | 1 | 1 | 4 |
| | 계 | 228 | 30 | 118 | 65 | 15 | 107 | 32 | 51 | 38 | | 계 | 19 | 2 | 5 | 7 | 2 | 5 | 2 | 4 | 8 |
| 피부병 | 남 | 50 | 4 | 24 | 18 | 4 | 12 | 6 | 14 | 18 | 빈혈 (현기증) | 남 | 5 | 2 | 1 | 2 | | 3 | | 1 | 1 |
| | 여 | 40 | 6 | 16 | 12 | 6 | 18 | 2 | 10 | 10 | | 여 | 13 | | 3 | 9 | 1 | 5 | | 3 | 5 |
| | 계 | 90 | 10 | 40 | 30 | 10 | 30 | 8 | 24 | 28 | | 계 | 18 | 2 | 4 | 11 | 1 | 8 | | 4 | 6 |
| 위장병 | 남 | 39 | 10 | 8 | 10 | 1 | 15 | 4 | 18 | 2 | 장애(시각, 청각, 언어) | 남 | 12 | | 12 | | | 8 | 1 | 1 | 2 |
| | 여 | 33 | 8 | 6 | 16 | | 12 | 3 | 15 | 3 | | 여 | 4 | | 3 | 1 | | 3 | | 1 | |
| | 계 | 72 | 18 | 14 | 26 | 1 | 27 | 7 | 33 | 5 | | 계 | 16 | | 15 | 1 | | 11 | 1 | 2 | 2 |
| 눈(약시,사 | 남 | 45 | 6 | 18 | 17 | 4 | 28 | 5 | 3 | 9 | 소아마비 | 남 | 4 | | 4 | | | 3 | 1 | | |
| | 여 | 26 | 1 | 13 | 10 | 2 | 21 | | | 5 | | 여 | 5 | 1 | 3 | 1 | | 4 | | | 1 |

47 국가인권위원회 실태조사에 의하면 원폭피해자 2세 중 여성은 같은 연령대 일반 여성에 비해 심근경색·협심증 89배, 우울증 71배, 유방양성종양 64배, 천식 23배, 빈혈 21배, 정신분열증 18배, 위암 6.1배, 뇌졸중 4배, 당뇨병 4배 등으로 나타났다. 국가인권위원회 편, 『원폭피해자 2세의 기초현황 및 건강실태조사』(서울: 국가인권위원회, 2004), 152.

48 김기진·전갑생,『원자폭탄, 1945년 히로시마… 2013년 합천』(서울: 선인, 2012), 150.

49 서울사례 조** 씨, 조 여인은 귀국 후 결혼, 7번 임신했으나 5번 자연유산하고 2회 분만, 아들 둘을 두었으나 둘째 아들이 5살 때 갑작스럽게 병사하고, 현재 아들이 있으나 그 역시 시력이 약하고 건강이 좋지 않다. 경기사례 김** 씨, 장남은 1948년에 출생, 폐렴으로 1951년에 사망했고 차남은 간질로 시달림을 받고 있고 삼남은 위궤양과 간염으로 치료받고 있다. "이제 우리 집안은 대가 끊깄다. 오데 빙신 년이 들어와서 집안을 말아 묵을라카노? 이년아, 죽어라! 아 일을 우짜노? 아이고!" "죽은 얼라를 낳았다꼬 카는 기제? 저 새댁이도 원폭 맞았다 카데. 원폭 맞아 갖고 죽은 아를 낳는 여자들이 많다 카데" 남한테 당하는 모욕감, 인간 이하의 취급을 당해도 견딜 수 있었던 임 여인은 도저히 견딜 수 없는 문제와 부딪친다. 그것은 아이들의 눈이었다. 어머니를 지켜보는 애들의 눈, 기대감이 가신 실망과 모멸로 변해가는 애들의 눈빛이었다. 박수복, 『핵의 아이들』(서울: 한국기독교가정생활사, 1986), 116.

50 「한국인 원폭피해자 실태조사보고서」, 112-114.

| 시, 색맹) | 계 | 71 | 7 | 31 | 27 | 6 | 49 | 5 | 3 | 14 | | 계 | 9 | 1 | 7 | 1 | | 7 | 1 | | 1 |
|---|---|---|---|---|---|---|---|---|---|---|---|---|---|---|---|---|---|---|---|---|---|
| 축농증 | 남 | 37 | 2 | 9 | 22 | 4 | 20 | 2 | 8 | 7 | 간질 | 남 | 4 | | 4 | | | 2 | 1 | 1 | |
| | 여 | 26 | 2 | 3 | 16 | | 13 | 1 | 2 | 5 | | 여 | 2 | | 2 | | | 1 | | 1 | |
| | 계 | 71 | 4 | 12 | 38 | 4 | 33 | 3 | 10 | 12 | | 계 | 6 | | 6 | | | 3 | 1 | 2 | |
| 귀(난청, 중이염) | 남 | 37 | 5 | 14 | 14 | 4 | 9 | 6 | 8 | 14 | 수족마비 | 남 | 3 | | 1 | | 2 | 2 | | | 1 |
| | 여 | 10 | | 6 | 3 | 1 | 3 | | 1 | 6 | | 여 | 3 | | | 3 | | 1 | | 1 | 1 |
| | 계 | 47 | 5 | 20 | 17 | 5 | 12 | 6 | 9 | 20 | | 계 | 6 | | 1 | 3 | 2 | 3 | | 1 | 2 |
| 정신박약(이상) | 남 | 14 | 2 | 7 | 3 | 2 | 5 | 1 | 1 | 7 | | 총계 | 778 | 96 | 313 | 283 | 82 | 348 | 78 | 180 | 172 |
| | 여 | 8 | 1 | 4 | 2 | 1 | 4 | 1 | 1 | 2 | | | | | | | | | | | |
| | 계 | 22 | 3 | 11 | 5 | 3 | 9 | 2 | 2 | 9 | | | | | | | | | | | |

위의 표는 유아 시기에 나타나는 질병과 10대부터 나타나는 질병의 내용에 극명한 차이를 보여준다. 10대에서 나타나는 두드러진 질병은 위장병, 축농증, 빈혈 등으로 유전적 질환에 속하는 반면, 유아 시기에 나타나는 질병은 특히 선천성 장애로 나타났다. 특히 간질은 유아기에만 나타나는 장애이다. 정신박약, 시각청각언어장애, 소아마비, 간질, 수족마비 등 선천성 장애를 겪는 2세는 총 469명 중 59명이다. 여기에 눈병(약시, 사시, 색맹), 귓병(난청, 중이염)까지 포함하면 469명 중 177명이 선천적 장애를 갖고 있다. 37.7%가 선천성 장애를 겪는데 중복된 질병까지 앓고 있는 총계가 778건이기 때문에 더 많은 피폭 피해를 유전적으로 겪고 있었다. 이러한 질병 양상에 치료 상황은 전무한 경우가 대부분이고 그나마 약물치료와 병원 통원이 소수이다. "자가 치료나 아무런 치료를 하지 않는다"에 응답한 경우는 피폭 가정의 심리적 상태가 얼마나 절망적인가를 입증한다. 정신박약, 청각·언어·시각장애·구순열, 신체장애, 간질, 사시, 난청, 소아마비 등은 자가 치료가 가능하지 않다. 통원 및 약물치료도 단편적 치료 수준에 머물러 있으며 대부분 전래 민간치료 요법에 매달렸다. 된장을 발라 지혈하고 화상에는 오이를, 변을 구워 바르는 등의 민간요법이 자가 치료일 뿐이다.[51] 이들 통계만 보아도 2세 피폭 유전적 후유증은 심각한 상태인데 개별 사례로 들어가면 그 심각성은 더 크다.

> 원폭 인생의 가시밭길을 걸어온 유춘성 씨. 끝내 질병과 가난의 이중고를 견디지 못해 세상을 떠났다. 임종 때까지 8년 동안 심한 열병에 정신이상까지 되어 기어다니던 2평짜리 유씨 방에는 원폭 2세인 둘째 아들 동수군(19)이 누워 있다. 동수 군은 낳자마자 하반신이 마비되어

51 김경애,『원폭피해 한국여성들』, 143-144.

어머니의 부축으로 마당에 나가 바람을 쐬는 것 외에는 하루 종일 죽은 유씨의 자리를 지키고 있다. 셋째 아들은 출생할 때부터 머리가 2배나 큰 대두병의 기형아였는데 생후 6개월 만에 심한 열병으로 죽었다.[52]

일본 시민회는 보충 조사에서 "한국 피폭자들은 구체적인 질병 이외에도 여러 가지 자각증상을 호소하고 있었다"고 보고하였다. 제1차 조사(서울) 113명 중 110명(97%)이나 되는 사람들이 "자각증상이 있다"고 대답하였고, 제2차 조사(경남)에서는 151명 전원이 자각증상을 호소했다. 쉽게 감기에 걸림, 쉽게 피곤해짐, 체력이 약함, 식욕부진, 빈혈, 위장이 약함, 끈기가 없음, 현기증, 코피, 두통, 발열하기 쉬움, 수족마비, 장통(腸痛), 알레르기 체질, 피부염, 중독되기 쉬움, 호흡기 장애, 내장이 약함, 천식, 발육부진, 비염, 축농증, 결핵, 심장병, 류머티즘, 간장, 자율신경장애 등의 자각증상은 여러 종류에 걸쳐있고 한 사람이 몇 개의 '이름 모를 괴로운 증세'를 호소하고 있는 것을 알 수 있다. 한 사람당 평균 10종에 가까운 병상을 가지고 있는 셈이 된다.[53]

교여연의 3차 실태보고서는 원폭 2세의 유전적 질환의 심각성을 규명하고자 한 조사자의 관점이 잘 드러나 있다. 조사자들은 2세의 피해가 유전적인 질병과 장애로 나타나는 문제를 핵심으로 보았다. 그만큼 질문의 항목을 정하고 어떤 문제를 중심으로 조사할 것인가라는 조사자의 사회적 관점은 수집된 데이터의 내용과 의미를 다르게 배열한다.

계속되는 실태조사에도 불구하고 피폭 2세의 질병과 장애는 유전이라는 임상적 결과를 추출하지 못한 채 사회적 기회(교육과 생계를 위한 취업)의 박탈과 편견으로 인한 사회적 배제로 이어진다. 유전적 질환에 시달리며 치료에도 적극적일 수 없는 자포자기[54]와 빈곤한 삶의 연속은 이들에게 너무나 가혹한 형벌이다.[55] 박수복 저, 『핵의 아이들』의 사례들을

---

52 김동현, "한국의 원폭피해자," 「신동아」 1973년 8월호, 231.

53 「일본 '시민회'의 보충조사 보고서」, 139.

54 한국보건사회연구소에서 조사한 자료에 의하면 미치료 이유가 나을 것 같지 않아서가 93.2%이다(「91-07 원폭피해자 실태조사」, 158).

55 우리 원폭 후손들은 한,미,일 정부에서 대물림에 대해 확실하게 말해주지 않고 특별법 개정을 해주지 않는 지금에도 병마와 싸우면서 고통을 받고 죽을 만큼의 아픔을 겪어야 하고 결국에는 죽음을 맞이할 수밖에 없는 현실에 살고 있어요(한정순 씨 구술/박신규·이채문·이토히로코,『합천원폭피해자 1·2세 삶과 기록』, 책과 세계, 2022, 151).

보면 2세들이 질환과 질병, 장애를 딛고 정상적인 교육을 받거나 취업하기 어려운 상태에서 피폭대상자로써 국가와 긴 싸움을 해야 하는 삼중고에 직면해 있음을 볼 수 있다. 그 삼중고를 딛고 일어선 김형률은 1970년생으로 2002년 원폭후유증을 앓고 있다고 공개적으로 밝히고 한국 원폭 2세 환우의 권리를 위해 싸웠다. 죽음보다 더한 고통의 삶을 살아가도록 만드는 미국 정부에 대해 정의의 이름으로 법적 책임을 묻고 역사적 부채에 대한 정당한 권리를 요구하였다.[56] '선지원 후규명'의 해법이 지체없이 적용되어야 함을 주장하였으나 완결되지 못한 채 끝내 짧은 생애를 마쳤다. 원폭 2, 3세 피폭자 인정과 지원 문제는 아직도 현재진행형이다. 2023년 2월 히로시마 지방법원은 히로시마 피폭자들에게 태어난 원폭 2세들의 소송에서 원고 패소판결을 내렸기 때문이다.[57] 원폭 2세의 생존권은 아직도 풀리지 않은 역사적 과제이며 현재진행형이다.[58]

교여연은 조사연구보고서뿐 아니라 실질적인 지원 사업에 나섰다. 교여연이 원폭 피해자 문제에 가장 먼저 착수한 활동은 일본 정부에 대한 피해 보상과 치료 대책 청구 활동이었다. 1974년 7월 23일 이우정 회장과 공덕귀 인권위원장의 명의로 일본의 다나까 내각 총리대신에게 일본 피폭자와 동일한 피해 보상과 치료 대책을 세워줄 것을 촉구했다. 일본기독교교회협의회(이하 JNCC) 여성위원회, 재일대한기독교부인회, 세계교회협의회, 아시아교회협의회, 미국교회여성연합회, 세계기도일본부 등 다수 세계 에큐메니컬 기구에 호소했다. 국내 활동으로는 1974년 원폭 피해자들을 위한 활동 및 평화 세미나를 열었고, 1976년 "한국의 원폭 피해자"라는 주제로 피폭의 문제를 새롭게 인식하는 강연회를 가졌다. 1978년 8월 1~6일에는 신세계백화점에서 YMCA와 공동으로 원폭 사진전시회를 개최하여 원폭 사진 45점과 한국 피폭자 사진 19점을 전시하여 총 관람자가 1만여 명에 이르렀다. 이러한

56 전진성, 『삶은 계속 되어야 한다』, 233.

57 이삼성, "한국입장에서 본 히로시마·나가사키 원폭 투하의 정치·군사적 의미," 원폭국제민중법정실행위원회·평화와 통일을 여는 사람들 편, 『1945년 미국의 핵무기 투하의 책임을 묻는 원폭국제민중법정 제1차 국제토론회 자료집』 (서울: 나무와 숲, 2024), 47.

58 피폭자 2세 한정순 씨는 15세부터 원자병으로 고통받기 시작하였는데 형제자매들도 하나같이 각종 심각한 병에 시달렸다. 그녀의 자녀는 뇌성마비를 앓고 있다. 그녀는 "가장 심각한 것은 원폭의 유전성입니다. 핵무기의 피해는 잔인하게 되물림됩니다. 그런데도 미국과 일본은 원폭의 유전성을 인정하지 않고 사과도 배상도 하지 않고 있습니다"라고 2022년 8월 2일 NPT 제10차 검토회의에서 호소하였다(「1945년 미국의 핵무기 투하의 책임을 묻는 원폭국제민중법정 제1차 국제토론회 자료집」, 46).

지속적 홍보활동으로 국제 연대와 후원을 이끌어 내었다.[59]

이상은 한교여연이 원폭 피해자 문제의식을 갖게 된 1974년 2월부터 1979년까지 활동했던 내용이다. 1970년대 원폭 문제 지원활동이 공론화와 치료비 후원 등으로 행해졌다면 1980년대 후반은 세계적으로 확산된 반전 반핵 평화운동으로 확장되었다. 한교여연의 활동 중 가장 의미 있는 일은 2세 피폭자들에 자의식을 심어주고 주체적으로 자신의 문제를 해결할 수 있는 의지와 확신을 갖게 하도록 평화 마당을 열어 피폭 2세들이 직접 연극 대본을 쓰고 연기하면서 그들 스스로에게 원폭의 무서움을 알리는 용기를 갖게 하였다. 또 '피폭자 2세 모임'인 "평화의 샘터"를 발족시켜 2세 모임이 지속성을 가질 수 있도록 도왔다. 주체를 주체로서 당당히 서게 하는 힘, 그 근원적인 힘을 피폭 2세들에게 심어준 것이다. 또 『핵의 아이들』 현장 조사서를 출판하여 이들의 이야기를 공론화하는데 큰 역할을 하였다. 한교여연은 구속 학생 석방과 민주 회복을 외치면서 한편으로는 구속자 가족들을 돌보고 다른 한편으로는 철저하게 소외된 사람들을 찾아갔다. 자신의 목소리를 내지 못하는 여성들 그리고 역사의 사각지대로 배제된 원폭 피해자들을 주체로서 자기 권리를 말할 수 있도록 그 길을 열어주었다.

1970년대 한교여연의 활동은 다음과 같은 의미들로 평가할 수 있다.

첫째, 여성운동이 '여성문제'에 천착하여 발전했던 것과는 달리 한교여연의 운동은 여성 인권을 정치적, 정책적, 보다 넓은 사회 일반의 투쟁으로 연결시키고 민족적 과제까지 관통하는 운동의 방향성을 갖고 있었다. 여성문제에 천착하게 된다면 정치 사회적인 특수한 형태로 나오게 된 존재인 관광 기생이나 원폭 피해자 여성들이 직면한 문제의 핵심에서 벗어날 가능성이 높다. 여성 자체의 문제로 보아서는 안 되는 역사적, 정치 사회적 맥락을 가진 문제를 정확히 꿰뚫어 보고 있었다.[60] 한교여연의 중심적 활동을 하였던 공덕귀와 이우정은

59 미국교회여성연합회, 독일 BFW, 독일 라인마인지방한인교회, 일본 교풍회, 아시아 적은 돈 위원회, 일본 히로시마교회 부인회, 일본 세계기도일 위원회, 일본 YMCA, 카나다 선교사들, 영국 Christian Aid, 독일 세계기도일 위원회, 카나다 한인 토론토교회, 스위스 세계기도일 위원회, 일본 오사카 시민회, 일본 기독교부인회, 재일 한국교회부인회, 일본 성공회, 일본교회, 기타 개인과 단체들의 적극적 지원이 있었다(이현숙,『한국교회여성연합회 25년사』, 123).

60 원폭 피해자나 기생 관광은 구조적인 아주 사회 구조적인 폭력 문제였어요. 그러니까 평화 문제이기도 하고요. 나는 그게 그러니까 지금 지나고 보면 지금 이 얘기하다가 떠오르는 생각이지만은 하나님의 섭리였다 그런 생각이 들어요. 이렇게 뭉뚱그려서 생각하면 기적이잖아요? 그런 기적이 인간 혼자서 할 수는 없거든. 그러니까 '정

자신의 사회적 존재근거가 전혀 다른 이질적 존재였을 관광 기생이나 원폭 피해자 여성과 그 2세들에 대해 관심과 사랑의 끈을 놓지 않았을 뿐 아니라 그들을 희생시키는 국가 구조적 문제의식을 동시에 갖고 있었다. 1980년대 여성운동의 흐름은 1970년대 여성 중간집단 교육을 통과한 여성 노동자들에 관심을 가졌지만(사회운동적 차원에서 중심 역량이 될 여성 노동자들의 인간화) 발전 이데올로기에 소외되어 미끄러지는 존재의 인간화에는 큰 관심이 없었다. 오히려 한교여연의 기생관광 반대운동을 지식인 여성운동가 담론으로 축소 평가하기도 한다.[61]

둘째, 해외 여성단체들과의 탄탄한 연대를 이루었다. 한교여연의 조사연구와 활동 지원은 해외의 전폭적인 지지를 통해 이뤄졌다. 국내·외 광범위한 네트워크가 존재했기 때문에 홍보도 빠르게 진행되었고 공동의 사업도 할 수 있었다. 특히 기생관광, 원폭 피해자 문제에 대한 민족적 의식의 공유는 깨어있는 일본 여성단체와 결합하여 공동의 활동을 가능케 하였다. 하지만 이 연대가 한교여연 안으로 들어와서는 독립적인 재정 구조를 형성하지 못한 단점으로 결과되기도 하였다.[62]

셋째, 자발적이고 조직적이며 확산적인 여성운동은 개신교만이 갖는 중요한 특징이다. 동시다발적인 활동을 하나의 단체가 다 수행할 수 있는 것은 자발성에 기초하고 있기 때문이다. 자기 헌신성과 기독교적 가치관이 확고하였기 때문에 가능했던 일이었고, 이 확신이 조직적으로 될 때 그 파급력은 강력할 수밖에 없다. 또한 한교여연의 활동은 그 어느 종교에서도 볼 수 없는 확산성을 보인다. 한국교회의 가부장적, 수직적 한계가 있다 해도 한국개신교 여성들처럼 민주화와 인권운동을 전방위적으로 확산하며 지속적으로 1967년 이래로 현재에 이르기까지 활동을 지속한다는 사실은 개신교가 내적 역량을 축적해 가는 데 있어서 여성의 역할이 중차대함을 의미한다. 어떤 교단은 더 많은 진보성을 띠었고 또 어떤 교단은

---

말 하나님의 기적이다 섭리다. 하라'는 명령을 받았나 보다 생각이 들어요. 그러니까 그냥 여성의 인권만이 아니라 이게 모든 역사적인 정치적인 그 현안들을 여성이 주도적으로 가져간 거잖아요. 이거는 남성들은 하지도 않았어요. (김윤옥 구술 중에서)

61 박정미, "성, 제국주의, 민족 전통 그리고 '기생'의 침묵 '기생관광' 반대운동의 재현 정치, 1973~1988년," 「사회와 역사」 101집(2014) 참조.

62 전체 예산의 절반을 훨씬 상회하는 예산을 해외모금에 의존하고 있으며 그것은 거의 사용처가 정해진 헌금이었기 때문에 교여연은 적지 않은 예산규모에도 불구하고 경상비 조달에 곤란을 겪곤 했다(이현숙, 『한국교회여성연합회 25년사』, 161).

보수성의 한계도 있었지만 여성들이 조직적으로, 지속적으로 활동을 하며 자기 목소리를 냈다는 것은 개신교만이 갖는 횡적인 특성이라 할 수 있다.

고난당할 때 제일 먼저 앞장서 위로하고 항의하고 기도하며 헌신을 아끼지 않는 어머니의 여성성, 아무도 눈여겨보지 않을 서발턴의 처절함을 외면하지 않고 그들의 아픔을 공감하고 이를 사회적 공론의 장으로 끌어내어 정치적 저항으로 연결하는 날카로운 시대 인식을 가능하게 하는 통찰의 여성성, 하나님의 창조하신 사람의 권리를 존중하는 사명감으로서의 여성성, 나의 아픔보다 타인의 아픔을 끌어안는 환대의 영성 그리고 가장 중요한 소명 의식. 그리스도인에게 부여된 소명 의식이 역사의 삼중고를 겪는 '오클로스-원폭 피해자'를 보게 하였다. 그리고 그들을 공동체 안에 불러들여 공공적 의제로 이끌어내었다. 또한 평등한 시민사회를 추구하는 민주, 인권 의식과 하나님 선교의 신앙이 결합되어 있었다. 그녀들의 신앙은 철저하게 현장성과 실천성에 기반해 있었기에 인권이라는 기표 그 너머에 배제된 사람들을 볼 수 있는 힘이 있었다. 성령의 역사가 아니고서는 설명할 수 없는 그녀들의 활동이었다.

어떻게 이 많은 활동이 가능했을까. 이 활동이 가능할 수 있었던 것은 공덕귀, 이우정의 뛰어난 통찰력과 리더십 그리고 투철한 민주주의 의식이 있었고 그녀들을 버틸 수 있도록 함께 헌신한 김옥라, 구춘회, 김윤옥, 이문우, 윤영애(80년대) 등이 있었기 때문이다. 그 뒤에는 7개 교단 여신도회연합회가 지키고 있었다.

목요기도회 초기 역사를 서술함에 있어서 기독교 여성운동에 지면을 할애하여 다룬 이유는 그동안 민주화인권운동사에 개신교 여성의 활동 서술이 그 규모와 역사적 기여도에 비해 턱없이 부족하게 다뤄져 왔기 때문이다. 그녀들의 힘은 학생들을 다시 일어나게 했고 가족들을 투쟁의 전선에 앞장서게 했으며 저 구석 소외된 사람들에게 인간화의 희망을, 스스로 일어서게 하는 용기를 안겨주었다.

3장

# 치열한 담론투쟁

# I. 1차 담론투쟁: 인권과 민주주의 담론투쟁(1973. 12.~1974. 4.)

## 1. 인권의 주체가 되다

이 장에서는 1973년 말부터 1975년 긴급조치 9호 선포 직전까지 전개된 담론투쟁의 변화 과정을 살펴보고자 한다. 1973년 10.2 시위 이후 봇물처럼 터진 대학가의 시위와 각종 성명서 발표 그리고 연이은 개신교 단체, 각 노회, 개 교회들의 기도회와 가두시위, 성명서 발표들이 있었다. 그중 1973년 하반기부터 1974년 4월 긴급조치 4호 이전까지 1차 국민주권(민권)과 인권 담론, 1974년 6월 11일 이효상 공화당 의장서리의 종교인 비난 발언으로 발생한 2차 국가와 교회 담론, 1974년 11월 9일 김종필 국무총리의 종교 망언을 시작으로 발생한 선교영역, 오글 목사 추방 문제, 산업선교 용공화 문제, 그리스도인의 신학적 성명으로 대표되는 선교자유담론투쟁이 펼쳐졌다. 종교인 비난 발언이나 오글 목사 추방 사건 등으로 인한 선교담론은 자유민주주의에 대한 기독교의 기의적 담론이라 할 수 있다. 선교 자유는 자유민주주의의 기독교적 의미해석이기 때문이다. 3차 담론투쟁은 1975년 2월 15일 민청학련 구속자들이 석방되면서 드러난 고문, 인혁당 기습 사형집행으로 발생한 기본권으로서의 인권담론투쟁과 인도차이나 사태로 인한 안보담론투쟁이다. 1차 인권 담론은 생존권과 맞물려 있고 3차 인권 담론은 고문과 사형집행에 따른 생살여탈권과 국가안보 담론이 맞물려 있다.

| 1차 | 2차 | | 3차 | |
|---|---|---|---|---|
| 73. 11.~74. 4. | 74. 6. 11. | 74. 11. 9.~75. 2. | 75. 2. 15.~4. | 75. 4. 30.~5. 13. |
| 국민주권과 인권 담론 | 국가와 교회 담론 | 선교 자유 담론 | 인권 담론 | 국가안보 담론 |

1차 담론투쟁은 국민주권과 인권, 두 권리에 대한 논쟁이다. 이들 논쟁을 논하기에 앞서 인권이 한국의 역사 속에서 어떻게 정착되어 왔는지 1950~60년대 상황을 살펴보고자 한다.

1948년 12월 10일 유엔 3차 총회는 「세계인권선언」을 채택한다. 한국과 유엔은 특수관계였다. 한국은 유엔이라는 국제기구에 의해 독립된 주권 국가로 승인되었고, 또 유엔은 한국전쟁 수행의 결정적 조건이기도 했다. 물론 유엔과 세계인권선언 모두 미국이 결정적 역할을 했음은 물론이다. 이로써 신생 한국의 주민들은 헌법과 인권선언을 통해 (시)민권과 인권의 주체로 구성될 결정적 계기가 주어진다. 한국의 초기 국가 형성은 역사상 최초의 참정권 부여와 함께 농지개혁과 적산불하를 통해 국민국가의 물적 토대를 구축하는 한편 농민을 위시한 다수 주민에게 소유권이 사상 최대로 확장되는 과정이었다. 국민국가가 보장하는 권리의 주체가 됨으로써 비로소 국민의 실체화가 가능해졌다.[1] 국립국어원의 표준국어대사전에 따르면 인권은 "인간으로서 당연히 가지는 기본적 권리"이며 민권은 "국민의 권리. 특히 참정권을 이른다"고 한다. 전자가 국가를 초월하는 자연권의 연장이라면 후자는 참정권을 중심으로 국민국가 구성원에게 부여된 권리를 의미한다. 인권은 보편성에 기반한 개념이지만 발생론적으로 서구 근대의 특수한 경험이 깊이 각인되어 있다. 소유권과 자유란 원래 신에 의해 모든 아담의 자손들에게 주어진 것이고, 가장 먼저 이론화된 자유권은 사상, 신앙, 양심의 자유였다. 이는 1970년대 기독교인권운동[2]의 인권 개념[3]에 중요한 역할을 한다.

1950, 60년대 헌법이 만들어지고 민주주의 기본 제도가 도입되던 시기에 '국민 되기'란 사회적으로 배제당하는 자들에게는 권리를 말하기 이전에 그 자격의 획득마저도 어려운 일이었다. 박정희 정부는 군사정권의 정당성을 획득하고 반공을 통해 미국의 승인을 얻으며 경제발전, 잘 사는 나라를 만들어야 한다며 국민통합의 원리로 인권의 중요성을 활용했다. 국가 경제가 선진국과 같은 수준으로 발전하면 국민의 기본권과 존엄성이 보장된다는 경제성장 담론은 박정희 정부시기에 일관된 것이었다. 특히 경제성장과 근대화는 '자유권적 인권'에서 한층 높은 수준의 '인권'으로의 변화·발전을 위한 것임을 강조하였다.

> 사람다운 삶을 누릴 수 있는 길을 찾아서 또 보다 잘 살아보자는 궁극적인 희망은 5·16혁명으로서 이룩되고 범국민 혁명으로서 이제 다 같이 제3공화국의 새날을 맞이할 준비에 전력

1 황병주, "해방 이후 민권과 인권의 정치적 상상력," 「역사비평」 146호 (2024 봄), 60.

2 기독교인권운동의 인권에 대한 신학적 입장은 "인권에 대한 신학적 조명," 『1970년대 민주화운동 I』, 2-40쪽을 참조.

3 인권은 무엇보다 인간의 권리를 의미했는데 여기서 '인간이란 무엇인가'를 답해야 한다. 근대사회의 인간은 '교양과 재산을 소유한 백인 남성'에 국한되었던 바 유권자의 자격조건을 변경하는 요구가 끊임없이 확장되어 왔다. 여성, 노예, 유색인종, 마이너리티 등으로 확장되는 역사를 갖고 있다.

을 다하고 있습니다. 이때에 의의 깊은 이날을 맞이하는 우리들은 기본적인 인권과 사람의 존엄성과 가치와 평등에 대한 굳건한 신념 가운데 더욱 많은 자유 안에서 사회를 향상시키고 한층 높은 생활 수준을 가져오도록 노력하는 오늘의 혁명 과업을 수행하며 민정(民政)의 내일을 길이 지속할 것을 다시 한 번 다짐하는 바입니다(「박정희 의장 기념사」, 『인권연보』, 1962, 106-107).

그러나 인권 담론을 활용한 관제 행사나 기념식, 경기대회 등은 취약한 구조를 갖고 있었고 국가 폭력이 노골화되는 유신체제에 이르면 인권에 대한 형식적인 관심마저 거의 사라져버렸다.

결국 1962년부터 발간되었던 『인권연보』의 발행은 1972년부터 전면 중단되었고 박정희의 인권은 정부만의 기념일로 활용되었다. 하지만 허울뿐인 인권주간 행사들은 형식적인 인권일지라도 인권이라는 문제에 대한 내면화의 문을 열었다. 그리고 국민주권과 인권을 스스로 찾기 위한 집단적 시도들이 나타났다. 예를 들면 시내버스 여차장들이 기업주의 횡포를 고발한 사례나 넝마주이들이 스스로 '국민 되기'를 선언한 사례이다. 또 생존이나 생활고를 넘어서 인권과 관련된 '식모'의 열악함도 사회문제화 되기 시작하였다.[4] 식모의 열악한 조건은 저임금 장시간 노동에 시달린다는 것 외에도 가정과 업소에 사적으로 고용되어 있어서 고용주로부터 폭력과 구타를 당해도 보호받을 수 없다는 문제가 있었다. 이들에 비해 집단적으로 인권주간을 활용하여 자신들의 권리를 주장한 대표적인 예는 여차장들이다. 1966년 12월 인권주간에 대한변호사협회 인권옹호위원회는 여차장들의 진정을 받아 서울특별시 부녀과와 공동으로 여차장의 근로 실태를 조사했고, 수사 당국은 검찰의 경고에도 불구하고 여차장의 몸을 수색한 버스회사를 인권 주간에 입건했다.[5] 비록 이런 조사와 조치가 여차장들의 노동조건을 크게 개선시키지는 못했지만, 여차장 문제는 차주들의 횡포로 인한 '인권' 문제라는 인식을 심어주었다.[6]

---

4 1960년 식모들의 요구사항. 1. 사람 대접을 해다오 2. 도둑 취급을 말라 3. 시간을 정해다오 4. 주부가 할 일은 주부가 5. 남에게 흉을 보지 마라 6. 잠자리를 정해다오("식모의 불평과 요구," 「조선일보」 1960. 1. 13).

5 "(서울판) 인권 무적자, 여차장 백서: 신분 보장 전혀 없고 몸수색·굶주림 밥 먹듯, 돈만 나오면 무조건 파면」, 「여차장 몸수색 첫 입건」," 「조선일보」 1966. 12. 13.

또 다른 사례로는 넝마주이들의 '국민 되기'를 위한 피나는 노력을 볼 수 있다. 넝마를 주워 생계를 유지하는 이들은 고아나 가출 소년으로 호적이 없거나 불분명하여 국가의 등록 서류에도 빠져있는 무적자 즉 비존재, 비국민으로서 부랑아, 거지, 좀도둑과 같은 부류로 취급되어 사회적 냉대와 불안·공포의 대상이자 경찰의 감시, 통제의 대상인 잠재적인 우범 집단이었다. 그러나 그야말로 불우한 소년들이기도 했다. 모든 국민 신분을 등록 기재하는 국가행정에 누락된 넝마주이들은 스스로 신상 카드를 작성하여 권리를 찾고자 하였다. '서울시 폐품수집인자치회'에 속한 넝마주이 소년들은 1961년 자기네들의 학교와 합숙소를 마련하기 위해 5천 환의 기금 운동을 벌이는 한편 1,456명의 신상 카드를 기재하였다. 자치회는 이 자료를 토대로 호적에 모두 입적, 국민의 자격을 얻게 하고 병역해당자는 자진 입대하도록 주선, 교육과 장래 직업보도에 유용하게 쓸 것이라 하였다.[7] 정부는 이들의 가호적을 승인, 국가 시민으로 등록하는 조건으로 재건대, 개척단을 만들어 산간 오지를 개척하게 하였다.[8]

그러나 정권은 이들을 '반공 홍보' 대상으로 여겼고 인권 보호 대상에서 배제된 부랑인, 넝마주이들을 '우리'와는 다른 범주에 있는 '타자'로 위치 지웠다. 넝마주이들은 '비국민'에서 '국민'으로 권리를 찾기 위해 국가가 요구하는 험난하고도 보수 없는 강제노동도 불사하였다. 국가는 이들에게 '국민'이라는 권리를 부여하며 노동력 착취를 정당화하고 사회적으로 배제된 자들로 만들어 자립의 길을 막아섰다.[9] '국민 되기'의 통한의 역사. 어떤 이는

6 여차장, 즉 버스 안내양의 인권 문제는 1976년 1월 5일 버스 안내양 이영복이 회사의 삥땅 추궁에 항의 할복하면서 다시 수면 위로 떠올랐다. 서울 YWCA연합회는 계수기의 사용 중단과 근로조건 개선을 내용으로 하는 건의문을 관계기관에 보내었고 1월 17일부터 계수기가 철거되었다. 버스 안내양 삥땅 몸수색 문제는 1979년 7월 27일 인천 한성여객 백윤자의 금요기도회 호소문에서도 제기되었다. 백윤자는 자살 시도까지 하며 억울함을 호소했으나 해고를 당하였다(「호소문」, 한국기독교역사연구소 소장 사료. 1005-042-000-1911).

7 이정은, "제도로서의 인권과 인권의 내면화"-1960년대 인권 담론의 정치학[사회와 역사] 제79집 (2008), 83; "한국 인권운동의 토대형성-해방후부터 1970년대 초까지," 「역사비평」 103호 (2013), 81.

8 "넝마주이에도 인권은 있다," 「조선일보」 1961. 12. 13.

9 부랑아들을 잡아들여 갱생하는 작업을 위해 근로 재건대, 국토건설단, 개척단 등이 탄생했다. 이들을 교화한다는 명목 아래 서울 시내 11개 합숙소에 천막생활을 하며 착취하였다. 교화지도위원은 기독교연합회가 담당하였다. 교화위원들은 '악으로 물든 인간 존재를 구원한다'는 기독교의 대전제를 가지고 있었다. 인간 폐품, 예비 범죄자이므로 재건되지 않으면 안 될 이들로 지목하였다('인간 폐품도 재생시키는 이 일이야말로 주님이 기뻐하시는 사업의 하나임을 알게 되었다.' 박신오, "근로로 생활을 재건하자," 「새가정」 124, 23). 넝마주이 정책은 국토건설단과 같이 노무 동원을 통한 노동력 착취와 사회를 정화시켜 갈 적격자가 군사정권임을 보여주는 것이었다.

연좌제를 감수하면서, 어떤 이는 사회적 배제를 감수하고, 어떤 이는 산간 지역 무임금 노동을 감수하였고, 어떤 이는 강제징용으로 끌려가 피폭당해 고국으로 돌아와 한센병자 취급을 감수하고라도 얻어낸 권리가 바로 기본적인 일차원 집단으로서의 '국민'이다.

인권을 찾으려는 노력이 1950~60년대부터 꾸준히 있어 왔다는 것을 기억해야 한다. 인민들은 정부의 반공 담론, 경제성장 담론과 별개로 공권력이나 권력관계를 이용한 폭력과 억압을 고발하고, 열악한 노동조건과 과도한 신체검진, 임금 미지불 등을 인권침해로 규정하며 관련 검찰청에 고소하거나 인권상담소에 구제를 요청했다. 1970년대 이후에는 유신체제로 인해 국가 폭력 문제가 한국 사회 인권 논의 전반을 한정했지만, 1950~60년대에는 미약하나마 자신들의 억울함을 인권을 빌어 호소한 사람들이 있었다. 다른 이들과 동등한 인간으로 대우받고자 했던 식모, 여차장, 넝마주이들, 해방 이후 한국 사회를 이끌어 온 주역이면서도 주목받지 못했던 그들의 노력이 축적되었기에 유신체제라는 정치적 계기를 맞아 1970년대 초반 적극적인 인권운동이 발현될 수 있었다.[10]

## 2. 박정희의 텅 빈 민주주의

1963년 군정에서 민정으로의 전환 이래 제한된 민주주의의 틀을 유지했던 박정희는 행정적 민주주의를 시작으로 민족적 민주주의, 한국적 민주주의 등으로 끝까지 민주주의라는 개념만은 포기하지 않았다. 국민교육헌장에도 '반공민주정신'이라는 형태로 민주주의를 등장시켰다. 이는 민주주의가 당시 한국 사회에서 지배적인 담론으로 자리 잡고 있었기 때문이다. 한국전쟁 후 남한 지역의 담론지형은 대단히 협소하였다. 대중들이 자신들의 열망, 분노와 좌절, 정치적 의사들을 표출할 수 있는 통로는 극히 제한적이었고 공개적 주장이 가능한 이념 중에 민주주의는 독보적인 위치를 점하고 있었다. 더구나 미국과 세계 체제의 규정력 등에 의해 1960년대 민주주의는 한국 사회의 지배적 제도, 가치, 담론, 윤리로 정착

---

재건대는 자립 갱생의 꿈과 희망을 주는 것이 아니라 자립을 하고 싶거든 재건대처럼은 살지 말아야 한다는 본보기를 보여주는 곳이었다. 사회적 배제자의 재생산이었다(박홍근, "사회적 배제의 형성과 변화-넝마주이 국가동원의 역사를 중심으로," 「사회와 역사」 108집, 245).

10 이정은, "한국 인권운동의 토대 형성-해방 후부터 1970년대 초까지," 83.

하기에 이른다. 박정희 역시 이 흐름을 거스를 수는 없었을 것이다. 민주주의를 지배적 담론으로 활용하면서도 내용을 새롭게 고안해 낸 것이 민족적 민주주의와 한국적 민주주의이다. 대외적으로는 미국을 의식한 담론이었고 대내적으로는 권력의 필요에 따라 재구성되는 민주주의였다.

민주적 정당성의 결여를 메우고자 그가 시도한 일은 오랜 기간 존속되었다. 1960년대 초반 '행정적 민주주의', 1960년대 중반 '민족적 민주주의' 그리고 1970년대 초 유신체제의 '한국적 민주주의', 이들 민주주의의 기표는 박정희 정권의 정당성과 계속 맞물리면서 놓고 싶으나 놓지 못하는 결박의 기표였다.

> "민주주의를 '위에서' 내려 닥치는 식이 아니라 어디까지나 '아래서'부터 위로 올라오는 식의 민주주의, 다시 말해서 아래서 깨달은 민주주의, 국민 스스로가 자기들의 지난날의 버릇을 바로잡고 새로이 출발하여 발전하는 민주주의로 만들어야 하기 때문이다."[11]

라고 통 크게 선언은 했으나 아래로부터 올라오는 민중의 소리는 두려우니 다시 제언한다.

> '민주주의 국가에 있어서도 국민은 국가의 명령에 따르지 않으면 안 된다. 전체의 이익이 특수한 어떤 개인이나 단체의 이익보다 앞서지 않으면 안 된다. 자기의 사사로운 이익이 나라와 겨레의 이익보다 앞선다면 그 나라는 망할 것이요 그 겨레는 멸망하고 말 것이다.'[12]

박정희는 이렇게 논리적으로 취약한 민주 담론을 마치 정권의 표상인 양 내세우고 그 뒤로 양날의 검을 두려워하였다. 탄압은 두려움의 증거이다. 그는 마치 강한 지도자의 훈시인 양 밀고 당김을 지속적으로 하면서 자신의 민주주의 담론을 수정한다. 그에게 있어 민주주의라는 기표는 욕망의 대체물로서 텅 빈 기표이다. 결여된 기표는 결코 그 의미를 고정할 수 없다. 영원히 도달할 수 없는 기의를 표현하기 위해, 결여를 메우기 위해 기표에서 기표로

---

11 박정희, "우리 민족의 나아갈 길," 『한국국민에게 고함』 (서울: 동서문화사, 2005), 453.
12 위의 책, 461.

끊임없이 미끄러진다.[13] 그의 민주주의 기표는 쌍을 이루며 모순적인 기표의 환유적 연결을 이루고 있다. 안전-국가,[14] 성장-동원,[15] 국민총화-자유 유보,[16] 반공-안보들은 기표에서 기표로 끊임없이 미끄러지는 텅 빈 기표의 환유일 뿐이다. 따라서 그가 '민주주의'를 '안전', '성장', '총화', '반공'으로 대체하려 하지만 이들은 비유사성을 가질 뿐이다. 기표의 모순적인 환유이다.

## 3. 국민주권과 인권 담론의 기독교적 해석

### 1) 국민주권

남산부활절 사건을 통과한 1973년 기독교는 유신헌법 그리고 그들의 텅 빈 민주주의를 향한 비판의 행렬을 시작하였다. 민주주의는 박정희 정권이나 저항 세력 모두에게 공동의 지향점이나 그 기의들은 서로 다른 기표 쌍으로 나타났다. 민주주의 기표 아래 자유-평등, 주권과 인간화, 국민총화-민주적 국론통일 등이 바로 그것이다. 아래의 성토문은 민주주의의 결여를 직시한 기독인들의 담론이 어떻게 전개되어 가는지 살펴볼 수 있다. 이 성토문의 전제는 '주권' '민권'이다.

---

13 홍준기, "자끄 라깡, 프로이트로의 복귀," 『라깡의 재탄생』 (파주: 창비, 2002), 92.

14 평화가 정착되고 국가의 안전이 보장되어야 그 속에서 경제발전을 지속할 수 있고 민주주의도 존립할 수 있으며 조국의 평화적 통일도 촉진할 수 있기 때문입니다(박정희, "8.15 해방이란 우리에게 무엇인가 -그 감격을 국가건설에 생산적으로 승화시키는 것이 우리 세대의 책무입니다" 제32주년 광복절 경축사(1977) 『한국 국민에게 고함』, 295).

15 만약 매일 평균 5백만 명이 나와서 3, 4개월 동안 일을 한다면 어마어마한 천문학적인 사업 성과를 올릴 수 있을 것입니다. 나는 능히 가능한 일이라고 생각합니다("새마을 운동이란 무엇인가" 새마을 소득 증대 촉진대회 1972. 5. 18.) "한 마리의 고기라도 더 잡아-가난의 그림자는 우리 어촌에서 영원히 사라지고 번영과 행복의 새날이 밝아오게 될 것입니다"(제3회 어민의 날, 1971).

16 "우리 근로자들은 오늘을 참고 내일의 열매를 기다리는 현명을 잊어서는 안 됩니다. 오늘을 못 참아서 내일의 고난을 자초하는 어리석은 짓은 우리 서로가 삼가야 할 줄 압니다"(오늘을 참고 내일을 기다리는-제12회 근로자의 날, 1970).

## 성토문

250만 크리스천 국민들이여! / 시대를 보고 눈을 뜨라, 귀를 열고 입을 열어 외치라! 짓밟히는 인간의 **자유와 평등의 존엄성**을 말하라.

일만여 전국 교직자들이여! / 교권 다툼과 불합리한 교리 투쟁으로 치부만을 드러내지 말고 비인간화의 세력 앞에 **그리스도의 주권과 인간의 인간됨을 선포**하라.

정부 당국은 우리의 외침을 들으라! / 이 외침은 '내'가 '너'를 향한 외침이 아니라 '우리'가 '우리'를 향한 외침이며, 이는 '신하'가 '임금'을 향하여 호소함이 아니라 **'주인'이 '종'에게 주권을 명하는 소리**이니라⋯.

1. "해방 후 4 반세기 동안 민주 정치제도는 조금도 개선되지 않았다"는 말!

그러나 제도를 개선하겠다는 유신헌법은,

1) 행정부와 대통령에게 권력을 집중시키고 있으며
2) 국회의원의 2/3라는 절대다수는 언제나 친정부 의원들로 구성되게 교묘히 제작되었으며
3) '대한민국의 주권은 국민에게 있으되' 그것을 '대표자나 국민투표'에 의해서만 주권 행사를 할 수 있다고 명문화하여 주권을 침해하고 있으며, 국민을 투표의 도구로 삼고 있다.

국민은 헌법 안에 있으나 헌법 위에 있어야 함에도 불구하고 국민은 헌법을 개헌할 수 있는 권리조차 영원히 사라져버리고 말았으며, 절대 다수의 횡포에도 불구하고 '다수결'(친정부 의원의 다수)이라는 명목으로 합리화해야 한다는 말인가?

독점된 권력은 언제나 자멸한다는 역사의 교훈을 외면치 말라. 민주정치를 실현하여 국민을 자유케 하라! 위정자들은 인간의 한계성을 모르는 무서운 바보들인가?

2. "자주적 국가 기반이 되는 국력은 물량적인 면에서 많이 신장되었으나 국민의 자세와 정신면에서는 별로 변화되지 못했다"는 말!

그렇다. 이는 현행 정부가 지난 10여 년 동안 집권해 오면서 해왔던 정치적 결산을 스스로 폭로하는 말이며, 당국은 아직도 '능률'과 '천불 소득'이라는 공허한 개념으로 자유와 평등을 말살하고 있다. 정부는 국민의 소리를 들어야 한다. 언론과 사학은 물론 학문의 자유까지도 침략하고 있으면서 국민의 진정한 요구가 무엇인지 어떻게 안다는 말인가? 백성의 양심과 욕구를 헤아리지 못하는 당국이 어떻게 민주정치를 할 수 있다는 말인가? 하고픈 말 한마디는 빵 한 조각으로 바꿀 수 없다.

3. "국력은 방만하게 흩어져 조직화 되지 못했다"는 말!

그렇다. 경제적으로 빈부의 격차가 서민의 힘을 국력에서 소외시키고 있으며, 정치적으로는 치자와 피치자의 권력 불균형이 극대화되어 피치자의 막대한 국력은 중앙집권화 된 권력 울타리 밑에서 맴돌고 있다는 사실을 직시하라. 국력의 총화는 어디서 오는가? 권력을 조직화하여 중앙집권화하기만 하면 국력의 총화는 저절로 오는가? 인간은 노예도 아니거니와 권력의 대상이 아니라는 것을 자각하라!

4. "민주주의의 정상화와 국민총화는 점진적인 개혁을 통하여 이루어지기를 기다릴 수 없을 만큼 긴박한 상황⋯" 운운하는 말!

당국이 말하는 1980년대는 영원히 오지 않을는지도 모른다. 그렇다면 우리는 모든 정치가 하나의 과정에 불과한 것이며 따라서 과정으로서의 민주주의가 도외시된다면 민주주의는 도대체 언제나 찾을 것인가? 1980년대가 아니라 지금 여기서 민주주의를 실천하라. 근거 없는 환상으로 백성을 현혹시키는 당국의 태도는 국민 앞에 용납되기 어려운 과오를 누적하고 있다.

위와 같은 여러 가지 기복적 부조리는 이 땅에서 피어나려는 민주주의의 싹을 영원히 지연시키고 있는 처사이며, 비민주적인 모든 요소는 '한국적'이란 말로 합리화되어 왔다. 이에 우리는 인간 이름으로 인권이, 국민의 이름으로 주권이 회복되기를 성토하는 바이다.

**기독교대한감리회 약수형제교회**(1973. 12. 2.)[17]

위의 성토문은 권력 불균형의 정치 경제적 현상을 지적하여 새로운 논점을 제시하였는데 '경제적으로 빈부격차는 서민의 힘을 국력에서 소외되게 만들었고 정치적으로는 치자와 피치자의 권력 불균형이 극대화함'을 지적하였다. 민주주의의 확립 과정에서 인간이 노예나 권력의 대상이 되어서는 안 되며 대상화된, 동원화 된 민권이 회복되지 않고 실현되는 민주주의는 근거 없는 환상일 뿐임을, 그래서 국민을 현혹시키는 태도는 용납되기 어려운 과오임을 지적하였다. 빈부의 격차를 통해 서민의 힘을 국력에서 소외되게 만드는 일, '몫 없는 자'들에게 분배의 불균형을 만들어 그것을 통해 정치·경제의 효율성을 획득하고자 하는 정권의 꼼수를 지적하였다. 인간의 이름이 인권이요, 국민의 이름이 주권임을 명확히 하였다.[18] 여기에서 제시한 '주권', '인권'은 자유권으로서의 인권, 하나님의 주권에 해당하는 인권을 보다 분명한 주권자로서의 인권 개념으로 제시하였다.

국민 주권은 그동안 성명서에서 잘 나타나지 않았던 개념이었다. 국민의 권리 개념은 법적으로 대한민국의 국가적 정당성을 뒷받침하는 핵심 범주이면서 동시에 대한민국 헌법은 권력의 주체를 국민으로 설정하고 국민주권에 근거하여 모든 정치적 법적 질서의 정당성

17 민주화운동기념사업회 오픈 아카이브. 등록번호 00075374.

18 약수형제교회는 이 시위와 성토문 사건으로 교인 22명이 연행되어 폭행을 당하는 수난을 겪었다. 12월 2일 약수형제교회가 주일 대 예배 후 현 시국을 신앙 양심과 국민 기본적인 충정에서 시국 성토대회를 갖고 오후 1시경 찬송가와 애국가를 부르며 시위에 나섰다. 시위에 나선 이들은 교회에서 장충체육관까지 이르는 동안 질서정연한 가운데 구호를 외치고 찬송가를 불렀다. 500여 미터 정진한 끝에 급거 출동한 경찰기동대와 충돌, 이에 시위는 연좌데모로 바뀌었으나 경찰의 강제 연행으로 현장에서 동 교회 담임 전도사 김충기 씨 외 교우 22명이 관할 성동경찰서로 옮겨졌다. 정결하고 의연한 이들의 신앙 양심과 국민기본권에 입각한 이들의 시위 및 요구사항에 당국은 권위주의적이고 강압적인 공포 분위기로서 일관, 모두 떨게 만들었으며 특별히 동교회 전도사 김홍기를 조사하는 과정에서 민주헌정질서에 위반되는 심한 욕설과 아유 그리고 구타로 가해된 교우들이나 관계관들이 분노했다고 전한다. 한편 훈방되어 나온 교인들은 즉시 교회에 돌아와 저녁 예배를 드리고 동교회 전도사님과 청년 교우들이 석방될 때까지 석방을 위한 기도회를 갖기로 결의, 내일 오후 7시 30분 온 교우들이 참석할 것을 광고했다(1973년 12월 3일 약수형제교회).

을 설명하고 있다.[19]

<정명기 구술>[20]

약수형제교회는 김동완 목사님이 시무하셨던 교회예요. 거기에 김홍기 전도사가 있었고요. 김동완 목사님이 초기에 목회하면서 수도권 쪽 도시 수도권 실무자로도 참여했기 때문에 거기에 조그만 방이 있었는데 김홍기 전도사가 거기서 생활하며 활동을 하다가 결국은 소천했죠. 교회 입장에서 유신 문제를 제기하는 집회를 갖고 시위를 해요. 시위를 해갖고 교인들 일부가 이제 연행이 되는 사건이 있었죠. 그때 나온 성명서를 말하는 거예요. 아마 그 성명서는 김동완 목사님이나 김홍기 전도사가 썼을 거예요. 개 교회로서는 처음 있는 일이었어요. 이제 그게 첫 시발이 돼 갖고 원래 이제 김홍기 전도사는 원래 군종 후보생이었기 때문에 거기서 좀 있다가 군종 후보로 입대를 해야 되는 상황인데 그 사건 때문에 결국은 저기 군종 후보로 못 가고 일반 사병으로 그냥 군에 가게 되죠.

73년도 개 교회 차원에서는 최초로 시위한 거였어요. 대부분 교인들은 풀려나오지만 지방이나 교회 쪽에서 후원 물품 같은 거가 많이 왔지요. 그 전후 과정에서 김동완 목사 어머니가 돌아가신다고. 또 겹쳐서 그런 일이 좀… 이 교회에서 어려움이 겹치는 일이 있었어요. 하여간 그게 74년도 민청학련 사건 나기 직전 일인데… 그때 이제 또 그 전도사가 돌아가는 일이 거기서 이 겹쳤지 그것도 어간에 그 비슷하게 일어났어요.

### 2) 인권 담론의 기독교적 해석

다음은 1973년부터 민청학련 사건이 발발하기 직전까지 발표된 성명서들이다. 물론 이들 성명서 말고도 많은 성명서들이 발표되었으나 남겨있는 성명서를 중심으로 정리하였다.

| 날짜 | 성명서 제목 | 주체 | 키워드 |
|---|---|---|---|
| 1973. 11. 15. | 결의문 | 한국신학대학 학생 | 자유민주주의, **국민 인권**, 인간 가치 보장, 정보 정치 중단, 구조적 격차와 **비인간화 해소**, 구속 학생 석방, 교회 통한 인류공동체 구원 목표 수행 |
| 1973. 11. 20. | 기독청년선언 | 기독 청년 | 진정한 민주주의, 구속 학우 석방, 정보 정치 중지, 중정 해체, 참된 국민총화, 대일 예속화 중지, 십자가 고난 동참 |
| 1973. | 제2선언문 | 한국신학대학 학 | 민주헌법 부활, 자유민주주의 체제 확립, 중앙정보부 해체, |

19 박명규, 『국민·인민·시민: 개념사로 본 한국의 정치 주체』 (서울: 소화, 2009), 51.
20 정명기 목사 전화 인터뷰 중에서, 2024. 12. 31. 오후 3시.

| 11. 20. | | 생회 | 집회·결사·시위 자유 및 신앙과 양심 자유 보장, **국민 생존권 보장**, 외세 의존 정책 청산, **자주권 확립**, 구속 학생 석방, 학원 수사 요원 철수, 미국·일본 독재 지원 금지 |
|---|---|---|---|
| 1973. 11. 20. | 선언문 – 일본의 경제침략을 중심하여 | 한국신학대학 | 경제 분배 질서 확립, 빈부격차 해소, 정권 유지·연장 위한 경제정책 중지, 민족 경제성장 무관 외자도입 중단, 한일경제 흑막 공포, 언론 일본 경제침략 현황 발표 요구 |
| 1973. 11. 24. | ('신앙과 인권' 협의회) 인권선언 | 한국기독교교회협의회 인권문제협의회 | 학원 인권(구속 학생 석방, 교수 구제), 여성 인권(관광진흥 정책 관광 기생의 국제 매음 행위 중지), 노동자 인권(근로기준법 준수, 최저임금제도와 사회보장제도 확립), 언론인 인권(언론자유 확립, 신분 보장)<br>1. 교회 내적 정신을 기함 2. 개인 구원, 구조 악으로부터 사회 구원 3. **인권 확립을 위해 교회 자원 집중** |
| 1973. 11. 28. | 팔천 이화 학우들에게! | 이화여자대학교 총학생회 | 독재 공포 정치, 영구 집권 획책, 일본경제 종속, 관광정책 여성 판매, 중앙정보부 폭력에 유린, 저임금, 저곡가정책, 대학인의 사명, 민주 수호 구국 대열 동참, 자유와 정의가 지배하는 조국 |
| 1973. 11. 29. | 시국선언문 | 감리교신학대학생 | 자유민주주의 갈구, 대일 경제 예속 파괴, 국민기본권 확립, 예배가 정부 사찰 대상/요구: 교회 사찰 중지, 신앙 자유 보장, 구속 학생 석방, 장학제도 철폐, 굴욕적 외교 행각, 매판 자본침략 분쇄, 교회한몸궐기, 해외동포 기도 요망 |
| 1973. 12. 3. | 시국과 관련한 성명서 | 광주기독교연합회 | **주권, 인권 존중**, 언론자유, 국민 총력, 구속자 석방, 신교자유, 서민복지 |
| 1973. 12. 2. | 성토문 (개교회 시국입장 ①) | 기감 약수형제교회 | 주인이 종에게 명하는 소리. 유신헌법 조항 반박문. **대한민국의 주권은 국민**, 국민을 투표의 도구로. 빈부격차가 서민의 힘을 국력에서 소외. 능률과 천불 소득: 자유 평등 말살. |
| 1973. 12. 16. | 인권과 교회의 사명 | NCC 총무 김관석 목사 강연 | **정치 인권: 의사표시 자유권**<br>**경제 인권: 정당한 노동 대가 요구권**<br>자유는 싸워서 빼앗는 것, 자유는 물질이 아니라 피의 대가, 자유는 인간 가능성에 근거한 것이 아니라 하나님 형상으로서의 인간의 무거운 책임 수반 |
| 1973. 12. 17. | (소장목회자들의) 제1 선언문 | 교회와 나라를 위하며 참회하는 성직자 일동[21] | **인간 자유**, 사회정의, 세계평화, 자유민주주의 유신체제 이전 체제로 환원, **국민기본권** 유린, 경제적 불균형, 대일 예속화 청산, 공해산업 수입, 식민주의적 경제정책 중지촉구 |
| 1973. 12. 20. | (소장목회자들의) 제2 선언문 | 교회와 나라를 위하여 참회하는 성직자 일동[22] | 자유민주주의 못 지킨 것 참회, **가난한 자 돌보지 못한 죄**자각, 사치와 낭비 참회, 매춘관광 불러들인 죄 참회, 어리석음 참회 |
| 1973. 12. 21. | (소장목회자들의) 제3 선언문 | 교회와 나라를 생각하며 참회하는 성직자 일동[23] | **생존 권리**, 자유민주주의, 허물 참회는 국민 고통 참여와 체제 개선을 희구, 자유민주주의를 바로 지키지 못한 과오 참회 |

| 1974. 1. 7. | 선언문 | 교회와 나라를 사랑하는 광주 지방 성직자 동지[24] | 하나님과 국민 앞에 참회, **유신체제가 인권, 주권 보장할 수 없음**으로 간주, 자유민주체제의 헌법으로 복귀 촉구, 공평한 분배 요청, 빈익빈 부익부의 현상 타파, 국민 대중 복지 증진 촉구 |
|---|---|---|---|
| 1974. 3. 14. | 성명서 | 한국신학대학 학생회 | 박상희 박주완 형제가 법정 형벌. 1월 27일 자 구속 성직자 사건 경과 알리고 석방 호소에 구금. 옥중 형제자매 구출 날까지 신앙적 결의와 동지애 투쟁대오 정비 |

1차 담론, 즉 1973년 11월부터 1974년 3월까지 발표된 성명서들은 인권과 자유민주주의 그리고 분배의 문제를 지적하고 있다. 대일 예속화, 경제적 불균형, 매춘관광, 구속자 석방, 중정 해체, 정의·평화 등 어휘들이 등장하는데 이는 유신체제에 대한 비판과 더불어 1973년 말까지 거론되었던 다양한 이슈들에 대한 비판이었다. 그리스도의 주권과 인간의 인간됨. 1960년대 후반과 사뭇 다른 어휘의 등장은 경제적 불균형으로 인한 서민의 생존권으로 중심점이 옮겨가고 있음을 보여준다. 전태일의 분신 사건과 광주대단지 시위 사건들은 1970년대 투쟁의 방향성에 일대 전환점을 가져다주는데 민중생존권 투쟁이 바로 그것이다. 1970년대 후반 박정희 정권과 가장 첨예하게 맞설 민중생존권은 생존권, 빈부격차, 불균형, 분배 문제 등 세분화된 어휘들이 인권과 결합하여 박정희 정권의 지배담론 전복을 향한 첫걸음이 되었다.

---

21 황예식, 김인호, 허송, 조규향, 유경재, 김종희, 김선배, 임인봉, 이종형, 이해동, 이영준, 김준부, 김상근, 김종열, 조승혁, 백천기, 안광수, 오충일, 홍종택, 최건호, 강동수.

22 목사 황예식, 김인호, 허송, 조규향, 유경재, 김종희, 김선배, 임인봉, 이종형, 이해동, 이영준, 김준부, 오충일, 홍종택, 김상근, 김종열, 조승혁 백천기, 안광수, 최건호, 강동수, 조석오, 윤반응.

23 황예식, 김인호, 허송, 조규향, 유경재, 김종희, 김선배, 임인봉, 이종형, 이해동, 이영준, 김준부, 오충일, 홍종택, 김상근, 김종열, 조승혁, 백천기, 안광수, 최건호, 강동수, 조석오, 윤반응, 정진영, 이원황, 황태준, 전학석.

24 박재봉, 방철호, 홍철화, 박찬섭, 서용주. 배성룡, 강치원, 노태현, 조창석, 윤재만, 오동옥. 윤재현, 윤기석, 류연창, 박현한, 이기철, 조병철, 이상현, 박성운, 조중기, 김용식, 김병호, 윤영식, 안영로, 강성숙, 김성문, 조효영, 이병삼, 양병환, 김병두, 임기준, 조홍래, 최성묵, 이정선, 김동방, 최재범, 김덕근, 이동련, 안종복, 김인승.

## II. 2차 담론투쟁: 선교 자유 담론(1974. 6.~1975. 1.)

### 1. 이효상의 종교인 비난 발언

1차 담론은 유신체제가 표방한 '인권', '민주주의' 기표에 대한 결여의 문제였다. 박정희 정권이나 민주 진영 모두 자유민주주의를 표방하였으나 그로부터 파생되는 현상들은 비판의 대상이 될 수밖에 없었다. 정권의 정당성을 확보하고자 뒤집어쓴 자유와 민주주의 그리고 인권이라는 기표들은 박정희 정권에게는 영구집권을 획책하는 허위의식이었기에 시간이 지날수록 균열되는 것은 당연한 결과였다.

하지만 2차 담론은 자유민주주의라는 기표의 기독교적 기의, 선교자유담론에 대한 보다 구체적이면서도 현실적인 담론 대립이었다. 정권의 본질이 강력한 통제를 바탕으로 한 영구집권야욕에 있어 국민들을 동원하고 통제하고자 하였는데 이를 종교 탄압으로 드러내었다. 이는 이효상 공화당 의장서리의 종교인 비난 발언(1974년 6월 11일)으로 시작된다.

> "모든 나라 헌법이 종교와 정치를 분리해서 서로 간섭할 수 없게 규정하고 있는데 종교 지도자들이 자기 할 일을 하지 않고 남의 할 일을 하는 경우가 있다면 간판을 바꾸어야 할 것"이라고 말했다. "우리나라에 신앙의 자유가 보장되어 있으며 공화당은 이를 적극 지원하고 어떤 경우에라도 탄압한 일이 한 번도 없다"고 말하고 "종교 지도자들이 반공법이나 국가보안법에 위배되는 행위를 하면 법은 만민에 평등하게 적용되는 것이기 때문에 예외로 취급할 수 없는 것이며 이를 종교탄압이라고 선전하지만, 이는 탄압이 아니고 만민을 평등하게 다룬 것에 지나지 않는다"고 말했다. 이 당 의장 서리는 "종교인은 종교 지도를 해야 하는데도 자꾸 이를 혼동하는 사례가 과거에 있었기 때문에 반성을 촉구하며 서로가 할 일을 분담해야 사회질서가 확립된다"고 강조하고 "정치보다 종교가 차원이 높은데 왜 종교인들이 스스로를 격하시키는지 모르겠으며 무엇인가 오해가 있다면 해소해야 할 것"이라고 말했다. 그는 "전국적으로 기독교 신자가 이백만, 천주교 신자가 1백만, 불교 신자가 오백만으로 전 국민의 약 삼분의 일이 유물론을 극복한 사람들인데 반공이 안 되고 자꾸 미약해지고 있는 것은 중대한 문제"라고 지적하고 "종교 지도자들은 좀 더 열렬하게 반공 태세를 강화해 달라"고 촉구했다.[25]

이효상의 주장은 사회유기체설에 근거한 전체주의적 속성을 드러낸 주장이었다. 사회유기체설은 부분에 대한 전체의 우위를 의미한다. 사회는 곧 거대한 유기체, 즉 생명체와도 같아서 그에 속한 개인들은 생명체를 이루는 세포와 같기 때문에 각각의 세포는 서로 분업하고, 또 서로의 역할에 따라 협력하며, 전체 사회가 원활하게 유지되는 요소가 되어야 한다. 전체 생명체의 생존이 곧 부분 또는 개체의 생존이 되기 때문에 각자의 역할과 책임을 다해야 한다는 논리로 귀결된다. 사회유기체설은 개인과 기관이 상호의존적이며 사회는 부분의 합보다 크다고 믿고 사회 문제와 갈등을 사회유기체 내의 불균형이나 기능장애의 결과로 본다. 따라서 현상 유지를 지지하는 보수적 이데올로기를 조장한다는 비판을 받아온 이론으로서 개인의 자유가 국가의 안녕을 위해 제약될 수 있다는 전체주의적 해석으로 이어질 수도 있다. 실제로 이 주장을 적극적으로 받아들인 것이 북한으로, 북한에서는 나라 전체를 유기체로 설명하면서 혁명적 수령관과 이를 결합, 수령을 뇌수로 당을 척추로 규정하고 수족에 해당하는 인민들은 뇌수의 명령에 절대적으로 복종해야 함을 강조했다.

반공을 강조하면서도 사회유기체설을 기반으로 한 북한의 의식 체제를 오히려 갈망하고 있는 발언이었다. 민주주의 사회를 표명하면서도 안으로는 전체주의적 속성에 기반 한 정권의 이율배반적 언행은 앞서 언급한 박정희의 텅 빈 기표 민주주의의 속성에서도 이미 드러난 바 있다. 이효상의 유기체론은 사회 문제와 갈등을 유기체 내의 기능장애로 보고 행위자의 유책 책임으로 돌린다. '종교 지도자들이 반공법이나 국가보안법에 위배되는 행위를 하면 법은 만민에 평등하게 적용되는 것이기 때문에 예외로 취급할 수 없는 것이며'라는 언급은 유책 책임을 강조하는 것인 바, 규범을 위반한 행위자는 비난의 대상자가 된다. 유기체적 역할은 고착되어 있는 책임과 역할을 행위자에게 귀속시키고 그에 이반한 행동에 대해 부정적 행위로 평가하는 결과로 이어진다.[26]

이에 인권위원회는 신속한 반박 결의문을 발표한다.

25 「동아일보」 1974. 6. 11, 1면.
26 이영록, "책임의 분류와 유기적 이해," 「법학논총」 30/3 (2023), 96.

### 이효상 씨의 종교인에 대한 공적 발언에 대하여

인간 역사는 한마디로 인간 자유화의 역사다. 그 금자탑을 우리는 「만국인권선언」에서 찾을 수 있다. …우리는 근자 공화당 의장서리인 이효상 씨의 종교인에 대한 공적 발언을 듣고 이에 대한 분명한 우리의 태도를 밝히고 다시는 이러한 종교와 인권침해의 발언이 없기를 바란다.

1. 우리는 교회와 국가가 두 개의 대립된 주권이 아닌 것을 믿는다. 교회는 이 땅에 하나님의 나라와 **의를 구현하는 신앙 공동체**요, **국가는 국민의 생존권과 인권을 보호하며 자유와 평화를 수호하기 위하여 세운 생활공동체**임을 믿는다. **정부는 다만** 국민과의 **계약에 의하여 봉사하는 기관**이며 권력으로 다스리는 기관이 아니라고 믿는다. 국민이 권력이라는 구조와 힘에 의하여 통치될 때 정치권력은 구조악으로 변질되며 국민에게는 기본적인 인권의 침해가 된다.
2. 종교인은 종교인이기 이전에 **민족과 국가의 일원**이며 사회, 정치, 경제, 문화의 모든 영역에 참여하고 행동할 수 있다. 정치와 종교의 분리는 기능과 질서에서 책임분담을 말하는 것이고 관계의 단절이나 참여의 금지나 포기를 의미하는 것이 아니다. 종교인을 반공에 앞장서라 하면서 예배 행위나 종교 행사에만 종사하라는 것이 정치인의 요청이라면 이는 이율배반적 발언이며 한편 정치적 자유와 권리를 침해하는 일이 아닐 수 없다.
3. 우리는 알고 알리고자 하는 인권의 기본적인 요인이 심각하게 제한받고 있는 것을 깊이 우려하고 있다. 또한 평화적인 집회나 언론 결사의 자유와 인권이 제한을 받는 일에 신앙과 양심은 고민하게 된다. 사태가 비상할 때일수록 **국민의 자유가 보장**될 때 **자발적인 총화는 이룩**될 것이다.
4. **선교는 자유이며 한계가 없다.** 그러나 도시산업선교와 학생 선교 등이 제한받고 이 분야에 헌신적이던 목사, 교수, 청년, 학생들이 다수 구속 기소되고 형을 받게 됨으로 교회는 근심하며 간절히 기도를 드리고 있다. **반공 기독 학생이** 용공주의자거나 **공산주의자인 것처럼 오인**되고 나아가 **선교기관과 교회까지도 용공적인 것처럼 오해**를 받게 된 것은 중대한 **신앙과 인권의 침해**이며 불행한 사태가 아닐 수 없다. 공산 오열의 위장 침투의 가능성은 집권당을 위시하여 어느 기관도 배제하지는 못할 것이다. **효과적인 반공은 인권과 자유를 보장하는 자유민주주의 체제를 확립하는 일**이라고 믿는다. 교회는 신앙과 양심의 고백과 행동이 정치적으로 정죄 받지 않는 성숙한 자유민주국가로 조국이 건설되기를 기도한다. 종교인들의 반공이 미약해졌다는 발언이라든가 더구나 교회가 사찰의 대상이 되고 선교의 자유가 침해되는 사례는 생각할 수조차 없는 종교 박해가 될 것을 경계하는 바이다.
5. 기독교인은 신앙을 고백할 때 이미 유물론과 그 사관을 극복한 사람들이다. 시위나 구호보다 근본적으로 신앙과 사관에 있어서 반공적이며 오늘의 현실에서 **반공은 기독교 생존의 문제요, 승공만이 활로**임을 확신한다…. (후략)

1974년 6월 17일

인권위원회의 성명은 주권개념과 자유를 핵심 관건으로 보았다. 정부는 국민과의 계약관계임을, 주권은 국민에게 있음을 강조한 것이다. 또 교회와 국가는 영역의 분리 개념이 아닌 상호적 역할의 개념(사회, 정치, 경제, 문화의 모든 영역에 참여하고 행동), 국민총화는 자유가 보장될 때 이뤄짐으로 자유로운 개인의 합은 전체를 능가하는 효과적 총화를 누릴 수 있음을 주장하였다. 그 대표적 자유는 선교로서 그 상호작용에는 한계가 없음을 분명히 하였다. 사회유기체로 보았을 때 행위자에게 책임을 묻는 것도 지적하였다(교회는 신앙과 양심의 고백과 행동이 정치적으로 정죄 받지 않는 성숙한 자유민주국가로 조국이 건설되기를 기도한다). 하지만 반공의 문제에 대해서는 이를 뛰어넘을 수 없는 무수한 역사적 사건과 반공이데올로기 지평에 서 있는 기독교의 입장에서 담론적 한계를 나타낼 수밖에 없었다. 기장 총회 성명서에는 개신교의 반공 문제에 대해 오히려 더 적극적인 태도를 취하기도 한다. 반공이라는 기표의 기의적 해석이 제각기 다름에 호소할 수밖에 없는 시대적 한계였다. 자유민주주의를 벗어날 수 없는 담론적 한계 속에서 기독교가 담론투쟁을 할 수 있는 길은 진정한 반공과 거짓 반공의 진검승부에 있었다.

이 성명은 단일 기표에 여러 연쇄 기표들을 제시하며 교회의 선교적 사명을 제시하였는 바 주로 쌍을 이루는 기표들을 중심으로 논점을 이끌고 있다. 이 논점에 가장 많이 등장하는 기표는 '자유'이다. 교회와 국가의 관계에 대한 구체적인 언술과 세분화된 개념들이 필요할 것 같은데 자유민주주의가 여전히 상위개념으로 등장한다. 1974년은 기독교가 반독재투쟁에 전면적으로 나서기 시작한 해이고 개신교인들이 대거 구속되면서 상대적으로 '자유', '자유민주주의', '인권'을 선택적으로 사용한 것으로 보인다. 이 기표들은 연속성을 보인다.

| 단일 기표 | 기표 연쇄 | 기표 연쇄 | 기표 연쇄 | 기표 연쇄 | 기표 연쇄 | 기표 연쇄 |
|---|---|---|---|---|---|---|
| 자유(15회) | 자유평화(1) | 자유인권(1) | 선교자유(1) | 자유권리(4) | 자유민주주의(3) | 자유보장(1) |
| 인권 (8) | 생존권과 인권 (1) | | | | | |
| 교회 (8) | | | | | | |
| 반공 (6) | | | | | | |
| 선교 (5) | 선교자유(1) | | | | | |
| 국가 (4) | | | | | | |

기표는 의식의 흐름을 따라 옮겨가는데 가로의 기표연쇄들은 자유평화-자유인권-선교자유-자유권리-자유민주주의-자유보장으로 유사성을 갖는 흐름으로 전개된다. 또한 세로의 단일기표들은 자유를 기준으로 환유되는데 자유-인권-교회-반공-선교-국가로서 인접성을 갖고 수평적으로 전개된다. 마치 씨줄과 날줄처럼 기표들이 유사성을 갖고 움직이고 있다.

인권위원회의 성명서와는 달리 3개의 주제로 구성된 기장총회 성명서는 '교회/국가',

'선교 방향/가지지 못한 자', '반공 거점/자유와 민주'에 대한 입장을 제시하였다.

### (이효상 망언 관련) 성명서

본 한국기독교장로회 총회는 근자 심각한 도전을 받고 있는 기독교인의 정치참여 문제와 선교의 자유 문제 그리고 반공의 자세 등에 관하여 성서에 근거한 신앙고백에서 우리의 소신을 피력하는 바이다.

1. 교회와 국가와의 관계

**교회와 국가는 대립될 두 개의 영역이 아니며** 또 어느 일방이 다른 일방을 강압하거나 제압할 수 있는 것도 아니다. **교회는 구원을 선포하는 하나님의 기관**이며 **국가는** 국민의 생존과 인권을 보호하며 자유와 평화를 수호하기 위하여 **하나님이 세우신 기관**이다. 그리고 **정부는** 국민과의 **계약에 의하여 형성**되며 정부는 **그 약속된 일정 기간 그 국민의 안녕과 질서를 책임지고 봉사하는 기관**이다.

…교회는 예언자의 사명을 가지고 나서서 집권자에게 충고와 조언을 서슴지 말아야 하고 또 그 국가권력이 하나님 구원의 역사를 이루려는 교회의 선교 활동을 억제 혹은 탄압하려 하거나 그 국가권력을 절대화하는 경우, 이는 그 권력이 구조악의 화신인 바벨론이 되기에 교회는 순교의 각오로 이에 대항하여 선한 싸움으로 이를 바로 잡아야 한다. 왜냐하면 이러한 상황 밑에서는 모든 국민이 그 구조악의 노예가 되어 그 죄악에 의식 무의식 간에 동참하게 되기 때문이다.

…우리 교회는 이러한 신앙고백을 전제하면서 오늘 우리나라에서 국민의 정당한 비판을 거부하고 인위적인 구조를 절대화하려는 인상에 대하여 심각한 의혹과 우려를 금치 못한다. 다만 우리 교회는 우리나라의 처한 오늘의 시점과 지점을 감안하기 때문에 우리들의 의사 표현을 깊이 자제하면서도 위정 당국자들의 애국적 선처와 하나님의 역사적 섭리를 기다리고 기도하는 바이다.

2. 선교의 자유 문제

오늘 우리 **교회의 선교**는 하나님의 총체적인 구원의 역사, 즉 **'하나님의 선교'에 동참하는 행위**다. 하나님의 구원은 그리스도 안에서 통일하고 완성케 하시며 궁극적으로는 하나님께 영광을 돌리게 함이다. 그리스도가 바로 교회의 주요, 머리가 되신다. 그러므로 **교회의 선교는 불가불 인간 생활의 전 영역**과 더불어 자연과 역사에까지 자동적으로 확대되는 것이며 정치, 경제, 문화가 선교의 대상에서 제외될 수 없다. **선교의 영역을 한계 지으려는** 대내적인 유혹과 대외적인 강요들은 하나님의 선교 역사에 동참하려는 **교회의 선교적 사명을 저해하는 행위**로 인정한다. **노동자**에 대한 부당한 노동력의 착취를 막아 주고 심신에 억압당하는 **빈민 계급**의 자유 신장을 협력하고, **국민 각자의 양심의 호소**가 자기의 정당한 주장을 발표하게 하는 등 교회의 선교적 참여를 막는다면 이보다 더한 교회의 탄압이 어디 있겠으며 또 이러한 교회 선교의 사명을 외면하고서도 교회는 선교의 자유가 있다고 말할 비 그리스도적 신학과 화인 맞은 양심이 어디 있을 것인가?

3. 반공에 대한 교회의 입장

공산주의는 시종일관 교회를 탄압하고 핍박하여 왔다. 북한의 공산정권은 전 세계에서도 유례없는 교회 탄압을 하고 있다. 한국교회는 이 핍박과 탄압 속에서 성장하여 왔다. 그러므로 **한국교회는** 세계 다른 나라 교회들이 이해하기 힘들 정도로 **철저하게 반공적**이다. 그러므로 우리가 확신하는 **반공정신의 불멸의 거점은 국민의 자유가 최대한으로 진작되고 정의로운 사회질서가 세워져서 국민 각자가 자유의 보전과 민주사회의 질서를 위해 그 어떠한 독재에도 대항하여 서로 목숨을 걸고 나가 싸우려는 자유국가 국민의 의지요, 신념이며, 이러한 나라를 지키려는 애국심이다.** 국민의 자유에 대한 확신과 그 국민의 민주국가에 대한 자신을 약화시키는 일은 바로 공산 독재자들의 전략에 이로움을 주는 일이요 반공정신의 거점을 스스로 약화시키는 일이라고 본다.

반공이란 구호가 반공이 아니다. 우리 교회는 반공정신을 강화하고 국가의 안보를 공고히 하려는 여하한 노력에도 적극적으로 지지와 협력을 아끼지 않으려 한다. 그러나 만의 일이라도 이런 숭고한 민족의 운명과 애국적 지상 과업을 어떤 정치 목적의 방편으로 사용한다면 우리 교회는 이를 공산 침략에 간접적으로나마 말려드는 과정으로 보고 단호히 우리의 **자유 민주 한국을 지키기 위해 근원적인 반공 투쟁을 진행시킬 수밖에 없다.** 왜냐하면 우리들의 역사적 상황으로 보면 독재정권하에서는 신앙과 선교의 자유는 필연적으로 탄압과 수난을 받기 때문이다.

**1974년 6월 18일 한국기독교장로회총회 총회장 이준묵**

| 단일기표 | 기표연쇄 | 기표연쇄 | 기표연쇄 | 기표연쇄 | 기표연쇄 |
|---|---|---|---|---|---|
| 교회 (28) | | | | | |
| 선교 (20) | 선교자유 (4) | | | | |
| 자유 (13) | 선교자유 (4) | 자유평화 (1) | 자유보전 (1) | 자유국가 (1) | 자유확신 (1) |
| 반공 (10) | 반공정신 (3) | 반공거점 (2) | 반공투쟁 (1) | | |
| 국가 (9) | 국가권력 (2) | 국가안보 (1) | 민주국가 (1) | 자유국가 (1) | |
| 인권 (3) | 생존과 인권 (1) | 인권침해 (1) | | | |

단일 기표의 빈도수를 보면 '교회와 선교', '자유와 인권', '국가와 인권'으로 연결되는데 이 두 개의 쌍이 상호 보완성을 띠고 있음을 볼 수 있다. '교회의 선교는 자유로워야 하며 이 자유는 반공 거점을 이루며 여기서 생성되는 반공정신으로 국가안보가 지켜져 민주국가가 성립될 때 국민의 생존과 인권은 보장받는다'라는 논리적 구조를 갖는다.

기독교의 이러한 대항에 대해 김동춘은 다음과 같이 서술한다. '기독교인 일부가 이렇듯 민주화운동의 선봉에 나서게 된 것은 1970년대의 독특한 정치 상황과 연관시켜 볼 수 있다. 문인, 교수, 기독교인들은 국가와 자본에 가장 덜 포섭적인 존재로서 비교적 자유로운 지식인이며, 이런 이유 때문에 시민사회의 이해관계로부터 가장 자유로운 존재였다. 사회관계로부터의 독립성 혹은 정치적 관계로부터의 상대적 독립성이 오히려 정치문제에 대한 이들의 도덕성이 갖는 호소력을 높일 수 있는 사회적 힘으로 작용하게 되었다. 특히 목회자의 경우, 가장 반공산주의 입장을 견지할 것으로 예상되는 존재였으므로, 파시스트적인 반공주의의 이데올로기 지형 속에서 상대적으로 좌익 혐의를 받지 않고 자유롭게 정권을 비판할 수 있는 존재로서 부각될 수 있었다. 따라서 이들의 힘은 이들이 현실 정치에 이해관계를 가지고 있지 않다는 전제 속에서 발휘될 수 있었고, "정치는 정치가만 하는 것이고, 시민사회는 정치에 간섭해서는 안 된다"는 이데올로기 지형 위에서 가장 잘 발휘될 수 있었다. 이들의 비판은 오직 권력 장악의 목적과는 무관한, 도덕적 충고의 범위 내에서만 대중에게 호소력을 지닐 수 있었던 것이다. 따라서 이들의 비판은 '비판'에 머물 수밖에 없었고, 사회적 대안을 마련하는 차원으로 나아갈 수는 없었다. 1970년대의 이른바 재야 지식인들의 사회적 힘과 그들의 한계는 여기에 있었다고 볼 수 있다.[27]

하지만 기독교는 절대화된 권력이 하나님으로부터 받은 인간의 권리가 유린당할 때 싸워야 하는 사명을 갖고 있으며 아울러 인권을 유린당한 사람들이 주체로서 성장할 수 있도록 함께하고 도와주는 사명을 갖는다. 따라서 이들에게 자신의 자리를 내어주는 역할에 충실해야 했다. 그 대표적인 사례가 목요기도회이다. 공론장을 열고 자신의 자리를 내어주는 일은 노동자와 농민, 도시빈민, 학생, 청년, 재야, 시민들을 목요기도회의 주인으로 만드는 일이었다. 구체적으로 1977년부터는 노동자 계급이 목요기도회에 합류하면서 목요기도회는 다양한 계층의 시민들이 모여 담론투쟁을 벌인 공론장이 되었다.

이효상의 종교 비난 발언에 대한 대응성명서가 교회와 선교영역 문제에 집중하였다면 기장총회 시국선언서(1974. 9. 27)는 한·일 간 경제협력에 있어서 노동력의 부당한 수탈과 공해산업의 이입 등에 극히 경계하여 국민의 이익을 보장해 줄 것을 요청하며 노동자들의 권익 문제를 구체화시킨다. 노동자의 권익은 정당한 보호를 받지 못하고 아무런 생계의 보장이나 대책이 없이 대량 해고되는 사태의 심각성을 지적하고 노동자들의 이익과 권익 보호를 위한 조치를 강구 요망하며 노동자 스스로 자기들의 권익을 보호할 수 있는 노동조합의 조직과 단체교섭권 및 쟁의권을 행사할 수 있는 자유를 강력히 요구하였다.

이어 한국기독학생회총연맹의 제2 십자가 선언(1974. 11. 1.)에서는 조국 근대화의 폐해를 자세히 논한다. '국민의 반이 넘은 농민들의 생활은 조금도 고려치 않고 생산비도 안 되는 추곡수매가로써 농민을 수탈하고 외자를 끌어들이는 데 급급한 나머지 많은 노동자의 기본 인권을 유린하고 있으며 조국 근대화란 미명하에 국토는 강간당하여 더럽혀지고 있으며 그에 따른 부정부패는 날로 극심해지고 있다. 이에 대한 근본적인 해결을 조작된 수치로써 더 이상 국민들을 우롱치 말고 과감하게 공개하여 실로 국민의 적극적인 호응을 받아 이

27 김동춘, "1960, 70년대 민주화운동세력의 대항이데올로기," 『한국정치의 지배이데올로기와 대항이데올로기』 (서울: 역사비평사, 1994), 225.

난국을 타개해 가야함을 선언한다.' 이어 제3 십자가 선언(1974. 11. 19.)에서는 '30명의 근로자가 죽어야 했고 800여 건의 산재사고를 일으킨 이른바 근로자의 도살장은 성장의 표본으로 되었고, 근로자는 도구시 되고 있다. 이렇게 영광스럽다는 성장의 밑바닥에는 처참한 근로자의 피와 땀이 흥건히 배어 있고, 권력에 편승하여 특혜를 얻은 소수자는 근로자를 혹사시켜 치부하며 급기야 보석 밀수 사건까지 일으켰다. 이러한 것은 이 사회에 만연하고 있는 부정, 부패에 있어서 빙산의 일각에 지나지 않는다. 또한 유신헌법이라는 날조된 비법으로 국민의 기본권마저 유린하고 긴급조치법과 국가보위법으로서 극소수를 제외한 온 국민의 공민권을 박탈하고 극단에 이르러 많은 사회 인사와 학생들을 투옥시켰다.' 민중생존권에 보다 구체적으로 다가간 이 선언은 그리스도의 현존을 구현하려는 KSCF의 정체성을 보여준다.

## 2. 오글 목사 추방 사건

조지 오글 목사(George E. Ogle. 한국명 오명걸)는 1954년 선교사로 파견되어 인천에 정착하고 인천산업선교 활동에 전력을 다하였다. 한국의 산업전도 분야에서 그는 단연 선구자적인 역할을 수행하였다. 1965년 위스콘신 대학교에서 노사관계를 공부하고 1966년 한국으로 돌아왔다. 인천도시산업선교회에서 산업 전도에 종사하고자 하는 목회자들의 공장 체험 프로그램, 노동자의 '공장 사도' 프로그램 등 교육과 상담 활동을 전개하였다. 1971년 위스콘신 대학에서 노사관계 박사학위 취득 후 서울대학교 상과대학에서 노사관계 강의를 맡았다.

그러던 중 돌연 1974년 12월 14일 한국 정부로부터 퇴거명령을 받고 강제 추방 당하였다. 문제의 발단은 10월 10일 목요기도회에서 행한 설교였다. 그는 마태복음 25장의 마지막 심판 때 그의 가장 작은 종들에게 하신 예수의 말씀이었다. 감옥에 있는 많은 사람 중에서 아마 인혁당 사람들이 가장 곤경에 빠져 있을 것이고 그 까닭은 증거 없이 사형이나 종신형을 받았고 그들 자신뿐만 아니라 그 가족들까지도 공산당이라는 낙인이 찍혀 아무도 그들을 곤경에서 구출하려고 하지 않는다는 점을 지적, 그들을 위해 기도할 것을 촉구하는 데 있었다. 기도할 때도 우리 기독교 동지들과 학생들뿐 아니라 인혁당 사람들을 위해서도 기도하자고 역설하였다. 그의 발언은 인혁당 사건에 관한 공식적인 이의제기로서 최초의 발언이라고 할 수 있었다. 중앙정보부는 그다음 날 즉시 오글 목사를 연행하였다. 인혁당 언급을 않겠다는 각서를 강요받았다. 당국은 이미 10월에 오글 목사의 투옥이나 추방을 고려하고 있었는데 이는 11월 8일 김동조 외무부 장관과 11월 9일 김종필 국무총리의 발언에서 나타났다.

**김 외무 반정 데모에 밝혀 외국인 성직자 추방령도 가능**[28]

(유엔본부 8일 동양) 김동조 외무부 장관은 8일 주한 외국인 성직자들이 입국목적을 위배 반정부 데모에 앞장서는 등의 사례에 대해 유감의 뜻을 표하고 "이러한 범법행위가 계속될 때는 이들에 대한 추방령을 내릴 수 있다"고 말했다.

29차 유엔 총회정치위의 한국 문제 토론을 앞두고 지난 6일 오후 이곳에 도착한 김 장관은 이날 "한국은 종교의 자유를 그 어느 나라보다 보장해 주고 있다"고 전제하고 "주한 외국인 성직자들이 포교 등 종교 활동이 아닌 국내 정치문제에 관여하고 있는 것은 엄연한 입국목적 위반"이라고 강조하였다.

지난 10월 주한 (바티칸) 사절과 만났을 때도 이러한 문제를 제기했다고 밝힌 김 장관은 "한국이 종교 활동을 방해하거나 그 활동에 지장이 되는 일이 있다면 그러한 불평은 얼마든지 들어줄 용의가 있다. 그러나 종교 문제와는 전혀 관계없는 국내 정치문제에 직접 간여하는 사례는 극히 유감스러운 일이다. 그러한 행위가 계속된다면 이들에 대한 추방령을 내릴 수 있다. 세계 어느 나라가 내정간섭을 하는 선교사를 허용하겠는가" 고 힘주어 말했다.

그런데 최근 서울 인천 등 각지에서 외국인 신부들이 반정부 데모에 앞장 선 사례가 있었으며 또 많은 미국인 선교사들이 백악관 의회 및 서울의 주한 미대사관 등에 한국의 국내문제와 관련된 청원을 내기도 하여 이곳 미국 신문들에 크게 보도되기도 했다.

**김 총리 지적, 외인 교역자의 반정 선동은 탈선**[29]

**인권침해 종교탄압 운운도 부당**

김종필 국무총리는 9일 "교역자와 신자 중의 일부 사람들이 종교와 종교인으로서 본연의 위치와 영역을 벗어나 정치적인 집단행동에 가담하거나 그러한 행동에 합류하라고 딴 사람들을 선동하고 있는 것을 매우 걱정스럽게 여기지 않을 수 없다"고 말했다.

김 총리는 이날 오전 7시 반부터 조선호텔 볼루움에서 한국기독실업인회 주최로 열린 국무총리를 위한 조찬기도회에 참석, 치사를 통해 이같이 말하고 "법을 위배하고 질서를 문란케 한 사람들이 의법 심판을 받고 있는 것을 가리켜 정부가 그들의 인권을 침해하고 종교를 탄압하는 것이라고 비난하는 사람들이 있는듯하나 그것은 부당하다고 하지 않을 수 없다"고 주장했다.

김 총리는 "외국인 교역자들은 어디까지나 이 나라에 손님으로 와 있는 분들이며 손님이라면 응당 지켜야 할 절도가 있어야 함은 물론이고 또한 입국목적에 충실해야만 될 것"이라고 말하고 "그러나 외국인 교역자 중 일부는 그 자유가 지나쳐 강론에서 정부를 비판하는가 하면 미사를 올리려고 모인 신자들을 선동하여 가두데모에 나서게 하고 그 앞장을 서는 일이 일어나고 있는 것은 참으로 이해 못 할 탈선행위라고 하지 않을

28 「동아일보」 1974. 11. 9, 1면.

수 없다"고 지적했다.

그는 이어 "교역자나 성직자인 신분으로 남의 나라 정치문제에 간여한다는 것은 어느 모로 보나 일탈한 행위라고 하지 않을 수 없다"고 강조했다. 김 총리는 또 "이러한 일들이 한국을 잘 이해 못하는 해외 사람들에게 전해져 한국에 대한 부당한 오해들을 빚어내고 있음은 참으로 유감스러운 일"이라고 밝혔다.

그는 지난 10년간에 교회 증가 숫자는 2배, 교역자는 무려 6배의 증가율을 보였다고 밝히고 "우리 정부가 종교를 탄압하고 있다고 비난하는 이가 있는 것 같지만 정부가 종교의 자유를 보장하지 않고서 어떻게 그러한 성과를 거둘 수 있었겠는가"라고 반문했다.

김 총리는 또 "침략자들로부터 생존권을 확고히 보호하는 것이 곧 우리의 참된 인권의 보장이라는 데서 정부의 第一義的인 책임을 완수하려고 전심전력을 경주하고 있다"면서 "오늘의 문제해결은 오직 우리 다 같이 우리의 처지를 냉철히 재인식하고 탈현실적 착각에서 조속히 각성하여 참된 기독교 정신에 복귀하는 것"이라고 역설했다.

이에 대해 「민주수호기독자회」[30]는 "김 총리의 종교 망언을 취소하라"는 성명을 발표하였고(1974. 11. 14) 연이어 한국기독교교회협의회에서도 성명을 발표하였다(1974. 11. 18).

…**국가는** 하나님의 절대적 권위 아래서 국민복지와 안녕질서 그리고 사회정의 실현을 위해 **조건적 권위를 위임**받았다. … **하나님의 선교적 사명을 위탁받은 교회는 개인의 영적인 구원과 사회적 구원을 양분하여 생각할 수 없는 사실**을 절감한다. 따라서 현대인의 구원은 모든 잘못된 사회제도와 조직 속에서 인간을 참된 인간으로 회복시키는 하나님의 선교가 되어야 한다.

…**기독교인은 한 국가의 책임 있는 시민이다.** 그러나 우리는 하나님이 주관하시는 이 세상이 그리스도 안에서 한 가족 한 형제임을 또한 믿는다. 이러한 기독교의 세계적 일치성과 유대성에 입각하여 우리는 민족을 우상화하는 폐쇄된 민족주의를 배격한다. 선교사들이 한국에 와서 선교사업에 종사하는 것도 그러한 이유 때문이다. 국적은 다르다 할지라도 우리는 그들이 이룩해 온 과거의 찬란한 업적과 더불어 **선교사들을 한 형제, 같은 동역자로 초청하여 받아들인다.** 그들이 우리 사회를 위해 비판하고 발언한다는 것은 순수한 동기에서 우리 민족과 국가를 사랑하고 염려하는 결과임을 우리는 확신한다. 그러한 선교사에 대해 **추방 운운했다는 사실은 심히 유감된 일**이다. 모든 최종적 심판은 하나님에게 있다.

…어떤 정권이 하나님의 뜻을 어기고 자기의 정치적 권력을 영구화하기 위해 국민의 소리에 귀를 막고 신앙적 양심의 호소를 외면할 때 우리의 협력을 거부할 뿐 아니라 그러한 정권에 대항해야 할 책임을 하나님 앞에서 절감한다. 특히 오늘날과 같이 정부와 기독교 사이에 긴장 상태가 조성되어 있는 이때 기독교적 전문가가 아닌 **국무총리가 마치 종교적 권위자인 양 아전인수 격의 성서해석을 공석 상에서 피력**하고 "심판 운운"한 사실은 신앙적 내용마저 간섭하겠다는 인상을 너무나 강하게 준다.

29 「동아일보」 1974. 11. 9, 1면.

30 「민주수호기독자회」는 1974년 11월 5일 조직된 성직자회로서 1975~1979년까지 활발한 성명전을 전개하였다. 그러나 조직구성이 개인들의 집합체에 머물러 있었기 때문에 좀 더 조직적인 활동을 전개할 수는 없었다. 이후 1975년 3월 10일에 발족된 「기독교정의구현전국성직자단」은 하나의 조직체로서의 면모를 띠고 출발하였다. 한국기독교교회협의회 인권위원회, 『1970년대 민주화운동 I』, 411.

박정희는 자신이 곧 국가라고 생각하고 반공, 국가안보 등을 내세운 권위적인 통치 체제로 일관하였다. 다시 말해 국가와 정부의 동일시로 일관하고 있다는 사실이다. 이에 「한국 그리스도인의 신학적 성명」(66인 목회자)은 이 부분을 지적하였다. 다음은 성명의 요약분이다.

> 「한국 그리스도인의 신학적 성명」
>
> **동기**
>
> 첫째, 국가와 정부를 동일시함으로 정부의 정책을 비판하는 언론이나 행위를 국가안보라는 구실로 반국가적 죄로 다스리기에 이르렀다. 오늘날 수많은 학생, 성직자, 지성인들에게 사형에서 수십 년의 중형을 언도한 것은 정권 절대화의 소산이다.
>
> 둘째, 현 정권은 인권을 극도로 유린하고 있다. 북한 공산집단의 위협을 구실삼아 '자유의 유보'라는 이름 아래 통제적 총화를 강요한다. 그러나 그것은 공산주의와 대결할 명분을 흐리게 하는 일이다. 노동자와 가난한 자들이 자기 권익을 위해서 투쟁할 길을 봉쇄함으로 그 생존의 자유권마저 침해하게 됐다.
>
> 셋째, 현 정권은 신앙과 선교의 자유권을 가속도적으로 침범하고 있다. 이것은 종교마저 통제하려는 것이며, 신앙 행위의 침범이다.
>
> **국가와 종교**
>
> 인간의 기본권은 국가가 있기 이전에 하나님에게서 받았다. 국가는 하나님의 주권 아래서 인간의 기본권인 생명과 재산과 자유를 지킴으로써 인간으로서의 축복받은 삶을 즐길 수 있게 보장하는 정치적 한 단위이다. 정부는 이와 같은 목적으로 나라 살림을 위임받은 공복이다. 따라서 국가와 정부는 차원이 다르며 정부에 대한 충성이 곧 국가에 대한 충성 아니다.
>
> '모든 권세가 하나님에게서 왔다'(로마 13장)는 말은 그것에 대한 복종을 말하기에 앞서 집권자의 한계를 규정하는 것이다. 집권자는 위와 같은 기능을 위임받은 자로서 그 한계 안에서 그 권세를 행사해야 한다는 말이다. 인간의 기본권인 생존과 자유를 뺏는 권세는 하나님의 뜻을 배반하는 것이다. 절대권은 하나님에게만 속한 것이다. 절대화된 권력이 인간의 권리를 유린할 때 그리스도교회는 그것에 대한 투쟁을 감행할 수밖에 없다.
>
> **인권**
>
> 하나님은 인간(아담)을 창조하시고 생육과 번성의 축복을 주시고 이 자연을 지배하고 다스릴 권리를 주셨다(창세기 1:28, 시편). 이 권리에서 생존, 창조, 개발의 자유권이 동등하게 주어졌다. 그러므로 오늘날 생존, 언론, 신앙, 결사의 자유를 주장하는 것은 바로 하나님에게서 받은 권리인 것이다. 그러므로 권력의 부당한 개입으로 또 경제구조의 병폐에 의한 물질의 편중으로 가난한 사람은 더욱 가난해져서 생존권마저 침해받는 일은 하나님께 속한 인권이 유린되는 일이다.
>
> **교회의 선교**
>
> 교회의 선교는 현대사회에서 정치적 사회적 활동으로 추진될 수밖에 없는 것이다. 교회의 선교는 현대 사회에서 인간의 자유화, 인류의 사회화, 제도의 인간화, 사회정의, 세계 평화, 인간과 자연과의 화해에 종사하게

된다. 하나님의 말씀을 선포하는 예수의 선교에서 박두해 오는 하나님 나라는 현 질서에 대한 위협이었다. 예수의 제자로서 선교의 길을 갈 때 정치적 결단인 십자가는 피할 도리가 없다. 그러므로 우리의 젊은 학생들이 정치체제의 민주화운동에 앞장서고 젊은 교역자들이 노동자·농민의 생존권을 위한 산업선교에 종사하고 그리스도인들이 민주화와 언론의 자유를 부르짖는다. 이것은 선교 활동 본연의 소임을 다하려는 것이라고 본다. 이 같은 선교 활동은 공산주의의 위협을 강조하면 할수록 더욱 그 정당성이 드러난다. 교회는 그 본질상으로나 실제상으로나 민족, 국경, 계급을 넘어선 신앙과 선교의 공동체이며 거룩한 보편적인 한 공동체다. 그러므로 선교 행위에는 국경이 없다. 한국 안의 외국인 선교사들은 한국교회에 입적한 한국교회의 교우들이다.

**한국교회의 시국선언들에 대하여**

선언문들은 독재정권의 절대화를 규탄한 것이며, 사람이 하나님의 자리를 참취하는 행위이기에 통렬히 경고한 것이다. 또 권력의 횡포, 부유층의 사치, 외국의 경제침략을 배격한 것이며, 언론의 자유, 구속 인사의 석방, 정보 사찰의 중지를 요구하고 정치체제를 즉각 민주화할 것을 주장한 것이다. 이것이 바로 가난한 자, 갇힌 자를 해방하는 교회의 선교 활동이다. 선교하는 교회의 일선에서 발언한 이들의 문서들은 예수의 선교의 현대적·상황적 수행이라고 보아 이를 전적으로 지지한다.

1974년 11월

서명자 명단 (가나다순, 66명), 「동아일보」 1974. 11. 18.

강문규, 강원용, 고용수, 구덕관, 김관석, 김상근, 김연수, 김용옥, 김이곤, 김인태, 김정준, 김종열, 김형태, 노명식, 노정선, 마경일, 맹용길, 문동환, 문상희, 문익환, 문희석, 박광재, 박근원, 박봉랑, 박봉배, 박용익, 박창환, 서광선, 서남동, 소흥렬, 신종선, 안병무, 안희국, 오명근, 오충일, 윤병상, 윤성범, 윤순덕, 윤정옥, 은준관, 이문영, 이남덕, 이문영, 이영민, 이영헌, 이우정, 이해영, 이효재, 장일조, 전경연, 정웅섭, 정의숙, 조승혁, 조요한, 조용술, 조향록, 조화순, 주선애, 주재용, 지동식, 차풍로, 한영선, 한완상, 한준석, 함성국, 현영학, 황성규.

위 성명서의 핵심은 국가와 정부, 즉 박정희 자신이 국가임을 강요할 때 그 동일시를 지적하는 일이다. 국가는 정치의 한 단위이며 국가와 정부는 차원이 다름을 강조하였다. 식민지 시대를 경험하였고 한국전쟁이라는 이념의 긴 터널을 빠져나온 역사적 경험은 국가 안에 속한 국민이 되는 일이 얼마나 고달프고 어려운 일이었는지 알게 하였다. 국가의 호명이라면 무조건 따라나서야 하는 국민 동원령을 지속적으로 강요했던 박정희 정권. 그러나 1974년 신학자들은 국가는 공동체의 한 단위라는 것과 국가와 정부는 본질적으로 다른 개념임을 명확히 하고 인권과 선교 자유를 확고히 하였다.

국가와 정권에 대한 개념 규정도 중요했지만, 기독교로서는 선교 담론에 대한 개념 규정을 명확히 해야만 했다. 선교 담론과 오글 목사의 추방령은 동시적 담론투쟁과제였다. 교회와 국가의 관계, 선교영역에 대한 투쟁은 자유민주주의의 기독교적 기의로서 노동자·농민의 생존권과 맞닿아 있는 인권 문제였다. 가난한 자의 생존권과 갇힌 자의 신체적 자유라는 시대적 구체성과 그들을 위해 선교 현장에서 일하는 그리스도인들의 실천성이 이들의 인권 담론 속에 녹아 있었다.

오글 목사의 추방령에 대한 교회의 반발은 거세었다. 성명서의 그 어떤 글보다 더 강력한 기도회와 가두시위는 담론의 실천성을 확보하였다. 총 20회의 기도회, 침묵시위, 강연회, 성명서, 서한, 건의문, 예배, 탄원서, 조찬기도회, 귀환기도회, 변호인단 구성 등 다양하고도 성의 있는 대응으로 종교와 정치 분리 담론에 대항하는 선교 자유 담론을 주도하였다.

▲ **경동교회 기장교역자 600여 명**「오늘의 선교를 위한 기도회」에서 **<오늘의 선교 선언> 등 채택**,「동아일보」 1974. 11. 20. / 침묵 가두시위「조선일보」 1974. 11. 21.

▲ **신문고 강연회 기독학생회 총연맹**,「동아일보』 1974. 11. 20.

▲ **150여 명이 기도회 기독교 감리회 신자**,「동아일보」 1974. 11. 20.

▲ **기독교 대한감리회 기도회서 지지 성명 "오글 목사 활동은 순수한 종교 신념,"**「동아일보」 1974. 12. 12.

▲ **구속자가족협의회, 정의자유구현을 위한 목요정기기도회 성명서** "오명걸 목사 추방 결사 반대한다,"「동아일보」 1974. 12. 12.

▲ **대한예수교장로회 총회** 임원과 역대 총회장. 12일「현 시국에 관해 대통령에게 보내는 건의문」을 채택, 오글 목사 등 외국인 선교사 추방 즉각 중지요청

▲ **'오글 목사, 시노트 신부 소환 종교탄압의 구체적인 표현' 도시산업선교회 구속자가족협 성명**,「동아일보」 1974. 12. 13.

▲ **학생 석방요청 서한**,「조선일보」 1974. 12. 13.

미 등 7개국「앰네스티」, 민 대법원장에 스위스, 네덜란드, 서독, 미국, 영국, 벨기에, 오스트레일리아 등 각국 앰네스티(국제사면위원회) 본부와 회원들 서한

▲ **대한예수교장로회, 대통령에 건의문 "선교는 정치 사회운동 아니다. 추방 문제 등 재고를,"**「동아일보」 1974. 12. 13.

▲ **기독학생련 주최 신문고 예배 선교사 박해 등 철회 요구**,「동아일보」 1974. 12. 14. /「조선일보」 1974. 12. 14.

▲ **교회여성련서도 재고건의문 채택,** 「조선일보」 1974. 12. 15.

▲ **오글 목사 추방 재고 탄원 채택,** 「조선일보」 1974. 12. 15.

**한국도시산업선교연합회**(회장 조지송)는 14일 오후 4시 서울 영등포동 7사 70 사무실에서 오글 목사 추방령의 재고를 바라는 탄원서를 채택

▲ **인권주간 연합예배 기독교교회협의회 주최,** 74년 한국교회의 인권선언. 오글 목사의 추방은 선교의 자유 침해이며 종교 박해, 「동아일보」 1974. 12. 16.

▲ **구속자 위한 기도회 이화여대 교수, 학생 등 150명** 오글 목사의 추방과 백낙청 교수의 파면 조치에 대한 부당성을 지적, 「동아일보」 1974. 12. 16. / 「조선일보」 1974. 12. 17.

▲ **새문안교회도 3백여 명 모여,** 「동아일보」 1974. 12. 16. / 「조선일보」 1974. 12. 17.

구속자를 위한 기도회, 한국을 떠나면서 한국교회에 보낸 "조지 오글" 목사의 「신앙과 양심선언」을 청취

▲ **감리사 등 20여 명 오글 목사를 위한 조찬기도회 열어,** 「동아일보」 1974. 12. 18.

▲ **주한감리교 선교사협회 성명 "오글 목사 강제 추방은 한국 국제 위신에 손상,"** 「동아일보」 1974. 12. 18,

▲ **구속자 석방기도회 여선교회 연합회서,** 「조선일보」 1974. 12. 19.

구속자의 석방과 오글 목사 귀환을 위한 기도회, 18일 기독교대한감리회 여선교회전국연합회 주최

▲ **12월 19일 목요기도회,** 구속자가족협의회, 정의자유구현을 위한 목요정기기도회 자체 성명서·오글 목사 추방 관련 성명서, 「동아일보」 1974. 12. 19.

▲ **예수교장로회 시국 성명, 오글 목사의 추방은 선교권에 대한 위협,** 「동아일보」 1974. 12. 20.

대한예수교장로회 20일 현 시국 성명서, "오글 목사의 강제 추방은 기독교 선교권에 대한 중대한 위협, 재입국 실현 요구.

▲ **오글 목사 行訴 변호인단 구성,** 「조선일보」 1974. 12. 22.

한국기독교교회협의회(총무 김관석)는 21일 교계지도자 20여 명이 참석한 가운데 오글 목사의 행정소송을 담당할 12명의 변호인단 구성

▲ **종교탄압 중지 요구,** 「동아일보」(1974. 12. 23.) / 「조선일보」 1974. 12. 24.

대한기독교감리회 목사 선교사 일반신도, 구속자 및 오글 목사를 위한 기도회

▲ **인권위,** 오글 목사 추방 관련 성명서(1974. 12. 24.)

▲ **오글 목사 돌아오게 기독교장로회 성명,** 「조선일보」 1975. 1. 7.

한국기독교장로회는 6일 각 노회 대표, 외국 선교사 등 70여 명이 모인 가운데 「선교 동력자 조지 오글 목사 추방에 대한 우리의 견해」라는 성명 발표

▲ **기독교장로회, 언론자유 보장 등 성명 '민주 회복'에 전력,** 오글 목사 추방 취소, 「동아일보」 1975. 1. 150

강제퇴거명령을 받은 오글 목사가 12월 14일 오후 7시 50분 출국하기 위해 비행기에 오르면서 "대한민국 만세, 하나님이 함께 하기를…" 손을 높이 흔들고 있다 (https://www.kmib.co.kr/article/view.asp?arcid=0015228518).

▲ **선교 압력 배제 선언·선교 활동 자유수호위 결성 장로교 경기노회,** 「조선일보」(1975. 1. 14)

대한예수교 장로교 경기도 노회(수원) 회원 60여 명은 13일 오후 2시부터 5시까지 수원시 교동 장로교회에 모여 "선교 활동 자유 수호 위원회"를 결성, 어떠한 압력도 선교 활동을 침해할 수 없다고 선언

▲ **"구속자 못 만나고 떠나게 돼 가슴 아파 고국 아닌 타국으로 쫓겨 가는 것 같다,"** 「동아일보」 1975. 2. 7.

▲ **한국기독교교회협의회 연합기도회 3천여 명 참석 종교 박해 등 비난, "순교 자세로 난국 타개,"** 「동아일보」 1975. 2. 10.

▲ **2백여 명 환송 재회 다짐, 오글 목사 가족 출국,** "다시 만나기를 확신하며 떠난다," 「동아일보」 1975. 2. 10.

1974년 8월 23일 긴급조치 4호 해제 이후 목요기도회 이외 첫 예배는 9월 9일 영락교회의 구국기도회였다. 이후 각 지역의 개 교회 및 교단별 노회, 기독교기관들의 기도회는 봇물 터지듯 열리기 시작하였다. 이들 기도회는 예배, 성명 발표의 순으로 이어졌고 사안에 따라 좀 더 나아가서는 가두시위, 횃불 시위, 침묵시위, 철야금식기도회 등의 순으로 기도회의 규모가 다르게 열렸다.

1974년 9월부터 1975년 5월 초, 긴급조치 9호 발동 직전까지 진행된 기도회의 성명서 주요 핵심 어휘들의 빈도를 살펴보기로 한다. 핵심 어휘들의 빈도는 일반 노회와 개 교회 단위에서 펼쳐진 담론을 알 수 있게 한다. 기독교 단체나 노회, 신학인 등에서 발표하는 성명서도 시대 담론을 파악하는 데 중요한 역할을 하지만 수많은 기도회 속에서 다뤄졌던 주요 어휘 구성은 개신교의 흐름을 파악하는 데 중요한 지표가 된다.

담론은 사건과 밀접한 연관이 있다.

| | |
|---|---|
| ▲ 1974년 6월 11일 | 이효상 공화당 의장서리의 종교인 비난 발언 |
| ▲ 1974년 11월 9일 | 김종필 국무총리의 종교 망언을 시작으로 발생한 선교영역, 오글 목사 추방 문제, 산업선교 용공화 문제 |
| ▲ 1974년 10월 24일 | 동아자유언론실천선언 |
| ▲ 1974년 12월 26일 | 동아일보 백지 광고 사태 |
| ▲ 1975년 2월 12일 | 대통령 재신임 여부를 묻는 제4차 국민투표 |
| ▲ 1975년 2월 15일 | 민청학련 구속자 석방을 기점으로 고문 인권 문제 부각 |
| ▲ 1975년 4월 9일 | 인혁당 사건 구속자 기습 사형집행 |
| ▲ 1975년 4월 30일 | 베트남 전쟁 패망 |

**우리의 고백(동아일보 백지 광고 중에서)**[31]

우리 예장교회 젊은 목사들은 "교회와 국가" 연구모임을 마치며 다음과 같이 우리의 신념을 고백한다.

31 1975. 1. 29. 역사의 새벽을 기다리며(새시대 선교 연구회[예장 젊은 목사들]).

① 우리는 정권보다 정부가, 정부보다 국가가, 우위에 있어야 함을 고백한다.

② 우리는 정부가 하나님의 청지기 구실을 못 할 때 이를 깨우치는 예언자의 책임이 교회에 있음을 고백한다.

③ 우리는 국민의 인권과 자유, 정의와 평등이 보장되어야 함을 고백한다.

④ 우리는 신앙적 양심 때문에 갇힌 회원 인명진 목사와 김진홍 전도사, 구속자들의 고난을 기억하며 그 고난이 속히 종식되기를 기원한다.

| 구속자 석방 43회 | 언론자유 28회 | 오글 목사 24회 | 민주헌정 8회 |
|---|---|---|---|
| 유신철폐 8회 | 학원 자유 7회 | 선교 자유 6회 | 민주주의 5회 |
| 인권 5회 | 민중생존권 4회 | 근로자 해고 문제 4회 | 포드 방한 반대 3회 |
| 부정부패 일소 3회 | 자유 구현 3회 | 헌법 개정 3회 | 인혁당 2회 |
| 매판 경제 청산 1회 | 교회 각성 1회 | **언론자유** + 자유 구현 | |
| **구속자 석방** + 학원 자유 + 인혁당 + 인권 | | **민중생존권** + 근로자 해고 문제 + 부정부패 일소 + 매판 경제 청산 | |
| **오글 목사** + 선교 자유 + 교회 각성 | | 유신철폐 + 민주 헌정 + 민주주의 + **헌법개정** | |

<1974. 9~12월 말: 기도회/성명서 사용 어휘 빈도>

| 언론자유(동아) 13회 | 국민투표 개정&거부 13회 | 개헌청원 9회 | 구속자석방 8회 |
|---|---|---|---|
| 예배탄압 7회 | 노동자권익, 생존권 4회 | 유신철폐 6회 | 민주헌정&회복 7회 |
| 오글 목사 4회 | 재판공개(인혁당) 2회 | 선거무효 5회 | 인권&인간회복 5회 |
| 선교자유 2회 | 인권&민권 2회 | 보위법 철폐 1회 | 교계반성 1회 |
| **국민투표** + 개헌 청원 + 유신철폐 + 민주 헌정 + 선거무효 | | **언론자유** | |
| **노동자권익, 생존권** + 보위법 철폐 | | **구속자 석방** + 재판공개(인혁당) + 용기와 결단 | |
| **인권 회복** + 인간 회복 + 민주 회복 + 인권&민권 | | **예배 탄압** + 오글 목사 + 선교자유 + 교계 반성 | |

<1975. 1~ 2월 중순: 기도회/성명서 사용 어휘 빈도>

| 고문&인권유린 14회 | 민주회복 14회 | 인권&인간회복 11회 | 인혁당 공개재판 9회 |
|---|---|---|---|
| 동아자유언론 6회 | 구속자 전원 석방 5회 | 유신철폐 5회 | 구속자 사면 4회 |
| 학원 횡포 4회 | 학생 복교 4회 | 언론집회결사자유 3회 | 국가 안보(인도지나) 2회 |
| 교회 탄압 2회 | 민주체제 2회 | 최종길 진상 2회 | 교수 복권 2회 |
| 정의자유실현 2회 | 근로자 탄압 근절 1회 | 반독재·반부패·반폭력 1회 | 중정 해체 1회 |
| **고문&인권유린 + 인혁당 + 최종길 + 인권·인간 회복** | | **구속자 석방** + 구속자 사면 + 학생 복교 + 교수 복권 | |
| **민주 회복** + 민주체제 + 유신철폐 + 자유언론 + 정의자유실현 | | **국가안보** + 근로자 탄압 + 학원 횡포 + 교회 탄압 | |

<1975. 2월 말~ 5월 초: 기도회/성명서 사용 어휘 빈도>

사용 어휘의 의미 순으로 모아 살펴보면 1974년 9월 > 1975년 1월 > 1975년 5월을 지나면서 어휘가 점점 복잡해지고 어휘가 대표하는 사건들이 점점 심각한 양상으로 진화해 가는 것을 볼 수 있다. 고문과 인권유린 그리고 인혁당 사건 관련자의 비공개 재판과 기습 사형선고는 더 강한 탄압을 알리는 전조가 되었다. 또한 인도차이나 사태로 인한 국제사회 문제를 빌미로 국가안보를 강화하며 탄압의 수위를 높여 갈 것임을 예고하고 있다. 탄압이 거세어지면 그에 반한 저항도 더 강화된다. 저항의 어휘 역시 점점 구체화 되고 심화되어 간다. 민주화 인권운동의 방향성이 점점 명료해지고 있음을 볼 수 있다. 74년 말까지는 구속자 석방, 언론자유, 개헌청원이 중심을 이뤘다면 75년 초에는 개헌청원, 노동자 권익과 생존권, 인권회복이 중심이 되었다. 75년 민청학련 구속자들의 고문폭로가 이어지면서 인권유린과 인간회복, 민주회복이 빈번하게 언급되었다. 75년이 인권유린과 인간회복을 중심으로 향하고 있다면 방향은 노동자 권익과 생존권, 그리고 반독재·반부패·반폭력으로 향하고 있음을 볼 수 있다.

# III. 3차 담론투쟁: 인권 담론(1975. 2.~1975. 5.)

## 1. 석방의 기쁨

박정희는 유신헌법에 대한 국민 찬반 투표를 발표했다.

> 이번 국민투표는 비단 현행 헌법에 대한 찬반 투표뿐만 아니라 대통령에 대한 신임투표로 간주하겠다. 만일 국민이 현행헌법의 철폐를 원한다면 대통령에 대한 불신임으로 간주하고 즉각 대통령직에서 물러날 것이다(1975년 1월 22일 특별담화).

이 투표의 부당함에 대해 거센 항의가 있었지만 투표는 강행되었다. 개신교권의 저항에 대해 당국은 단호한 태도를 보이며 국민투표를 종용하였다. 이에 서울시경은 목요기도회, 수요기도회, 명동성당 시국미사 등의 사전집회를 갖지 못하도록 하고 문제의 사람들을 격리시키도록 하달하였다.

> 서울시경은 4일 국민투표 공고 이후 기독교 각 교단의 집회가 잦고 그 내용이 격화되는 경향이 있으므로 문제성이 있는 모든 집회는 사전에 집회를 갖지 못하도록 하고 이것이 불가능할 경우 참석자를 극소화시키고 주동인들과 문제의 인물을 "격리 조정"시키라고 관할 경찰서에 긴급 지시했다. 이 지시는 또 집회가 열리는 경우 행사의 내용이 격화되지 않도록 조정하고 행사 또는 문제의 인물을 "순화 조정"할 때는 관계기관과 협조, 최선의 대책을 강구, 물의를 일으키는 일이 없도록 하라고 시달했다.
>
> 이 지시는 이 밖에 순화 대상자인 교역자나 신도의 대정부 활동에 대해서 관할 경찰서장이 책임을 지고 대처하라고 시달하고 인권 회복을 위한 명동성당의 집회, 대한예수교장로회(통합 측)의 수요기도회와 임시임원회의, 젊은 목사들이 주도하는 구속자를 위한 목요기도회 등은 이 지시를 받는 즉시 전반적인 사항을 보고하도록 아울러 시달했다.[32]

---

32 「동아일보」 1975. 2. 4; 「조선일보」 1975. 2. 5.

이에 NCC는 종교탄압이라는 반박성명을 내고 국민투표의 허구성을 주장했으나 국민투표는 부정선거 문제를 그대로 드러낸 채 끝났고 대통령 재신임 여부에 찬성표가 73.1%가 나왔다. 2월 12일 이후 부정투표의 증거들이 속속 나왔으나 정부는 이를 묵살하고 제4차 국민투표를 마무리하였다. 이 국민투표의 상당수 찬성표에 만족한 박정희는 2월 15일 민청학련 사건 구속자들을 대거 석방한다.

> "친애하는 국민 여러분. 이번 국민투표는 우리 역사상 가장 커다란 난국에 직면한 가운데 실시되었던 귀중한 국민적 결단이었습니다. 한편 본인은 국민 여러분께서 이 사람에게 보내주신 신임에 대하여 진심으로 감사의 뜻을 표시하며 아울러 막중한 책임과 사명감을 더욱 무겁게 느끼는 바입니다. 국민투표에는 승자도 없으며 패자도 없습니다. 오직 민주주의 원칙에 입각한 다수 국민의 선택만이 있을 뿐입니다.
>
> 그 국민적 선택은 이제 이루어졌습니다. 국민 여러분이 가장 민주적인 의사표시 방법으로 현행 헌법에 대한 국민적 정당성을 명확하게 재확인함으로써 분열되었던 국론을 하나로 통일시켰습니다. 나는 이번 국민투표로 재확인된 국민적 정당성에 입각해서 앞으로 국민총화를 바탕으로 하는 거국적 정치체제를 발전시켜 나갈 것입니다. 그리고 이를 통해 국가의 안전보장을 더욱 공고히 해 나갈 것이며 현하의 경제 난국을 극복하여 국민 생활의 안정을 이룩하는 데 계속 헌신할 것입니다. 국민 여러분의 신임과 지지에 대하여 다시금 감사하며 총화적인 협조를 당부하는 바입니다"(「동아일보」 1975. 2. 13).

1970년대 박정희는 위수령, 계엄령, 유신, 긴급조치 1, 2, 4호, 긴급조치 7, 9호 발동 등 강압적인 통치를 멈추지 않았는데 네 차례 유보하였다. 남산부활절 내란음모 사건, 10.2 데모 구속 학생 석방, 긴급조치 4호 해제, 1975년 2.15 민청학련 구속자 석방이다. 이중 긴조 4호 해제와 2.15 석방은 박정희가 희구한 국민총화 현상 뒤에 결정된 일이다. 육영수 피격사망에 항의하는 반일 데모가 전국으로 확산, 끊이지 않자 박정희는 이를 국민총화로 보았고, 대통령 신임투표에 73.1%의 지지를 얻자 자신감을 보이며 민청학련 구속자들을 석방하였다. 그러나 이들의 석방은 곧 고문 폭로로 이어졌다. 고문과 인권 문제가 진정될 기미가 보이지 않자 인혁당 관련 구속자들을 사형시키는 생살여탈권의 초법적 만행을 저지른다.

3차 담론투쟁, 인권 담론투쟁이 핵심 내용이 되었다.

### <민주운동 양상 및 정권의 대응>

#### 1971년

| 선거 전 |
|---|
| 4. 14.<br>민주수호전국청년학생연맹 조직 결성 |
| 4. 15.<br>동아일보 언론자유 선언 |
| 4. 19.<br>민주수호국민협의회 창립 |
| 4. 20.<br>민주 수호 기독청년협의회 결성 |
| 6,139명 참관인단 선거 감시 |

| 선거 결과 | |
|---|---|
| 4. 27.<br>대통령 선거 | 박정희 당선 |
| 학생 | 국회의원 선거 거부 |
| 5. 25.<br>국회의원 선거 | 의원 수 :<br>공113, 신89.<br>득표율 :<br>공48.8%,<br>신44.4% |

| 선거 후 | |
|---|---|
| 7~8월<br>법관 사법 파동 | 총 415명 중 153명 사표 |
| 8월<br>교수들 대학 자주화선언 운동 | 서울대 600여 명 +10개 지방 국공립대학, 사립대 선언 |
| 3~10월<br>학생운동 | 데모: 300여 건<br>인원: 6만 5천 명<br>성토: 250여 건<br>성명: 350여 건 |

| 정부 대응 |
|---|
| 1971. 10. 15.<br>위수령 |
| 1971. 12. 6.<br>국가비상사태 |

#### 1973~1974년

| 유신 직전 |
|---|
| 동북아 냉전 질서 해체 |
| 불리한 국제정세 |
| 빈부격차 심화 |
| 노동운동 점증 |
| 김대중과의 접전 |
| 국회의원 선거 부진 |
| 7.4남북공동성명 활용[33] |

| 정부 대응 |
|---|
| 1972. 10. 17.<br>계엄령, 유신헌법 선포<br>12. 27 유신헌법 시행 |

| 1973년 정국 |
|---|
| 김대중 납치 |
| 73. 10. 2. 시위 |
| 전국적 시위확산 |
| 1차 석유파동 |
| 물가 인상(전기 49%) |
| 민주회복국민회의 결성 |
| 개헌 청원 백만인 서명운동 |

| 정부 대응 |
|---|
| 1974. 1. 8.<br>긴급조치 1, 2호 발동 |

33 이 공동성명 이후 박정희는 유신체제를 구축하였고 김일성은 주체사상을 헌법 규범으로 무장하였다. 최상위의 지배 논리는 국가 질서의 유지이며 국가 질서의 유지에 반하는 민족주의=통일, 민족 자주성은 부정되었다. 국가는 현실적인 강제력이었고 민족은 오로지 '상상의 공동체'일 뿐이었다. 김동춘, 『근대의 그늘: 한국의 근대성과 민족주의』 (서울: 당대, 2000), 301.

**1974~1975년 2월 15일 이전**

| 1974년 사건 |
|---|
| 전국 단위 학생운동 확산 |
| 1974. 4. 3.<br>긴급조치 4호 발동 |
| 8. 15. 육영수 피격 사망 |
| 반일 데모 전국 확산<br>박정희 국민총화 만족 |

| 정부 대응 |
|---|
| 긴급조치 4호 해제 |

| 전국 저항운동 확산 |
|---|
| 종교계 기도회 전국 확산 |
| 자유언론실천선언 |
| 자유실천문인협의회 결성 |
| 민주회복국민회의 발족 |
| 유신 찬반, 대통령 신임<br>국민투표 74%(2월12일)<br>박정희 국민총화 만족 |

| 정부 대응 |
|---|
| 민청학련 사건 구속자 2. 15. 석방 |

**1975년 2월 15일 이후**

| 전국 저항운동 확산 |
|---|
| 민주회복국민회의 조직적 운동체 |
| 2. 15. 구속자 석방 / 고문 폭로 |
| 언론 투위와 백지 광고 |
| 노동자, 학원, 교회 탄압의 강도가 세어짐 |
| 인도차이나 사태, 국가안보의 빌미 제공 |

| 정부 대응 |
|---|
| 인혁당 관련 구속자 기습 사형 |
| 긴급조치 9호 발동 5. 13. |

1975년 2월 15일, 민청학련 사건 구속자들이 대거 석방되면서 "구속된 동지들과 함께 기도하는 정의자유구현 정기 목요기도회"는 2월 20일 오전 10시 한국기독교회관 대강당에서 열렸다. 목요기도회가 열린 이래 이토록 활기를 띤 기도회는 없었다. 석방된 자녀들을 가진 부모들뿐 아니라 여전히 석방되지 못한 구속자와 인혁당 사건 관련자들의 가족들도 함께 석방을 축하해주었다. 김찬국 교수, 김지하 시인, 백기완 선생, 박형규 목사, 이해학 전도사, 김윤 양, 이철 군, 김병곤 군 등 석방자 20여 명과 정일형 의원, 함석헌 옹, 공덕귀 여사, 이우정 교수를 위시하여 신도 약 500여 명의 인원이 기독교회관 대강당을 가득 메웠다. 기독교회관 대강당이라 해도 500여 명을 수용할 수 있는 공간이 되지는 못한다. 그러나 빼곡히 앉아 있는 강당, 복도 그리고 1층 로비까지 많은 사람들이 모여 감격의 석방환영기도회를 드렸다. 설교는 김관석 목사가 하였고 석방자 인사는 김지하 시인이 하였는데 김관석 기독교교회협의회 총무는 설교를 통해 "의로움과 믿음을 잃은 정치는 이미 국민을 위한 정부가 될 수 없다. 최근 종교적인 민권투쟁이 정치적으로 논의되는 것은 종래의 정치와

종교는 분리된다는 통념을 깨뜨렸다. 또한 민청학련 수사 과정에서 학생들은 고문을 당했다고 주장하고 정부 당국자는 고문한 일이 없다고 하는데 그 진상을 분명히 밝혀 신의를 회복하는 정치가 이뤄져야 할 것"이라고 말했다. 김지하 씨는 옥중 소감에서 "혼은 감옥에 두고 껍데기만 나왔으니 감옥 안에서 울부짖고 있는 넋을 찾기 위해 모든 것 다 바칠 각오가 돼 있다. 현 집권층은 최소한의 도의적 명분마저 잃어버린 정치적 금치산 집단이므로 결산의 시기는 가까워져 왔다"고 말했다.

"유신헌법 철폐케 해 주소서", "우리를 자유케 해 주소서"라는 플래카드를 걸어놓은 이날 기도회는 "무릎 꿇고 살기보다 서서 죽겠다"는 내용의 노래를 부르는 등 3시간 동안 진행됐다. 기도회에서는 인혁당 사건에 대한 공개재판을 요구하고 고문 행위자는 의법 조처할 것 등을 요구하는 성명도 발표했다. 이 성명은 목요기도회의 출발 지점과 현 주소를 알 수 있는 귀중한 내용이 담겨 있다. 6회차 성명서는 목요기도회에 있어 중요한 분기점이 된다. 목요기도회는 민청학련 사건으로 인해 구속자 가족들과 함께 출발된 기도회였으나 이 지점에서 목요기도회는 유신철폐 및 인권 확립, 민주 회복이라는 더 큰 방향성을 향해 갈 것임을 알린다. 목요기도회 자체 성명서는 총 11회 차에 걸쳐 발표되었다.

| 회차 | 내용 | 날짜 |
|---|---|---|
| 1 | 오명걸 목사 추방 결사 반대한다 | 1974. 12. 12. |
| 2 | 오글 목사 추방 관련 성명서 | 1974. 12. 19. |
| 3 | 시국견해와 결의를 밝히는 성명서 | 1975. 1. 16. |
| 4 | 유신헌법 찬반 국민투표 비난 성명서 | 1975. 1. 30. |
| 5 | 목요기도회 담당처, 목요기도회 방해 항의 성명서 | 1975. 2. 6. |
| 6 | 2. 15 석방조치 관련 성명서 (인혁당 공개재판요구) | 1975. 2. 20. |
| 7 | 인혁당 관련인사의 인권침해에 대한 항의서 | 1975. 3. 6. |
| 8 | 동아일보와 조선일보의 자유언론말살 정책에 대한 성명서 | 1975. 3. 13. |
| 9 | 3월 17일 경찰을 동원해 동아일보 기자를 사내에서 내어쫓은 일에 대한 항의, 인혁당 공개재판요구 성명서 | 1975. 3. 27. |
| 10 | 학원횡포, 한승헌·김지하 구속, 언론사태에 대한 성명서 | 1975. 4. 3. |
| 11 | 김관석 목사 석방, 교회탄압 중지, 인혁당 사형집행 해명 요구 성명서 | 1975. 4. 10. |

## 성명서

지난 15일에 취해진 구속 인사 석방을 진심으로 환영한다. 우리는 동 조치가 정략적 목적을 위한 것이 아니라 이 나라의 민주 회복을 향한 첫 발 디딤이기를 마음 깊이 바라고 있다.

우리는 1974년 7월 19일(저자 주: 기록에 따르면 7월 18일이 목요기도회 공식 출발일인데 목회자 모임으로 기획되었던 처음 기도회가 금요일에 시작되었기에 혼선이 발생한 것으로 추정) 이후 31번의 정기기도회를 가지고 자유의 실현, 정의의 구현, 구속 인사의 석방, 민주 회복 등을 위해 기도하여 왔다. 그러나 우리는 다시 한 번 지난 1년 동안의 악몽 같은 역사의 출발점을 짚어보지 않을 수 없다. 그것은 1인 절대화를 추구하는 소위 유신헌법의 발상에서부터 시작된 것이다. 유신체제 이전의 헌정질서로 되돌아가야 한다는 강력한 국민적 열망을 억압하는 수단으로써 구속의 비극이 연출되었던 것이다. 그렇기 때문에 대부분의 구속 인사가 석방되었다 하지만 그것은 1974년 1월 8일의 시점으로 돌아간 것이지 결코 1973년 10월 18일 이전으로 회복된 것이 아님을 우리는 분명히 말하고자 한다(저자 주: 1973년은 1972년의 오타로 추정, 1972년 10월 17일은 박정희의 전국 계엄령 선포로 유신헌법을 공고화 한 날이었다).

더구나 오늘날 소위 민청학련 사건이 비인도적 고문과 조작된 각본 위에서 이루어진 것이라고 폭로되고 있지 않은가. 그럼에도 불구하고 전원 석방을 보류하고 있는 현실이란 긴급조치 발동 이전으로 돌아간 것조차도 될 수 없다는 것을 지적하지 않을 수 없다. 몇 사람을 묶어두는 것으로써 정부의 도덕적 정당성이 주장될 수는 없을 것이다. 또한 속칭 인혁당 사건에 대하여도 한 정권의 유지보다 하나의 무고한 생명이 더 소중하다는 양심의 소리에 순복하여 공개재판을 시행하지 않는다면 조작극에 대한 영원한 비난을 결코 피할 수가 없게 될 것이다.

이에 아직도 유보되고 있는 자유와 부정부패로 질식당하고 있는 정의와 천인공노할 고문에 짓밟히고 있는 인권이 우리의 기도를 더욱 요청하고 있음을 이 순간 우리는 확인하고 있다.

그렇기에 우리의 기도 대열은 결단코 중단되지 않을 것임을 선언함과 동시에 다시 우리의 뜻을 천명하려 하는 바이다.

1. 아직까지 구속되어 있는 인사에 대하여도 지체 없는 석방의 단안이 내려져야 한다.
2. 속칭 인혁당 사건에 대하여는 무조건 공개재판이 시행되어야 한다.
3. 정권 안보와 사건 조작, 그리고 보복을 위한 고문 행위자는 그 행정 책임자와 함께 반드시 의법 조처되어야 한다.
4. 1인을 절대화, 신성화하는 유신체제는 촌각을 다투어 철폐되어야 한다.
5. 이상 우리의 뜻이 관철되어 인권이 확립되고 민주 회복이 이루어질 때까지 우리는 기도하며 투쟁할 것이다.

1975년 2월 20일 정의, 자유 구현을 위한 목요정기기도회[34]

**<구속자 석방 조처에 대한 코멘트 한국기독교교회협의회 총무 김관석>[35]**

우선 구속자들이 석방된다는 소식을 듣고 반가운 마음을 금할 길이 없습니다. 작년 1.8조처 이후에 연속적

34 민주화운동기념사업회 오픈 아카이브, 등록번호 00480348.

으로 구속되었던 교역자들, 학생들, 그밖에 인사들이 우리나라 역사에 획기적인 계기를 마련하였고 그동안 구속자들의 가족들, 전국 교회 그리고 그밖에 모든 국민들의 끈질긴 기도요 성원을 얻어 이번 정부에서 석방 조처한 데 대하여 진심으로 기뻐합니다.

지난1년 동안 우리나라는 민청학련 사건으로 말미암아 말할 수 없는 진통을 겪었고 국내, 국외를 막론하고 이로 말미암아 정치적 물의를 일으켜 왔다는 것은 참 불행한 일이었습니다.

앞으로는 이런 일이 다시 없도록 해야 하며 참으로 한 사람의 인권이라도 존중하는 정치가 이루어지기를 바라며 석방이 확정되지 않은 인사들도 같은 조처로서 풀려나기를 바라마지 않습니다.

**1975. 2. 15 한국기독교교회협의회 총무 김관석**

이들의 석방은 온 교회의 기쁨이자 시민들의 기쁨이었다. 각 교단 노회, 개 교회별 환영회가 열렸고 지방에서도 석방자를 초청하여 대대적인 환영회를 열었다(부록 참조). 이 환영회들에서 석방자들은 끔찍한 고문이 있었음을 알렸다. 고문의 심각성은 인권유린의 문제로 번져가기 시작하였다. 또한 인혁당 사건 관련 구속자들의 공개재판 호소는 새로운 인권투쟁을 열게 되었다. 다음은 인혁당 가족들의 호소문과 동아일보 광고란에 실린 구속자가족협의회의 고문의 실태이다.

**<이른바 민청학련 사건을 고발합니다>**

…

◎ 변호사 상고 이유서에 나타난 수사 과정에서의 고문 -

피고인 전원은 중앙정보부에서 물고문 전기고문 잠 못 자게 하는 고문 등을 받았고 그 상처와 공포가 가시기도 전에 검찰관의 심문 장소 역시 중앙정보부 안인 경우가 많았고 (이철, 유인태, 이근성, 정화영 등의 경우) 심문 시 언제나 중앙정보부원이 동석하였으며 부인하면 중앙정보부에 되돌려 보내겠다고 위협하거나 또 실제로 되돌려 보내 고문을 받게 하기도 하였으며 (김효순, 서중석의 경우) 사법경찰관의 의견서를 읽게 한 다음 이를 받아쓰고선 심문조서라 하여 무인을 강요했다 함은 헌법 제10조 "신체의 자유"에 반하는 중대한 위법이었다.

이철: 법정에서 공소사실대로 시인하지 않았다고 하여 구치소까지 찾아온 기관원에게 구타를 당했다.

이강철: 모처 지하실에서 20일 동안 전기고문을 당했다.

여정남: 공소사실은 처음부터 끝까지 전부가 허위다. 모처에서 전기고문 등 각종 고문을 받으며 하루에도 수차에 걸쳐 심문 조서를 받아 인간으로서는 더 이상 견딜 수 없는 육체적, 정신적 극한 상황에서 이미 검찰에 송치된 진술서를 수사관이 읽어 주는 대로 쓸 수밖에 없었다.

「동아일보」 1975. 2. 11

35 한국기독교역사연구소 소장 사료 1005-021-000-1520.

민청학련 구속자들의 고문에 대한 증언들이 쏟아지자 신민당은 당 인권 옹호위원회에서 조사, 대책을 세우기로 하면서 고문의 진상을 밝히고 아울러 인혁당 사건도 공개재판을 통해 억울한 누명을 쓴 사람들을 구제토록 할 것임을 천명했다.[36] 석방자들의 고문 사례는 기사로 자세히 보도되었고 고문과 인권 문제는 이제 사회 공론화의 핵심이 되었다.

나병식은 1974년 4월 6일 중앙정보부에 연행된 이후 물고문, 전기고문, 잠 안 재우기 "해전"(거꾸로 매달고 바께쓰로 물을 끼얹는 고문), "육전"(전신을 마구 두들겨 패는 고문), "공전"(공중에 매달고 빙빙 돌리는 고문)과 총살시킨다는 협박 등 갖가지 육체적 정신적 고문을 받았으며 이 같은 고문에 못 이겨 학생 데모의 목적이 용공 국가의 건설에 있는 것처럼 허위자백을 강요당했다. 김정길은 1974년 4월 18일 광주 보안대에 끌려가 빗장뼈 발바닥 등을 구타당하고 심한 물고문, 전기고문 등을 당해 제대로 걷지도 못하였다.

## 2. 인간 존엄과 고문

시민들의 민주 의식이 나날이 성장하고 있다 할지라도 권력자의 횡포가 사라지지 않는 한 역사와 인권은 퇴행을 반복할 수밖에 없다. 어쩌면 평범한 가장이었을 사람들이 한 독재자의 야망을 등에 업고 벌인 일들은 상상조차 할 수 없는 잔혹함을 보인다. 그들은 또 그들의 상관이, 그들의 상관은 또 그 위의 상관이 있어 차례로 먹이사슬을 형성하며 거대한 살육 집단이 되어갔다.[37] 악의 평범성. 하나님이 부여하신 인권을 함부로 전횡하여 생살여탈권을 쥐고 흔드는 권력자의 말로는 이미 정해져 있다. 하지만 그 시기의 도래는 도무지 보이지 않는 긴 터널과 같은 막막함의 수십 겹을 거쳐서야 실현되었다. 독재자의 말로는

36 「동아일보」 1975. 2. 17. 1면.

37 아무렴 어떠랴. 그렇다고 그들이 죄인인 것은 변하지 않았다. 어찌 됐든 윗분들이 원하는 큰 그림은 얼추 맞춰지고 있었다. 그럼에도 불구하고 윗분들은 좀처럼 만족하지 않았다. 22명으로는 국민에게 먹히지 않으니 50명 선으로 만들라는 지시가 청와대에서 떨어진 것이다. "야 깨어났어", "신경이 괜찮다." 수사관들 중 한 사람이 쓰러져 있는 사내의 다리를 담뱃불로 지져보더니 동료에게 말을 건넸다. 이 순간 생각 따위가 개입할 틈은 없었다. 지금 서 있는 자리에 대해 의문을 갖기 시작한다면 눈앞에서 초주검이 되도록 맞고 있는 사람이 언제 나로 바뀌어 있을지 모르는 일이다. 적어도 위에서 시키는 일만 충실히 한다면 자신의 안전은 보장받을 수 있었다. 여기 던져진 사람은 차라리 짐승이어야 했다(이건혜, 『박정희는 왜 그들을 죽였을까』, 서울: 책으로 보는 세상, 2013, 77).

비참했으나 그로 인해 처참한 고문을 받고 가족은 풍비박산 나며 기필코 목숨까지 빼앗긴 사람들의 비참함에 비하면 당연한 귀결이었다.

고문으로 심각히 제기된 인권 문제를 논의하기에 앞서 인혁당 사건 관련자들의 고문 진상과 가족들이 겪었어야 할 고통의 악순환을 먼저 살펴보아야 한다. 우리는 그들의 긴 고통의 시간을 단 한 줄 '인혁당 사건 관계자의 사법 학살'로 지나갈 수 없는 처참한 인권유린을 마주해야 하고 기억해야 한다. 인권 수호는 시대적 낭만이 아니라 치열한 생존의 절규였다.

### 1) 끝없는 고문

민청학련 사건이 고문에 의해 조작된 사건이었을 뿐 아니라 인혁당 사건도 고문의 강도가 무자비한 단계에 이른 사건이었다. 민청학련이 국가 전복을 이루려 하였다면 인혁당은 그들을 배후 조종하는 단체였기에 그들에 대한 고문은 상상을 초월하였다.

민청학련의 배후 조종으로 조작하려는 인혁당 사건은 박정희의 계획된 학살이었다. 인혁당 사건 관련자 가운데 사형수 8명 전원, 무기수 7명 중 5명, 유기수 9명 중 6명 그리고 남민전 사건 주모자 이재문을 포함해 총 25명 중 20명이 대구 등 영남 출신이다. 이들은 대구 지역을 기반으로 활동했던 혁신계 단체인 민족민주청년동맹과 통일민주청년동맹의 핵심 인사들이었다. 박정의 정권 초반까지만 해도 대구는 대표적인 '야당 도시'였다. 대구는 야성이 깊었다. 1946년 10월 1일 '10월 항쟁'도 대구가 중심이었다. 노동자, 농민 계층이 일으킨 대도시 민중항쟁으로는 대구가 유일했다. 1차 인혁당 사건도 영남 출신들로 서울의 대학으로 진학한 대구 출신들이 다수였다. 2차 인혁당 사건 관련자들도 영남권 출신이 대부분이었다. 이수병, 우홍선, 김용원, 전창일, 김한덕, 이성재, 유진곤, 김종대, 황현승, 이창복, 장석구, 이재문 등은 서울에서, 서도원, 도예종, 송상진, 하재완, 여정남, 강창덕, 이태환, 나경일, 전재권, 조만호, 정만진, 이재형, 임구호 등은 대구에서 활동했다. 이들 대부분은 4.19 전후로 혁신정당에 몸을 담았거나 통일운동, 노동운동, 민족청년운동, 민족언론운동 등에 참여해 활동했던 인물이다.

7대 대통령 선거에서 박정희는 광주·전남에서 52%, 대구·경북에서는 50%밖에 득표하지 못했다. 그러던 득표율이 1971년 8대 대선 때는 영남 71.9%, 경북 73%라는 몰표에 가까운 득표를 얻었다. 이때부터 대구·경북은 박정희의 전략적 근거지가 되었다. 박정희는 왜 이들의 선거지표에 관심을 가졌을까. 1971년 대통령 선거 이후 대구, 경북에서 몰표를 얻은 박정희는 자신의 정치적 고향인 대구를 완전히 장악해야 할 필요를 느꼈다. 인혁계에게 대구가 모태와도 같은 땅이었다면 박정희에게는 집권전략의 요충지였다.[38] 2차 인혁당 사건은 단순히 혁신계 지도자 몇 명이 목숨을 잃은 차원만의 문제가 아니라 정통 야당 도시 대구를 완전히 박정희의 품에 안게 하는 사건이었다.[39] 그 결과 대구는 보수의 상징으로 전락하여 권력에 포획된 채 오늘에 이른다.

**<여정남 평전 중에서>40**

정남이 정화영에게 고문받은 얘기를 털어놨다. "너무나 지독하게 고문을 받아서 정신이 없다." 정화영이 보기에 정남은 제정신이 아니었다. 마치 실성한 사람 같았다. 서울구치소의 '병력표'에는 "약1주일 전부터 요도에서 농과 출혈이 되고 있음"이라며 '급성 요도염' 진단을 내렸다. 요도를 통한 성고문이나 여타 신체적 위해에 따른 요도 출혈 후 요도감염이 된 것으로 보인다.

(이현세의 증언 중에서, 2015. 5. 24 증언-『청년 여정남과 박정희 시대』에서 재인용) "법정에 출석한 여정남 선배를 보니 마치 파김치 같았다. 심지어 동공이 풀려 앞이 안 보일 정도였다. 그런 여 선배의 모습을 보노라니 눈물이 쏟아져서 하나도 따져 묻지 못했다.

(김지하의 동아일보 연재 중에서) … 그 방들 속에서 매 순간순간들은 한마디로 죽음이었다. 죽음과의 대면! 죽음과의 싸움! 그것을 이겨 끝끝내 투사의 내적 자유에 돌아가느냐, 아니면 굴복하여 수치에 덮여 덧없이 쓰러져 가느냐? 1974년은 한마디로 죽음이었고 우리들 사건 전체의 이름은 이 죽음과의 싸움이었다.

(도예종 상고 이유서 중에서) 1974. 4. 20~6. 8 50일 간 중정 조사에서 4~5차례에 걸쳐 고문을 당함. 6국 311호. 중정 취조 시에 협심증까지 일으켜 수차 졸도하는 등 만신창이가 됨.

(김용원 상고 이유서 중에서) 중정 조서와 진술서는 심한 몽둥이질과 전기고문, 물고문을 통해서 꾸며진 것임. 중정에서 몽둥이질을 해서 왼쪽 눈썹 위가 찢어져 피가 줄줄 흘렀음.

(하재완 상고 이유서 중에서) 4.28 혹독한 고문으로 탈장이 되었으며 탈홍이 되고 폐농양이 생겨 취조관이 시키는 대로 조서가 작성됨.

(정만진 항소이유서 중에서) 물고문과 구타를 어떻게 당했는지 몇 번이고 정신을 잃었으며 구치소에서 피 소변을 5일 동안 누는 등 무자비한 고문을 당함.

---

38 정운현, 『청년 여정남과 박정희 시대』 (서울: 다락방, 2015), 435.

39 통일민주청년동맹(통민청)은 1958년 9월 서울에서 결성된 통일청년회를 모태로 한다. 통일청년회는 울산 출신 자유당 국회의원 김수선의 비서로 있던 김영광의 주도하에 구성된 청년들의 모임이었다. 통일청년회는 4월 혁명 직후 정치적으로 확대된 공간에서 새로운 조직 진로를 모색하였고 이즈음 서울대 출신 청년 활동가들이 가세하여 통민청을 결성하게 되었다. 1960년 결성된 통민청은 위원장에 우홍선(禹洪善, 본명: 우동읍, 禹東邑), 간사장에 김영광을 선출하였다. 당시 통민청에 참가한 주요 인물들을 살펴보면 우홍선, 최일, 김배영, 김영광, 양춘우, 이재문, 최상진, 유민수, 유찬우, 김재봉, 이규영, 진병호, 박익수 등이다.

(전병용 서울구치소 보안과 교도관, 의문사위원회 진술 중에서) 유진곤은 손과 목에 붕대를 감고 있었으며 김용원은 맥이 풀려 몸 상태가 정상이 아니었음. 하재완은 탈장이 되었고 물고문에 의한 폐농양증으로 기침을 할 때마다 피가 배어 나옴.
(이택모 서울구치소 보안분실장 진술 중에서) 하재완은 고문을 받아서 탈장이 되었고 전기고문을 받아서 경련을 일으켰다.

74년 5월 1일 저녁 집에서 남산 정보부로 연행된 전창일 씨는 화장실 가다가 우연히 복도에서 우홍선과 마주쳤다. "나의 진술서는 견딜 수 없는 고문에 의해 조작됐소. 지장도 힘센 놈들에 의해 강제로 찍힌 것이오" 전씨는 이야기를 이어간다. 처음엔 그들이 요구하는 각본을 거부했다. 그랬더니 지하실로 끌고 갔다. 어두컴컴한 보일러실 같은 데였다. 그곳에서 팬티까지 완전히 옷을 벗어야 했다. 수사관들은 나의 팔목과 발목을 수건으로 완전히 감은 후 꼼짝 못 하게 묶었다. 긴 막대기를 내 몸 사이에 끼워 넣더니 수사관 두 사람이 달싹 들어 책상 두 개 사이에 매달았다. 마치 네발 달린 짐승이 묶여 도살장에 매달린 것 같았다. 천정으로 향한 내 얼굴에 수건을 덮더니 콧구멍에 주전자로 물을 붓기 시작했다. 그들은 "서울대 최 교수(중앙정보부에서 고문을 받아 의문사한 서울대 최종길 교수)도 이렇게 우리가 죽였다. 그래도 끄떡없다. 너 같은 놈은 죽여도 아무런 상관없어"하며 협박 공갈한다. 그들은 두 손을 꽉 묶고 전깃줄을 감은 후 기계를 돌린다. 손바닥이 타고 전신이 충격에 아찔해진다. 나도 몰래 비명이 터져 나온다. (전창일)

손과 발을 묶고, 그 사이에 철봉을 끼워 두 개의 책상에 걸쳐놓고 얼굴에 수건을 얹은 다음 물을 먹이는 물고문을 했다. 물고문이 끝나자, 전기고문실로 끌고 가 두 엄지손가락에 전깃줄을 묶고 전기고문을 했다. 입이 바짝 말라 대답할 수 없을 지경이 되어 물을 달라고 하니 물을 먹으면 죽는다면서도 물을 주고 다시 전기고문을 했다. (황현승)

시멘트 바닥에 눕혔다. 그 후 물수건을 덮고 주전자의 물을 부어 물고문을 했다. 발가벗은 몸을 의자에 묶어놓고 양 엄지 손가락에 전선 코일을 감고 시멘트 바닥에 물을 부어 전기가

40 정운현, 『청년 여정남과 박정희 시대』 (서울: 다락방, 2015), 369-373 참조.

잘 통하게 한 다음 야전용 전화기의 발전기를 마구 돌려 전기고문을 했다. (김한덕)

취조를 받기 위해 끌려가다 서울구치소 보안과에서 김용원 선생을 만났는데 산 사람이 아니라 이미 반은 죽은 사람이었다. 초점 없이 흐리멍덩한 눈으로 쳐다보며 몸도 제대로 가누지 못했던 모습이 지금도 눈에 선하다. 또 중앙정보부 대기실에서 이수병 선생은 전기고문으로 만신창이가 되었다고 말했다. 유진곤 선생은 전기고문으로 의식을 잃고 자신도 모르게 시멘트 바닥에 오줌을 질질 쌌다고 내게 말했다. 하재완 선생은 얼마나 고문을 받았는지 창자가 항문으로 튀어나오는 탈장이 되어 재판을 받을 때도 바로 앉지 못하고 왼쪽 엉덩이로 앉았다가 창자가 튀어나오면 손으로 밀어 넣고 오른쪽 엉덩이로 앉고 또 창자가 튀어나오면 손으로 밀어 넣은 뒤 왼쪽 엉덩이로 앉고 하는 반복된 행동을 뒤에 앉아서 바라보니 마음이 아팠다. (김종대)

잔인하고 혹독한 고문은 멀쩡하던 사람들의 심신을 만신창이로 만들었다. 5월 2일 건강한 몸으로 직장에서 일하다 연행되어 온 우홍선은 불과 4일 만인 5월 6일, 상처로 인하여 하지를 쓸 수 없어 누워도 좋다는 진단을 받았다. 여정남은 하도 맞아 다리를 절고 한쪽 귀가 들리지 않을 정도였다. 고문이 어찌나 고통스러웠는지 살아 있는 것이 죽느니만 못하다는 생각이 들었다. 우홍선은 취조를 받던 3층 건물에서 차라리 뛰어내리고 싶은 심정이었다고 법정에서 진술했으며 송상진은 실제로 손목을 그어 자살을 기도했다.[41]

사건은 검찰로 넘어갔다. 그 긴 고난의 시간은 이제 시작한 것에 불과하였다. 검사가 중앙정보부에 불려 와 수사관이 입회한 가운데 조사를 하고 중정 수사관이 작성한 심문조서에 그저 합법성을 부여하였다. 검사 취조를 받기 전 몽둥이를 든 수사관에게 지하실로 끌려가서 "검사 앞에서 부인하면 죽인다!" 공갈 협박을 받고 그 협박한 수사관이 몽둥이를 들고 검사와 함께 입회해 있었고 부인하면 지하실로 끌려가 다시 고문을 받게 되었다.

며칠 후, 검사 취조라며 또 끌려 나갔다. 똑같은 중앙정보부 취조실에서 고문 수사관을 옆에

---

41 이건혜, 『박정희는 왜 그들을 죽였을까』, 81, 82, 86, 87.

세워두고 검사와 서기가 앉아서 심문한다. 나는 마음을 굳게 먹고 이야기했다. 한 자 한 자 부르는 대로 쓴 자필 진술서며, 온종일 벽면을 향해 앉혀놓고 내용도 알 수 없는 문답 조서에 강제로 지장을 찍은 사실, 물고문, 전기고문, 폭행, 구타 등 온갖 비인간적 수모를 당한 사실을 모두 이야기했다. 듣고 있던 검사는 내게 "이 새끼, 아직 살아 있구나!"하며 구둣발로 고무신을 신은 내 발을 밟는다. 대기하고 있던 수사관은 또 나를 지하실로 끌고 내려갔다. (전창일)

이렇게 간첩들이 만들어졌다. 그들은 가칭 '인혁당재건위'를 구성하기로 하고 그들이 사는 대구를 중심으로 경북 지역을 담당할 지도부를 결성한다. 이재문 교양지도책, 하재완 조직책, 송상진 자금조달책, 여정남 학원조종책으로 역할을 나눈 것으로 되었다. 그들이 간첩이라는 증거물은 라디오, 일본책, 러시아혁명사, 김지하의 담시 <오적>, 학생선언문뿐이었다.

비밀재판이 이뤄졌다. 그래도 재판에 실낱같은 희망을 걸고 피고인 모두가 공소장에 기재된 내용들을 부인했다. 전부 소용없었다. 심지어 피고인들은 재판 도중에 끌려가 고문과 협박을 당하기까지 했다. 피고인들의 최후진술 역시 시간 관계를 이유로 간단하게 하라고 독촉하여 제대로 할 수 없었다. 법의 정의와 공정성은 더 이상 존재하지 않았다.

내가 왜 이 자리에 어떻게 해서 서게 되었는지 그 이유를 아무리 생각해도 모르겠다. (도예종)

중앙정보부의 과잉충성으로 내가 공산주의자로 몰리게 됨을 유감으로 생각한다. (하재완)

도저히 납득할 수 없는 형벌이다. (이수병)

이 나라를 송두리째 넘겨준다 해도 받아 다스릴 기반이 없는 사람이 국가변란 음모에 가담하여 가정을 희생시킬 일을 할 일이 있다 생각하는가? (전창일)

내가 왜 이 자리에 서 있는지 모르겠다. 이유가 있다면 연행되기 전날 유진곤과 같이 술을 마셨다는 이유뿐이다. (김한덕)42

1974년 가을 2심 재판이 끝나자 사형수들과 무기수들은 서울구치소에 남고 유기수들만 안양교도소로 이감되었다. 그리고 이듬해 2월 15일, 민청학련 관련 수감자들은 대부분 석방된다. 하지만 특별사면에서 제외된 인혁당 관련자들은 여전히 높은 담 안의 차가운 감방에 갇혀 고독한 싸움을 계속하고 있었다. 가족들과의 면회는 계속 금지되었고 제한적인 변호사와의 접견조차 수사관의 감시 속에 이뤄졌다. 살아서 이 방을 나갈 수 있을까. 그들의 겨울은 끝이 보이지 않았다.[43]

### 2) 가족들의 고난

이대로 주저앉아 있을 수는 없었다. 이 세상 모든 이가 다 외면한다 해도 내가 나서서라도 구해야만 했다. 인혁당 가족들의 길고도 외로운 싸움이 시작되었다. 쉽지 않았다. 똑같이 가족을 감옥에 둔 처지였음에도 인혁당의 위치는 미묘한 것이었다. 다른 죄면 몰라도 북한과 연루되는 일은 피해야 살 수 있다고 생각했기에 그녀들과의 연대에 머뭇거렸을 상태였으나 연대의 자리를 마련한 이는 조지 오글 목사였다.

9월 하순경 사형선고를 받은 도예종, 하재완, 서도원, 이수병, 김용원, 우홍선, 송상진의 부인들과 여정남의 어머니는 오글 목사를 찾아간다. 오글 목사는 한국의 인권 문제에 관심을 갖는 외국인들이 결성한 '월요모임'에 이 사안을 알렸다. 월요모임의 모두가 인혁당 피의자들의 억울함에 공감하였다. 인혁당 사건의 조작을 폭로하기로 결정한 것이었다. 오글 목사는 종로5가 목요기도회의 문을 두드렸다. 그날이 1974년 10월 10일이었고 목요기도회는 이제 민청학련뿐 아니라 인혁당 관련 구속자들의 가족과 함께 공동 행동을 하기 시작하였다.

남편들이 처해 있는 상황은 아내들에게는 갇힌 사람 못지않은 고통이었다. 그녀들 가운데 정신적 충격을 견디다 못해 자살한 징역 15년을 받은 황현승 피고의 부인 안보형 씨가 있다. 그녀는 대법원에서 상고기각 된 75년부터 정신이상을 보이다가 81년 7월 끝내 목숨을 끊었다. 남편 황 씨가 형집행정지로 풀려난 것은 8개월 뒤였다. 일체 면회가 허용되지 않은

42 『1970년대 민주화운동 I』, 457.
43 이건혜, 『박정희는 왜 그들을 죽였을까』, 98-99.

상황에서 방청이 제한된 군사 법정에서나마 가장의 얼굴을 먼발치로 볼 수 있었을 뿐인 아내들은 남편의 석방을 백방으로 호소하며 뛰어다녔다. 기독교회관에서 매주 한 번씩 열리던 목요기도회에서 눈물로 남편의 무죄를 외치는 것도 그 무렵의 주요 일과였다. 때로는 가두시위에 플래카드를 들고 나서기도 했다.

8인 사형수의 한 사람인 전 경기여고 교사 김용원의 부인 유승옥 여사에게는 더욱 비열한 수법으로 고통을 주었다. "이 간첩의 여편네. 왜 까불고 다녀!" 목요기도회에서 남편의 무죄를 주장했기 때문이다. 그런 후 취조가 시작되었다. 반쯤 얼이 나간 부인 유 씨는 그들이 건네준 물을 반 컵쯤 마셨는데 성적인 흥분이 일어나며 몸이 비비 꼬이는 것이었다. 약물 작용임이 분명했다. 이런 비정상적인 상태에서 그녀는 요원들이 불러 주는 대로 '내 남편은 간첩'이란 글을 쓰고 지장을 찍었다. 그날 받은 정신적 충격과 괴로움이 너무 컸던 나머지 그녀는 자책감을 견디지 못하고 죽음을 결심하기에 이르렀다. 남편과 함께 찍은 사진 앨범을 불태운 그녀는 쥐약을 사다가 아이들 셋과 함께 일가족 집단자살을 꾀했다. 그러나 눈치 빠른 큰 딸아이가 먹으려 하지 않으며 실랑이를 벌일 때 마침 그녀의 친정어머니가 찾아와 자살소동은 끝났다. 하지만 친정어머니는 그때의 충격으로 1개월 후 숨을 거두고 말았다.[44] 인혁당 당사자들의 고문과 그 고통은 말할 수 없는 것이었으나 밖에서 석방운동을 벌이던 가족들의 처참한 삶은 이루 말할 수 없이 비참하고 또 비참했다.

전재권 씨의 아내 정00은 ■ (남민전 사건이 나자 경북도경 분실에 끌려가 조사를 받으면서) "너 왜 서울로 도망을 가냐? 앞으로 기독교회관 갈래 안 갈래"라고 협박을 하면서 발로 차고 주먹으로 때리고 꼬챙이로 쿡쿡 찌르고 하였다. 그러고는 "다시는 서울에 올라가지 않겠다"는 각서를 쓰고는 그다음 날에 풀려났다.

정만진 씨의 아내 추00은 ■ (남민전 사건으로)경북도경 대공분실에 끌려갔는데 50살 정도 되는 사람이 야구 방망이 같은 것을 들고 와서 "우리가 다른 업무도 바빠 죽겠는데 계속 석방 운동하러 다닐래?"라고 하면서 손바닥을 때렸다. 그리고는 똑바로 세워놓은 채로 어깨, 팔, 손바닥 등을 계속 때렸다.

도예종 씨의 아내 신00은 ■ (1975년 1월 15일 중앙정보부에 연행되어)자꾸 서울에 올라와

---

44 위의 책, 180.

목요기도회에 참석하는 등 떠들고 다니지 마라. 가만히 있으면 선처를 해줄 텐데 왜 자꾸 쓸데없는 짓을 하고 다니느냐며 회유와 협박을 했고, 나에게 조사를 한 내용은 "남편이 공산주의자라는 사실을 아느냐", "아는 것이 있으면 소상히 글로 적어서 제출하라"는 것이었다.

■ (남민전 사건이 났을 때)경북도경 분실에서 조사를 받았는데 원하는 답변이 나오지 않을 때마다 예외 없이 몽둥이로 전신을 구타했으며 연필을 손가락 사이에 끼워서 돌리고 오금에 막대기를 끼워 넣은 상태에서 허벅지를 구둣발로 질근질근 밟는 등 갖은 고문을 당했다.

■ (1980년 1월 무렵에도 경복궁 근처 건물에서)오금에 몽둥이를 집어넣고 무릎을 꿇린 다음에 허벅지를 짓밟았고 몽둥이로 팔과 허벅지를 많이 때렸는데 팔 옆이 너무 크게 부어서 수사관들도 너무 놀랐는지 그 다음부터는 고문을 하지 않았다.

이태환 씨의 아내 구00는 ■ (남민전 사건이 났을 때)경북도경 대공분실에서 몽둥이로 손바닥을 때리고 가슴을 쿡쿡 찌르는데 그것 때문에 손등하고 팔이 통통 부어올랐고 가슴이 쑤시고 아팠습니다. "눈을 뽑아버리겠다"고 협박을 하여서 저는 심한 공포를 느꼈다.

하재완 씨의 아내 이00는 ■ 1975년 1월 16일 남산 중앙정보부로 끌려가서 조서를 받았는데, "하재완이 공산주의자이며, 앞으로 석방 운동을 하지 않겠다"는 내용이었다. 그래서 저는 "공산주의자라고 적을 수 없다. 그리고 내 남편이 공산주의자이면 뭐라고 이렇게 애를 많이 낳았겠냐? 안 그래도 동네 사람들이 담에다 간첩이니 공산주의자이니 하면서 낙서를 하는데 내가 남편이 공산주의자라고 인정을 하면 뭐가 되냐"라고 하여서 그 내용은 쓰지 않았다.

송상진 씨의 아내 김00는 ■ (1975년 1월에 중앙정보부 조사 당시)밖으로 돌아다니지 않고 집에 가만히 있겠다는 것과 남편이 공산주의자라는 내용의 각서 같은 것을 주더니 여기에 지장을 찍으라고 했다. 저는 반항을 하였는데 담당 수사관이 고함을 지르면서 빨리 찍으라고 위협을 하여서 어쩔 수 없이 지장을 찍었다.

서도원 씨의 아내 배00은 ■ 수사관이 손가락 사이에 볼펜을 끼우고 손가락을 비틀고 단단한 몽둥이로 발바닥, 허벅지, 팔을 때렸다. 그러다가 잘못되어서 그런 것인지 모르겠는데 손가락도 좋지 않게 되었다. 그때 너무 심하게 고문을 당해서 두 번인가 세 번 정도 실신을 했고 팔과 다리, 발과 손이 퉁퉁 부었다. 그래서 신발도 신지 못했고 숟가락질도 못했다.

이수병 씨의 아내 이00는 ■ 1975년 초에 한 살 된 딸을 업고 중앙정보부로 끌려가서

3층 조사실에서 조사를 받았는데 수사관이 가슴을 쥐어박으며 "이수병이 정부 전복을 모의하였다고 시인한 것을 인정해라"라고 협박을 했으나 거부했고, 수사관이 "네 남편이 그랬다고 하는데 너는 왜 안 그랬다고 그래"라고 고함을 치자 "내 남편이 언제 그렇게 시인을 했냐"고 되받아쳤다.[45]

### 3) 생활공동체의 피해

물리적 피해와 함께 이웃에 의한 집단 따돌림 등 정신적 피해 역시 생활공동체 차원의 피해에서 빼놓을 수 없는 피해 유형이다. 이 고통은 경제적 어려움보다도 희생자와 피해자가 감내하기 더 힘들었던 고통이었다고 한다(도예종의 아내 신동숙 진술). 이러한 고통은 국가 차원의 낙인에서부터 비롯된다. 국가는 이데올로기적 국가 장치(신문, 방송, 학교 교육 등)를 통해 인혁당 재건위 사건 관련자들을 공산주의자로 낙인찍었다. 국가 장치에 의한 낙인은 반공이데올로기의 자율적 작동에 따라 이웃에 의한 집단 따돌림으로 이어진다.

분단국가 반공 체제하에서 낙인과 고립은 흔히 빨갱이·간첩이라는 호명을 통해 이루어져 왔다. 빨갱이와 간첩으로 호명되는 순간 그 사람은 국가와 사회의 이방인이 되어버린다. 빨갱이와 간첩에게는 친척도, 동료도, 이웃도 허락되지 않았다. 인혁당 재건위 사건 관련자와 그들의 가족은 가족, 친족, 이웃, 지역사회, 국가로부터 배제·퇴출 되었을 뿐만 아니라 권위주의 정권의 통치 기간 동안 기억의 역사로부터도 소외되었다. 사형수 도예종의 아내 신동숙의 진술처럼 이들은 "사회적으로 고립된 섬"에 살았고, 그렇게 살도록 강요당했다.

하재완 씨의 경우, ■ 저희 남편이 구속된 직후에 저희 집 담벼락에 "간첩이다. 죽여라"라는 낙서가 적혀 있었는데, 지우면 또 쓰여 있고 지우면 또 쓰여 있었다. ■ 저희 막내가 네 살일 때는 동네 아이들이 막내를 나무에 묶어놓고 간첩 새끼라고 총살시키는 장난을 하고 있을 때 동네 어른들도 이를 막기는커녕 웃으며 방관하는 일도 있었다.

정석구 씨의 경우, ■ 제 큰 애는 당시 폐렴에 걸려 있었는데 제가 돌보지도 못하여서 1975년 4월경에 사망하였다.

---

45 오승용, "국가폭력과 가족의 피해-'인혁당 재건위' 사건을 중심으로," 「담론」 201호 (2007), 213-214.

여정남 씨의 경우, ■ 여규정(여정남의 여동생)은 충격으로 출가하여 스님이 되었다.

도예종 씨의 경우, ■ 경제적인 궁핍 말고도 더욱 힘들었던 것은 사회적으로 고립된다는 사실이었다. 친척들 사이에서조차도 기피의 대상이 된다는 것은 겪어보지 않고서는 알 수 없는 고통이었다.

사건 당사자뿐 아니라 사건 피해자 가족들까지 겪어야 할 고통은 감당할 수 없는 일이었다. 어떻게 그들의 고통을 대변할 수 있을까. 그들이 겪는 고통에 대해 개신교와 사회 제반 담론은 어떻게 진행되었는지 살펴보겠다.

### 4) 맨 마지막 이야기, 인권

이들에 가한 인권유린의 참상이 너무나 가혹했음에도 이들에 대한 인권 보호 노력은 상대적으로 너무 미비하였다. 민청학련 사건 관련자들은 국내외로부터 많은 연대적인 동정을 받았다. 그 대부분이 젊은 학생이었다는 점, 기독교 관계의 배경을 지니고 있었다는 점, 배후 조종자로 지목된 일반인들도 전직 대통령이라는가 대학교수, 교회와 성당의 교직자들이었다는 점 그리고 국제적 여론은 이들을 압도적으로 지지하였다. 하지만 인혁당계만큼은 달랐다. 국민들은 학생들이나 대학교수, 성직자 등 다른 관련자들과는 어느 모로 살펴보나 어울릴 것 같지 않는 인혁당 관련자 22명의 낯선 이름을 보고는 정부 발표대로 그들이 북괴의 지령을 받아 정부 전복을 꾀하려 했다는 사실에 의심을 품으려 하지도 않았고 주목하지도 않았다. 그들은 종교적인 배경도 없었고 국제적인 연대도 없었다. 물 이에 뜬 기름처럼 소외되어 있었다.[46] 당국은 거의 정신병적이라 할 만큼 과민하게 인혁당 관련자들을 다뤘고 온갖 불법도 불사하였다. 완강한 자세 앞에서 이들의 인권에 대한 관심이 표명되기까지 상당한 시간이 걸려야 했다.

10월 10일 목요기도회에서 오글 목사의 설교를 통해 이들의 인권 문제에 대한 관심이 공식적으로 표명되기 시작하였다. 11월 8일 사형 또는 무기징역을 선고받은 피고인들의 부인 8명이 탄원서를 제출한 데 이어 12월 9일에는 사형선고를 받은 피고인 7명의 아내들이

46 천주교인권위원회, 『사법살인 1975년 4월의 학살』 (서울: 학민사, 2001), 83.

탄원서를 제출할 수 있는 단계에 이르렀다. 특히 12월 9일 대통령과 대법원장에게 보낸 탄원서에는 김수환 추기경, 한경직 목사, 이병린 변호사, 김관석 목사, 이해영 목사, 윤반웅 목사, 박창균 목사, 최명한 목사, 문정현 신부, 지정환 신부, 강신명 목사, 신현봉 신부, 이태영 변호사, 서남동 교수, 함석헌 선생 등이었다. 1975년 1월 6일에는 신·구교 주한 외국인 선교사 60명이 인혁당 사건 혐의의 증거불충분과 공개적인 재판을 요구하는 탄원서를 대통령과 대법원장에게 보냈다. 2월 6일 명동성당에서 개최된 인권 회복을 위한 기도회에서 인혁당 관련자들의 인권유린 사실을 폭로하면서 당국을 규탄하였다. 2월 24일 구가협은 명동성당 사제관에서 <인혁당의 진상은 이렇다>를 발표하였다. 3월 6일 구가협, 구가협후원회, 목요정기기도회는 공동성명을 발표하였다.

**<세칭 "인혁당" 가족이 박 대통령에게 보내는 호소문>**

박 대통령 각하께

저는 세칭 인혁당 관련 사건에 무기징역을 언도받은 전창일 피고인의 아내입니다. 연약한 아녀자가 온갖 곤란을 무릅쓰고 남편의 무죄를 호소하는 데는 귀를 기울여 주시지 않겠사옵니까. 이미 알려진 바와 같이 이번 재판은 사실상 비밀재판이나 다름없는 것으로 증거조사나 증인 채택 없이 일방적으로 진행되었으며 가족 한 사람씩 들어간 재판정에서는 남편들이 죄가 있다기보다는 "억울한 정책적인 제물이 되는구나" 하는 생각만을 가지게 될 뿐이었습니다. 남편의 재판정에서 "나는 무죄다", "검찰에 넘어와서까지 전기고문을 당했다"는 울부짖음을 들었을 때 … 또 증거가 없고 공소사실은 그 전부가 사실과 다르다고 부인하는데도 일사천리로 재판을 진행 무기징역이라는 납득할 수 없는 형을 받았을 때 … 그 아내로서의 심정을 상상조차 해 주실 수 없겠아옵니까.

저는 모 기관에 연행 당함으로써 남편이 강제자술서에 강제지장을 찍지 않을 수 없었다는 것을 뼈저리게 이해 했아오며 남편이 무죄하다는 사실에 대하여 더욱더 확신을 가지게 되었습니다. 저는 제 심장에서 맥박이 뛰는한 남편이 무죄라고 생각합니다. 박대통령 각하. 어찌 저뿐이겠습니까. 인혁당에 묶인 모든 피고인들 부인들은 억울하다고 가슴에서 피눈물을 흘리고 있읍니다. 저희 아녀자들이 두손모아 바라는 간절한 소망을 들어주시옵소서 언론의 자유가 충분히 보장된 상태에서 공정한 공개재판을 받게끔 관용을 베풀어 주십시오. 공개재판을 하여 죄가 있다면 정부에 충성된 마음으로 달게 받겠아오니 이 마지막 소원을 들어주실수는 없겠아옵니까. 오늘도 남편이 사형이 되면 아이들을 데리고 죽겠다고 독약을 사 모으는 사형수 가족을 보았읍니다. 이들은 오늘이나 내일이나 남편에게 사형소리가 면해지기를 피를 토하는 아픔과 절망 속에서 얼마나 학수고대 기다리고 있겠아옵니까. 이 사형수들에게는 70이 넘은 노부모와 사랑하는 아내와 귀여운 자녀들이 있읍니다.

저는 너무도 억울하고 원통하여 호소문을 써 가지고 울면서 호소하러 다닌 것이 죄가 된다고 하여 모기관에 연행돼 간지 4일 만에 집에 돌아왔읍니다. 이제까지 남편의 무죄함을 호소하러 다녔고 또 그것을 확신하는 저로 하여금 모기관은 제 임의대로 쓴 각서는 몇 번이고 취소해버리고 써 주는 대로 각서를 받아쓰게 하였읍니다. 만약 쓰지 않으면 검찰에 넘기겠으며 한 달이고 두 달이고 모 기관에 감금하겠다고 하니 아버지도 없는 어린 자식들이 애태우며 울고 있을 것을 생각해서 마음과 전혀 틀린 각서에다 지장을 찍고 나와 보니 마음은 더 괴롭고 살 수가 없어 대통령께 진실된 마음으로 간절히 호소하오니 남편의 억울함에 울고 있는 저희 아녀자들을 더 이상 괴롭히지 않게 하실 수는 없겠아옵니까….

이 사람들은 살인한 것도 아닙니다. 간첩 노릇을 한 것도 아닙니다. 재판 과정을 전부 지켜보았을 때 사형을 받을 만한 죄를 졌다고는 절대 생각하지 않았읍니다. 이들의 생명을 구해 주십시요. 살려주고도 이들을 다스릴 수 있는 것이 아니옵니까. 꼭 이 사람들을 죽여야만 이 나라가 잘되옵니까. 이 불쌍한 가족들에게 또 한 번 사형이라는 몸서리 쳐지는 말을 안 듣게끔 도와 주십시요. 관용을 베풀어 주십시요. 역사에 길이 남을 한 페이지에 부디 오판을 하였다는 기록을 남기지 않게끔 공명정대한 공개재판을 받게끔 도와주시기를 간절히 간절히 바라옵나이다.

**전창일 아내 임인영 올림**

**/구속자가족 후원회 회장 진필세(Sinnott) 「동아일보」 1975. 2. 3.**

인혁당에 대한 공개재판과 고문 문제는 신민당에서도 민감하게 받아들여 사회 공론화하며 정부를 몰아세웠다. 그러나 정부의 일관된 태도는 완고했다.

<고문의 정치사회적 공론>

▲ 2월 17일 신민당 「구속 중 고문」 진상조사. 정보부 등서 물, 전기고문 당해(1면)

▲ 2월 18일 신민당 고문 실상 단독 조사(1면)
통일당 범국민 서명운동 공동투쟁 제의, 고문 규명 고발센터 제의(1면)
인혁당 공개재판, 인혁당 하재완 탈장(1면)

▲ 2월 19일 뉴욕타임스 고문 내용 상세히 보도(1면)
신민당 고문 본격 조사 착수(1면)

▲ 2월 20일 정부·여당, 고문 인혁당 사건 관련 석방 후 대책 회의(1면)

▲ 2월 21일 신민 간부들, 황 법무부 장관에 고문 사실 즉각 수사, 전모 밝혀 처단 요구(1면)

▲ 2월 22일 민주 회복 국민회의, 민청학련 사건·인혁당 조종 공소사실에도 없는 것, 공개재판해야…(1면)
대한변협, 고문 등 진상규명 촉구 건의. 용납될 수 없는 고문 진상 철저

히 규명(7면)

▲ 2월 24일　여야, 투표 부정·고문 행위·동아 사태 공동조사위 구성 제의(1면)
김영삼 총재, ① 인혁당이 조종했다는 민청학련 사건은 허위 날조됐다는 호소가 있으므로 참된 내막과 진상을 밝힐 기회 마련하여 일반 공개재판으로 대신할 것 ② 석방된 인사들에 대하여 사면 조치를 치하여 교수는 교단으로 학생은 학원으로 복귀시킬 것 ③ 고문의 진상을 조사하여 고문을 지시한 자와 고문한 자를 색출 처단할 것이며 고문정치와 사실 공작의 총사령부로 지목되어 그 신임을 만회할 길이 없게 된 중앙정보부를 해체할 것 ④ 박 대통령은 긴급조치로 부당하게 인권을 탄압한 사실과 이로 말미암아 국가의 위신을 추락시킨 사실에 대하여 책임지는 조치를 국민에게 밝힐 것 등을 요구
국민투표 이후의 정치기상도 악화일로의 경화 정국(3면)
정부 여당 새로운 강경 주기 임박설(3면)
범야 세력 개학 맞아 공세 한층 가열(3면)

▲ 2월 25일　워싱턴 포스트지, 「고문 공개로 정부 수세에」라는 한국 사태에 관한 장문의 기사를 1면에 실음. 73%의 지지를 받은 국민투표가 겨우 10일 지나 정부는 수세에 몰리고 있다. 겨울밤에 옷 벗기고 찬물 퍼붓기, 팔과 정강이를 묶고 거꾸로 매다는 비행기 타기, 전기충격, 물고문 등 각종 고문 받은 학생들 이야기를 길게 보도(1면)
『더 타임즈』·『가디언』·『이코노미스트』, 한국의 국민투표와 고문에 관해 일제히 보도. 기독교단체들은 앰네스티 인터내셔널에 대해 서울에 감시단을 파견해 줄 것을 호소했다고 밝히고, 앰네스티는 한국의 사태를 심각하게 고려하고 있다고 밝힘(2면)

▲ 2월 28일　8대 야당 의원 13명, 고문정치 종식 선언. 철저한 조사규명, 조작 관련자들 일대 사면, 인혁당 사건 및 반공법과 국가보안법 사건은 공정한 재판에 회부할 것, 부당한 고문 중지촉구, 인간회복운동의 역사적 계기를 만들기 위해 사직당국에 고발 조치(1면)

신민당, 고문 진상규명 특위 구성(1면)

고문 폭로로 숨 가쁜 정가, 야당 의원들이 당한 참혹한 고문 사실 폭로(3면)

▲ 3월 3일 고문 폭로 새 정치 쟁점으로. 신민당, 재발 방지 제도적 장치 요구. 공화·유정회, 합동조사위 설치 반대. 국회 소집 위한 대화 거부(1면)

▲ 3월 13일 신민당, 개헌, 고문, 투표 부정, 동아 사태 중점 추궁 관계 장관 인책 공세 펴기로(1면)

▲ 3월 14일 대정부 질의, 고문 조사 않는 건 직무 유기(1면)

▲ 3월 15일 국회 상임위 대 정부 질의, 고문 진상규명·가해자 처단 요구. 장관 인책 촉구(1면)

국방위 신민당 의원들과 공방전. 고문 조사 못함은 민족에의 作罪(2면)

황 법무부 장관, 석방 학생, 오글 목사 인신공격(2면)

▲ 3월 17일 신민당, 중앙정보부 동아일보 사태, 김대중 납치, 최종길 교수 고문치사 사건 등에 해명 못 하면 해체 요구(1면)

▲ 3월 18일 신민당 최형우 의원, 민중은 비폭력 무저항의 자세를 견지하지 않을 것. 고문정치로 전 국민 공포에 떨고 있음을 지적. 고문방지법 제정 요구(1면)

▲ 3월 19일 신민, 고문 진상조사위 구성안 제출(1면)

최형우 의원 질의, 인간에게 가장 중요한 인권 문제. 고문정치 안 없애면 역사의 심판이(3면)

▲ 3월 21일 신민, 5장관 해임 권고안 제출, 황 법무부 장관 고문사건 수사권 미발동은 직무 유기(1면)

▲ 3월 25일 구속자 가족협서 성명 "고문 행위 묵과 못 해"(7면)

▲ 4월 2일 당국, 고문 폭로한 8대 의원들의 앰네스티 간부 면담 봉쇄해

▲ 4월 3일 김영삼 총재, 박 정권은 고문정치로 인권탄압에 대해 국민 앞에 정중히 사과할 것, 고문자를 색출 처단할 것, 고문정치의 총본산인 중앙정보부 해체할 것, 고문정치를 되풀이하지 않겠다고 국민 앞에 공약하고 제도적 장치로 고문방지법을 제정할 것을 요구(1면)

프레이저 회견, 인권 제한이 국론분열. "한국 정부 당국자들은 북괴의 현실적인 위협 때문에 자유와 인권의 제한이 불가피하다고 말하고 있으나 국방은 오히려 민주주의를 살리는 것이 국방을 튼튼히 하는 것"(1면)

▲ 4월 10일 인혁당 관련 8명 사형집행. 4월 9일 서울구치소서 교수형으로

▲ 4월 11일 국제사면위원회, 인혁당 관련자 8명 사형에 항의, 재판도 비정상적이라 비난

그러나 4월 8일 대법원의 판결은 사형이었고 그다음 날 형이 확정된 인혁당 관련 피고인 7명과 여정남에 대한 사형이 집행되었고 그들의 시신마저 부당하게 처리되었다. 초법적 살인 행위에 대한 시민적 저항을 억압하기 위해 정권은 연속적인 긴급조치를 남발하였고 더 어두운 시대가 열렸다. 긴급조치 9호의 시대가 열린 것이다.

인권은 역사적 투쟁에서 형성되었으며 인류의 진보적 상상력 속에서 발전되어 온 하나의 거대한 운동이다. 법적 담론은 그러한 움직임을 제도화, 성문화한 것에 불과하다.[47] 자연권으로서 인권은 천부인권 사상이 도출되며 이를 토대로 약자는 신이 부여한 인권을 쟁취하기 위한 투쟁을 전개하였다. 경멸당하는 사람들, 모욕당하는 사람들의 지위를 상승시키는 구체적 현실을 만들었다는 점에 자연권으로서 인권은 역사적 의미가 있다.[48] 그러나 인권은 자연권의 형태가 아닌 시민권의 형태로 실현되었다. 인권은 초국적 존재론에서 출발한 개념으로 국적이 없으나 엄격한 국가체제 속에 살고 있고 인권을 보장하기 위해서 일국적 제도와 규범에 의존할 수밖에 없는 것의 현실 안에 있었다. 마음은 세계주의 쪽에 가 있지만 몸은 국가체제 안에 갇혀있는 존재가 인권인 것이다. 아렌트에 따르면 인간의 보편적 권리를 상정하는 인권과 특정 국가의 절대적 주권을 상정하는 국권은 서로 모순관계를 이룰 수밖에 없다. 양자는 서로 충돌하지만 다른 한편 인권은 국권에 의존할 때에만 실질적인 효력을 발휘할 수 있다.[49]

하지만 인혁당 관련자들은 국권 안에서 배제된 자들이었다. 반공법 적용을 받는, 북괴의

47 조효제, 『인권의 문법』 (서울: 후마니타스, 2007), 26.
48 고봉진, "자연법과 '자연권으로서 인권'," 「법과 정책」 18/2 (2012), 2.
49 조효제, 『인권의 문법』, 237.

지령을 받는 자라고 낙인찍힌 자들에게 국권은 강력한 생살여탈권을 가질 뿐이었다.

4장

# 시민들의 자발적인 저항 공론장

# I. 수많은 기도회 출현(1974. 9.~1975. 5.)

## 1. 전국 기도회의 확산

1974년 7월 목요기도회가 시작되면서 1975년 긴급조치 9호 시기까지 전국에서 행해진 기도회와 성명서 발표가 숨 가쁘게 일어났다. 기도회의 행렬은 참으로 역동적이었다. 개신교도들이 가진 역동성 특히 1974년 8월 23일 긴급조치 4호가 해제되고 난 후 9월부터 「동아일보」·「조선일보」 양 신문이 전국에서 벌어진 개신교인들의 시위와 기도회 등을 자세하고도 꾸준하게 다뤄주어 약 9개월 간 '시대와 함께하는 용기'를 지닌 자들의 외침을 들을 수 있었다. 이들 내용은 빠짐없이 부록에 실었는데 겹치는 부분은 일부 생략하였으나 최대한 양 신문기자들의 서술 방식에 주목하여 독자성을 살렸다.

그런데 목요기도회가 열리고 그다음 목요기도회가 열리는 일주일 동안에 전주 목회자 월요기도회, 감리교 목회자들의 화요기도회, 예장 목회자들의 수요기도회와 광주지역연합회의 목요기도회, 기독교기관들의 기도회, 개 교회 평신도들의 기도회 그리고 더 확장된 철야기도회, 횃불 시위, 학생들의 학내시위, 가두시위, 토론회 등 개신교인들의 집단적 행진이 엄청난 증가율을 보이고 있어 이를 한눈에 볼 수 있도록 정리할 필요가 있었다. 이미 부록에 기도회의 상세한 기사들을 실었으나 본문에서 다시 이들 기도회 내역을 다루는 이유는 이 길고 긴 표를 통해 새롭게 조직된 단체들과 변화 중에 있는 단체들, 지역의 단체, 각 교단별 흐름과 기독교 단체들의 흐름과 활동 내역, 시위 전개 방식 등을 파악하는 데에 기초자료가 되기 때문이다. 또 일반과 학생을 구분한 것은 개신교 민주화 인권운동에서 기독 학생들의 과감하고도 헌신적인 활동이 타 종교와는 확연히 구분되며 개신교 민주화운동의 견인차 역할을 했기 때문에 그들의 활동을 주목하기 위해서 따로 구분하였다. 특히 학생들은 기도회뿐 아니라 가두시위, 교내시위 횃불 시위, 침묵시위 등 다양한 시위 형태의 접근을 보여주었는데 본 연구자는 이 접근을 모두 기도회의 연장으로 보았다. 이 표 안에 있는 역사적 사실들은 「동아일보」·「조선일보」의 기사들에 기초하여 『1970년대 민주화운동 V』의 연표와 『민주화 운동사 연표』의 기록을 합산한 결과치이다.

목요기도회 초기 시기는 순서를 맡은 사람은 누구인지, 어떤 설교가 있었는지 그리고 가족들의 사례보고는 어떠한 내용이었는지 남겨진 기록이 거의 전무하다. 기록은 남아있지 않고 기억만이 있을 뿐인데 이 기억들도 시간이 지나면서 사라지기도 하고 변형되기도 하여 정확한 사실들을 나열하기는 어렵다. 또 50년 전에 활동했던 분들의 다수가 생존하지 않으셔서 복원하기 어려운 단점이 있다. 아래로부터의 역사를 서술하는 데 있어서 구술은 상당히 중요한 역할을 한다. 기록된 사실보다 더 세세한 사람들의 이야기들이 역동적으로 존재하기 때문이다. 그러나 기억만으로, 구술만으로 역사를 서술하기에는 어려운 측면이 있어서 상호객관적 사실의 지원이 필요하다. 그런데 이를 「동아일보」·「조선일보」가 착실하게 기록해 주어 우리는 목요기도회 초기 상황을 손쉽게 알 수 있게 되었다. 이로써 1974년 9월부터 1975년 5월 직전 8개월간의 개신교 움직임을 파악할 수 있는 전거가 되었다. 인권위원회에서 출판한 『1970년대 민주화운동 I~V』에도 아주 상세하고도 많은 기록들이 정리되어 있으나 민주화 인권운동 전반에 걸쳐 다뤘기에 약 8개월간의 기록은 「동아일보」·「조선일보」에서 더 많은 정보를 얻을 수 있었다. 아쉽게도 긴급조치 9호와 「동아일보」·「조선일보」의 자유언론을 선언했던 기자들이 모두 해고되면서 더 이상 신문을 통해 그들의 저항 기록을 찾을 수 없었다. 그리고 1975년 3월 17일, 정론지의 부활을 향한 긴 터널 안 행군이 시작되었다.

기도회는 진한 글씨로 표기하여 성명서 발표와 구분하였다. 목요기도회는 지속성을 띠기 때문에 건물 기둥과 같은 역할로 생각되어 음영을 넣었다. 목요기도회의 굵직한 흐름과 그사이 등장하는 기도회들이 목요기도회와 어떠한 내용적 상호작용을 해 가는지 볼 수 있다. 물론 목요기도회와 이들 기도회는 서로 의논한 것도 아니고 이들 기도회가 목요기도회와 별도의 독자적인 것이었으나 이를 하나의 표로 정리하니 내용적인 상호작용의 과정을 볼 수 있었다. 그 내용은 정권의 탄압과 그에 신음하는 피해자들의 손을 잡아 일으켜 함께 기도하고 연대하는 그리스도인의 사명이었다.

| 1974년 | | | |
|---|---|---|---|
| | 목요기도회 | 구분 | 개신교 기도회 및 성명서 |
| (1) | 7/5 금요일에 소수 목회자로 기도회 출발. 금요일이 목회자 특성상 적절한 요일이 아니라 판단 | | 7/6 지학순 주교 긴급조치 1, 4호 위반과 민청학련 사건 관련 연행<br>7/8 인혁당재건위 사건 관계자 21명 구형<br>7/9 비상보통군법회의 제2심판부, 32명 중 이철, 유인태, 여정남, 김병곤, 나병식, 김영일(김지하), 이현배 등 7명에 사형 구형 |
| (2) | 7/11 매주 목요일 오전 10시 목요기도회 정례화 결정 | | 7/11 민청학련 관련 인혁당계 피고인 판결<br>7/12 민청학련 관련 일본인 2명에 20년씩 구형<br>7/13 민청학련 관련자 32명에 대한 1심 선고<br>7/16 민청학련 배후 지원 혐의로 윤보선, 박형규, 김동길, 김찬국 4인의 내란 선동 및 대통령 긴급조치 위반 사건 첫 공판 |
| 1 | **7/18 성직자, 구속자 가족, 평신도 합류. 공식적 첫 기도회 출발** | | 7/20 민청학련 5명 무기 감형<br>7/22 한국교회여성연합회, 기독교회관 대강당에서 구속자를 위한 기도회 |
| 2 | 7/25 **목요기도회 정례화**되자 당국의 와해 공작. 경찰은 기도회에 못 나가게 차에 태워 아무 데나 빙빙 돌며 두세 명씩 길에 내려놓으며 방해 | | |
| 3 | **8/1 목요기도회** | | 8/7 긴급조치 위반 강신옥 변호사 구속 |
| 4 | **8/8 목요기도회** | | 8/8 김지하 돕기 국제위원회 회원 5명 내한<br>8/9 민청학련 관련 윤보선 전 대통령 징역 15년 구형<br>8/12 민청학련 관련 윤보선 전 대통령 집행유예 선고<br>8/11 NCC, **새문안교회에서 '광복절 연합기도회' 개최** |
| 5 | **8/15 목요기도회** | | 8/15 문세광의 총격에 육영수 피살. 전국에 들끓는 반일 항의 데모 |
| 6 | **8/22 목요기도회** | | 8/23 긴급조치 1, 4호 해제 |
| 7 | **8/29 '구속자 석방과 자유민주주의 실현을 염원하는 기도회'**<br>에큐메니컬선교협의체, YWCA, 한국교회여성연합회, 수도권특수지역선교협의회, NCC, 개 교단, 지방 노회, 개 교회 단위들이 함께 예배 | | |
| 8 | **9/5 목요기도회**<br>구속자가족협의회 구성-회장: 공덕귀 여사, 부회장: 김윤식 씨(김학민 父), 총무: 김한림(김윤 母)(날짜 미상)<br>도와주신 분들: 이해동, 김상근 목사, 나선정 총무, 문 | | 9/4 비상군법회의, 강신옥 변호사에 10년형 선고<br>9/5 52개국 17개 종교단체, 벨기에 루벵에서 '정의 평화를 위한 범세계 종교회의' 한국 정부에 대해 인권 보장과 민주화 촉구<br>9/7 민청학련-인혁당 관련 8명 사형, 9명 무기징역<br>9/8 국제 앰네스티, 한국 정치범 석방 촉구 |

| | | | |
|---|---|---|---|
| 9 | 동환 박사, 동아 서권석 기자, 이태호 기자, 이부영 기자, 김종철 기자, 기독교방송 조남선 | | 9/8 국가 수호 특별기도회 영락교회 2천여 신도, 자유민주 수호, 긴급조치 위반 구속 학생 석방, 일본 정부의 태도 시정 등을 촉구하며 '국가 수호 특별 기도회' 개최<br>9/9 NCC와 구속기독자대책위원회, 양심범들에 대한 당국의 특별한 배려촉구 담화문 |
| 9 | 9/12 목요기도회<br>① 구속기독자대책위원회, 구속자 석방요청, 담화문 발표<br>② NCC, 한일 긴장 관계에 대한 성명서 발표. 유감표시, 반성 촉구 | | 9/13 대통령 긴급조치 위반 수감자를 위한 기도회 YWCA<br>9/15 영락교회, 국가 수호 특별 기도회 개최. 〈국가와 정의 수호를 위한 발언〉 발표 |
| 10 | 9/19 목요기도회<br>구속자 가족들 사례 보고 | 일반기도회 | 9/22 에큐메니컬현대선교협의체, '조국과 정의와 민주 회복'을 위한 기도회가 명동성당 문화관에서 개최. 가톨릭노동청년회, 한국기독학생회 총연맹 등 12개 신·구교단체가 주관. 조승혁, 이창복 중앙정보부로 연행. 4일 조사 석방. 〈우리의 선언〉 채택<br>9/23 구속 성직자 및 학생 위한 기도회 3천여 명 대한예수교장로회 통합 측 서울노회 정기총회, 영락교회<br>9/23 한국교회여성연합회, 구속자 위한 기도회 개최. 성명서 발표<br>9/24 한국기독교장로회서 59회 총회 구속자 기도의 밤 |
| | | 학생기도회 | 9/24 구속 학생 석방기도회 감리교 신학대생 백여 명<br>9/24 이화여대 4천여 명 구속자 석방기도회, 서명운동<br>9/25 한국신학대학생 2백여 명 "구속 동료들의 아픔과 뜻을 따르기 위해 금식기도회, 철야기도" |
| 11 | 9/26 목요기도회 | 일반 | 9/27 기독교장로회 59회 총회, '국가와 선교 자유 및 구속자를 위한 기도회' 개최. 선언서 채택<br>9/28 한신대 교수단, 김종필 총리에 보내는 공개서한 채택<br>9/30 예장 59회 총회, 비민주적 독재 요인 제거, 구속 성직자와 기독 학생 석방 등 성명서 발표. |
| | | 학생 | 9/26 무기한 단식기도 백여 한국 신학대생 |

| | | | |
|---|---|---|---|
| | | | 9/27 한국신학대 교수·학생 백여 명 구속자 석방 횃불 시위 |
| 12 | 10/3 목요기도회 | 일반 | 기록 없음 |
| | | 학생 | 10/8 감리교 신학대생 100여 명 기도회 |
| 13 | 10/10 〈인혁당 사건 구명 운동을 위한 기도회〉 오글 목사 '인혁당 사건'에 대해 최초로 언급, 인혁당 가족들 목요기도회 함께 동참 목요기도회 중대 전환점 (이해동 목사 구술: 오글 목사가 인혁당 가족들을 데리고 왔어요. 우홍선 씨 부인 강순이 씨가 리더였어요. 나중에 이민영 씨가 왔죠.) | 일반 | 10/12 기장총회, 기독교인의 석방 요구 시국 선언문 발표 |
| | | 학생 | 10/10 구속자석방기도회 후 교문 앞서 시위 감리교신대 백오십 명<br>10/11 교내시위 벌여 한신대 백오십 명<br>10/11 한국기독학생총연맹 주최 '구속자를 위한 기도회' 제1십자가 선언, 신앙고백 발표<br>10/12 감리교신학대학생 1백여 명 구국기도회<br>10/15 서울신학대 200여 명 구국기도회, 가두시위 19일까지 휴강키로<br>10/15 기독 학생 구속 조사 세계기독학생련 조사단 4명 내한 |
| 14 | 10/17 목요기도회 | 일반 | 10/20 대한예수교장로회청년회 신도 및 구속자 가족 등 4백여 명 기도회<br>10/22 한국교회여성연합회, 여성 유권자 연맹, 앰네스티 한국지부 공동주최 '수감자 월동을 돕기 위한 바자회' 개최<br>10/23 감리교, 제12회 총회에서 '민주 회복과 구속자를 위한 기도회' 개최, 구국 선언문 채택 |
| | | 학생 | 10/17 검은 리본 달고 예배 한국신학대생<br>10/17 목원대생 100여 명 교정에서 농성<br>10/21 세계기독학련 대표, 신도 조속 석방 기원·출국<br>10/21 이대생 철야기도회<br>10/23 이대생 4천여 명 결의문 채택, 500여 명 다시 모여 기도회 개최 |
| 15 | 10/24 목요기도회 | 일반 | 10/24 동아일보 기자들 자유언론실천선언 발표. 각 언론사로 확산. 31개 언론사 참여<br>10/26 한국기독교교회협의회 인권위원회 강압적 언론 정책 철회 선언문 발표, 자유언론 실천 선언을 지지하는 담화문<br>10/24~26 NCC, 아카데미하우스에서 1차 인권협의회 개최, 선언문 발표 |

| | | | |
|---|---|---|---|
| | | | 10/26 한국교회여성연합회 인권위원회 언론자유 수호 선언 지지 담화 발표<br>10/26 수감 학생 어머니, 포드 미 대통령에게 방한 우려 편지 |
| | | 학생 | 10/25 대한예수교장로회 신학대학(성동구 광장동) 학생 2백여 명 교외 500m가량 가두 진출, 시위<br>10/25 이대생 2천여 명, 정규예배 결의문 채택, 500여 명 다시 기도회<br>10/27 연동교회 청년, 학생들, 교회창립 80주년 기념 예배 후 유신헌법 개정, 구속자 석방, 언론자유 보장 요구, 가두시위<br>10/28 이대 4천여 명 예배 마치고 교내시위, 철야농성<br>10/29 한신대 학생 세종로서 데모<br>10/29 백여 감신대생 구국기도회 후 교문 밖까지 진출<br>10/29 철야농성 벌여 한신대생 50명<br>10/30 한신대 성명 발표 |
| 16 | 10/31 목요기도회<br>① 인권위, 유신 개정 요구 선언문 낭독<br>② 인권위, 자유언론 지지 담화문 낭독<br>③ 오글, 중앙정보부 연행기의 공유 | 일반 | 10/31 앰네스티, 구속 학생 석방 건의<br>10/31 한국신학대 교수단, 정부에 '구류 학생 석방' 진정서<br>11/5 수감자 위한 기도회 YWCA 전국 15개 지부별로 일제히 개최<br>11/5 기장 서울노회, '구속자 위한 기도회' 개최, 시국 선언문 발표<br>11/5 개신교계 지도자들, '민주수호기독자회' 결성. 성명서 발표<br>11/5【광주】수감자를 위한 YWCA기도회 1백여 명 |
| | | 학생 | 11/1 기독학생연맹 신문고 12성 행사 후 제2십자가 선언<br>11/1 재일대한기독교회 청년회전국협의회, 구속 인사 석방과 민주주의 체제 확립 등 요구하는 <재일한국기독청년선언> 발표<br>11/1 서울신학대생 220명 구속자 위한 기도회, 시위 근신 처분 학생 철회 요구, 학교 당국 수락 |

| | | | |
|---|---|---|---|
| | | | 11/4 **목원대 휴강 취소, 4일 구국기도회 막기 위한 조처** |
| 17 | **11/7 목요기도회**<br>언론자유 수호를 위한 선언문, 수도권특수지역선교위원회 공청회 보고서, 구속자가족 6개 항 결의문 낭독, 박창균 목사 등 21명 목회자와 류근일 씨 어머니 윤수현 씨 등 50여 명 서명함 | 일반 | 11/7 **제주도기독교연합회, 구국기도회 개최, 시국 선언문 발표**<br>11/7 민주수호기독자회의 개최, 6개 항 결의<br>11/11 **구속자 가족 50명 사흘째 단식기도**<br>11/12 광주 YWCA 인권 회복 기도회 |
| | | 학생 | 11/7 **감리교 목원대학 100여 명 가두시위**<br>11/10 **경동교회 대학생, 신도 2백여 명 기도회 갖고 횃불 데모 나서**<br>11/11 **서울여대생 6백여 명 예배실서 한 때 농성** |
| | 목요기도회 2부 상황: 공동 기도문에서 "권력 잡은 자는 자기들의 권좌를 영구화하여 자기 마음대로 유신체제를 구축하고 가난한 자를 절망과 좌절로 몰아넣었다"고 주장하고 "우리는 오늘 투옥된 동지와 함께 마지막 한 사람이 해방될 때까지 우리의 가진 것을 다 바쳐 충성할 것"이라는 다짐을 하였다. 이어 문동환 목사는 "억압과 착취와 비인간적인 것을 해방하기 위해 의로운 싸움에 다시 한번 불길을 올리자"라는 글에서 "국민은 1천 달러 소득이라는 물질적 환상에 마비됐고 권력을 잡은 사람은 물질을 소유하고 축적하는 데 혈안이 돼 있다"고 말하고 "우리는 오늘 투옥된 동지와 함께 마지막 한 사람이 풀려나올 때까지 우리가 가진 모든 것을 다 바쳐 이 일에 전념할 것이요 우리의 이 행진을 아무도 막지 못할 것"이라 선언하였다. | | |
| 18 | **11/14 목요기도회**<br>수도권특수지역선교위원회 주최.<br>설교: 마경일 목사(자교교회)<br>선교신앙고백: 문동환 박사<br>사례 보고: 이민영 씨(전창일 씨 부인) 정당한 재판을 받아 죄가 있다면 달게 받겠다 호소. 구속자가족협의회 인혁당 사건에 대한 항의 농성을 회관 로비에서 진행. 현관 안에서 30분 동안 연좌 농성. 현관에서 연좌 농성을 벌이는 동안 기동 경찰 1백여 명 기독교회관을 둘러싸고 있었음.<br>참석자: 정금성(김지하 씨 어머니), 조정하(박형규 목사 부인), 정경조 씨(이철 씨 어머니), 김한림 씨(김윤양 | 일반 | 11/14 **YMCA YWCA 연합예배**<br>11/14 **민주수호기독자회 '구속자와 함께 드리는 기도회' 총리 발언 취소 요구. "김 총리의 종교 망언을 취소하라"**<br>11/16 **전태일 군 추도예배 씨알의 소리사 주최,** 기독교회관 3시간 30분 동안 열림. 김영강 목사 부인, 이문영 교수 말씀, 최기식 신부 축복기도<br>11/17 자유실천문인협의회 결성<br>11/18 문학인 101 선언<br>11/18 국가, 정부 동일시는 부당. 한신대 교수 전원과 강원룡, 서남동, 한완상 등 신학자 목사 등 66명 <한국 그리스도인의 신학적 성명> 발표<br>11/18 **기장 선교활동자유수호위원회, 경동교회에서 6백여 명 '오늘의 선교를 위한 기도회' 개최. 한국기독교장로회 경동교회**<br>11/18 NCC 11/9일의 김 총리 발언과 관련 <최근 정부 요인들의 기독교에 대한 발언에 관하여>라는 성명서 발표 |

| | | | |
|---|---|---|---|
| | 어머니), 박순애 씨(인혁당 이성재 씨 부인), 구속자 가족 50여 명, 국내외 교직자, 함석헌 등 200여 명 참석. 현관 농성 후 중부서에 연행된 4명 석방 때까지 농성 진행 결의, 소회의실에서 다시 농성.<br>밤 10시에 이들이 석방되자 농성을 해제. 농성에 조사를 받고 나온 오글 목사 참석. | | 11/19 YWCA연합회 수감자 위한 금식기도회<br>11/19 KSCF "학원은 말이 없다"라는 주제 신문고 강연회, 인권 유린하는 현 정권을 지지하기 위해 방한하는 포드 대통령을 규탄하는 내용의 〈제3십자가 선언〉 발표<br>11/19 경동교회 기도회 참석 6백여 명 두 차례 가두 데모 기도<br>11/19 기독교감리회 내리교회에서 150여 신자들, '구속자와 함께 드리는 기도회'<br>11/20 한국기독교장로회 교역자 6백여 명, 〈오늘의 선교 선언〉 채택. 경동교회서 기독교회관까지 침묵 가두시위 |
| | | 학생 | 11/14 한신대생 100여 명 전태일 추모예배, 〈인간 선언〉 발표<br>11/16 장신대생 90명 단식농성<br>11/19 한신대 백이십여 명 가두 데모 기도<br>11/19 이대생 4천여 명 집회, 2천여 명 가두 진출. 100여 명은 구국기도회<br>11/19 감리교신학대학생 80여 명 구속 학생 석방 등을 요구하는 제9차 구국기도회<br>11/20 한신대 120여 명 예배 후 시국 선언문<br>11/20 감신대 100여 명 기도회 |
| 19 | **11/21 구속자 가족협의회를 위한 목요기도회**<br>① 11/16 공문. SMCO 선교비 동결 해제 진정<br>② 구속자 가족들의 둘째 번 결의문<br>③ KSCF, 제3십자가 선언 | 일반 | 11/21 구속자 가족들 목요기도회 마치고 미 대사관 뜰서 데모, 전원 연행<br>11/22 연세대 교수 30여 명은 구속된 교수와 학생들의 석방을 위한 기도회<br>11/23 연세대 교수 30여 명은 21일에 이어 23일 제2차 '구속 교수-학생 석방 실현 기도회'<br>11/24 경수도시산업선교회, 흑석동감리교회에서 영등포지구 구속 성직자와 그 가족을 위한 기도회 개최. 여기서 행한 오글 목사의 설교 내용은 후에 강제 추방의 구실이 됨<br>11/25 예장 충남노회, 구속자 석방을 촉구하는 진정서 대통령에게 제출<br>11/25 연세대 교수 35명 4일째 기도회 |

| | | | |
|---|---|---|---|
| | | | 11/26 연세대 교수 40명 5일째 기도회<br>11/ 27 재야인사 71명 '민주회복국민회의' 구성을 결의. <국민 선언> 발표. 현 체제는 공산집단과 비슷해지고 격차가 없어지므로 계속 이렇게 가면 반공 논리는 무너질 것이라 경고 |
| | | 학생 | 11/21 새문안교회 대학생회 '구속자를 위한 3일간 단식기도회' 개최. 유신헌법 철폐, 대외종속적 매판 경제 청산, 구속자 석방 촉구 〈기독 학생 구국 선언문〉 발표<br>11/22 목원대생 '유신철폐' 시위로 70여 명 연행<br>11/24 <신앙고백서> 채택 새문안교회대학생 |
| 20 | **11/28 구속자를 위한 목요 기도회**<br>설교: 이해영 목사, 발언: 장준하씨 부인 김희숙 여사. 구속 인사 가족과 민주수호기독자회회원, 함석헌, 김정준(한신대학장) 등1백여 명 참석 | 일반 | 12/2 **구속자가족협의회 주최, '민주 회복을 위한 기도회'**<br>2백여 명 참석. 기독교회관, 사회: 공덕귀 여사, 기도: 최기식 신부, 호소문 발표. 2백여 명. |
| | 이해영 목사: "하느님께서 공포로부터의 구조적인 악을 물리쳐 주시고 구속자들을 자유롭게 해 달라"고 설교. 장준하 씨 부인, 김희숙 씨: "장 씨가 만성간염, 심장병 등으로 위독한 상태에 있으니 기도로써 도와 달라"고 호소. | | |
| | 민주수호기독자회는 *유신헌법은 현 정권의 영구 지배를 꾀하는 악법으로 우리는 이의 철폐를 위해 모든 수단을 동원한다 *구속 인사를 더 이상 괴롭히는 것은 민주 정신을 박해하는 상징으로 본다는 내용의 선언문을 채택 | | |
| 21 | **12/5 구속자를 위한 목요 기도회**<br>설교: 문정현 신부<br>발언: 조정하 여사(박형규 목사 부인)<br>'구속 인사들은 불의를 보고 이를 없애기 위해 고난을 무릅쓰고 실천에 옮긴 사람들'이라고 말하고 "구속 인사 가족은 실망하지 말고 노력하면 끝내 영광을 차지하게 된다"고 설교 | 일반 | 12/5 **수감자 가족 위한 광주 YWCA 기도회**(광주YWCA연합교회)<br>12/6 **대한성공회서울교구사제단, 민주 회복 기도회 개최, 〈성직자의 신앙과 양심선언〉 발표**<br>12/7 구속자가족협의회, "구속자 석방 앞서 민주 회복되어야." 기독교회관에서 집회<br>12/9 인혁당 관련 사형선고자 부인들, 대통령과 대법원장에게 탄원서 제출. 이 탄원서에는 사회 저명인사 15명이 서명<br>12/9~15 **NCC, 인권기도주간 실시. 전국 2만여 교회에 대해 선교의 자유, 언론의 자유, 학원의 자유, 노동자 농어민의 인권, 여성 인권, 구속자 인권 등에 관해 기도할 것 촉구** |

| | | | |
|---|---|---|---|
| | | | 12/9 **한국기독교교회협의회 인권선언 기념 연합예배. 주제: "우리는 자유인이다", 기독교회관 대강당**<br>12/10 **기장 전북 장로회도 인권을 위한 기도회. 5백여 명 참석. 전주 남문교회**<br>12/10 법무부, 조지 오글 목사 조사<br>12/11 **기독교 대한감리회 제12회 총회. 기도회서 지지 성명 "오글 목사 활동은 순수한 종교 신념", 오글 목사 참석, 정동제일교회** |
| | | 학생 | 기록 없음 |
| 22 | **12/12 '구속된 동지들과 함께 기도하는 정의자유구현 정기목요기도회'**<br>① 호소문: 인혁당 관련자 부인<br>② 목요기도회 1차 자체 성명서 발표<br>③ 에큐메니컬현대선교협의체, KSCF, YWCA, 한국교회여성연합회, 구속자가족협의회 '구속자 석방, 민주 헌정 회복, 노동자 인권 보장 요구' 성명서 발표 | 일반 | 12/12 예장, 성탄절 이전에 구속자 석방할 것과 오글 목사 추방 중지 요청 건의문을 대통령에게 보내기로 결의<br>12/13 '오글 목사, 시노트 신부 소환 종교탄압의 구체적인 표현' 도시산업선교회 구속자가족협 성명<br>12/13 대한예수교장로회, 대통령에 건의문 "선교는 정치 사회운동 아니다. 추방 문제 등 재고를"<br>12/13 **기장 충남노회, '오늘의 선교와 인권을 위한 기도회' 개최**<br>12/14 대한예수교장로회 총회 임원과 역대 총회장 등 16명 기독교회관 사무실에서 <현 시국에 관해 대통령에게 보내는 건의문><br>12/14 한국교회여성연합회서도 오글 목사 추방 재고건의문 채택, 구속자 석방을 촉구하는 건의문 법무부 장관에게 발송<br>12/14 한국도시산업선교연합회 오글 목사 추방 재고 탄원 채택<br>12/15 **인권주간 연합예배 NCC 인권위원회와 한교여연 공동주최. 초동교회 300여 명, 〈74년 인권 선언문〉 발표**<br>12/15 **새문안교회 3백여 명 '구속자를 위한 기도회' 오글 목사**<br>12/17 예수교장로회 총회, 시국성명서 발표, 구속자 석방 서명운동<br>12/17 주한 감리교 선교사협회 성명 "오글 목사 강제 추방은 한국 국제위신에 손상" |

| | | | |
|---|---|---|---|
| | | | 12/18 경인 지방 대표 감리사, 감독 등 20여 명 오글 목사를 위한 조찬기도회 열어 세종호텔<br>-----<br>12/18 구속자 석방기도회 기독교대한감리회 여선교회 연합회. 2백여 명. 진정서 채택, 정동교회 |
| | | 학생 | 12/13 KSCF 주최 신문고 제15성 예배, 선교사 박해 등 철회 요구, 〈제4십자가 선언〉 발표. 오글 목사 참석<br>-----<br>12/13 KSCF, 한국노총 발언 반박성명<br>-----<br>12/15 구속자 위한 기도회 이화여대 교수, 학생 등 150명 |
| 23 | **12/19 '구속된 동지들과 함께 기도하는 정의자유구현 정기목요기도회'**<br>오글 목사 추방령, 강제 출국. 목요기도회 음성 탄압<br>①74년 인권주간 인권 선언문<br>② 구속자가족협의회, 목요정기기도회 자체 성명서 2차 성명<오글 목사 추방 관련 성명서><br>1. 오글 목사 강제 출국, 종교 탄압 중지<br>2. 정보 정치 즉각 중단<br>3. 오글 목사 재입국 실현 | 일반 | 12/20 예수교장로회 시국 성명 오글 목사의 추방은 선교권에 대한 위협, 종교 사찰 중지, 자유민주주의 회복 등 촉구<br>-----<br>12/20 구속자가족협 주장 "전원 석방으로 민주 회복돼야"<br>-----<br>12/22 대한기독교감리회 목사 선교사 일반신도 등 5백여 명 구속자 및 오글 목사를 위한 기도회, 정동제일교회<br>-----<br>12/23 NCC 선교위원회, 영락교회에서 성탄절 연합예배(2천여 명 참석) 구속자 석방, 유신헌법 개정, 선교 자유 보장 등을 촉구하는 성명서 발표<br>-----<br>12/24 동아일보에 대한 광고 탄압 시작. 당국의 압력으로 주요 광고주들이 일제히 광고 계약 취소<br>-----<br>12/24 NCC 인권위원회, 오글 목사 추방 취소 요구 성명서 발표<br>-----<br>12/25 김관석 NCC 총무, "선교적 증언을 실천하는 일을 정치적인 행위라고 해서 박해를 가하는 일은 부당한 처사, 진실과 공의 그리고 사랑이 이뤄지기 위해 성서 말씀을 증언하는 것이 선교의 참된 사명"이라는 내용의 성탄 메시지 발표 |
| | | 함석헌, 시노트 신부 참석, 오글 목사 "사형선고 받은 7명 위해 기도하자" 추방 이유 | |
| 24 | **12/26 목요기도회**<br>① 인권위, 오글 목사 추방 관련 성명서 (12/24)<br>② 구속자가족협의회, (12/20) 크리스마스와 새해에 국민에게 드리는 글<br>③ 오글, 김 총리에 대한 반박 성명 | 일반 | 12/28 NCC 인권위원회, 동아일보 광고 탄압에 대한 성명서 발표, 동아사원 생존 위협 전 기독인 구독 운동<br>-----<br>12/28 기독교회협 인권위장 등 동아일보사 격려 "고통받는 신문 아픔을 함께"<br>-----<br>12/28 광주기독교연합회 동아일보 구독 각 교회에 호소<br>----- |

| | | | |
|---|---|---|---|
| | | | 12/29 신문광고 차단 비난 교회협의회 인권위<br><br>12/30 교회여성연합회, 동아일보지지 발표 |
| | | 학생 | 12/29 KSCF, 5개 항 결의문 발표 |
| **1975년** | | | |
| 25 | **1/2 목요기도회**<br>설교: 이우정 교수<br>① 인권위, (동아 사태) 성명서(12/28)<br>시국에 관한 견해와 결의를 밝히는 성명서<br>함석헌, 공덕귀, 이희호 등 70여 명, 구속자를 위한 정기 목요기도회 | 일반 | 1/1 교회여성연합회 성명 "동아 돕기 전국 운동 광고 해약업체 조사 상품불매도"<br><br>1/6 주한 외국인 선교사 60명, 박 대통령과 민복기 대법원장에 "자유로운 일반 재판을 요구하고 있는 '인혁당 사건' 가족들의 입장을 지원한다"는 내용의 탄원서 제출<br><br>1/6 기독교장로회 선교활동자유수호위원회, 오글 목사의 강제 추방을 인간의 기본권 침해, 종교자유 말살 행위 규탄 성명서 <선교동역자 추방에 대한 우리의 견해><br><br>1/7 **수도권특수지역선교위원회, '민주 회복 대강연회' 개최, 1천여 명 참석.** 언론자유, 민주 회복, 인혁당 사건 공개 등을 요구하는 성명서 발표. 연사: 천관우-민권운동의 전망 |
| | | 학생 | 기록 없음 |
| 26 | **1/9 목요기도회**<br>동아방송 기자들을 위한 기도회<br>발언: 조정하 여사<br>시노트, 이희호, 지학삼 씨 등 1백여 명 참석<br>발언 내용: 구속자 가족(이은자, 김윤식 씨) 정보 부서 연행됨.<br>구속자 가족 40여 명 기도회 후 김윤식, 이은자 씨가 풀려날 때까지 농성. 낮 12시경 이은자 씨가, 오후 3시경 김윤식 씨가 각각 풀려나 농성 해제 | 일반 | 1/9 **구속자 위한 기도회, 광주 YWCA서 방림교회 강치원 목사 설교**<br><br>1/9 민주수호기독자회 '개헌 청원 100만 서명운동' 전개<br><br>1/13 **NCC 인권위원회, 기독교회관 대강당에서 '75년 인권연합예배' 개최, 인권위원회 간사 고환규 목사 설교**<br><br>1/13 선교 압력 배제 선언, '선교활동자유수호위원회' 결성. 예장 경기노회(수원 교동장로교회) 대성목재 이국선 목사 부당해고는 종교 활동 침해 규정<br><br>1/13 **【광주】 한국 기독교장로회 전남노회 소속 교역자-신도 700여 명 구국기도회, 전남노회에 선교자유수호위원회 결성. 선교활동 억압금지, 수감자 석방, 유신헌법 철폐 등 8개 사항 결의문 채택**<br><br>1/13 수감자 처우 개선을 요구 구속자가족협의회<br><br>1/15 기독교장로회, 언론자유 보장 등 성명 '민주 회복'에 전력<br><br>1/15 감리교 선교원, 민주 회복과 정치범 석방을 요구 |
| | | 학생 | 기록 없음 |

<table>
<tr><td rowspan="3">27</td><td rowspan="3">1/16 정의자유구현 목요기도회<br>① 시국 견해와 결의를 밝히는 목요기도회 자체 성명서 3차,<br>군재기록(軍載記錄) 공개 요구<br>② 민주수호기독자회 성명 발표, 개헌 청원 서명운동 어떤 압력에도 개헌 청원 운동은 계속될 것(윤반웅 목사 발표)<br>③ 기도회 마치고 구속자 가족 40여 명, 가족 연행에 항의 농성을 16~17일 까지 함</td><td>일반</td><td>1/16 계속되는 구속자 가족 연행에 항의 농성 16~17일. 연행 후 풀려난 함석헌 씨도 합류<br>1/18 감리교 도시산업선교위원회, 민주 헌정을 촉구하는 진정서 채택<br>1/19 성남 신흥동교회 "개헌 서명 방해 말라" 이해학 전도사 구속 1주년 예배<br>1/22 영락교회, '인권 회복을 위한 수요기도회'가 대학생 회원 50여 명도 참석. 예장 목회자 수요기도회, 조남기 목사, 영락교회 비판</td></tr>
<tr><td>학생</td><td>1/20 언론탄압 중지토록 KSCF 결의, '신문고 16성' 모임 2백여 명 참석<br>1/21 KSCF, 헌법 개정은 공정한 민주 절차에 따라야 할 것, 국민투표에 앞서 구속자가 석방되어야 할 것 성명 발표</td></tr>
<tr><td colspan="2">박정희 대통령의 연두 기자회견이 국민의 염원을 저버린 것. 목요기도회 자체 성명서<br>1. 유신철폐 2. 구속 인사 석방 3. 군시재판 기록과 법정 진술을 공개 4. 지능적이고 비열한 언론탄압 정책 중지 등 5개 항 결의</td></tr>
<tr><td rowspan="2">28</td><td rowspan="2">1/23 정의자유구현 목요기도회<br>사회: 김상근 목사<br>시노트 신부, 문익환 목사, 구속자 가족 등 120여 명 참석.<br>22일 밤 종로경찰서로부터 이 기도회에서 '유신헌법이나 국민투표에 관한 의사표시를 하지 말 것' 등을 종용받았으며 이날 기도회에서 있을 예정이던 유신헌법과 국민투표에 관해 의사를 밝히는 성명서의 발표는 보류한다고 알림</td><td>일반</td><td>1/25 한국도시산업선교연합회와 에큐메니컬 현대선교협의체, 노총 선언 반박성명<br>1/26 광주기독교연합회, 교회 사찰 중지와 구속자 석방·언론자유 보장 등을 요구하는 선언서 발표<br>1/27 NCC, 국민투표 관련 성명서 발표. 국민투표 앞선 헌법 개정, 일방적인 선전으로 인한 부정선거 철폐 주장<br>1/27 찬반 논의 보장돼야 기독교대한복음교회교역회의<br>1/28 기장 전북노회, "인간의 기본권을 억압하는 유신체제는 신앙과 양심에 어긋나는 것"임을 천명한 <오늘의 선교 선언></td></tr>
<tr><td>학생</td><td>1/23 KSCF 회장 연행. 국민투표법 개정하라는 성명서 발표<br>1/24 한신대생 '국민투표 비판 성명' 관련 연행<br>1/28 KSCF 회원 연행, 회지 7백 부 압수(동계 수련회 결의문)<br>1/30 한신대생 성명 관련 국민투표법 위반 첫 입건</td></tr>
<tr><td>29</td><td>1/30 목요기도회<br>① 구속자가족협의회와 목</td><td>일반</td><td>1/31 한국기독교장로회 전남노회 선교활동자유수호위원회 "국민투표 거부" 결의</td></tr>
</table>

| | | | |
|---|---|---|---|
| | 요기도회 공동성명(4차), 유신헌법 찬반 국민투표 비난(부록 참조)<br>② 민주수호기독자회, "국민투표와 그에 관련되는 일체의 행위를 단호히 보이콧" 성명서 발표<br>김윤식 씨는 수감자로부터 온 편지 공개함. 민청학련 수감자들 인권유린 폭로, 부당행위 발설 시 보복 조치 압력 | | 2/1 한국기독교전국청년연합회협의회, 언론탄압 중지촉구 결의문 발표<br>2/3 한국교회여성연합회, 긴급인권위원회 열고 "국민투표 실시 전에 공정한 투표법 개정, 구속된 성직자, 민주 학생들을 유신헌법 지지 홍보자료로 악용 중지하지 않는 한 국민투표 무의미, 국민투표 거부" 성명서 발표<br>2/5 노골적 종교탄압 한국기독교교회협의회도 비난 성명, 국민투표 거부 성명서 발표<br>2/5 오글 목사 가족 고별예배, 종교교회<br>2/5 대한예수교장로회(통합 측) 소속 목사들의 모임인 2회차 성직자 수요기도회, 영락교회 박조준 목사 설교 "양심 무시하면 멸망" |
| | | 학생 | |
| 30 | **2/6 정의자유구현 목요기도회**<br>① 인권위 성명서 2/3 국민투표 부당<br>② 목요기도회 담당처, 목요기도회 방해 항의에 대한 자체 성명서 발표(5차)(부록 참조)<br>시노트 신부, 함석헌 옹, 오글 목사 부인, 구속자 가족 200여 명 참석.<br>"구속 인사 석방하라"고 쓴 플래카드를 벽에 붙이고 열린 이날 기도회에서 기도회원들은 최근 서울시경이 이 기도회에 대한 탄압지시를 한 데 대해 "어떠한 방해와 탄압 속에서도 기도회는 계속할 것이며 이 같은 억압적인 분위기 속에서 진행되는 국민투표에 결코 응하지 않겠다"는 성명서 발표 | 일반 | 2/6 한국기독교장로회 전남노회 목포 시찰회 산하 9개 교회의 연합기도회가 경찰의 압력으로 좌절<br>2/6 기독교장로회 전남노회 선교활동 자유수호위원회·광주 YWCA 공동으로 목요기도회, 투표 거부 결의 12일 구국금식일로<br>2/6 조오지 오글 목사의 가족을 위한 송별기도회, 종교교회에서 기독교대한감리회 중부연회 도시산업선교위원회 주최로 5백여 명이 참석<br>2/9 한국기독교교회협의회, '신앙과 자유 수호를 위한 연합기도회' 3천여 명 참석 종교 박해 등 비난, "순교 자세로 난국 타개"(새문안교회) 가두시위<br>2/10 2백여 명 환송·간단한 송별 예배. 재회 다짐 오글 목사 가족 출국, 공항<br>2/10 민주수호기독자회 8백여 명 참석 기도회 "국민투표 거부 지지"(정동 젠센기념관)<br>2/10 기독협 등 14개 단체 투표 날 인권기도회 〈민주 회복〉 공동성명 발표(명동성당)<br>2/10 기독교 대한감리회 소속의 젊은 목사 32명, 정의실현 감리교목사단 구성. 매주 화요일에 정의 실현을 위한 기도회, 기독교태화관<br>2/11 예장 총회, 신앙을 사수하고 국가 장래의 비극을 막기 위해 전교단 |

| | | | |
|---|---|---|---|
| | | | 적으로 투쟁할 것을 천명하는 시국 관련 성명서 발표<br>2/11 함석헌 등 단식기도 돌입<br>2/12 국민투표 날 "사회 정의 구현과 인권 회복을 기원하는 기도회"가 국민투표일인 12일 새벽부터 전국 각 교회와 성당에서 열림. 정의 구현 사제단주최로 천관우, 함석헌 씨 등 1천5백여 명이 참석한 가운데 인권과 민주 회복을 위한 기도회, 연지동 연동교회에서는 "국가와 민족을 위한 기도회"가 3백여 명의 신도들이 참석<br>2/12 "종교인 사찰 중지를" 예수교장로회 성직자 수요기도회<br>2/12 기장 목사들, 투표 종료까지 기독교회관에서 기도회<br>2/12 광주 기독교연합회신도 1백여 명, 광주 YWCA 소심당에서 구국기도회 |
| | | 학생 | 2/12 서울대 이화여대 교문 닫고 출입 통제, "비상학생총회" 기도회 개최 소문으로 인해 통제 |
| 31 | **2/13 정의자유구현 목요기도회**<br>사회: 박성자 전도사<br>설교: 조화순 목사<br>① 민주회복국민회의 14개 단체 성명서<br>② NCC 성명서<br>조화순 목사: 국민투표가 끝난뒤에 오는 갖가지 어려움을 참아갈 수 있는 용기와 결단을 달라 호소<br>참석자: 전 신민당 대통령 후보 김대중 씨 부부, 함석헌 옹, 공덕귀 여사, 윤반웅 목사, 시노트 신부, 매티우스 목사, 문정현 신부 등 참석 | 일반 | 2/13 한국기독교교회협의회는 13일 성명을 발표. 국민투표가 불법, 부정임을 선언<br>2/13 한국기독교장로회 전북노회 주최(군산옥구지방연합회 주관) 구국연합기도회, 군산 금성교회<br>2/16 구속자 석방 후 전국 교회 성당서 기도회 "하나님을 두려워할 줄 알도록 위정자들에게도 역사해 달라", 서울 제일교회·이화여대 대학교회<br>2/16 NCC, 석방자를 위한 환영기도회, 기독교회관<br>2/16 정의 구현 부산기독인회 결성대회 각 교파 대표 20여 명<br>2/18 "고난 통해 새 역사 창조", '감리교 목사단 기도회', 동아 돕기 앞장 다짐<br>2/19 출옥 기독자와 교계 인사 간담회가 19일 오전 10시 30분 기독교회관 2층 강당<br>2/19 구속자가족협의회와 구속자가족협의회 후원회, 성명을 내고 인혁당 사건은 조작극이라고 주장 |
| | | 학생 | 2/17 KSCF, 구속자 석방에 즈음하여 "정의 구현을 위한 투쟁과 민주 |

|  |  |  | 회복, 개헌을 위한 투쟁을 부단히 계속할 것"이라는 성명서 발표 |
|---|---|---|---|
| 32 | **2/20 목요기도회 석방 인사 환영회**<br>설교: 김관석 목사<br>인사: 김지하 시인<br>① 구속자 석방 조치에 대한 코멘트 한국기독교교회협의회(총무 김관석 목사)<br>② 정의, 자유 구현을 위한 목요정기기도회 성명서(6차)<br>참석: 김찬국 교수, 김지하 씨, 백기완 씨, 박형규 목사, 이해학 전도사, 이철 군, 김병곤 군, 정일형 의원, 함석헌 씨, 공덕귀, 이우정 씨 등 5백여 명<br>제외된 인사 석방 요구 | 일반 | 2/20 광주기독교연합회 광주 YMCA, 광주 YWCA, 민주 회복 국민회의 전남지부 등 4개 단체, 광주 YMCA 소심당에서 출감자를 위한 환영기도회<br>2/20 민주수호기독자회 성명 발표, 출감자 무죄화 촉구<br>2/21 2.15 조치로 석방된 긴급조치 위반자들을 중심으로 '민주 회복 구속자협의회 결성을 위한 준비위원회' 발족(3/27 정식 발족)<br>2/24 한국기독교장로회 서울노회 선교자유수호위원회, 출옥 성직자 및 교우를 위한 환영 예배(수도교회)<br>2/24 한국 기독교 장로회 전북노회 주최로 '오늘의 선교와 인권을 위한 기도회'(임실 오수교회)<br>2/25 감리교 정의구현목사단이 주최한 출옥자환영기도회(태화기독교사회관) |
|  |  | 학생 | 2/20 '민주 수호 출옥투사 환영회' 개최, "인혁당계 인권 유린 진상 규명 앞장 호출", 한국기독학생회총연맹(KSCF) 주최, 기독교회관<br>2/21 한신대생, 유신헌법 철폐 요구 성명서<br>2/25 전북지구 기독학생연합회 주최, '민주수호인사출옥환영대회'(중앙동 기독학생회관) |
| 33 | **2/27 목요기도회**<br>한국교회여성연합회 인권위원회 성명서(2/25)<br>"목요일을 정의자유구현과 민주회복을 위한 기도의 날로 정하자." "2.15 석방 조치 이후에 드러난 고문사례를 파헤치고, 이 같은 사례가 재현되지 않도록 기도하고 부정 투표 폭로자를 위해 최선을 다하며 인혁당 사건의 공개재판을 요구한다." | 일반 | 2/26 서울 YWCA 주최, '나라를 위한 3.1절 기념대회 기도회'<br>3/1 한국기독자교수협의회, 석방환영회와 강연회. 출옥 교수 환영 강연 "민족이란 이름 밑에 민중은 수탈만 당해"(새문안교회, 1천여 명, 오후 2시)<br>3/1 예장 서울노회 평신도연합회 3.1절 구국기도회·민주 회복 통성기도(새문안교회)<br>3/1 기독교대한감리회 3.1운동 기념 예배(창천교회)<br>3/1 3.1절 기념 예배 성남 주민교회<br>3/1 광주시 제일장로교회에서 각 교회 교역자 신도들 1천여 명이 모인 가운데 3.1절 기념 예배<br>3/1 한국기독교장로회 전남노회와 선교 활동, 자유수호위원회 주최로 목포 시내 남부교회에서 3.1절 기념 예배. 교역자 15명 가두시위 |

| | | | |
|---|---|---|---|
| | | | 3/1 한국기독교청년연합회협의회 주최, 3.1절 기념 연합예배 및 신앙강연회와 구속자 석방 환영회, 대구제일교회<br>3/2 지난 23일부터 시작된 3.1 정신 구현 민주 회복 구국기도회가 2일 정오까지 8일 동안 계속(전남 강진 도암교회)<br>3/3 한국기독교장로회전북노회의 선교자유수호위원회 주최, '오늘의 선교 자유와 인권을 위한 기도회' 김제 정읍 관내 21개 교회를 대표한 2백50여 명의 교역자 신도 등이 참석(김제읍 신풍교회)<br>3/3 한국기독교장로회총회 '교회와 사회위원회' 고문 행위 근절 요구<br>3/5 한국기독교장로회 서울노회 선교자유활동수호위원회, 종교 자유 활동 총리에 요구키로 |
| | | 학생 | 3/1 민주 인권 회복 기원 한국기독교청년연합회협의회, 3.1절 기념 연합예배 및 신앙강연회와 구속자 석방 환영회(대구제일교회) |
| 34 | **3/6 "기도는 민주 교두보" 정의 자유 위한 목요기도회**<br>설교: 김찬국 교수<br>기도: 안광수 목사<br>① 목요기도회 자체 성명서(7차 추정)<br>② 구속자가족협의회 성명서, 인혁당 관련자에게 공산주의자, 북괴 지령을 받았다고 하는 것은 명예훼손이며 인권침해라고 주장 | 일반 | 3/6 목요기도회 출감 인사 강연회, 광주 YWCA·광주기독교협회·광주기독교학생회 등 4개 단체 공동주최<br>3/7 기독교대한감리회 목사 44명이 75년도 동부연회에서 '동부연회 정의구현 목사 44인단'을 결성, 인간해방선언 선포(원주 제일 감리교회)<br>3/10 장로회 전북노회 석방자 사면 등 요구 선교와 인권 기도회(전주 신흥교회)<br>3/10 NCC, 세계교회협의회 5차 총회 준비 협의회에서 <자유언론실천선언>을 적극 지지하는 성명 발표<br>3/10 경수도시산업선교회 세미나 "노총 자율기능 저해 말도록"<br>3/12 NCC, 언론탄압과 동아·조선 기자들의 해직을 규탄하는 성명서 발표 |
| | | 학생 | 기록 없음 |
| 35 | **3/13 목요기도회**<br>① 구속자가족협의회와 목요기도회 동시 성명(8차 추정)<br>함석헌, 박형규, 공덕귀 등과 구속자 가족, 일반신도 등 300명, 낮 12시 동아일 | 일반 | 3/15 NCC, <동아일보 사태를 염려하는 NCC의 견해> 발표<br>3/15 자유실천문인협의회, <최근 사태에 대한 문학인 165인 선언> |
| | | 학생 | 3/18 KSCF, 동아 해직 기자의 복직과 자유언론 실천을 요구하는 성명서 발표 |

| | | | |
|---|---|---|---|
| | 보사 앞에서 격려 기도회.<br>5개 항의 결의문 채택 | | |
| 36 | **3/20 목요기도회**<br>김상근 목사 사회, 설교<br>목요일 오후 3시에 기도회<br>서울복음교회에서 30여 명<br>참석. 교회 주위 기관원 20<br>여 명 배치하고 기도회를 감<br>시하다 | 일반 | 3/20 광주 YWCA 강당에서 제8회 목요기도회, "하느님 사도로 양심을 되찾자"<br>3/20 '기독교정의구현전국성직자단' 결성. 예장 48명, 기장 135명, 감리교 110명, 성공회, 복음교회, 구세군, 성결, 루터교 27명 등 총 320명의 성직자가 참여. 연동교회에서 창립 예배를 갖고 발족성명서 발표<br>3/20 자유언론을 위한 신·구교 합동 기도회, 정기목요기도회, KSCF, 전국 사제단, 수도권특수지역선교위, 여성연합회 등 6개 단체 참여<br>3/21 조선자유언론수호투쟁위원회 결성<br>3/25 전북 기독교 '고난주간' 특별예배 "예언자적 사명감, 민주 회복 적극 참여" 전북도 내 기독교 각 교파의 성직자와 신도 등 1천여 명(중부교회) |
| | | 학생 | 3/20 감리교신대생 2백여 명, 교내에서 구국기도회. 학생 사면 요구<br>3/26 한신대 200여 명, 교내 침묵시위. <75 고난 선언> 채택 |
| 37 | **3/27 목요기도회**<br>기도: 문정현 신부<br>설교: 문동환 목사<br>① 목요정기기도회 자체 성명서 "우리의 주장"(9차)<br>김지하 씨 재구속 부당, 인혁당 사건의 공개재판 요구, 석방 학생 복교 문제 | 일반 | 3/27 민주 회복 구속자협의회 발족(기독교회관 2층)<br>3/29 기독교정의구현전국성직자단, 동아 사태와 연세대 사태에 대한 정부 측의 태도를 비판하는 성명서 발표<br>3/29 NCC 인권위원회, 언론인 돕기 모금운동본부 설치결의 |
| | | 학생 | 4/2 한국신학대학생 120여 명, 김병국 군의 방면 요구 기도회, 경찰과 대치<br>4/2 한국 문교부는 2일 한국 신학에 대해 학원 내 소요 사태가 다시 발생할 경우 휴업 명령을 내리겠다고 학교 측에 통고 |
| 38 | **4/3 목요기도회**<br>4/3 선교자금 횡령, 배임 등으로 김관석, 박형규, 조승혁, 권호경 목사를 구속.<br>① 학원 횡포, 한승헌·김지하 구속, 언론 사태에 대한 목요정기기도회 자체 성명서(10차) | 일반 | 4/3 제9회 목요기도회가 광주기독교연합회 YMCA YWCA 등 공동주최로 2백 명의 신도들이 모인 가운데 열림(제일감리교회)<br>4/4 "종교탄압의 조짐", 기독교 정의구현 전국 성직자단 성명<br>4/4 한국교회여성연합회 인권위원회, '수도권 선교자금 사건'과 관련하여 구속 영장 없이 연행한 것을 비난 성명<br>4/5 한국기독교교회협의회는 종교 사찰로 보고 반박성명 발표, 종교탄압 중지 요구 |

| | | | |
|---|---|---|---|
| | | | 4/5 수도권 선교자금 사건 해결 위해 '선교자유수호임시대책위원회'를 구성. 석방을 촉구하는 성명서 발표 |
| | | | 4/7 서울시경은 7일 수사 범위를 확대, 동 협의회 가입 6개 교단의 구성 인원, 기구, 교파별 실행 요원 등에 대해서도 조사에 착수 |
| | | | 4/7 김관석 목사 영장은 기각, 박형규·조승혁 목사 구속 |
| | | | 4/9 김관석, 권호경 목사도 구속 |
| | | | 4/9 인혁당 피고들 사형집행 되던 날 구치소 앞서 가족들 호곡 |
| | | 학생 | 4/8 한신대 휴업령. 이후 각 대학에 연일 시위 일어남. |
| 39 | **4/10 목요기도회**<br>설교: 문동환 목사<br>*SMCO 사건[1]<br>① 한국교회사회선교협의체, "선교자금과 관련하여 성직자 구속한 사태는 교회 탄압이요 선교활동 방해라고 주장"하는 성명서(4/8)<br>② 독일기독교세계선교회, 한국 NCC 전적 신임을 성명<br>③ 구속 통지서-김옥실(업무상 횡령-김관석 총무)<br>*이해동·김상근 목사, '정의구현 목요기도회' 주도 혐의로 기관원에 연행<br>④ 4월 3일의 NCC 사건에 대한 성명서, 기독교정의구현전국성직자단(4/4)<br>⑤ 한국교회여성연합회 인권위원회 성명서(4/4)<br>⑥ NCC 성명서(4/8)<br>⑦ 산업선교전국연합회 성명서(4/10)<br>⑧ 선교자유수호위원회 성명서<br>⑨ 수도권 특수지역선교위원회 성명서(4/9)<br>⑩ 김관석 목사 석방, 교회탄압 중지, 인혁당 사형집행 | 일반 | 4/10 구속자가족협의회, <시국위기선언문> 발표 |
| | | | 4/11 한신대 문동환 교수 연행 |
| | | | 4/11 이해동-김상근 두 목사 연행 |
| | | | 4/11 **제주기독교협의회, '선교자유수호기도회' 열고 구속자 석방과 교회 탄압 중지를 촉구하는 성명서 발표** |
| | | | 4/12 정보부에 연행됐던 세 목사 풀려났다 다시 출두, 김상근 목사(수도교회), 이해동 목사(한빛교회), 문동환 목사(한신대 교수) |
| | | | 4/14 두 목사 이틀째 밤에 풀리고 아침에 출두, 김상근(수도교회), 이해동(한빛교회) |
| | | | 4/14 법무부 인천 출입국관리사무소, 시노트 신부 소환 경고 |
| | | | 4/15 **고 김상진 추모예배 천안 민주국민회의** |
| | | | 4/15 세 목사, 정보부에 아침에 또 출두 저녁에 풀림 |
| | | | 4/15 민주회복국민회의 무더기 구속 통탄 <민주 회복> 성명, 교내시위 중 할복, 12일에 절명한 서울농대 김상진 군의 죽음에 대해 15일 성명을 발표 |
| | | 학생 | 4/10 장로회신대도 사실상 휴강 |
| | | | 4/10 **서울신학대생 단식농성** |
| | | | 4/11 서울대 김상진(축산4) <양심선언>과 <대통령에게 드리는 공 |

| | | | |
|---|---|---|---|
| | 해명, 목요기도회 자체 성명서(11차) | | 개장> 남기고 할복자살<br>**4/12 광화문서 연좌시위 신일고생 120여 명 모두 연행돼**<br>**세종로 지하도 옆에서 "진리는 어디에 있으며 정의는 진정 죽었는가" 등의 내용이 담긴 유인물을 낭독하고 연좌를 하다 모두 종로경찰서로 연행되어 북부서로 넘겨졌다. 이들은 3일간 영락교회에서 있은 전교생 수양회에 참석한 학생들의 일부.**<br>4/14 신일고교, 12일 시위에서 시국 선언문을 낭독한 9명 제적 |
| 40 | **4/17 목요기도회 중지**<br>*SMCO 사건에 대한 항의<br>① 대통령 각하에게 보내는 건의문(4/17)<br>(한국기독교교회협의회)<br>한국기독교교회협의회 교단장 이상근, 임창희, 이상근, 전용성, 이천환, 지동식<br>(4/22 대통령 면담 요청 및 건의문 전달)<br>② 한국기독교교회협의회 6개 교단이 대통령에게 안보문제에 관한 면담 요청 건의문<br>③ 전국 교회에 알려드리는 말씀<br>④ 6개 교단 성명서(4/14)<br>⑤ 원본 | 일반 | 4/16 한국기독교교회협의회(NCC) 총무 김관석 목사(56) 수도권특수지역선교위원회 위원장 박형규 목사(51), 동 간사 권호경 목사(35), 동 위원 조승혁 목사(40) 등 4명은 업무상 배임 횡령 등 혐의로 서울지검에 구속 송치<br>4/17 **할복자살한 서울대 농대생 김상진 군을 추모하는 광주 목요기도회,** 3백여 명. 광주 제일감리교회. 서남동 교수 "예수와 민중"<br>4/18 전남 구속자협 회원 3명 연행<br>4/19 씨올의 소리, 정동교회에서 시국 강연회 개최. 유신철폐와 자유민주주의 회복 주장<br>4/19 민주수호기독자회 윤반웅 회장을 연행<br>4/21 **대한감리회 마산청년연합회, 마산 중앙감리교회에서 19일 밤 4.19 기념 예배**<br>4/21 **선교와 인권을 위한 기도회,** 전주 남문교회에서 천주교와 개신교 및 민주회복국민회의 전북지부 합동으로 열림. 3백여 명. 국가안보 문제 제기(크메르와 월남사태)<br>4/21 정진동 목사, 청주경찰서 연행<br>4/22 **김상진 추도회 명동 일대 교통 차단** |
| | | 학생 | 4/18 **가톨릭학생회와 기독, 신부단이 공동 집전한 '4.19 의거 15주년 기념 및 서울농대 김상진 군 추모기도회'**<br>4/18 김상진 군 추모기도 한 명 퇴학, 7명 휴학 광주일고 |
| 41 | **4/24 목요기도회** | 일반 | 4/24 민주 회의 서울지부 대표위원 윤반웅 목사 연행 |

| | | | |
|---|---|---|---|
| | ① 목요정기기도회 자체 성명서 12차<br>② 문익환 목사, 최승국 전도사 25~26일 연행, 28일 풀려남. 24일 목요기도회 개최 경위와 성명서 내용에 관해 조사를 받음. | | 4/24 **한국기독교장로회 전남노회와 선교자유수호위원회, 목포시 무안동 중앙교회에서 구국기도회, 5개 항 결의문 채택**<br>4/25 법무부 인천출입국관리사무소는 25일 가톨릭 인천교구 부주교 제임즈 피터 시노트(한국명 진필세) 신부가 낸 한국 체류 기간 연장신청을 "이유 없다"고 불허하고 4월 30일까지 출국하도록 통보<br>4/25 NCC, 크메르·월남사태 관련 정부의 안보 논리 악용에 경고하는 성명서 발표<br>4/26 기독교 7개 교파 8개 단체 '기독련 사회대책협' 설립<br>한국기독교협의회 소속 7개 교파와 8개 기독교 단체는 기독교회관 2층 회의실에 모여 '한국기독교연합사회대책협의회' 설립<br>한국기독교협의회, 대한예수교장로회, 대한 감리교회, 한국기독교장로회, 구세군, 성공회, 복음교회, 정의구현성직자단, 교회여성연합회, 산업선교협의회, 기독자교수협의회, 한국기독학생총연맹, YMCA, YWCA, 민주수호기독자회.<br>4/27 **한국기독교장로회 서울노회 선교자유수호위원회는 향린교회에서 구속된 성직자들을 위한 기도회, 3백여 명.**<br>4/28 **감리회여선교회 전국대회 분열된 교단, 국토 통일 기도**<br>4/28 기장 교회와 사회위원회, 인디사태 관련 정부의 유신헌법 정당화를 규탄하는 성명서 발표<br>4/25~26. 목요기도회 관련 2명 한때 연행. 문익환 목사와 전도사 최승국 씨 |
| | **5/1 목요기도회 중단**<br>하지만 SMCO 사건 공판을 위한 9회차의 기도회가 있었다(6/10, 6/21, 7/5, 7/19, 7/25, 8/2, 8/16, 8/30, 9/6). 7/19(4회 공판), 7/25·8/2·8/16·8/30·9/6(9회 공판),<br>구속된 성직자를 찾아가는 예배를 드림 | 일반 | 4/30 인천 출입국사무소 시노트 신부에 2차 출국 통보<br>5/1 **기독교정의구현전국성직자단은 YWCA에서 "선교 자유와 정의 구현을 위한 기도회" 개최.** 성명서 발표. 이 성명서 건으로 김형태, 오충일 목사 연행, 크메르와 월남 붕괴는 정부의 부패 원인. 지나친 사회불안 조성 중지, 종교탄압 중지 결의문 채택<br>5/1 시노트 신부 출국<br>5/3 한국기독교 협의회(NCC) 및 수도권특수지역선교위원회 소속 제일교회 목사 박형규, 부목사 권호경 한국기독교교회협의회 총무 김관석 목사와 조승혁 목사 등 4명을 업무상 횡령 및 폭력행위 등 처벌에 관한 법률 위반 혐의로 구속기소. |

| | | | |
|---|---|---|---|
| | | | 5/3 NCC-USA 아시아 담당 총무 라이덴스 박사 내한, 수도권특수지역선교위원회 선교자금 사건 조사. 횡령 혐의 없다고 확인.<br>----------------------------------------------<br>5/6 인권위원회 성명서 |
| | | 학생 | 4/28 전남법대생들 고 김상진 군 추모 리본 달기로 결의 |
| | 5/8 목요기도회 중단 | | 5/8 NCC, 가맹 6개 교단 전국지도자회의 개최. 최근 당국의 선교 탄압 관련 7개 항의 합의사항을 발표, 합의사항에서 NCC는 WCC와 NCC에 대한 터무니없는 비방의 종식, 대통령과의 면담, 구속된 목사들 석방, 성직자 사찰 중지 등을 촉구<br>----------------------------------------------<br>5/9 고 김상진 군 공개장 유인물 돌린 '민주 회의' 목포지부 회원 즉심 회부<br>----------------------------------------------<br>5/12 **"부조리 과감히 시정 민주 터전의 확립을", 남서울 교회연합회 구국 조찬기도회.** 남서울 교회연합회 교역자회는 영등포구와 관악구의 10개 개신교파 교회 목사 65명으로 구성된 기독교 단체<br>----------------------------------------------<br>5/13 긴급조치 9호 선포 |
| | 5/15 목요기도회 중단 | | 5/17 NCC, 수도권특수지역선교위원회 선교자금 사건 관련 구속자 석방 진정서를 국무총리와 담당 판사에게 제출 |
| | 5/22 목요기도회 중단 | | 기록 없음 |
| | 5/29 목요기도회 중단 | | 5/30 WCC 대표단 4명 내한, 선교자금 사건 조사. 6/2 귀국길에 동경에서 기자회견 갖고 "선교자금 사건은 직접적인 선교 자유 침해"라고 발언<br>----------------------------------------------<br>6/4 NCC 선교자유수호임시대책위원회, 4인 대책위원회 결성 |
| | 6/5 목요기도회 중단 | | 6/5 선교자유수호임시대책위원회, 진상조사 및 대책 활동 개시<br>----------------------------------------------<br>6/8~16 김제 난산교회 시무 강희남 목사가 설교 내용 등을 구실로 경찰에 연행됨. 이에 항의하던 양교철 목사 역시 10일 연행<br>----------------------------------------------<br>6/10 **오전 8시 30분 젠센기념관 306호실, "구속 성직자를 위한 예배"(설교: 문동환 목사)** |
| | 6/12 목요기도회 중단 | | 6/12 선교자유수호임시대책위원회, 문교부 장관 면담<br>----------------------------------------------<br>6/17 한국교회사회선교협의체 사무실 야간침입 사건. 동대문경찰서 정보2계장 안병석 등 형사 7명이 기독교회관 수위에게서 열쇠를 탈취, 한국교회사회선교협의체 사무실에 무단 침입, 불법적으로 수색. 수도권특수지역선교위원회 선교자금 사건과 관련한 인쇄물을 압수해 감 |
| | 6/19 목요기도회 중단 | | 6/21 **오전 8시 30분 "구속 성직자를 위한 예배" 기독교회관대강당에서** |

| | | | |
|---|---|---|---|
| | | | **못하고 젠센기념관에서 하다.** |
| | **6/26 목요기도회 중단** | | 6/28~30 KSCF 간사·임원 등 5명, 출판물 관계로 연행 조사 |
| | **7/3 목요기도회 중단** | | 기록 없음 |
| | **7/10 목요기도회 중단** | | 7/14 NCC, 기독자 해직 교수를 위한 건의문을 당국에 제출 |
| | **7/17 목요기도회 중단** | | 7/19 **제4회 공판, 구속 성직자를 위한 예배(설교: 지동식 목사)** |
| | **7/24 목요기도회 중단** | | 7/25 **제5회 공판, 구속 성직자를 위한 예배(설교: 오충일 목사)** |
| | **7/31 목요기도회 중단** | | 8/2 **제6회 공판, 구속 성직자를 위한 예배(설교: 문용오 목사)** |
| | **8/7 목요기도회 중단** | | 8/16 **제7회 공판, 구속 성직자를 위한 예배(설교: 서남동 목사)**<br>---<br>8/17 이문영, 서남동, 안병무, 이우정, 문동환 교수 등을 중심으로 '갈릴리교회' 창립 |
| | **8/21 목요기도회 중단** | | 8/21 수도권특수지역선교위원회 김동완 목사와 허병섭 목사, 중앙정보부에 의해 연행, 구타 |
| | **8/28 목요기도회 중단** | 일반 | 8/30 **제8회 공판, 구속 성직자를 위한 예배(설교: 김준영 목사)**<br>---<br>8/31 **갈릴리교회, 한빛교회에서 예배** |
| | | 학생 | 9/3 한신학보에 실린 글과 관련하여 양교철 목사(학도호국단장)(전북여신교회)와 한신학보 이진숙(편집장), 정옥균이 중앙정보부에 연행, 이진숙은 9/8 구속됨 |
| | **9/4 목요기도회 중단** | | 9/6 **선고공판(9회) 구속 성직자를 위한 예배(설교: 문익환 목사)**<br>① 9/9 인권위원회 진정서 한승헌 구속, 32명 서명날인 |
| | **9/11 목요기도회 중단** | | 9/17 김관석 목사 가석방, 항소 포기. 같은 사건으로 실형을 선고받은 박형규, 권호경, 조승혁 목사는 항소를 제기 |
| 42 | **9/18 목요기도회 재개**<br>한국교회사회선교협의회 사무실<br>사회: 김경락 목사<br>설교: 김상근 목사 | | 9/19 안광수 목사, 한국마벨 해고 노동자 복직 요구 성명 |
| 43 | **9/25 목요기도회**<br>기장 서울제일교회 개최, 설교: 오충일 목사. 150여 명 기도회<br>① SMCO 호소문<br>김옥실, 조정하, 이정민, 이은자 SMCO 구속자 아내 호소문 | | 9/27 수도권특수지역선교위원회, 수도권 선교자금 사건에 대한 재판부 판결의 부당성을 지적, 무죄판결을 통해 한국 사법부의 신뢰를 회복할 것을 촉구하는 성명서 발표 |
| 44 | **10/2 목요기도회** | | 기록 없음 |
| 45 | **10/9 목요기도회** | | 10/11~13 NCC 직원 연행 사건. 수도권특수지역선교위원회 선교자금 사건 공판 기록을 유인물로 만들어 배포했다는 이유로 이경배, 김원식, 이대용 연행됨 |
| | | 학생 | 10/10 부산중부교회 청년부 회원, 주보에 반정부 내용 게재 혐의로 구속 |
| 46 | **10/16 목요기도회** | | 10/20 **전주교회 월요기도회, 김지하의 〈양심선언〉 배포** |

| | | | |
|---|---|---|---|
| | | | ------------------------------------------------<br>10/21 전주지구 신·구교 성직자 연행 사건. 전주의 한 교회에서 김지하 <양심선언>을 배포했다는 혐의로 문정현 신부 등 신부 3명과 목사 1명이 경찰에 연행<br>------------------------------------------------<br>10/22 한국교회사회선교협의체, 수도권 선교자금 사건 항소심과 관련. 성직자들의 조속한 석방을 촉구하는 건의서를 법무부 장관과 고등법원에 발송 |
| 47 | **10/23 목요기도회** | | 기록 없음 |
| 48 | **10/30 목요기도회** | | 기록 없음 |
| 49 | **11/1 목요기도회** | | 11/5 한신대생 전병생, 김명수. 재일교포 간첩 관련 혐의로 구속. 일명 '재일교포 학원간첩단 사건' |
| 51 | **11/13 목요기도회** | | 11/17 NCC선교자유대책위원회, 최초로 당국의 선교 자유 침해 관련, 교회 사찰 중지, 성직자 석방 등을 촉구하는 성명서 <우리의 입장> 발표<br>------------------------------------------------<br>11/18 NCC 인권위원회. YWCA 등 8개 단체, 해직 교수의 복직을 촉구하는 진정서를 당국에 제출 |
| 51 | **11/20 목요기도회** | | 기록 없음 |
| 52 | **11/27 목요기도회** | | 기록 없음 |
| | 12/4 중앙정보부 요청으로 기도회 중단. 수도권 선교자금 사건으로 인한 구속자들의 처리 문제를 놓고 중앙정보부의 요청으로 기도회 모임 중단 | | 12/7 **전주 가톨릭 센터에서 신·구교 성직자, 평신도들 120여 명 합동 인권 기도회** |
| | **12/11 기도회 중단** | | 기록 없음 |
| 53 | **12/18 목요기도회** | | 기록 없음 |
| | | | **1976년** |
| 54 | **1/8 목요기도회** | | 1/5 버스 안내양 이영복, 회사의 삥땅 추궁에 항의 할복. 서울YWCA연합회, 계수기의 사용 중단과 근로조건 개선을 내용으로 하는 건의문을 관계기관에 보냄(1/17부터 계수기 철거됨) |
| 55 | **1/15 목요기도회** | | 기록 없음 |
| 56 | **1/22 목요기도회** | | 1/23 **신·구교 합동으로 원주 원동성당에서 일치를 위한 기도회 개최.** 함세웅 신부, 문익환 목사 등 성직자 8명이 <공동선언문> 발표 |
| 57 | **1/29 목요기도회**<br>**① 사랑방교회 교인들 십자가 훼손 사건 경위보고서 발표** | | 1/29 한국기독청년협의회(EYC) 창립 총회 갖고 결의문 채택<br>------------------------------------------------<br>1/29 **사랑방교회 십자가 훼손 사건.** 이문동 지역에서 강제 철거 당한 후 월동을 위해 망우리 지역으로 이주하여 사랑방교회를 이루고 있던 철거민들에게 계속 공포 분위기를 조성해오던 군·경은 이날 목요기도회에 참석지 않겠다는 교인들의 각서 제출에도 불구하고 철거반원을 통원, 기습적으로 교회를 파괴하고 십자가를 오물에 처박음 |

| | | | |
|---|---|---|---|
| 58 | 2/5 목요기도회 | | 2/10 부산중부교회 회보 사건. 대학생회가 회보에 반정부적인 글을 게재하였다는 이유로 김경일, 조태원, 이태성 등 3명 구속. 각각 징역 2년 집행유예 3년 선고 |
| 59 | 2/12 목요기도회 | | 2/16 전주 개신교 가톨릭 합동 기도회. 김지하 시인 석방을 위한 기도회 |
| 60 | 2/12 목요기도회 | | 기록 없음 |
| 61 | 2/26 목요기도회 | | 3/1 민주구국선언 사건. 문익환 목사가 작성한 <민주구국선언>이 발표됨. 선언문에 서명했거나 미사 준비에 참여했던 신. 구교 성직자들 구속. 3/10 서울지검은 3.1 민주구국선언을 '정부 전복 선동 사건'이라고 발표. 종교의 자유를 악용한 정치활동이라 규정. 김대중, 함세웅, 문익환, 이문영, 서남동, 안병무, 신현봉, 이해동, 윤반웅, 문정현, 문동환 등이 구속. 윤보선, 함석헌, 정일형, 이태영, 이우정, 김승훈, 장덕필, 김택암, 안충석 등 불구속 입건. |
| | 3/4 기도회 중단 | | 기록 없음 |
| | 3/11 기도회 중단 | | 3/12 고영근 목사 구속 사건. 충북 단양읍 교회에서 설교한 내용이 문제되어 구속. 징역 자격정지 1년 6월을 선고, 77년 7/14 병보석으로 석방<br>-----<br>3/12 3.1사건 구속자가족대책협의회 발족<br>-----<br>3/12 일본 기독자한국문제긴급회의, 긴급조치 해제를 촉구하는 성명 발표<br>-----<br>3/13 일본 7개 단체, '민주구국선언 사건'을 기독교 신앙에 대한 정치적 탄압으로 규정한 공동성명 발표<br>3/14 주민교회 사건. 당국은 <3.1 구국선언문>을 재프린트하여 배포한 혐의로 이해학 전도사를 수배. 9/7 이해학 전도사가 자진 출두할 때까지 박점동 집사 등 주민교회 교인들이 괴롭힘을 당함 |
| | 3/18 기도회 중단 | 일반 | NCC 제1차 실행위원회에서 조직된 **선교자유대책위원회가 공식적인 목요기도회 주최자 역할을 담당.** 동 대책위원회는 금요일로 기도회 요일을 변경<br>-----<br>3/18 **'민주구국선언 사건' 관련 구속자 가족, 기도회**<br>-----<br>3/19 '3.1 성직자 구속 사건 대책위원회' 조직. <3.1 성직자 구속 사건에 대한 우리의 입장> 발표 |
| | | 학생 | 3/24 박남수·전점석·최갑성 3인, 유신철폐와 긴급조치 해제의 <한신선언문> 발표, 구속 |
| | 3/25 기도회 중단 | | ① 기독교교회협의회 |
| | 4/1 기도회 중단 | | 4/6 NCC 가맹 6개 교단장 성명서 |
| | 4/8 기도회 중단 | | 4/12 **NCC 인권위원회, 3.1 사건과 관련. 고난받는 인권을 위한 기도회 가짐.** 이 기도회로 조남기 목사 등 5인이 연행됨<br>-----<br>4/12 예장 총회, 긴급조치 9호로 구속된 고영근 목사 취조 책임자 언동 |

| | | | |
|---|---|---|---|
| | | | 에 대한 진상 요구서 |
| | **4/15 기도회 중단** | | 4/16 **새문안교회 동심회** 참석, 임일 목사와 승명천 교수 긴급조치 9호 위반으로 연행<br>------------------------------------------------<br>4/21 **윤한봉, 신광교회에서 〈민주구국선언〉을 낭독한 것**과 관련, 긴급조치 위반으로 재구속 |
| | **4/22 기도회 중단** | | 4/22 기장 전남노회, "명동 사건은 애국심의 발로이며 신앙 양심의 고백"이라고 주장하며 구속자 석방, 유신헌법 철폐 및 민주헌법 회복을 촉구하는 <3.1절 기도회 사건에 대한 우리의 결의문> 채택(광주 한빛교회) |
| | **4/29 기도회 중단** | | 기록 없음 |
| 62 | **5/3 금요기도회로 바뀜. 구속 성직자를 위한 기도회** 5/4일이 1심 1회 공판. 따라서 공판 전날 기도회를 개최하였고 이후부터는 금요일에 정기적으로 드리게 되었다. | NCC 선교자유대책위원회 주관, 3.1 사건 기도회로 개최됨. 금요기도회는 이후 각 분야의 인권탄압 사례가 제기되고 전파되는 주요한 행사의 하나로 정착됨(1980년 6/20 중단되었다가, 1981년 9/18 재개가 시도되고, 1982년 2/11부터 목요기도회로 이어짐). 3.1 성직자 구속 사건의 제1회 공판이 5/4 오전 10시에 개정됨에 앞서 구속 성직자를 위한 기도회 개최. 변호인단을 대표한 박세경 변호사·구속자 가족과 더불어 300여 명의 교우가 참석, 성황. | |

**<한신대 광화문 가두시위 사건 회고>[2]**

"맨날 학교 내에서 교문까지 왔다 갔다 해 봐야 무슨 소용이 있나? 광화문 쯤에는 나가야지."

당시 대의원회 의장이던 김진수와 안남영, 전병생 등을 중심으로 가장 효과적인 방법을 논의하여 모두가 한마음으로 동의했다. ① 당장 내일 아침 기습시위를 하자. 전교생 참여는 시일이 걸리고 기밀 유지가 어려우니 생활관 학생들을 중심으로 한다. ② 장소는 빠르고 효과적인 보도를 위해, 기자들의 자유언론 실천을 격려하는 뜻에서 세종로 동아일보사로 한다. ③ 남녀를 불문하고 생활관 재학생으로 조를 편성, 오전 8시 30분경 동아일보사 앞에 집결한다. ④ 그 시각, 학교에 알려 동시에 시위에 나서자. 그 유례없던 동시다발 '동아일보사 앞 유신철폐 시위'는 눈 깜짝할 사이에 계획되었고 전교생이 즉시 동참한 사건이었다.

오전 9시 정각 동아일보사 주변에 삼삼오오 모여 있던 50여 명의 학생은 조헌정이 지나가는 운전기사들에

---

1 NCCK 총무 김관석, 수도권특수지역선교위원회(SMCO, Seoul Metropolitan Community Organization) 위원장 박형규와 총무 권호경, KCAO의 총무 조승혁이 독일의 선교단체 Bread for the World의 선교 지원금 203,000 마르크를 본래의 목적과 다르게 사용했다는 이유로 횡령 및 배임의 혐의로 구속되어 유죄 선고 받은 사건을 말한다. 1975년 4월 3일 서울시경은 김관석 외 3인을 연행, 조사하였다. 검찰은 SMCO의 돈으로 긴급조치 위반자들을 돕고 청주도시산업선교회에 돈을 준 것은 선교 활동이 아니라 주장하였다. BFW의 아시아 담당자가 내한하여 자금 사용에 아무런 문제가 없다는 공식 입장을 증언하였으나 모든 피고인에게 징역형이 선고되었다. 이에 4월 4일부터 교계의 저항은 시작되었다. 손승호, 『유신체제와 한국기독교 인권운동』 (서울: 한국기독교역사연구소, 2017), 136-140; "수도권특수지역선교위원회 선교자금 사건," 「한국기독교와역사」 40 (2014), 273-304.

게 유인물을 배포함과 동시에 가두로 뛰어들었다. 이재훈이 시국 선언문을 낭독했고, 이어서 플래카드를 들고 스크럼을 짜고 구호를 외쳤다. 이들은 출근하는 시민들에게 유인물을 배부하며 광화문 우체국 앞까지 약 200미터를 나아가다 출동한 경찰과 마주하였다. 허를 찔린 경찰은 무자비했다. 불과 50여 명밖에 되지 않는 학생들을 사정없이 쓰러뜨리고 질질 끌어 경찰 트럭에 실었다.

초조하게 기다리던 전병생에게 안남영의 연락이 왔다. 시위가 성공적으로 진행되고 거의 다 연행되었다는 것이었다. 등교하던 통학생들은 "우리 학교 기숙사생들이 다 잡혀갔단다. 우리가 가만히 있을 수 있나?"하며 아침 예배가 끝난 후 교문 밖으로 진출하였다. 그들은 페퍼포그를 맞으며 '민주회와 유신철폐 시위'를 벌였다. 가두시위 학생들이 들고 있던 플래카드에는 이런 구절이 있었다. "저들이 잠잠하면 돌들이 소리치리라."

**<서울신대 삭발 시위 사건>**[3]

박현모 그 당시에 학생회장이었고 정원수는 총무였어요. 당시는 학교에 대의원회가 있었어요. 내가(이신건) 그때 대의원회 회장이었어요. 그래서 어쨌든 학생회를 대표하는 가장 큰 기구가 두 개인데 두 단체 기구회 회장이 그 당시 유신 데모를 반대하는 아주 격렬한 유신 말기 때인데 그때 이제 시위를 주도하고 집회 인도하고 학교 앞에서 스크럼 짜고 막 전경하고 대치하고 부천역에 나가서 막 삐라 뿌리고 이러면서 유신 저항한 거죠. 유신헌법 철폐하라고 그러다가 박현모하고 나하고 둘이 무기 정학 먹고 1년 1개월 만에 복학했어요. 내 친구하고 나는 구류를 6일인가 7일인가 부천 경찰서 가서 며칠간 구류 살고 … 뭐 그 당시 대학생들이면 누구나 다 하던 일인데 뭐. 어쨌든 나도 좀 반골이고 저항적이고 민주화운동에 앞장서려고 했던 사람이라서 내가 앞장섰고 또 우리 인원들이 합세해 가지고 나가자 해서 머리 빡빡 깎고 학생들 소강당에 모아서 선언문 낭독하고 그다음에 이제 바깥으로 나가려니까 전경이 왔어요. 학교 앞에 정문을 전경과 대치해 가지고 스크럼 짜고 나가다가 부딪혀서 몽둥이 맞고 또 들어오고 또 나가서 몽둥이 맞고 막 최루탄 쏘고 그렇게 두 번 충돌했다는 거고, 이제 몇 사람 나를 비롯하여 정원수 몇 사람은 부천시 거리를 지나가면서 성명서 뿌리고 가두시위를 했죠. 그러다가 학교에서 무기정학 당하는 바람에 집으로 내려가서 쉬었죠. 그래서 두 차례 한 거예요. 학생들을 소강당에 모아 가지고 내가 성명서 발표하고 기도회 하고 또 남은 덩치 있는 애들은 스크럼 짜 가지고 나가려고 하다가 전경하고 부딪혀서 충돌 두 번 하고 그러다가 학교에서 휴교를 때렸어요.

사실 성결교는 보수적이고 충청도에서 74년에 부천으로 이전한지 얼마 안 될 때였죠. 71년도 위수령 있었을 때 동맹 휴학하고 학생이 수업을 거부했다고 해요. 한번. 그때는 농성, 기도회, 시위 이런 건 안 했죠. 74년에 본격적으로 스크럼 짜고 데모하고 수업 거부하고 농성하면서 시위한 게 처음 있는 일이었어요.

## 2. 기도회 분포

### 1) 전국 기도회 분포 개관

이상의 내용을 살펴보았을 때 1974년 7월 목요기도회가 출발한 지점부터 1976년 5월 목요

---

2 한국신학대학 민주화운동동지회, 『서서 죽기를 원한 사람들』 (서울: 대한기독교서회, 2023), 214-217.

3 이신건 교수 구술 중에서, 2025. 1. 8. 오후 3시.

기도회가 선교자유수호대책위원회의 주최로 재개하는 기간 동안 전국에 걸친 개신교의 기도회는 목요기도회까지 포함하여 총 254회가 개최되었다(기록된 정보에 의존). 이들 기도회와 함께 혹은 별도로 성명서를 발표한 건수 190건까지 합하면 총 444회의 개신교 대응이 있었다.

기간상으로는 2년여에 걸친 기간이나 주의 깊게 보아야 하는 시기, 즉 1974. 9.~1975. 5까지 약 9개월간 기도회와 성명서의 횟수와 집중도가 가장 높다. 또 이 시기 안에서 다양한 경향들 그리고 새로운 조직의 결성 등의 역동적인 흐름을 볼 수 있다. 예상한 대로 1975년 5월 13일 긴급조치 9호 발동 이후 1976년 하반기까지 기도회는 현저하게 줄었다. 이 시기는 목요기도회조차 강제 중단되기도 하였고 재개되어도 큰 힘을 발휘하지 못한 채 현상 유지만 하는 시기였다. 이른바 자기검열의 시대. 자기 집 안방에서조차 함부로 말하면 안 되는 시대였다.[4] 목요기도회는 중단되었고 긴 침묵의 시간이 흘렀다. 41회 차인 1975년 5월 1일 목요기도회 이후부터 42회 차 9월 18일로 재개되기까지 5개월여 기간이 강제 중단되었고 61회 차인 1976년 2월 26일 이후부터 4월 29일까지 또 침묵의 시간이 흘렀다(3.1 민주구국선언 사건으로 인해 강제 중단됨). 목요기도회가 다시 재개된 것은 62회 차인 1976년 5월 3일이었다.

따라서 우리는 1970년대에 폭발적으로 증가하는 기도회가 열렸던 두 시기를 자세히 볼 수 있는데 1973년 10월~1974년 3월 그리고 1975년 9월~1976년 4월까지의 시기이다. 1973년의 기도회는 서서히 도약하는 개신교의 모습을 볼 수 있었다면 1974~1975년의 기도회는 그야말로 역동적인 개신교의 역량을 볼 수 있는 시기이다. 교단과 개 교회 참여폭이 확장되고 지역연합체가 여기저기에서 생성되고 각 교단 안에서는 위원회들이 다양하게 분화되어 갔으며 전국적으로 월, 화, 수, 목요일마다 정기적인 기도회가 형성되고, 새로운 단체들이 결성되는 등 기존 조직들은 왕성한 활동을 하며 새로운 조직들은 열정적으로 자기 역할을 수행하는 등 개신교 민주화 인권운동의 대중적 확산이 나타난 시기였다.

다음의 표는 6개월여 간격으로 분리한 기도회와 성명서 발표 횟수이다.

긴급조치 4호 해제 직후부터 1975년 긴급조치 9호 발동 직전까지 1974년 9월부터 1975

---

4 긴급조치 9호로 인해 구속된 사람 중 50% 이상이 일반인이다. 이들은 버스나 술집, 회사 사무실, 교실, 심지어 안방에서 마을 사람들과 텔레비전을 보다가 긴급조치 9호 위반으로 연행되어 구속된 사례들이다. 이들이 연행되었다는 것은 누군가 신고를 했다는 뜻이고 그렇기에 자신이 하는 말, 행동을 스스로가 검열해야만 하는 상황이 되어버렸다. 개인의 자유도, 의식도 발전을 꿈꿀 수 없는 암흑의 시대였다.

| | 1974 | 1975 | | 1976 | 계 |
|---|---|---|---|---|---|
| | 7~ 12월 | 1~ 6월 | 7~ 12월 | 1~ 5월 | 23개월 |
| 기도회 | 126회 | 89회 | 23회 | 16회 | 254회 |
| 성명서 | 76회 | 89회 | 12회 | 13회 | 190회 |

년 5월까지 기도회와 성명서 횟수가 압도적으로 많다. 9개월간 기도회 215회, 성명서 165회 합산 380여 건의 십자가 행렬은 유신체제에 대한 개신교인들의 적극적 저항을 보여주는 것으로 특히 민청학련 사건과 고문 조작 등의 반인권적인 억압에 저항하고자 하는 뚜렷한 움직임이었다. 이러한 움직임에 가장 크게 드러나는 특징은 '분화와 확산'에 있다. 노회의 위원회가 분화되어 가고 단체들의 위원회가 특히 인권에 관련 되어 특화된 위원회로 분화되어 간다. 분화는 저항의 구체성이다. 이 구체적 저항이 확산이라는 요소와 결합한다. 목요기도회는 월, 화, 수, 목요(광주)기도회로 확산되어 갔고, 각 지역의 교회는 교파를 불문한 지역연합체로 연대하여 갔다. 이들 활동이 어떤 곳에서는 일회성으로 어떤 곳에서는 지속성으로 나타나며 끊임 없는 들고 나섬으로 유신정권을 향해 집결하였다. 긴급조치 9호 이후 개신교의 십자가 행진은 잠시 멈춘 것처럼 보였으나 이는 또 새로운 시작을 내포하고 있었다. 불연속적이나 각각의 시대적 특성을 갖고 말이다.

### 2) 교단, 단체, 지역별 분포

다음은 교단별 기도회 분포이다.

| 기독교장로회 | | | |
|---|---|---|---|
| 단체 | 노회 | 개 교회[5] | |
| 기장총회 2회 | 서울노회 2회 | 경동교회 4회 | 향린교회 1회 |
| 선교활동자유수호위원회<br>(서울, 전남, 전북노회) 5회 | 충남노회 1회 | 신흥동 성암교회 1회 | 서울제일교회 1회 |
| | 전북노회 3회 | 수도교회 1회 | 김제 난산교회 1회 |
| 여선교회 1회 | 전남노회 4회 | 성남 주민교회 1회 | 부산 중부교회 1회 |
| 청년연합 1회 | | 전주 신흥교회 2회 | 전주 남문교회 1회 |
| | | 광주 제일장로교회 1회 | 김제 신풍교회 1회 |
| 학생 | 개교회자체기도회[6] | 강진 도암교회 1회 | 목포 중앙교회 2회 |
| 한신대 11회 | 경동교회 1회 | 대구 제일교회 1회 | 임실 오수교회 1회 |
| | 신흥동성암교회1회 | | |
| 총 52회 기도회 | | | |

| 기독교감리회 | | |
|---|---|---|
| 단체 | 노회 | 개 교회 |
| 총회 2회 | 중부연회 도시산업선교위원회 1회 | 종교교회 1회 |
| 주한감리교 선교사협회 1회 | 경인지방 대표 감리사, 감독 모임 1회 | 창천교회 1회 |
| 감리회 기도회 4회 | | 원주제일교회 1회 |
| 여선교회 2회 | 개 교회 자체 기도회 | 마산중앙감리교회 1회 |
| 마산 청년연합 1회(대한감리회) | 내리교회(11/19) 1회 | 정동 젠센기념관 10회(9회 중복) |
| 학생 | 오글 목사 관련 기도회 4회 | 내리교회 1회 |
| 감신대 7회 | | 흑석동교회 1회 |
| 목원대 3회 | | |
| 총 41회 기도회(새로 결성된 단체는 포함시키지 않음) | | |

| 예수교장로회(통합) | | |
|---|---|---|
| 단체 | 노회 | 개 교회 |
| 총회 1회 | 서울노회 1회 | 영락교회 4회 |
| 평신도 연합회 1회 | | 새문안교회 6회 |
| 장로회전국청년연합회 1회 | | 연동교회 4회 |
| | 개교회 자체 기도회 | |
| | 영락교회 2회 | |
| 학생 | 새문안교회 2회 | |
| 장신대 3회 | 연동교회 3회 | |
| 총 21회 기도회 | | |

교단들은 교단 산하에 위원회를 두었는데 특히 기장의 경우 총회 산하 "교회와 사회위원회"를 두어 인권 문제를 다루고 있었고 각 노회 산하에는 "선교활동자유수호위원회"를 차례로 결성하여 지역 인권 문제에 대응한 것으로 보인다. 서울노회, 전북노회에 이어 전남노회도 선교활동자유수호위원회를 결성(75' 1/13)하였고 같은 날 예장 경기노회에서도 선교활동자유수호위원회를 결성하였다. 교단의 틀 자체만으로는 효율적이지 않은 측면을 고려해 각 지역에서는 광주기독교연합회, 제주도기독교연합회, 전북 기독교연합기도회, 군산·옥구 지방연합회, 남서울교회연합회 65인 교역자회, 정의구현 부산 기독인회, 신·구교 합동 전주 월요기도회 등 각 지역 상황에 적절한 대응을 위해 연합체를 결성하였던 것으로 보인다.

다음은 단체들의 결성과 기존 단체들의 기도회, 성명서 활동표이다(진한 글씨는 새로 결

5 기독교 단체들이 주최하는 기도회에 장소를 제공한 교회까지 포함하였다. 기도회 장소 제공 역시 저항의 움직임으로 보았다. 각 교회들은 위험을 감수하면서도 기도회 및 기독교 공론장을 마련해주었다. 기도회, 성명서 낭독, 토론회, 가두시위, 철야기도회 등 긴 시간을 요구하는 프로그램이 운영될 수 있었던 것은 개 교회의 역할이 중요하게 작용하였다.

6 자체 기도회와 개 교회 횟수는 중복되기에 자체 기도회는 총 기도회 숫자에 포함하지 않음.

성된 단체, 아래의 단체들은 크게는 NCC, YWCA, KSCF, YMCA, 한국교회여성연합회 등 전국 조직부터 작은 소모임까지 포함하였는데 이는 3대 교단에 소속되어 있지 않은 대학들까지 포함하였다. 단체 활동 날짜는 「동아」, 「조선」, 『1970년대 민주화운동』 등에 의존했기 때문에 기록에 드러나지 않은 활동이 있을 수 있다).

| 결성 날짜 | 새로 결성된 단체의 기도회 및 성명 활동 | |
|---|---|---|
| 74. 9. 8. | 국가수호특별기도회 | (9/8, 9/15) |
| 74. 9. | 구속자가족협의회 발족 | (10/26, 11/7, 11/16, 11/21, 12/2, 12/7, 12/12, 12/19, 12/20, 1/30, 2/19, 4/10) |
| 74. 11. 5. | 민주수호기독자회 결성 | (11/5, 11/7, 11/14, 11/28. 1/9, 1/16, 2/10) |
| 75. 1. 22. | 예장 성직자 수요기도회 | (1/22, 2/5, 2/12) |
| 75. 2. 10. | 정의실현감리교목사단 결성, 화요기도회 | (2/10, 2/25) |
| 75. 2. 16. | 정의구현 부산기독인회 결성 | (2/16) |
| 75. 3. 7. | 기감 동부연회 정의구현 목사 44인단 결성 | (3/7) |
| 75. 3. 20. | 기독교정의구현전국성직자단 결성 | (3/20, 3/29, 4/4, 5/1) |
| 75. 3. 27. | 민주회복구속자협의회 발족 | (3/27) |
| 75. 4. 26. | 한국기독교연합사회대책협의회 결성 | (4/26) |
| 75. 5. 12. | 남서울교회연합회 65인 교역자회 결성 | (5/12) |
| | 전국적 조직망을 갖춘 기존 단체의 기도회 및 성명 활동 | |
| | 한국교회여성연합회 | (7/22, 9/23, 10/22, 10/26, 12/12, 12/14, 12/15, 12/30, 1/1, 2/3, 2/25, 3/20, 4/4, 4/10) |
| | NCC, NCC 인권위원회<br>NCC 선교위원회 | (8/11, 9/9, 9/12, 10/24, 10/31, 11/18, 12/15, 12/23, 12/24, 12/25, 12/28, 1/13, 1/27, 2/3, 2/5, 2/6, 2/13, 4/5, 4/8, 4/10) |
| | YWCA(전국 15개 지부 YWCA) | (9/13, 11/5, 11/14, 11/19, 12/12, 2/26, 3/29) |
| | KSCF | (10/11, 11/1, 11/19, 12/12, 12/13, 12/29, 1/21, 1/23, 1/28, 2/20, 3/20) |
| | YMCA 연합예배 | (11/14, 2/20, 4/3) |
| | 한국기독교전국청년연합회협의회 | (2/1, 3/1) |
| | 한국기독자교수협의회 | (3/1) |
| | 에큐메니컬선교협의체 | (9/22, 12/12) |
| | 수도권특수지역선교위원회 | (11/7, 1/7, 3/20, 4/9) |
| | 한국도시산업선교연합회 | (12/14, 1/18, 1/25, 4/10) |
| | 중소 단위의 조직 (학교 포함) 기도회 및 성명 활동 | |
| | 서울신학대 | (10/15, 11/1, 4/10) |

|  | 이화여대 | (10/21, 10/23, 10/25, 10/28, 11/19, 12/15) |
|---|---|---|
|  | 광주 YWCA | (11/5, 12/5, 1/9, 2/6, 2/12, 2/20, 3/6, 3/20, 4/3) |
|  | 제주도기독교연합회 | (11/7, 4/11) |
|  | 서울여대 | (11/11) |
|  | 씨올의 소리사 기도회 | (11/16, 4/19) |
|  | 연세대교수 석방기도회 | (11/22, 11/23) |
|  | 경수도시산업선교회 기도회 | (11/24) |
|  | 대한성공회 서울교구사제단 기도회 | (12/6) |
|  | 광주기독교연합회 | (12/5, 12/28, 1/9, 2/6, 2/12, 2/20, 3/6, 3/20, 4/3) |
|  | 주한외국인 선교사 60인 | (1/6) |
|  | 기독교대한복음교회 교역 회의 | (1/27) |
|  | 군산옥구지방연합회 | (2/13) |
|  | 전북지구 기독학생연합회 | (2/25) |
|  | 전북 기독교연합 기도회 | (3/25, 4/21) |
|  | 신일고등학교 | (4/12) |

위의 표에 의하면 1974년 9월부터 1975년 5월까지 12개의 단체(혹은 위원회)가 결성되었다. 목요기도회와 긴밀한 연관 구조를 갖고 있는 구속자가족협의회와 민주수호기독자협의회는 단일 활동이 아니기에 지속적이고도 활발한 활동이 가능하였다. 공동의 성명을 내기도 하고 공동의 기도회 그리고 목요기도회를 중심으로 움직였기에 내적 동력이 충분하였다. 기독교정의구현전국성직자단 역시 활발한 활동을 전개하였으나 1975년 3월에 결성되어 이내 긴급조치 9호로 인해 활동에 어려움이 있었던 것으로 보인다.

이외 새로 결성된 단체들의 활동은 앞서 언급하였듯이 기록에만 의존하였기 때문에 기록되지 않은 활동들을 파악하기 어렵다. 일회성으로 활동을 마친 단체도 있을 수 있지만 언론에 드러나지 않았던 활동들이 있을 수 있다. 대표적인 예는 전주 지역 월요기도회의 경우이다. 전주 지역 신·구교 합동 월요기도회는 격주로 드려왔고 언론에 드러난 시점은 1975년 10월 20일 뿐이나 지속적으로 기도회가 있어 왔다. 광주와 전주 지역 기독교연합회의 흐름은 좀 더 면밀히 살펴볼 필요가 있는데 전주 지역은 인권선교협의회로 1980년대 흐름을 이어갔고, 광주기독교연합회는 1980년대 후반에도 광주 지역 인권위원회와 별도로 조직을 이끌어 갔다(「인권소식」 286호, 1988. 2. 25, 4면).

| 정기 기도회 (1974. 7.~1976. 5) | | | |
|---|---|---|---|
| 기도회 명칭 | 주체 | 첫 시작 | 횟수 |
| 월요기도회 | 전주 목회자 월요기도회 (신·구교 합동) | 알 수 없음 | 10/20 이전부터 격주로 진행되어 옴 |
| 화요기도회 | 정의실현 감리교 목사단 | 1975. 2. 10. | 2회(2/10, 2/25) |
| 수요기도회 | 예장목회자기도회 | 1975. 1. 22. | 3회(1/22, 2/5, 2/12) |
| 목요기도회 | 기독교회관 | 1974. 7. 5. | 총 62회 |
| 광주 목요기도회 | 광주기독교연합회 | 1974. 12. 5. | 총 9회(12/5, 12/28, 1/9, 2/6, 2/12, 2/20, 3/6, 3/20, 4/3) |
| 선교자유수호기도회 | 제주기독교협의회 | 1974. 11. 7. | 2회(11/7, 4/11) |

또한 목요기도회에 자극을 받은 모임체에서 각 요일별 기도회를 구성하였다. 월, 화, 수, 목, 광주 목, 선교자유수호기도 등 지역이나 교단의 목회자들이 모여 요일별 기도회를 담당하였고 특히 지역적 특수성으로 조직된 전주 신·구교 합동 기도회는 단 1회로 마쳤지만 신구교 연대로서의 의미가 크다. 또한 월요기도회는 전주지역 인권선교협의회 모태가 된 것으로 추정된다.[7]

다음은 기도회의 전국 지역 분포도이다.(진한 글자는 목요기도회)

| 기도회 | | | | | | | | | | |
|---|---|---|---|---|---|---|---|---|---|---|
| | 서울 | 경기 | 강원 | 충남 | 전남 | 전북 | 경남 | 경북 | 제주 | 계 |
| 1974년 | 77+**24**=101 | 4 | 1 | 6 | 6 | 3 | 2 | 2 | 1 | 126 |
| 1975년 | 54+**29**=83 | 3 | | 1 | 13 | 8 | 2 | 1 | 1 | 112 |
| 1976년 | 5+**9**=14 | | 1 | | | 1 | | | | 16 |
| 성명서, 호소문, 결의문, 진정서 등 | | | | | | | | | | |
| 1974년 | 64+**12**=76 | | | 1 | | | | | 1 | 76 |
| 1975년 | 61+**32**=93 | 1 | | | 2 | 3 | 1 | | 1 | 93 |
| 1976년 | 11+**1**=12 | 1 | | | | | | 1 | | 12 |

기도회가 서울 지역에 집중되어 있는 까닭은 우선 목요기도회와 단체, 교단총회 등이 서울에서 개최되었기 때문이다. 그나마 1974년의 지역 분포가 큰 것은 NCC 인권주간 전국 예배나 YWCA 전국 지부 15개 지역 동시 기도회가 개최되었기 때문이다. 이 사실로 보면

7 전주의 경우, "목요일 기도회를 했었어요. 전주에서요. 전주에서도 목요기도회를 했죠. 그래서 그 목요기도회가 인권선교협의회 조직하는 데 아마 산파 역할을 했을 거예요. 서울에서 한다니까 이제 서울 다니면서 거기 매주 못 가니까 전주에서 하자 해 가지고 목요기도회를 했죠." (백남운 목사 구술 중에서, 2025. 1. 24. 오후 7시)

YWCA나 YMCA 같은 전국 조직망은 전국 동시 주최가 가능하기 때문에 도시·지역 간 불균형이 다소 해소된다. 기장, 기감, 예장 총회의 경우 전국 조직임에도 총회가 서울에서 주로 열리기 때문에 기도회가 서울에 집중되어 있고 또 KSCF 같은 경우도 전국 조직이기는 하나 중앙 KSCF 임원, 간사들이 민청학련 사건으로 대거 구속되었기 때문에 긴박한 상황에서 서울을 중심으로 대응해야 하는 문제가 있었던 것으로 보인다.

도시·지역 간 불균형 현상이 크게 나타나는 것은 성명서에 있다. 성명서 빈도수는 서울에 특히 압도적으로 편중되어 있다. 중앙에서는 현안 문제를 비교적 빠른 시간 안에 접하기 때문에 대응도 빠르고 이슈를 끌어가는 힘이 있지만 지방에서는 사건의 공유도 늦고 이에 대한 자기 입장 표명을 하기 위해서는 지리적 여건상 많은 소요 시간이 요구되었을 것이다. 개신교가 중앙집권적 체제가 아니기 때문에 더욱 그러하다. 짜인 교회력에 맞춰 전국 교회가 공통의 미사를 드리는 가톨릭과는 달리 개신교는 모든 개 교회가 각자 형편과 처지에 따라 제각기 다른 내용의 예배를 드리기 때문에 정보 공유가 원활하지 않으면 지역 간 차이를 발생시킨다.

아래는 위와 같은 시기 가톨릭 기도회 전국 지역분포도이다.[8]

<표 1> 연도별, 지역별 시국기도회 횟수

| 연도 | 서울 | 인천 | 부산 | 대구 | 대전 | 광주 | 전주 | 원주 | 기타 | 계 |
|---|---|---|---|---|---|---|---|---|---|---|
| 1974 | 23 | 7 | 3 | 2 | 5 | 3 | 6 | 7 | 20 | 76 |
| 1975 | 15 | 4 | 2 | 2 | 1 | 1 | 7 | 5 | 8 | 45 |
| 1976 | 15 | 1 | 0 | 0 | 0 | 1 | 4 | 8 | 1 | 30 |

개신교와 가톨릭의 가장 큰 차이점은 가톨릭은 중앙집권체제를 갖고 있는 반면에 개신교는 개별성에 있다. 가톨릭이 개신교보다 지역분포도가 훨씬 넓은 까닭은 동시다발적인 움직임이 많다는 것을 의미한다. 이런 측면을 볼 때 1970년대 중반의 개신교는 각자의 선택에 따라 사회적 신념, 신앙 등을 결정하기 때문에 밀집된 지역에 따른 의식의 지역 편차가 따를 수밖에 없다.

그러나 기도회 발생 횟수로만 지역의 의식 편차를 예측할 수는 없다. 오히려 눈여겨보아

8 최민석, "1970, 80년대 가톨릭 사회 참여의 조건과 전개 양상: 시국기도회를 중심으로," 「공공사회연구」 제13권/3호 (2023), 11, 표 인용.

야 할 것은 기도회 횟수에 있는 것이 아니라 각 지역의 자발적인 연합 움직임, 즉 지역 연합체들이 어떻게 성장하는지, 중앙과 지역 그리고 타 지역과의 상호 연관성을 갖고 있는지가 관건인데 70년대 중반에 몇 개 지역 연합체가 존재했던 것이 1987년에 이르러서는 지역 NCC 인권위원회(지역마다 명칭이 조금씩 다름) 50개의 조직이 형성되는 것을 볼 때 '분화와 확산'이라는 개신교 특성을 명확히 볼 수 있다.[9]

결과적으로 1974~76년 3개년도의 기도회 기록에서 드러난 분화와 확산이라는 큰 특징 아래 몇 가지 사실들을 살펴보면 다음과 같다.

첫째, **개신교의 개별적 속성, 즉 개별화된 다양성**이 곳곳에서 드러난다. 각자의 자리에서 기도회, 횃불 시위, 가두시위, 성명서, 탄원서 그리고 구속자를 위한 바자회까지 다양한 대응 양상을 보이고 있다.

둘째, **교단 및 개 교회의 자발성**이 드러난다. 교단이 정하면 따라오는 구조가 아니라 개 교회 단위로 자발적인 움직임이 저항의 주류를 형성하고 있다는 것이다. 이는 동아일보 백지 광고 사례를 보면 충분히 알 수 있다. 구체적인 예를 들면, 기장은 기장총회를 위시하여 기장총회 선교활동자유수호위원회, 서울노회, 충남노회, 전북노회, 전남노회, 목포 시찰 등의 움직임을 기초로 개 교회, 즉 경동교회, 신흥동교회, 흑석동교회, 제일교회, 수도교회, 향린교회, 임실 오수교회, 성남 주민교회, 김제 난산교회, 부산중부교회, 전주 신흥교회, 전주 남문교회, 김제 신풍교회, 강진 도암교회, 광주 제일장로교회, 목포 남부교회, 목포 중앙교회, 대구 제일교회 등이 기도회에 참여하였다. 기감은 인천 내리교회, 종교교회, 창천교회, 원주제일교회, 마산중앙감리교회, 감리교 여선교회, 중부연회, 정의실현감리교 목사단 화요기도회 등이 참여하였다. 예장 역시 다양한 움직임을 보인다. 예장은 주로 대형 교회를 중심으로 서울노회, 총회, 장청, 성직자 수요기도회, 평신도 연합회를 위시하여 새문안교회, 영락교회, 연동교회를 중심으로 활동을 해 나갔다.

---

9 서울 북동, 서울 북서, 서울 남동, 서울 남서, 인천, 강원, 대전, 전주, 광주, 부산, 대구, 군산, 포항 등에서 분화되어 이리, 군·옥(군산·옥구), 경기북부, 충남, 김천, 춘천, 상주, 경북 동부, 의정부, 경주, 전북, 나주, 부천, 제주, 담양, 충남서부, 경주, 천안, 청주, 공주, 금강, 인제, 영천, 마산, 충북남부, 충남남부, 김포, 태백, 인제, 전주·완주, 해남, 여수, 순천 등 50개 지역(「인권소식」 제300호 1988. 6. 9, 22면, "1988년 전국 50개 지역 인권선교위원회 인권선교정책 전국협의회 성명서가 발표되었다.) 인권선교위원회가 창립, 활동들을 해 나갔다(「인권소식」 1987. 6.~12., 1988. 1.~7.)

셋째, **기도회 후속 프로그램과 저항의 창의적 양상**을 볼 수 있다. 우선 대학·청년들의 시위 경향을 보면 기도회를 마치고 교내시위 그리고 가두시위로 연결되는데 한신대 교수·학생 횃불 시위, 서울신학대 삭발 후 가두시위·장신대 가두시위, 연동교회 청년 학생 연합 가두시위, 이화여대 4천 명 철야농성 및 가두시위, 한신대 세종로 기습시위, 한신대 검은 리본 침묵시위, 이대 서명운동, KSCF 신문고 강연회, 감신, 목원대 가두시위 등의 형태를 띤다. 교회 목회자, 평신도 기도회는 대부분 기도회로 마치지만 경동교회는 횃불 시위, 기장총회 가두시위, 기장 목회자 연합은 3일에 걸친 가두시위, 침묵시위를 장소를 옮겨가면서 지속, 새문안교회 단식기도 등 다양한 형태를 보인다. 특히 3.1 구국 사건 구속자 가족들의 대응 양상을 주목할 필요가 있다. 고난과 승리를 나타내는 보라색 빅토리 숄 짜기, 십자가 목걸이, 반지, 손수건, 티스푼 제작 및 판매하여 무의탁 재소자들에게 내복을 사서 영치물로 보내기, 보라색 한복 입고 가두시위, 양산이나 부채에 십자가와 석방하라 문구 써서 가두시위 하기, 양심수 서예전 열기 그리고 서대문구치소 앞에서 부활절 새벽송 부르기 등 다양한 방식을 활용하여 구속자에게 지치지 않는 힘을 북돋웠다. 그들 자신에게는 내적 동력으로, 외부적으로는 강력한 저항의 의지를 나타내었다.

넷째, **개신교 여성단체의 선구적 대응**이다. 1973년 남산부활절 사건에서도 본 바와 같이 한국교회여성연합회와 기장 여신도회 전국연합회의 활동은 예수의 십자가 죽음 이후 가장 먼저 도달한 여성들의 움직임과 동일한 패턴을 보여주고 있다. 남산부활절 사건으로 목사들이 구속되었을 때 가장 먼저 탄원서 및 성명서를 발표하였고 민청학련 사건에서도 가장 먼저 탄원서로 저항의 문을 연 곳은 개신교 여성단체였다. 동아일보 백지 광고 사태에도 가장 빨리 대응 마련을 한 곳이 한교여연이다. 기장 여신도회 전국연합회, 한국교회여성연합회, 새문안교회 여신도회 등은 어려움이 있을 때 그리고 그 어려움을 아무도 감당치 못할 때 여성만의 치유와 회복의 움직임으로 유신에 저항하였다. 구속자 가족들과 스크럼을 짜고 고난을 나누었던 그들은 단연 그리스도의 피를 나눈 여성들이었다. 그러나 이들의 선구적인 역할이 전체 민주화 운동사에서조차 부각되지 않았던 까닭은 민주화 운동사가 투쟁중심적 서술, 즉 억압하는 자와 저항하는 자의 이분법적 구조에 편중되어 있어 행위자들 스스로 갖는 상호작용을 눈여겨보지 않았던 소홀함이 있었다. 또한 '돌봄'이라는 단어가 70년대에 일상화된 개념이 아니었기 때문에 그 중요성을 잘 인식하지 못한 원인이 있다. 하지만 오늘의 현실에서 행위자들 간 상호작용과 그에 파생되는 돌봄의 중요성을 기초로 기독 여성들의 역사적 공헌은 다시 재평가되어야 한다. 개신교 인권운동에서 여성들의 활동은 이것만이 아니다. 서울 YMCA, YWCA뿐 아니라 광주 YMCA, YWCA의 활동으로 지역 조직화에 큰 역할을 하였다. 한국민주화운동에서 잊지 말아야 할 일은 개신교 교회여성연합회 조직들의 활동뿐 아니라 그들만의 시선으로 연결되는 기생관광 및 원폭 피해자 조사 연구들의 성과가 자칫 숨겨져 잊힐 최하위 민중의 삶을 이슈의 중심에 서게 하였던 일, 개신교 어떤 조직들과 견주어도 부족함 없을 조직적인 움직임이 있었다는 것을 간과하지 말아야 할 것이다.

다섯째, **지역연합체의 형성이다.** 광주기독교연합회, 제주도 기독교연합회, 전주시 기독교연합회, 경인 지방, 군산 · 옥구지방연합, 전북지구 기독학생연합, 전북 기독교연합, 정의구현 부산기독인회, 남서울교회연합 등 크고 작은 지역연합체들이 결성되고 운영유지 되었다. 특히 광주기독교연합회는 YMCA, YWCA와 함께 목요기도회를 자체적으로 진행하고 있었고 1975년 4월 3일에는 9회의 정기기도회를 개최하고 있었다. 이들 지역의 움직임은 1987년에 들어서 50개의 인권선교협의회로 조직, 확대된다.

여섯째, **각 신학대학의 대응과 KSCF의 선도적 대응 양상**이 크게 두드러진다. 한신대, 감신대, 장신대, 서울신대, 목원대를 위시하여 이대, 서울여대, 동덕여대 기독 학생의 신속한 활동과 KSCF의 활동은 개 교회, 노회, 교단을 움직이게 하는 선도적 역할을 하고 있다. 각 대학의 교수들을 움직이게 하고 각 교단을 대응하게 만드는 대학생들의 활발한 활동뿐 아니라 KSCF의 8회차 십자가선언과 신문고 행사를 진행하면서 각 사건에 드러나는 쟁점에 대한 논쟁지점을 명확히 하였다.

### 3) 개신교와 가톨릭, 저항의 중심에 서다

1974년 8월 23일 긴급조치 4호가 해제되면서 9월부터 기도회와 시위가 폭발적으로 증가하는 양상은 개신교뿐 아니라 가톨릭에서도 마찬가지이다. 민청학련 사건은 1970년대 정권에의 저항 세력으로 가톨릭과 개신교를 이끌었다. 긴급조치 4호 해제는 폭발적인 시위로 이어졌고 구속자 석방은 고문과 인권 문제로 이어지면서 직면해야 할 여러 가지 인권 문제들에 기독교는 저항의 끈을 놓지 않다가 이윽고 1976년 3.1민주구국선언으로 합류한다.

같은 시기 가톨릭의 대응[10]과 개신교의 대응을 비교하면 다음과 같다.

| | 개신교 기도회 | 가톨릭 기도회 | 개신교 성명서 | 가톨릭 성명서 |
|---|---|---|---|---|
| 1974. 7.~12 | 126회 | 45회 | 76회 | 31회 |
| 1975. 1.~12 | 112회 | 31회 | 101회 | 33회 |
| 1976. 1.~5 | 16회 | 16회 | 13회 | 9회 |
| | 254회 | 92회 | 190회 | 73회 |

가톨릭의 시국기도회 회수는 기준에 따라 상이한 결과가 나타난다. 가톨릭 자체 기록은 미사의 특별 강론, 기도회, 성년대회 등 시국에 관련한 모든 모임을 횟수에 포함시켰으나(예를 들어 74년 한 해 63회) 본 연구서는 미사와 성년대회는 제외하고 미사에서 기도회, 가두시위로 연결되거나, 특별기도회를 따로 열었을 경우를 포함하였다. 개신교도 마찬가지이다. 특별예배는 제외하였고 시국 사안에 따른 구국기도회, 각 교단 총회 시 결의문과 하부 조직 결성 등의 특별 사안이 있는 경우, 기도회 끝나고 철야농성이나 횃불 시위, 학생들의 가두시위, 월요·화요·수요·목요(서울)·목요(광주) 등 특정한 요일을 정한 기도회, 지역연합체의 기도회 등을 포함시켰다. 보고자 하는 것은 횟수에 있지 않고 개신교와 가톨릭의 구조에 따른 대응 양상에 있다. 각각의 특성에 최대한 충실한 측면을 보고자 한다.

가톨릭의 기도회 참여 인원 측면으로 보면 가톨릭과 개신교의 차이가 극명하게 드러난다. 가톨릭 기도회는 보통 수천 명 이상의 평신도 참여율을 보인다. 많게는 7천 명이 시국기도회에 참여하기도 하였다. 몇 건의 예를 들면, 75년 7/23 전주교구 신자 1,000여 명의 철야기도회, 7/25 신자 3,000여 명, 8/12 서울, 인천, 원주, 춘천, 부산, 마산교구 2,300여 명, 8/12 전주교구 1,500여 명, 9/18 수녀회 3,000여 명, 9/24 원주교구 1,500여 명, 9/26 사제단 역사적 첫 시위를 하였는데 1,000여 교우들이 참여하였다.[11] 하나의 지역 교구가 기도회를 해도 천여 명 단위를 훌쩍 뛰어넘는다. 가톨릭은 사제와 주교의 신념에 따라 모든 평신도가 연합하기 때문에 집중도가 엄청난 수치로 발현되기 때문이다.

10 기쁨과 희망 사목연구소, 『암흑속의 횃불: 7,80년대 민주화운동의 증언 제1권』(서울: 가톨릭출판사, 1996), 12-16, 39-52, 271-281. 기도회의 횟수는 연구자에 따라 각자 다른 수치를 보인다. 어떤 가톨릭 연구자는 1974~76년까지 가톨릭 기도회를 총 141회로 보았다. 동아일보에 기사화된 기도회와 성명서 발표를 포함한 횟수는 101회이다(1974. 9~1975. 5. 7까지의 횟수).

11 기쁨과 희망 사목연구소, 『암흑 속의 횃불: 7,80년대 민주화운동의 증언 제1권』, 39-45.

반면 개신교는 영락교회, 새문안교회, 연동교회 정도의 규모에서나 2~3천 명의 교인이 모이는데 그것도 빈번한 양상은 아니다. 영락교회 5회, 새문안교회 5회, 연동교회 3회에 각각 3천, 2천, 500명 정도의 교인 수를 기록한다. 이외에 200명에서 600여 명 정도는 큰 참여율에 속한다. 오히려 20~50여 명의 인원으로 기도회를 가질 때도 빈번하다. 개신교 기도회의 참여 인원은 적으나 기도회는 전국적으로 확산되어 나타났다. 가톨릭이 정의구현사제단을 주축으로 이어지는 전국적 조직망 체계를 갖추고 있다면 개신교는 개별 교단, 노회 혹은 개별교회를 중심으로 소속은 산발적이나 행동은 집중적인 저항을 이어 나갔다. 지역적 특수성을 감안한 연합회 형식의 기도회, 가두시위 및 횃불 시위 등 교회들의 다양한 기도회 양상, 사건에 따른 신속한 성명서 발표 등 대응 양상과 유효적절성, 다양한 대응 방법들, 즉 교회여성연합회와 기장여신도회, YWCA 등의 구속자 돕기 위한 바자회 등은 교회 여성의 정서를 고려한 저항의 다양화를 꾀하고 있음을 볼 수 있다.

74~75년 유신체제에 저항했던 개신교와 가톨릭은 내부적으로도 상이한 양상을 보였다. 강인철은 개신교 안에 국가에 대한 대립과 협력이 공존하면서 정치적 태도의 일관성을 찾기 힘든 넓은 회색지대가 존재했음을 지적하는데 이를 교회의 제도적 이익 개념으로 설명하고 있다.[12] 즉 교회의 제도적 이익은 단연 교세 확장과 교인 수에 있다고 볼 수 있는데 그 양상이 상이하게 나타났다.

우선 개신교의 경우를 살펴보자. NCC 소속 교단들 특히 기장, 기감, 예장통합 교단의 정권에의 저항으로 인해 교세 확장이 되었거나 교인 수가 증가하여 제도적 이익을 얻는 경향은 두드러지게 보이지 않는다. 물론 서울제일교회 대학부, 새문안교회 대학부 등 진보적인 교회로 학생 운동가들의 유입이 있었지만, 이들의 유입이 교세 확장으로 연결되지는 않았다.

문화공보부의 1972년 『한국의 종교』에서 보면(강인철의 『저항과 투항』, 265-266에서 재인용) 한국개신교 중 예장 합동 607,592명, 예장 통합 499,564명, 기감 301,810명, 기장 194,793명, 기성 156,376명, 침례 109,713명, 기독교대한 하나님의 성회 66,447명, 구세군 56,618명, 성공회 25,389명 등으로 기록하고 있다. 강인철은 개신교 50개 교단 통계에서 NCC 소속 교단이 전체 개신교도의 31.2%를 차지하고 있고 그 안에서도 6개 교단 모두가

12 강인철, 『저항과 투항』 (오산: 한신대학교 출판부, 2013), 265.

일관된 저항의 입장을 취했던 것이 아니기 때문에 비율은 더 낮아진다고 하였다. 국가와의 일관된 대립 입장을 취한 이들의 비율을 약 18.8% 정도로 보았고 국가와의 일관된 협력 입장을 24.0%로 보았다. 대립 혹은 협력이라는 양극단으로 쏠리지 않는 두터운 개신교 신자층이 존재했고 이 방대한 중도적 신자층은 '교회의 제도적 이익이라는 관점에서' 사안과 쟁점에 따라 유연하고도 선택적으로 행동할 가능성이 높다고 보았다.[13] 여기에서 그가 제시한 비율은 다시 살펴봐야 한다. 그는 NCC 소속 교단의 교인 수가 31.2%라고 하였으나 개신교 50개 교단 중 한국예수교전도관부흥협회(703,871명)와 세계기독교통일신령협회(308,860명), 여호와 증인(14,600명), 말일성도예수그리스도의교회(6,789명), 용문산기도원(34,200명) 등(총 1,068,320명)은 개신교라 볼 수 없기 때문에 제외시키면 1972년 개신교 신도 수는 2,392,529명이 된다. 그중 NCCK에 가입한 6개 교단 예장 통합, 기장, 기감, 성공회, 구세군, 복음교단을 합친 인원 1,081,424명은 전체 개신교의 45.2%를 차지한다. NCC 소속 교단이라 해서 모든 신도가 일관된 저항의 입장을 취하지는 않았겠지만 NCC에 소속된 교단들의 정치적, 신학적 입장이 NCC와 대척 관계에 있던 보수 교단에 비해 수적으로 극소수라 평가할 수는 없다. 오히려 대한기독교연합회, 국제기독교연합회 한국지부, 한국예수교협의회, 기독교한국복음동지회 등의 보수 교단 세력이 생각보다 큰 세력을 갖고 있지 않았다. 그러나 이들이 1970년대 말 77민족복음화대성회 이후 1980년대에 이르러 급성장을 이루는데 정권과의 협력적 구도가 이 성장세와 상호 연관성이 있다. 다만 예장통합은 NCC 소속 교단으로서 높은 교인증가세를 보이지만 정권과의 대립적인 정치적, 신학적 입장이 예장통합의 성장에 영향을 주지 않았다.

따라서 교세 확장과 진보적 교단, 교인들의 정치적, 신학적 입장과의 상호 연관이 없는 채로 1970년대 중반기인 74, 75년은 오히려 유신체제에 대한 부정적 입장을 가지는 개신교인들이 예상보다 높은 비율이었을 것으로 추측된다. 이는 동아일보 격려광고에 참여한 개신교인들의 비율을 보면 확연히 나타난다. 74~75년 기도회 대열에 NCC 소속 교단이 아닌 기독교성결교 서울신대의 참가나 72년 당시 34명의 교인 수를 기록한 퀘이커교, 고신 측 평신도들의 동아일보 격려광고 참여들은 개신교도들의 저항 의식이 보다 넓게 퍼져 있었음

13 강인철, 위의 책, 268.

을 반영한다. 개신교의 중요한 특성 중 하나인 자유로운 평신도들이 교단과 관계없이 정치 사회 의식을 갖고 있었고 이들이 보수와 진보의 사이에서 어떤 이익을 추구하지 않은 채 자리하고 있었다고 볼 수 있다. 비록 평신도 한 명 한 명은 교단과 비교할 수 없을 정도의 소수에 불과하지만, 개신교 특성을 살펴볼 때 중요한 변수로 작용할 평신도 집단을 이루고 있다.

강인철은 진보개신교의 비율이 극소수임에도 NCC의 대표성은 가질 수 있었던 원인을 '신자의 규모'로 인한 것이 아니라 이 단체에 쏟아진 사회적 조명에 따른 '높은 가시성' 때문이라고 분석한다.[14] 박정희 시대의 개신교에 관한 기존의 사회과학적, 역사학적, 신학적 연구들의 압도적 다수가 정권에 저항한 진보적 소수파를 주로 다루고 있다는 점이 사회적 가시성을 반영한 것이라 평가하였다. 필자의 견해로는 정권에 저항한 진보 개신교인들조차 그들을 암묵적으로 동의하고 응원하는 평신도 층이 얼마나 두터웠는지조차 몰랐을 가능성이 높다 추측한다. 따라서 진보적 개신교인들이 극소수라 여겨졌던 것도 새로운 편견일 수 있다. 강력하고도 집중적인 저항이 그들의 규모를 크게 보게 되었던 편견 그리고 한참 지난 후 다시 보니 대다수의 개신교는 보수가 주류를 형성하고 있는 것을 볼 때 NCC 중심의 진보 개신교인은 극소수였다는 새로운 편견이 그것이다. 크게 보았다가 다시 보니 극소수에 불과한 규모였기 때문에 이를 높은 가시성 때문이라 분석하였는데 진보적 개신교인의 규모 측면은 다시 살펴봐야 할 것이다.

문제는 70년대 후반, 80년대에 이르러 보수개신교의 엄청난 증가세가 전체 개신교의 흐름을 보수화시켰다는 것이다. 1976년부터 1981년까지 연평균 60만 명씩 증가하였고 1979년 한 해만도 120만 명의 신자들이 교회로 들어왔다.[15] 결과적으로 74~75년에는 진보적 개신교인들이 비율이 높았던 반면 72·74, 77민족복음화대성회라는 대형 집회 이후 급성장한 보수 개신교의 비율이 진보적 개신교인들의 비율을 상대적으로 축소시키는 결과를 낳게 하였다. 이로써 보수적 개신교는 군사정권에 협력적 태도를 취해 제도적 이익을 취했다.

반면 가톨릭의 경우 정반대의 현상이 일어나는 바, 지학순주교의 긴급조치 4호 구속으로 인한 전국 교구들의 기도회 그리고 정의구현전국사제단의 결성 등 가톨릭의 대응이 있었

14 강인철, 위의 책, 275.

15 조병하, "1970~80년대 교회의 부흥과 도전," 「아이굿뉴스」 2014. 12. 28.

던 1974년 한 해 교인 수가 급증한다.

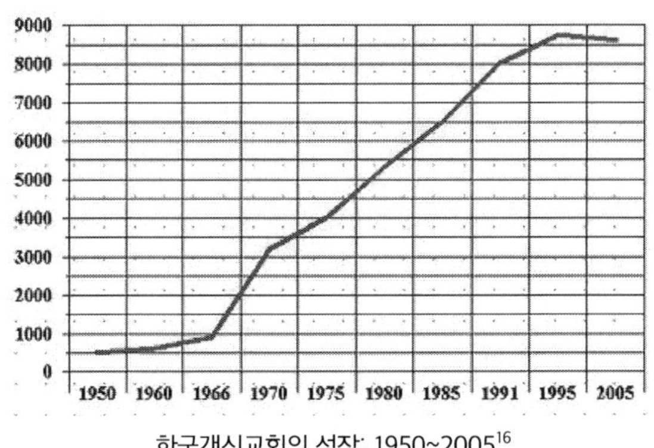


한국개신교회의 성장: 1950~2005[16]

1974년의 보기 드문 증가율이 명확하게 지학순주교의 구속 대응과 상호연관성을 가진다고 단언할 수는 없다. 하지만 사제단을 중심으로 한 사회 참여가 교회에 가져다준 긍정적 효과임은 부정할 수 없다. 사제단이 결성된 계기 자체가 주요 성직자의 구속이라는 교회의 이익 침해 사건이었다.

이에 대응하여 많은 신도들을 동원하고 정부를 압박하는 선례를 만듦으로써 사제단의 활동은 가톨릭의 정치적 위상을 제고하고 성직자들에 대한 처벌을 방비한 측면이 있다. 또한 지학순 주교 구속 이래 전개된 가톨릭의 사회 참여 활동이 교회의 분위기를 쇄신하고, 신자 수 증가를 가져온 것으로 평가되기도 했다. 교회는 조직의 양적 팽창을 중요한 제도적 이익으로 여길 수밖에 없기에 이러한 인식은 사제들의 사회 참여에 긍정적인 조건으로 작용했다.[17] 당시 교회 안팎에서는 1970년대 초반에 정체되었던 신자 수가 큰 폭으로 증가한 이유를 "가톨릭에 대한 사회의 신뢰도가 높아졌기 때문"이라고 평가했다. 또한 입교자 중에는 대학생과 지식인의 비중이 크다고 보았다. 사회 참여 활동이 실제로 교회의 양적 팽창에 기여했는지 여부와 무관하게 그러한 인식이 어느 정도 일반화되어 있었다는 점이 중요하다. 이러한 바탕에서 주교단은 사제단의 활동을 통제하려 하면서도 어느 정도 한계 내에서는

16 https://m.cafe.daum.net/reformedvillage/D3IG/31?listURI=/reformedvillage/D3IG.

17 최민석, "1970, 80년대 가톨릭 사회 참여의 조건과 전개양상: 시국기도회를 중심으로," 「공공사회연구」 제13권 3호 (2023), 15.

<그림 1> 연간 시국기도회 횟수

※ 자료: 네이버 뉴스 라이브러리, 『암흑속의 횃불』 1-8권의 "가톨릭계 일지"를 정리

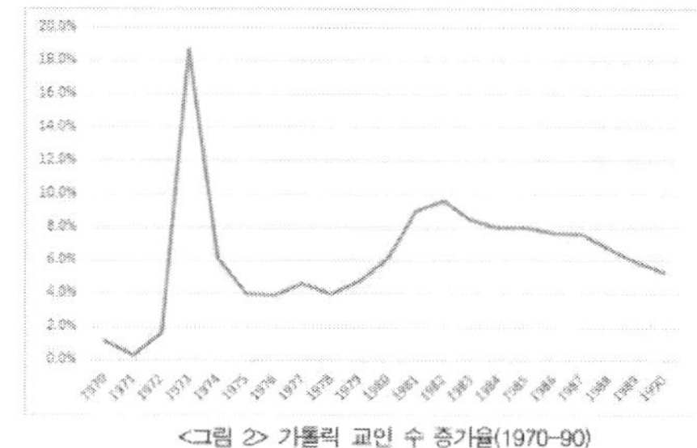


<그림 2> 가톨릭 교인 수 증가율(1970-90)

※ 자료: 『한국 천주교회 통계』 각 연도

암묵적으로 용인하는 태도를 보였다.

민주화 인권운동에 뛰어들게 된 1974~75년도의 개신교와 가톨릭은 각자의 특성에 맞게 운동을 전개해 갔다. 긴급조치 9호 이후 무거운 침묵을 깬 사건, 3.1 민주구국선언으로 다시 만나게 된다.

## II. 동아일보 백지 광고(1975. 1.~1975. 5.)

### 1. 동아일보 언론자유 수호 운동

한국 언론의 타락과 변질은 5.16 쿠데타 이후 박정희 정권의 일관된 언론정책과 더불어 이에 대응하는 언론계 내부 자체의 자세 변화라는 두 가지 요인이 맞물리면서 심화되어 갔다. 박정희 정부는 언론 정화, 자율규제, 한국적 언론자유 등을 내세워 직접적인 물리적 압력을 가하기도 하고 온갖 특혜로 회유하면서 언론의 변질을 획책하였다.

한국 언론의 자주적 자세가 급속히 허물어지기 시작한 사건은 1964년 여름, '언론윤리위원회법' 파동 등을 거치면서부터라고 『실록 동아투위』는 기록한다.[18] 이후 1968년 12월 '신동아 필화사건'이 발생하는데 이는 박정희 정권에 대한 한국 언론의 마지막 굴복을 뜻하는 상징적 사건이라 할 수 있다. 기자들이 중앙정보부에 연행되었고 편집 간부 2명은 반공법 위반 혐의로 구속되었는데 이 사건에 대해 동아일보는 사건 수습 과정에서 주필 3명을 퇴사시키는 것으로 사건을 종결지었다. 1970년대에 들어서면서 정치권력과의 유착관계는 점점 심화되어 갔고 이를 지켜본 대학가에서는 신랄한 비판이 터져 나왔다. 1971년 3월 24일 서울법대 학생총회는 '언론화형식'을 갖고 규탄, 3월 25일에는 서울문리대 학생총회가 '언론인에게 보내는 경고장'을, 3월 26일에는 동아일보사 앞에서 서울 대학생들이 '언론화형선언문'을 낭독한 뒤 언론 화형식을 가졌다.

> '…안타깝다. 그 자리 그 건물이건만 민주투사는 간 곳 없고 잡귀들만 들끓는가. 사자의 위용은 어디 가고 도적 앞에 꼬리 흔드는 강아지 꼴이 되었는가. 이것이 일컬어 제7적 이런가… 우리는 한 가닥 양심을 지니고 고민하는 언론인이 어딘가에 있으리라 믿으며 그들에게 호소한다. 과감히 편집권 독립투쟁에 나서라.'

서울대 학생들의 경고장은 언론인들에게 큰 충격을 주었다. 기자들은 1971년 4월 15일

18 동아자유언론수호투쟁위원회, 『자유언론 40년: 실록 동아투위 1974~2014』 (파주: 다섯수레, 2014), 73.

'언론자유 수호 선언'을 결행했고 동아일보 기자들의 '언론자유 수호 선언'이 알려지자, 전국 각 언론기관의 양심적인 기자들도 기다렸다는 듯이 언론자유 수호 운동에 가담했다. 4월 16일에는 한국일보, 4월 17일은 조선일보와 중앙일보, 19일에는 경향신문, 신아일보, 문화방송 기자들이 언론자유 수호 선언을 했다. 5월 초까지 계속된 1차 언론자유 수호 운동에는 서울의 7개 일간지, 1개 민방, 2개 통신사와 지방의 경남매일, 국제신보 등 모두 14개 언론기관들의 기자들이 가담했다.[19] 전술하였던 것처럼 전국을 들끓는 시위들에 박정희는 1971년 위수령을 발포하고 중공의 UN 가입이 국가 위기 상황이라 공포감을 조성하며 일체 민주적 시위의 발을 묶었다.

이듬해 1972년 10월 유신은 특히 언론을 공포 속으로 밀어 넣은 사건이었다. 엄중한 사전검열이 있었고 일상적인 취재 활동을 제한했으며 국회와 경찰서 기자실마저 폐쇄시켜 버렸다. 저항적 색채를 띤 가요는 오래전부터 금지되었으나 유신 이후 심지어 찬송가까지도 비위에 거슬리면 금지곡 딱지가 붙을 정도였다. 그러나 그러한 탄압 속에서도 유신공포의 긴 침묵이 깨졌다. 바로 1973년 10월 2일 서울대 문리대 시위를 매개로 전국 대학생들의 시위 열풍의 길이 열렸다. 동아일보 기자들은 이를 기사화했다. 하지만 동아일보는 10월 11일에도 1판에 '경찰 교내 투입'이라는 제목의 1단 기사를 게재, 2판부터 빼버렸다. 이날 이후 기사 누락-철야, 기사 누락-철야의 악순환이 여러 차례 거듭되었다. 참다못한 젊은 기자들은 '민주수호국민협의회' 시국 선언문 발표 사건이 보도되지 않은 것에 항의 철야농성을 벌이며 11월 20일 밤 '언론자유 수호 제2선언문'을 채택했다. 이어 경향신문, 한국일보 기자들도 언론자유 확립 결의문을 채택하였고 11월 12일엔 기독교방송국, 11월 17일엔 조선일보, 11월 28일엔 문화방송, 11월 30일엔 중앙일보, 12월 3일엔 신아일보 기자들이 각각 언론자유 확립결의문을 채택했다. 중앙일보 기자들은 11월 30일 중앙매스컴 부차장 31명이 언론의 정도를 지키지 못한 것을 반성하는 의미에서 사표까지 제출하였다.

그러나 모든 신문 방송의 제작 행태에는 아무런 변화도 없었다. 대학생들의 시위는 열풍처럼 번져갔지만 이를 바로 기사화하는 신문이나 방송은 한 곳도 없었고 다만 학생들의 징계나 당국 발표만 1단, 2단 기사로 다뤘을 뿐이었다. 이에 12월 3일 편집국에서 기자총회

---

19 위의 책, 78.

를 열고 '언론자유 수호 제3선언문'을 채택하기에 이른다.

유신체제에 대한 거센 저항에 박정희는 74년 1월 8일 긴급조치 1, 2호를 발동하였다. 긴급조치 2호는 1호를 위반한 사람들은 비상군법회의에서 재판을 받도록 하는 것이었다. 1973년 가을의 언론자유 수호 투쟁도 긴급조치 1, 2호 발동으로 끝내 좌절되자 기자들은 언론계를 떠나든가 그대로 남아서 한 단계 더 높은 투쟁을 벌이든가 양자택일을 고민할 수밖에 없었다.

이에 33인의 동아일보 기자들은 전국 출판노조 동아일보 지부 창립총회를 열고 언론노조를 설립하였다. 설립 신고를 마친 당일 1974년 3월 8일에 노조에 가입한 조합원 수가 103명, 9일에는 방송국 프로듀서, 아나운서 등을 포함하여 173명으로 늘어났다. 회사 측의 대응은 신속했다. 노조 임원과 기자 등 13명을 전격 해고했다. 1차 대책위원의 수를 13명으로 하였고 회사는 1차로 13명 모두를 해고하였다. 대책위원 명단이란 해고를 의미하였으나 노조원들은 너도나도 대책위원이 되겠다고 나섰다. 그 사이 박 정권은 긴급조치 4호를 발동하였고 시국은 얼어붙었다.

"유신 때도 지금도 언론자유는 저절로 주어지지 않는다." 「미디어스」 2024. 10. 23

동아일보 노조는 74년 10월 24일을 '유엔데이'로 결정하고 180명이 넘는 기자들과 함께 '자유언론 실천 선언'을 하였다. 선언문 전문은 송건호 편집국장을 통해 경영진에게 전달되었다. 동아일보 기자들의 자유언론 실천 선언은 들불처럼 언론계에 번져 조선일보 기자

150여 명은 24일 '언론자유 회복을 위한 선언문'을 채택했고 연이어 경향신문, 서울신문, 신아일보, 중앙 매스컴, 동양통신, 합동통신, 산업통신, 시사통신, KBS, MBC, 국제신보, 부산일보, 경기신문, 강원일보, 충청일보, 충남일보, 전북일보, 전남매일, 전남일보, 대구매일신문, 영남일보, 경남일보, 전주 MBC, 대구 MBC, 춘천 MBC, 내외경제신문, 경남매일 등 전국 31개 신문 방송 통신사 기자들도 일제히 자유언론의 깃발을 들고 일어섰다.[20]

NCC 인권위원회(위원장 조남기)는 10월 24일 '정부 당국은 언론 사찰 및 검열을 중지하라'고 요구하였고 26일에도 '언론기관에 대한 사찰과 검열, 기자노조 결정 탄압, 기자 연행과 협박을 중지하고 정부의 강압적 언론 정책을 철회하라'는 성명을 발표했다. 이어 한교여연 인권위원회(위원장 공덕귀)도 26일 자유언론 운동 지지 성명을 발표하였다. 이어 11월 6일 천주교정의구현전국사제단이 '제2차 시국선언'을 발표했고 11월 18일에는 문인들이 '자유실천문인협의회 1백인 선언'을 발표했으며 11월 17일에는 윤보선 전 대통령 및 71명의 민주인사가 참여한 '민주회복국민회의'출범 선언문에서 언론자유 보장을 요구하였다.

자유언론의 깃발이 종교, 문인, 재야할 것 없이 확산되자 광고주들이 광고 동판을 회수하는 상황이 발생하기 시작하였다. 12월 16일을 시작으로 무더기 광고 해약 사태가 24일 본격적으로 시행되었다. 한일약품, 기아산업, 럭키그룹, 롯데그룹, 오리엔트시계, 미도파백화점, 일동제약, 종근당제약, 한국바이엘, 태평양화학 등 10여 개 대 광고주가 일제히 광고 계약을 취소했다. 25일부터는 극장 광고도 일제히 끊겼다. 동아일보는 평상시 하루 8면에 총 48단의 광고를 게재해 왔다. 그러나 26일엔 평상시의 절반도 안 되는 23단밖에 광고가 차지 않았다. 27일 자 신문은 3, 4, 5, 7쪽을 백지상태로 발행했다. 28일엔 생명보험협회, 삼양식품, 보르네오가구, GM코리아가 차례로 해약했다. 75년 1월 25일 동아일보의 광고는 98%가 떨어져 나가게 되었다.

동아방송도 탄압은 마찬가지였다. 12월 20일부터 시작된 광고 탄압은 평상시 하루 236건이던 광고량이 25개밖에 남지 않았다. 프로그램 광고 97.9%, 스파트 광고 94%가 떨어져 나가 금액으로 97.7%가 감소했다.[21]

---

20 위의 책, 125.
21 위의 책, 154-155.

동아일보 광고 무더기 해약 사태는 범국민적 분노를 일으켰다. ▲ 신민당은 12월 26일 긴급 당직자 회의를 열고 진상조사위원회를 구성, 국회 문공위원회 소집을 요구하였다. ▲ 천주교정의구현전국사제단은 27일 명동성당에서 성명 발표, 30일 자유언론회복기도회를 열고 범국민적 구독 운동 전개와 불매운동을 선언했다. ▲ NCC는 12월 28일 "① 동아일보 박해 중단 ② 구독 부수 확장 운동 전개 ③ 광고 철회한 회사 불매운동 ④ 동아광고 빼간 광고를 싣는 신문 구독 중지 ⑤ 양심 있는 기독교 기업인 광고 게재 요청"이라는 성명을 발표했으며 ▲ 한교여연은 ① 전 회원 구독 운동 ② 광고 해약한 업체 상품 불매운동 ③ 연간구독료 선납 운동과 부수 확장 운동 등 구체적인 '동아돕기운동'을 결의하고 이를 동아일보 75년 1월 1일 자 8면에 전면광고를 실었다. ▲ 자유실천문인협의회는 27일 성명을 발표한 데 이어 75년도 신년 호에 '136'인의 편지를 광고로 실었고 ▲ 민주수호국민협의회 27일 성명 발표를 하였다. 이외에도 통일당, 수도권 특수지역선교위원회 등 각계각층의 단체들이 일제히 성명을 발표하였다.[22]

시민들의 동아일보 돕기 운동은 가히 폭발적이었다. 1975년 1월 한 달 격려광고는 총 2,943건에 이르렀고 2월에는 5,069건을 기록했다. 하지만 동아일보는 기자들의 언론투쟁에 외면으로 일관했고 마침내 3월 17일 미명에 경찰기동대를 통해 동아일보 기자, 프로듀서, 아나운서 등 165명은 동아일보사에서 강제로 쫓아내었다. 이에 개신교 및 가톨릭, 민주회복국민회의 각각 대응에 나섰다. ▲ 3월 18일 KSCF, 지지 성명과 동아돕기운동에서 동아기자 돕기운동을 벌일 것을 천명하였고 ▲ 3월 20일 기독교회관에서 열린 '자유언론을 위한 신·구교 합동기도회, ▲ 3월 21일 천주교정의구현전국사제단의 '인권 회복과 언론자유를 위한 기도회', ▲ 민주회복국민회의도 전 국민 호소에 나섰다. ▲ 3월 25일 자유실천문인협의회의 성명, ▲ 3월 27일 민주회복구속자협의회 성명, ▲ 3월 29일 기독교정의구현전국성직자단 성명, ▲ 4월 11일 천주교 서울대교구 김수환 추기경 연설 등 각계각층의 지지 선언이 줄을 이었다. 가장 재빠르고 적극적인 지원은 종교계였다. KNCC, 가톨릭정의구현전국사제단, 한교여연 등 신·구교의 각 단체와 목사, 신부들은 성금을 모아 투위에 보냈다. KNCC 김관석 총무, YMCA 강문규 총무, 한교여연 회장 이우정 교수,[23] 미국인감리교 선교

22 위의 책, 159.

사 진 매튜스(한국명 마태진) 목사 등은 미국, 서독 등 해외 선교단체들에 호소하여 도움의 손길을 이끌어내었다. 특히 KNCC 인권위원회는 3월 29일 '고난받는 언론인을 돕기 위한 운동본부'를 설치하고 4월부터는 구속자 가족을 비롯한 각계각층의 민주인사들이 '자유언론 수호 기자돕기회'를 결성되었다.[24]

## 2. 1970년대 시민개념

한국 사회에 본격적으로 시민개념이 정치적 의미를 지니고 대두된 것은 1980년대 중반 이후의 민주화운동 과정에서였다. 하지만 '시민'이란 개념은 이보다 훨씬 전인 일제강점기에 지식계에 영향을 미친 마르크스주의에서 사용되던 시민계급, 소시민층 등의 용어들로 나타나기 시작했다. 자유주의적인 의미보다는 계급적이고 경제적인 성격이 중시되는 측면으로 쓰여 개인적 자유와 권리, 자율성의 의미가 상대적으로 약하고 대신 집합적 범주로서의 성격으로 사용되었다. 해방 직후에도 시민은 정치적 의미를 갖지 못했다. 한국 사회에서 힘을 얻은 개념은 민족과 국민이었기 때문이다. 국가에 속한 국민으로 호명받기를 원했던 한국 역사 그리고 한국전쟁을 통과하면서 발생한 좌우 이념적 대립에서 시민개념은 정치적 함의를 확보하기 어려웠다. 남한은 국민을, 북한은 인민을 핵심적인 개념으로 활용했기 때문이다.[25]

시민개념은 4.19를 기점으로 한국 사회에 일대 변화를 가져온다. 4.19 이전의 시민개념은 행정단위인 시의 주민이거나 한국 현실과 무관한 고대 그리스나 서유럽의 현대사의 시민의 의미에 불과하였다. 그러나 이승만 독재자 축출을 가져온 4.19와 그 후 1년 동안 사람들은 자신들을 서구의 근대적 시민으로 묘사하기 시작하였고 자신들의 행위를 시민혁명의 이름으로 부르기 시작하였다. 4.19 혁명을 거치면서 우리 자신을 서구의 근대적 시민과 동

---

23 특히 한교여연의 동아일보 기자 돕기 운동은 1979년에도 지속되었는데 「원폭 피해자 3차 조사연구」 명목으로 동아일보 기자 4명에게 조사·연구 사업을 맡겼다. 해외에서 지원받은 재정을 활용해 동아일보 기자를 돕기 위한 일환으로 시작된 조사연구는 원폭 피해자 조사연구 중 가장 상세하고 귀중한 데이터를 남기게 되었다. 앞서 2부에 기술한 것처럼 각 지역별 피폭자의 일본 이주 원인에 따라 일본의 거주지가 상이했고 그에 따른 피해 역시 차이가 있었다는 것을 밝혀냈고 또 2세의 유전적 연관성을 밝혀내었다. 하지만 이 조사연구의 결론이 잘 해석되지 못하여 상세한 데이터 수집에도 불구하고 그 데이터들이 잘 활용되지 못하는 아쉬움을 남겼다.

24 위의 책, 209-216 요약.

25 박명규, 『국민·인민·시민』 (서울: 소화, 2009), 233.

등체로 묘사하기 시작했고 시민은 더 이상 교과서 속의 관념이거나 서유럽국가의 선진 국민을 말하는 3인칭이 아니라 나 자신과 우리를 일컫는 주어가 되었다. 한국 역사에서 처음으로 참여하고 토론하며 저항하는 주체, 즉 시민의 첫 번째 이미지가 안으로부터 그리고 아래로부터 만들어졌다.

하지만 5.16 군사 쿠데타가 발발하면서 시민은 억압되고 잠복하게 된다. 권위주의 체제 하에서 시민은 수용적 존재, 동원 대상으로 전락하게 된다. 시인은 더 이상 시민과 시민혁명을 노래하지 않게 되었다. 대신 그 자리를 차지한 것은 소시민에 대한 탄식과 자기 비하였다.[26] 시민이 당시 4.19 혁명 이후 지식인들의 담론 속에서 시대적 소명에 부응하는 정치적 주체를 지시하는 용어였다면, 소시민은 정치에 무관심하고 자기만족적인 속물적 존재들을 가리키는 용어가 되었다.[27] 당당하게 표출되던 시민의 자아개념이 5.16 군사 쿠데타 이후 정치에 무관심하고 일상생활에서 개인적 만족을 구하는 속물적 심리를 가진 소시민으로 급격히 패러다임이 바뀐다.[28] 이러한 점에서 보면 소시민이란 개념은 4.19 전후 부각되었던 근대적 시민의 대립 개념으로 선택된 것임을 알 수 있다.

시민 개념에 대한 고민이 다시 등장하게 된 것은 1960년대 후반부터이다. 당시 대표적 비판적 지식인 잡지였던 「사상계」는 "공동연구 시민사회: 시민사회 성립 과정과 의의 (1966. 11)", "시민사회의 의식구조(1968.1)" 등을 통해 주로 서구적 근대 시민사회를 지향하는 모습을 보여주었다. 교양을 갖춘 시민에 의해 주도되는 시민사회의 형성이 근대화의 중요한 궁극적 도달점이 되며 민주, 자유 등의 가치와 질서가 강조되고 보편적으로 합리주의적 사고방식과 실증주의적 생활 태도를 가진 사람이며 인권 존중, 준법 등으로 시민상을 설정하였다.

1969년 백낙청도 「시민문학론」을 발표하면서 시민정신을 강조했는데 그는 시민정신이

26 민주주의와 인권, 민중과 자유 그리고 박두진과 박목월, 신동엽, 김수영이 보여준 시민을 향한 애정과 긍지가 사라지게 된다. 김수영은 자기 자신을 시민이라 부르지 않고 소시민이라 낮춰 불렀다. "왜 나는 조그마한 일에만 분개하는가. 저 왕궁 대신에, 왕궁의 음탕 대신에, 50원짜리 갈비가 기름 덩어리만 나왔다고 분개하고 옹졸하게 분개하고 설렁탕집 돼지 같은 주인 년한테 욕을 하고, 옹졸하게 욕을 하고, 한 번 정정당당하게 붙잡혀 간 소설가를 위해서 언론의 자유를 요구하고, 월남 파병에 반대하는 자유를 이행하지 못하고 … 모래야 나는 얼마나 적으냐, 바람아 먼지야 풀아 얼마큼 적으냐, 정말 얼마큼 적으냐…," 김수영의 시 『어느 날 고궁을 나오며』.

27 정상호, 『시민의 탄생과 진화』 (강원: 한림대학교 출판부, 2013), 189.

28 정상호, "시민의 탄생과 진화, 한국인들은 어떻게 시민이 되었나?" 「시민과 세계」 참여 사회 포럼 "대화" 2013/10, 281.

소시민의 생활 및 의식 상태와는 상반된 것이라고 주장하면서 권위주의나 소시민 의식을 미화하는 새로운 형태의 순응주의를 반대하고 3.1 정신과 4.19 정신의 참다운 시민적 전통에 충실함으로써 가능한 의식을 강조하였다.

소시민에 대해 옹호하는 주장도 있었다. 김주연은 소시민 의식은 시민의식으로 발전하기 위한 전 단계라는 입장, 즉 단계론적 사고를 공유하였다. 김주연은 시민의식이란 '선험적, 관념적으로 주어지지 않는다는 냉혹한 사실'을 인정할 것과 시민의식을 내면화하기 위해서는 '한 사람 한 사람을 개인으로 개별화시키면서도 그 개인을 집단으로 묶어주는 보편 감각이 필요하다'고 주장하였고, 김 현은 소시민은 인습적인 기성의 규준에 동의하지 않는 개인화의 원천이자 자기 밖의 의지가 만들어 놓은 풍속인 취락주의, 인정주의, 샤머니즘과 같은 전근대적인 것들을 거부하거나 비판하는 자라고 개념화하였다. 나아가 소시민이 패배주의와 허무주의의 산물이 아니라 개성적 인간의 현현(懸懸)이다. 소시민 의식이라는 것은 당면한 상황 혹은 현실에 대한 자기 관련성을 확인하는 태도를 말하는 것, 그러므로 소시민 의식을 드러낸다는 것은 자기 자신의 왜소함을 인정하면서도 자기가 사회 혹은 상황에 참가되었다는 것을 확인하는 행위라고 주장하였다.[29] 시민과 소시민에 대한 논쟁은 그 자체로 의미가 있다. 시민과 소시민 사이의 불명료한 영역에 존재하고 있다고 생각하는 다수가 동아일보 백지 광고에 등장하는 시민들이기 때문이다. 인습적인 기성의 규준에 동의하지 않는 개인화의 원천인 소시민은 개성적 인간의 현현이고 그 현현은 동아일보에 극명하게 드러나 동아일보의 광고 수입의 2배가 넘는 비용을 창출했으며 그 안에 수많은 사람들의 민주 의식을 각인시켰고 촉발했으며 위험을 무릅쓴 저항의 대열을 이끌었기 때문이다.

그 저항은 권력에의 저항이기도 했지만, 자유로웠을 개인의 의식을 통제하는 것에 대한 저항이기도 했다. 국가적 질서와 안보 이데올로기 그리고 발전 이데올로기에 맞춘 1968년 박정희의 국민교육헌장은 자유로운 개인을 국가체제에 복속시키고 자유와 인권을 유보하며 일제강점기 천황의 신민에 대한 교육의 변형으로서 이데올로기적 국가 장치로 제도화되어 있는 학교, 언론, 문화 등을 통해 내면화하도록 강요하였다. 지배의 수단으로 억압적 국가 장치와 이데올로기적 국가 장치를 활용하는 그 공간에 피착취계급 또한 이데올로기적

29 김현, 「서울신문」 1969. 5. 29.

국가 장치 내에서 저항을 표현할 수 있는 수단과 기회를 찾을 수 있다. 피착취계급은 이데올로기적 국가 장치의 모순을 이용함으로써 혹은 이 장치 내에서 공세적 입장을 확보해 냄으로써 자신의 저항을 표현할 수 있다.[30]

반공·냉전 시대에 종속된 시민을 이상적인 시민상으로 내세우는 관 주도의 시민의식에 대립되는 '적극적 시민'이 출현한다. 관 주도 시민개념에 맞서는 민주화 세력은 권력에 대한 비판과 감시, 시민들의 인권과 자유를 강조하였다. 유신 정부에 대한 저항과 비판을 민주시민의 요체로 보았던 김지하는 "학생운동은 정부의 잘못을 비판, 민주화를 촉구하는 한편, 이런 운동 과정을 통해 민주시민으로서의 자각과 성장을 도모하는 데 있다"라고 설명하였다(1975. 2. 17.) 인권선언 26주년 기념 강연에서 윤현 목사[31]는 "시민은 권력의 횡포에 공동 대처해야 하며 시민의식이 투철한 시민들이 강력한 중간 집단을 형성하여 관권의 횡포에 대해 공동투쟁을 벌여야 한다"고 주장하였다(1974. 12. 12.)

이제 시민개념은 한국 사회에 정착하게 되었다. 동아일보 격려광고운동에 참여한 시민들은 자신을 소시민을 넘어서 민주시민으로 호명되기를 원하였다. 「신동아」 1975년 3월호에서는 "한국 언론의 현실과 제 문제"를 특집으로 다뤘는데 격려광고운동에 대하여 '자유언론은 민주의 거울', '역사·인권에 입각 알릴 의무 재확인', '독자는 감시자로 등장하여 일대 민중운동으로 승화하였다'고 평하였다. 이 특집은 송건호, 리영희, 장을병, 유재천 등의 좌담회를 머리에 실었다. 이 좌담회에서 송건호는 "수많은 독자들이 동아일보를 꽉 감시하고 있다는 점입니다. 신문기자로서 정도 외에는 갈 길이 없다는 것을 스스로 느끼게 됩니다"라고 하였다. '동아일보 사태로 촉발된 언론자유 운동은 일대 민중운동으로서 민중문화의 결실을 가져온 사실을 확인했으며 아울러 이제야말로 건전한 시민의식에 바탕한 참여민주주의의 성년기로서의 정신사가 접어들었음을 보여주었다'고 단언하였다.[32]

**讀者는 監視者로 登場…일대 民衆運動으로 昇華**

---

30 루크 페레터/심세광,『루이 알튀세르의 이데올로기』(서울: 앨피, 2014), 160.

31 국제 앰네스티 한국지부 창립(1972. 3. 28.)을 위해 김지하 시인의 오적 필화사건으로 국제 앰네스티 한국지부 창설을 요청한 3인 중 1인, ("'시인 김지하를 구하자'는 영문 전단지를 국제펜클럽대회로 서울에 온 외국 대표들에게 배포하는 과정에서 만난 독일인 브라이덴슈타인의 제안으로 한국지부를 만드는 일에 뛰어들게 됐지요." 「신동아」 2007. 11.)

## 3. 시민의 자발적인 공론장, 격려광고

광고주들에 대한 압력으로 광고주들이 차례로 광고를 취소하자 이에 동아일보는 12월 30일 자 1면 광고란에 당시 광고국장이 쓴 격려광고를 모집하는 광고를 게재했다. 이 광고의 요지는 "대 광고주들의 큰 광고가 중단됨으로 인하여 광고인으로서 직책에 충실하기 위하여 부득이 개인 정당 사회단체의 의견 광고 그리고 본보를 격려하는 협찬 광고와 연하 광고를 적극적으로 모집하오니 적극적인 성원을 바란다"는 것으로, 여러 사람들이 정부의 광고 탄압에 반발해 동아일보와 동아방송에 격려광고와 성금을 냈다. 시민들이 낸 광고의 내용들은 보통 동아일보를 지지하거나, 박정희 군부독재 정권의 언론탄압으로 언론의 자유를 누리지 못하는 암울한 현실을 "오! 자유"라는 문장 등으로 안타까워하는 내용이었으며, 아예 단체 이름이나 사람 이름만 적어서 광고를 내는 경우도 있었다.

1975년 동아일보 1월 1일 자 8면 전면 광고란에 두 단체와 한 시민의 광고가 등장하였다. 시민 한 사람은 김대중 전 대통령이고 나머지 두 단체는 한국교회여성연합회와 경동교회이다. 언론 기록에는 김대중 전 대통령의 "언론의 자유를 지키자"라는 제목의 장문의 글이 1월 1일 자 동아일보 백지 광고의 첫 발을 뗀 것으로 되어 있지만 세 주체, 즉 한국교회여성연합회, 경동교회, 언론의 자유를 지키려는 한 시민(김대중 전 대통령)이 공동으로 첫 발을 떼어 8면을 채웠다. 더구나 한국교회여성연합회는 언론자유 수호를 위한 구체적인 행동 방침을 제안하여 백지 광고를 통한 시민주체운동의 시대를 열었다. 시민감시운동을 넘어서 불매를 통한 적극적인 행동을 제안한다.

알리는 말씀

1. 당국은 음성적인 언론기관 탄압을 중지하라
2. 우리 전 회원은 동아일보 구독 운동을 벌이기로 한다
3. 동아일보 해약업체를 본 회가 조사하여 회원에게 공개할 것이며 불매운동을 벌인다.
4. 동아일보 연 구독료 선납 운동을 벌이며 구독 부수 확장 운동을 벌인다

---

32 「동아일보」 1975. 2. 21. 5면.

5. 모든 언론기관은 동아일보와 공동운명을 지기를 권한다

**한국교회여성연합회 회장 이우정(6개 단체 공동 서명)**

「동아일보」 백지 광고 사태를 보며 전국의 시민들은 자유언론을 지키기 위한 자발적인 시민 저항운동이 폭발하였다. 남녀노소, 국내 해외 할 것 없이 한 목소리로 동아일보를 지키기 위해 광고주들이 빠져나간 그 빈자리를 시민들 스스로가 채워나갔는데 1975년 1월 1일부터 5월 7일에 이르기까지 격려광고가 1만 352건이다. 1월 1일 첫 광고는 한국교회여성연합회의 동아일보 자유언론 지지 성명과 경동교회 격려광고로 출발하였고 본격적으로 시민들의 격려광고가 나타난 것은 1월 8일부터 10건의 광고로 출발한다. 정의구현사제단, 천주교 춘천교구, 창녕군 하도암(불교), 한국기독교장로회 여교역자협의회, 천도교의 광고가 앞장섰다. 애독자 동아가족[33]도 있고 방랑객 여행자도 있다.

이렇게 시민들의 성금으로 채워지는 광고면은 매일의 8면 신문 발행을 가능케 하였다. 격려광고 성금은 취소된 전면광고 대금의 2배에 가까운 금액이었다. 평상시 광고 수입과 거의 같은 수준에 올라섰다. 이에 대해 동아일보 광고 담당자들과 기자협회 분회는 다음과 같이 전한다.

> "격려광고가 이같이 쇄도하리라고는 저희도 전혀 예측하지 못했습니다. 눈시울이 뜨거웠던 적도 한두 번이 아니었습니다. 저희는 마치 홍수처럼 밀려드는 격려광고를 접수하면서 동아일보는 상품광고가 끊겨도 결코 죽지 않는다는 신념을 갖게 되었습니다. 근 1개월간 지속된 격려광고의 흐름을 보면 종교인 광고가 가장 많고 다음이 정당, 사회단체, 대학생, 중고등학생 광고 순으로 되어 있습니다. 국민의 성원이 뿌리를 내려 정착되어 가는 것을 뚜렷이 느낄 수가 있었습니다. 제가 가장 감명받았던 것은 어떤 막벌이꾼으로부터였습니다. 50대에 접어든 그 분은 다 해진 양말에 허름한 낡은 작업복을 입고 찾아와서는 '동아일보를 위해 성금을 내는

33 "우리는 애독자 동아가족. 언론자유 보장하라," 아빠는 동아일보 김석규, 엄마는 여성동아 이순애, 나는 소년동아 김호영.

것이 아닙니다. 내 자신을 위해서 내는 것입니다'라고 말하면서 꼬깃꼬깃 접은 돈을 내고 갔습니다. 어떤 분은 그런 표현을 빌려 광고를 내기도 했습니다. 이른바 '익명 시대' 도래했다는 것입니다. 이것은 현재의 사회풍토랄까 분위기를 잘 반영해 주는 것이라고 생각됩니다. 전체 격려광고의 98%가 익명으로 되어 있습니다. 어떤 분은 '이름 없는 슬픔을 이렇게 광고합니다'라고도 썼습니다. 동아의 격려광고는 '민주'를 꽃피우는 찬란한 '생화'라고나 할까요."[34]

이들 광고문에는 큰 종교·정치단체들은 주로 성명서를, 교단 및 교회 단위는 공동의 결연한 의지 표명이나 모임 광고를, 개인이나 소소한 모임체들은 정의, 자유, 진리 등의 내용이 주를 이룬다. 직업도 다양했고 연령층도 다양했다. 서독 지하 1천m 지하에서 일하는 광부의 광고부터 하루 한 끼밖에 먹지 못하는 가난한 노동자의 주머니를 털어 채운 광고며, 중학생 심지어 국민학생까지 광고의 대열에 참여했다.

압제로 못 이룬 총화가 여기에서 이루어져 가고 있음을 광고하나이다. / 한 금년 중학 졸업생
술 한 잔 덜 먹고 여기에 내 마음 담는다. / 드라이브맨 안
시장에서 만난 우리들 빈 바구니로 돌아서며 조그마한 뜻 『거대동아』에 보냅니다. / 주부 일동
근로자의 벗 동아여! / 품팔이 근로자 일동
면목동에서 할머니가 / 이태원 할머니
아빠 엄마의 뜻에 따라 저의 백일반지를 드립니다. / 김윤정(1974년 3월 6일생)
너는 정의의 샘, 우리는 우정의 샘 / 「샘」 모임
윤정이의 생일 선물은 동아의 메달로 선택하였습니다. / 윤정 아빠 엄마
콩나물 값을 아껴가며 모았습니다. / 마포구 염리동 한수진
사랑하는 아이들의 밝은 앞날을 위해 이 작은 지면을 삽니다. / 두 아이의 부모
아가. 이것이 언필칭 한국적 민주주의란다 / 강태진
이 조그만 빈터에 숨구멍을 뚫어 놓고… / 정선군 사북리 오뚜기

---

34 "광고탄압 그 실상: 본사 광고 담당자 좌담회," 「동아일보」 1975. 1. 23. 4면.

한국적 언론자유는 요렇게 하얗나? / 슬픈 광고인

방관자로 있다간 공범자가 될까 봐 / 이건용

앗따! 어지간히 극성들이구먼! 동아일보 광고난 차례 기다리기가 이렇게 어려워서야 / 암 그래야지

조잡의 극치 … 민주인사 연행 / 졸렬의 극치 … 동아의 탄압 / 통탄의 극치 … 인권의 존망 / 윤유홍

늦어서 죄송합니다. / 중앙교회 김창순

능력 없는 식당 종업원 / 문

작은 광고들이 모두 민주 탄환임을 알라 / ○○출판사 편집부

반찬값 줄여서 / 삼청동 한 주부

내 비록 기아선상에 헤매고 있지만 한 달 동안 짜장면 값 매일 110원씩 모아서 민주 동아에 힘을 보태기로 했다. / 이명섭

동아일보 1975년 2월 7일 4면.

2월 14일 자 4면에 게재된 KSCF의 75년 1월 백지 광고 분석은 다양한 분석 기준을 활용해 학교 분포, 지역 분포, 직업 분포, 종교 분포 등의 분석 결과물을 발표하였다.

## '언론탄압 규탄하는 『민주의 함성』 기독학생총련, 동아 격려광고 한 달 분석 (1월)'

동아일보 동아방송 광고 탄압 사태가 국내외의 집중적인 큰 관심을 모으고 있는 가운데 국내에서는 최초로 동아 광고 탄압 사태에 대한 상세한 분석이 나왔다. 한국기독학생총연맹은 올 1월 1일부터 31일까지 한 달 동안의 격려광고 지면을 증감분포, 격려광고, 문안 성격, 지역, 직업, 학교, 각 급교, 종교 등 7개 항으로 나누어 분석함으로써 신문 사상 유례를 찾을 수 없는 격려광고 내용에 대한 최초의 정밀 검토를 한 셈이다. 동 연맹의 동아 격려광고 분석을 간추려 옮긴다. <편집자 주>

74년 12월 16일부터 대기업주들의 광고가 점점 무더기로 해약됨으로써 극장 자동차선전 학원 광고 보험 광고 등 모든 분야에 큰 영향을 미쳤다.

또한 12월 26일 「프리덤하우스」에서는 동아 사태를 "정부의 입김이 서린 새로운 고통을 주는 행위"라고 비난 성명을 냈고 동 27일 일본 신문들이 조간에서(아사히) "한국정보부(KCIA)의 개입으로 동아일보가 54년 이래 최대의 경영 위기에 직면해 있다"고 지적했다. 동아일보사의 자체 광고는 신문광고의 일반기능을 74년 12월 27일 자에서 아래와 같이 지적했다.

① 정부나 공공단체가 하는 일을 국민에게 고지시켜 국민의 협조를 득할 수 있게 한다.
② 개인이나 단체기업의 의견(정보)을 국민(소비자)에게 고지시켜 신뢰와 호의를 득할 수 있게 한다.
③ 많은 발행 부수가 일시에 전국 각지에 배포되므로 기업의 대량생산 대량판매를 가능케 하여 생산원가를 절감, 소비자의 부담을 덜어준다.
④ 용역이나 상품광고(정보)는 보다 유익한 것을 비교 선택할 수 있게 하여 기업으로 하여금 소비자 보호 운동을 스스로 전개하지 않을 수 없게 한다. 신문광고의 이런 속성과 기능을 무시하고 무더기 해약을 야기한 처사는 언론자유는 물론 신문기업의 독립성을 말살하려는 의도 이외의 아무것도 아니다.

### ◇ 1개월간의 격려광고량의 증감분포

격려광고가 실리게 된 배경은 12월 26일의 백지 광고에 이어 27일의 동아 자체 광고인 「PR其一」 그리고 28일의 "언론자유와 기업의 자유"라는 홍종인 씨의 글이 실리고부터였다. 1개월간의 격려광고 총수는 2천9백32건이었으며 1월 초순에는 70건 안팎으로 비교적 저조한 편이었으나 13일은 1백84건으로 급증했다.

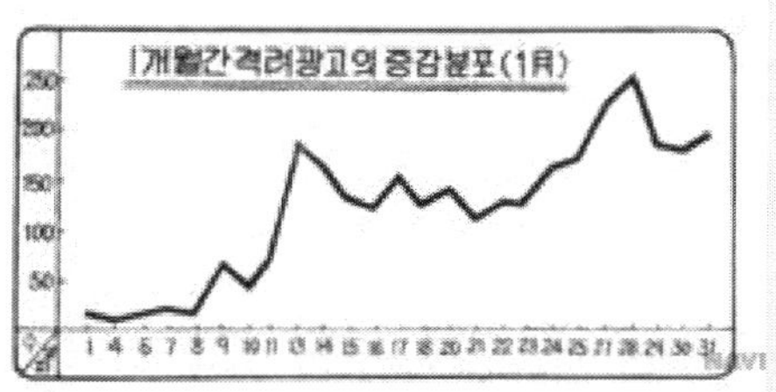


15일 유명한 「一陸軍中尉」 광고와 관련, 광고 직원 3명이 연행되자 일시 저조하다가 "국민투표 검토설"이 발표된 21일은 1백12건으로 지극히 저조했다. 국민투표가 공고된 22일부터 며칠은 비교적 저조했으나 25일 동아일보사에서 격려에 답하기 위해 기념

메달과 감사문을 준다는 광고가 나가면서 상승하기 시작, 28일은 1개월 중 최고건수인 2백51건이 접수됐다. 29~31일 각 계의 연행 사태가 신문에 보도되자 또다시 격려광고는 내려갔다. 연구 대상에서는 제외됐으나 2월에 접어들면서 매일 3백 건을 능가하고 있다.

◇ 격려광고의 문안 성격 분류

격려광고 중에 문안 내용이 없는 것이 23.2%이고 이를 제외한 나머지 격려 문안 성격은 다음과 같다.

① 국민투표 실시가 공고되기 전인 1월 20일까지는 언론자유 수호라는 내용과 동아의 탄압 사태에 대한 「동아여 끝까지 싸우라」는 내용이 정부에 대한 불신 및 부조리 고발과 사회정의구현을 촉구하는 내용보다 35.7%가 많다.

② 국민투표 실시가 발표된 21일부터 31일까지는 언론자유 수호 및 동아에 대한 격려광고와 정부에 대한 불신 및 부조리 고발 등의 내용이 거의 비슷하다.

③ 국민투표 실시 공고 후에 나타난 사회정의구현을 촉구하며 정부에 대한 불신 및 부조리 고발 등의 문안 비율은 공고 이전의 2배로 나타나고 있다.

| 날짜/문안 내용 | 언론자유 및 동아 격려 | 사회정의, 정부에 대한 불신 및 고발 | 내용 없음 | 기타 |
|---|---|---|---|---|
| 1월 1일~20일 | 53.6% | 17.9% | 25.0% | 3.5% |
| 1월 21일~31일 | 36.7% | 36.6% | 21.3% | 5.4% |

◇ 격려광고 신청자의 분류

① 익명의 비율 = 총 격려광고 건수는 2천9백43건이었고 그중 익명이 1천7백34건이었다. 1천7백34건은 총 격려광고 신청자의 58.9%에 해당된다. 익명이 많은 현상에 대해 서울대 한완상 교수는 매우 경직화된 정치 상황에서의 보신책으로 분석했다. 여기서 민주주의의 부활을 위해 공공연히 비판하는 것을 두려워하는 것은 언론자유가 보장되지 않는 사실과 정보 정치에 의한 정치적 보복을 두려워하는 풍조를 알 수 있다.

② 지역별 분류 = 지역이 밝혀진 격려광고 건수는 1천3백38건이었으며 이는 총계 2천9백43건의 45.5%에 해당된다. 국내의 광고 건수는 1천2백23건으로 91.4%에 해당하며 국외(해외교포 및 외국인)는 1백15건으로 8.6%에 해당된다. 가장 많은 지역은 서울로서 순위는 1) 서울 7백80건(58.3%) 2) 전남·북 1백25건(9.3%) 3) 경남·북 90건(6.7%)이다. 서울과 나머지 지방 전체를 하나로 묶어 나누면 서울이 58.3%, 지방을 합한 것이 33.1%이며 외국이 8.6%이다.

지역을 알 수 있는 비율이 45.5%라는 것은 익명의 비율이 높은 것과 비슷한 현상이다.

③ 직업별 분류 = 직업을 밝힌 격려광고의 수는 1천2백42건으로 전체의 42.2%에 해당한다. 21개의 직업으로 분류된 것을 보면 학생, 종교인 및 종교단체, 주부 및 가족 단위가 많고 군인, 예비군, 공무원, 축산업, 뱃사람이 각각 1건으로 최하위에 속한다. 상업에는 시장, 양장점, 양복점, 여관, 식당, 밥집 아줌마, 서점, 트로피회사, 복덕방, 구두수선, 민화 가게주인, 목욕탕 등이며 근로자로는 양복 기능공, 여공기숙사, 50대 노동자, 구로공단 여성 근로자 13명, 취로 사업장 인부, 목수와 칠장이, 삯바느질하는 별 엄마, 안내원, 배달원 등등이다.

④ 학교별 분류= 대학이 56.2%로 과반수를 넘으며 국민교생이 11건인 1.6%의 참여를 보이고 있다. 대학

| | 직업 | 건수 | % | | 직업 | 건수 | % |
|---|---|---|---|---|---|---|---|
| 1 | 학생 | 650 | 52.4% | 12 | 운전기사 안내원 | 16 | 1.3% |
| 2 | 종교인 단체 | 171 | 13.8% | 13 | 의약사 간호원 | 16 | 1.3% |
| 3 | 주부 및 가족단위 | 94 | 7.6% | 14 | 은행원 | 15 | 1.2% |
| 4 | 문학 언론인 | 51 | 4.1% | 15 | 사회단체 | 15 | 1.2% |
| 5 | 상업 | 39 | 3.1% | 16 | 변호사 | 6 | 0.5% |
| 6 | 교사 | 33 | 2.7% | 17 | 농민 | 5 | 0.4% |
| 7 | 국회의원 정당 | 32 | 2.6% | 18 | 예술인 | 5 | 0.4% |
| 8 | 회사원 | 24 | 1.9% | 19 | 군인 예비군 | 2 | 0.2% |
| 9 | 실업가 광고인 | 22 | 1.8% | 20 | 공무원 | 1 | 0.1% |
| 10 | 근로자 노동자 | 21 | 1.7% | 21 | 축산업 | 1 | 0.1% |
| 11 | 교수 | 19 | 1.5% | 22 | 뱃사람 | 1 | 0.1% |
| 계: 1242 | | | | | | | |

의 경우 총 참가 교수는 42개교로 건수는 3백87건이다. 서울에 위치한 대학 수는 28개교, 지방대학은 14개교로 광고 건수로는 각각 3백52건과 24건이다. 여자대학의 참가 수는 8개교 87건이며 남녀공학의 종합대가 3배 이상 되는 34개교 2백89건으로 종합대의 격려광고가 많았다. 국립대와 사립대를 나누면 전국의 국립대 10개교 95건이고 사립대가 3배 이상 되는 32개교 2백81건이다. 참고로 격려광고가 많은 대학은 서울대(81건), 이화여대(62건), 고려대(53건), 연세대(26건), 서강대(18건), 중앙대(16건), 한양대(13건)이며 나머지 대학은 거의 10건 이하였다.

고교의 경우 모두 96개교로 대학의 2배를 넘지만, 광고 건수로는 2백54건으로 대학보다 적다. 서울의 고교가 51교에 1백50건, 지방고가 45교에 90건으로서 대학의 경우보다 서울과 지방고교의 참여도에 차이가 별로 없다. 여기서 특기할 사실은 대학교의 비율이 3백87건 56.2%로 가장 많지만, 참가 학교 수로 따지면 고교가 96개교로 제일 많다.

⑤ 종교별 분류= 1개월간의 광고 신청자 중 직업을 밝힌 42.2% 가운데 그의 13.8%에 해당되는 종교단체나 종교인의 참여도를 보면 기독교와 천주교가 가장 많으며 불교, 천도교, 원불교, 퀘이커교 등 다양한 분포를 보였다.

| 학교별 | 건수 | 비율 |
|---|---|---|
| 대학교 | 387 | 56.2% |
| 고등학교 | 254 | 36.9% |
| 중학교 | 37 | 5.4% |
| 국민학교 | 11 | 1.9% |
| 총 건수 | 689 | |

| 종교별 분류 | |
|---|---|
| 종교 | 비율 |
| 기독교 | 50.5% |
| 천주교 | 31.6% |
| 불교 | 5.1% |
| 천도교 | 1.2% |
| 기타 | 2.9% |

| 국내 (건) | 국외 (건) |
|---|---|
| 서울 780 | 미국 77 |
| 경기 77 | 일본 23 |
| 충남북 52 | 중국 2 |
| 강원도 21 | 캐나다 2 |
| 전남북 125 | 영국 5 |
| 경남북 90 | 서독 1 |
| 부산 71 | 스위스 1 |
| 제주 7 | 익명외국인 5 |
| 1,223 | 115 |
| 1338 | |

| | | 총수 | 서울 | 지방 | 남 | 여 | 국립 | 사립 | 익명 | | 총수 | 익명 |
|---|---|---|---|---|---|---|---|---|---|---|---|---|
| 대학 | 학교수 | 42 | 28 | 14 | 34 | 8 | 10 | 32 | 11 | 중학교 | 23교 | 4 |
| | 건수 | 387 | 352 | 24 | 289 | 87 | 95 | 281 | | | 37건 | |
| 고교 | 학교수 | 96 | 51 | 45 | 68 | 28 | | | 14 | 국민학교 | 7교 | 4 |
| | 건수 | 254 | 150 | 90 | 190 | 50 | | | | | 11건 | |

◇ **결론**

① 이번 격려광고로 미루어 동아에 대한 중앙정보부의 개입은 이른바 고관만 모르는 사실이다.

② 익명 비율이 높고 직업이나 지역만을 밝힌 비율이 높은 것은 지난 몇 해 동안의 정치 풍토에서 유래된 국민의 피해의식을 나타낸다.

③ 문안에 나타난 대로 언론탄압 중지 기본권 회복, 구속 인사 석방, 부정부패 일소 등의 여론에 대해 정부는 아집을 버리고 수용하는 태도를 보여 마땅하다.

④ 지역적으로 제주도에서 멀리 「스위스」에 이르고 직업도 공무원 교수로부터 가정주부, 촌부에 이르기까지 학력도 대학생으로부터 국민교생에 이른 것으로 미루어 보아 이제까지의 개헌 요구, 민주 회복 운동이 「일부 몰지각한 소수」의 행위란 말은 타당치 않은 것이 드러났다.

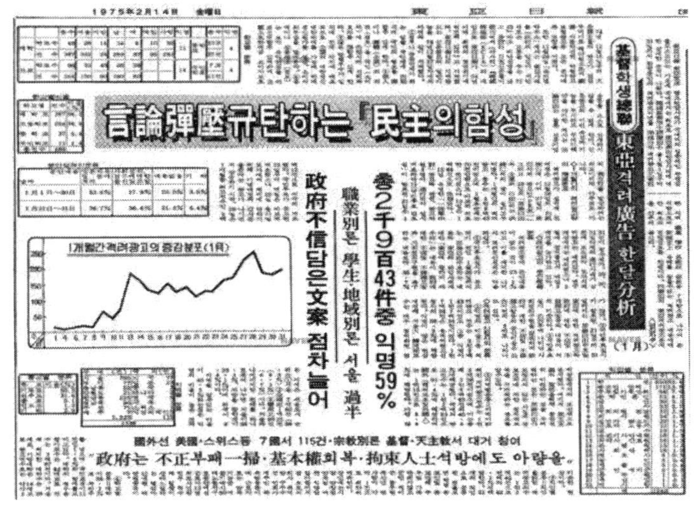

1975年2月14日

言論彈壓규탄하는「民主의함성」

基督학생總聯 東亞격려廣告 한달分析 (1月)

總2千9百43件중 익명59%

職業別론 學生·地域別론 서울 過半

政府不信담은文案 점차늘어



國外선 美國·스위스등 7國서 115건·宗敎別론 基督·天主敎서 대거 참여

"政府는 不正부패一掃·基本權회복·拘束人士석방에도 아량을"

KSCF의 광고 분석은 1월 한 달 분석으로 아쉽게 그쳤다. 오히려 시민들의 백지 광고는 2월에 폭발적으로 증가추세를 보이는데 그 분석은 동아일보 기자들이 동아일보사에서 강제로 쫓겨나면서 더 이상의 진전을 보지 못했다. 분석도 아쉽지만, 동아일보 역사상 이러한 시민들의 대거 참여는 전무후무한 일인데 아직까지 백서조차 나오지 않은 것은 참으로 아쉬운 일이다.

시민 스스로가 만들어 낸 공론장인 격려광고는 처음에 5, 6면에만 제한적으로 실리다가 점점 면수가 늘어나며 1면부터 8면에 이르기까지(6면 제외) 신문 하단부를 격려광고로 채웠다(주로 2~5면에 게재). 익명성의 특성을 가진 이 공론장은 주권이 시민에 있음을 명확하게 구분한다.[35] 누군가 민주를 올리면 그다음 누군가는 인권과 자유를, 그다음 누군가는 한국적 민주주의의 허구성을 밝히고, 이러한 순환의 공론장이 4개월 동안 신문이라는 공간에서 자유롭게 펼쳐졌다. 물론 1927~29년 동아·조선에서 벌어진 카프문학운동 및 계급논쟁[36]처럼 수차에 걸친 토론의 장이거나 몇 명의 논객이 이끌어가는 것과는 사뭇 그 형태가 다르지만, 한 문장에서 두세 문장으로 함축된 언어로 의견을 표출(단체들의 성명서 제외)하고, 사비를 털어서라도 빈 광고면을 채워나가 오히려 실천성이 뛰어났던 공론장의 역사를 썼다.

토론과 논쟁은 몇몇 지식인들에 의해 나타나기도 하였지만 광고만큼 거대한 시민들의 의사 행렬은 비교할 수 없다. 역사적으로 신문을 통한 공론장은 이뿐만 아니라 1919년 '3.1운동 공간'과 1945년 '해방 공간'과 1960년 '4월 혁명 공간'에서 폭발적으로 늘어났고, 1895년 갑오농민전쟁 뒤와 1904년 러일전쟁 뒤에도 신문 창간이 늘어났다. 반대로 3.1운동 공간과 해방 공간, 4월 혁명 공간이 닫히면서 신문은 크게 급감했다.[37] 3.1 운동 뒤 공론장은 친일파 청산과 토지개혁의 의제들이 공론화되었고 해방 공간에서는『해방일보』,『조선인민보』등이 있었으나 미군정에 의해 강제 폐간되었다. 4.19 이후 미디어 창간은 다시 폭증하였다. 그 중『민족일보』의 높은 호응에 박정희는 폭력적 억압으로 대응하였다. 민족일보 수뇌부를 구속하고 폐간선고를 내렸고 1961년 12월 20일 민족일보 사장 조용수는 사형시켰다. 분출기에는 억압이 따르고 새로운 공론장의 요구 앞에 시민들의 대대적인 반격이 이뤄지면 또다시

---

35 "소도 주인이 고삐를 잡고 있어야", "오늘에 크게 우노라!"(「동아일보」 1975. 2. 12), "국민투표일에 구국기도회를 마치고…," (「동아일보」 1975. 2. 13.), "물은 배를 뜨게도 하지만 배를 둘러엎기도 한다," (「준자 왕제편」, 1975. 2. 15).

36 "우리는 방금 역사의 변증법적 전화가 요구하는 발달의 필연적 법칙에 의하야 소위 방향 전환기에 임하게 되었다. 몰락의 최후과정을 강렬하게 밟어가는 세계자본주의 그리고 급격하게 진전되는 세계신흥운동 … 제국주의 자본에 거의 질식 상태에 잇든 우리 신흥운동은 이제 그 자체의 국면타개와 약진을 도모하야 그 방향을 전환하려고 하는 중에 잇다…. 맑스주의의 기치 하에서 우리 운동자는 당면한 발전단계를 엇더케 인식하며 엇더케 과정하려고 하는가…. 그리하야 당면과정의 구체적 특수성은 정확하게 객관적으로 분절 비판될 것이오 … 계급형성 전과정 중에서 점하고 잇난 전체적 의의는 결정되며…" 김영식, "전환기에 직면한 조선신흥운동(1)~(13)," 「동아일보」 1927. 2. 15. 1면.

37 손석춘,『한국 공론장의 구조 변동』(서울: 커뮤니케이션북스, 2005), 95.

억압이 나선다. 이렇듯 시민들은 중요한 시기마다 신문이라는 공론장을 활용하여 갈등 구조(정)에 비판(반)을 하고 그것을 다시 갈등 구조(합)을 이루면서 조금씩 아래로부터의 공론장 영역을 넓혀나갔다. 억압과 분출의 변증법적 발전으로 민의 성장을 이루고 있었다.

특히 흥미로운 현상 하나는 "익명성의 시대"라 표현한 격려광고주들의 이구동성이다. 억압적 상황에서 자신의 이름을 드러내지 않는 수동적이거나 위축된 감정이 아니라 오히려 익명성을 즐기고 있음을 볼 수 있다. 5.16 군사 쿠데타, 1968년 국민교육헌장, 1972년 유신헌법 강제 등의 억압적 상황을 감수하면서도 1975년을 사는 시민들은 각자의 의지를 표현하기를 바랬다. 익명성이란 내 속에서 활동하는 이름 없는 또는 은폐된 타자성이다. 나의 표출 의지를 내 안에 있는 타자를 소환해 표현하는 것으로 볼 수 있다. 왜냐하면 익명은 자기 존재를 감추기 위한 것이 아니라 드러내기 위한 것으로 사용했기 때문이다.[38] 익명성은 심리적으로 부담이 적은 편안한 상태를 유도하여 장기간에 걸쳐 공동체를 형성하기도 하고 지속하도록 도울 수 있는 가능성이 있다.[39] 동아일보 격려광고주들은 익명성의 부정성보다 긍정성을 추출한 것이라고 본다. 익명의 존재임을 당당히 밝히는데 자의식이 감소되기는커녕 오히려 다른 익명의 광고주들과의 공동체 의식을 느끼고 있다. 이질성은 줄어들고 동질성이 증가되어 참여에 동등함을, 호혜적인 의사소통을 증가시킨다. 그리고 소시민적 한계를 수용하며 그 너머의 세계를 꿈꾸고 있었다. 보다 자유로운 개인을 꿈꾸고 있었다. '나 비록 소시민이지만 나의 의지를 내 호주머니를 털어, 감시와 억압을 뚫고 기어이 표출하겠다'는 시민들이 모이고 또 모여 약 4개월 동안 대기업도 못 이룬 광고비 2배의 신화를 기록하였다. 억압적 상황을 지속적으로 만들어 가는 박정희 정부 시대에서 양심적 시민으로 호명되기를 원했던 그들, 그들은 거대한 시민사회의 지평을 그들 스스로 넓혀가고 있었다.

갑오농민전쟁에서부터 3.1 운동 그리고 독립운동의 대열을 잇고 처참한 한국전쟁을 통과하면서도, 억압적인 유신체제 하에서도 정치적 주체로서의 자기 현실 참여의 임무를 잊지 않았다. 광고 하나 내었다고 학교로부터 주동자를 대라고 협박과 욕설, 손찌검까지 당해야

---

38 익명이죠. 저는 그걸 익명이라 생각했어요. 중학생 창근이. 무슨 창근인지 어떻게 알아요? 김창근인지 박창근인지 … 그래서 전 익명으로 참가한 거예요. (김창근 구술 중에서, 2024. 12. 26. 오후 5시).

39 윤수진·손동영, "사회적 익명성이 온라인 커뮤니티 구성원의 공동체 신뢰도와 인식에 미치는 영향: 인지된 동질성과 공감 경험을 중심으로," 「사이버 커뮤니케이션 학보」 31/4 (2014), 198.

했던 광주 중앙여고생의 투쟁,[40] [41] 동아 돕기를 위해 동아일보 신문을 팔았다가 기부금품 모집 위반 및 도로교통법 위반 혐의로 연행 조사를 받은 서울대생들,[42] 격려광고 내었다는 이유로 동아대학보사 주간 교수와 학생기자 등 7명이 권고사직 당한 일들 등 위험을 무릅쓰고도 흔들리지 않을 결연함이 마치 모자이크처럼 모으고 또 모아져서 거대한 행렬로 1975년 4개월의 공론장을 채웠다.

1970년대는 '서구 시민사회의 이념적 가치들이 내면화되지 못한 시기였으며 시민사회 자체의 응집력은 매우 미약하다'는 평가는 다시 고려될 일이다.[43] 동아일보 기자들의 사외 축출은 더 이상 격려광고의 필요성을 상실하게 하였다. 그들은 흩어진 대중이 되었다. 그러나 그들은 1987년에도 오늘 이 시대, 즉 2009년, 2016년 그리고 마침내 2024년 12월의 촛불 현장에 비연속성[44]으로 대를 이어 모이고 있다. 자유로운 개인의 느슨한 연대 그리고 그 안에서 볼 수 있었던 '선결제 문화'. 그 문화는 이미 1975년의 동아일보 격려광고주들이 길을 트고 있었다.

---

40 광주중앙여고는 양성우 시인이 교사로 있던 학교이다. 양성우 시인은 1975년 2월 12일 광주연합 구국기도회에서 「겨울공화국」을 낭송했다는 이유로 학교 측으로부터 사표를 종용받았으나 거부하자 징계위에 회부되었다. 이에 중앙여고 2, 3학년 학생 2백여 명이 운동장에 모여 양성우 교사의 징계 문제를 철회하라고 외치면서 연좌데모를 벌였다. 결국 양성우 교사는 4월 12일 파면당했다. 중앙여고 2, 3학년 학생 7백여 명은 14일 오전 9시경 양성우 교사의 복직을 요구, 수업을 거부하였다.(「동아일보」, 1975. 4. 15).

41 "학생 신문 격려광고에 폭언, 광주 중앙여고 교사 손찌검도" 광주 중앙여고 교사들이 2학년 3반 신하진 양 등 학생 8명이 지난 20일 자 동아일보 광고란에 격려광고를 냈다고 지도실과 방송실로 불러 주동자를 대라고 강요하며 욕설을 했다고 학생들이 밝혔다. 신 양은 지난 20~21일 2일간 8명 모두가 지도부장 최호영, 최강희, 정홍섭, 문직숙 등의 교사에게 불려 가 선동한 학생은 꼭 잡아내고야 말겠으니 알아서 하라는 말을 듣고 손찌검도 당했다.(「조선일보」, 1975. 2. 28).

42 「동아일보」, 1975. 2. 27, 7면.

43 "시민들의 생활세계는 개인적 차원의 이해관계에 따라서 일방적으로 파편화되고 있는 반면, 원자화된 사적 차원으로의 원심력을 제어할 수 있는 시민사회 자체의 응집력은 매우 미약하다. 서구 시민사회의 존재의의를 정당화했던 개인주의, 자유주의, 공리주의, 인간주의와 같은 이념적 가치들은 내면화되지 않은 채 공약과 구호로만 메아리. 토착화 혹은 내실화의 과제를 안고 있다"(김성국, "한국자본주의 발전과 시민사회의 성격," 『한국의 국가와 시민사회』 서울: 한울, 1992, 158).

44 교육학적 개념으로 어떤 특정한 행동 특징이 어느 특정 단계에 이르러 갑자기 나타나는 것이 아니라 점진적으로 형성되는 것이며 이의 발현은 급작스럽게 일어나는 것처럼 보인다.

## 4. 개신교인들의 시민의식과 신앙적 자의식

### 1) 개관

75년 1월 1일부터 마지막 격려광고가 있었던 5월 7일까지 개신교인들의 광고는 약 838건에 달한다. 이 안에는 외국 기독교 신자들의 격려 4건이 포함되었다. 격려광고가 1만 352건이니 개신교인들의 광고 참여율은 약 8.1%이다. 이 수치는 표면적으로 보았을 때는 10%도 못 미치는 것 같지만 참여 인원의 누적 수를 생각하고 동아일보 백지 광고의 면 크기를 생각하면 동아일보 격려광고에 참여한 인원수는 30~40%에 육박한다고 볼 수 있다. 일반 시민들의 광고는 개인이 가장 많고 가족 단위나 같은 의식을 가진 직장인들, 학교 동문회, 학년·반 학생 등 소수의 모임이 다수를 차지하는 반면, 개신교인들의 광고는 기독교단체별, 각 교단별, 개 교회별, 교회 부서별, 소모임, 개인 등 다양한 규모의 교인들이 참여했기 때문에 건수로 참여율을 비교하기에는 적절하지 않다. 개 교회 안에도 교인 일동으로 광고를 내기도 했지만, 교회 부서 즉 중고등부, 대학부, 청년부, 성가대, 성서 연구모임 등의 이름으로 광고를 내었을 때 참여 인원은 더 크게 증가한다.

더구나 광고 공간 크기에 따른 비율, 즉 광고비 비율을 생각해 보면 격려광고 수익의 50%를 넘어섰으리라 본다. 광고 수익 비율이 어디에도 나와 있지 않으나 신문 하단 전면광고나 1/4 광고 등은 개신교가 월등히 많기 때문에 격려광고에 차지하는 개신교인의 동아일보 지원 투쟁은 월등히 우세하다 할 수 있다.[45] 광고비는 주로 예배나 기도회에 모은 헌금이 주를 이루고 있어 참여율은 더 높다고 추정된다.

일정 기간 광고 횟수를 살펴보면 총 838건 중 1/1~1/15까지 43건, 1/16~1/31까지 157건에 비해 2/1~2/15에는 281건의 광고가 실렸다. 2/16~2/28까지는 129건, 3/1~3/16까지 117건, 동아일보 기자들이 3월 17일 미명 동아일보사에서 내어 쫓김을 당한 이후인 3/17~3/31까지 78건의 광고가 있었다. 4월부터는 급격히 줄기 시작하여 29건, 5월은 단 4건에 불과하였

45 "제일 싼 게 600원짜리부터 시작을 했거든요. 그래서 저 같은 경우에 이제 그 정도면은 이제 8칸짜리 8칸이라고 그래야 되죠. 600원짜리가 8개 정도 되는 그 정도로 생각했는데, 나중에 광고 나온 거 보니까 내가 생각했던 것보다는 조그맣더라고요." ("중학생 창근이가," 김창근의 구술 중에서)

다.(5월 7일부로 격려광고는 막을 내렸다) 특히 1월 22일 유신헌법과 재신임을 묻는 국민투표를 공표한 날부터 2월 13일 투표 결과 일까지 개신교 광고 참여 횟수는 838건 중 384건에 달한다.

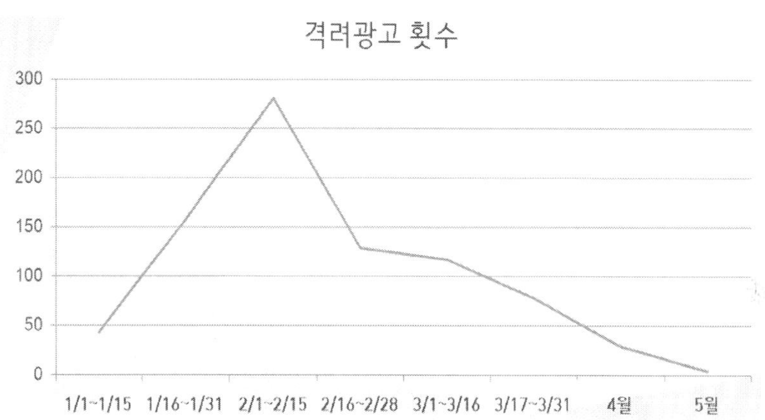


백지광고에 참여한 주체들이 표방한 기표들은 자유, 정의, 진리가 단연 앞서는 경향을 가진다. 여기에 개신교인들의 시민성에 독특한 종교적 언표까지 더해진다. 그들의 언표는 성서에 기초하고 있다. 그렇기 때문에 시대적 함의로 말할 때 다분히 상징적이다. 직접적인 언어를 쓰지 않는 특이함이 있다. 또한 일반 시민 광고들이 정의, 진리, 민주 등의 어휘가 다수를 이룬다면 개신교인들은 기표의 쌍을 선호하는 경향이 많다. 정의와 불의, 빛과 소금 등이 그러하다. 특히 이들의 광고는 성서 인용이 1/4 부분, 즉 총 201건으로 성서의 가르침을 받은 과정에서 얻은 신앙의 내면화가 오늘의 현실사회에서 어떻게 재해석되어야 하는지, 억압된 현실사회에 대한 비판을 성경 구절로 빗대어 승화시키고 있음을 볼 수 있다. 또한 성서 재해석의 자유로운 접근이 교단의 진보성과 밀접한 관련이 있음을 볼 수 있는데 가장 많은 수를 차지하는 기장, 예장, 기감, 성결, 침례, 복음, 구세군 순으로 나타나고 있었다. 또 중고등학생의 참여 비율도 같은 관련이 있는 것으로 볼 때 교회 내 장년들의 의식과 목회자의 정치사회적 의식이 청소년에게 미치는 역할은 자명해 보인다.

### 2) 개신교인들의 성서 인용

| 성경 인용 구절 |
|---|
| 의를 위하여 핍박을 받는 자가 복이 있나니 천국이 저의 것임이라<br>(마태복음 5:10)①②③④⑤⑥⑦⑧⑨⑩⑪⑫ |
| 진리를 알지니 진리가 너희를 자유케 하리라<br>(요한복음 8장)①②③④⑤⑥⑦⑧⑨ |
| 욕심이 잉태한즉 죄를 낳고 죄가 장성한즉 사망을 낳느니라<br>(야고보서 1:15)①②③④⑤⑥⑦ |
| 그리스도께서 우리를 자유케 하려고 자유를 주셨으니 그러므로 굳세게 서서 다시는 종의 멍에를 메지 말라<br>(갈라디아서 5:1)①②③④⑤⑥ |
| 일어나라! 빛을 발하라<br>(이사야 60:1)①② ③④ |
| 주 예수를 믿으라. 그리하면 너와 네 집이 구원을 얻으리라<br>(사도행전 16:31)/①② ③④ |
| 여호와여 주의 대적은 다 이와 같이 망하게 하시고 주를 사랑하는 자는 해가 힘 있게 돋음 같게 하시옵소서<br>(사사기 5:31) ①② ③④ |
| 너희는 살기 위하여 선을 구하고 악을 구하지 말지어다<br>(아모스 5:14)①② ③ |
| 너희는 먼저 그의 나라와 그의 의를 구하라<br>(마태복음 6장) ①② ③ |
| 악에게 지지 말고 선으로 악을 이기라<br>(로마서 12:21)①② ③ |
| 우리가 그리스도와 함께 죽으면 그와 함께 살 것을 믿습니다<br>(로마서 8:6)①② |
| 나는 길이요 진리요 생명이니라!<br>(요한복음 14:6)①② |
| 의의 공로는 화평이요 의의 결과는 영원한 평안과 안전이라<br>(이사야 32:16-17)①② |
| 모든 것이 합력하여 선을 이루느니라<br>(로마서 8:28)①② |
| 어둠이 빛을 이겨본 적이 없다<br>(요한복음 1장)①② |
| 불의한 법령을 발포하며 불의한 말을 기록하며 빈곤한 자를 불공평하게 판결하여 내 백성의 가난한 자의 권리를 박탈하는 자는 화 있을진저<br>(이사야 10:1-2)①② |
| 오직 공법을 물같이 정의를 하수같이 흘릴지로다<br>(아모스 5:24)①② |
| 칼을 집에 꽂으라. 칼을 쓰는 자는 칼로 망한다<br>(마태복음 26:51)①② |
| 주의 성령이 내게 임하셨으니 이는 가난한 자에게 복음을 전하게 하시려고 내게 기름을 부으시고 나를 보내사 포로된 자에게 자유를 눈먼 자에게 다시 보게 함 |

| |
|---|
| (누가복음 4:18)①② |
| 마음의 경영은 사람에게 있어도 말의 응답은 여호와께로부터 나오느니라<br>(잠언 16:1)①② |
| 너는 벙어리와 버림받은 자의 권리를 찾아주기 위하여 너의 입을 열어라. 너는 입을 열어 정의로운 판단을 내리며 불행한 자와 궁핍한 자의 권리를 옹호해 주라<br>(잠언 31:8-9)①② |
| 너희가 세상에서 시련을 당할 것이나 용기를 내라 내가 세상을 이겼다<br>(요한복음 16:33)①② |
| 자기 자신을 속이지 맙시다. 하나님은 조롱을 받으실 분이 아닙니다. 사람은 무엇을 심든지 그대로 거둘 것입니다<br>(갈라디아서 6:7)①② |
| 너희는 마음에 근심하지 말라. 하나님을 믿고 또 나를 믿으라<br>(요한복음 14:1) |
| 회개하라 천국이 가까웠느니라<br>(마태복음 4:17) |
| 세상은 무법천지가 될 것입니다. 그러나 끝까지 참는 사람은 구원을 받을 것입니다<br>(마태복음 24:12-13) |
| 하느님 일어나시어 땅을 심판하소서 무지한 그들은 깨닫지를 못하여 캄캄한 어둠 속을 걷고 있으니 온 땅의 바탕이 흔들리도다<br>(시편 82:8) |
| 어려운 일을 하고 무거운 짐에 허덕이는 사람은 다 내게로 오시오 쉬게 하겠습니다<br>(마태복음 11:28) |
| 의인이 득의하면 큰 영화가 있고 악인이 일어나면 사람이 숨느니라<br>(잠언 28:12) |
| 너희는 세상의 소금이니 만일 그 맛을 잃으면 무엇으로 짜게 하리오<br>(마태복음 5:13) |
| 우리의 잠시 받는 환난의 경한 것이 지극히 크고 영원한 영광의 중한 것을 우리에게 이루게 함이니…<br>(고린도후서 4:17) |
| 부정과 불의에 침묵하거나 외면하는 자도 그 공범이다<br>(마가복음 7:34) |
| 찾아라! 주실 것이요 두들겨라! 열릴 것이니<br>(마가복음 7:7) |
| 사람들이 너희를 미워하고 또 정의 때문에 너희를 배척하고 욕하고 누명을 씌우면 너희는 복이 있다<br>(누가복음 6:22) |
| 보라! 새 하늘과 새 땅이 임하리라<br>(요한계시록 21:1) |
| 우리가 선을 행하매 낙심하지 말지니 피곤하지 않으면 때가 이르매 거두리라<br>(갈라디아서 6:9) |
| 영혼이 없는 몸이 죽은 것 같이 행함이 없는 믿음은 죽은 것이니라<br>(야고보서 2:6) |
| 세상의 약한 것들을 택하사 강한 것들은 부끄럽게 하려 하시며<br>(고린도전서 1:27) |
| 지혜자의 책망을 듣는 것이 우매자의 노래를 듣는 것보다 나으리니 |

| (전도서 7:5) |
|---|
| 회개하라… 그리하지 아니하면 내가 네게 속히 임하여 내 입의 검으로 그들과 싸우리라<br>(요한계시록 2:16) |
| 들으라! 부한 자들아 너희에게 임할 고생을 인하여 울고 통곡하라<br>(야고보서 5:1) |
| 우리는 아무리 짓눌려도 찌부러지지 않고 절망 속에서도 실망하지 않으며 궁지에 몰려도 버림받지 않고 맞아 넘어져도 죽지 않습니다<br>(고린도후서 14:8-9) |
| 여호와는 나의 목자시니 내게 부족함이 없으리로다. 주께서 내 원수의 목전에서 내게 상을 베푸시고 기름으로 내 머리에 바르셨으니 내 잔이 넘치나이다<br>(시편 23편) |
| 사람들이 잠잠(침묵)하면 돌들이 소리 지를 것이다<br>(누가복음 19:40) |
| 든든히 서시오. 진리로 허리띠를 띠고 의의 호심경을 붙이시오<br>(에베소서 6:14) |
| 선을 행하다가 낙심하지 맙시다. 꾸준히 하노라면 거둘 때가 있을 것입니다<br>(갈라디아서 6:9) |
| 우리의 씨름은 혈과 육에 대한 것이 아니요 정사와 권세와 이 어두움의 세상 주관자들과 하늘에 있는 악의 영들에게 대함이라<br>(에베소서 6:12) |
| 무릇 악인더러 옳다 하는 자는 백성에게 저주를 받을 것이요 국민에게 미움을 받으려니와 오직 그를 견책하는 자는 기쁨을 얻을 것이요 또 좋은 복을 받으리라<br>(잠언 24장) |
| 너희를 핍박하는 자를 축복하라. 축복하고 저주하지 말라<br>(로마서 12:14) |
| 내가 너희 각 사람의 행위대로 갚아주리라<br>(요한계시록 2:23) |
| 어찌하여 열방이 분노하며 민족들이 허사를 경영하는고, 세상의 군왕들이 나서며 관원들이 서로 꾀하여 여호와와 그 기름 받은 자를 대적하며 우리가 맨 것을 끊고 그 결박을 벗어버리자 하도다. 하늘에 계신 자가 웃으심이며 주께서 저희를 비웃으시리로다<br>(시편 2:1-4) |
| 어떤 사람이 있어 자기가 아무 것도 아니면서 무엇이나 된 것처럼 생각한다면 그는 자기를 속이는 것입니다<br>(갈라디아서 6:3) |
| 또 내가 새 하늘과 새 땅을 보니 처음 하늘과 처음 땅이 없어졌고 바다도 다시 있지 않더라<br>(요한계시록 21:1) |
| 밤이 깊고 낮이 가까워 왔습니다<br>(로마서 13:12) |
| 여호와의 눈은 의인을 향하시고 그 귀는 저희 부르짖음에 기울이시는도다<br>(시편 34:15) |
| 결코 내 입술이 불의를 말하지 아니하며 내 혀가 궤휼을 말하지 아니하리라!<br>(욥기 27장) |
| 부한 자들아 너희에게 임할 고생을 인하여 울고 통곡하라<br>(야고보서 5:1) |

| 너희는 이 마음을 품으라 곧 그리스도 예수의 마음이니<br>(빌립보서 2:5) |
|---|
| 우리가 선을 행하되 낙심하지 말찌니 피곤하지 아니하면 때가 이르며 거두리라<br>(갈라디아서 6:9) |
| 풀은 마르고 꽃은 떨어지되 주의 말씀은 영원하도록 있도다<br>(베드로전서 1:24-25) |
| 주머니에서 돌을 취하여 팔매를 던져 블레셋 사람 이마에 박히니 그가 땅에 엎드려 지니라 < 다윗 > |
| 악을 선하다하며 선을 악하다 하며 흑암으로 광명을 삼으며 광명으로 흑암을 삼으며 쓴것으로 단것을 삼으며 단 것으로 쓴 것을 삼는 그들은 화있을진저<br>(이사야 5:20) |
| 내가 부르짖고 또 부르짖었더니 나를 기가 막힐 웅덩이와 수렁에서 끌어 올리시고 내 발은 반석 위에 두사 내 걸음을 견고케 하셨도다<br>(시편 40편) |
| 여호와는 내편이시라. 내게 두려움이 없나니 내게 어찌할꼬<br>(시편 118:6) |
| 너 근심 걱정 말아라 주 너를 지키리 주 날개 밑에 거하라 주 너를 지키리<br>(시편 91편) |
| 여호와의 눈은 어디서든지 악인과 선인을 감찰하시느니라<br>(잠언 15:3) |
| 핍박하거들랑 기도하고 저주하거들랑 축복하라<br>(마태복음 5:44) |
| 사랑엔 거짓이 없나니 악을 미워하고 선에 속하라!<br>(로마서 12:9) |
| 누구나 악을 일삼는 자는 자기 죄상이 드러날까봐 빛을 미워하고 멀리한다<br>(요한복음 3:20) |
| 눈이 있어도 소경이고 귀가 있어도 귀머거리인 백성을 이끌어 내라<br>(이사야 43:8) |
| 쉬지 말고 기도하라 범사에 감사하라<br>(데살로니가전서 5:16) |
| 나는 애굽에 있는 내 백성의 굴욕과 억압을 익히 보았고 또 그들이 자기들을 학대하는 자들 앞에서 울부짖는 소리를 들었노라. 그러므로 나는 그들을 애굽의 손아귀에서 구해내어….<br>(출애굽기 3:7-8) |
| 미련한 자는 자기의 행위를 바른 줄로 여기나 지혜로운 자는 권고를 듣느니라<br>(잠언 12:15) |
| 어찌하여 형제의 눈 속에 있는 티는 보고 네 눈 속에 있는 들보는 깨닫지 못하느냐<br>(마태복음 7:3) |
| 복 있는 사람은 악한 자의 꾀를 쫓지 아니하며 죄인의 길에 서지 아니하며 오만한 자의 자리에 앉지 아니하며<br>(시편 1:1) |
| 헛되고 헛되며 헛되고 헛되니 모든 것이 헛되도다<br>(전도서 1:2) |
| 우리를 보라(사도행전 3:4) |
| 천하에 범사에 기한이 있고 모든 목적이 이룰 때가 있나니 날 때가 있고 죽을 때가 있으며…슬퍼할 때가 있고 춤출 때가 있으며 … 찢을 때가 있고 꿰맬 때가 있으며 … 잠잠할 때가 있고 말할 때가 있으며… |

| |
|---|
| (전도서 3장) |
| 뿌린 대로 거두리라(갈라디아서 6:7) |
| 자주 책망을 받으면서도 목이 곧은 사람은 갑자기 패망을 당하고 피하지 못하리라. 의인이 많아지면 백성이 즐거워하고 악인이…<br>(잠언 29:1-2) |
| 악인이 칼을 빼고 활을 당기어 가난하고 궁핍한 자를 엎드러뜨리며 행위가 정직한 자를 죽이고자 하나 그 칼은 자기의 마음을 찌르고 그 활은 부러지는도다<br>(시편 37:14) |
| 무화과 나무에서 비유를 배우라 가지가 연해지고 잎이 돋으면 여름이 가까운 줄 안다<br>(마태복음 24:32) |
| 그러나 당신들은 그럴 수가 없습니다<br>(마가복음 10:43) |
| 밤나무, 상수리나무가 베임을 당하여도 그 그루터기는 남아있는 것 같이 거룩한 씨가 이 땅의 그루터기니라<br>(이사야 6:13) |
| 대저 의인의 길은 여호와께서 인정하시나 악인의 길은 망하리로다<br>(시편 1:6) |
| 보는 형제를 사랑하지 못하는 자가 어떻게 보이지 않는 하나님을 사랑할 수 있습니까?<br>(요한1서 4장) |
| 악인은 쫓아오는 자가 없어도 도망하나 의인은 사자같이 담대하니라<br>(잠언 28:1) |
| 누구든지 제 목숨을 구원코자 하면 잃을 것이요, 누구든지 나와 복음을 위하여 제 목숨을 잃으면 구원하리라<br>(마가복음 8:35) |
| 몸은 죽여도 영혼은 능히 죽이지 못하는 자들을 두려워 하지 말고 오직 몸과 영혼을 능히 지옥에 멸하시는 자를 두려워하라<br>(마태복음 10:28) |
| 의는 나라를 영화롭게 하고 죄는 백성을 욕되게 하느니라<br>(잠언 14:34) |
| 의인이 악인 앞에 굴복하는 것은 우물의 흐리어짐과 샘의 더러워짐 같으니라<br>(잠언 25:26) |
| 무덤 사이에서 나와서 사람을 괴롭히는 미치광이 아! 예수 이름으로 명하노니 우리들(동아)에게서 나와 돼지 떼에게로 가라! !<br>(마가복음 5:1-13) |
| 여호와는 의로우신 주님이시니 하나님은 정의를 즐기시나니 오직 올바른 자 주님의 얼굴을 뵙게 되리<br>(시편 11:7) |
| 지혜로운 아들은 아비의 훈계를 들으나 거만한 자는 꾸지람을 즐겨듣지 아니 하느니라<br>(잠언 13:1) |
| 주께서 저희를 비웃으시리로다<br>(시편 2:4) |
| 여호와께서 네게 구하시는 것이 오직 공의를 행하며 인자를 사랑하며 겸손히 네 하나님과 함께 행하는 것이 아니냐?<br>(미가 6:8) |
| 핍박을 받아도 버린바 되지 아니하며 거꾸러뜨림을 당하여도 망하지 아니하고<br>(고린도후서 4:9) |

| |
|---|
| 호산나, 주의 이름으로 오시는 이여, 복이 있으라!<br>(마가복음 11:10) |
| 나 주 여호와가 말하노라 내가 어찌 악인이 죽는 것을 조금인들 기뻐하랴 그가 돌이켜 그 길에서 떠나서 사는 것을 어찌 기뻐하지 아니하겠느냐<br>(에스겔 18:23) |
| 사랑은 불의를 기뻐하지 않습니다. 그리고 진리와 함께 즐거워합니다<br>(고린도전서 13:6) |
| 눈물을 흘리며 씨를 뿌리는 자는 기쁨으로 거두리라<br>(시편 126:5) |
| 주의 영이 있는 곳에는 자유가 있습니다<br>(고린도후서 3:17) |
| 보라 세상 죄를 지고 가는 하나님의 어린양이로다<br>(요한 1:29) |
| 죽은 교회여! 일어나라! … 예수께서 눈물을 흘리시다<br>(요한복음 11:35) |
| 그러므로 내가 사나 죽으나 주의 것이로다<br>(로마서 14:8) |
| 너희는 이 세대를 본받지 말고 오직 마음을 새롭게 함으로 변화를 받아 하나님의 선하시고 기뻐하시고 온전하신 뜻이 무엇인지 분별하도록 하라<br>(로마서 12:2) |
| 범사에 감사하라(데살로니가전서 5:18) |
| 담에서 돌이 부르짖고 집에서 들보가 응답하리라<br>(하박국 2:11) |
| 성령의 검 곧 하나님 말씀을 가지라<br>(에베소서 6:17) |
| 외식하는 자여 너희가 천지의 기상은 분변할 줄을 알면서 어찌 이 시대는 분변치 못하느냐 또 어찌하여 옳은 것을 스스로 판단치 아니하느냐<br>(누가복음 12:56-57) |
| 주의 영이 있는 곳에 자유함이 있느니라<br>(고린도후서 3:17) |
| 내 하늘 아버지께서 심으시지 않은 나무는 모두 뽑힐 것이다<br>(마태복음 15:13) |
| 크고자 하는 하거든 남을 섬기라<br>(마태복음 20:26) |
| 내가 돌이켜 해 아래서 행하는 모든 학대를 보았도다. 오호라 학대받는 자가 눈물을 흘리되 저희에게 위로자가 없도다. 저희를 학대하는 자의 손에는 권세가 있으나 저희에게는 위로자가 없도다<br>(전도서 4:1) |
| 주를 경외함이 곧 지혜요 악을 떠남이 명철이라 하셨도다<br>(욥기 28:28) |
| 사로잡는 사람은 사로잡힐 것이요 칼로 죽이는 자는 자기도 마땅히 칼에 죽으리라<br>(요한계시록 13:10) |
| 우리의 씨름은 혈과 육에 대한 것이 아니요, 정사와 권세와 이 어두움의 세상 주관자들과 하늘에 있는 악의 영들에게 대함이라 |

| (에베소서 6:12) |
|---|
| 이 여우 같은 자들아 그래도 우린 우리의 길을 갈 것이다<br>(누가복음 13:32-33) |
| 어느 때까지 헛된 것을 좋아하며 거짓된 것을 좋아하려느냐?<br>(시편 4:2) |
| 오는 세대를 위하여 이것을 적어야 하오리니 새로운 백성이 주를 찬양하리이다. 주께서 드높은 성소에서 내려다보시고 포로들의 탄식을 들으셨나이다. 죽기로 작정된 자들을 살리셨나이다.<br>(시편 101편) |
| 파숫군이여! 밤이 어떻게 되었느뇨?<br>(이사야 21:11) |
| 우리는 진리를 거슬러서는 아무것도 행할 힘이 없습니다. 다만 진리를 위해서만 힘이 있습니다.<br>(고린도후서 13:8) |
| 우리가 아직 죄인 되었을 때에 그리스도께서 우리를 위하여 죽으심으로 하나님께서 우리에게 대한 자기의 사랑을 확증하였느니라<br>(로마서 5:8) |
| 춤추는 광대여! 무사경 햄수꽈? … 그럴 수 없느니라<br>(시편 151편) |
| 오직 공정이 콸콸 솟게 하고 정의가 마르지 않는 냇물처럼 흐르도록 하라<br>(아모스 3:24) |
| 두려워 말라 내가 너와 함께 함이니라 놀라지 말라 나는 네 하나님이 됨이니라 내가 너를 굳세게 하리라 참으로 너를 도와주리라 참으로 나의 의로운 오른손으로 너를 붙들리라<br>(이사야 41:10) |
| 그 중에 십분의 일이 오히려 남아 있을지라도 이것도 삼 키운 바 될 것이나 밤나무 상수리나무가 베임을 당하여도 그 그루터기는 남아 있는 것 같이 거룩한 씨가 이 땅의 그루터기니라<br>(이사야 6:13) |
| 많은 황소가 나를 에워싸며 바산의 힘센 소들이 나를 둘렀으며<br>(시편 22:12) |
| 아버지여, 저희를 사하여 주옵소서 자기 하는 것을 알지 못함이니이다<br>(누가복음 23:24) |
| 선한 일을 행한 자는 생명의 부활로 악한 일을 행한 자는 심판의 부활로 나오리라<br>(요한복음 5:29) |
| 우리가 환난 중에도 즐거워하나니 이는 환난은 인내를 인내는 연단을 연단은 소망을 이루는 줄 앎이로다<br>(로마서 5:3-4) |
| 악한 길에서 돌이키며 너희 길과 행위를 선하게 하라<br>(예레미야 18:11) |
| 의인의 길은 돋는 햇볕 같아서 점점 빛나서 원만한 광명에 이르거니와 악인의 길은 어둠 같아서 그가 거쳐 넘어져도 그것이 무엇인 줄 깨닫지 못하니라<br>(잠언 5:20) |
| 너희는 다만 "예" 할 것은 "예"하고, "아니오" 할 것은 "아니오"라고만 하라 여기서 지나치는 것은 악에서 오는 것이다<br>(마태복음 5:37) |
| 소는 그 임자를 알고 나귀는 주인의 구유를 알 건만… 슬프다 죄를 범하는 나라! 허물진 백성이요… 너희가 어찌 매를 더 맞으려고 더욱 패역하느냐… |

| (이사야 1:3-5) |
|---|
| "아버지, 만일 아버지의 뜻이 오면 내게서 이 잔을 걷어 가시옵소서 그러나 내 뜻대로 마옵시고 아버지의 뜻대로 하옵소서"<br>(누가복음 22:42) |
| 우리가 환난 중에도 즐거워하나니 이는 환난은 인내를 인내는 연단을 연단은 소망을 이루는 줄 앎이로다<br>(로마서 5:3-4) |
| 하나님의 능하신 손 아래서 겸손하라 때가 되면 너희를 높이시리라 너희 염려를 주께 맡겨버리라 이는 저가 너희를 권고 하심이니라<br>(베드로전서 5:6-7) |

위의 성서 인용표를 보면 두 가지 경향이 존재한다. 우선, 각자 인용하는 성경 구절의 다양함이다. 성서는 66권이 존재하니 선택지가 다양할 수밖에 없으나 다양한 성구들을 오늘의 현실에 빗대어 재해석하고 있기 때문에 다양한 성경 구절로 바라보는 사회 인식이 어떻게 배열되는지를 볼 수 있다. 총 201건의 성서 인용에 중복 인용은 23구절이고 나머지 88건은 중복되지 않은 인용이다. 신약 인용은 총 129회, 구약 인용은 65회였다. 의와 진리, 자유, 선 등의 핵심 어휘들을 선택하여 동아일보의 언론자유 선언을 지지하고 있다. '든든히 서시오. 진리로 허리띠를 띠고 의의 호심경을 붙이시오' 같은 성경 구절들이 응원의 글로 대체되어 있다. 의(자유언론 운동은 의로우니)를 위하여 (정권과 사측의)핍박을(당하더라도 견디면) 복과 천국이 당신들 것입니다. 이러한 방식, 즉 기표로 쓰고 기의적으로 읽어 사회 현실적 의미를 재생산하고자 하였다.

불의한 정권을 향한 하나님의 말씀을 외치고자 한다면 구약의 예언서가 빈번하게 쓰일 것 같지만 신약의 어휘들에 더 친숙함을 보이고 있다. 신약은 마태복음〉 요한복음〉 로마서〉 갈라디아서〉 야고보서〉 누가복음〉 고린도후서〉 마가복음, 요한계시록〉 사도행전〉 에베소서〉 고린도전서, 요한1서〉 데살로니가 전서, 베드로전서〉 빌립보서의 순으로 인용되었다. 구약은 시편〉 이사야〉 잠언〉 아모스〉 사사기〉 전도서〉 욥기〉 출애굽기, 미가서, 에스겔, 하박국, 예레미아 등의 순이다. 격려광고를 내는 독자들은 언론의 감시자들이기도 하지만 타인의 광고를 통한 학습자이기도 하다. 성서해석에 골몰하여 자신의 사회의식과 가장 잘 부합된다고 생각하는 성서 구절을 선택하기 위해 고민한 흔적을 볼 수 있다. 그 증거가 중복되지 않은 구절의 선택 '88건'이다.

두 번째, 가장 많이 중복 인용된 구절의 핵심 어휘들은 일정한 쌍을 이루고 있는데 인과 관계이거나 대립 관계로 나타나는 기표의 쌍이 있는 성경 말씀을 선택하는 경향을 발견할 수 있다. 의-핍박, 복-천국(12회 인용)·진리-자유(9회 인용)·욕심-죄, 죄-사망(7회 인용)·자유-멍에(6회 인용)·선-악(3회 인용)·그의 나라-그의 의(3회 인용)·길-진리-생명(2회 인용)·의의 공로-화평, 의의 결과-평안과 안전(2회 인용)·공법-물, 정의-하수(2회 인용)·시련-용기(2회 인용) 등 대립적인 기표 쌍은 기독교인의 선과 악의 개념을 오늘의 현실에 적용하려는 경향이 강하다. 하지만 선과 악의 대립적 개념을 너무나 당연시 여기는 교회 풍토로 인한 장기간에 걸친 학습은 향후 개신교인들의 의식 전반에 부정적인 영향을 미칠 수 있다. 그 시대는 양심적이고 올바를 수 있으나 선과 악으로 뚜렷하게 구분할 수 없도록 수없이 분화되는 또 다른 시대에서는 개신교인들이 내면화된 신앙의 시선으로 현실 세계를 재해석하는 것이 어려울 수 있다는 의문이 든다.

그러나 대립적, 인과적 내용 말고도 시의적절한 다양한 성서 인용은 개신교인들이 얼마만큼 신앙의 내면화가 잘 되어있는지 그리고 현실 세계에서 재해석하는 능력을 갖추고 있는가를 알리는 표준이다. 현실사회의 신앙적 적용이 이렇게 큰 범위를 차지하고 있다는 것은 시민사회의 지평이 넓혀지고 있음을 보여준다.

다음은 개신교의 격려광고 참여자 분포이다. 기독교 단체와 노회·개 교회와 소그룹·개인과 가정으로 분류하여 살펴보았다. 연이어 각 교단별 참여자 분포를 통해 이 분포가 주는 의미들을 살펴보기로 한다.

| <동아일보 격려광고 개신교 참여자 분포> | | | |
|---|---|---|---|
| | 기독교 단체 및 노회 | 개 교회 & 소규모 단체 | 개별 신도 |
| 1 | 한국교회여성연합회 | 경동교회 | 평신도 정의는 승리한다 |
| 2 | 수도권특수지역선교위원회 | 서대문구 역촌동 백석교회 | 고려대학교 중앙도서관 열람생 |
| 3 | 민주수호기독자회 | 한국신학대학 새벽의 집 | 조지 오글 1 |
| 4 | 기독교청년연합회(9개 교단) | 창천교회 | 영등포 김 |
| 5 | 한국기독교장로회 여교역자협의회 | 동부교회 학생회 신익호 목사 김성재 전도사 송재희 지도교사 | 연합장로교회 홍윤호 여사 |
| 6 | 로스앤젤레스 교포 동아 돕기 회원 일동 | 경동교회 청년회 1 | 토론토시 교포들 |

| | | | |
|---|---|---|---|
| 7 | 캐나다 한국민주사회건설협의회 이상철 목사, 문재림 회장 | 경동교회 청년회 2 | 장준하, 백기완 씨 가족 |
| 8 | 기독교청년연합회(9개 교단) | 돈암성결교회 교우 일동 | 교인 백석은 |
| 9 | 샌프란시스코 연합 감리교회 | 기독교대한감리회 서울 동지방 평신도 성경학교 | 미국 센타크라라에 있는 애독자들 |
| 10 | 한국기독교장로회 충남노회 | 정동감리교회 청년부 | 전주 한신대 구속 학생 가족 |
| 11 | 새시대선교연구회(예장) 1 | 한국 기독교장로회 안암교회 중고등학생회 | 부산 변호사회 김광일 |
| 12 | 한국기독자교수협의회 | 서울제일교회 학생회 | 무명 |
| 13 | 한국기독교장로회 경기노회 자유수호위원회 노회장 이국선 부회장 강경규 소속 교회 | 서울 장신 17회 동창회 | 애독자 정 |
| 14 | YMCA 서울 직원 일동 | 숭전대학교 사생 *명 | 정일송, 강혜란 |
| 15 | 고대 기독학생연합회 교우회 | 초동교회 대학생회 | 무명(성경 구절 2개) |
| 16 | 한국기독교장로회 총회장 인광식, 교회와 사회위원회 위원장 이해영, 선교활동자유수호위원회 위원장 은명기 | 한국기독교장로회 충북노회 공동성서 연구회원 일동 | 지금 한국에 있지 않는 것을 부끄럽게 알며 김일수, 이일영, 이신행 |
| 17 | 경주연합기독청년회원 | 새문안교회 대학생회 일동 | 중구 김길식 |
| 18 | 샌프란시스코 연합 감리교회 | 숙대 정외과 4학년 일동 | 익명 |
| 19 | 대한성서공회 | 에바다회 | 런던감리교회 김준영 |
| 20 | 경희대 기독학생회 | 대한예수교장로회 연동교회 대학생회 | 전남 함평군 엄다면 엄다교회 내 윤복등 |
| 21 | 샌프란시스코 동아돕기회 (33인) | 대구제일교회 | 성심여고 2 |
| 22 | 한국기독학생회총연맹 (KSCF)1 | 전주예수병원 수련의 24인 | 남을 돕고 살려는 아이들이 |
| 23 | 한국기독학생회총연맹 (KSCF)2 | 명륜동 중앙교회 청년회 | 백도기 |
| 24 | 대한예수교장로회 청년회전국연합회 | 헌신예배를 마치고 도화동 감리교회 청년회 | 예수님의 작은 자매들 |
| 25 | 한국기독교장로회 여신도회 서울연합회 | 장로회신학대학 졸업생 일동 | 천왕동 성삼애 미자 남매 |
| 26 | 광주군 기독교장로회 청년회 일동 | 연대 동문 모임 | 샌프란시스코 목사 강석천 |
| 27 | 한국기독교장로회 여신도회 | 성남주민교회 청년회 일동 | 무명 |

| 28 | 노동자의 뜻을 받들어 인천기독교 도시산업선교회 | 부산진교회 청년회 | 한금자 외 5인 |
|---|---|---|---|
| 29 | 성결교 샌프란시스코 한인기독교회 1 | 경기고등학교 기독학생회 동문일동 | 남창조 목사 |
| 30 | 성결교 샌프란시스코 한인기독교회 2 | 종교 친우회 서울 모임 <퀘이커> | 가족 일동 오혜련 |
| 31 | 한국신학대학 학생회 | 기독교장로회 정악교회 십자군 일동 | 충무로 의상실 종업원 일동 |
| 32 | 한국도시산업선교연합회, 에큐메니컬현대선교협의체, 한국교회노동자인권위원회, 수도권특수지역선교위원회, 인천기독교도시산업선교회, 경수·영등포·동서울·동인천·청주·대전·대구·부산·울산·광주도시산업선교회 | 메리놀 신학생 일동 | 하나 되지 못하는 교계의 부끄러움을 안고 박장로 일가 |
| 33 | 한국기독교장로회 충남청년연합회 | 연세의대 2년 | 무명 |
| 34 | 한국기독교장로회 전북노회 | 전주 남문교회 남신도 회원 | 전남지구 목사 몇 사람 |
| 35 | '에덴'회 | 이대 졸업생들 | 동아 위해 기도하는 하나님의 자녀 |
| 36 | 새시대 선교 연구회 | 기독교장로회 정악교회 십자군 일동 | 연세대학교 (목장) 정경호 |
| 37 | 한국기독교전국청년연합회협의회(8개 교단) | 영락교회 대학생회 | 토론토 한인교포 박재근 |
| 38 | 한국기독교장로회 수도교회 여신도회, 자보회, 청년회 | 극동선교회청년봉사단 일동 | 선·무·식·진·홍·환·철 |
| 39 | 기독교 대한감리회 충주지방 교역자 일동 | 흥사단 연세대학교 아카데미동문회 | **제약 관리과 직원 일동 |
| 40 | 기독교 대한감리회 충주지방 교육부 | 이대 사회생활과 동문 | 미국 오클랜드 한인감리교회 목사 김광진 |
| 41 | 한국기독교장로회 전남노회 선교활동자유수호위원회 | 성신사대 서울약대생 | 이 성 |
| 42 | 미국 '뉴욕'시 '브루클린'구 "브루클린" 한인교회 목사 안중식 외 교인 | 명지·연대 동문 | 김광진 |
| 43 | 기독교대한감리회 중부연회도시산업선교위원회 | 이대 74년 졸업 사회생활과 지리 전공 12인 | 의분의 상고머리 |
| 44 | 전남 구속자 가족협의회 | 여신도들 | 애독자 이윤수 |

| 45 | 민주수호기독교회 | 한국기독교교회협의회 직원 일동 | 마포 고성강 |
|---|---|---|---|
| 46 | 한국기독교교회협의회 | 12명의 교인 | 목사 김해철 |
| 47 | 한국기독교장로회 여신도회 전국연합회 | 서울공대 광주일고 한얼회 일동 (1차) | 충현교회 한 성도 |
| 48 | 한국그리스도인의 신학적 성명 서명자들 1 | 초롱회 12인 | 백양로에서 |
| 49 | 한국기독교장로회 대구 교역자회 | 워싱턴 수도지역 연합장로교회 | 『손으로 짓지 않은 성전』의 저자 안정선 |
| 50 | 기장 성북여신도회, 수유동여신도회 | 이대 기독교학과 | 여교사 2 |
| 51 | 한국기독자교수협의회중앙위원 | 구세군 서대문 찬양대 | 옥희·혜정 |
| 52 | 한국기독교장로회 여신도회 전국연합회 | 삼청견회 일동 | "재건"교회 성 |
| 53 | 목요정기기도회 | 목원대 신과 일동 | 샌프란시스코 정장복 목사 |
| 54 | 구속자가족협의회, 구속자가족후원회 | 기독교장로회 수유동교회 대학생회 | 종교인 |
| 55 | 한국그리스도인의 신학적 성명 서명자유지 일동 | 전국에서 모인 적은 목사 24인 | 애독 할머니 답답 生 |
| 56 | 한국기독자교수협의회 중앙위원 김용옥, 노명식 서광선, 서남동, 안병무, 이계준, 이문영, 이우정, 정우현, 조요한, 한관상, 현영학 | 한국신학대학 33회 졸업생 | 전남 장흥에서 / 동아 애독자 김연식, 고바우를 좋아하는 조두호, 교회 신입생 조경대, 동아 기자 희망 꼬마 윤 종, 예장합동 집사 장석암, 전 천주교사도 회장 박준구 |
| 57 | 한국기독교 전국청년연합회 협의회 | 경록회 | 경 |
| 58 | 대한예수교장로회 청년회서울연합회 | 영암교회 청년회 | 하월** |
| 59 | 한국기독학생회총연맹 (K.S.C.F) | 기독교 대한서울복음교회 청년회 | 숭전대학교 서의필 |
| 60 | 민주회복구속자동지회 | 성은감리교회 제2속회원 일동 | 중학생 창근 |
| 61 | 한국기독교장로회 충북노회 교역자회 임원 일동 | 양광감리교회 청년회 | 광주 무명 목자 |
| 62 | 구세군혈화청년회전국연합회 | 한국기독교장로회 한빛교회 여신도회 | 무명 |
| 63 | 한국기독자교수협의회 | 창시기독대학생회 | 시흥장로교회 평신도 1인 |
| 64 | 정의실현 감리교 전국 목사단 | 영락교회 교우 몇 사람 | 동교동 어머니와 딸 |

| 65 | 한국기독교 교회협의회 (NCC) | 고려신학대학 학생들 | 익명 6인 |
|---|---|---|---|
| 66 | 한국기독교장로회 서울노회 선교자유활동수호위원회 | 대한예수교장로회 신학대학 학생 일동 | 운전수 |
| 67 | 구속자가족후원회 | 대한예수교장로회 북서울교회 학생회 | 익명 장사꾼 |
| 68 | 한국 기독교 전국청년연합회 협의회 | 구로지구 기독 청년 33명 | 이대 영문과 졸업생 2인 |
| 69 | 대한예수교장로회평신노회 서울노회연합회 | 한국신학대학 군산, 옥구 학우회 | 박찬희 |
| 70 | 한국기독자 교수협의회 | 시온감리교회청년회 | -겁먹은 광고주들님께- 익명 |
| 71 | 장로교(예장) 평신도연합회 구국기도회 | 대한예수교장로회 수유동 교회 청년회 | 百仁 |
| 72 | 대한예수교장로회 평신도회 서울서노회연합회 | 미국 샌프란시스코 제일장로교회 청년회 | 불광동 은련·정·천 |
| 73 | 한국기독교장로회 전남노회 선교활동자유수호위원회 | 한국신학대학 YWCA 회원들 | 천혜정 |
| 74 | 광주YWCA, 광주YMCA, 광주K.S.C.F | 이대 제약과 1년 6명 | 원명숙 |
| 75 | 한국기독교장로회 총회장 인광식. 교회와 사회위원회 위원장 이해영 | 한국기독교장로회 수도교회 남신도회, 요나회, 중고등학생회 | 종로 약대인(2차) |
| 76 | 한국기독교장로회 전남노회 선교활동 자유수호위원회 함무시찰회 | 에카페 일동<br>목사 윤재현, 박재봉, 강치원, 방철호, 조창석, 문정식, 유연창, 박찬성, 서용주, 고민영 | 원병숙 |
| 77 | 세계기도일 한국위원회 | 신일감리교회 학생회 | -지성과 야성- |
| 78 | 인천 기독교도시 산업선교회 | 시카고회 | 부산남교회 교인이 |
| 79 | 기독교 대한 감리회 제26회 동부연회 | 감리교신학대학 1970학년도 졸업생 16인 | 서울 관악구 최문수 |
| 80 | 한국교회 여성연합회 인권위원회 | 한국기독교장로회 구 광주지방 도제직회 | 종희 |
| 81 | 한국기독학생회총연맹 (K·S·C·F) | 개봉청년부흥회를 마치고… (개봉감리교회) | 무명 |
| 82 | 인천 기독교 도시산업 선교회 | 이화여자대학교 대학교회 | 광고인 |
| 83 | 수도권특수지역선교위원회 | '인혁당' 가족 | 부산에서 BU· SUK |
| 84 | 광주 YWCA | 기독교대한감리회 서울 동일동 지 | 환숙 |

|  |  | 방 젊은 목사들 일동 |  |
| --- | --- | --- | --- |
| 85 | 인천기독교 도시산업 선교회 | 충무교회 청년회 대학생회 | 전도사 박성완 |
| 86 | 기독교대한감리회 제26회 중부연회회원 일동 | 영신회 | 중앙교회 김창순 |
| 87 | 민주회복국민회의 원주지부확대개편대회 | 정릉감리교회 청년회 | 평화의 사도 외국인 자매들 |
| 88 | 민주회복국민회의 하동군지부결성대회 결의문 | S.D 교회 성가대 | 메어리랜드 침례교인 50년 동안 애독한 김중희 올림 |
| 89 | 경주 기독교연합회 | 정릉 1동 2구역 일동 | 서독 뒤스부르크 목사 장성환 ① |
| 90 | 미국 뉴욕 소재 세계기독학생연합회 북미지부 | 대한예수교장로회 일신교회 학생회 | 배영선 |
| 91 | 구속자 가족협의회, 민주수호기독자회, 여교역자협의회, 전국교회여성연합회, 목요정기기도회 | 흥사단전남대학교 아카데미 동문 일동 | † 감리교 목사 |
| 92 | 한국기독교교회협의회를 구성하는 본 6개 교단 교단장 | 재미 여성동우회 외 40명 | 종희 |
| 93 | 기독교정의구현 전국성직자단 | 성산감리교회 청년부 일동 | 성동고 2학년생 |
| 94 |  | 충무교회 청년회 대학생회 | <두 번째 성금> 동아만을 사랑하는 이들 |
| 95 |  | 2월 헌신예배를 마치고 안양중앙교회 학생회 | 서독 뒤스부르크 목사 장성환② |
| 96 |  | 포항 제2교회 청년회 일동 ① | 희 |
| 97 |  | 목사 17인 | 숙대 4년 희 |
| 98 |  | 일신교회 청장년회 일동 | 평화를 갈망하는 샛별들 |
| 99 |  | 부산 시온중앙감리교회 청년회 | 이리에서 살고 있는 한 교인 |
| 100 |  | 평택 감리교회 | 청주 장섭 |
| 101 |  | 대전 감리교 고등부 학생일동 | 금강교회 청년회 위승옥 |
| 102 |  | 한국그리스도인의 신학적 성명 서명자 유지 일동 | 미국 시카고의 한 교인부부 |
| 103 |  | 한국성서연구회원 일동 | 현 |
| 104 |  | 대한예수교장로회 성직자 기도회 | 한국신학대생 일부 극소수 |
| 105 |  | 광주 YMCA 직원 일동 | 흑석동00교회 왕희 |
| 106 |  | 재 서독 "Duisburg 한인교회" 교우 일동 | 일현 병현 |
| 107 |  | 충무교회 성가대 |  |
| 108 |  | 서울신학대학 2학년 일동 | 광주의 뜻있는 대학생 몇 명이 |

| 109 | | 성경문제연구회 | 명지고 2 |
|---|---|---|---|
| 110 | | 상도성결교회 청년회 일동 | 재서독 DUISBURG교회 어느 교인 |
| 111 | | 대광고 2년 1부 | 인천 조회순 목사 |
| 112 | | 성동제일교회 청장년회 | 무명 |
| 113 | | 대한예수교 장로회 영락교회 몇몇 교우들 | -새벽의집-<br>도봉구 방학동 6-1 |
| 114 | | 서울제일교회 | 광호, 한호, 선혜 |
| 115 | | 향린교회 성가대원 대학생회원 일동 | 정수진 |
| 116 | | 새문안 대학생회 졸업생 | 전남 순천시 김경언 |
| 117 | | 영등포 영광교회 교우 몇 사람 | 蕙求하는 여인 |
| 118 | | 새문안 대학생회 성금 | 당산동교회 강연길 |
| 119 | | 서울침례교회 몇 청년들이 | 항상 아끼는 사람들 |
| 120 | | 한국기독교장로회 흑석동 교회 청년회 | 대광23회 김윤호, 박형준 |
| 121 | | 제48회 경기상업고등학교 기독교반 동문회 일동 | 당산동교회 강연길 |
| 122 | | 연동교회 대학부② | 세민 군의 아빠 엄마가 |
| 123 | | 충무교회 성가대 | 용산구에서 애통하는 자가 |
| 124 | | 신일고 1-1반 일동 | 주안에 거하는 한 딸 |
| 125 | | 원주지구 목사 신부 일동 | 박수웅 |
| 126 | | 신암교회 여신도회 | 승남, 경하, 경희, 성희, 한별, 정화 |
| 127 | | 동인회 일동<br>김성환, 김효식, 신종선, 정용섭, 정웅섭, 주재용, 황성규, 한정삼 | 동대문 이영삼 |
| 128 | | 영락교회 청년협의회 | 진실이 담긴 활자를 사랑하는 사람 문익환 |
| 129 | | 서강 감리교회 청년회 회원 일동 | 박기철 |
| 130 | | 새문안교회 청년회 일동 | 영락교회 교인 |
| 131 | | 한국기독교장로회 신촌교회 학생회 | 박영하 |
| 132 | | 영동교회청년회 일동 | 전남순천중앙교회 교인 중 |
| 133 | | 한국기독교 장로회 관악교회 청년회 | 한 믿음의 가정 |
| 134 | | 대한예수교 장로회 동산교회 청년회 | 信基 |
| 135 | | 전주, 성광교회 청년회 | 교회 청년 홍. 장 |
| 136 | | 월곡 감리교회 청년회 | 영등포교회 의숙 |

| 137 | | 삼선감리교회 청년, 학생회 | 함윤함 |
|---|---|---|---|
| 138 | | 경동교회<br>대학생회, 여신도회·젊은 여성클럽, 장년클럽·청년회 | 승환윤 |
| 139 | | 기독교 대한감리회 약수형제교회 | 김연식, 김관식 |
| 140 | | 정동교회 청년부 | 외국인 신부 |
| 141 | | 시온감리교회 청년회 | 무명 |
| 142 | | 한국기독교장로회 부산중부교회 여신도회 일동 | 시골의 한 감리교인 |
| 143 | | 이대 YMCA 아녀회 | 오늘 김활란 선생님 5주기에 금란동산에 서서 |
| 144 | | 빛된 생활! / E.J 청년회 | 경남 거창읍 하동 456-5 조창섭 |
| 145 | | 한국기독교장로회 전주신광교회 대학생회, 청년회 | 박형규 목사 4남매 |
| 146 | | 원주제일 감리교회 작은 모임 | 대한민국 국민이며 대한예수교장로회 목사 고영근 |
| 147 | | 신촌교회 학생회 | 교인 |
| 148 | | 수유동 여신도회 | 답십리동 은경아빠 |
| 149 | | 한빛교회 비둘기 모임 | 화영 엄마 아빠 |
| 150 | | 성서 연구를 마친 목사들 | 박재원 |
| 151 | | 한국교회 선교구조연구회 | 원근, 순태, 종화 |
| 152 | | 태평교회 남선교회원 | 교인 |
| 153 | | 군산특별연합 구국기도회 일동 | 시골 교회 집사 참 죄인, 시골 교사 황 민주 |
| 154 | | 이대 선교부 | 순복음중앙교회 교인 중 일인 |
| 155 | | 사랑의 대학부 | 대한예수교 장로회 합동 측 고등부 교사 |
| 156 | | 동대문구 제기동 628번지 동원교회 청년회 | 삼양동 동아 애독자 |
| 157 | | 연동교회 대학생부(2탄) | 동아 사원을 부러워하는 일 시민 |
| 158 | | 대한예수교장로회 연동교회 성회 수요 금식기도회 | 몇 사람의 여성들이 |
| 159 | | 구파발 교회 | 서독 이름: Arno Kgrber<br>한국 이름: 장휘 |
| 160 | | 청주 서부교회 학생회 | 향준, 세준, 재준 |
| 161 | | 원주 제일감리교회 고등부 일동 | 정도현 |
| 162 | | 건우회 | 무명 |

| | | | |
|---|---|---|---|
| 163 | | ANGEL'S SONG FAMILY 24명 일동 | 내일을 위해 학업에 전념하는 삼성 이수, 광수, 근수, 성덕, 성진, 성혁 |
| 164 | | 김제군 백구면 난산교회 일동 | 동아에 있는 친구를 격려하는 뜻에서 김○ |
| 165 | | 광주에서 젊은 의사들(25인) | 하나님의 뜻에 사는 사람들 |
| 166 | | 서울대학교 총기독학생회 | 지휘자가 뜻을 같이하는 부원들의 마음을 대신하여 규 |
| 167 | | 신현교회 | 신원철, 전영배, 송정애, 황경애 |
| 168 | | 시골 신촌교회 청년회 일동 | 믿음의 아들들 장춘식, 성식, 만식 |
| 169 | | 대한예수교장로회 남대문교회 뜻있는 교인 일동 | 진리와 애민을 바라는 사람들 |
| 170 | | 부산영락교회<br>자유를 사랑하는 이들 청년회원 일동 | 한국신학대학 젊은 교수 부인들이 |
| 171 | | 대한예수교장로회 삼성장로교회(영등포) | 박대인 내외, 피터(아들), 캐티(딸) |
| 172 | | 산정현교회 청년회 | 사당동 Y |
| 173 | | 용두동 감리교회 고등부 기독 학생들 | 양수와 창길 |
| 174 | | 한국기독교장로회 충남노회 오덕교회 목사 추요한 외 교우 일동 | 현·혜 |
| 175 | | 대한예수교장로회 연동교회 중고등학생회 | 대전에서 정수, 정현 |
| 176 | | 기독교 대한성결교회 서울·인천지방 | 지혜 엄마 |
| 177 | | 민주투옥인사 후원회<br>김덕규, 김종준, 김중석, 백청수, 송창달, 이원범, 이태용, 덕산 외 일동 | 문망아 |
| 178 | | 감리교 청년들 | 모 대학 뜻있는 학생들 |
| 179 | | 연세대학교 기독학생회 | 월남한 기독교인 의대 교수 |
| 180 | | 외국인 신·구선 교사 60인 | 기독교대한성결교회 ○○○교회 청년회원<br>기형, 정차, 도광, 상영, 국혜 |
| 181 | | 한빛교회 성가대 | 어머니와 결혼한 큰딸 |

| 182 | | 경북 영덕군 대한예수교장로회 영덕읍교회 청년, 강구교회 청년, 영해제일교회 청년 유지 일동 | 박형규 목사님의 아들, 며느리 |
|---|---|---|---|
| 183 | | 사회정의구현 부산 기독인회 | 문정만 |
| 184 | | YWCA 회원 20명 | 신림동 김진호 |
| 185 | | 경서 지방 성은감리교회 전 교우 | 인천 송현동 젊은 크리스천 중 극극소수 |
| 186 | | 동대문감리교회 청년부 | 전남의 장로교인 성이가 |
| 187 | | 기독교장로회 보광동교회 여신도회 | 대학생 선교회를 못 잊는 여인 제주 영 |
| 188 | | 로스앤젤레스 한인침례교회 | 수고한 대학생 몇 명이 속죄하며 |
| 189 | | 대신감리교회 | 수원 남궁 |
| 190 | | 한국기독교장로회 수도교회 여신도회 | 한○복 장로 가족<br>정실, 동성, 인희, 동신 |
| 191 | | 성광감리교회 청년회 일동 | 하늘의 소리(천성생) |
| 192 | | 대한예수교장로회 양림교회 청년회 | 예수교장노교회 여집사 몇 사람 |
| 193 | | 창현교회 중고등부 일동 | 성북구 석관동 조희철, 김혜영 부부 |
| 194 | | 한국성서연구회 | †(십자가) |
| 195 | | 행당동 무학교회 청년부 | 우철 |
| 196 | | 연세대학교 교목실 | 아빠, 엄마, 주, 준 |
| 197 | | 연세춘추 편집동인회 일동 | 서울신학대학 2년 범상, 한일, 주웅, 석경 |
| 198 | | 기독교장로회 능동교회 학생회 | CCC 제주 영 |
| 199 | | 경동고 동문, 형제, 제물포고 동문 | 부산에서 병관모 |
| 200 | | 보성여고 졸업생 무지개 일동 | 사마리아 사람 '준'이가 |
| 201 | | 72졸 이화여고 밀알들 | 신동아, 여성동아, 동아일보 애독자 김 |
| 202 | | 이리여고 23회, 남성여고 25회 | 기철 |
| 203 | | 강원도 황봉욱 외 중기 사원 일동 | 동수감리교회 성룡, 성해, 아빠 |
| 204 | | 기독교대한 감리회 강화 서지방 회원일 동 | 무명 |
| 205 | | 태평양교회① | 무명 |
| 206 | | 목원대 신학과 1년 | DECA(p.s) |
| 207 | | 1969년 이대 가정관리과 졸업생, 단비 모임 | ○, ○ |
| 208 | | 대한예수교장로회 대구중앙교회 대학생회 | 홍은동 GOLEN COUNTRY (오) |

| | | | |
|---|---|---|---|
| 209 | | 대한예수교장로회 성수동교회 청년회 | 구로동 젊은 명 |
| 210 | | 제천 제일감리교회 고등부 | 장노회 신학대학 조병철 |
| 211 | | 대구제일장로교회 교인 일동 | 한 고교 교사 |
| 212 | | 주한 감리교 선교사 중 15인 | 미아10동 임 |
| 213 | | 기독 의학생회 | 연세대학교 졸업생 |
| 214 | | 숙대 우리문화연구회 | 대전에서 한 목사 가족이 HANK |
| 215 | | 한국기독교장노회 수유동교회 대학생회 | 姜 不二雄 |
| 216 | | 감리교신학대학 교수, 직원들 | 광 |
| 217 | | 성남교회 여신도회 | 제물포고·인천중 일부 |
| 218 | | 갈릴리 친우 일동 | 대전감리교회 몇 목사 |
| 219 | | 연세대학교 석방 교수 학생 일동 | 서독의 1천m 지하에서 광부 장행길 1 |
| 220 | | 배제학당 2년 | 한빛교회 어느 믿음의 가장 |
| 221 | | 한국기독교장로회 공덕교회 청년회 | 최·이·임·황·박·유 |
| 222 | | 대천 기독 젊은이들 | 쨔니 |
| 223 | | 배명고 2학년 일동 | 윤심하 |
| 224 | | 안성제일장로교회 청년회 | Y생 |
| 225 | | 결핵환자들이 함께하는 실로암감리교회 일동 | 이대 조교 월남 가족 |
| 226 | | 대한예수교장로회 송정교회 청년회 | 익명 |
| 227 | | 대현교회 대학생부 | 상도동 감리교회 한교인 |
| 228 | | 성서문제연구회 | 송 |
| 229 | | 한국신학대학 제34회 졸업생 일동 | 양승달 |
| 230 | | 서울 서문교회 중, 고, 대학부 | 대전 김동배 |
| 231 | | 감리교신학대학 72년도 졸업생(72동문회) 26명 | 한의사 이 |
| 232 | | 한국기독교장로회 경복교회 청년회, 주일학교 반사회, 성가대 일동 | 미국에서 어머니 |
| 233 | | 한국기독학생회총연맹(KSCF) 석방 실무자 및 학생 일동 | 중기, 병일, 해출, 수남, 영배 대규, 경희, 중혁, 웅열 |
| 234 | | 계성 45회 6인 | 미국 듀북 김경재 |
| 235 | | 예수교대한감리회 새생명교회 예수의 가족들 | 알로하 |
| 236 | | 지방 부흥사경회를 마치고 원주지방 감리교 목사·전도사 일동 | 대전의 딸들 |

| 237 | | 미국 로스앤젤레스 한인연합장로교회 동아 돕기 모임에서 | 독자 |
|---|---|---|---|
| 238 | | 충남 판교교회 청년회 | 기독인 최희섭 |
| 239 | | 석류회 일동 | 고교 교사들 |
| 240 | | 광림교회 | 경기고등학교 장기풍 |
| 241 | | 기장 광주 양림교회 대학생 일동 | 경동교회 교인 어둠의 딸 강서정 |
| 242 | | 대한예수교장로회 안동교회 대학생회 | 해외 거주 교인 빛의 아들 오승현 |
| 243 | | 감리신대 대광동문회 | 중원군에서 강서* |
| 244 | | 주민교회 | 어느 여신도가 |
| 245 | | 부산 사마리아인회(S·B·R) | 진리 지인 |
| 246 | | 뉴욕 한인 인권옹호회 동아일보 돕기 운동 뉴욕 지부 | 신성교회 교인 |
| 247 | | 경동교회 대학생회 | †(십자가) |
| 248 | | 헌신예배를 마친 기독 청년들 | 의정부 차연자 |
| 250 | | 기독교 대한감리회 대현교회 성가대 일동 | 문희석, 에스터, 김상화, 한나, 레이철 |
| 251 | | 한국기독교장로회 신사동교회 학생회 | 인천에서 한 고교 교사가 |
| 252 | | 상도성결교회 중, 고등부 | 서진의 아빠, 엄마 |
| 253 | | 배재 21회 | 한우 |
| 254 | | 33인의 목사들 | 기독인 조 |
| 255 | | 광주 무돌교회 교우 일동 | 공주우성 홍문장 |
| 256 | | 기독교 대한감리회 광희문교회 성가대 일동 | 초우 |
| 257 | | 기독교 대한감리회 자○교회 유지 일동 | 아빠, 엄마 |
| 258 | | 기독교장로회 여신도회 '세계 여성의 해'를 기한 전국 지도자 강습회 참가자 일동 | 신촌성결교회 현 |
| 259 | | 성대 청년회 | 무명 |
| 260 | | 성덕교회 학생회 | 합동 측 장로(○○의원) |
| 261 | | 한국기독교장로회 영신교회 청년회 | 김예하 |
| 262 | | 한국기독교장로회 함열교회 중·고등부, 청년회 | 감신대 이덕주 |
| 263 | | 창신교회 고3 | 대전 송 |
| 264 | | 한국성서연구회 | 동아를 위하는 선·경·미·연·숙 |
| 265 | | 한국신학대학 동문회 | 대방동 현이 |
| 266 | | S교회 청년들 | 1972년 연세대학교 영문과 졸업생 다섯 명 |

| 267 | | 안암 감리교회 M·Y·F | 미국 시카고의 배재인 이경희 |
|---|---|---|---|
| 268 | | 부산 주일 모임 일동 | 미국에서 웨스턴 일리노이대학교 신문학과 부교수 신문학박사 이재현 |
| 269 | | 한국 문제를 생각하는 일본인 그리스도 신자 유지 일동 | 의한, 의성, 의주 |
| 270 | | 광희문감리교회 교회학교 교사 일동 | 동숭동 이기준 |
| 271 | | 청주 서부교회 학생회와 동문들 | 성동교회 부부 집사 |
| 272 | | 기독교대한성결교 ○○○교회<br>뜻을 같이하는 남 전도 회원 몇 명 | 혜경이네 가족 |
| 273 | | 샌프란시스코 연합장로교 청년회 | 서독 두이스 부르그에서 이유옥, 천영윤 |
| 274 | | 기독교 대한감리회 중부연회 강남지방 교역자 일동 | 목사 대목영이 |
| 275 | | 서독 함부르크 한인교회 교우 일동<br>동아 돕기 운동 참가자 일동 | 밀알 3개가 |
| 276 | | 원주 제일침례교회 뜻있는 청년들이 | 어느 동아 가족의 두 딸<br>김지영, 정현 |
| 278 | | 캐나다 연합교회 한국선교회 중 몇 명 | 거창 전 모 |
| 279 | | 메리놀 신학생 일동 | 대한예수교장로회(고신) 몇몇 젊은이 |
| 280<br>281 | | 성암 성결교회 | 서독 두이스 부르그에서 천명윤·이유옥 |
| 282 | | ○산교회 청년회 | 새문안 여 |
| 283 | | 대한예수교장로회 을지로교회 청년회 | Sinnott & Zweber 그리고 OGLE 목사의 많은 친구들이 |
| 284 | | 한국기독교장로회 흑석동교회 여신도회 일동 | 부산 좌천동서 |
| 285 | | 광주시 임동에서 기독대학생 몇 명이 | 바르나바 |
| 286 | | 제기 어문학연구소 | 요셉이 가족 |
| 287 | | 동성감리교회 M·Y·F 중·고·청년부 | 전도사 임윤고① |
| 288 | | 한국기독교장로회 경서교회 여신도회 | 애·희·심 |

| 289 | | 감리교 젊은 교역자 20인 | 동오 |
|---|---|---|---|
| 290 | | 연세대학교 신과대학 동창회 | 뉴욕 한인교역자회<br>회장 목사 유태영 |
| 291 | | 기독교 감리회 광림교회 청년회 | 기독교장로회 성암교회 세 아이의 아빠 |
| 292 | | 장로회 신학대학 68회 동문 일동 | 익명 독자 |
| 293 | | 경동교회 여성들 | 구속자가족후원회 Zweber 와 Sinnott 그리고 충북의 친구들이 |
| 294 | | 부산 시온감리교회 중등부 일동 | George Patton 전주예수병원 |
| 295 | | 기독교 감리회 강남지방 고등부연합회 | 요한과 베드로 |
| 296 | | 영락교회 신도인 경동중고 동문 | 서독 1천m 지하에서 장행길 2 |
| 297 | | 캐나다 토론토 한인 연합교회 목사 이상철, 당 회원, 제 직원, 교우 일동 | 영혼을 가진 자를 찾는 한 시민 |
| 298 | | 뉴먼클럽 | 서독 본 한인교회<br>정옥희, 정명자, 이춘화, 김은남 |
| 299 | | 이화여대 문리대 YWCA 졸업생 일동 | 경일, 원호 |
| 300 | | 광주 목요기도회 | 길 잃은 어린양 |
| 301 | | 보광동교회 청년회 | 이태원 정 씨 |
| 302 | | 한국기독교장로교<br>서문밖교회 학생회 | 독자 |
| 303 | | 기독교장로회 성북교회학생회 | 언니의 세 번째 결혼기념일을 축하하며 막내동생이 |
| 304 | | 시흥교회 신광회 | 이상만 |
| 305 | | '시카고' 지역 동아돕기회 | 김재현 |
| 306 | | 재경 청주여고 실로암회 | 수원장로교회 청년회원 |
| 307 | | 3월 7일 시민 논단에 참석한 광주시민들 | 군산 복음·돌기둥 |
| 308 | | 화양감리교회 청년부 | 성남 주민교회 청년회 일명 |
| 309 | | 능곡교회 청년회 | 기독교인 부부 |
| 310 | | 미국 로스앤젤레스 한인연합장로교회 1인분<br>동아돕기모임(제2차분) | 서로 돕고 살기 원하는 아이들이 |
| 311 | | 미주 샌디에이고 한인장로교회 동 | 길 찾는 어린양 |

| | | | |
|---|---|---|---|
| | | 아 돕기 그룹 및 뜻을 같이하는 교포 | |
| 312 | | 미주 샌디에이고 한인 교수 7인 | 위생원 |
| 313 | | 미국 산호세 장로교회 교인들 | 연대 독수리 신입생 |
| 314 | | 대구 장로교회 | 뜻을 같이 한 서·심이가 |
| 315 | | 백석교회 청년회 | 동천 |
| 316 | | 동덕고 동창생 몇 명 | 감리교 신학대 강 |
| 317 | | 자유, 정의, 진리의 모임에서 | 홍승희 |
| 318 | | 삼각청년회 | 창택, 무영, 수인 |
| 319 | | 정동교회 고교생 | 택시 운전사 이만승 |
| 320 | | 이대 금년 졸업생 | 서대문구 역촌동 예일여중 앞 백석교회 이 목사 |
| 321 | | 고대기독학생회 C·H·Y | 디모데모임의 한 사람 |
| 322 | | ○대 2년 일동 | 중화동에서 재창이가 |
| 323 | | 영락교회 고등부 C | 우주의 돌 |
| 324 | | S.L 모임 | 정희 |
| 325 | | 미국 메릴랜드에서 전 반석 회원 | 임마누엘 부*장 |
| 326 | | 전답지구 학생회연합 | 신앙 청년 몇몇 |
| 327 | | 새시대선교연구회(예장) 1 | S.J.U. HANARM |
| 328 | | 새시대선교연구회(예장) 1 | 시골교회 전도사 |
| 329 | | YMCA 서울직원 일동 | 이재인 |
| 330 | | 고대 기독학생연합회 교우회 | 익명 |
| 331 | | 경주 연합 기독청년회원 | 충무 B 죄인 |
| 332 | | 경희대 기독학생회 | 시골교회 전도사 |
| 333 | | 한국신학대학 학생회 | 토론토 한인장로교회 민창식(데이비드 민) |
| 334 | | 에덴회 | YMCA 회원 몇 명 |
| 335 | | 한국기독교장로회 수도교회 여신도회, 자보회, 청년회 | 한일문화교류협회부이사회, 한국종교협의회지도위원<br>기독교 장로·묵해서도원장 김용옥 |
| 336 | | 한국기독교장로회 부산중부교회 여신도회 | 역천동 백영길 |
| 337 | | 기독교 대한감리회 제26회 중부연회 일동 | 동림 |
| 338 | | 회원 일동 | 하 |
| 339 | | | 한일교회 교인 |
| 340 | | | 기장회 여신도연합회 몇 명 |
| 341 | | | 미아동 임 |
| 342 | | | 46회 박승·예수 |
| 343 | | | 영등포 S·J·K |
| 344 | | | 영·봉·화·정·희 |
| 345 | | | 미국 로스앤젤레스에서 무명 |

| | | | 실업가 |
|---|---|---|---|
| 346 | | | 양성우 |
| 347 | | | 시골에서 입신출세하려고 상경한 일 청년 |
| 348 | | | 아만 영덕 철학이가 미국 TEXAS에서 |
| 349 | | | 애독자 박 |
| 350 | | | 한 가정교사 |
| 351 | | | 새문안교회 한 청년 |
| 352 | | | YMCA 한 학생 |
| 353 | | | 에너지 |
| 354 | | | 고 우 |
| 355 | | | 관악구 최문수 |
| 356 | | | 한국신학대생 K |
| 357 | | | 은혜 |
| 358 | | | 어느 시골 목사 |
| 359 | | | YMCA 일 회원 |
| 360 | | | 미국에서 한 교* |
| 361 | | | 이명자 |
| 362 | | | 박만규 |
| 363 | | | 김지복 |
| 364 | | | 이병산 |
| 365 | | | 동덕여대 몇 학생 |
| 366 | | | 제기동 민 |
| 367 | | | B·J·H |
| 368 | | | 청주 섭 |
| 369 | | | 일 윤회 |
| 370 | | | 교인 몇 명 |
| 371 | | | 신촌 사는 김 |
| 372 | | | 일 시민이 |
| 373 | | | 조재신 |
| 374 | | | 경남 충무(제근) |
| 375 | | | 금호동 완식 |
| 376 | | | 영남 |
| 377 | | | 한강맨션, 유미 |
| 378 | | | 빛나니 펴나니 꽃나니 벼슬이 구슬이 이쁘니 / 미국 메릴랜드주 실버스프링 |
| 379 | | | 재미국 보성고 54회<br>중민, 우갑, 성진, 레이놀M, 길스톤 이하 |
| 380 | | | 마음을 같이하는 재미 배재 22기 의상, 동철, 유식, 혜연 |

| <격려광고 개별 교회, 단체, 소모임 교단별 분포> | | | | | |
|---|---|---|---|---|---|
| | 기장 | 감리 | 예장 | 성결·구세군·침례·복음·해외교회 | 기타 |
| 1 | 기장 경동교회 | 서울 동지방 평신도 | 새문안교회 | 돈암성결교회 | 신일고 1-1반 |
| 2 | 기장 경동교회 청년회 1, 청년회 2 | 창천교회 | 연동교회 | 구세군 서대문 찬양대 | 원주지구 목사·신부 |
| 3 | 한신대 새벽의 집 | 정동감리교회 청년회×2 | 대구제일교회 | 서울복음교회 청년회 | 이대 YMCA 아녀회 |
| 4 | 기장 안암교회 중고등학생회 | 도화동감리교회 청년회 | 명륜동중앙교회 청년회 | 미국 산호세 장로교회 교인 | 에바다 |
| 5 | 서울제일교회 학생회 | 성은감리교회 제2속 회원 | 영락교회 대학생회 | 서울 침례교회 | 전주예수병원 |
| 6 | 충북노회 공동성서연구회 | 양광감리교회 청년회 | 영암교회 청년회 | 상도성결교회 청년회 | 경기상고 기독교반 |
| 7 | 성남주민교회 청년회 | 시온감리교회 청년회 | 영락교회×2 | 종교친우회 서울모임<퀘이커> | 연대 동문 |
| 8 | 정악교회 십자군 | 신일감리교회 학생회 | 예장 북서울교회 | 메리놀 신학생 | 대광고 2년 1부 |
| 9 | 전주 남문교회 남 신도 | 감리교신학대 70학년 졸업생 | 장로회신학대학 졸업생 | 워싱턴 수도 지역 연합장로교회 | 경기고 기독학생회 |
| 10 | 수유동교회 | 개봉감리교회 청년회 | 부산진교회 청년회 | 미국 샌프란시스코 제일장로교회 청년회 | 극동선교회 청년봉사단 |
| 11 | 한신대 33회 졸업생 | 서울 동일 동지방 목회자 | 예장 수유동교회 청년회 | S.D교회 성가대 | 흥사단 연세대학교 아카데미 동문회 |
| 12 | 한빛교회 여신도회 | 평택감리교회 | 일신교회 학생회 | 재서독 "Duisburg 한인교회" 교우 일동 | 이대 사회생활과 동문 |
| 13 | 한신대 | 대전감리교회 고등부 | 충무교회 청년회 대학생회×2 | 기독교대한성결교회 서울·인천지방회 | 성신사대 서울약대생 |
| 14 | 한신 YWCA 회원 | 서강감리교회 청년회 | 충무교회 성가대×2 | 로스앤젤레스 한인 침례교회 | 이대 74 사생 |
| 15 | 수도교회 남신도회, 요나회, 중고등 학생회 | 월곡 감리교회 청년회 | 새문안교회 대학생회×2 | 성남교회 여신도회 | 이대 기독교학과 |

| 16 | 기장 광주지방회 제직회 | 삼선감리교회 청년·학생회 | 영등포 영광교회 | 미국 로스앤젤레스 한인연합장로교회 | 구로 기독 청년 |
|---|---|---|---|---|---|
| 17 | 포항 제2교회 청년회 | 약수형제교회 | 연동교회 대학생회×2 | 상도성결교회 중·고등부 | 인혁당 가족 |
| 18 | 안양중앙교회 학생회 | 정릉감리교회 청년회 | 영락교회 청년협의회 | 성덕교회 학생회 | 이대 제약과 1년 |
| 19 | 향린교회 성가대, 대학부 | 시온감리교회 청년회 | 새문안교회 청년회 | S교회 청년들 | 에카페 |
| 20 | 기장 흑석동교회 | 원주제일감리교회 고등부 | 영동교회 청년회 | 기독교대한성결교○○○교회 함께 하는 남전도 회원 | 시카고교회 |
| 21 | 기장 신암교회 | 성산감리교회 청년부 | 동산교회 청년회 | 샌프란시스코 연합장로교 청년회 | 이대 대학교회 |
| 22 | 기장 신촌교회 학생회×2 | 대전 감리교 고등부 학생 | 서대문 백석교회 | 서독 함부르크 한인교회 교우 일동 | 광주 YMCA |
| 23 | 관악교회 청년회 | 신현교회 | 서울장신 17회 동창회 | 원주 제일침례교회 뜻있는 청년 | 성경문제연구반 |
| 24 | 전주 성광교회 청년회 | 신촌감리교회 | 숭전대학교 사생 | 캐나다 연합교회 한국선교회 | 숙대 정외과 4학년 |
| 25 | 경동교회 대학생회, 여신도회·젊은 여성클럽, 장년클럽·청년회 | 용두동 감리교회 고등부 기독 학생 | 북서울교회 학생회 | 메리놀 신학생 일동 | 연세의대 2년 |
| 26 | 부산중부교회 여신도회 | 감리교 청년들 | 수유동교회 청년회 | 성암 성결교회 | 명지·연대 동문 |
| 27 | 전주 신광교회 대학생회, 청년회 | 경서 지방 성은감리교회 전 교우 | 일신교회 청장년회 | ○산교회 청년회 | 한국기독교교회협의회 직원 |
| 28 | 동부교회 학생회 | 동대문감리교회 청년부 | 예장 성직자 기도회 | 캐나다 토론토 한인연합교회 | 서울공대 광주일고 한얼회 |
| 29 | 초동교회 대학생회 | 대신감리교회 | 성동제일교회 청장년회 | 미주 샌디에이고 한인장로교회 동아 돕기 그룹 | 경록회 |
| 30 | 한국신학대학 군산, 옥구 학우회 | 성광감리교회 청년회 | 동원교회 청년회 | 미국 로스앤젤레스 한인연합장로교회 | 한국그리스도인의 신학적 성명 서명자 |

| 31 | 한빛교회 비둘기 모임 | 강화 서지방 회원 일동 | 연동교회 성회수요 금식기도회 | 서울신학대학 2학년 | 흥사단 전남대학교 아카데미 동문 |
|---|---|---|---|---|---|
| 32 | 전주 태평교회 남선교회 | 목원대 신학과 1년 | 구파발교회 | 고려신학대학 학생 | 영신회 |
| 33 | 청주 서부교회 학생회 | 제천 제일감리교회 고등부 | 남대문교회 | | 한국성서연구회원 |
| 34 | 김제 난산교회 | 주한 감리교 선교사 중 15인 | 부산영락교회 청년회 | | 광주 YMCA 직원 |
| 35 | 충남노회 오덕교회 | 감리교신학대학 교수, 직원들 | 영등포 삼성장로교회 | | 빛된 생활! / E.J 청년회 |
| 36 | 한빛교회 성가대 | 결핵환자들이 함께하는 실로암감리교회 | 산정현교회 청년회 | | 광주 목요기도회 |
| 37 | 보광동교회 여신도회 | 감리교신학대학 72년도 졸업 (72동문회) | 연동교회 중고등학생회 | | 한국교회 선교구조 연구회 |
| 38 | 수도교회 여신도회 | 예수교대한감리회 새생명교회 예수의 가족들 | 영덕읍교회 청년 | | 군산특별연합 구국기도회 |
| 39 | 창현교회 중고등부 | 원주지방 감리교 목사 전도사 일동 | 강구교회 청년회 | | 이대 선교부 |
| 40 | 능동교회 학생회 | 광림교회 | 영해제일교회 청년회 | | 사랑의 대학부 |
| 41 | 수유동교회 대학생회 | 감리신대 대광동문회 | 양림교회 청년회 | | 건우회 |
| 42 | 공덕교회 청년회 | 대현교회 성가대 일동 | 행당동 무학교회 청년부 | | ANGEL'S SONG FAMILY |
| 43 | 한국신학대학 제34회 졸업생 | 광희문교회 성가대 일동 | 태평양교회 | | 광주 젊은 의사 모임 |
| 44 | 서울 서문교회 중, 고, 대학부 | 기독교대한감리회 자○교회 유지 | 대구중앙교회 대학생회 | | 서울대학교 총기독학생회 |
| 45 | 경복교회 청년회, 주일학교 반사회, | 안암 감리교회 M·Y·F | 성수동교회 청년회 | | 민주 투옥 인사 후원회 |

|  | 성가대 일동 |  |  |  |  |
|---|---|---|---|---|---|
| 46 | 충남 판교교회 청년회 | 광희문감리교회 교회학교 교사 | 대구제일장로교회 |  | 연세대학교 기독학생회 |
| 47 | 기장 광주 양림교회 대학생 | 중부연회 강남지방 교역자 일동 | 안성제일장로교회 청년회 |  | 외국인 신·구선교사 60인 |
| 48 | 주민교회 | 동성감리교회 M·Y·F 중·고·청년부 | 송정교회 청년회 |  | 사회정의구현 부산 기독인회 |
| 49 | 경동교회 대학생회 | 감리교 젊은 교역자 20인 | 대현교회 대학생부 |  | YWCA 회원 20명 |
| 50 | 신사동교회 학생회 | 광림교회 청년회 | 안동교회 대학생회 |  | 한국성서연구회 |
| 51 | 광주 무돌교회 교우 | 부산 시온감리교회 중등부 | 창신교회 고3 |  | 연세대학교 교목실 |
| 52 | 기장여신도회 강습회 참가자 | 강남지방 고등부 연합회 | 을지로교회 청년회 |  | 연세춘추 편집동인회 일동 |
| 53 | 영신교회 청년회 | 화양감리교회 청년부 | 장로회 신학대학 68회 동문 |  | 경동고 동문, 형제, 제물포고 동문 |
| 54 | 함열교회 중·고등부, 청년회 | 정동교회 고교생 | 능곡교회 청년회 |  | 보성여고 졸업생 무지개 |
| 55 | 한국신학대학 동문회 | 부산 시온중앙감리교회 청년회 | 대구장로교회 |  | 72졸 이화여고 밀알들 |
| 56 | 청주 서부교회 학생회와 동문 | 목원대 신학과 일동 | 백석교회 청년회 |  | 이리여고 23회, 남성여고 25회 |
| 57 | 흑석동교회 여신도회 |  | 영락교회 고등부 C |  | 1969년 이대 가정관리과 졸업생, 단비 모임 |
| 58 | 경서교회 여신도회 |  | 대한예수교장로회 신학대학 학생 일동 |  | 기독 의학생회 |
| 59 | 경동교회 여성들 |  |  |  | 숙대 우리문화연구회 |
| 60 | 보광동교회 청년회 |  |  |  | 갈릴리 친우 |

| | | | | | |
|---|---|---|---|---|---|
| 61 | 서문밖교회 학생회 | | | | 연세대학교 석방 교수 학생 일동 |
| 62 | 성북교회학생회 | | | | 배제학당 2년 |
| 63 | 시흥교회 신광회 | | | | 대천 기독 젊은이들 |
| 64 | 수유동 여신도회 | | | | 배명고 2학년 일동 |
| 65 | | | | | 한국기독학생회총연맹(KSCF) 석방 실무자 및 학생 일동 |
| 66 | | | | | 계성45회 6인 |
| 67 | | | | | 석류회 |
| 68 | | | | | 무명46 |
| 69 | | | | | 재미 여성동우회 |
| 70 | | | | | 배재 21회 |
| 71 | | | | | 33인의 목사 모임 |
| 72 | | | | | 성대 청년회 |
| 73 | | | | | 한국성서연구회 |
| 74 | | | | | 부산 주일 모임 일동 |
| 75 | | | | | 광주시 임동에서 기독대학생 |
| 76 | | | | | 제기 어문학연구소 |
| 77 | | | | | 연세대학교 신과대학 동창회 |
| 78 | | | | | 재미 배재 22기 |
| 79 | | | | | 뉴먼클럽 |
| 80 | | | | | 이화여대 문리대 YWCA 졸업생 |
| 81 | | | | | '시카고' 지역 동아돕기회 |
| 82 | | | | | 재경 청주여고 실로암회 |
| 83 | | | | | 동덕고 동창생 몇 명 |

| 84 | | | | | 자유, 정의, 진리의 모임에서 |
|---|---|---|---|---|---|
| 85 | | | | | 삼각청년회 |
| 86 | | | | | 이대 금년 졸업생 |
| 87 | | | | | 고대기독학생회 C·H·Y |
| 88 | | | | | ○대 2년 일동 |
| 89 | | | | | S.L 모임 |
| 90 | | | | | 미국 메릴랜드에서 전 반석 회원 |
| 91 | | | | | 전답지구 학생회연합 |
| 92 | | | | | 영락교회 신도인 경동중고 동문 |
| 93 | | | | | 초롱회 12인 |
| 94 | | | | | 재 미국 보성고54회 |
| 95 | | | | | 뉴욕한인인권옹호회 동아일보 돕기 운동 뉴욕 지부 |
| 96 | | | | | 미주 샌디에이고 한인 교수 |

위의 3개 긴 표에서 볼 수 있는 몇 가지 특징은 기도회에서도 언급한 바와 같이 다양한 존재 기반의 평신도들 움직임이다. 살아있는 평신도, 그 안에 수많은 모임이 존재하는데 교회 안의 모임뿐 아니라 사회 속의 모임체 곳곳에 개신교인들이 시민으로서 살아가고 있으며 그들과 함께 격려광고 대열에 합류하였다. 평신도들의 행보는 다른 어떤 종교에서도 찾아볼 수 없는 자유로움이 존재한다. 교회 안이나 교회 밖의 모임체 속에서 신앙적 양심, 시대적 사명이 내면화되어 있기에(교차 참여했을 가능성이 크다) 그들은 시대와 함께하는 용기를 갖는다.

46 무명과 익명을 달리 구분하였다. 익명은 이름은 없으나 지역명이나 모임명, 학교명 등을 명시, 혹은 이름 한 글자씩을 나열하는 등 무언가 표현되나, 무명은 광고 문안만 있고 이름은 어떤 글자로도 명시하지 않았기에 이 둘을 구분하였다.

기장(64), 예장(58), 기감(56)의 교단별 차이는 크게 나타나지 않는다. 해외 교회는 15개 교회, 단체로는 6개 단체가 참여하였고 학교 단체 및 모임으로는 48회, 사회단체는 42회 참여하였다. 군소 교단(18)의 참여도 눈여겨볼 만하다.

| 분류 | 기장 | 예장 | 기감 | 군소교단 | 해외교회 | 학교단체 | 기독단체 | 해외 기독단체 |
|---|---|---|---|---|---|---|---|---|
| 횟수 | 64 | 58 | 56 | 18 | 13 | 48 | 44 | 7 |
| 비율 | 20.78% | 18.83% | 18.18% | 5.85% | 4.22% | 15.58% | 14.29 | 2.27% |

위의 비율을 보면 격려광고에 전 교단을 망라한 참여가 있었다. 하나님의 정의는 그 시대 개신교인들의 보편적인 인식이었고 불의에 저항하고자 하는 신앙적 양심이 작동하는 시대였음을 알 수 있다. 격려광고는 누구나 익명으로(위험 부담률이 그나마 낮은) 참여할 수 있는 자유로운 장이기에 성결교, 침례교, 구세군, 퀘이커교 등 다양한 교단의 참여가 있었다. 특히 해외에서 적극적인 참여가 있어 개신교 연합의 이름으로 큰 단위의 광고란을 지원하였다. 해외교포들의 지원은 헌신적이었다. 그들이 직접 저항할 수 없는 안타까움이 광고문안에 오롯이 드러나 있다. 해외교포들의 민주화에 대한 염원은 격려광고뿐 아니라 성금으로 발현되어 1970년대 개신교 민주화인권운동의 큰 디딤돌이 되었다.

다음은 가장 중요한 광고 문안에서 사용된 언표들이다.[47] 기간마다 다소 차이가 있다. 2월 12일 국민투표에 대해 거부 의사를 밝힌 개신교 단체와 목요기도회, 예장 수요기도회, 기감 화요기도회 등이 있었기에 특별한 광고가 있었고, 2월 15일에는 민청학련 사건으로 구속된 이들이 석방되어 석방 축하 광고가 줄을 이었다. 이 외에는 1월부터 4, 5월까지 평이하지만 민주주의, 교회 회개 촉구 등의 언표들이 점점 증가하고 있고 신앙인의 사명과 양심 그리고 성서 말씀에 근거한 기독인의 정서 측면이 더 부각되고 있다.

47 분석에 주관성을 배제할 수 없는 단점에 양해를 구한다. 언론자유 수호는 명백하게 분류될 수 있으나 다른 언표들은 저자의 주관이 많이 들어갔다.

| <광고에 나타난 개신교인의 언표> | | | |
|---|---|---|---|
| 〈1975. 1〉 | | | |
| **언론자유 수호** | **정의의 하나님 승리** | **하나님의 고통** | **동참과 나눔** |
| 언론자유 없이 종교자유 없다(7건) | 정의의 하나님은 살아계시다 | 예수께서 우시리라 | 민족지의 아픔에 동참 |
| 언론자유 수호 | 불의는 짧고 정의는 영원 | 의인의 고난은 하나님의 고통 | 동아가 진 십자가를 나누어집시다 |
| 언론자유 수호 격려 | 정의는 승리한다 | 오늘도 동아를 읽으시는 하나님 | 선한 싸움의 원군 |
| 동아일보 언론자유 운동 축하 | 정의의 편에 선다 | | 동아야 너의 무거운 짐을 덜어주기 위하여 |
| 동아는 반드시 이긴다 | 우리 승리하리라 | 자유 회복 | 제2차 가두 판매 성금 |
| 동아 돕기 운동은 조국 민주화 투쟁 | 주의 사랑은 정의의 칼도 됨 | 인간의 자유 회복을 선언 | 하루찻집의 이익금을 드리며 |
| 동아는 민족의 보루 | 정의는 반드시 이루어지는 날이 있다 | 자유는 우리가 가진 본능적인 삶인 것을 | 동아 돕기 기도회/헌금 |
| 동아여 승리의 스크럼을 | 불의의 씨를 말려 버리리라 | | 풍뎅이의 거대한 몸을 끌고 가는 개미떼들 중 한 마리라도 되고 싶어 |
| 동아는 우리 민족의 긍지 | | | |
| 우리 겨레의 자존심의 상징 동아 | 민족의 등불 하느님의 은총 있으나 | | 배제의 형제들아 합창을 하자 민주 수호의 노래를 |
| | | | 천만 부 돌파에 하나님의 가호가 |
| 용기 | 개신교 반성 촉구 | 신앙인의 양심 | 인도하심, 지키심 |
| 하나님과 민중이 당신들 뒤에 있소 | 보수 교단 고신 지도자여. 고생하는 하나님 종들에 신앙 양심상 부끄럽지 않는지 | 민주 투쟁을 할 때 너는 어디 있었느냐 | 상한 갈대도 꺾지 않으시는 하나님이 계십니다 |
| | | 자유언론의 아픔, 신앙인의 아픔 | 동아를 지키시는 자가 졸지 아니하실 것이다 |
| 하나님과 국민이 함께 | 신앙 양심상 부끄럽지 않는가 | 예수님 뵈러 동아를 찾았습니다 | 이 민족의 앞날을 버려두시지 않으실 것 |
| 약한 것을 강하게/노동자의 뜻을 받들어 | | 신앙적 양심으로 분기 | 그의 뜻이 분명히 역사하심 |
| 신앙인의 사명 | 호소 | 기독교적 정서 | |
| 십자가의 사명을 | 핍박받는 동아를 도와주세요 | 에스더야 네가 자라서 자유와 진리를 사랑하고 사회정의를 실현하는 여성이 되기를 빈다 | |
| 합력하여 선을 이루자 | | | |
| 민주주의를 지킬 준비가 다 되었습니다 | 주여! 언제까지니이까? | 엄마가 보낸 한국 신문 동아를 아끼는 김 목사 딸들 / 빛나니 펴나니 꽃나니 벼슬이 구슬이 이쁘니 | |
| 정권보다 정부가, 정부보다 국가가 우위에 있어야함을 고백 / 예언자의 책임이 | 주여! 어디로 가시나이까 | 동아 애독자 김연식, 고바우를 좋아하는 조두호, 교회 신입생 조경대, 동아 기자 희망 꼬마 윤 종, 예장합동 집사 장석암, 전 천주교 사도 회장 박준구 | |
| | 왜 저들을 그대로 두고 보 | | |

| 교회에 있음을 고백 | 시나이까 | |
|---|---|---|
| 평화의 사도가 되렵니다. | 이민족을 불쌍히 여기소서 | |

| <1975. 2> |
|---|
| **언론자유 수호** |
| 동아를 도우소서! |
| 민족의 행진 동아의 행진 승리의 행진 |
| 언론자유 없이 종교자유만 가질 수 없다 |
| 동아는 생활인의 필수품이며 지침서 |
| 자유언론 수호하자 |
| 나그네와 같은 동아를 버리지 마옵소서! |
| 정의의 사자 동아야! / 끝을 보아라 동아야! |
| 자유와 민권의 전사 동아일보여!! 그대는 이기리 |
| 곡을 해도 울지 않고 피리를 불어도 춤추지 않는 곳에 동아 너만은… |
| 민주 수호에 앞장서다 고통받는 동아와 구속당한 여러분께 진정으로 감사드립니다 |
| 동아 하나님의 사랑으로 보존 |
| 아뿔싸! 돼지에게 진주를 주었구나 |
| 동아의 소리는 진정한 믿음이며 복음 / 언론, 신앙, 학문의 삼 자유의 불가분립을 믿는다 |
| 여러분의 뒤에는 우리 모두의 기도와 노력이 항상 함께 있습니다 |
| 동아 아프면 삼천만이 다 아프다 / 동아 괴롭힌 자들에게 벌을 … 지옥 가! |
| 사명감에 투철한 동아 너만 믿는다 |
| **인도하심, 지키심** |
| 하나님은 의로운 자 돕는다 / 하나님이 보고 계시겠지요 / 큰 환난에서 우리를 구하여 내시리로다 |
| **동참과 나눔** |
| 국가와 교회를 위하여 기도합시다(기도회 광고) |
| 한국의 기독 청년들아! 잠자는 신앙에서 깨어 각성하자 |
| **국민투표 반대기도** |
| 저는 그 날 교회에서 기도만 드리고 있겠습니다 |
| 저는 교인이 아니지만 그날 교회를 찾겠습니다 |
| 저희는 그날 국가와 민족을 위해 기도하며 교회에 있겠습니다 |
| 점점 크게 들려오는 인권의 소리에 같이 외치기로 했다 |
| 그날에는 하나님의 정의가 이 땅에 실현되도록 교회에 나가서 기도를 드립시다 |
| 민주 회복 기도의 날! / 그날 가까운 교회에 모여 기도합시다 / 국민투표일에 구국기도회를 마치고 |
| **정의의 하나님 승리** |
| 정의는 반드시 이루어질 날이 있다 / 결코 내 입술이 불의를 말하지 아니하며 |
| 하늘과 땅은 없어지더라도 자유와 정의는 결코 없어지지 않을 것 |
| 하나님의 연자 맷돌은 속도는 느리나 모든 것을 가루로 부셔뜨린다 |
| 정의는 승리하리라 믿고 / 진리는 통하고 정의는 이긴다 |
| 행복하여라! 옳은 일에 주리고 목마른 사람들! |
| 진리! 자유! 정의! 민심! 용기! 이것을 빼놓고 인간이 무슨 뜻으로 사는가? |
| 불의가 사라지는 그날이 오기까지 기다리면서 사십시다 |
| 사랑은 불의를 기뻐하지 않습니다 / 그리고 진리와 함께 즐거워합니다 |
| 우리는 진리와 의의 편에 서기를 원하노라! / 길이 아니면 가질 마시오! |

| 정의는 언제나 단두대 위에 불의는 언제나 상좌에 그러나 미래를 지배하는 것은 정의니라 / 왜냐고? 멀리 보이지 않는 곳에서 하나님이 지켜보시기 때문에 |
|---|
| **용기** |
| 죽으면 죽으리라 / 죽으면 살리라 / 권세에 굴복하랴! |
| 주여 두려워하는 이에게 용기를, 용기를 잃은 이에게 힘을 |
| 기독교 2000년은 피의 역사입니다 |
| 내게 생의 의미를 주신 함석헌 선생님께 감사를 드리며 불의에의 저항, 그것은 성도의 특권이다 |
| 무릎을 꿇고 사느니보다 서서 죽기를 원한단다 / 우리들은 한신동지 |
| 죽으면 죽으리라 / 동아여 건투하라 / 하느님과 민중은 결코 불의를 꺾고 만다 / 서독의 1천m 지하에서 광부 장행길 |
| **개신교 반성 촉구** |
| 한국교회는 악마적 불의와 투쟁할 수 있는 교회가 되라 |
| 양들은 위기를 알고 우는데 어찌하여 목자들은 침묵만 지키십니까 |
| 오늘의 기독자여 그대는 아모슨가, 아마샨가? |
| 자유케 하소서 /너희 발은 어디에 묶여있는가 |
| 회개하라! 청주여! 교회여! 우리가 하나님을 죽였다 |
| 총회장(통합 측) 임원 및 목사님들 귀하 / 이 어려운 시기에 무엇들을 하고 계시는지 궁금합니다 / 경북 영덕군 대한예수교장로회 영덕읍교회 청년, 강구교회 청년, 영해제일교회 청년 유지 일동 |
| 이 어려운 시기에 무엇들을 하고 계시는지 궁금합니다 |
| 그대들이여 하나님께서 주신 본 양심을 찾으라 / 당신의 생명을 잃는다면 무슨 소용 있으리요 |
| 침묵은 또 하나의 동조이다 / 고려 교우들은 제 이의 신사참배 사태가 오기 전에 단합·각성·준비하라 / 대한예수교장로회(고신) 몇몇 젊은이 |
| **신앙인의 양심** |
| 아! 목마르다 / 늦어서 죄송합니다 ①②③ |
| 양심에 페인트칠한 위선의 그대들이여! |
| 그리스도 예수의 마음을 품으면서 |
| 민심의 고백 / 하느님! 우리는 어찌해야 합니까? 의롭지 못한 ○○○ 노릇을 해야 하는 이 신세, 정말 괴롭습니다 |
| 새벽을 재촉하는 한밤이기에 깊어만 가는 밤의 아픔을 버텨갑니다 |
| 때는 이때다! 교회의 재산을 사회 정의 구현에 바치자! |
| 아담아! 너는 어디에 있는가? |
| 침묵만을 지킬 수 없어서 / 합동 측 장로 |
| 역사 속에 살아계신 하나님, 말해야 할 때 저희가 말하게 하시고 불의와 싸워야 할 때 저희가 싸울 수 있게 하시고 이웃이 고통을 당할 때 저희가 동참하게 하시고 사랑이 필요할 때 저희가 사랑하게 하소서 |
| **석방 감사** |
| 구속된 민주인사들의 석방을 환영하면서! / 동아와 함께 주님의 은총이 계시기를… |
| 구속 학생 석방을 진심으로 환영한다 |
| 출감한 새 문안의 7형제와 기쁨을 같이하여 |
| 회원 안재웅 씨의 석방을 맞이하여 |
| 석방된 분들과 기쁨을 같이하며 소위 '인혁당 관계자'들을 위해 공개된 민간 재판이 이루어 지기를! / 외국인 신구선교사 60인 |
| 괴로움은 투옥당하는 데 있지 않고 우리의 민중이 억압받는다는 사실에 있고, 즐거움은 출옥하는 데서가 |

| 아닌 자유·평등·박애를 위해 투쟁하는 순간에 있다 |
| --- |
| 전 편집위원장 김동길 교수와 은사 김찬국 교수 및 이상철 군(의대 2년) 등 18인의 연세 가족의 스스로 되찾은 자유에 경의를 표함 |
| 민주 회복에 앞장서신 여러분을 뜨겁게 환영합니다 |
| 환영, 박형규 목사님 및 구속 인사 석방 / 저는 아직 석방 안 됐습니다 |
| 김찬국 목사님, 김경락 목사님, 김동길 목사님, 김동완 전도사님, 정명기 전도사님, 이광일 선생님, 석방을 환영 |
| **신앙인의 사명** |
| 십자가 군병들아 / 소금과 빛 / 믿음으로 일하는 자유인 |
| 청년들이여! 하나님 나라의 의를 구하라 / 거짓된 세상에 빛 된 생활! |
| 청년들아! 너희는 괴로움을 작은 데 두지 말고 어떻게 하면 옳게 살고 의롭게 죽을 수 있는가를 염려하라 |
| 십자가 군병들아! ! / 하나님의 뜻에 사는 사람들 |
| 세상의 빛과 소금의 직분을 다하지 못한 것을 통회 |
| 주여! 당신은 또 우리의 피를 원하시나이까 / 정의의 사도가 되자 |
| 순교자의 피는 통곡한다. 십자가를 바로 지자 |
| 소금과 등대 / 우리 모두 작은 등불을 켜자! / 빛과 소금의 직분을! |
| 불행한 이웃을 돕는 사마리아인이 되자 / 민족의 소금이 되고 인류의 빛이 되라 |
| **호소** |
| 예수님 살려주세요 네? / 주여 저들을 용서하소서 / 어느 때까지이니까? |
| 주여 왜 저들을 그대로 두고 보시나이까 |
| 주여 이 나라를 버리지 마시옵소서! |
| 내 하나님이여! 어찌! 우리나라를 버리셨나이까! 우리민족의 신음하는 소리를 듣지 아니하시나이까? |
| 저 불의를 언제까지 버려두시려니이까?/ 주님! 우리 민족을 긍휼히 여기소서 |
| 주여! 당신의 심판과 구원의 날이 어느 때까지니이까? |
| **기독교적 정서** |
| 동아일보와 고바우를 생동케하시는 하나님께 감사드립니다 / 고생스러우시죠? 승리하고 있어요 |
| 이 老羊들이 제 직분을 다하게 인도하소서 |
| 기독 청년들이여! 만약 청년 예수께서 침묵을 지키셨다면 십자가는 없었을 것이요, 십자가가 없었다면 지금 우리에게는 구원이 없었을 것입니다 |
| 하느님께서 우리가 하는 일에 미소지으신다 |
| 그들은 진실과 정의를 위해 싸웠다 해서 그들의 아버지가 투옥되고 어머니가 괴로움과 고난을 당하는 자녀들이 아닙니까? 이들 극소수의 나의 형제들을 돕는 것은 그리스도교인뿐 아니라 모든 인간의 의무인 것입니다 |
| 의로운 일하는 모든 이에게 하나님의 은총을! |
| 불의의 골리앗이 전능자를 무시하는 소리 때문에 내 심령이 분노의 열기로 죽게 되었나이다 |
| 어떻게 기도해야 합니까?<br>1. 저들을 불쌍히 여겨달라고? 2. 저들을 멸해달라고? 3. 우리에게 더욱 인내할 수 있게 해 달라고? |
| 가빈아! 동아의 기상처럼 주님을 위하여 이웃과 나라를 위하여 너의 생명 품성 의지를 다하기 바란다 |
| 옳은 길이면 힘을 다하여 가리라 |
| 난세를 지혜롭게 살지 못하고 "아니오"를 말해버린 죄목으로 유죄선고 받은 내 사랑하는 학생들, 젊은 아모스들을 생각하면서 |

| 하느님 우리 아빠께 끈질긴 힘을 /어느 동아 가족의 두 딸 |
|---|
| "젊은 여성들로 하여금 하나님이 창조주이심을 믿게 하며 온 인류는 하나님 안에서 한 형제가 됨을 인정하게 하고 구세주이신 예수의 교훈을 자기 생활에 실천하게 함으로써 평화와 정의의 사회를 건설함을 목적으로 한다" / 청년들의 "하루찻집"을 성원해 주심을 감사합니다. |
| 우리의 아픈 가슴과 함께 조국의 아픈 상처가 하루빨리 완쾌되기를 그리스도의 이름으로 기원합니다. |
| **회개 촉구** |
| 사욕에 눈이 어두워 공의와 인권을 외면하는 정치인들이여!<br>부정 축재하여 사치와 향락에 도취된 특혜 부실 기업가들이여!<br>74억 원 부정자보다 민주 회복을 주창한 애국인사들을 엄벌한 불의한 처사들이여!<br>권력 앞에 아부하며 양심을 잃어버린 간사한 자들이여!<br>고귀한 국민주권을 선심 공세에 빼앗기려는 나약한 자들이여!<br>십자가만 찬양하고 십자가를 지지 않는 무능한 종교인들이여!<br>우리는 준엄한 하나님의 심판과 닥쳐올 역사의 심판을 두려워하며 속히 회개합시다.<br>우리의 생존을 위하여 악한 길을 버리고 그 나라(신앙)와 그 의(정의)를 구합시다. |
| 신부와 목사는 누구나 만유의 주 하나님 그리스도의 종다운 제사장과 선지자의 사명을 수행하고 있는가? 십자가 지는 것을 두려워하는 비겁 비굴한 자는 없는가? 이사야 예레미야 다니엘 아모스 세례요한 같은 한국의 선지자가 크게 부르짖음이 오늘보다 더욱 절실히 필요했던 적이 언제 있었든가? |
| **자유회복** |
| 자유에 대한 사랑, 자유는 동아의 원천 |
| 옥중에서 고생하시는 목사님들 학생들 자유의 몸이 되시기를 기도 |
| 자유가 아니면 죽음을 달라. 우리가 할 수 있는 일은 빼앗긴 자유를 다시 찾는 일 |
| 자유는 풀어주면 얻고 거두어들이면 뺏기는 물건이 아니다 |
| 저들이 우리의 입을 막으면 길가의 돌들이 모두 일어나 소리치리라. 자유 위한 연합기도회 |
| 선교의 자유를 위하여/ 예수 그리스도는 우리를 자유케 하시고 연합케 하신다 |
| 하나님이 주신 인간의 자유, 평등, 민권 회복을 쟁취할 때까지 우리 모두 분투합시다 |
| **민주주의** |
| 이 땅 위에 참다운 민주주의가 꽃필 것을 믿고, 기다리고, 또 기도하면서 |
| 뜻있는 민주시민들이여! 오는 12일을 "구국 금식 기도일"로 수감 중인 윤한봉 군의 친부 사망을 통곡하면서 / 전남 구속자가족협의회 |
| 의를 위하여 핍박받는 203명에게 자비하시고 전능하시길 간절히 기도합니다 |
| 주인(주권자인 국민)을 멸시한 사악한 역천역민의 죄를 회개하도록 구국의 기도를 드립시다 |
| 조국 평화통일과 참된 민주주의 복지국가가 이룩되도록 기도합시다 |
| 우리가 바라는 모든 것은 세칭 인혁당 사건의 공개재판이다 |
| 모든 독재를 배격하며 진정한 자유민주주의의 실현을 위하여 투쟁함을 결의한다 |
| 주여, 어디로 가시나이까? 만남이 반가워 여쭈었을 때 "나는 피 흘리며 죽어가는 사랑하는 대한의 아들딸에게로…" 고난에 동참하지 못함을 부끄러워하면서 |
| 구속자 가족들의 간절한 기도와 주님의 종들의 끊임없는 기도를 응답해주신 하나님께 감사드립니다 / 정의 구현에 앞장서시는 여러분과 동아와 함께하는 마음에서…<br>"정의는 반드시 승리할 것"이라 확신하며, 우리 모두 뜻을 모아 기도드립니다 |
| "동아여 건투하라" 오늘의 상황에서 민주 회복은 인간 회복인 것을 우리는 확신한다 |

| 하느님, 양심만으로는 부족하오니 양심을 따르는 용기를 우리 국민에게 주시옵고 자유언론을 실천하는 민주주의의 방패 동아일보와 동아방송을 지키시사 우리 국민이 하루바삐 민주회복을 이룩하게 하시옵기 기도합니다 |
|---|
| 권세가들의 말과 생활방식만이 길이요, 진리요, 생명이며 애국이다. 한국적 민주주의 |
| **선언서**<br><br>우리는 이 나라의 국민 된 긍지와 슬기로 직면한 고난과 부조리를 극복하고 하나님의 뜻에 의한 정의로운 나라를 이룩하기 위해 사회정의구현 부산 기독인회를 결성하고 다음과 같은 결의를 선언한다.<br>① 우리는 오늘날 사회가 세상의 빛과 소금의 직분을 다하지 못한 것을 통회하며 형제의 고통과 아픔에 동참하는 그리스도인의 사랑을 실천한다.<br>② 우리는 하나님의 권세에 도전하는 모든 불의와 죄악이 소멸되고 하나님의 공의가 실현되도록 기도하며 노력한다.<br>③ 우리는 하나님을 부인하는 공산독재와 이와 유사한 모든 독재를 배격하며 진정한 자유민주주의의 실현을 위하여 투쟁한다.<br>④ 우리는 세상의 불의한 세력과 결탁한 모든 사이비 기독교인들을 규탄한다.<br>⑤ 신앙· 언론자유는 직결됨으로 모든 언론탄압은 즉각 중지되어야 한다.<br>**사회정의구현 부산기독인회** |

| <1975. 3> |
|---|
| **언론자유 수호** |
| 등잔 밑을 밝히는 등불이 되라 / 전지전능하신 주님이시여 고난 당하는 동아에 힘과 용기를 |
| 백절불굴의 민족의 동아야! 우리는 너를 주시하고 있다 / 의의 하나님께 영광있으소서 |
| 일어나 빛을 발하라 동아여! / 언론탄압 중지하라 |
| 언론의 자유는 신앙의 자유, 여성의 자유와 직결 |
| 우리는 동아에 무슨 말을 할까 얼굴을 서로 마주합니다 |
| 격려광고조차 줄면 동아는 어디로 / 동아에 하나님의 가호가 있으리라 |
| 언론의 자유는 우리의 생명입니다 / 동아의 고난을 같이하며 주님의 은총이 깃들기를… |
| 동아여! 결코 권력에 굴하지 않기를 제삼 부탁한다 / 꺼지지 않는 등불 |
| 자유와 정의와 진리의 영원한 고향은 너 동아이어라 |
| 가시밭길도 마다하지 않는 너 동아일보와 DBS의 결의에 탄복하고 있다 |
| 자유, 정의, 진리 이름하여 동아의 얼이나 그것은 민족의 정기 속에 영원하리라 |
| 끝까지 선전 분투하는 동아에 갈채를 보낸다 |
| 하느님 동아를 탄압하는 자들에게 양심을 되살려 주소서 |
| 정직한 동아여 앞으로도 영원히 너를 사랑하노라 |
| 주여! 자유언론을 위하여 갖은 고난과 시련을 겪고 있는 동아에게 힘과 용기를 주시옵고 하루속히 광고탄압이 중지되게 하소서! |
| 정의와 진실을 위하는 모든 사람들 그리고 동아 가족을 하나님이 지키시고 인도하실 것을 굳게 믿으며… |
| 동아의 승리를 두 손 모아 빈다! |
| 동아의 빛을 받고 떳떳이 살아갈 수 있는 주님의 은총을 알게 하소서 |
| 자유언론을 수호하려다 안팎으로 수난을 겪는 동아를 격려한다 |

북악산아, 남산아, 너만은 모든 것을 지켜보고 알겠지, 동아의 이 고난을 진정코 하느님이 계시다면 왜 보고만 계시옵니까? 동아를 구해 주시옵소서!

**고난에의 동참**

세상의 빛이 되기 위해 정성을 모았습니다 / 강도 만난 "동아"에 한국교회의 헌금을!

이 땅 위에 하루속히 주님의 이름으로 화해와 자유와 소망이 이룩되기를 간구합니다 / '동아'의 고난에 같이하면서 / 민족과 함께 고난을 겪는 동아일보를 후원합니다

주신 것의 십분의 일을 동아의 제단을 통하여 당신께 감사

동아의 근로자와 함께 아픔을… / 동아의 고난에 동참하면서

내가 태어나서, 배워서, 돈 벌어서 세 번째로 정의롭게 돈을 써 본다

| 정의의 하나님 승리 | 신앙인의 양심 | 석방감사 |
|---|---|---|
| "자유는 강제로 막을 수 없다. 정의는 수갑으로 채울 수 없다" | 고난중에 하나되고 짐 질 때도 하나 되어… | 출옥 민주 투사들을 환영하며 그들의 더욱 용감한 계속 투쟁을 바라면서… |
| 의의 길을 가자 | 청년아! 일어나라 | |
| 진리는 가장 강하다 | **자유 회복** | 김찬국 목사님의 석방을 환영합니다 |
| 죽으면 살리라 | 1. 선교자유 2. 언론자유 3. 양심자유 4. 민주헌정회복 | |
| 정의는 정의를 외면하지 않는다 | | |
| **하나님의 아픔** | 인간 해방 선언 | 이광일 김경남 박상희 박주한 출옥을 환영하며 복교를 희망한다 |
| 하나님의 아픔에 동참하자 | 일어나라 빛을 발하라 / 자유와 평등을 향하여 | |
| 예수님이 눈물 흘리신다 | 자유, 그것은 보류할 수 없는 천부의 권리 | |

**신앙인의 사명**

결의가 수행되기까지 우리는 순교자의 사명을 다한다

민족과 역사, 고난과 사랑, 고난받는 종의 부활, 주의 부활과 기독교인의 자세

동아의 건투를 기원하면서

그리스도와 함께 부활을! 억눌린 자와 함께 고난을!

빛의 사자여 빛을 발하라!

찬란한 부활은 고난의 십자가를 필요로 합니다

**호소**

삼천만 동족의 자유의 숨통을 끊는 자들아 하나님과 민족의 무서운 심판이 두렵지 않는가?

주여 우리는 일흔 번씩 일곱 번이나 참고 있습니다

하나님! 이 나라를 구하소서! 이 민족의 소망을 들으소서.

주님 저들의 무지함을 불쌍히 여기시옵소서

**기독교적 정서**

옥중에 매인 성도이나 양심은 자유 얻었네, 우리도 고난받으면 죽어도 영광되도다!!

그대 영광 빛을 얻으소서 / 길 잃은 어린 양 / 길 찾는 어린 양 / 완전히 하나 되게 하소서

강자와 약자 사이에는 주님밖에 없사오니

하늘을 몇 번이나 쳐다본 후에야 하늘을 진정 볼 수 있겠느뇨? 도대체 귀를 몇 개나 가져야 사람들의 쓰라린 울부짖음을 들을 수 있겠느뇨? 그리고 사람들은 언제까지나 그들이 하는 것을 보고도 못 본 체 외면만 하고 있어야 하느뇨? 사람들은 진정 몇 년이나 살아야 자유로와 질 수 있겠느뇨? 오 내 친구여 묻지를 마라 그 대답은 불어오는 봄바람 속에서만이 들려오리라

"크고자 하거든 남을 섬기라"라는 말은 다만 배재인의 교훈만은 아닐 겁니다

주님 입대합니다 / 훈병 생활을 마칠 때까지는 이 땅에 봄이 오게 하시고 군 복무 기간 동안 붙들어 주세요

We shall overcome

배달의 얼과 그리스도의 사랑으로 번영된 조국을 전승합시다

**민주주의**

하나님이 주신 인권을 유린하는 고문을 철폐하고 불법연행, 감금을 추방하라

덕이 있는 사람이 득세할 때 국민은 즐거워하고 부덕한 사람이 지배할 때 국민은 괴로워한다

3월 10일은 근로자의 날이다. 기아선상에서 헤매며 인간다운 삶을 누리지 못하는 500만 노동자의 생활권은 어디로 갔는가? 정부는 70만의 실업자에 대한 대책을 조속히 밝혀라. 본래의 사명을 망각한 노총은 즉시 제 기능을 찾을 것을 재삼 촉구하며 무능하고 타락한 지도층의 각성을 요구한다.
여당은 목하 심각한 국사를 처리하는 국회에서 다수결의 횡포를 능사로 삼지 말고 당리 당권보다 국가와 민족을 우선시 하기 바란다.
시중에서 나돌고 있는 화폐 개혁설이 거짓이라는 명백한 논거를 제시하라. 환율 인상이 절대 없을 것이라고 천명한 후 환율을 인상한 정부를 우리는 믿기 어렵다.
언론 자유에 앞장서고 있는 기자들을 대량 해고시키고 있는 사태를 주시한다.
*페넌트를 사주신 여러분께 감사드립니다.

가난한 청초를 민주 제단에 바칩니다

국민은 동아와 재야 민주권의 분열을 제일 염려한다. 부활절을 맞아 자유 민주 체제 부활을 기원하며

**개신교 반성**

들어보라
저 거짓의 거리에서 물결쳐 오는 / 뭇 구호와 빈 찬양의 울림을/ 모두가 영혼을 팔아 예복을 입고
소리 맞춰 목청 뽑을지라도 / 여기 진실은 고독이 / 뜨거운 노래를 땅에 묻는다 -청마 시선에서-

죽은 교회여! 일어나라! … 예수께서 눈물을 흘리시다

한국교회 (특히 보수 교단) 목사님들께
흉악범이 형무소에 가도 그들과 그들 가족을 돌봐야 할 우리 목사들이 바른 말한 죄(?)로 고통을 겪는 동아일보를 강 건너 불구경해야 됩니까?
콩나물 팔아 바친 헌금으로 성가대 파티, 목사 휴양비, 예배당 바닥에 고급 융단, 전자 오르간, 크리스마스 때 목사님 양복, 일제 녹음기로 차임벨은 치시면서 … 그러고서도 법조인, 문인, 학생들 앞에서 설교가 술술 나오십디까? 제 말이 틀렸으면 동아일보에 반박성명을 내주십시오.

짊어지겠다던 십자가 이젠

부활절도 다가오고 제발 높으신 분들의 양심도 부활하시도록 기도드립니다

…사람의 삶의 내용과 모습에 대하여 정치라는 한가지 사회적 기능이 오늘날처럼 무섭게 힘을 발휘한 시대가 언제 또 있었던가 "사람이 어떻게 살아야 할까"라는 질문을 종교가 피해 갈 수 없다면, 이 정치 만능의 시대에서 교회가 과연 생명력을 가질 수 있는가의 여부는, 정치권력의 악마적 가능성을 교회가 이해할 능력이 있느냐 없느냐에 달려 있다.
…민주 회복을 향한 한국교회의 순례는, 세계 교회가 오늘날의 역사 안에서 어떻게 신앙을 고백해야 할가를 보여주는 큰 상징이다.
-뉴욕에서 74년 가을에 우리가 발간한 「견해」 지에서- / 지금 한국에 있지 않는 것을 부끄럽게 알며

**신앙적 자부심**

민주 회복과 여성 해방을 위해 애쓰시는 강원용 목사님이 계신 경동교회 신도임을 자랑스럽게 생각한다

예수는 오늘 여기 이 무수한 사람들 속에 부활하셨습니다. 이 작은 예수들의 소리는 고통 앞에서 성실한 한국민을 통해 전 세계 인류에게 보내는 하나님의 메시지입니다. 작은 예수님들은 십자가의 고통을 피하지

| 않으시고 또 다른 부활을 준비하고 계신 겁니다 |
|---|
| 바로 말하는 한국 기독교 장로회와 같이 일함을 자랑스럽게 여기며… |

| <1975. 4> | | |
|---|---|---|
| **언론자유 수호** | **자유 회복** | **호소** |
| 동아여 빛과 소금이 되어주옵소서<br>동아야 어찌 십자가를 너만이! | 그리스도는 자유케 하시며 하나되게 하신다 | 주여! 어느 때까지입니까? |
| 동아여! 소금이 되어다오 | **정의** | |
| 민족지 동아! 더욱 더 밝은 빛이 되기를 기도드립니다 | 진리와 정의와 사랑의 나라를 위하여 | |
| 아모스의 목자처럼 외쳐라 동아여 | 정의 구현 | |
| **기독교적 정서** | | |
| 하느님의 말씀 안에 절대 불멸의 진리를 깨닫고, 영원한 행복에의 길을 찾아가야 할 것입니다 | | |
| 물을 떠난 고기는 혹시 산다 해도 예수 떠난 심령은 사는 법이 없네 | | |
| 악이 성하는데 필요한 모든 것은 선인들이 아무것도 하지 않는 것이다 | | |
| **민주 의식** | | |
| 통일과 분단, 자유와 예속, 민주와 독재, 이 중에서 우리의 선택은 분명하다. 나라의 주인인 우리가 이 선택의 관건을 쟁취해야 한다. 미국 워싱턴에서 동아일보 돕기 소음악회를 마치고. | | |
| 3월 30일 영락교회 부활절 예배에서 박조준 목사님의 설교 말씀 중에서 민권은 국민 스스로 찾고 개발하는 것이라는 말씀에 *본인은 신앙생활을 바꾸어 월분 십일조를 계속 동아 사태가 정상화되기까지 동아에 격려하기로 했습니다. | | |

| | 중학생 |
|---|---|
| 1 | **민주주의**를 배우고 싶습니다. 옥중에 있는 형님 이광일 형님을 보고 싶습니다. / 중학생 창근 |
| 2 | 부산 시온감리교회 중등부 일동 |
| | 고등학생 |
| 1 | 서울 익명 고교생 일동 6만 원(기사) |
| 2 | **의인이 고난**을 받는 것은 새 역사를 창조하는 하나님의 고통이다. 동아여! 새 역사의 징을 크게 울려라 / 동부교회 학생회 일동(기장) |
| 3 | 미움이 있는 것에 사랑을, 분열이 있는 것에 일치를, 어두움에 빛을 가져오는 자 되게 하소서 / 성심여고 2학년 S반 일동 |
| 4 | 하나님의 강하신 손이 잠시 동안 **고난을 받은** 여러분을 친히 온전하게 하시고 굳게 세워주시고 강하게 해주실 것입니다. / 한국 기독교장로회 안암교회 중고등학생회 |
| 5 | 오늘도 **동아일보를 읽으시는 하느님** / 서울제일교회 학생회(기장) |
| 6 | **사랑의 하나님**은 지금도 당신을 기다리고 계십니다. / 대한예수교장로회 북서울교회 학생회 |
| 7 | 귀사의 **언론자유 수호 운동**에 삼가 성원을 드립니다. / 한국기독교장로회 수도교회 중고등학생회 |
| 8 | **동아에 붙은 귀신**을 몰아냅시다-성서연구회(1.27-30)를 끝내고- / 신일감리교회 학생회 |
| 9 | 주여 **어느 때**까지이니까? Young P.E.M을 마치고 / 대한예수교장로회 일신교회 학생회 |
| 10 | 하나님. **동아를 도우소서**! 형의 도움으로 두 번째를 / 성동고 2학년생 |

| 11 | 예수님 뵈러「동아」를 찾았습니다. 2월 헌신예배를 마치고 / 안양중앙교회 학생회(예장) |
|---|---|
| 12 | **죄의 삯**은 클 것이다. / 명지고 2 |
| 13 | 누가 망쳤을까? **아가의 꽃밭** / 대광고 2년 1부 |
| 14 | 믿음으로 일하는 **자유인** / 신일고 1-1반 일동 |
| 15 | **승리**하고 있는 동아 / 한국기독교장로회 신촌교회 학생회 |
| 16 | 미련한 자는 자기의 행위를 바른 줄로 여기나 **지혜로운 자는 권고**를 듣는니라(잠언 12:15) / 삼선감리교회 청년, 학생회 |
| 17 | 의를 위하여 **핍박을 받는 자**는 복이 있나니… / 원주제일감리교회 고등부 일동 |
| 18 | 우리는 **조국을 사랑**합니다. / 용두동 감리교회 고등부 기독 학생들 |
| 19 | **파수꾼이여** 밤이 어떻게 되었느뇨? 파수꾼이여 밤이 어떻게 되었느뇨?(이사야21:11) / 대한예수교장로회 연동교회 중고등학생회 |
| 20 | 진리가 너희를 자유케 하리니 … 우리는 **진리와 의의 편**에 서기를 원하노라! / 창현교회 중고등부 일동(기장) |
| 21 | 아버지의 **나라가 임하옵소서** / 기독교장로회 능동교회 학생회 |
| 22 | 눈물을 흘리며 씨를 뿌리는 자는 **기쁨으로 거두리라**(시편 126:5) / 경기고등학교 장기풍 |
| 23 | **진리가 승리**하리라! 감리교 교역자도 궐기하였습니다. / 제천 제일감리교회 고등부 |
| 24 | **민족의 소금**이 되고 **인류의 빛**이 되라 / 배명고 2학년 일동 |
| 25 | 세계와 조국을 사랑한다고 말하는 것은 어려운 일이 아니나 참으로 문제되는 것은 **내 이웃에 대한 사랑**이다. / 서울서문교회 중, 고, 대학부(예장) |
| 26 | 여호와께서 너 '동아'로 실족지 않게 하시며 너 **'동아'를 지키시는 자**가 졸지 아니하실 것이다(시편 121:3) / 한국기독교장로회 신사동교회 학생회 |
| 27 | **세상의 빛**이 되기 위해 적은 정성을 모았습니다. / 상도성결교회 중, 고등부 |
| 28 | 주여 우리는 **일흔 번씩 일곱 번**이나 참고 있습니다. / 한국기독교장로회 함열교회 중·고등부, 청년회 |
| 29 | 인간들의 뜻대로 마옵시고 **아버지의 원대로** 하옵소서 / 창신교회 고3(예장) |
| 30 | 이 여우 같은 자들아 그래도 우린 **우리의 길을 갈 것**이다.(누가복음 13:32-33) / 청주 서부교회 학생회와 동문들(기장) |
| 31 | 고난 중에 하나 되고 **짐 질 때도 하나 되어**… / 동성감리교회 M·Y·F 중·고·청년부 |
| 32 | / 한국기독교장로교 서문밖교회 학생회 |
| 33 | 우리는 **계속 주시**하고 있다. / 기독교장로회 성북교회 학생회 |
| 34 | **언론탄압 중지**하라 / 재경 청주여고 실로암회 |
| 35 | 주님 저들의 무지함을 **불쌍히 여기시옵소서** / 정동교회 일고 교생(기감) |
| 36 | 아모스의 목자처럼 **외쳐라 동아여** / 대전감리교회 고등부 학생 일동 |
| 계 | **기장 12 / 기감 8 / 예장 6 / 고교 8 / 성결 1** |

| <중고등학생들의 신앙과 사회의식의 언표> | | | | |
|---|---|---|---|---|
| **동아 수호** | **조국, 민주** | **주님의 인도** | **신앙인의 사명 및 다짐** | |
| 동아를 찾음 | 새 역사 | 고난받는 자를 강하게 | 의인의 고난 | 우리의 길을 갈 것 |
| 동아일보 | 진리가 승리 | 불쌍히 여기심 | 일흔번씩 일곱번인 내 | 어느 때 |
| 동아를 도우소서 | 민주주의 | 아가의 꽃밭 | 계속 주시 | 내 이웃 사랑 |
| 외쳐라 동아여 | 자유인 | 진리와 의의 편 | 파수꾼 | 기쁨으로 거둠 |
| 동아에 붙은 귀신 | 조국 사랑 | 아버지의 원대로 | 민족의 소금 | 짐질 때도 하나 됨 |

| 동아를 지키시는 자 | 승리 | 사랑의 하나님 | 세상의 빛 | 고난 중 하나 됨 |
|---|---|---|---|---|
| 언론탄압 중지 | | 죄의 삯은 클 것 | 핍박받는 자 | 어두움에 빛을 |
| 언론자유 수호 운동 | | | 지혜로운 자 | |

이상과 같이 중고등학생들의 광고에서 신앙과 민주, 역사의식을 관통하는 그들만의 언표들을 살펴보았다. 언론 수호의 메시지와 민주, 역사의식도 중요한 부분을 차지하지만, 신앙인으로서 자신의 사명 의식과 다짐이 가장 빈번하게 사용되었다. 파수꾼, 민족의 소금, 세상의 빛, 핍박받는 자, 지혜로운 자, 의인 등의 어휘들은 이들 어휘로 호명되기를 원하는 신앙인으로서의 자기 고백이다. 이 고백들이 현실 문제로 관통하면서 민주시민 의식을 성장시키고 있다. 좀 더 구체화 되고 좀 더 다양한 시각을 획득하는 교회 교육이 어떻게 행해졌는지 궁금하다. 이는 추후 인터뷰이를 발굴하여 지금 현재 그들의 사회인식과 신앙의 변화 추이를 살펴보았으면 한다.

다음은 '중학생 창근'의 이름으로 광고를 낸 김창근 님의 구술을 소개한다. 중학교 시절의 정의로움은 현재의 삶의 궤적을 이끌고 있었다. 교회교육과 가정교육의 중요성을 이 구술로 재차 확인할 수 있었다.

**<김창근 구술 중에서>(중학생 창근)**

동아일보가 굉장히 그 당시에 곤란을 겪었잖아요. 저도 집에서 동아일보를 봤었는데 동아일보가 이제 박정희 정권 때 속된 얘기로 광고주들이 광고를 못 내게 해 가지고 동아일보를 말살하려고 그럴 때 이제 좀 민주화에 좀 눈이 떴던 사람들이 그렇게 해서 이제 그 광고를 내는 걸 보고 나도 여기에 한번 동참을 해야 되겠다. 제가 그냥 6천 원이 있었는데 6천 원 가지고 만 8천 원으로 늘려 가지고 그 광고 하나 낸 거예요. 1만 2천 원 벌어 가지고 … 신문을 팔아서 그때 하루에 100부씩 팔았는데 한 100부씩 팔아 가지고서는 하루에 2천 원씩 남겼나 그래요. 그러니까 일주일 해서 1만 2천 원을 만들었겠죠. 제가 그냥 집에 돈이 없어서 신문 판 게 아니고 그게 의미가 있다고 생각을 한 거죠. 그러니까 신문 팔아서 광고를 내는 게 거기에 더 나한테는 소중한 의미였다 이렇게 생각했던 거예요.

참 민주주의를 배우고 싶다. 그리고 그 당시 이제 민청학련으로 무기징역 받고 옥중에 있었던 이광일 형님이 저희 교회 선생님이었어요. 저 초등학교 다닐 때 저를 직접 가르치지는 않았지만, 저희 초등학교 때 저희 유년부 선생님이었고 그리고 저희 형님이 이제 이광일 형님하고 좀 가까운 관계였던 거야. 그 가까운 관계라는 거는 옛날에 주로 반정부에 이제 가깝게 지내던 사람들 그런 사람들이 대부분이지. 그 당시만 해도 그때 이제 중학교 1학년 때 민청학련으로 신문에 대대적으로 나오면서 그때 이제 유명한 인사들이 좀 많았죠.

신문을 어떻게 팔았냐면요. 다른 사람들하고 조금 틀려요. 신문을 딱 받잖아요? 그러면 광화문 동아일보사에서 100부를 받아 가지고 거기서 한 장씩 하얀 띠를 둘렀어요. 모조지 해 가지고 저는 그렇게 팔았어요. 그러니까 한 장씩 띠를 눌러가지고 제가 느끼는 거는 저는 신문팔이가 아니고 시민들한테 이제 그렇게 동아일보에 한 장씩 한 부씩 띠를 둘러서 띠를 둘러 가지고 그걸 갖다가 신문을 큰 쇼핑백에다가 100부를 50부씩 2개 나눠 가지고 그렇게 해서 들고 다니면서 제일 먼저 어디를 타깃으로 봤냐면 다방 그다음에 버스. 그러면 이제 다방을 들어가면 어느 다방은 못 들어가게 하는 데도 있고요.

다방 들어갈 때도 이제 교복을 입고 다녔어요. 그때 교복 입고 그걸 팔았어요. 그랬더니 이제 배지를 보고 "아니 휘문중학교 학생이야? 휘문중학교가 원래 매국노 학관데" 그런 소리 들었어요. 그 당시는 그걸 몰랐어요. 신문 팔면서 그걸 알게 됐어요. 내가 그거를 생생하게 기억하는 게 "매국노 학교에서도 이런 학생이 나오는구먼" 내가 그 소리를 들었어요. 띠를 두른 걸 사람들이 보잖아요? 그러면은 조금이라도 민주화 의식을 가지고 있는 사람은 신문을 안 살 수 없게 만들어 놨다고 표현해야 되겠죠. 제가 기억하기에 그랬어요. 그래 갖고 그걸 갖다가 내가 10원에 떼어서 20원에 파는 신문이었어요. 100원짜리 주는 분들이 많았어요. 목표는 하루에 천 원을 남기는 거였는데 생각보다 많이 남겼어요. 그래 갖고 어떤 날은 2천 원도 남기고 어떤 날은 3천 원도 남기고 … 아직 이거 누구한테 한마디 얘기한 것도 아니고 우리 식구들도 내가 돈을 어떻게 만들었는지 몰라요.

어느 정도 시내에서 팔다가 집으로 가려고 버스를 타면 버스에서도 이제 "동아일보예요. 신문 사세요 동아일보예요." 이러면서 이제 얘기하잖아요. 그러면은 많은 사람들이 사줬어요. 근데 이제 중간 중간에 어떤 인간들이 있었냐면 "이거 뭐 하는 거야 너 어디 경찰서 갈래" 이런 인간들도 있었어요. 거의 내가 그 당시 신문 팔러 다닐 때 보면은 그런 사람들이 많았고 다방에서도 웬만하면 잡상인들 내쫓잖아요. 근데 저는 그 당시에 내쫓기지는 않았던 것 같아요. (2024. 12. 26. 오후 5시).

이상으로 동아일보 격려광고에서 드러난 개신교인들의 광고 내용을 정리하면, 몇 가지 시사점들을 볼 수 있다. 우선, 개신교의 개방성과 상호 유대성이 두드러지게 나타난다는 것이다. 1월 초반에는 일반 전체 격려광고들은 익명의 독자가 대다수를 차지하다가 점차 본인의 이름을 밝히는 경향을 드러낸다. 전술하였다시피 '익명성의 시대'라 일컬을 정도로 익명의 비율이 높다.(익명성의 긍정성은 전술한 바 있다. 익명성의 또 다른 측면을 말하는 것이다) 하지만 개신교인들의 익명성은 상대적으로 낮다. 교회 이름을 당당히 밝히고 성서 연구 모임이나 교회성가대 등 다양한 모임을 밝히고 심지어는 교회 위치까지 알려주는 친절함도 있었다.[48]

교회는 자신들의 시대적인 신앙적 양심을 중요하게 생각했고 교회의 시민 종교로서의 사명을 중시하여 기독교 단체는 당연히 공동성명으로 참가 단체명을 중시하여 밝혔고 각 노회명 그리고 개 교회명, 각 부서명을 대부분 밝혀 자기 의사를 표출하였다. 또 각 교단과

48 서대문구 역촌동 예일학교 앞 대한예수교장로회 백석교회 교우 일동.

개 교회와의 유대, 개 교회와 소모임 그리고 개인과의 유대를 넘어 해외 교회까지 크리스천이라는 이름의 유대가 전면적으로 나타나고 있다. 개인들의 특정한 생활세계를 넘어 보편적인 합의를 이끌어내는 합의 도출에 중요한 힘은 유대감이다.[49] 상호 유대성은 상호주관적으로 공유된 생활형식을 통해 밀접한 관계를 맺고 있으며 "나에게는 이렇게 보인다"라는 자신의 관점을 타자를 향해 말하며 의견을 교환하는 장을 만든다.[50] 그것이 공론장이며 그의 전제는 공개성이다. 이 공개성은 현장성, 실천성, 보편성, 초월성과 함께 기독교의 공공성의 필수 요소라 말할 수 있다.[51]

또한 자유로운 평신도 폭이 타 종교에 비해 상당히 넓다는 것이다. 내용상, 존재상, 조직상 동아일보 격려광고 개신교 참여자 분포도로 보면 개별 평신도가 압도적으로 많음을 볼 수 있다. 이러한 현상은 앞서 기도회 양상에서도 전술하였지만, 개신교의 가장 중요한 특성이 격려광고에서도 나타난다. 수직적이지 않은 구조, 평신도의 움직임이 다양하게 펼쳐진다는 점, 가족 단위, 개인의 존재 범위가 넓다는 점(수도권, 각 지역 그리고 해외) 등의 구조적인 특징을 보인다. 이는 다시 말하면 개신교의 네트워크가 폭발적으로 확대되고 있다는 것을 의미한다. 1973년 남산부활절 사건에서 본 네트워크는 해외 기관들의 네트워크 위에 국내 몇 개 교회의 움직임이 중심이었다면 1975년의 네트워크는 국내 평신도와 해외 평신도들의 네트워크로 확산되었음을 보여준다. 이 참여자 분포를 네트워크로 볼 수 있을 것인가. 이미 그들의 소속과 의지를 밝혔기 때문에 기장, 기감, 예장 등의 개 교회 네트워크를 현실화할 수 있는 일은 손쉽게 접근 가능할 일이었다. 가능한 연락망들이 우연찮게 격려광고로 인해 형성되어 버렸다.

이들 광고의 참여로 인해 개신교인들의 신앙적 내면화의 표출, 신앙적 사명감, 성서에 입각한 그들만의 정서, 특히 고난에의 동참을 가장 중요시 여겼던 신앙적 양심이 부각된다. '평등한 권리와 자유는 그들이 속해 있는 공동체와 이웃의 복지 없이는 보호될 수 없다'고 한 하버마스의 말처럼 개신교인들의 고난 당하는 자들을 외면하지 않고 지원과 격려를 해주

---

49 위르겐 하버마스/이진우 옮김, 『담론윤리의 해명』(서울: 문예출판사, 1997), 26.

50 사이토 준이치/윤대석·류수연·윤미란 옮김, 『민주적 공공성』(서울: 이음, 2009), 69.

51 고성휘, "1980년대 기독교 공론장의 공통적 가치와 공공성 — 목요 예배와 교양 강좌회를 중심으로," 「신학사상」 193 (2021), 234.

는 일들이 전제되지 않으면 인권 보호와 민주주의의 발전은 요원하다. 고난과 함께하는 일에 앞장서서 시민들을 지켜내는 사람이야말로 '용기'를 가진 하나님의 사람이다.

아쉬운 점은 또 언표의 상징성에 있다. 성서에 근거해 현실 비판을 하는 경향이 가장 많이 나타나는데 성서가 특히 신약이 중심이 되다 보니 역사적 맥락이나 의미들을 오늘의 현실에 직접적인 접근이 되지 않고 신약의 상징적 언어와 은유적 표현들을 활용하는 일이 많아 보인다. 상징적 언어로 자신의 생각을 표출하면 자기 삶을 구체화하기 어려운 측면이 발생할 수 있다. 구체성은 현실을 인식하게 하지만 상징성은 현실의 문제를 구체화하기 어렵게 만든다. 격려광고에 나타난 개신교인의 직업 역시 시민으로서 다양한 계급적 기반 위에 삶을 영위한다. 변호사, 목사, 목장, 작가, 교사, 교수, 운전수, 장사꾼, 대학 졸업생, 전도사, 신학대생, 광부, 부교수, 택시 운전사, 충무로 의상실 종업원, **제약 관리과 직원, 종로 약대인, 강원도 중기사원 등의 직업을 갖고 있다. 사적인 삶 속에서 느끼는 현실의 문제가 정작 자신의 삶이 공적인 정의 앞에 소멸되기 십상이다. 이런 현상이 지속적으로 학습되고 표현하게 되면 삶의 문제해결이나 사회를 바라보는 의식이 이분법적으로 치우칠 우려가 있다. 기표보다 기의가 우위일 때 주체는 기표의 결여를 보지 못한다.

그리고 개신교인들의 언표들에 자유에의 희구가 구체적인 민주주의로 발전되어 나가는 연결고리가 다소 취약해 보인다. 전체 광고의 1월은 언론자유, 동아일보 지지의 내용이 다수를 차지했다면 2월로 들어서서는 현 정부에 대한 비판적 인식을 드러내고 민주주의와 진리, 정의를 강조하는 광고 문안들이 다수를 이루는 반면, 개신교인의 언표를 보면 언론자유 수호에 무게중심이 있고 선한 자가 결국 이긴다는 신념, 기독교의 사명 등이 중심을 이룬다. 이는 중고등학교 학생들의 언표에도 그대로 나타난다. 교회 내 민주, 자유, 정의의 개념들이 구체적으로 발화되지 못하고 사회현실이 선과 악으로 추상화되어 인식될 때 실질적인 해결 모색, 대안 제시는 쉽지 않아 보인다. 이를 증명하는 것이 기독교 단체의 성명서 언표들인데 개신교인들의 언표와 상당히 괴리되고 있음을 알 수 있다.(부록참조)

더하여, 격려광고 중 밖으로 향하는 외침이 아닌 안으로 향하는 외침을 눈여겨 볼 필요가 있다. 개신교 지도자들에 대한 회개 촉구이다. 자성의 움직임이 광고에서 신랄하게 비판으로 제기된 것이다. 상징적인 언표를 많이 사용했던 다른 영역에 비해 자성의 움직임은 보다 구체적이고 대상이 명확하다. 하지만 838건 중 단 20여 건에 그친다.

"양들은 위기를 알고 우는데 어찌하여 목자들은 침묵만 지키십니까."

"이 어려운 시기에 무엇들을 하고 계시는지 궁금합니다."

"침묵은 또 하나의 동조이다. 고려 교우들은 제 이의 신사참배 사태가 오기 전에 단합·각성·준비하라."

"들어보라
저 거짓의 거리에서 물결쳐 오는 / 뭇 구호와 빈 찬양의 울림을 / 모두가 영혼을 팔아 예복을 입고
소리 맞춰 목청 뽑을지라도 / 여기 진실은 고독이 / 뜨거운 노래를 땅에 묻는다
_ 청마 시선에서"

"이사야 예레미야 다니엘 아모스 세례요한 같은 한국의 선지자가 크게 부르짖음이 오늘보다 더욱 절실히 필요했던 적이 언제 있었든가?"

죽은 교회여! 일어나라! … 예수께서 눈물을 흘리시다

한국교회 (특히 보수교단) 목사님들께
흉악범이 형무소에 가도 그들과 그들 가족을 돌봐야 할 우리 목사들이 바른말한 죄(?)로 고통을 겪는 동아일보를 강 건너 불구경해야 됩니까?
콩나물 팔아 바친 헌금으로 성가대 파티, 목사 휴양비, 예배당 바닥에 고급 융단, 전자 올갠, 크리스마스 때 목사님 양복, 일제 녹음기로 차임벨은 치시면서… 그러고서도 법조인, 문인, 학생들 앞에서 설교가 술술 나오십디까? 제 말이 틀렸으면 동아일보에 반박성명을 내주십시오.

마지막으로 동아일보 격려광고에서 가장 크게 드러나는 점은 개신교인들의 다양한 정체성이다. 개 교회, 소모임, 평신도 한 사람 한 사람의 개인사가 한국 현대사의 굴곡을 모두

포함하고 있어서 개별자들의 의식구조 또한 다양할 수밖에 없다. 저 멀리 서독 1천 미터 지하 광부에서부터 월남한 기독교인 의대 교수, 운전수, 익명 장사꾼, 약사, 고교 교사, 위생원, 택시 운전사, 가정교사 등 다양한 업종에서 삶을 살아가는 평신도들의 정체성들이 신앙이라는 매개로 하나님의 정의를 희구하는 공통의 행동을 보이고 있다는 것에 주목할 필요가 있다. 안교성의 서술을 인용한다.

> "당시 한국 사회는 남북분단, 독재, 민주화 운동 등 다양한 요소가 얽혀서 정치사회적으로 복잡한 구도를 지녔다. 이런 가운데 매우 복합적인 정체성을 보인 인물도 나왔는데 이런 인물까지 이해해야 당시 기독교 민주화운동을 제대로 이해할 수 있다. 가령 대표적인 인물로 고영근 목사를 들 수 있다. 그는 북한 출신이되 한국전쟁으로 인해 남한에 온 기독교인이자 전쟁포로였고, 성결교 목사에서 장로교 목사가 되었으며 반공주의에 철저하되 독재에 반대했으며, 부흥사이되 투옥을 거듭한 민주투사였다. 1970년대 민주화운동은 외견상으로는 흑백논리식의 이분법적 상황이 주도하지만, 내부적으로는 고영근처럼 복합적 정체성을 지닌 경우가 적지 않았다. 실제로 선명성이 중요한 엘리트 운동가가 아닌 일반 대중 가운데는 이런 유형의 갈등을 겪었을 가능성이 없지 않았을 것이다."[52]

격려광고 행렬에 동참하며 회개의 목소리를 행동으로 구체화 한 인물이 있다. 목사 고영근의 등장에 주시할 필요가 있다. 그는 '대한민국 국민이며 대한예수교장로회 목사 고영근'의 격려광고로 박정희 정권에 저항하기 시작하여 긴급조치 9호 구속, 이후 박정희·전두환·노태우 정권과 맞섰다. 그는 기독교회관 807호에서 한국기독교선교회 총무, 부흥사협의회 총무 그리고 77민족복음화대성회 준비위원으로 일하고 있었다. 그러나 그는 75년 부흥사협의회를 탈퇴하였고, 76년 긴급조치 구속으로 한국기독교선교회와 77민족복음화대성회 사업과 멀어지게 되었다. 그가 민주화운동의 수면 위로 나오는데 기독교회관이라는 공간의 역할도 컸으리라 본다. 특히 목요기도회 30년 역사에서 설교, 헌금기도로 인한 최다 연행자, 최장 연행 기간을 기록한 인물로서[53] 그의 저항의 첫 출발이 동아일보 격려광고였다는 사실

---

52 안교성/NCCK100주년기념사업특별위원회 기획, 『한국기독교교회협의회 100년사』(서울: 한국기독교교회협의회, 2024), 394.

은 흥미롭다. 그는 반공포로, 보수 반공 세력의 주요 인물로 평가되어 왔던 서북 지역 출신의 월남 목사이다. 반공 보수와 진보 양대 진영으로 분류할 때 반공 보수에 속한다. 하지만 그의 삶은 진보 인사보다 더 진보적이었다. 보수적 신앙인으로서 타협적이지 않았고 중간 지대에 있는 개신교인들에게 전국 부흥회를 통해 하나님의 정의를 바로 보게 하는 노력을 하였다. 그렇다면 고영근처럼 1970년대 양대 진영으로 가둘 수 없는 다양한 정체성을 가진 기독교인이 분포될 가능성이 높다. 이른바 강인철이 언급한 회색지대에 놓인 자들. 대표적인 예가 바로 격려광고에 자발적으로 나타난 개신교인들이다. 그 안에는 진보 기독교인들도 있었지만, 더 많은 평신도들의 개별적 목소리들이 있었다는 사실을 기억해야 한다. 1970년대 중반은 이렇게 중간 지대에 놓인 건강한 그리스도인들이 곳곳에서 빛과 소금의 역할을 하고 있었다.

사욕에 눈이 어두워 공의와 인권을 외면하는 정치인들이여!
부정 축재하여 사치와 향락에 도취된 특혜 부실 기업가들이여!
74억 원 부정자보다 민주 회복을 주창한 애국인사들을 엄벌한 불의한 처사들이여!
권력 앞에 아부하며 양심을 잃어버린 간사한 자들이여!
고귀한 국민주권을 선심 공세에 빼앗기려는 나약한 자들이여!
십자가만 찬양하고 십자가를 지지 않는 무능한 종교인들이여!
우리는 준엄한 하나님의 심판과 닥쳐올 역사의 심판을 두려워하고 속히 회개합시다.
우리의 생존을 위하여 악한 길을 버리고 그 나라(신앙)와 그 의(정의)를 구합시다.

53 고성휘, "한국 민주운동사 최장기 정치 및 저항 공론장으로서의 NCC 목요기도회," 「기독교사상」 2021/11월호, 75.

| 목요기도회로 인한 연행 기록(2) | | | |
|---|---|---|---|
| 구분 | 성명 | 내용 | 결과 |
| 최초 연행자 | 오글 목사 | 1974' 10/10, 인혁당 사건 언급, 기도 축구<br>1974' 10/11 중앙정보부로 연행 | 강제출국, 추방 |
| 최다 연행자 | 고영근 목사 | 설교로 5회차 연행(82' 4/20, 83' 2/24,<br>85' 9/19, 86' 9/11, 10/30),<br>기도로 1회차 연행(86' 1/16 헌금기도) | 총 6회 |
| 최장 기간 연행자 | 고영근 목사 | 82' 4/20(1일), 83' 2/24(41일), 85' 9/19(12일),<br>86' 1/16(12일), 9/11(7일), 10/30(2일)<br>※불구속 입건, 87' 3/30(남부지원에서 재판) | 총 75일 |
| 기도로 연행 | 박형규 목사 | 1986' 10/30 건대사건 축도 | 총 2일 |
| | 고영근 목사 | 1986' 1/16 헌금기도 | 총 11일 |

5장

# NCC 선교자유수호대책위원회, 금요기도회를 열다

# I. 목요기도회, 두 번의 위기(1975. 4.~1976. 3.)

## 1. 인혁당 기습 사형 집행과 시신 탈취 사건(1975. 4.~1975. 8.)

### 1) 시뻘건 낙인

연합뉴스 기자 맹찬영·이충원이 쓴 「인혁당 사건의 재조명」에는 다음과 같이 쓰여 있다. "인혁당재건위 사건 때 중정6 국장이었던 이용택은 모 월간지와의 인터뷰를 통해 '박정희 대통령도 인혁당 사건에 상당한 관심을 갖고 있어서 1주일에 두 번꼴로 보고를 했다'라면서 조작을 부인했다." 박정희가 인혁당 사건 수사를 담당했던 이용택을 1주일에 두 번꼴로 만난 것은 인혁당 사건에 특별한 관심을 가졌다는 증거이다. 왜 박정희는 초법적 살인을 저질렀을까.

이 사건 관련자들의 민족민주운동을 조명할 필요가 있다. 4월 혁명이 일어나기 전인 1955년 부산 지역 고등학생들이 주축이 되어 암장(岩漿)이 만들어졌는데 이 서클에서 이수병은 박중기·김금수·유진곤·김종대 등과 함께 진보적 서적을 읽었다. 4월 혁명 운동 시기에 서도원·도예종·송상진·하재완·조만호 등은 대구 부산 등지를 주요 거점으로 하여 통일운동 자주화 운동을 전개한 민주민족청년동맹(민민청)에서 활동했다. 우홍선(위원장) 등은 민민청과 함께 이 시기의 대표적 청년 운동단체로 민족자주통일중앙협의회(민자통)에서 활동한 통일민주청년동맹(통민청)에서 활동했다. 이수병은 경희대 민족통일연맹 위원장이었다. 장면 정부가 반공법과 데모 규제법을 만들려 하자 '2대 악법 반대 전국공동투쟁위원회'가 발족했는데, 전창일은 이 단체의 기획위원, 실무위원이었다. 전재권·강창덕·김한덕·전창일·이성재·이태환 등은 4월 혁명 운동 시기 후반에 활동한 혁신정당 사회당 간부였다. 나경일은 노동운동에서 일했다.

5·16 쿠데타를 일으키자마자 박정희 등 주동자들은 통일운동 등 민족민주운동을 폈거나 전쟁 시기 집단학살에 대한 진상규명 운동을 한 인사들을 일제히 구속하고 혁명재판소라는 데서 형을 선고했다. 서도원은 민민청 관계로 5년 형을, 강창덕은 피학살자 유족회 관계로 7년 형을 받았다. 한일협[1]이 일어나자 이성재·전창일·장석구 등은 고문에 서민호를 모시

고 자강학회를 조직했다. 1960년대 후반에 민족통일촉진회(통촉)가 조직되었는데, 1969년에 3선 개헌 반대운동을 폈다. 전창일·우홍선·이성재·이수병·박중기 등은 통촉의 활동을 강화, 발전시키는 활동을 했다. 1967년 대선을 앞두고 반독재 재야 민주 세력 단일후보추진위원회가 대구에서 조직되었을 때 강창덕(대변인), 서도원·도예종·송상진·하재완·이태환·전재권·정만진·조만호·나경일 등이 참여했다. 1969년 3선 개헌 반대 범국민투쟁위원회 경북도지부에는 강창덕·정만진·서도원·도예종·송상진·하재완·이태환·나경일 등이 참여했다. 1971년 대통령 선거에서 국민의 당이 박기출을 대통령 후보로 지명하자 김정규·서도원·전창일·이수병·우홍선·이성재 등은 박기출의 후보 사퇴를 강권하고 야당 단일후보를 위한 활동을 벌였다. 그러자 정보부에서 김정규·우홍선·전창일·이수병·김세원 등을 연행해 협박했다. 비슷한 시기에 만들어진 민주수호국민협의회 경북협의회에는 강창덕·서도원·도예종·송상진·하재완·이재형·나경일·이태환·정만진·임구호·여정남 등이 참여했다.[2]

이들의 민족민주운동 과정을 보면 1974년의 인혁당 재건위 사건은 1964년 인민혁명당 사건을 전제로 한 사건이었음을 알 수 있다. 이들의 진실 규명과 명예 회복을 위해 의문사위원회원회는 열세 가지 위법 사항을 적시하였는데 그중 몇 가지를 보면, 비상군법회의 검찰부가 74년 5월 27일 기소 전에 인혁당재건위에 관해 일체 조사하지 않았고 이름만 덧씌운 점, 피고인들이 주요 혐의사실을 부인했지만, 공판조서는 시인한 것으로 기록하였고 고문 피해 주장을 반영하지 않은 점, 구속 영장 없이 구속된 점, 수사 과정에서 피의자들의 변호인 접견권 봉쇄, 대법원 형이 확정된 다음 날 사형을 집행함으로써 재심을 청구할 기회 박탈, 사형집행명령장부상 사형수의 최후진술도 조작된 일, 예컨대 '조국의 적화통일을 기원한다'는 도예종의 유언의 적화통일은 중앙정보부의 표현이다. 송상진의 시신은 탈취되었고 나머지 7명의 시신 중에서도 일부는 강제로 대구로 송환되었다.

---

1 굴욕적이고 매국적인 협상의 한일회담의 내용이 알려지면서 국내에서 거센 반대운동이 일어났다. 박정희는 1964년 6월 3일 비상계엄을 선포하고 반대운동을 무력으로 진압하고 65년 6월 22일 조인하였다.

2 4.9 통일평화재단, 『인혁당 재건위 사건 재심백서 I』 (서울: 4.9통일평화재단 사료위원회, 2015), 26.

재판부는 10분 만에 '주문'만 읽고는 마치 도망가듯 서둘러 퇴정해버렸다. 연세대생 김영준, 송무호 등 2명에 대해서는 파기환송 결정을 내렸으나 나머지 36명에 대해서는 전원 상고를 기각했다. 이로써 서도원, 도예종, 하재완, 이수병, 김용원, 우홍선, 여정남 등 8명에 대해서는 사형이 최종 확정됐다. 실낱같은 희망을 걸었던 피고인들과 가족들은 모두 아연실색하고 말았다. "모두가 거짓이고 조작이다!" "이것이 공개재판이라 할 수 있습니까?" 방청석에 있던 제임스 시노트 신부는 이 재판을 히틀러 재판에 비유하면서 한 마디를 외쳤다. "이것은 정의를 모독하는 당치않은 수작이다! 공산주의 재판보다 더 나쁘다!"

비탄과 통곡, 분노의 목소리가 법정을 가득 메웠다. 격렬하게 항의하는 사람들과 경비원 간에 몸싸움이 벌어지기도 했다. 한 경비원이 시노트 신부에게 다가와 사형수의 부인들을 조용히 시킬 것을 부탁하면서 속삭이는 듯한 목소리로 말했다. "죄송하지만 여기는 법정입니다." "법정이라고? 여긴 그저 오물들이 쌓여 있는 곳이라구!"[3]

대법원의 확정판결이 내려진 1975년 4월 8일. 같은 사건으로 무기징역을 선고받고 서울 구치소에 수감 중이던 전창일은 불길한 예감이 들었다. 아침에 육군 대령이 구치소로 찾아와 보안과장을 만나고 난 뒤 과장이 사형장 청소를 지시해 청소했더니 두 사람이 사형장을 둘러보고 갔다는 것이었다. 사형집행이 있으면 전날 사형장을 청소하는 것이 관행이다. 그러나 전창일은 "설마!"하고 무심히 듣고 넘겼다. 유인태도 그날 김용원과의 대화를 잊지 못한다. 유인태는 수감자들 틈에 끼어 운동하러 나왔다가 김용원을 만났다. "아무래도 죽이려는 것 같아!" "왜요?" "오늘 수정(수갑)을 갈아 채운 걸 보니 심상치 않아!"

4월 9일 새벽 4시. 교도관들은 사형수 8명을 한 사람씩 깨워 밖으로 불러냈다. 사형장 안에는 서울 구치소장, 입회 검사, 천주교·불교·개신교 목회자들과 형 집행 교도관 등이 참석했다. 9일 새벽 4시 30분경, 흰색 죄수복을 입은 첫 번째 사형수 서도원이 백열등이 환하게 켜진 방 안으로 들어왔다. 그는 아직 잠에서 덜 깬 상태였다. 이어 사형수들이 교도관 두 사람의 부축을 받으며 한 사람씩 사형장에 나타났다. 이들은 '특별면회'가 있다는 구치소 측의 말을 듣고 사형집행장으로 왔다고 한다. 이름과 본적, 주소, 생년월일이 불린 뒤 "긴급조치 위반으로 형 집행에 처한다"는 사형집행문이 떨어지면 종교의식이 치러졌다.[4]

새벽 4시 55분, 서도원을 시작으로 1인당 30분 정도 시차를 두고 김용원-이수병-우홍선-송상진-여정남-하재완-도예종 순으로 형이 집행됐다. 아침 8시 50분, 도예종을 끝으로 8명에 대한 형 집행이 모두 끝났다. 형 집행에 소요된 시간은 대략 4시간 정도였다.

…사형집행 당일에는 세 구의 시신밖에 인도받지 못했다. 10일 오후에야 나머지 5구의 시신이 인도되었는데 마지막 시신은 송상진의 시신이었다.

인혁당 관련자들의 연령을 보면 그들이 얼마나 고통 속에 비참한 시간을 감당해야 했는지를 알 수 있다. 1974년 당시 서도원 51세, 도예종 50세, 하재완 42세, 이수병 36세, 김용원

3 『청년 여정남과 박정희 시대』, 407-408.
4 박정일 목사, 『서울신문』(2005), 4, 21.

39세, 우홍선 44세, 송상진 46세, 전창일 52세, 김종대 37세, 황현승 39세, 이창복 36세, 김한덕 42세, 나경일 43세, 강창덕 45세, 전재권 46세, 이태환 48세, 조만호 39세, 정만진 34세, 이재형 43세, 임구호 25세, 유진곤 37세였다. 21명 중 50대가 3명, 40대가 9명, 30대가 8명, 20대는 단 1명에 불과하였다. 이들의 평균나이는 40세였다. 그리고 청년 여정남 30세. 이들은 냉전 반공 사회의 영원한 '타자들'이었다.

서울대가 대학로 동숭동에 있던 시절, 운동권에서는 이런 말이 있었다고 한다. "한강 이북에서는 서울대, 한강 이남에서는 경북대." 혁신 계열의 활동은 대구·경북, 부산 등 영남권이 확실히 우위였다는 평가를 받고 있었다. 1960년대 경북대 학생운동은 대구·경북 지역 민주화운동의 본거지 역할을 했다.[5] 인혁당 관련자들 대부분이 경북 출신인 점을 생각하면 박정희에게 이들은 오랜 적이었다. 대구·경북 지역의 압도적 지지층을 만들기 위해 반대자들에게 찍은 시뻘건 낙인. 일본제국에 인정받기 위해 일본 만주군 중위로 활동하고, 자신이 살아남기 위해 남로당 동지들을 낱낱이 고발하여 죽음으로 몰아넣었던 전력 있는 박정희에게 사법살인은 그리 위중한 일이 아니었다.

### 2) 시신 탈취 사건과 목요기도회

박정희 정권은 일부 사형수의 시신 탈취라는 반인도적 행위도 서슴지 않았다. 사형집행 당일에는 3구의 시신밖에 인도받지 못했다. 10일 오후에야 나머지 5구의 시신이 인도되었는데 마지막 시신은 송상진의 시신이었다. 그런데 경찰은 송상진과 여정남의 시신을 서울 홍제동 화장터에서 탈취해 가족들의 동의도 없이 화장시켜버렸다. 당초 대구에 살던 희생자들의 유족들은 천주교 신부들과 상의하여 함세웅 신부가 시무하고 있던 응암동성당에서 합동 장례식을 치르기로 했다. 일단 이곳에 시신을 모셔서 기도를 올린 후 가까운 곳에 묘지를 쓸 작정이었다. 그런데 이 정보를 입수한 중앙정보부가 시신을 대구로 이송하기 시작했다. 송상진의 시신을 실은 영구차만이 간신히 탈출하여 현재의 은평구청 인근 녹번동 삼거리에 도착했을 때였다. 돌연 경찰이 찾아와 길을 막고는 시신을 빼으려 했다. 유가족들

---

5 『청년 여정남과 박정희 시대』, 75.

과 성직자들이 맞서 저항했지만, 경찰은 막무가내였다. 2시간 정도 지나자 견인차가 와서 송산진의 시신을 실은 영구차를 그대로 화장터로 끌고 갔다. 결국 경찰은 송상진과 여정남의 시신을 탈취하여 벽제 화장터에서 강제로 화장시켰다. 송상진 아내 김진생은 남편의 시신도 제대로 보지 못했다. 대신 이소선 여사가 송상진의 관을 열어 보았는데 피가 흥건하게 묻어 있었다고 한다. 또 이정숙(이수병 씨 아내)은 함세웅 신부와 함께 남편의 시신을 살펴보니 손톱, 발톱, 발뒤꿈치와 등에서 시커멓게 탄 자국이 그대로 남아 있는 고문 흔적을 발견했다고 주장했다.(함세웅 신부는 이수병의 시신 사진을 흑백으로 촬영해 외신에 공개했다) 서도원의 가족도 응암동 성당에서 마지막 미사를 올리려 했으나 경찰이 관을 실은 차를 경남 창녕으로 몰고 가 미사를 올리지 못했다. 경찰의 시신 탈취 소동은 고문 흔적 은폐와 함께 장례 미사 과정에서 발생할 국민적 이목 집중을 차단, 봉쇄하기 위한 것이었다.[6]

4월 10일 오전 10시 반, 목요기도회가 열렸다. 4월 3일 NCC 총무인 김관석, 박형규, 조승혁, 권호경 목사가 SMCO 사건으로 연행, 구속되었다. 기독교정의구현전국성직자단은 '서독 세계급식선교회가 한국의 극빈 아동 및 빈민촌 급식, 위생시설, 장학금, 직업훈련에 사용하도록 NCC에 보내준 20만 3천 마르크(약 2천7백만 원)를 이 같은 목적 이외에 선교자금 명목으로 변태 사용했음이 드러났다'는 경찰의 발표에 종교탄압의 조짐으로 볼 수밖에 없다는 성명을 발표하였다. 이에 연하여 목요기도회는 '선교 자유 수호'를 주제를 걸고 목요기도회의 사전 광고를 하였다. 영국의 BBC방송이 한국 인권상황 취재를 위해 내한, 목요기도회에 참석하여 현장을 녹화하기로 약속되어 있었다. 4월 8일 인혁당 관련자 판결이 원심을 확정한 지 만 하루가 되기도 전, 4월 9일 새벽 8명 전원이 사형 집행되었다. 4월 10일 목요기도회는 기도 제목을 '선교 자유 수호'에서 '살인 정권 타도'로 바꾸었다. '살인 정권 물러가라' 함성과 유가족들의 피맺힌 절규로 강당이 울음바다가 되었다. 설교는 문동환 목사가, 사회는 이해동 목사가, 기도는 모갑경 목사가, 성명서는 김상근 목사가 읽었다. 강당에는 박종렬이 제작한 플래카드 '우리 아빠는 왜 죽어야 합니까', '살인 고문이 유신이냐', '유신독재 물러나라', '선교비가 횡령이냐'가 내걸려 있었다.

6 위의 책, 428-429.

<박종렬 목사 구술>

그때 엄청나게 많은 분이 예배드렸습니다. 박형규 목사님은 구속되고 인혁당 분들도 사형당해서 저도 분노하여 목요기도회에 플래카드를 붙이고 그 분노를 표현했고요. 그 플래카드 붙이는 것을 김상근 목사로부터 허락을 받아 KSCF 사무실에서 성해용 목사와 함께 만들어 목요기도회 강당에 걸었습니다. 저는 예배 후에 시위도 했으면 하는 마음이었으나 예배드리고 난 후 김상근 이해동 목사가 끌려가고 누가 썼냐는 질문에 저가 나와 저는 정보부에 끌려가 조사를 받았습니다.

4월 10일 목요기도회는 긴장감이 역력했다. 유가족들의 절규 그리고 SMCO 사건으로 구속된 목회자들의 가족들까지 어느 때보다 많은 참석자들이 모였다. 현재 기독교가 받는 선교 탄압, 4월 8일 긴급조치 7호 고대 휴교 조치, 4월 9일 인혁당 관련자들의 기습 사형집행 등 말 그대로 쑥대밭이 되었다. 이러한 당국의 압력에 물러서지 않는 사람들이 하나둘 모인 목요기도회에 문동환 목사는 '데모의 신학'을 설교하였다.

**1975년 4월 10일**

이 글은 지난 4월 10일 (목) 오전 10시 반부터 서울 기독교회관 강당에서 거행된 목요기도회 때 문동환 목사님이 하신 설교입니다.[7]

…이럴 수가 없는 데에 이럴 수가 있느냐. 우리 삶에 있어서 가장 철저히 느끼는 것은 억울한 것입니다. 요즈음 해방의 신학이라고 하는 말이 나왔습니다만은 나는 지난밤에 곰곰이 생각한 것은 "억울한 자의 신학이라고 하는 신학을 하나 만들어야 되겠다" 하는 생각을 했습니다. 등이 굽을 정도로 노동하는 것이 나쁠 것이 하나도 없습니다만 그렇게 죽어라 일했는데 배부른 놈은 다른 사람이 되니까 그것이 억울합니다. 돈이 없어서 공부 못 한 것도 한탄스럽습니다만은….

아무리 봐도 악한 놈들이 모여 선한 척하고 거리를 활보하는 것이 억울합니다. 살인자들은 그대로 있는데 애매한 자들의 목에 줄이 걸리니 원한스럽습니다. 원한스럽습니다. 이 억울함을 어떻게 합니까. 가난하고 무식하고 지체가 없다고 약하고 먹을 것도 제대로 먹을 수 없고 입을 것도 제대로 입을 수 없고 말도 함부로 할 수 없고, 살 권리를 이 땅에서 박탈하니 이것이 그렇게 억울합니다. 이 억울함을 어떻게 합니까. 이 억울함을 어떠합니까. 이 억울함을 누구에게 가서 호소합니까. 호소한들 무슨 소용이 있습니까. 그것이 그렇게 안타깝습니다. 참을 수가 없습니다. 땅 위에 억울한 사람으로 쫙 깔려 있습니다.

땅 위에 억울함이 쫙 깔려 있는데 하느님이 다 무엇입니까. 하느님이 우리에 무슨 의미가 있는 것입니까. 예수 그리스도를 구주라고 하시는데 이 억울한 자에게 그리스도가 무슨 의미가 있습니까. 우리는 묻지 않을 수 없습니다. 예수님이 억울한 사람들에게 무슨 의미가 있는가. 예수가 억울한 우리들에게 아무런 의미도 없다면 그 예수 다 집어쳐라

예수, 그가 태어난 이스라엘 당시는 오늘 우리와 같이 억울한 사람들로써 쫙 깔려 있었습니다. 아침부터 저녁까지 죽어라 하고 일해도 입에 풀칠하기도 힘들 사람들로서 꽉 차 있었습니다. 그러다가 병이라도 나면은

패가망신을 해버립니다. 그런데 왠 병은 그렇게도 많습니까. 눈병, 귀병, 관절, 피부병, 여기에 견딜 수 없는 정신병, 세상을 이러한 병으로 꽉 차 있었읍니다.

이렇게 눌려서 억울해서 어쩔 줄 모르는 사람들이 있다고 하는데 … 한다는 무리들이, 율법을 잘 안다고 하는 무리들이 돌아다니면서 하는 말이야! 이 죄인들아! 왜 회개하지 않느냐고 그럽니다. 너희들 왜 안식일을 지키지 않느냐고 그럽니다. 너희들이 왜 이런저런 일들을 하느냐고 그럽니다. 너희들이 그렇기에 죄를 회개하지 않고 죄의 길에서 나오지 않기에 그렇게 비참하게 산다고 하고 그들의 죄를 모두 다시 재판합니다. 예루살렘에서 내려온 거룩한 의복을 입은 제사장이 이 무지몽매한 자들아! 그리고 말합니다.

왜 이렇게 죽음의 자리에 굴러왔느냐?

예루살렘에 올라와서 양을 사서 하느님 앞에 제사를 올리고 죄의 사함을 받고 다시 깨끗한 삶을 살면 될 터인데 왜 이렇게 그것을 모르고 앉아 있느냐고 그럽니다.

…가야 할 길을 가지 않는다고 그들이 이렇게 비참하게 사는 이유는 그들 자신에게 있는 것이라고 그렇게 손가락질을 하며 꾸중을 하는 무리들로 주변에 둘러싸여 있읍니다. 그런가 하면 생각해 보면 참 답답한 일입니다. 누가 법을 지키고 싶지 않을 사람이 있겠읍니까? 누가 하나님의 율법을 지키고 싶지 않을 사람이 있겠읍니까? 누가 이런 양을 고사하고 염소를 사서 하느님 앞에 당당히 제사 드리고 싶지 않을 사람이 있겠읍니까? 하지만 하지만 어떻게 율법을 지킵니까?

목구멍에 풀칠하기 위해서 아침부터 저녁까지 동분서주하지 않으면 안 되는데 무슨 돈으로 예루살렘에 올라가고, 그리고 양을 삽니까?

왜 이렇게 된 것입니까? 우리도 그렇게 점잖게 교육을 받고 종교를 지키면서 율법을 지키면서 살고 싶은데 도저히 우리는 그렇게 할 수가 없으니 어떻게 된 것입니까? 어떻읍니까? 이것을 누구나 잘 못 된다고 느끼는 것입니다. 사실 따져놓고 보면 우리가 이렇게 살지 못하고 이렇게 비참하게 사는 것은 그것은 웬일인지 모르나 저놈들 때문인 것 같이 보입니다. 왠지 따져 말은 못 합니다만 저놈들은 왜 저렇게 잘 살고 저놈들은 왜 저렇게 높은 자리에 앉고 저놈들은 왜 저렇게 큰 소리를 할 수 있는데 우리는 요 꼴인가 하고 생각하면 하느님을 ○○ 할 수도 없고 원망스럽고 괘씸합니다. 이런 때 이런 무리들 가운데 예수님이 오셨읍니다.

이렇게 안타깝고 억울한 것이 있어도 억울한 것을 의식도 하지 못하고, 말도 하지 못하고 있는 예수님은 오셨읍니다. 그러한 속에 억울함이 꽉 차 있는 그런 우리들에게 와서 그 이들에게 무슨 말씀을 하셨고 그 이들에게 어떻게 대하셨읍니까? 억울함을 당하는 무리들에게 …로서 임했읍니다. 그랬을 때 억울함을 당한 무리들이 그 억울함을 호소할 데가 없어서 그래서 예수님 주변에 모여듭니다. 모여 들여 모여들어서 그 억울함을 고합니다. 과부, 죄인, 창녀, 고아, 가난한 사람, 병든 사람, 눈먼 사람, 문둥병자 심지어는 정신병자까지도 그의 주변에 달라붙어서 아우성을 칩니다. 이것을 어떻게 합니까 우리는 이렇게 억울합니다.

이 억울함을 어떻게 합니까 하고, 예수님 앞에 와 호소했읍니다. 예수님은 억울한 사람들을 위해서 억울한 사람들의 호소를 들으면서 하나님 앞에 기도했읍니다. 이 억울한 사람들을 위해서 하나님은 어떤 하나님인지 30年 동안 생각해 왔읍니다. 이 억울한 사람들을 어떻게 해야 내가 도울 것인가 이 억울한 사람들에게 무슨 말을 할 수 있을 것인가 생각했읍니다.

그 결론은 세 가지였읍니다. 억울하다. 너희들의 억울함을 이해할 수 있는 분은 한 분밖에 없다. 너희들의 아픔을 아파해줄 사람은 한 분밖에 없다. 그것은 하나님이다.

**그러니까 너희는 너희는 하나님께 기도해라.** (진한 글씨는 저자 임의) 그 기도가 곧 들리지 않을지도 모른다. 그러나 기도하라. 기도하고, 기도하고 또 기도해라. 하나님이 기어이 들어주실 때까지 기도해라. 하나님이 왜 이 기도를 곧 들어주시지 않는지는 우리는 성경을 보면서 연구해야 합니다. 그러나 확실한 것을 하나님이 이렇게 오래 참으시는 것을 나와 여러분과 온 인류의 구원을 위해서 이 인류의 억울함을 위해서, 우리 한두 사람의 억울함이 아니라 인류 모든 사람의 억울함을 성원해주기 위해서 하나님은 기다려라 하십니다. 하나님은 기다려라 하십니다.

우리 한두 사람의 아픔을 참아가면서 우리는 기도해야 합니다. 우리 모두의 억울함이 풀릴 때까지 우리는 기도해야 합니다. 그것이 예수님이 하신 말씀입니다. 끝까지 기도해라 하나님은 선하신 하나님입니다. 마침내는 구하는 자에게 주실 것이요, 찾는 자에게 만나게 해주실 것이요, 문을 두드리는 자에게 열어주실 것이요, 이 억울함을 당한 온 인류의 억울함을 위해서 끊임없이 기도해라. 하나님은 마침내 인류 전체의 억울함을 들어주실 것이다.

하나님은 마침내 인류 전체의 억울함을 들어주실 것이다. 이것이 예수님이 하시는 말씀입니다. 낙심하지 말고 기도하라. 이것이 예수님이 첫 번째로 하신 말씀입니다. 다음에 예수님은 무슨 말씀을 하셨나. 어떤 과부가 억울함이 있어서 악한 재판관에 의해서 … 이것 해 주십시오. 이것 억울합니다. 이것 해 주십시오. 강자는 약한 자를 뿌리치는 것인데 그대로 지지 않습니다. 해 주십시오.

그 목소리는 날로 커져 갑니다. 이것을 … 이 땅 위에 부정이 있어서는 안 됩니다. 억울합니다. 이 억울함을 들어 주십시오. 이 땅 위에 정의가 있으라고 외칩니다. 이것이 데모입니다. 마태복음 21장에 악한 농부의 이야기가 있읍니다만 거기에도 사실은 데모를 한 것입니다. 그 열매는 원래는 하나님 뜻대로 골고루 나누어 써야 함에도 불구하고 이 농부가 욕심이 생겨서 주지 않고 혼자 먹으려고 합니다. 주인이 종을 보고서 정의가 있게 하라고 촉구하라 합니다. 이것은 데모입니다.

성경은 아니 예수님은 데모하라고 그럽니다. 데모하라고 그럽니다. 정의를 위해서 데모하라고 그럽니다. 그것은 요즈음 용어입니다. 예수님은 그렇게 말씀하실 뿐만 아니라 친히 그렇게 하셨어요. 단신으로서 예수님은 데모를 하셨어요. 발석파(바리새파)를 향해서 데모를 하셨어요. 데모는 악을 폭로하면서 정의가 있게 하라고 외치는 것이 데모입니다. 이것은 평화적입니다. 정의를 요청하는 아우성 그것이 데모입니다. 너희 회칠한 무덤들아!

놈들아! 겉은 뻔지르르하고 속은 노략질하는 이 나쁜 놈들아. 너 하늘에 올라갈 줄 아느냐. 지옥에 떨어질 것이다. 회개하라. 지금이라도 회개하라. 그 악한 길을 돌아서라 하는 것입니다. 악한 길 돌아서라 … 너희들은 로마의 권세를 등에 업고. 우리 한국이 외국인에 의지하게 말라고 하지만 외국인의 자본, 외국인의 힘에 의지해서 살고 있읍니다.

그 힘을 믿고 그 힘을 가지고 이스라엘 백성들을 누른 것이 이것이 예루살렘의 성전입니다. 거기에 올라가서 채찍을 들고 데모하시는 것입니다. 왜 하나님의 길을 막느냐 이 강도 새끼들아. 정의가 있게 하라. 하나님의 뜻이 이 땅을 지배하게 하라. 요즈음 우리들은 벽돌을 쥐지만 예수님은 채찍을 쥐셨읍니다. 데모했어요. 데모해라. 정의를 위해서 악한 자를 향해서 데모해라. 우리 한국신학대학도 데모를 해서 지난 밤 12시 휴교령을 받았읍니다.[8] 휴강은 7시에 교수회에서 결정해서 9시에 공표했는데 자정에 문교부가 사람을 시켜서 우리 숙직하는 사람에게 전달했읍니다. 데모하지 않을 수 없어 예수님이 데모하셨는데 우리는 데모하지 않고 어떻게 합니까?

**데모하라. 그것이 두 번째입니다.** 억울한 사람들을 향해서 데모하라 그것입니다. 여러분 그것이 예수님이 하신 것입니다.

**세 번째는 무엇인가? 죽어라 그것입니다.** 죽어라. 십자가를 지라. 그럽니다. 죽어라. 죽어라. 그래야 새 역사가 전개된다. ○○(원본에는 "우리, 예수, 死者, 주님", 대입 가능한 단어가 적혀 있다)의 피가 땅속에 들어가서 외쳤을 때 하나님이 역사 가운데 들어오셔서 산 사람이 데모하고 죽은 사람의 피가 데모하고 하나님 앞에서 아우성치고 땅 위의 강자 앞에서 아우성칠 때 그때 역사는 바뀐다.

여러분 예수님 왜 돌아가신지 아십니까? Demo 하다 돌아갔어요. 예수님은 Demo 하다가 돌아갔어요. Demo 하다가 죽어라 그래서 너희들의 피가 땅속에서 하느님께 호소하고 그 위에 땅 위에 있는 우리가 기도로써 하느님 앞에 호소하고 아우성이 땅을 다시 채울 때 이 호소가 이 기도가 합쳐서 한두 사람의 억울함이 아니라 온 인류의 억울함을 위해서 하나님을 행동케 하신다. 이것이 예수님이 우리에게 가르쳐 주신 것입니다.

그러니까 이것은 **Demo 신학**이라고도 할 수 있읍니다. 사실은 정의를 위해서 하느님의 뜻을 위해서 말하고 외치고 싸우다 보면 예수님께서 땅 위에 오셔서 하신 것이 무엇인지 점점 더 드러납니다. **억울한 자를 위한 신학. 그 신학이 우리 크리스천으로 하여금 하라고 하는 그 내용입니다. 하나님은 끝까지 역사를 주관하십니다. Demo 하면서 죽을 때 땅의 돌까지라도 입을 열어서 아우성을 쳐서 그래서 역사를 되돌려야만 합니다. 이것이 억울한 자를 향해서 하신 예수님의 말씀입니다.**

이것이 그의 삶이었고 그의 뒤를 따라서 살아야 할 우리들의 삶의 길이기도 한 것입니다. 이제 우리의 땅은 어떠합니까? 이것 길게 이야기할 필요도 없읍니다. 만약에 우리의 땅이 우리에게 주어진 연약한 者를 為하여 초가삼간을 지어주고 된장찌개를 끓여서 오손도손 서로 나누어 먹고 사는 그러한 곳이라면 얼마나 좋겠읍니까? 생명을 존중히 여겨서 한 생명이라도 다칠세라 불도 꺼질 쌔라 꺾어진 풀잎 하나도 죽을 쌔라 이렇게 서로 위로하고 아끼면서 사는 존중하면서 사는 세상이 됐으면 얼마나 좋겠읍니까? 이 땅에 태어난 지극히 적은 자 하나라도 가장 약한 자 하나라도 자기 몫의 권리를 충분히 찾아 먹으면서 그에게 주신 삶의 가능성을 최대한도 발휘할 수 있으면 얼마나 좋겠읍니까? 그런데 우리의 현실은 얼마나 서글픕니까? 한심합니까? 여기 우리 조 목사님도 앉아 계시지만 노동자들의 세계에서 일어나는 현실들을 보면서 안타까워하면서 호소합니다. 그 어린 아가씨들이 손톱이 빠지고 몸이 쓰러질 정도로 노동하는데 그 아가씨들의 앞날은 계속해서 막히는 것뿐이고 이러한….

안에서도 자본주들의 배는 계속해서 불러지고 있으니 이런 법이 어디 있읍니까?

나는 여기도 와 계실 줄 믿었읍니다만 말단 공무원들을 보면 참 불쌍해 못 견디겠읍니다. 제 뒤에 형사들이 종종 쫓아다닙니다. 만나는 사람들 마다 우리도 그런 줄을 압니다. 그럴 수가 있겠읍니까 합니다. 그러나 그것을 해야 돼요. 사실 그것, 불쌍한 일입니다. 나는 민복기 대법원장을 위시해서 그 8 사람을 사형시킨 그 판사들 심정을 오늘 아침 생각해 봤읍니다. 그 어떻겠는가? 생명의 소중함은 법을 공부한 사람들이 제일 압니다. 한데 할 수 없이 그 억울한 생명들에게 사형을 선고했어야 한다는 것이 이것이 얼마나 억울하고 부조리한 일입니까.

이런 것이 억울하다고 젊은이들이 외치면 학교 문을 닫읍니다. 왜 하나님의 뜻대로 예수님의 말씀대로 하는 것이 정의가 있게 하는 것이 나쁘냐고 외치면 용공 분자라고만 그럽니다. 증거가 없으니까 고문에 고문을 하면서 증거를 만들어냅니다. 왜 그렇게 억지 근거를 만들었다고 만드느냐고 떠드니까 외국 사람들이 어떻게 된 것인가 조사하려고 옵니다. 조사하러 오니까 그들을 만날까 봐서 격리시킵니다. 강제 연행을 시킵니다. 강제 연행을 시켜서 학교에 들어가 공부도 못 하게 합니다. 강제 연행을 해서 공부도 못 하게 하고 하는 것을 무엇입니까. 이 땅에 젊은이들의 혼을 더럽게 타락시킵니다. 여관방에 집어넣고 젊은 아가씨들을 벌거벗겨 들어 넣읍니다. 이럴 법이 어디 있읍니까.[9] 이것이 우리 백성을 사랑하는 우리 정부입니까? 아니면 어느 침략군입니까? 이럴 수가 있읍니까? 이것이 억울해서 이러다가 적화 통일될 것 같아서 젊은 목사들이 가장 억울한 백성들을 찾아가서 그들의 억울함을 풀어줌으로 말미암아 공산주의가 이 땅에 들어오지 못하도록 하기 위해 빈민굴에 들어가고 공장에 들어가니 그것 또, 공산주의라고 그럽니다. 그 사람들을 為해서 돈을 쓴 것을 횡령했다고 합니다. 그 억울한 사람들의 재판을 위해서 돈을 썼다고 횡령이라고 그럽니다.

…죽은 생명들, 억울한 생명들, 우리 덮어 놓고 그 사람들을 살리라고 하는 것 아니다. 그 재판을, 그것을 공개해라. 여기 가족도 있겠읍니다만 "내 가족이 정말 공산당이라고 한다면 좋다 죽여라"라고 하더라도 보여주지도 않고 하루아침에 사람을 죽이니 이 억울함을 어떻게 합니까? 이것이 어찌 가족만의 억울함입니까? 남의 억울함은 아닙니까? 이것은 백성들의 억울함입니다. 하나님께 아우성을 불러일으켜서 이 억울함의 호소를 땅에 충만 시켜서….

…월남이 저렇게 되는구나, 얼씨구 좋구나. 봐라! 월남이 하나로 총화를 이루지 못해 저러지 않느냐! 그러기에 우리도 총화를 이루어야 한다. 독재와의 밑에서라도 총화를 이루어야 한다. 이것입니다. 총화를

위해선 더 독재할 수밖에 없다 이렇게 말합니다. 여러분! 그러면 월남에 독재자가 없어서 망합니까? 그 사람들이 독재하는 기술이 없어서 망합니까? 그들이 독재정권을 뒷받침해 줄 법령이 없어서 망합니까? 그들이 '反공'이라는 구호를 채 외치지 못한 것입니까? 왜 亡하는 것입니까? 왜 그들의 국민이 전쟁에 대해서 무관심해졌읍니까? 왜 그들의 군대는 싸움할 생각을 않고 도망갑니까? 왜 평화가 이루어지지 않읍니까?

그들의 독재가 부족했단 말입니까? 그러니까 더 독재를 해야 된단 말입니까? 더 비상 법령을 만들어야 평화가 된다는 말입니까? 독재가 그렇게 만든 것이 아닙니까? 독재가 부패를 낳고, 부패가 인권탄압을 낳고 인권탄압이 국민의 원성을 사고, 국민의 원성을 사니까 억압을 해서 저렇게 된 것 아닙니까? 인권을 탄압하고, 현대사회에서 눈과 귀와 입이 되는 언론을 봉쇄하고, 아무도 말도 못 하게 만들어 놓고 보지도 못하고 듣지도 못하게 만들어 놓고, 그래서 그러는 것이 아닙니까? 고문을 하고 월남이 왜 亡하고 크메르가 왜 亡합니까?

미국이 약속을 지키지 아니해서, 미국이 배신을 해서 돈을 대주지 않아서 미국이 군사원조를 중지한 것이기 때문입니다. 미국의 의회에서 문제가 되는 것은 그 나라 백성들이 독재 밑에서 신음한다고 그래서 안 주는 것입니다. 이런데도 이 정부는 이 땅 위에 정의가 있기를 바라는 사람을 용공 분자로 만듭니다.

<우리의 주장>

우리는 정부의 거듭되는 강권발동에 국가 안위에 대한 불안을 느끼고 있다. 최근 "안보"라는 극한적인 용어가 함부로 낭비될 뿐 아니라 천주교에 대한 몰상식한 중상모략, NCC 산하 단체에 대한 선교비 지출간섭, 자유언론 압살정책, 학원에 대한 긴급조치 발동, 형법의 날치기 통과, 인혁당 관련 피고인에 대한 전격적 사형집행, 등 실로 엄청난 사건들이 일일 일건주의로 진행되는 것을 우리는 불안과 안타까움으로 부딪치고 있다. 위의 사건들에 의해 얻어지는 것은 "사회불안의 극대화"요 "국론분열"의 심화이며 그에 이어질 수밖에 없는 "국가안보의 위기"라는 것을 두려움을 가지고 지적하지 않을 수 없다. 정부가 더 이상 사회불안 조성에 솔선키를 중지하지 않는다면 이 나라에는 중대한 위기가 오고 말 것을 우리는 깊이 염려하고 있기에 이에 우리의 주장을 설명하려는 바이다.

o. NCC의 김관석 총무는 지난 4월 3일 시경 직원에 의해 연행된 후 구속 영장이 기각되었으나 오늘까지 사실상의 구속 상태에 있다. 이것은 중대한 인권의 침해요 NCC 산하 교단에 대한 정식도전이며 교회 탄압의

---

7 민주화운동기념사업회 오픈 아카이브, 등록번호 00526106.

8 "소요 재발하면 휴업령 내릴 터," 「조선일보」 1975. 4. 5. 한국 문교부는 2일 한국 신학에 대해 학원 내 소요 사태가 다시 발생할 경우 휴업 명령을 내리겠다고 학교 측에 통고했다. 문교부는 통고문에서 "한국신학대학은 학생들의 소요로 수업을 전폐하고 학사 질서가 문란해졌다"라고 지적, "또다시 이런 소요 사태가 발생할 때는 대학의 지도 및 관리능력이 없는 것으로 보고 교육법 68조 1항(휴업 명령) 규정에 따라 조처할 것"이라고 밝혔다.

9 "석방 인사-학생 강제 관광 여행" 「동아일보」 1975. 4. 4. "3일 오후 6시쯤 함석헌 씨는 천주교정의구현 전국사제단, 기독교정의구현 전국성직자단, 목요정기기도회, 구속자 가족협의회, 구속자가족협의회 후원회 공동명의로 된 '관광 여행에 대한 항의서'를 치안 본부장에 전하려 했으나 만나지 못했다. 이 항의서는 당국이 석방 인사와 학생을 연행, 관광 여행과 미인계를 쓰고 있다고 지적하고 이를 항의하는 내용으로 돼 있다. 이보다 앞서 이날 오전 기독교회관 강당에서 열린 목요 정기기도회에서 석방 학생인 최민화 군(27·연세대 신과대 3년)의 아버지 최내길 씨(67)는 '수사 기관원들이 석방 학생들을 연행하여 관광 여행을 시키면서 미인계를 쓰고 있다'고 폭로했었다."

구체적인 효시라 보지 않을 수 없다. 더구나 수사기관은 교회의 선교비 지출 내용에까지 깊이 간섭하고 있을 뿐 아니라 배임 수사라는 명분으로 교회의 인권민주회복운동을 조직적으로 파괴하려는 심증을 깊이 주고 있다.

언론자유 실천 운동에 대한 정부의 원천적 봉쇄 정책은 쫓겨난 기자를 급기야 즉결재판에 회부하여 또다시 곤욕을 치루게 한 전례를 남겨놓고 있다. 우리는 정부의 악랄한 탄압에도 굴하지 않고 투쟁하는 조선, 동아의 투사들에게 뜨거운 박수를 보내며 그들의 투쟁에 발맞출 것을 다시 다짐하려 한다. 또한 걸핏하면 유신헌법의 특수조항의 하나인 대통령 긴급조치를 발동하여 학원을 짓밟는 정부의 신경질적 정책은 지양되어야 할 것이다.

우리는 수 천 명의 학생이 시위에 가담했는데도 "일부 소수 학생들이 면학 분위기를 해치기 때문"에 동 조치를 어쩔 수 없이 발동했다는 옹색한 변명을 서글프게 듣는다. 독재적 권력을 휘둘러 학원을 탄압하기에 앞서 정부는 학생들의 소리에 귀를 기울이는 혁명을 찾아야 할 것이다.

세상을 그토록 떠들썩하게 했던 소위 인혁당 사건은 정부의 전격적 사형집행으로 영원한 미궁에 빠지고 말았다. 국민은 그동안 그들의 재판기록의 공개와 공개적인 재판을 끈질기게 요구에 있었다. 그러나 국민의 요구는 묵살되고 서둘러 그들을 형장의 이슬로 사라지게 하고야 말았다. 그들이 세상에 있는 한 재판기록 공개가 불가능했던 것인지도 모르겠다. 국민은 그들이 공산주의자인지 아닌지 알 수 없었으나 이 사건에는 무엇인가 흑막이 있는 것 같다는 의혹이 그렇게도 편만했는데 무엇이 급해서 판결 직후 미명에 그들을 죽이고야 말았는지 우리는 무한한 회의를 가져 본다. 정부는 결국 그들을 그렇게 급히 죽일 수밖에 없는 촉박한 사정이 있었던 것이라는 추정을 스스로 낳아놓고야 말았다. 그러나 역사는 결코 흑막을 흑막으로 묻어두지 않을 것이요 그 역사의 심판은 누구에겐가 가해지고야 말 것을 확신한다.

위와 같은 여러 사건들은 과연 무엇을 내놓을 것인가?

정부가 금과옥조처럼 친숙하게 사용하고 있는 국가안보에 결정적인 위기를 초래하는 분위기를 낳고 있다. 여기서 우리는 이 나라 운명에 대한 불안을 느끼지 않을 수 없게 되는 것이다.

이에 우리는 다음의 사항을 정부에 강력히 촉구하며 한다.

1. 정부는 국가 흥망의 바탕인 "안보"를 정략적으로 사용치 말라.
2. 정부는 김관석 목사를 즉시 석방하고 교회에 대한 사찰과 탄압을 즉각 중지하라.
3. 정부는 인형극 같은 언론 정책을 뉘우치고 자유언론의 기틀을 확립하라.
4. 정부는 고대에 내린 대통령 긴급조치를 즉각 철회하여 학원 자율화를 보장하라.
5. 정부는 소위 인혁당 사건의 전격적 사형집행을 국민에게 사과하고 납득할 만한 해명이 있기를 촉구한다.

**1975년 4월 10일 목요 정기기도회**[10]

10 민주화운동기념사업회 오픈 아카이브, 등록번호 00483371.

기도회를 진행 중에 유가족들로부터 전갈이 왔다. 정의구현전국사제단 신부와 목요기도회 목사님들이 오기 전에는 서대문구치소에서 시신 인수 안 할 것이라는 내용이었다. 기도회를 마친 사람들은 서대문 구치소로 모두 몰려갔다. 많은 사람들이 움직였다. 그러나 시신은 서대문 구치소에 없었다. 강제로 시신을 옮긴 뒤였던 것이었다. 떠도는 이야기에 어떤 시신은 가족들의 요청으로 응암동 성당에 있다는 것이었다.(주임신부: 함세웅) 버스를 타고 응암동 성당으로 향하였다. 응암동 오거리에 앰뷸런스를 가운데 두고 경찰과 시민들이 대치하고 있었다. 고인이 된 송상진 씨의 시신이었다. 가족들은 성당으로 옮기려 하고 경찰들은 못 간다며 막아섰다. 격렬한 몸싸움이 벌어졌다. 죽은 자와 산 자의 마지막 작별인 장례 절차마저 가족들의 의사에 따라 치러질 수 없는 비정하고 안타까운 사태가 빚어지고 있었다. 이종옥 여사는 앰뷸런스 시동을 걸지 못하게 껌을 씹어 자동차 열쇠 구멍에 쑤셔 넣었고 문정현 신부는 차바퀴 밑으로 몸을 던져 누웠다. 앰뷸런스가 움직이지 못하도록 이종옥 여사는 자동차 배기통에 신문을 쑤셔 넣고 있었다. 경찰은 대형 크레인을 동원해 앰뷸런스를 들어 옮겼다.[11] 이를 본 문정현 신부는 앰뷸런스 위에 올라갔다가 이를 끌어내리려는 경찰과 실랑이를 벌이다 땅으로 떨어져 다리부상을 당했다.

**<문정현 신부 구술>**

기도회를 마치고 헤어져서 나는 함세웅 신부 그가 있던 그 응암동 성당에서 잤어요.

함세웅 신부랑 같이 잤는데 아침에 전화가 오더라고 그분들이 다 처형됐다고. 그래서 그 길로 서대문 구치소에 갔더니 경찰이 꽉 찼어. 거기에 이미 이제 유족들 대구의 분들 서울분들이 왔어요. 눈 뜨고 볼 수 없지. 소리도 안 나와요. 까무러지고.

그래서 함세웅 신부하고 나하고 "시신을 명동성당 지하 성당에다 모시자. 추기경님과 상의를 해야겠다" 하고 나는 서울 구치소에 있고 함세웅 신부는 추기경님 만났는데 그게 샜던가 봐. 그래 갖고 시신을 빼돌리기 시작한 거야. 그래서 뭐 어디 접근할 수도 없어. 서울분들은 이미 나왔고….

그런데 송상진 씨의 시신이 응암동 사거리에 잡혀 있다고 그래가지고 응암동 사거리에 가서 이제 지금이라면 봉고차 같은 그런 차에 이제 시신을 실어 놨는데, 그 차를 안 뺏기려고 온종일, 지금같이 뭐 통신 시설이 잘 돼 있으면 막 사람들 많이 모일 텐데 그때는 핸드폰도 없잖아. 그 알음알음해서 사람들이 모이더라고. 그래도 한 40~50명 모였어요. 그때 뭐 함석헌 선생님도 오셨고 뭐. 껌을 씹어서 키 박스에 집어넣고 신문지 막 말아라 해서 머플러에다 집어넣고. 나는 막 차 밑으로 들어갔다가 올라갔다가. 나중에는 크레인이 오더라고. 크레인에

11 이해동·이종옥, 『둘이 걸은 한 길 I』, 108-109.

달고 가는데 내가 거기 이렇게 올라갔지. 그러니 이제 와이어로 묶어서 차를 들고 그래 가지고 나는 그 와이어를 붙들고. 와이어가 기름투성이지. 와이어가 온통 기름투성이지. 거기에서 막 연설을 시작하니까 애들이 작전을 하더라고 나를 끌어내려고. 그래 가지고 그냥 안 끌려내려 가려고 그러고 끌어내려고 그러고 막 몸부림치다가 툭 떨어져 가지고 그때 다리 다쳤어요.

응암동 오거리 몸싸움은 목요기도회 참석자들과 인혁당 유가족들과의 연대와 결집력, 투쟁성, 빠른 정보 공유의 장인 목요기도회의 중요성을 부각시켰다. 당국은 목요기도회의 전파력을 차단시키기 위해 압력을 가하기 시작했다. 4월 11일 저녁, 중앙정보부 요원들이 문동환, 김상근, 이해동 목사와 조정하 여사, 인혁당 가족 임인영 씨 등을 중앙정보부 제6국으로 연행하였다. 그들에겐 반공법 위반 혐의가 씌워졌다. 공산주의자의 죽음을 미화함으로써 공산당을 고무하고 찬양한 죄라고 몰아세웠다. '자생적 공산주의자'라는 신조어를 붙여 몰아세웠다. 연행 목적은 목요기도회 중단이었다. '두 사람이 상의하라'면서 김상근, 이해동 목사를 서로 접견하게끔 하였다. 여기서 나가려면 목요기도회 폐쇄를 의논하라는 뜻이었다. 두 목사는 목요기도회를 모이지 않는다는 광고를 「동아일보」에 내기로 잠정적 합의를 보았다. 하지만 어른들과 의논하게 해 달라 요청하였고 중앙정보부는 안국동 윤보선 전 대통령 댁에 어른들을 오시게 조처를 취하고 의논케 하였다.[12] 동아일보는 광고 탄압으로 시달리고 있었고 기자들은 동아일보사에서 내쫓기어 건물 밖에 있는 상태였다. 결국 "목요기도회 회원 여러분께"라는 제목으로 "이번 주는 사정상 목요기도회가 모이지 않습니다"라는 광고를 내었다.

목요기도회
「회원 여러분께」

4월17일 목요 정기기도
회는 사정에 의하여 개최
하지 않기로 하였읍니다
양해하여 주시기바랍니다

[illegible]

구속자 가족 협의회
민주수호 기독자회
여 교 역 자 협 의 회
전국교회여성연합회
목 요 정 기 기 도 회

12 이해동·이종옥, 『둘이 걸은 한 길』, 110-111.

<김상근 목사 구술>

잡혀갔어요. 그래서 닷새를 있었어요. 그런데 중앙정보부 사람들 목적이 목요기도회를 못 하게 하려고 하는 것 같아. 내가 판단해 보니까. 우리가 거부해도 결국은 못 나가고 그러면 이거 누가 일을 수습하나… 그래서 이제 내가 타협을 시작한 거예요. 우리끼리 결정 못 한다. 기도 안 하겠다는 것을 어떻게 우리끼리 결정하냐… 그래서 이해동 목사하고 나하고 합방을 시켜라. 처음에는 안 된다고 그래요. 나중에는 가서 광고를 내라는 거야. 무슨 자격으로 돈이 어디 있어서 신문광고를 내냐 그랬더니 뭐 돈 걱정 말고 당신들이 광고 내라. 그래서 또 중앙정부 차를 타고 동아일보로 간 거예요. 갔더니 다 되어 있어요. 그때 들어갈 때 쫓겨난 기자들이 쭉 두 줄로 서있더라고요. 우리가 가니까 막 박수를 쳐. 우리가 무슨 자기네를 위해서 뭔가 하러 온 거라고 생각했나 봐. 그때 이종옥 여사도 끌려갔어요. 이종옥 여사가 끌려간 건 까만 리본을 달았거든.(인혁당 사건 관련자 사형집행을 추모하는 리본) 이 리본을 누가 만들었냐. 누가 했을 것 같다는 내 추측은 있어요. 전창일 씨 부인이 양장점을 했거든요. 하여튼 목요기도회를 당분간 안 한다 했어요. 4월 17일은 못 하고 4월 24일은 복음교회에서 했어요. 사복경찰이 꽉 찼으니까 누가 들어올 수 있어야지. 그래서 내가 이제 보따리 장사를 했어요.

다음은 목요기도회를 중단시키기 위해 세 명의 목사를 연행해 가며 협박한 과정을 신문기사를 통해 살펴본 것이다. 가장 먼저 연행된 김택암, 함세웅 신부는 곧 풀려났으나 문동환, 김상근, 이해동 목사는 일주일에 걸쳐 연행, 풀려남, 출두를 반복하였다.

| | |
|---|---|
| ▲ 10일 밤 9시경 | 정의구현사제단 김택암 신부 수색성당에서 모 수사 기관원에 의해 연행 |
| ▲ 11일 오전 10시경 | 민주회복국민회의 대변인 함세웅 신부 응암동성당에서 모 수사 기관원에 의해 연행 |
| ▲ 11일 아침 6시 반경 | 김택암 신부 풀려남 |
| ▲ 11일 오후 4시 | 문동환 목사(한신대 교수) 자택에서 모 수사 기관원에게 연행 |
| ▲ 11일 밤 | 정의 구현 목요기도회 주관해 오던 이해동 목사와 김상근 목사 자택에서 기관원에게 연행 |
| ▲ 12일 오전 11시 반 경 | 함세웅 신부 풀려남 |
| ▲ 12일 밤 | 김상근, 문동환, 이해동 목사 일단 풀려났다가 |
| ▲ 14일 오전 9시 | 중앙정보부에 문동환, 김상근, 이해동 목사 다시 출두 |
| ▲ 14일 밤 10시 반경 | 김상근, 이해동 목사 일단 풀려남 |

▲ 15일 오전 9시　　　중앙정보부에 출두했던 김상근, 이해동 목사는 이날 오후에 귀가

▲ 15일 밤 8시경　　　문동환 목사 귀가

▲ 16일 오전 8시 반　　문동환, 김상근, 이해동 목사 중앙정보부에 다시 출두

이들은 그동안의 활동이 반공법에 저촉되는지 여부에 대해 조사를 받은 것으로 알려졌다.

이렇게 오고 가는 연행과 귀가의 반복은 하나의 목표 지점에 다다른다. 목요기도회의 폐쇄였다. 결국 4월 17일 목요기도회는 열지 못했다. 4월 24일 재개해야 할 목요기도회에 또 다른 문제가 생겼다. 중앙정보부에서 목요기도회를 강하게 견제하자 기독교회관 측에서 목요기도회 장소로 강당을 대여해줄 수 없다고 통보한 것이다. 이에 4월 24일 목요기도회는 기독교회관 로비에서 모인 회원들이 인권위원회 사무실에서 모임을 가졌다는 기록[13]과 복음교회에서 드렸다는 엇갈린 증언이 있다.[14] 5월부터 목요기도회의 공식적인 모임은 중단당하였다. 목요기도회 첫 번째 시련이었다.

> 하나님의 형상대로 지음 받은 인간은 어느 무엇을 위한 수단이나 방편이 될 수 없다. 인간의 기본권을 존중하고 개인의 자유와 창조적 삶을 누리게 하기 위하여 교회는 오늘도 일하고 있다. 그러나 공산주의자들은 철저한 유물사관에 입각하여 물리적 힘으로 전체 사회를 건설하려 한다. 이 점에서 교회는 공산주의자와 근본적으로 다른 입장에 서는 것이다. 그러므로 교회의 인권을 위한 투쟁이 용공 행위로 간주될 수 없으며 또 되어서도 안 된다. 이는 한국교회가 공산주의자의 손에서 얼마나 많은 순교자를 내었는가 하는 역사적 사실이 증명한다.
>
> 1. 우리는 기독교인으로서 이북의 공산주의와는 결코 타협할 수 없다. 동시에 우리는 인권을 유린하는 어떤 독재와도 타협할 수 없다.
> 2. 우리는 최근 일어난 월남, 크메르 사태의 교훈, 즉 부패한 독재정권은 다름 아닌 공산주의의 온상이다. 결국은 공산주의자의 손에 의해 도태되고 한다. 이 시점에서 사회정의를 하는 것보다 더 좋은 반공의

13 한국기독교교회협의회, 『인권운동 30년사』 (서울: 한국기독교교회협의회, 2004), 93-94.

14 목요기도회에 있어 복음교회와 오충일 목사의 역할을 빼놓을 수 없다. 복음교회는 기독교회관의 대안적 공간으로서 역할을 빈번하게 하였다(김상근, 박종렬, 오용식, 이종옥 등의 증언). 오충일 목사의 증언에 따르면 "목요기도회가 기독교회관에서 못 모이면 복음교회에서 모였으며 설교자나 사회자가 연금이나 여타 다른 이유로 참석을 못하면 내가 대신 메웠다"라고 증언하였다(2021년 9월 30일 사)한국기독교민주화운동 주최로 열린 '한국기독교민주화운동 역사 발굴 2차 집담회).

길은 없다. 비극적 사례가 이 땅에서 재연되지 않도록 반독재, 반부패, 반폭력의 투쟁을 더욱 강화한다.
3. 정부는 월남, 크메르 사태의 위와 같은 문제성을 왜곡하며 국민을 호도하지 말라.
4. 북한 김일성은 우리의 깨끗하고 정당한 민주 회복 투쟁을 악용하지 말라.
5. 우리는 순수한 기독교 정신에 입각한 언동까지도 용공으로 낙인찍는 일부 기독교인의 맹목적인 반공에 대한 주장이 결과적으로는 독재정권을 합리화시킬 우려가 있음을 분명히 지적하는 바 이다.

**우리의 주장**

첫째, 유신헌법을 완전 철폐하라.
둘째, 구속된 성직자를 즉각 석방하라.
셋째, 비인간적인 폭력 정치를 즉각 중지하라.
넷째, 학원과 언론을 압살하지 말라.
다섯째, 종교탄압을 위한 모든 음모를 거두라.

**1975. 4. 24 목요정기기도회**

### 3) 목요기도회 첫 번째 중단 사태

정권의 개신교 탄압은 점점 심화되어갔다. 4월 16일 오후 NCC 총무 김관석 목사, 수도권특수지역선교위원회 위원장 박형규 목사, 동 간사 권호경 목사, 동 위원 조승혁 목사 등이 업무상 배임 횡령 등 혐의로 서울지검에 구속 송치되었다. 당국은 지난 2년 동안 서독의 세계교회원조기구(BFW)로부터 원조받은 빈민구호자금 19,380,000여 원을 집행하면서 대부분의 돈을 본래의 목적에 위배된 구속 학생 목사 등의 변호사비 생활비 및 개인 잡비 등으로 변태 지출한 혐의로 구속된 것이라 발표하였다. 4월 25일에는 민주회복국민회의 서울지부 상임대표 위원인 윤반웅 목사가 연행되었다. 시노트 신부는 한국 체류 기간 연장 신청을 거부당했고 4월 24일에 있었던 목요기도회의 개최 경위와 성명서 내용에 대해 대한성서공회 구약 번역 위원장 문익환 목사와 최승국 전도사가 연행되어 조사를 받았다. 탄압의 고삐는 점점 조여져 갔다. 시노트 신부는 결국 출국당했으며[15] 선교자금 횡령 사건은

15 4월 30일 오후 7시 출국, "한국 국민이 내보내는 것이 아니기 때문에 즐거운 마음으로 떠난다. 되도록 빨리 한국에 돌아와 봉사하겠다"고 말했다. 쥐색 싱글 차림의 그는 인혁당 재건위 사건으로 사형당한 사람 수와 같은 8인이 미 대사관 앞에서 왼팔에 삼베로 만든 상장을 감고 검은 천으로 된 용수를 뒤집어쓰고 밧줄로 목에 감은 뒤 "이것이 조용한 외교의 결과인가?"라는 현수막을 들고 시위를 했다(이상록, "추방당한 두 성직자의 초국적 인

결국 네 명의 목사를 업무상 횡령 및 폭력행위 등 처벌에 관한 법률 위반 혐의로 구속 기소되면서 개신교에 압박을 가했다.

당국의 탄압이 점점 격해지는 과정에 4월 8일에는 고려대학교에만 한정되어 발포한 긴급조치 7호가 있었고 4월 11일에는 서울대학교 농과대학 재학생이었던 김상진 군이 유신체제와 긴급조치에 항거하는 할복자살 사건이 있었다. 기독교정의구현전국성직자단은 5월 1일 종로 YWCA 강당에서 "선교자유와 정의구현을 위한 기도회"를 열어 중단된 목요기도회를 대신하는 기도회를 열었다. 사태는 점점 긴박성을 더해 갔다. 크메르와 월남의 붕괴 문제가 국민총화와 맞물리면서 치열한 논쟁이 벌어지고 있었다.

박정희는 크메르와 월남사태를 핑계로 국가 비상시국을 선포하며 5월 13일 전 국민을 떨게 한 지옥의 긴급조치 9호를 선포한다. 이에 목요기도회는 재개할 틈도 없이 9월 11일까지 중단되기에 이른다. 비록 목요기도회가 공식적인 모임을 갖지 못했지만 SMCO 사건으로 구성된 선교 자유 수호 임시대책위원회[16]가 구속된 성직자를 위한 기도회를 공판 날을 중심으로 1차: 75년 6월 10일(화) 오전 8시 30분 젠센기념관 / 설교: 문동환 목사, 2차: 6월 21일(토) 오전 8시 30분(기독교회관에서 드릴 예정이었으나 다시 젠센기념관으로), 3차: 7월 5일(토), 4차: 7월 19일(토) / 설교: 지동식 목사, 5차: 7월 25일(금), 제5차 공판 설교: 오충일 목사, 6차: 8월 2일(토) / 설교: 문용오 목사, 7차: 8월 16일(토) / 설교: 서남동 목사, 8차: 8월 30일(토) / 설교: 김준영 목사, 9차 선고공판: 9월 6일(토) / 설교: 문익환 목사, 총 9차례 기도회를 열었다. 공판 날이 주로 토요일이었던 관계로 토요일에 기도회를 열었고 이 경험은 76년 3월에 2차 목요기도회 폐쇄 이후 5월에 재개된 기도회를 금요기도회로 바꾼 원인이 되었다. 토요일 공판을 감안하여 금요기도회로 요일을 바꾸게 된 것이다. SMCO 사건 공판을 위한 9회차 기도회 이후 9월 18일 재개된 목요기도회로 기도회의 흐름을 유지하였고 그 안에서 개신교의 저항은 멈추지 않았다.

---

권연대 이야기," 161). 그는 1960년 8월 29일 우리나라에 와 14년 8개월 동안 체한했었다.

16 한국기독교교회협의회 총회록, 『한국기독교사회운동사 제7권』 (서울: 한국기독교교회협의회, 2020), 45. SMCO 사건을 계기로 구성된 선교자유수호임시대책위원회는 1975년 10월 10일 해체되었고 10월 14일 열린 제26회기 제6회 실행위원회에서 선교자유수호대책위원회를 범기구적인 위원회로 조직하였다. 위원장: 김종대 목사. (위의 책, 11월 14일 선교자유수호위원회 창립조직위원회 11인 위원회로 이뤄짐, 11월 15일에는 인권위원회 후원회 창립총회가 있었다. 회장 김윤식 목사, 51).

### 4) 탄압과 저항의 교차 선상에서

목요기도회에 대한 당국의 감시와 참석자들에 대한 협박이 강도를 더해 가면서 폐쇄되고 다시 재개하는 데 어려움을 겪자 새로운 모임체가 형성되었다. 문동환 목사의 '새벽의 집' 공동체 프로그램에 함께하였던 안병무, 이문영, 이우정 등은 빈번한 대화 가운데 모임의 필요성을 구체화할 계획을 세우기로 했는데 그것이 고난을 당하고 있는 자들을 상징하는 '갈릴리' 교회였다. 이들은 교회 설립 예배를 8월 17일 보기로 정하고 집회 장소로 흥사단 소유의 대성빌딩을 쓰기로 하고 1개월간 사용계약을 하였다. NCC 인권위원회 위원장 이해영 목사가 당회장 직을 맡았다. 이해영 목사는 자신의 건강이 극히 좋지 않으므로 곧 죽을지도 모르는 사람을 잡아가지는 않을 것이라고 말하면서 당회장 직을 수락하였다.(그는 1976년 3월에 별세하였고 이후로는 갈릴리교회 구성원들이 2개월씩 돌아가며 당회장 직을 맡았다) 1975년 8월 17일 오후 2시 대성빌딩에서 갈릴리교회 설립 예배가 열렸다. 기독자 해직 교수, 정치적인 이유로 수감된 사람들의 아내 혹은 어머니, 자유언론 수호 투쟁 중 해고된 기자들 등 33명과 사복형사 및 기관원 9명이 동석하였다.[17] 갈릴리교회는 창립 예배부터 당국을 긴장시켰다. 8월 24일 두 번째 예배를 보기 위해 계약을 했던 대성빌딩으로 갔으나 장소 사용을 거절당하였다. 당국의 압력이 있었기 때문이었다. 명동 한일관으로 가봤으나 허사였다. 마땅한 후보지를 물색하던 중 이해동 목사가 시무하는 한빛교회에 부탁하게 되었는데 8월 31일부터 한빛교회의 주일 대예배가 끝나면 오후 2시 30분에 예배를 보는 방안을 찾았다. 삼엄한 감시 속에서 갈릴리교회 예배에는 20~30명의 사람들이 모였다. 주요 참석자는 기독자 해직 교수들과 구속자 부인들이었다. 초기에는 해직 기자들도 참여하였으나 종교적 특성으로 인해 참석이 뜸해졌다. 도시빈민, 노동자, 구속자 가족들이 참여. 최소한 1명 이상의 기관원도 참석, 참석자들을 점검하였다. 친교 시간에는 수감자들의 근황, 새로운 수감자, 출옥자 소식 등을 나누고 해직된 사람들에게 서로 일거리를 소개하는 기회로 활용되었다.[18] 목요기도회와 갈릴리교회, 구속자 가족들을 위로하고 힘을 주는 두 개의 장이 탄압 선상에서 형성된

---

17 『1970년대 민주화운동 2』, 681.
18 위의 책, 683.

것이다. 설교 전에는 고난의 현장들에 대한 고발과 보고의 순서가 있었고 생생한 현실 기도가 있었다. 예배 후 친교 시간은 특히 수감자들의 근황, 새로운 수감자나 출옥자 소식, 해직되어 일자리를 잃은 사람들에게 서로 일거리를 소개해 주는 기회로도 활용되었다. 목요기도회에서 미처 다루지 못했던 섬세한 돌봄 이야기들이 공유되어 상호 보완의 역할을 하였다.

갈릴리교회가 창립되어 자리를 잡아가고 있을 무렵, 한국교회사회선교협의회 실무활동가들은 당국의 심한 방해와 탄압을 받고 있었다. 1975년 9월 18일 한국교회사회선교협의회 실무활동가들은 목요정기기도회의 흐름을 이어받아 기도회를 열었다. SMCO 실무자들의 연행이 빈번해지면서 기도회를 재개한 것이다. 사회자 김경락 목사와 설교자 김상근 목사를 중심으로 한국교회사회선교협의체 유관 단체 실무자들이 기도회를 이끌었다. 9월 25일에는 기장 서울제일교회에서 목요기도회가 열렸다. 설교는 오충일 목사였고 150여 명이 모여 기도회를 하였는데 이때 SMCO 호소문이 발표되었고, 이는 김옥실, 조정하, 이정민, 이은자 SMCO 구속자 아내의 호소문이었다. 근근이 이어간 목요기도회는 1975년 12월 4일, 11일 강제 중단되었으나 12월 18일 다시 이어졌고 1976년 1월부터는 기도회를 다시 정상적으로 드릴 수 있었다. 하지만 1976년 들어서 당국의 개신교 탄압은 강화되기만 하였다.

1975년 9월 18일 목요기도회가 재개되는 배경을 살펴보기로 한다. 75년 6월 7~23일, 윤반웅 목사는 간헐적으로 연행되어 조사를 받곤 하였는데 당수도 격으로 구타를 당하여 실신, 6월 17일 모갑경 목사(중랑천 뚝방교회)는 헐리는 판자촌교회를 위해 협조 서신 발송 때문에 이규상 전도사와 함께 연행, 6월 28일에는 KSCF 안재웅 부장, 정상복 부장, 강명순 간사, 이덕승 부회장, 염미봉 회원 등이 연행되어 30일에 풀려났다. 6월 17일 한국교회사회선교협의체 사무실에 동대문경찰서 형사 5~6명이 불법 침입하여 <전국 교회에 드리는 말씀> 서신을 압수해 갔다. 7월 8일, 김제에서는 난산교회 강희남, 양교철 목사가 연행된 사건이 있었고 8월 21일에는 수도권특수지역선교위원회 간사 손학규의 소재를 파악하기 위해 김동완 목사를 중앙정보부로 연행하여 무차별 구타하고 8월 30일에 석방하였는데 김동완 목사는 이로 인해 9월 9일 경희대 의료원에 입원하였다. 8월 22일 동 위원회 황인숙이 같은 이유로 연행 조사, 8월 25일에 연행된 허병섭 목사(수도권 실무자, 뚝방교회)도 무차별 구타와 수모를 당하고 8월 26일 밤에 풀려나와 9월 9일 경희대 의료원에 입원하였다. 9월 3일에는 한신대 학보에 실은 글과 편집 관계로 양교철 목사와 『한신학보』 이진숙, 정옥균 등이 중앙정보부에 연행되어 조사를 받았고 이진숙은 구속되었다. 당국의 탄압이 수도권특수지역선교위원회에 집중적으로 가해지자 정지되었던 목요기도회를 실무자 중심으로 재개하게 된 것이다.

탄압은 멈추지 않았다. 신·구교 성직자들의 연대가 확고한 전주 지역에서는 10월 21일, 십수 명의 신·구교 성직자들이 경찰에 연행되는 사태도 발생하였다. 전주 신·구교 성직자들이 격주로 열리고 있는 월요기도회에서 신앙 간증 및 대화 내용, 경과보고 유인물 내용이 현행법규에 저촉된다는 이유였다. 10월 20일 월요기도회가 끝난 21일, 신삼석 목사를 강제 연행, 이어 김경섭 목사, 김영신 신부, 문정현 신부, 박종근 신부, 안영모 목사, 백남운 등이 속속 연행되었고 오후 9시경 김의관 외에 교회 청년 등 수 명이 추가로 연행, 조사를 받았다. 신삼석, 안영모 목사는 풀려나왔으나 김경섭 목사, 문정현, 김영신, 박종근 신부 등 4인은 계속 구금되어 있는 상태에서 23일, 임영환 선생이 연행되어 구금된 사람이 5명으로 늘어나면서 NCC 조사단이 사건 경위와 신·구교 대책 활동을 살피고 성광교회에서는 전주 시내 기장 교회들의 연합기도회, 가톨릭 교회들도 군산, 이리, 전주 등 지역 특별미사를 드리는 등 신·구교 모두 대책 협의에 적극성을 보이자 연행된 사람들을 일주일 혹은 열흘 후 석방시켰다.

당국의 탄압은 수도권특수지역선교위원회를 중점으로 전주의 월요기도회, 서울의 목요기도회 뿐 아니라 개별 교회, 75년 2.15 석방자들, 3.1구국선언 구속자 가족들까지 빈번한 연행을 통해 탄압을 가하였다. 다음은 NCC 인권위원회의 1976년 인권 선교 탄압 사례들이다.[19]

**인권 선교 탄압 사례**

1. 대표적인 고난 받는 교회: 수도교회 종교 사찰, 탄압 침해 사례
2. 예배 때마다 CIA 6.5국, 경찰에서 감시
3. 청년들의 명단을 파악하여 ① 학생인 경우, 해당 학교 CIA 담당자가 개별적으로 만나 정보제공이나 교회 출석 중지, 택일을 강요하거나 학기 초 등록 시 학생처를 통해 교회 출석이 가져올 결과 등을 충고 등록하고 있음 ② 직장 청년의 경우, CIA 요원이 직장에 직접 나가 책임자를 만남으로써 혹은 책임자 앞에서 교회에서 모의되고 있는 사건의 제보를 요구함으

19 한국기독교역사연구소 소장사료 1006-035-000-1666. 최종 날짜를 보았을 때 1976년 4월 18일 직후에 작성한 문건으로 보임.

로써 입장을 어렵게 만들고 있음. 또한 취직 당시의 신원보증인들을 찾아가 심리적인 압박을 주고 있음 또한 이런 사태 때문에 불가불 사표를 제출한 경우도 있음 ③ 경우에 따라서는 청년들의 부모를 만나 교회와 담임목사에 대한 갖은 허위 사실을 조작하여 말하고 있음 ④주일 예배 후 교회 건물 내에서의 교회 학생들의 성경 공부 시간에 CIA 서울대 담당자 2명이 000학생을 찾는다는 구실로 학생들을 불심검문.

4. 76년 연행된 자 명단 (1/1~4/18일까지 총 45명)

| 이름 | 소속 | 연행 이유 | 연행일/석방일 | 기관 |
|---|---|---|---|---|
| 최민화 | 기독 학생 2.15 석방 | 라병식 사건 관계 | 1. 1.~1. 10. 격일 연행 | 시경 |
| 김경남 | 기독 학생 2.15 석방 | 라병식 사건 관계 | 1. 1.~1. 10. 격일 연행 | 시경 |
| 김영일 | 부산 중부교회 학생 | 교회 대학생회 회지 발간[20] | 2. 10.~구속 중 | 시경 |
| 조태원 | 부산 중부교회 학생 | 교회 대학생회 회지 발간 | 2. 10.~구속 중 | 시경 |
| 이태성 | 부산 중부교회 학생 | 교회 대학생회 회지 발간 | 2. 10.~구속 중 | 시경 |
| 최성묵 | 부산 중부교회 전도사 | 교회 대학생회 회지 발간 | 2. 9., 2. 14. 당일 귀가 | 중부서 |
| 구창수 | 부산 중부교회 장로 | 교회 대학생회 회지 발간 | 2. 12. 당일 귀가 | 중, 정 |
| 최봉기 | 부산진교회 대학생 회원 | 교회 대학생회 회지 발간 | 2. 12. 당일 귀가 | 중, 정 |
| 박상도 | 부산 중부교회 교인 | 교회 대학생회 회지 발간 | 2. 13. 당일 귀가 | 중, 정 |
| 김재천 | 부산진교회 대학생 회원 | 교회 대학생회 회지 발간 | 2. 13. 당일 귀가 | 중, 정 |
| 김종태 | 부산진교회 대학생 회원 | 교회 대학생회 회지 발간 | 2. 13. 당일 귀가 | 중, 정 |
| 김철곤 | 중부교회 집사 | 교회 대학생회 회지 발간 | 2. 13. 당일 귀가 | 시경 |
| 고해미 | 중부교회 집사 | 교회 대학생회 회지 발간 | 2. 14., 2. 18. 당일 귀가 | 시경 |
| 조창연 | 목사 | 교회 대학생회 회지 발간 | 2. 14. 당일 귀가 | 시경 |
| 심응섭 | 목사 | 교회 대학생회 회지 발간 | 2. 14. 당일 귀가 | 시경 |
| 김관석 | KNCC 총무 | 3.1 사태에 관련 | 3. 2. 당일 귀가 | 중, 정 |
| 고영근 | 예장 부흥사 | 설교 내용[21] | 3. 8.~구속 중 | 단양서 |
| 김석중 | 이문영 교수 부인 | 3.1 사태에 관련 | 3. 3., 3. 9. 당일 귀가 | 중, 정 |
| 은명기 | 기장 총회장 | 3.1 사태에 관련 | 3. 3., 3. 4. 당일 귀가 | 중, 정 |

| | | | | |
|---|---|---|---|---|
| 이종옥 | 이해동 목사 부인 | 3.1 사태에 관련 | 3. 3., 3. 4. 당일 귀가 | 중, 정 |
| 문호근 | 문익환 목사 자제 | 3.1 사태에 관련 | 3. 3., 3. 9. 당일 귀가 | 중, 정 |
| 이희호 | 김대중 씨 부인 | 3.1 사태에 관련 | 3. 8., 3. 9. 당일 귀가 | 중, 정 |
| | 김대중 씨 비서 | 3.1 사태에 관련 | 3. 8., 3. 9. 당일 귀가 | 중, 정 |
| 김상근 | 수도교회 목사 | 설교 내용이 불순하다고 | 3. 14. 당월 귀가 | 중, 정 |
| 조지송 | 도시산업선교 | 외신 기자회견 | 3. 15. 당일 귀가 | 중, 정 |
| 이직형 | 인권위원회 | 3.1 사태 학원 문제 | 3. 18. 당일 귀가 | 해당서 |
| 안재웅 | 기독학생총연맹 간사 | 3.1 사태 학원 문제 | 3. 18. 당일 귀가 | 해당서 |
| 이규상 | 전도사 | 3.1 사태 학원 문제 | 3. 18. 당일 귀가 | 해당서 |
| 정상복 | 기독학생총연맹 간사 | 3.1 사태 학원 문제 | 3. 19. 당일 귀가 | 해당서 |
| 라상기 | 전 기독학생총연맹 간사 | 3.1 사태 학원 문제 | 3. 19. 당일 귀가 | 해당서 |
| 정명기 | 기독학생총연맹 | 3.1 사태 학원 문제 | 3. 19. 당일 귀가 | 해당서 |
| 김관석 | KNCC 총무 | 3.1 사태 성명 문제 | 3. 24. 당일 귀가 | 중, 정 |
| 이창식 | 한신 졸업생 | 한신 유인물 사태 관련 조사 | 3. 25., 3. 30. 당일 귀가 | 북부서 |
| 전점석 | 한신대생 | 한신 유인물 사태 관련 조사 | 3. 28.~구금 중 | 북부서 |
| 최갑성 | 한신대생 | 한신 유인물 사태 관련 조사 | 3. 28.~구금 중 | 북부서 |
| 조남기 | 인권위원회 위원장 | 12일 예배와 관련 | 4. 13. 당일 귀가 | 중, 정 |
| 이두성 | 인권위 부위원장 | 12일 예배와 관련 | 4. 13. 당일 귀가 | 중, 정 |
| 이재정 | 인권위 서기 | 12일 예배와 관련 | 4. 13. 당일 귀가 | 중, 정 |
| 조승혁 | 인권위 회계 | 12일 예배와 관련 | 4. 13. 당일 귀가 | 중, 정 |
| 이직형 | 인권위 사무국장 | 12일 예배와 관련 | 4. 13. 당일 귀가 | 중, 정 |
| 최경규 | 기독청년연합회 서울지구 부회장 | 기 청년 주최 부활절 예배 | 4. 13. 조사 중 | 시경 |
| 황주석 | 한국기청년회장 | 기 청년 주최 부활절 예배 | 4. 17. 당일 귀가 | 북부서 |
| 이희호 | 김대중 씨 부인 | 부활절 새벽송 관계 | 4. 18. 당일 귀가 | 서대문서 |
| 김석중 | 이문영 씨 부인 | 부활절 새벽송 관계 | 4. 18. 당일 귀가 | 서대문서 |
| 박영숙 | 안병무 씨 부인 | 부활절 새벽송 관계 | 4. 18. 당일 귀가 | 서대문서 |

### 5) 그 외

▲ 'NCC 신년 하례식 입구에서 사복경찰, 기관원 10여 명이 서성대며 참석자들을 점검, 불쾌한 언사 등

▲ 76년 1월 8일(목)~3월 18(목)까지 구속자를 위한 기도회(목요기도회)에서 모이는 장소(기독교회관, 서울복음교회, 서울제일교회 등) 입구 혹은 예배 장소에서 수십 명의 사복형사, 기관원들이 위협·도열해 서 있고, 참석자들을 점검, 혹은 시비, 불참석 종용, 설교 및 기도 내용을 노골적으로 기록하고, 순서 담당자들을 사전 전화 연락 문초들을 자행하고 있음

▲ NCC 회의(상임위원회, 실행위원회, 대책위원회) 교회연합기관회의 등에서 기독교회관에 주재하고 있는 사복형사, 기관원 10여 명이 어느 때는 수십 명이 회의 내용, 자료 등을 사전 탐지하기 위하여 실무자를 노상 문초, 연행, 심야 전화 문초, 회의장 옆방에서 몰래 듣기, 녹음 등의 행위가 다반사이며 회의 참석자들을 사무실, 자택 등으로 방문 혹은 전화로 불쾌한 접촉을 하며 이감 분열 행위 등으로 괴롭히고 있음

▲ 75년도 2월 15일, 2월 17일 석방자들의 담당 기관원들의 1일 점검, 국경일 및 공휴일 24시간 점검 등에서 교계 인사들도 똑같이 감시되고 있으며 특히 교계 요인 자택 감시에는 가정부

---

20 부산 중부교회 대학생회는 1975년 1월부터 대학생회 회지 발간을 계획해 오던 중 76년 1월 회보 원고를 기독교시청각교육국 부산지구 사무실에서 인쇄하였는데 "땅의 연가", "정통주의의 성장", "한국 역사와 인간해방", "빈부격차의 심화 현상" 등의 글이 실렸다. 긴급조치 위반이 된 글은 회장의 인사말로서 "아프다. 아파도 왜 때리느냐고 반항하지도 못한다. 불쌍한 사람들 나와 너 똑같이 힘없는 사람들, 우리 약한 힘을 한데 모아 아프다고 고함이라도 질러보자. 달려들어 같이 치고 박고 육박전이라도 해보자. 이 땅을 사랑하고 이 백성을 사랑하는 사람이여. 우리 올바른 삶을 위하여, 아니 떳떳한 죽음을 위하여 힘써 이 땅의 진정한 자유와 민주주의를 실현시키자. 한국적이니 유신이니 따위는 말고… 좀 더 거시적인 안목으로…"였다. 중부서는 중부교회, 부산진교회까지 확대 수사, 연행 조사를 하였다. 세 학생은 징역 2년 집행유예 3년을 선고받고 석방되었다. (한국기독교역사연구소 소장사료. 1006-035-000-1667)

21 충북 단양장로교회 부흥집회 설교 중, 1) 박정희가 헌법을 개정하여 무덤을 2평으로 제한해 놓고 자기 부인이 죽으니 11,000평이란 땅에 무덤을 만들고, 500만 명을 동원하여 참배했다. 이것이 개인 숭배 아니냐. 민주주의 국가에서는 개인 숭배가 있을 수 없다. 2) 정부는 개인 이익을 취하는 통일교를 승공이니 반공이니 하며 협조하고 있다. 3) 지난해 양주 값이 10억인데 양주 한 병에 3만 원이다. 그것 누가 먹어요? 노동자가 먹어요, 군인이 먹어요. 4) 외채가 80억인데 한집 식구에 70만 원의 빚덩이를 후손들에게 어떻게 물려줍니까. 5) 혁명공약 제6에 정권 이양하고 군대로 돌아간다는 공약을 지키지 않고 장기집권을 합리화하려하니 우리 사회는 불신풍조가 가속되고 강압자가 승리하는 풍조가 되고 있음으로 기독교인들은 진실을 인격의 생명으로 삼고 신뢰하고 살 수 있는 사회를 조성하여야 한다. (한국기독교역사연구소 소장사료. 1006-035-000-1667)

위장 잠입, 복덕방, 통반장, 소속 교인들을 회유하여 감시시키고 있음

▲ 고난받는 대표적인 수도교회 외에도 그의 비슷한 선교 탄압 행위로 갈릴리교회, 한빛교회, 서울제일교회, 향린교회, 사랑방교회, 감리교 희망교회, 감리교 형제교회, 예장 수유동교회, 예장 청담교회, 부산 중부교회, 전주 남문교회, 전주 성광교회 등 수없는 교회가 선교 탄압을 받고 있음

위에 열거된 탄압받는 교회 중 사랑방교회는 동대문구 이문동(중랑천) 철거민들의 교회였다. 목요기도회에 참여차 오는 사람들의 길목을 차단하고 특히 수도권특수선교위원회와 연이 닿아 있는 교회들에 대한 신경질적인 반응을 보이면서까지 도시빈민과 개신교와의 연대를 막고자 하였다.

<우리들의 억울한 호소>

저희 주민들은 동대문구 이문동(중랑천)에서 정부로부터 아무 혜택도 받지 못하고 철거를 당하였읍니다. 이 추운 겨울에 천막을 치고 살고 있읍니다. 그러나 정부에서는 수십 번 철거를 하고 방구들을 파헤치고 인간으로서는 할 수 없는 잔인한 짓을 보았읍니다. 수십 번 철거를 당하고 싸운 결과 지금은 동대문구 망우동 벌판에 조그마한 공터를 얻어 주민들 힘으로 천막을 치고 살고 있읍니다.

추운 겨울이라 노동력마저 잃고 생계 위협을 받아오던 중 기독교 기관에서 저희들의 딱한 사정을 보고 따뜻한 온정을 베풀어 주었읍니다. 우리 주민들은 이러한 온정에 감동되어 예수님을 의지하며 살기로 결정하고 주민들 손으로 천막을 치어 예배 장소를 마련했던 것입니다. 교회를 세웠으나 인도해 줄 목사님이 없어서 기독교 기관에 수차 청원을 하여 이규상 전도사님이 오시어서 인도하여 주셨읍니다. 어려운 환경에서도 신앙을 가져보겠다고 발버둥 치는 저희 주민들을 경찰 및 형사 그리고 동 직원과 철거반원까지 동원시켜 억압하고 교회를 철수하라고 하루에도 몇 번씩 찾아와서 괴롭히고 있읍니다. (중략)

오후 5시경에 철거반원들이 다시 나타나 자진 철거하지 않으면 강제 철거하겠다며 수십 명의 철거반원이 동원되더니 수요일 날은 태능서 정보과에서 나와서 내일 목요기도회에 아무도 나가지 말아라. 나가면 당신들은 불리하게 된다며 억압을 주고 돌아가더니 목요일 오후 저희 주민들이 목요기도회에 참석하려고 회관으로 가던 중 정보과 형사에게 붙들려 다시 천막으로 돌아와서 싸움을 했읍니다. 형사 말이 목요기도회만은 못 간다. 또 "사랑방교회에서 보이는 것도 불법 집회다"라고 하면서 상부 지시이니 그리 알아라. 목요기도회가 무슨 기도회인지 아느냐 정부를 비판하는 기도회이다. 우리 주민들은 그렇다면 잡아가면 될 것 아니냐고 하면서 우리 주민들만 참석하는 것도 아닌데 다른 사람에게는 말하지 않고 가난한 우리에게만 괴롭히냐며 아우성치니까 형사가 하는 말이 자식들이 불쌍해서 봐준다. 목요기도회가 어떤 모임인지 이 전도사에게 물어봐라.

저희 주민들이 세운 사랑방교회 간판과 십자가는 형사들의 억압에 감추어놓고 몰래 예배를 보고 있읍니다. 저희 사랑방교회에 참석하는 이문동 천막촌민들에게도 청량리에서 형사가 나와 당신들을 살게 해줄테니 목요기도회에 가지 말아라. 목요기도회가 어떤 기도회인지 아느냐 반동 반신자들만 모이는 곳이며 정부 하는

일에 불만하는 것이다. 목요기도회 나가지 않으면 취로사업증도 주고 밀가루도 주고 병자를 위해 치료도 해주겠다고 하면서 박형규 목사가 형무소에 들어간 이유를 아느냐 박 목사가 정부 하는 일을 반대하고 불순한 사람이기 때문에 옥고를 치르고 있다.

저희들에게 죄가 있다면 가난한 죄밖에 없는 줄로 알고 있읍니다. 가난한 사람은 예배도 못 보고 기도회도 못 나갑니까? 왜 우리 가난한 우리들을 괴롭히는지 도무지 이해할 수가 없어 이렇게 호소를 드리오니 저희들을 빨갱이로 만들지 못하도록 도와주시고 예배를 마음 놓고 볼 수 있도록 선처해 주시기를 바랍니다.

-(망우동) 사랑방교회 교인 일동-

<고난 받는 사랑방교회 호소>

"1976년 1월 23일 아침부터 저녁까지 당한 주민들의 고통!"

아침 10시경에 육군 현역 대령과 소위 등 4명이 와서 여기는 예비군 훈련장이니 토요일(24일)까지 완전 철수하라. 월요일(26일) 군인들이 들어오니 꼭 철거를 하라면서 공갈을 치고 갔읍니다.

그리고 소령이 하는 말이 당신들 때문에 내가 목이 달아나게 되었다. 30년 군 생활해서 얻은 소령 계급인데 당신들 때문에 억울하게 당할 수 없다면서 돌아갔읍니다. 그리고 오후 동대문구 구청장이 왔읍니다. 구청장 얘기가 이 사람들이 이문동에서 철거당하여서 모닥불 피우던 주민들이 아니냐고 묻길래 그렇다고 얘기했더니 그냥 돌아갔읍니다. 그리고 태능 경찰서에서 형사가 왔읍니다. 형사가 하는 말이 당신들이 목요기도회에 나가기 때문에 이렇게 말이 많다, 그러니 기도회는 나가지 말라면서 억압을 주고 갔읍니다. 그리고 군인이 와서 교회에 달아놓은 십자가를 떼어서 구두 발로 차고 교회 문을 땅땅 치고 하더니 땅바닥에 떨어져 있는 십자가를 주워 교회 지붕 위로 던져버렸읍니다. 주민들 중 여자 몇 명이 왜 십자가는 발로 차느냐면서 달려들자 군인 말이 여러 소리 말고 교회나 빨리 철수하라고 하면서 돌아갔읍니다. 그리고 저녁 8시경 경찰관이 와서 계속 감시하고 있읍니다. 이제는 군인들까지 와서 억압을 주고 있으니 저희 교회 교인들은 답답하기만 합니다. 이것으로 교인들이 겪고 있는 실정을 말씀드렸읍니다.

-사랑방교회 교인 일동-

한국교회사회선교협의체 유관 단체 실무자들이 목요기도회를 이끌면서 도시빈민과 노동자의 참여 폭이 더 넓어졌다. 1976년에는 도시빈민들의 참여가, 1977년부터는 노동자들의 참여가 확대되면서 목요기도회는 명실상부하게 전 계층을 아우르는 민주 공론장으로서의 면모를 갖추어 가고 있었다.

박정희 정권은 개신교 민주인권 활동가들에만 탄압을 가한 것이 아니라 전 국민을 향해서도 무차별 탄압을 강행하였다. 1975년 5월 13일 발포된 긴급조치 9호는 그야말로 살인적인 횡포였다. 버스에서, 술집에서, 사무실에서, 교실에서, 가정에서 박정희 비판은 즉각 구속으로 이어졌다. 어느 자리에나 북한의 '5호담당제'처럼 상호감시의 눈이 서로와 서로를 마주 보고 있었다. 이른바 자기검열의 시대. 긴급조치 9호 구속자들의 경향을 조금 더 구체적으로 살펴보려 한다. 본 연구서가 1974년 7월에서 1976년 5월까지 약 1년 10개월간 시기의 기록을 토대로 한 것이지만 긴급조치 9호의 특이한 양상은 1975년 격려광고와 닮아 있기 때문에 이에 대한 분석을 싣는다.

아래의 표를 보면 건수로 보았을 때 일반인이 압도적으로 많다. 학생의 경우에는 한 건당 3~4명 혹은 8~10명 정도의 학생들이 한꺼번에 구속되는 경향이 많았고 78~79년의 경우는 교도소 내 투쟁으로 인한 재구속이 많은 부분을 차지하기 때문에(재야·종교, 학생, 언론, 교육인은 교도소 내 투쟁으로 반복되는 인원이 있었지만, 일반인은 반복되는 경우가 드물다) 구속 인원이 중복되기도 하여 아래의 수치보다 실질적인 구속 건수는 더 적다. 반면, 일반인은 75년 긴급조치 9호 시행 직후부터 압도적인 사건 수를 기록한다. 그리고 79년까지 사건 수와 인원수가 줄어들기는 하나 건수로 보았을 때, 동일 연수의 비율로 보았을 때 감소 폭이 적다. 재야 및 종교, 언론, 교육인 등의 구속 건수는 연도와 상관없는 그야말로 의도적인 저항이었기에 감소 폭이 적다. 그만큼 일반 시민들과 학생, 언론, 교육인, 재야, 종교인들의 유신정권을 향한 저항은 크게 줄어들지 않았다. 오로지 박정희가 긴급조치 9호로 성공한 것은 기타 범죄의 건수가 79년에 단 한 건도 없었다는 것뿐이다.

또 주목해서 볼 일은 일반인 긴조, 이름하여 '막걸리 긴조'라고 불리는 일반 시민들의 구속 양상이다. 경우에 따라서 각자 다른 사정이 있을지라도 학생의 경우, 학생의 구속이 한 가정에 미치는 영향은 절대적이지 않을 수 있다. 하지만 한 가장의 구속은 절대적인 피해로 연결된다. 1970년대 한국 가정의 수입은 주 수입원의 90% 이상이 가장에게 있었다. 여성은 대부분 가정에서 가사 일을 하며 때로는 부업을 하지만 사회적 일자리가 여성에게는 불리하게 되어 있기 때문에 남성 의존적일 수밖에 없는 구조였다(때로는 여성의 부업이 비난과 야유의 대상이 되기도 했다). 이런 가정경제 구조 속에서 가장의 구속은 한 가정을 풍비박산나는 일이다. 75년에 80건이던 구속률이 79년에 가서 17건으로 줄지만 일반 시민의 저항은 예상보다 높았음을 볼 수 있다. 일반인 구속자들의 직업은 농업, 무직, 노동, 상업, 행상을 위시하여 어업, 축산업, 광업, 운전사, 회사 대표이사, 농장 경영, 숙박업, 공무원, 목공, 은행원, 양계업, 선장, 농지개량조합 직원, 학원 이사장, 음반 제조업, CIC 정보관, 군인 등 지위고하, 직업 귀천에 관계없이 전방위적으로 비판의 입을 막았다. 그중 농업과 노동, 무직의 비율이 가장 높았는데 이는 박정희의 경제개발계획에 대한 소외층의 불만이 높았음을 추론할 수 있다.

| <긴급조치 9호 구속자 분류>22 | | | | | | | | |
|---|---|---|---|---|---|---|---|---|
| | 건수 | 재야 · 종교 | 학생 | 언론인 | 교육인 | 일반인 | 기타(범죄) | 일반인 비율 |
| 1975 | 126(251) | 7건(19명) | 18건(92명) | 2건(5명) | 4건(7명) | 80건(85명) | 15건(43명) | 63.49% |
| 1976 | 97(177) | 15건(47명) | 9건(17명) | 0건(0명) | 7건(7명) | 61건(75명) | 5건(31명) | 62.89% |
| 1977 | 101(168) | 13건(18명) | 27건(88명) | 2건(2명) | 9건(9명) | 49건(49명) | 1건(2명) | 48.51% |
| 1978 | 175(313) | 21건(36명) | 94건(198명)<br>(48건) | 7건(10명) | 9건(9명) | 43건(49명) | 1건(11명) | 24.57%<br>(33.08) |
| 1979 | 41(68) | 6건(9명) | 16건(38명) | 0건(0명) | 2건(2명) | 17건(19명) | 0건(0명) | 41.46% |
| 합계 | 540<br>(1,046) | 62건<br>(129명) | 164건<br>(433) | 11건<br>(17명) | 31건<br>(34) | 250건<br>(277) | 22건<br>(87명) | 47.03% |
| 비율 | 100(건수) | 11.48% | 30.37% | 2.04% | 5.74% | 46.30% | 4.07% | |

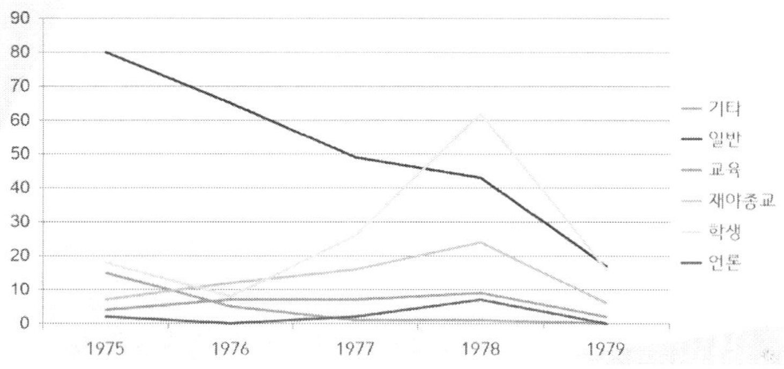


고원은 "농촌 새마을 운동이 박정희 정권의 중요한 지지기반이었던 농촌사회의 급격한 피폐화와 근대화 과정에서 제외된 데 따른 농민들의 소외감·상실감의 심화에 대응하고, 농민들을 체제의 정치적 보루로 재조직화하기 위한 차원에서 전개"[23]되었으며, "박정희 체제를 대신하여 농민들의 도·농간 격차가 걷잡을 수 없이 커지는 데서 나오는 농민들의 정체성 상실감을 충족시켜 줄 다른 정치적 대안이 부재한 조건에서, 농민들의 동의는 추종하고 따라간 것에 지나지 않았다"고 평가한다. 이승훈은 "정책 추진 과정에서의 강제성, 농촌

---

22 4.9 통일평화재단, 「긴급조치 위반 사건의 재심 현황」 2018, 6-105쪽의 사건 번호, 피고인 성명, 직업, 형량, 판결 요지를 근거로 정리하였다. 전체 인원 1,046명 중 무죄 및 면소는 제외하면 884명인데 재심 현황 보고서가 밝힌 인원과 본 판결 세부 사항의 인원이 차이가 있어 더 정확한 통계가 필요하다. 1978년 학생의 경우 학내투쟁이 48건(130명) 소내 투쟁이 46건이다.

23 고원, "새마을 운동의 농민 동원과 '국민 만들기'," 공제욱 편, 『국가와 일상 박정희 시대』(서울: 한울아카데미, 2008), 51.

생활방식과 조화되지 못한 도시형 양옥 구조에 대한 불만 그리고 농민들의 생활 수준을 무시한 경제적 부담 등 저항이나 불만들이 적지 않았지만, 대부분이 이 사업에 대하여 긍정적인 평가를 한 이유는, 근대화 과정에서 배제된 농민들의 소외감, 도시에 대한 동경과 열등감 등을 갖고 있었음을 지적"하였다.[24] 1970년대 하위 40% 계층의 소득 점유율은 하락했으며 소득의 불평등 정도를 나타내는 '지니계수'도 1970년 0.332에서 1980년 0.389로 상승하는 등, 부의 분배 상황이 악화되고 있었음을 알 수 있다.[25]

농촌의 피폐화와 더불어 도시에서는 도시빈민들의 주택난으로 인해 고통을 겪고 있었다. 농촌인구의 대규모 도시 유입으로 인해 도시지역의 주택난은 더 심각했다. 더구나 물가 상승으로 인한 생활난은 더 심했는데 오일쇼크의 영향을 직접적으로 받는 1974~75년은 24.3%, 25.3%의 물가상승률을 기록하였다. 쌀의 예를 들어보면, 쌀 40kg이 1970년 2,880원, 1975년 10,400원, 1979년 19,500원을 기록한다. 전체 가계지출 가운데 식비가 차지하는 비중인 엥겔지수도 1973년 44.3%에서 47.8%로 상승하였다.[26]

1970년대 한국 가정의 생활은 어렵게 이어져갔는데 긴급조치 9호는 일반 시민들의 일상과 생각까지도 파괴하려 하였다. 박정희의 긴급조치 9호는 그가 수없이 강조하며 공갈을 일삼았던 주제인 '국민총화'를 급격히 훼손하는 일이었다.[27] 일반인 긴조 구속자들의 한탄을 누군가는 고발하였고 말 몇 마디에 적게는 1년 징역을, 많게는 7년 징역을 선고받았다. 친구도 심지어 가족도 상호감시의 대상이 되었다. 그들의 저항의 언어는 투박했다. 그러나 그들의 목소리는 민중의 정치사회적 비판의식이 살아있음을 보여주고 있다.

---

24 이승훈, "강제된 주거공간과 농민의 일상," 위의 책, 222-223.

25 한형성, "1970년대 한국 가정의 경제생활," 역사 연구 37, 2019, 563. 가계금융복지조사에 따르면 한국의 2024년 지니계수는 0.323이며 상대적 빈곤율은 14.9%이다. OECD 국가 평균 지니계수는 0.315로서 한국은 중위권 수준이다. 지니계수는 통계청의 가계 동향 조사와 한국은행의 가계금융복지조사에서 각각의 표준 조사에 따라 다르게 나타나기도 한다. https://namu.wiki/w/%EC%A7%80%EB%8B%88%20%EA%B3%84%EC %88%98.

26 "엥겔계수가 높아졌다" 「동아일보」 1975. 3. 10.

27 긴급조치 9호 위반으로 구속되었다는 것은 고발을 한 사람이 있었다는 것이고 집행유예나 형을 다 살고 나온 일반인 구속자에게 마을공동체는 갈등의 장이 되었을 것이다. 마을에 한두 대 있었던 TV를 자기 안방을 내어주며 같이 시청했다가 고발당한 집주인이며, 형이 열차에 치여 사망하자 동생이 철도 건널목에 간수 하나 두지 않았다. 박정희를 원망하던 동생을 고발한 마을 사람들. 그들 사이에 국민총화는 없었다.

"박정희는 나쁜 놈이며 총살시켜야 한다"(농업-징자7), "75년도에는 잘 살게 해준다더니 이것이 잘살게 하는 것이냐. 박정희가 백성들을 굶어 죽게 했는데 너희들은 아부만 하느냐"(고물 행상-징자2), "북한 땅굴 발견한 탐지기는 일본 기계이고 북한은 총, 무기를 만들고 있는데 썩어빠진 우리나라는 총도 하나 못 만든다"(무직-징자4), "군인의 대우만 잘해주고 노동자는 잘 살 수 없으니 현 정치가 나쁘다. 어떻게 된 세상이냐? 세상이 뒤집어져야 한다"(노동-징자2), "박정희가 정권을 잡아 독재를 하고 죄 없는 사람을 마구 잡아 가둬 못살게 한다. 김일성이나 박정희나 똑같은 놈이다"(무직-징자2), "박정희는 죽일 놈이다. 저 혼자 해 먹으려고 한다"(농업-징자3), "박정희가 군 복무 시 간첩 혐의로 구속된 사실 있는데 대통령이 된 후 서류를 소각했다"(징자4), "박정희 장기 집권으로 민주주의가 없다. 명동 사건은 선량한 교인들인데 석방시키지 않고 공화당 간부들만 사욕을 채우니 공평하지 못한 세상이다"(무직-징자3), "긴급조치는 계엄령보다 더 강한 강압적 지배 방식이다"(무직-징자4), "조그만 발발이 새끼가 자기 부인도 백발백중의 명사수를 시켜 죽였다. 그놈은 김일성만도 못한 놈이다"(택시 운전수-징자2)….[28]

## 2. 3.1구국선언 사건(1976. 3.~1976. 5.)

긴급조치 9호의 폭력성은 직간접으로 1970년대 중반의 시민들을 암울하게 하였다. 1976년 3.1일 모두 한마음처럼 나라와 민족의 역사를 바로잡기 위해 어떻게든 강요된 침묵을 깨야겠다는 생각이 문익환에게, 함석헌에게, 윤보선에게서 구체화 되고 있었다. 이른바 3.1 민주구국선언이다. 이에 대한 박용길 여사의 메모를 보기로 한다.

'3.1 민주구국선언'

1968년 신·구교 공동 번역으로 8년간을 몰두하게 되었다. 성서번역도 마지막 단계에 들어갈 무렵, 뜻하지 않게 복음동지회 회원이면서 오랜 친구였던 장준하 선생을 잃게 되었다. 너무도 생생한 사진을 가지고 와서 상위에 놓고 지나다닐 때마다 대화를 나누었다(문익환 목사).

28 1975~76년 긴급조치 9호 일반인 구속자 판결 요지 중에서.

1976년 3월 1일이 다가오고 있었다. 당신이 살아 있었다면 독립 만세 56돌을 맞는 지금 무슨 일을 하였을까 생각하다가 <민주구국선언>이라는 성명서를 기초하게 되었다.

3월 1일 명동성당에서 이우정 교수가 "이것이 우리의 기도입니다"라고 낭독하였는데 그 전날 밤 나는 강단에서 읽기 좋게 큰 글씨로 정서를 하였었다.'[29]

암울한 현실 속에서 3.1절을 침묵으로 보낼 수 없다 판단한 문익환 목사는 2월 12일, 3.1절을 기해 발표할 선언문의 초안을 작성하여 함석헌을 방문하였다. 문익환 목사는 자신이 공동 번역 성경의 번역 사업이 마무리 단계에 있음을 감안하여 그 작업에 지장을 초래하는 일이 없도록 자신은 서명자에서 빠지고 그 대신 문동환 목사와 윤보선, 김대중, 함석헌 등 4인의 이름으로 발표하는 것이 어떠냐고 제안하였고 이에 함석헌은 다른 사람들도 더 참여시키는 것이 좋겠다고 하였다. 함석헌의 동의를 받고 초안을 마무리 지어 문동환에게 보이고 상의하였다. 문동환 목사는 일본의 경제침략, 차관 경제의 부조리, 노동자의 노동 3권 회복 등이 부각되었으면 좋겠다는 의견을 피력, 2월 22일 이문영 교수에게 수정안을 보여 10여 군데 자구 수정을 마쳤다. 2월 23일 또다시 함석헌을 방문하여 서명을 받았고 선언서가 문제될 시 함석헌이 그 책임을 맡기로 합의하였다.

이즈음 김대중도 2월 21일 독자적으로 선언문을 작성하고 있었다. 이태영 변호사를 통해 윤보선 전 대통령에게 전달되었는데 내용이 너무 온건하다는 견해였다. 그러던 중 문익환의 초안을 보고 윤보선은 전체적인 내용에 동의하였다. 수정을 거쳐 서남동의 동의도 얻었다. 김대중의 동의도 얻었고 이제 남은 절차는 등사하는 것이었다. 문호근을 시켜 한빛교회 이해동 목사에게 등사케 하였다. 등사된 선언서 1부는 정일형에게, 나머지는 안병무, 윤반웅 목사에게 갔다. 남은 것은 발표 방식이었다. 2월 27일 신현봉 신부, 28일 함세웅 신부를 만나 합의를 보았다. 그들은 선언서의 내용을 충분히 파악할 여유가 없었다. 교회일치운동의 일환으로 개신교 성직자들에게 선언서 발표의 기회를 제공하는 일이었다. 선언서 낭독은 신·구교 간에 충분한 사전 협의가 없었다. 선언서 낭독자인 이우정도 미사 직전에야 낭독을 부탁받았다.

---

29 민주화운동기념사업회 오픈 아카이브, 등록번호 00007819.

# 민주구국선언

오늘로 삼일절 쉰 일곱돐을 맞으면서, 우리는 1919년 3월 1일 전세계에 울려퍼지던 이 민족의 함성, 자주독립을 부르짖던 그 아우성이 쟁쟁히 울려와서, 이대로 앉아 있는 것은 구국선열들의 피를 땅에 묻어 버리는 죄가 되는것 같아 우리의 뜻을 모아 "민주구국선언"을 국내외에 선포하고자 한다. 8.15 해방의 부푼 희망은 국토분단의 비극으로 이 민족에게 거듭되는 시련을 안겨주었지만, 이 민족은 끝내 희망을 버리지 않았다. 6.25 동란의 폐허를 딛고 일어섰고, 4.19 학생 의거로 이승만 독재를 무너뜨려 "자유민주주의"에 대한 신념을 가슴 가슴에 회생시켰다. 그러나 그것도 잠깐, 이 민족은 또 다시 독재정권의 쇠사슬에 매이게 되었다. 삼권분립은 허울만 남고 말았다. 국가안보라는 구실 아래 신앙과 양심의 자유는 날로 위축되어 가고 언론의 자유는 학원의 자주성은 압살당하고 말았다.

현정권 아래서 체결된 한일협정은 이나라의 경제를 일본 경제에 완전히 예속시켜 모든 산업과 노동력을 일본 경제 침략의 희생제물로 만들어 버렸다. 눈을 국외로 돌려보면, 대한민국은 이제 국제사회에서 보기 드문 고아가 되고 말았다. 한반도에서 유.엔의 승인을 받은 유일한 합법정부라는 말도 이제는 지난날의 신화가 되고 말았다. 동.서 양진영 사이에 결정적인 변화를 몰고 세계사에 새 힘으로 대두한 제3세계를 거들떠 보지도 않고, 서방세계만 의존하다가 서방세계에 따돌림을 받고 말았다. 현정권은 이 나라를 여기까지 끌고 온 책임을 져야할 것이다. 국내의 비판적인 민주세력을 탄압하다가 민주우방들의 신임을 잃게 된 것을 통탄히 여겨야 하며, 제3세계의 대두와 함께 유.엔이 변질되었다는 것을 탓하기 전에 긴 안목으로 세계사의 흐름을 내다보지 못한 것을 스스로 탓해야 할 것이다.

우리의 비원인 "민족통일"을 향해서 국내외로 민주세력을 키우고 규합하며 한걸음 한걸음 착실히 전진해야 할 이 마당에 이 나라는 일인독재 아래 인권은 유린되고 자유는 박탈당하고 있다. 이리하여 이 민족은 국제적 위기와 방향 감각, 민주주의에 대한 신념을 잃고 총체적 파멸을 향해 한걸음씩 다가서고 있다. 우리는 이를 보고만 있을수 없어 여.야의 정치적인 전략이나 이해를 넘어서 이 나라가 나아갈 길을 바라보면서 "민주구국선언"을 선포하는 바이다.

## I 이나라는 민주주의 기반위에 서야 한다

민주주의는 대한민국의 국시다. 따라서 대한민국의 정통성은 민주주의에 있다. 그러므로 어떤 구실로도 민주주의가 위축되어서는 안된다. 이북 공산주의 정권과 치열한 경쟁에 이기는 길도 이것뿐이다. 우리가 걸어야 할 길은 민주역량이다. 국방력도 경제력도 길러야 하지만, 민주역량의 뒷받침이 없는데 그것은 모래위에 세운 집과 같다. 그러면 민주주의란 무엇인가? 그것은 남의 나라에서 실천되고 있는 어떤 특정한 제도를 말하는 것이 아니라, 참 사회를 형성할 성원들의 뜻을 따라 최선의 제도를 창안하고 부단히 개선해 나가면서 성원 전체의 권익과 행복을 도모하는 지혜요, 신념을 말한다. 그러므로 민주주의는 "국민을 위해서" 보다는 "국민에게서"가 앞서야 한다. 무엇이 나라와 겨레를 "위해서" 좋으냐는 판단이 "국민에게서" 나와야 한다는 말이다. 그 판단에 귀를 기울이지 않고 국민을 위한다는 생각만으로 민주주의는 결코 이루어지지 않는다. 그것으로 민주주의가 이루어진다고 생각하는 것은 명령과 복종을 민주주의라고 착각하는 일이다. 그것은 결코 국민을 위하는 일이 되지 못한다. 국민은 복종을 원치 않고 주체적인 참여를 주장한다. 국민은 정부를 감시하고 비판할 기본권을 포기할 수 없다. 그것은 민주주의를 포기하는 일이기 때문이다. 그러면 "국민에게서"를 실천하는 길은 어디에 있는가? 그것은 자유라는 국민의 기본권에 있다. 국민들이 정신적, 신체적 위협을 받는 일 없이 자유롭게 자신을 표현할 수 있는 자유가 보장되어야 한다는 말이다. 그러므로 우리는 국민의 자유를 억압하는 긴급조치를 곧 철폐하고, 민주주의를 요구하다가 투옥된 민주인사들과 학생들을 석방하라고 요구한다. 국민의 의사가 자유롭게 표명될수 있도록 언론, 집회, 출판의 자유를 국민에게 돌리라고 요구한다. 다음으로, 우리는 유신헌법으로 허울만 남은 의회정치가 회복되어야 한다고 주장한다. 자유롭게 표현되는 민의를 국회는 법제정에 반영시켜야 하고, 정부는 이를 행정에 반영시켜야 한다. 이것을 저버리고 하는 정권은 국민을 위한다면서 실은 국민을 위하려는 뜻이 없는 정권이다. 세째로, 우리는 사법권의 독립을 촉구한다. 사법권의 독립없이 국민은 강자의 횡포에서 보호받을 길이 없기 때문이다. 그러므로 사법부를 시녀로 거느리는 정권은 처음부터 국민을 위하려는 뜻이 없다고 보아야 한다.

## II 경제입국의 구상과 자세가 근본적으로 재검토되어야 한다

경제 발전이 국력 배양에 중요하다는 것은 우리는 잘 안다. 그렇다고 경제력이 곧 국력인 것은 아니다. 그런데 현정권은 경제력이 곧 국력이라는 좁은 생각을 가지고 모든것을 희생시키면서 경제발전에 전력을 쏟아 왔다. 그런데 그 결과는 어떠한가? 국민경제의 수탈을 발판으로 한 수출산업은 74년, 75년 두해에 40억불이라는 엄청난 무역적자를 내었고, 그 적자폭은 앞으로 줄어들 가망이 없다. 1975년말 현재 우리나라의 외채총액은 5,738천만불에 이르렀다. 차관기업들이 불실기업으로 도산하고 난 다음, 이 엄청난 빚은 누구의 어깨에 메워질 것인가? 노동자들에게서 노조조직권과 파업권마저 박탈하고, 노동자 농민을 차관기업과 외국자본의 착취에 내어맡기고 구상된 경제입국의 꿈은 처음부터 국민을 위하는 것이 아니었다. 국민의 경제력을 키우면서, 그 기반 위에 수출산업을 육성하지 않은 것이 잘못이었다. 농촌경제의 잿더미 위에 거대한 현대산업을 세우려고 한것이 망상이었다. 차관 안에 의존한 경제체제는 처음부터 부패의 요인을 안고 있었다. 이대로 나간다면, 이나라의 경제파국은 시간문제다. 현정권은 이 나라를 경제파탄에서 건질 능력을 잃은지 오래다. 경제 부조리와 부패는 권력구조의 심장부에서 발단되었기 때문이다. 사태가 이에 이르고 보면, 박정권은 책임을지고 물러날 밖에 다른 길이 없다. 경제파국을 미연에 방지하며 국제사회에서 이 신임을 잃지 않도록, 차관상환의 유예를 차관국가들과 은행들에 요청하게 되더라도 정권교체는 불가피하다는 것이 우리의 판단이다. 만약 그럴만한 겸허한 용기가 없다면, 심장이라도 도려내는 심정으로 경제입국의 구상을 전적으로 재검토하라고 우리는 촉구한다. 신경을 곤두세워 악과 부정을 척결하고 민중의 소득을 높이라. 국민의 조세부담력을 무시하고 짜여진 팽창예산을 지양하라. 부의 재분배를 철저하고 과감하게 실천하여 국민의 구매력을 키우라.

그래야 자본주의의 온상이 되는 부익부 빈익빈의 부조리 현상이 시정되고 자유 민주주의에 대한 국민의 신뢰가 회복될 것이며 북의 공산정권에 대해서 "민족통일"의 주도권을 잡게 될 것이다.

## III 민족통일은 오늘 이 겨레가 짊어진 지상의 과업이다

국토분단의 비극은 해방후 30년 동안 남과 북에 독재의 구실을 마련해 주었고, 국가의 번영과 민족의 행복과 창조적 발전을 위해서 동원되어야 할 정신적 물질적 자원을 고갈시키고 있다. 외국의 군사원조없이 백만을 넘는 남북한의 상비군을 현대무기로 무장하고 이를 유지하게 능히 한반도의 생산력과 경제력 만으로는 도저히 감당할 수 없는 일이다. 더욱 참을수 없는 것은 우리의 문화 창조에 동원되어야 할 이 겨레의 슬기와 정력이 파괴적으로 낭비되고 있다는 사실이다. 그러므로 "민족통일"은 지금 이 겨레가 짊어진 지상의 과업이다. 오천만 겨레의 슬기와 힘으로 뚫어뜨려야 할 철벽이다. 어떤 개인이나 집단이 "민족통일"을 저희의 정략적인 목적을 위해서 이용한다거나 독점하려 한다면, 이는 역사의 준엄한 심판을 면치 못할 것이다.

"민족통일"의 기회는 남과 북의 정치 지도자의 자세여하로 다가올수도 있고 멀어질 수도 있다. 진정 나라와 겨레를 위한다면, 변해가는 국제정세를 슬기롭게 타개해 가면서, 때가 왔을때, 이를 놓치지 않고 과감하게 잡을 수 있는 슬기와 용기를 가져야 한다. 이것이 바로 우리가 추구해야 할 주체적인 외교다. 이때에 우리에게는 지켜야 할 마지막 선이 있다. 그것은 통일된 이 나라 이 겨레를 위한 최선의 제도와 정책이 "국민에게서" 나와야 한다는 민주주의의 대헌장이다. 다가오고 있는 그 날을 내다보면서 우리는 민주역량을 키우고 있는가? 위축시키고 있는가? 승공의 길 "민족통일"의 첩경은 민주역량을 기르는 일이다.

이것이야말로 우리 오천만 겨레가 세계사 창조에 발벗고 나서는 길이다.

이것이야말로 3.1운동과 4.19에 쏟았던 이 세대의 뜻을 다시 되살리는 일이다.

이것이야말로 민주주의와 공산주의 틈바구니에서 당한 고생을 살려 민주주의의 진면목을 세계만방에 드날리는 일이다.

이것이야말로 통일된 민족으로, 정의가 실현되고 인권이 보장되는 평화스런 나라 국민으로 국제사회에서 어깨를 펴고 떳떳이 살게 하는 일이다.

민주주의 만세!!!

1976년 3월 1일

함석헌, 윤보선, 정일형, 김대중, 김관석, 윤반웅, 안병무, 이문영, 문동환, 이우정, 서남동, 은명기 조용한 가운데 지나간 3월 10일. 오후 5시 30분 서울지검 서정각 검사장은 "일부 재야인사들의 정부 전복 선동사건"이 발생하여 관련자 20명을 대통령 긴급조치 9호 위반 혐의로 입건했다고 말하면서 문익환 목사, 함세웅 신부, 김대중, 문동환 목사, 이문영, 서남동, 안병무, 신현봉 신부, 이해동 목사, 윤반웅 목사, 문정현 신부를 구속하고 불구속자로 정일형 국회의원, 함석헌 씨울의 소리사 대표, 윤보선, 이태영, 이우정, 김승훈 신부, 장덕필 신부, 김택암 신부, 안충석 신부로 발표하였다.

3월 1일 자정 이우정 교수가 자택에서 연행되고 2일 문동환·윤반웅 목사가, 3일에는 이문영, 안병무, 서남동, 은명기, 문익환, 이해동 목사, 이종옥, 문호근, 김석중 등이 연행되고 5일에는 이태영, 6일에는 함세웅, 김승훈 신부가, 8일에는 김대중과 이희호, 정일형 의원이 연행된 후, 9일 윤보선 전 대통령이 면담 조사를 받으며 사건은 시작되었다.

3월 26일 검찰은 구속된 11명 전원을 구속기소하고 불구속 입건된 9명 중 김택암 신부와 안충석 신부 등 2명은 기소유예 처분, 나머지 7명은 불구속 기소하였다. 이해동, 안병무, 김승훈, 장덕필 등 4인은 12월 29일 석방되었고 1977년 3월 22일 대법원은 전 피고인들의 유죄를 인정하고 항소심의 판결을 확정 지었다. 그리고 고령인 윤보선, 함석헌, 정일형과 이태영, 이우정에 대해서는 형 집행을 정지하였다. 문익환, 김대중, 문동환, 이문영, 윤반웅, 함세웅, 신현봉, 문정현, 서남동 등 9인은 옥고를 치러야만 하였다. 그 후 1977년 7월 17일 제헌절을 기해 윤반웅 목사와 신현봉 신부가, 12월 25일 성탄절을 기해 함세웅 신부가, 12월 31일 문익환, 문동환, 서남동, 이문영, 문정현 신부가 각각 석방되었다. 그리고 김대중은 1978년 12월 27일에야 9대 대통령 취임을 기해 형집행정지로 석방되었다.[30]

1심 1차 공판인 76년 5월 4일, 1심 2차 공판 76년 5월 15일, 1심 3차 공판 76년 5월 29일, 1심 4차 공판 76년 6월 5일, 1심 5차 공판 76년 6월 12일, 1심 6차 공판 76년 6월 19일, 1심 7차 공판 76년 6월 26일, 1심 8차 공판 76년 7월 3일, 1심 9차 공판 76년 7월 10일, 1심 10차 공판 76년 7월 19일, 1심 11차 공판 76년 7월 24일, 1심 12차 공판 76년 7월 31일, 1심 13차 공판 76년 8월 3일, 1심 14차 공판 76년 8월 5일, 1심 선고공판 76년 8월 28일. 피고인 전원에게 긴급조치 9호를 적용, 8년에서 2년의 징역형과 자격정지를 각각

---

30 『1970년대 민주화운동 Ⅱ』, 688-697 요약.

선고하였다. 1심에서 14차례에 걸친 공판을 통해 자신들의 행위와 정당성을 주장하였음에도 재판부가 모두 무위로 돌리자 피고인 전원은 항소를 제기하였다. 항소심 1 공판은 11월 13일, 2차 공판은 11월 20일, 3차 공판은 11월 27일, 4차 공판은 12월 4일, 5차 공판은 12월 11일, 6차 공판은 12월 13일, 7차 공판은 12월 17일, 8차 공판은 12월 18일, 9차 공판은 12월 20일, 항소심 선고공판이 드디어 12월 29일 개정되었다.

1심 15차 공판, 2심 10차 공판까지 걸린 시간은 7개월 16일의 시간이었다. 7개월 동안 25차례의 공판이 진행되었다. 항소심 공판은 12월 한 달 7번 열렸다. 빡빡하기 이루 말할 수 없는 공판 일정이었다. 그러나 공판이 길어질수록 사건은 국내외적으로 확산되어 갔다. 김대중, 윤보선, 정일형 등 현직, 전직 저명 정치인들이 연루되어 있다는 점에서 국내외 언론으로부터 지대한 관심을 모았다. 외국 언론과 미국의 다수 정치인들은 이 사건이 한국의 정치 현실과 인권상황을 반영하는 실증자료라 평가하였다.[31]

개신교는 어떤 대응을 했을까. 3.1절 기념미사 이후 이우정, 문동환, 윤반웅, 김관석 등 교계 지도자들이 계속 연행되고 있다는 소식을 접하고 3월 2일 오후 5시 NCC 인권위원회는 조남기, 오충일, 조승혁, 조지송 목사 등이 긴급위원회를 갖고 사태 파악에 주력하였고 3월 3일에도 이문영, 서남동, 안병무, 은명기, 문익환, 이해동 등의 인사들이 계속 연행되자 이태영을 비롯한 12명의 위원들이 조남기, 박광재, 김순배, 이직형 4인을 대표로 선정, 중앙정보부 2국장을 면담, 3월 9일 다시 소위원회를 갖고 대책협의에 나섰다.[32]

3월 10일 정부의 '정부 전복' 운운의 검찰발표는 인권위원회가 서둘러 구조 대책 방안을 논의하게 하였다. 3월 19일. 각 교단장 및 총무, 실무자급 위원 등 19명을 위원으로 선출하여 '3.1 성직자 구속사건 대책위원회'를 조직하고 3월 23일 첫 모임을 가졌다. 25일 <3.1 성직자 구속 사건에 대한 우리의 입장>을 발표하고 26일 변호인단을 구성하는 한편 선교자유대책위원회를 통해 4월 6일 NCC의 공식 입장을 발표하였다. 선교자유대책위원회는 1975년 SMCO 사건에 대한 대응책을 만들기 위해 조직된 임시위원회였으나 구속자들이 석방되고 난 후 임시위원회는 해체되었고 이내 공식적인 선교자유대책위원회 명칭으로 활동하고 있었다.

---

31 위의 책, 818.
32 『1970년대 민주화운동 II』, 819.

3.1 민주구국선언 사건의 첫 공판 일정이 잡혔다. 5월 4일이었다. 3.1구국선언 사건으로 또 잠시 중단된 목요기도회는 5월 4일 공판에 바른 재판이 이뤄지기를 간구하는 기도 모임으로써 5월 3일 기도회를 재개하였다. 300여 명이 모여 강당을 가득 메운 가운데 열렸다. 5월 3일은 5월 4일 공판을 준비하기 위한 기도회라는 목적이 분명하였기에 월요일에 열렸으나 추후 목요기도회는 금요기도회로 날짜를 바꿔 재개됨을 알렸다. 1974년 7월부터 시작한 목요기도회는 소수 성직자들과 구속자 가족들의 합류로 이뤄진 자발적인 기도회로서 자기 역할을 다했다면 1976년 5월 3일부터 개최된 기도회는 운영 주체가 선교자유대책위원회로 명시된 NCC 공식적인 기도회로 각계각층의 연대를 알리는 금요기도회로서 명실상부한 저항 공론장으로 재탄생하게 된다. 목요기도회의 현실적 출발점이 민청학련 사건이었다면 금요기도회가 NCC 공식 기도회로 출발하게 된 현실적 출발점은 3.1 민주구국선언 사건에 있다.

▲ (명동 사건 관련) 전국 교회에 드리는 편지(3월 9일): 한국기독교장로회 총회장 은명기

▲ (명동 사건 관련) 성명서(4월 6일): 한국기독교교회협의회

| | |
|---|---|
| 대한예수교장로회 총회장 한완석 | 기독교대한감리회 감독 김창의 |
| 한국기독교장로회 총회장 은명기 | 구세군대한본영 사령관 전용섭 |
| 대한성공회 주교 이천환 | 기독교대한복음교회 총회장 지동식 |

▲ (3.1절 기도회 사건에 대한) 결의문(4월 22일): 한국기독교장노회 전남노회 일동

▲ (명동 사건 관련) 성명서(76. 5. 24.): 한국기독교교회협의회 3.1성직자구속사건대책위원회

▲ (명동 사건 관련) 공개서한(76. 5. 24.): 한국기독교교회협의회 3.1 사건대책위원회

▲ 대법원장님께 드리는 공개서한(76. 5. 26.): 한국기독교교회협의회 3.1 성직자구속사건 대책위원회

▲ (명동 사건 관련) 진정서(76. 7. 16.): 한국기독교장로회 여신도회전국연합회 총회 회원 일동

▲ (3.1 기도회 사건에 대한) 결의문(76. 7. 21.): 한국기독교장로회 선교대회 참가자 일동

▲ (명동 사건 1심 선고 관련) 담화문(76. 9. 1.): 한국기독교교회협의회 총무 김관석

▲ (명동 사건 상고심 선고 관련) 성명서(77. 3. 24.): 한국기독교교회협의회 인권위원회 위원장 조남기

▲ (명동 사건 상고심 선고 관련) 담화문(77. 3. 28.): 한국기독교교회협의회 선교자유대책위원

회 위원장 김종대

▲ (명동 사건 항소심 선고 관련) 성명서(76. 12. 29.): 3.1 민주구국선언문 관련 가족 일동

▲ (명동 사건 발생 1주년) 성명서(77. 2. 28.): 윤보선·정일형·이태영·함석헌·이우정·이해동·안병무·장덕필·김승훈

▲ (명동 사건 발생 1주년) 성명서(77. 3. 1.): 3.1 민주구국선언문 관련 가족 일동

▲ (명동 사건 상고심 선고 관련) 성명서(77. 3. 22.): 3.1 민주구국선언문 관계 가족 일동

▲ (명동 사건 관련자) 성명서(78. 1. 6.): 같이 쇠사슬에 묶였던 … 윤보선, 함석헌, 김대중, 이우정, 정일형, 이태영, 안병무, 이해동, 장덕필, 김승훈과 더불어 … 신현봉, 윤반웅, 문정현, 서남동, 이문영, 문동환, 함세웅, 문익환

다음은 가톨릭의 대응이다.

| | |
|---|---|
| ▲ 3월 11일 | 인천교구 사제 일동이 3.1 명동 사건으로 입건된 7명의 사제를 위한 보속과 기도를 촉구하는 글을 주보에 게재 |
| ▲ 3월 16일 | 원주교구가 봉산동 성당에서 '구속 사제들을 위한 합동 기도회' 개최. 원주교구는 4월 18일까지 다섯 차례 합동 기도회를 개최 |
| ▲ 3월 24일 | 인천교구 답동성당에서 3.1 명동 사건 위한 기도회 개최 |
| ▲ 3월 29일 | 수원교구장 김남수 주교, 사제단과 정평위 주도의 기도회 자제 당부 |
| ▲ 4월 26일 | 1969년에 사제서품을 받은 신부들, 3.1 명동 사건에 대해 '우리의 태도' 성명서 채택 |
| ▲ 5월 3일 | 전주교구 사제단, 성명서 발표 |
| ▲ 5월 11일 | 여자수도회 장상연합회, 나라를 위한 특별미사, 700여 신자 참석. '구속 사제 위한 기도' |
| ▲ 5월 14일 | 수원교구 사제단 합동, '구속 사제를 위한 특별미사' |
| ▲ 6월 1일 | 천주교정의구현전국사제단 주최, '구속 사제를 위한 특별기도회' 명동성당. 1천여 명 참석 |
| ▲ 7월 5일 | 천주교정의구현전국사제단, '조국과 위정자, 옥중의 사제들을 위한 기 |

도회' 전국 80여 명의 사제들 참석

▲ 7월 9일 천주교정의구현전국사제단, 지학순 주교와 사제단 공동집전

▲ 8월 9일 천주교정의구현전국사제단, '구속 사제를 위한 기도회' 명동성당

▲ 8월 10일 전주교구 정의평화위원회가 김지하 구출위원회와 연대해 성명서 발표

▲ 9월 13일 천주교정의구현전국사제단, '구속 사제들을 위한 특별기도회' 명동성당

▲ 10월 25일 천주교정의구현전국사제단, '구속 사제를 위한 기도회'

▲ 11월 24일 천주교정의구현전국사제단, '3.1 명동 사건으로 구속된 이들을 위한 시국기도회' 명동성당[33]

한편 1974년 9월에 조직된 구속자가족협의회는 1976년 들어서 양심수가족협의회로 이름을 바꾸고 고난받는 가족들의 모임으로 성숙되어갔다. 박용길 여사의 기록[34]에 따르면,

1) 구속자들에게 영치금과 가족을 돌보는 일

2) 구속자 가족들의 경조사에 방문, 협조한 일

3) 각종 성명서를 발표하고 수차에 걸쳐 단식 농성으로 석방을 촉구한 일

4) 병자나 사건이 일어났을 때 각 교도소를 방문하고 격려한 일

5) 서울, 안양, 성동, 전주, 청주, 대전, 광주, 목포, 군산, 공주, 순천, 안동, 부산, 김해, 마산, 원주, 강릉, 춘천, 진주, 강릉교도소로 김종완 님이 방문하였을 때는 가족들이 소장실에서 다 같이 뜨개질을 시작하여 놀라게 하고 겨울 바닷가에서 소원을 큰 소리로 외치기도 하다

6) 재판이 있을 때마다 방청하는 가족들을 격려함

7) 어려움을 당한 광주를 숨바꼭질하며 방문한 일

8) 목요기도회에 참석하고 목요기도회 때마다 가정 방문한 일

9) 미국 대통령 방한 반대 시위를 미 대사관 뜰에서 하고 11명이 구류처분 받은 일

10) 해외에서 협조해 준 분들을 위해 해마다 성탄 축하장을 보낸 일

---

33 기쁨과 희망사목연구소, 『암흑속의 횃불 2』 (서울: 가톨릭출판사, 1996), 42-49 요약.

34 민주화운동기념사업회 오픈 아카이브, 등록번호 00951834.

11) 구속자들을 돕기 위한 기장 여신도회 바자회에 참여, 그 수익금으로 구속자들에게 영치금 보낸 일

12) 7월 1일부터 8월 15일까지 구속자 석방과 민주화를 위한 일일 단식에 참여한 일

13) 8월 15~18일 단식기도회 (제일교회) 20명 참가한 일

14) 국내의 인권 단체와 협력하여 인권운동을 펴 나감

15) 고난받는 자를 위한 갈릴리교회에 출석하여 사정을 듣고 같이 기도하며 고난을 같이한 일

16) 일본에서 개최한 양심수 서예전에 옥중 작품들을 전시하고 판매하는 일에 동참하여 한국의 실정을 알리고 협조한 일. 일본대판(日本大阪)에서 열린 전시회에 박용길 참석

빅토리 숄, 호소문, 선언문

고난과 승리를 나타내는 보라색으로 숄을 짜는데 "민주 회복"을 염원하면서 잣 무늬로 짬. 국내뿐 아니라 국외에도 보내서 인권 문제의 심각성을 일깨우기도 함. 십자가 목걸이, 반지, 손수건, 티스푼 등을 만들어 판매하여 우리 가족뿐 아니라 무의탁 재소자들에게 내복을 사서 영치한 일.

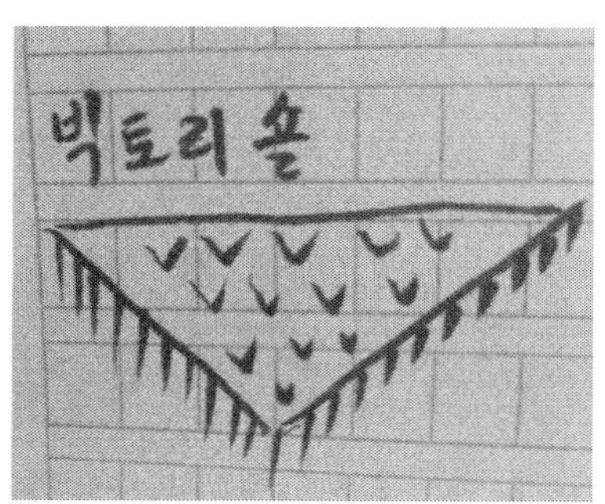


서대문 구치소로 새벽송

구속자 가족들이 수도교회에 모여서 하룻밤을 새우고 새벽에 서대문 구치소 뒷산에 올라 부활절에는 부활 찬송을, 성탄절에는 크리스마스 노래를 불렀고 교도소 안에서는 화답하는 노래와 함성이 터졌다. 돌아오는 길에 연행당하기도 했으나 구속자들이 기쁨으로 화답하여 큰

힘이 되었고 잊지 못할 추억으로 남았다. 긴급조치를 가족들은 "기그조지"하고 불렀다. 우리의 구호 "더 이상은 못 참겠다. 구속자를 석방하라."[35]

이로써 본 연구서의 목요기도회 1년 10개월간의 일정은 끝을 향해 간다. 대책위원회의 활동과 구속자 가족들의 헌신적이고 기발한 방법으로서의 저항운동은 2권 『연대의 함성으로』에서 자세히 다뤄질 것이다. 본 연구서에서 미처 다루지 못한 부분이 있다. 각 단체들의 형성과 발전 과정이다. KSCF의 형성, 학생사회개발단과 연세대 빈민운동연구소, 수도권특수지역선교회와 한국교회사회선교협의체 그리고 서울지구교회청년협의회에서 발전하여 발족된 EYC 등의 제 단체들이다. 이 단체들은 1974년에서 1976년 초반까지 목요기도회 선상에서 크게 드러나지 않았다.(KSCF를 제외하고) 목요기도회가 금요기도회로 바뀌면서, 운영 주체가 NCC 선교자유대책위원회로 공식화되면서, 도시빈민, 노동자 계층의 참여와 동시에 1970년대 후반 개신교 민주화인권운동의 연대의 함성으로 나타난다. 1976년 4월 3일 동일방직 노조원들의 시위, 7월 24일 동일방직 1천여 명 노동자 농성 등 금요기도회에 노동자들의 합류 조짐이 눈앞에 펼쳐지고 있었다.

35 1976년 3월 1일 "민주구국선언" 사건이 터지자, 계획에 따라서 부활절 새벽송이 시작되었다.

# II. 목요기도회 30년 역사의 초입에 서서

## 1. 목요기도회 개관

머리말에서도 언급한 바와 같이 'NCC 고난 받는 이와 함께하는 목요기도회'는 한국 민주운동사에 있어서 최장기 정치 및 저항 공론장이다. 목요기도회는 유신과 신군부, 6공 시대를 통틀어 행해진 거대한 국가 폭력 하에 신음하던 노동자, 농민, 도시빈민, 학생, 교수, 언론인 등 일반 시민들과 기독인들의 자발적 민주 의지들을 결집하는 저항 공론장이었다. 민주 담론에 누구나 참여할 수 있고 이견에 대한 상호 조절의 공간이었으며 공감과 소통의 공간이면서 동시에 구체적인 실천의 장이 되었다. 그 역사가 30년이다.

목요기도회는 1974년 7월 18일 공식적인 출발을 하였다. 민청학련 사건을 마주했던 구속자 가족들의 울부짖는 호소, 민중생존권과 생명존엄권의 박탈로 인해 억울함을 호소할 수 있는 유일한 공간으로서의 역할을 하였다. 예를 들어 "여러분, 저는 어떻게 해야 합니까? 저를 도와주십시오"(방림방적 노동자 호소문, 김일심), 인권을 강도당한 노동자들의 호소, 일 하고도 노임을 받지 못한 노동자들의 호소를 듣는 타자의 역할을 목요기도회는 굳건히 감당하였다. 그것으로 인해 모진 고난도 마다하지 않았다. 동일방직 노동자를 위한 기도회에 500여 명이 참석하면서 기독교회관 강당에 경찰 일백여 명이 난입, 참석자들을 무차별 연행하는 사건이 발생하여 조정하 여사(박형규 목사 부인)가 폭행당하였고 윤반웅, 문익환 목사 타박상, 실무자 및 노동자, 학생들이 대거 연행되는 사건이 벌어졌다. 이 같은 사건은 목요기도회에서는 비일비재한 일일 뿐이었다.

1980년대는 어떠한가. 강제 입영되어 의문사를 당하는 학생들, 대구택시집단항의사건, 민경교통 운전기사 박종만 씨 분신자살사건, 여대생 추행 사건, 사당동 철거 지역 주민 문제와 송광영 열사 분신, 부천 경찰서 성고문 규탄, 86아시안게임을 유치하면서 시행된 무차별적인 철거는 수많은 도시 빈민들의 생존권 탄압으로 이어졌다. 이렇게 연이은 민중의 호소와 함께 공동의 행동을 했던 기도회는 2002년 11월 14일 한국청년단체협의회(한청) 이적규정 철회를 위한 예배를 마지막으로 그 역할을 다했다. 이를 2004년 4월 인권운동 30년사 출판기념회를 통해 목요기도회 공로패 및 감사패 수상으로 목요 예배를 마무리하면서 오랜

30년의 역사를 정리하였다.

목요기도회는 여섯 시기로 구분할 수 있다. 첫째, 1974~1976년 5월 태동에서 심화기로 박정희 정권 하의 압력에 맞서 정례모임으로 정착, 75년 인혁당 관련자들의 기습사형집행에 대한 저항과 목요기도회 불참 강요 등으로 중지되었다가 76년 5월 3일 금요기도회로 재개되면서 구속자 가족뿐 아니라 해직기자, 해직교수, 징집희생자, 노동자(동일방직, 방림방직, 평화시장 노동자 등), 도시빈민 등 참여자의 외연은 확장되고 저항은 심화된 시기이기도 하다. 둘째, 1976년 5월 이후~1979년 12월 각계각층의 연대로 일관한 민주화운동의 거대한 흐름의 시기이다. 이 시기가 없었다면 한국 민주화운동사는 치명타를 입었을 것이라 여겨진다. 셋째, 1980~1983년 암흑기에서 재도약 시기이다. 이 시기는 신군부 정권의 압력으로 구속자 가정 심방, 인권위 회의실 예배로 대체되다가 격주의 '고난받는 이들과 함께하는 목요 예배'로 재개, 정착한 시기이다. 특히 목요 예배 성격 규정을 명확히 한 시기로서 민중과 '함께하는 목요 예배'로서의 기독교적 정체성을 세워나가는 시기이다.[36] 예배의 외연 확장과 질적 심화를 위해 철저한 내적 준비를 시작하였다. 넷째, 1984~1987년 성장과 확산기로서 전 방위로 확대되는 국가 폭력에 의한 다양한 피해자들의 대거 참여, 참여자 인원수 증가, 교단별 설교자 확대, 각 지방 인권위원회 조직을 확산, 유지시키는 동력을 제공하고 해외 교포들과의 유기적인 연결 구조를 가져 민주운동의 확산을 꾀하였던 시기이다. 또한 광주항쟁의 연대투쟁을 본격화하는 시기이기도 하다. 다섯째, 1988~1998년 유지기 혹은 쇠퇴기로서 민중의 생존권 투쟁과 생명 존엄권 투쟁, 통일운동 등 수많은 당면과제 속에서 대중 동원과 공감대 확대를 위해 전력을 다했으나 각 부문 운동이 제각기 자기 자리를 찾아갔기 때문에 보호체로서의 기독교 역할을 넘어 기독교 자체 운동을 고민하던 시기이다.[37]

---

36 이 시기에는 목요 예배 소위원회를 조직(예배프로그램위원회, 동원위원회, 고난의 현장위원회)하여 목요 예배의 성격을 새롭게 부각시키고 내용을 깊이 있게 구성하며 순서 담당자(특히 설교자)를 새로운 인물로 대치시키는 등의 내부 기획을 하였던 시기이다. 예배 자체에도 큰 의미 부여를 하여 구속자 가족들의 억울한 호소를 듣고 함께 기도하는 모임체에서 한 발 더 나아가 본격적인 저항의 장으로서의 면모를 갖추게 된 시기였다. 설교자의 다양성이 증가하는 시기 역시 이 시기이다. 목요기도회를 새로운 시각으로 바라보게 된 지점이다.

37 그럼에도 고문 추방, 걸프전쟁의 평화, 해직 교사 원상 복직, 장기 복역 출소 무의탁자, 통일 인사 석방, 수서 비리 진상규명, 지자체 분리 선거 규탄, 강제징집 철폐, 양심선언 지지 및 결의, 장애인운동위원회 추모예배, 해직 교사 전원 복직을 위한 기도회, 철도, 지하철 노동자 문제해결을 위한 기도회, 국회법사위 5.18특별법 상정, 일본군 위안부 문제해결, 국가보안법 철폐, 안기부법 개정촉구, 국가보안법 폐지 등의 이슈가 꾸준히 제기되었다.

여섯째, 1999~2003년 정리기로서 비정기적인 예배로 명맥을 유지한 시기이다.

70년대의 '목요기도회', '금요기도회', 80년대의 '고난받는 이들과 함께하는 목요예배', 90년대의 '고난받는 형제들을 위한 목요기도회'의 순으로 명칭과 요일 변경을 거듭하면서 약 30년 동안 한국 기독교 운동의 동력이 되었다.

## 2. 목요기도회의 운동사적 의의

목요기도회가 한국 민주운동사와 한국 기독교 운동사에 있어 기여한 바는 크다.

먼저 저항과 연대의 구심점 역할을 하였다. 국가 폭력을 고발할 수 있는 공간을 열어주어 억울함을 호소하는 피해자들을 한 곳에 모이게 함으로 상호 소통과 정보교류, 구체적인 실천 방안을 모색하는 공간이 되었다. 또한 호소하는 이들뿐 아니라 듣는 타자로서 함께하는 기독인들의 절실한 모임은 국내뿐 아니라 해외 교포들을 하나로 결집하게 하였고 특히 해외 각국의 에큐메니컬 운동의 실천적인 구심점, 하나님의 피를 나눈 한 형제로서의 연대의식을 불어 넣는 역할을 감당하였다.

그리고 정치 공론장으로서 기독교의 공공성을 드러내는 공론장이었다. 억압적 권력 하에서도 30년이란 긴 기간 동안 다양한 정치적 공론장[38]을 이어갔으며 공론장이 사건들과 밀접히 연결되어 있었기 때문에 그 생명력이 강했다. 또한 현장성, 실천성, 공개성을 존속한 민주적 공간이었다.[39] 특히 기독교적 초월성은 국가 폭력의 피해자들에게 치유의 공간으로 작용하였다. 또한 더욱 주시해야 할 일은 보편성이다. 오순절 다락방에서 하나님의 공통언어로 하나 된 체험을 맛본 초대교회의 은혜가 목요기도회의 공간에도 임하여 민중의 호소와 울부짖음에 서로 존재 조건은 다를지라도 공통의 마음으로 통합되어 하나의 저항언어로 표출되는 성령의 역사를 체험하였다.

국가 이데올로기에 정면 도전하는 장이기도 하였다. 군부독재를 가능하게 했던 성장

---

38 경동현, "대항 공론장과 한국 천주교회 공동체 운동의 통합적 전망: 5.18 공론장의 교회화를 위한 성찰," 「신학전망」 2권 5호(2019), 76.

39 고성휘, " 1980년대 기독교 공론장의 공통적 가치와 공공성-목요 예배와 교양 강좌회를 중심으로," 「신학사상」 193집 (2021 여름), 234-235.

이데올로기, 반공 이데올로기 등의 국가 이데올로기에 불응하고 오히려 생명 존엄이라는 하나님의 호명에 응답하는 주체로서 고백하는 장을 형성하였었다. 사건과 역사 속에 살아있는 교회가 되어 민중의 삶 자리와 함께하며 그리스도인으로서 실존적 삶을 공유하고 자각하게 하였던 장이 되었다.

또한 연대를 일궈 낸 하나님의 살아있는 역사의 현장이었다. 구속자가족협의회, 양심수가족협의회를 토대로 민주화실천가족협의회, 장기수가족협의회, 전국민족민주유가족협의회 등이 형성되는 모태 역할을 하였을 뿐 아니라 1980년대 50개에 달하는 각 지역 인권위원회 결성과 그 궤를 같이하여 지방에서도 목요기도, 즉 전주 지역 70년대 신, 구교 목요기도회, 광주 지역 목요기도회 등을 활성화시키는 구심점이 되었다. 목요기도회의 열기는 해외에서 더 뜨거웠다. 미국 LA목요기도회, 워싱턴 목요기도회, 워싱턴 청년연합, 민통연합 워싱턴 지방위원회, 워싱턴 호남향우회, 뉴욕 목요기도회, 민주구락부, 민주주의 국민연합 북미본부, 북미 한국 인권협의회, 볼티모어 호남향우회, 한국 양심수 후원회, 재미 한국 인권투쟁위원회, 한국민주회복 동지회, 한국 민주회복 통일촉진 국민회의 미주본부, 한국 반독재투쟁위원회, 시카고 목요기도회, 뉴잉글랜드 목요기도회, 캐나다 토론토 목요기도회, 독일 토요기도회, 캐나다 작은 뜻 기도회 등 수많은 교포들과의 긴밀한 연결고리는 NCC 목요기도회와 「인권소식」의 힘이 크다. 목요기도회의 소식은 「인권소식」으로 국내 각 지역에, 해외 교포들에게 갔고 그들은 이를 돌려보면서 한국 민주화의 염원을 모아갔다. 이 모든 과정은 하나님의 살아있는 역사의 현장이었음을 고백하지 않을 수 없다.

민주시민교육의 측면에서 보면 목요기도회는 개인의 자율과 연대를 확인하는 권리인 인권과[40] 민주주의를 위해 지식인과 기층 민중이 함께 공동이념 논리체계를 획득하는 장이었다. 반독재 전선의 구축과 민중 생존권 투쟁의 장으로서 인권이라는 보편적 가치와 민족, 민주 이념들이 상호 조정되는 의사소통 행위 과정이었다고 말할 수 있다.[41] 설교나 강좌 그리고 사례보고의 시간은 인권침해에 대한 대응책을 마련하는데 용이한 공간이었으며 인권의 도구적 가치와 내재적 가치[42]를 함께 고민했던 숙의의 장으로서 역할을 하였다. 참석

40 마이클 프리먼/김철효 옮김, 『인권: 이론과 실천』(서울: 아르케, 2005), 93, 109.

41 위르겐 하버마스/장춘익 옮김, 『의사소통행위이론』(파주: 나남, 2006), 179.

42 조효제, 『인권의 지평』(서울: 후마니타스, 2016), 12.

자들의 의식 저변을 확대할 뿐 아니라 호소와 이야기 나눔으로 인권과 민주의 가치가 상호 조절되는 장이 되었다.

마지막으로 정보 공유와 확산을 연결한 매개체의 역할을 하였다. 특히 목요기도회와 함께 한 「인권소식」은 국내뿐 아니라 해외까지 정보 소통과 공유의 매개 역할을 수행하였을 뿐 아니라 학생, 청년운동을 하나의 연대로 묶는 역할을 수행하였다. 목요기도회에서 미처 보고하지 못한 여러 분야의 국가 폭력의 피해 양상을 한눈에 볼 수 있는 공론지가 공론장과 유기적으로 결합하였기에 신속한 행동을 이어갈 수 있었다.[43] 「인권소식」은 1978년 6월 23일 창간호를 시작으로[44] 목요기도회 30년을 함께 하였다.

한국민주화운동사에 있어서 시급을 다투면서도 상세한 내용을 담고, 이후 대응까지 모든 과정을 상세히 알리는 공론지는 전무후무하다. 1978년부터 1990년대까지 한 사건도 빠지지 않고 꼼꼼하게 알려왔기에 한국민주화운동은 탄탄한 사실근거 하에 운동을 확산할 수 있었고 지속될 수 있었다.

또한 「인권소식」은 당시 수도권 중심적 운동의 방식을 벗어나는 획기적인 방식을 택했는데 각 지역에서 벌어지는 소식을 여과 없이 담아내었다. 사건의 긴박성과 중요성을 「인권소식」을 접하는 모든 사람들에게 대면할 수 있는 인식의 지평을 마련하였다. 이로써 전국을 통틀어 반독재민주화운동의 전선을 형성하는데 용이한 매개체로 쓰였다. 목요기도회는 선교위원회로(당국의 압력에 의해 인권 문제를 기독교 선교 문제로 전환해야 했던 시기), 그 내용적 담보는 「인권소식」이라는 인권위원회 협력으로 두 위원회가 함께 일군 기독교 공론장의 거대한 보호막이자 추동력이었다.

이렇듯 목요기도회와 「인권소식」의 사적 위상은 여러 측면으로 살펴볼 수 있다. 그 안에는 구속자 가족, 억울하게 해고된 노동자, 삶의 터전을 빼앗긴 도시빈민, 생존의 위기에

43 고성휘, "한국 민주운동사 최장기 정치 및 저항 공론장으로서의 NCC목요기도회," 「기독교사상」 2021년 11월호, 148-152 수정 보완.

44 1978년 6월부터 9월의 「인권소식」은 동아일보 해직 기자 박종만에 의해 작성되었고(4-6쪽), 1979년부터는 NCC 인권위 간사인 윤수경에 의해 작성되었다(4-6쪽). 몇 차례 압수당하기도 하였으며 1979년 말에는 「인권소식」 발행을 불허하는 일들도 있었다. 80년대로 넘어와서도 「인권소식」에 대한 탄압은 지속되었다. 그 탄압을 뚫고 NCC 인권위 간사들은 「인권소식」을 발행하는 데 최선의 노력을 다했다. 특히 86~87년(간사 류태선)에 이르러서는 16-20쪽에 달하는 엄청난 양의 내용들을 매주 「인권소식」에 담았다.

있는 농민, 학생, 청년, 해직된 교수와 언론인, 문인에 이르기까지 다양한 삶의 터전에서 살아온 사람들이 정권의 폭압에 맞서 모인 마가의 다락방이었기에 그 안에는 수많은 사람들의 눈물과 탄식 그리고 성령의 은혜로 하나 됨의 체험까지 다양한 이야기가 존재한다.

눈여겨보아야 할 일은 목요기도회에서 공유된 이들의 이야기가 단순히 호소로 끝나는 것이 아니라 모임을 통해 새로운 힘을 얻고 다음 행동을 잇는 순환의 과정을 내포하였다는 것이다. 이 과정이 가능했던 것은 기도회가 기독교인이 중심되지 않은 '자기 비움'의 장으로서 역할을 했기 때문이었다.[45] 노동자, 농민, 도시빈민 그리고 구속된 학생, 청년 가족들의 호소 그리고 기독교 및 재야인사의 호소들이 기도회라는 모임 위에 올려졌다. 누구 하나 주도하거나 미리 계획되지 않은 호소의 장이었기에[46] 목요기도회는 오랜 세월을 고난과 함께하는 이들의 품이 되었다.

## 3. 목요기도회, 그 첫 번째 역사

1974년 7월부터 1976년 5월까지 그야말로 목요기도회 가장 초기의 역사 사료를 기초로 정리하였다. 운영 주체가 명확히 누구다 할 수 없을 자발성에 기초한 기도회 시기였지만 그 안에 저항 공론장으로서의 정체성이 잘 드러나 있었다. 민주시민교육의 장, 저항 의지 단련의 장[47], 위로와 결단의 장, 플랫폼으로서의 공론장, 연대와 확산의 장, 숙의민주주의

45 자기 비움의 장이라는 예는 1978, 79년 사례보고 횟수별 분포를 보면 알 수 있다.

| 1978 | 1979 |
|---|---|
| 교단 & NCC 각 위원회: 25/92, 27.47% | 교단 & NCC 각 위원회: 10/58, 17.24% |
| 재야 & 인권운동협의회(자유 실천, 동아투위, 해직 교수 등): 25/91, 27.47% | 재야 & 인권운동협의회(자유 실천, 동아투위, 해직 교수 등): 14/58. 24.14% |
| 학생, 민주인권청년협의회 & 양가협: 24/91. 26.37% | 학생, 민주인권청년협의회 & 양가협: 24/58. 41.38% |
| 노동자, 도시빈민, 농민: 17/91. 18.68% | 노동자, 도시빈민, 농민: 10/58. 17.24% |

46 호소문을 준비한 이가 앞에 나와 호소문을 읽으면 청중 속에서 누군가 일어나 자신도 억울하다 호소해요. 그러면 듣고 있던 청중들이 "나가서 말하세요"라고 호응해주니 … 계획이 뭐 있어요? 그때그때 마다 상황이 만들어지는 공간이었어요. (1979~84년 인권위원회 간사 윤수경 님 증언 중, 2024. 2.)

47 제가 말하고 싶은 거는 그게 당시 학생들의 의식화라고 표현하기 좀 그렇고 아무튼 그 의식을 높이고 훈련하는 장으로도 기능을 했다. 왜냐하면 거기까지 가기 위한 훈련을 하는 거예요. 짭새들을 피해야 되고 이렇게 용감하게 박 정권과 싸우는 그런 사람들이 여기 엄연히 살아있다 이런 용기를 주고 이런 것들이 학생들에게 굉장한 의미를 가졌죠. 한 번 후배들을 보내면 이제 거기 갔다 오면 사람이 달라지는 거예요. 그다음부터 그 박정희 함부로

토론장 등의 성격이 목요기도회 30년 안에 녹아 있다면 이 첫 번째 목요기도회는 민주시민 교육의 장, 저항 의지 단련의 장, 위로와 결단의 장으로서 역할을 하였다. 특히 가장 든든한 지원군인 가족의 연대를 이루는 데 가장 큰 역할을 한 시기였다. '구속자가족협의회'를 탄생시켰고 76년 1월부터는 구속자라는 명칭보다 좀 더 자기 정체성을 확보하기 위해 '양심수'라는 용어로 보다 적극적인 저항과 투쟁의 양상으로 발전한 '양심수가족협의회'를 발전시킨 장이었다.

학생이라는 제한된 사회적 존재의 한계를 넘어서게 하여 가족과 또 다른 가족이 연대하고 그 증폭된 힘으로 험난한 탄압의 세월을 버틸 수 있었으며 오글 목사, 시노트 신부와 같은 선교사들과의 연대로 인혁당 재건위 사건 구속자 가족들과 연대할 수 있었다. 구속자 가족협의회가 내면의 힘을, 영역을 넓혀간 분기점이 되었다.

또한 전국적으로 확산된 기도회의 행렬은 시대를 함께하는 자들의 용기에서 출발한다. 동아일보 격려광고를 통해 개신교인들의 저력을 볼 수 있었다. 중간 지대에 있는 개신교인들에 대한 연구가 좀 더 필요함도 일깨워 주었다.

이제 1976년 5월부터 79년 12월까지 두 번째 시기로서의 금요기도회에서는 1차 시기와는 비교할 수 없는 압도적으로 역동적인 공론장의 모습을 보게 될 것이다. 플랫폼으로서의 금요기도회가 얼마나 자유롭게, 투쟁적으로 박정희 정권을 향해 연대해 갔는지를 살펴볼 수 있을 것이다.

---

얘기하는 사람도 못 보던 세상에서 거기 들어갔더니 박정희 개새끼 이런 사람들이 우르르 모여 있으니까 동질감을 느끼고 그렇지 그런 곳이었다. 이런 의미로 이제 금요기도회를 보면 좋을 것 같아요. (정해랑 구술 중에서, 2024. 9. 3. 오후 1시)

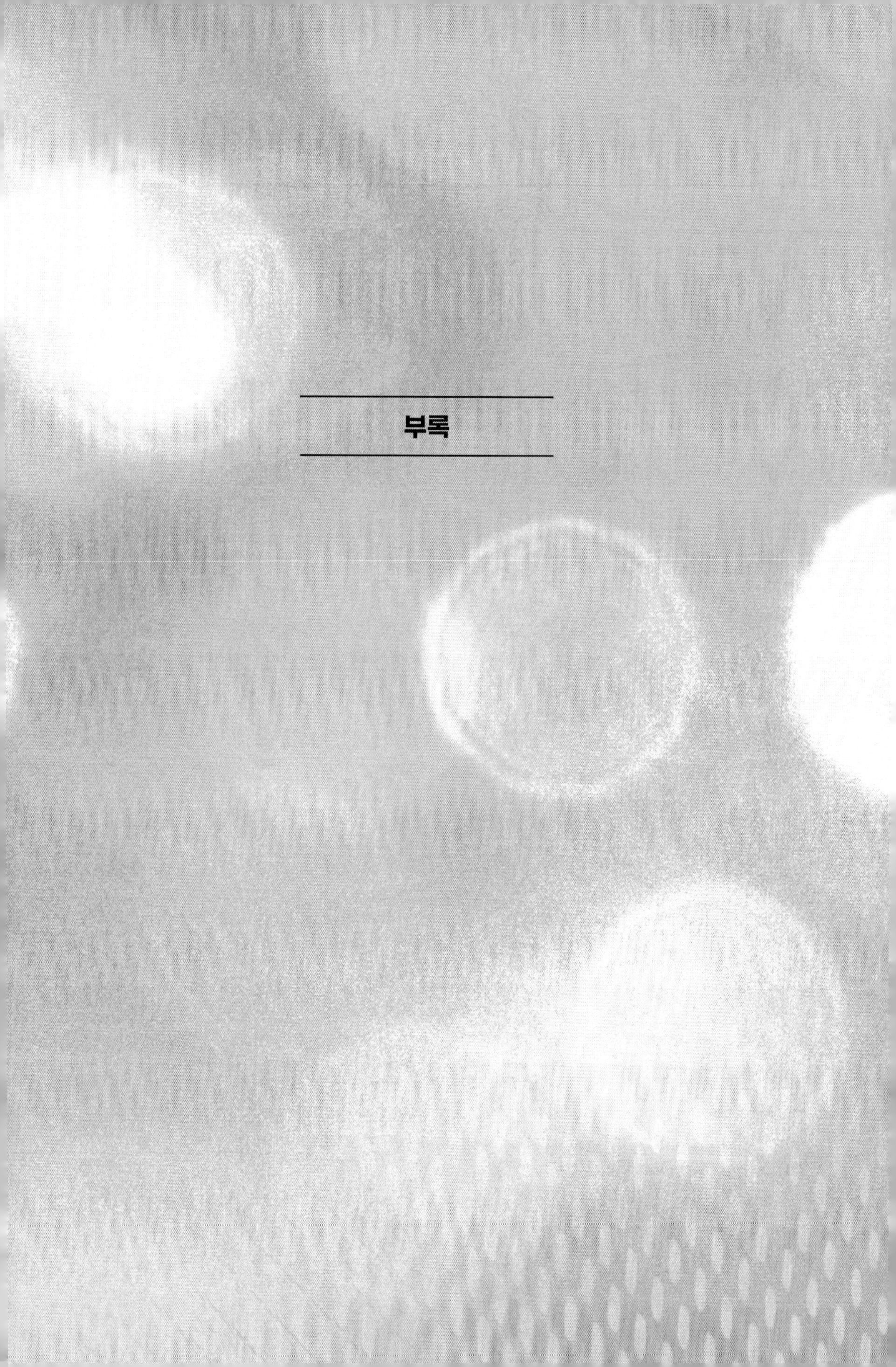

# 부록

# I. 동아, 조선일보로 만나는 "선한 그리스도인들의 십자가 행진" & 목요기도회(1974. 9.~1975. 5.)

<table>
<tr><th>회차</th><th>1974</th></tr>
<tr><td rowspan="3">(1)</td><td>7/5 금요일 목회자 기도회 첫 모임</td></tr>
<tr><td>7/5 민청학련 사건으로 구속자들이 속출하고 가족들이 인권위, 기장여신도회 사무실로 찾아와 호소하는 일들이 많아지자 김관석 KNCC 총무가 모임을 가졌으면 좋겠는데 모임을 불허하니 기도회로 모였으면 좋겠다고 김상근 목사와 논의하게 되었다(김상근 구술). 금요일 모여 기도하기 시작. 금요일이 목회자들에게는 여의치 않아 목요일로 변경하기로 하였다. 매주 목요기도회 소회의실 대여료가 없어서 각 기관마다 도움을 받아 기도회를 운영하였다(이해동, 이종옥 구술). 이해동에 따르면 긴급조치 위반 구속자 가족들이 자신의 억울함을 가눌 길이 없어, 모여 '하나님 앞에 호소하기를 원하다. 이들의 호소에 부응한 목회자들이 함께 기도회를 시작하게 되었다.</td></tr>
<tr><td>7/9 비상보통군법회의 제1심판부(재판장 박희동 중장)는 9일 오후 국방부 법정에서 민청학련의 국가변란 기도사건 관련, 구속 기소된 32명에 대한 결심 공판을 열었다. 이날 검찰은 피고인들에게 국가보안법, 반공법, 대통령긴급조치 위반죄 등을 적용해 이철, 유인태, 김영일 피고인 등 7명에게 사형을, 황인성 피고인 등 7명에게 무기징역을, 강구철 피고인 등 9명에게 징역 20년에 자격정지 15년을, 나상기 피고인 등 3명에게 징역 20년을, 구충서 피고인 등 6명에게 징역 15년에 자격정지 15년을 각각 구형했다. 이날 공판에서 검찰관은 "전국민주청년학생총연맹은 평소 공산주의사상을 가지고 있던 이철, 유인태 등이 폭력으로 정부를 전복시킨 후 과도기적 통치 기구를 설치하여 궁극적으로는 공산국가를 건설하기 위하여 전국 6개 도시 24개 대학과 10여 개 고교까지 망라하여 조직한 반국가단체였다"고 지적하고 "민청학련 조직 과정에서 국외 불순분자와 공산 비밀조직인 인혁당 학원 담당책 여정남과 접선, 결정적 시기에 무산대중을 선동, 이들과 함께 학생 봉기를 일으켜 일거에 정부를 타도하려 했다"고 구형 이유를 설명했다. 한편, 각 피고인의 검찰 구형량은 다음과 같다. 「경향신문」 1974. 7. 10. 1면; 「동아일보」 1974. 7. 10. 1면; 「조선일보」 1974. 7. 11. 7면. 한편, 「동아일보」 1974. 7. 10. 1면에는 윤영봉의 이름을 윤근봉으로 잘못 기재했다.</td></tr>
<tr><td rowspan="2">(2)</td><td>7/11 목요기도회 (목회자) 목요일 첫 모임. 목요기도회를 정례화 하기로 결정.</td></tr>
<tr><td>7/11 비상보통군법회의 제2심판부(재판장 박현식 중장)는 11일 오전 육군본부 법정에서 민청학련의 국가변란 기도사건의 관련 피고인 중 인혁당계열의 21명에 대한 선고공판을 열고 국가보안법, 반공법, 대통령긴급조치 1호 및 4호 위반죄 등을 적용, 검찰 구형대로 서도원 등 피고인 7명에게 사형을, 김한덕 등 피고인 8명에게 무기징역을, 황현승 등 피고인 6명에게 징역 20년에 자격정지 15년을 각각 선고했다. 재판부는 이날 판결문에서 "피고인 서도원 등은 평소 공산주의 사상을 갖고 북괴 집단의 이른바 인민혁명 수행을 위한 통일전선에 영합하여 공산국가를 세울 것을 결의, 좌파 세력과 이에 동조하는 불순분자들을 규합하여 반국가 비밀 지하조직인 인민혁명당을 조직한 후 조직적인 학생 데모를 유발하고 민족 봉기를 유도하여 정부를 전복하려 했다"고 밝혔다. 이어 "이들은 이를 위해 동당 학원 조종책 여정남으로 하여금 이철, 유인태를 포섭, 민청학련을 조직하게 한 후 전국적 규모의 학생 데모 유발을 배후에 조종했다"고 판결 이유를 설명했다. 한편, 각 피고인의 선고형량은 검찰 구형과 같으며 판결은 다음과 같다.<br>「경향신문」 1974. 7. 11. 1면; 「동아일보」 1974. 7. 11. 1면; 「매일경제」 1974. 7. 12. 1면.</td></tr>
<tr><td></td><td>7/13 비상보통군법회의 제1심판부(재판장 박희동 중장)는 13일 오전 국방부 법정에서 민청학련의 국가변란 기도사건과 관련 구속 기소된 피고인 중 학생, 종교인 등 32명에 대한 선고공판을 열었다. 재판부는</td></tr>
</table>

| | |
|---|---|
| | 각 피고인들의 공소사실을 모두 유죄로 인정하고 검찰구형대로 이철, 유인태, 여정남, 김병곤, 나병식, 김영일, 이현배 등 7명에게 사형을, 유근일 등 7명에게 무기징역을 선고했다. 또 강구철 등 12명에게는 징역 20년 자격정지 15년을, 구충서 등 6명에게는 징역 15년 자격정지 15년을 각각 선고했다. 피고인들에게 반공법, 국가보안법, 대통령긴급조치 1·4호 위반죄 등을 적용한 재판부는 판결문에서 "피고인들의 행위는 북괴의 통일전선 형성 공작에 따라 공산 불순분자와 반정부 불순세력이 연합전선을 형성한 것으로 공산혁명을 기도했다는 점, 공산 세력의 배후 조종에 의해 철저히 조직된 폭력 학생의 데모였다는 점, 학생 데모를 조장하는 국내외의 다양한 배후 세력이 개입됐다는 점 등 과거의 학생 데모와는 그 양상을 달리하는 건국 후 초유의 대규모 국가변란 기도사건이므로 피고인들이 학생이라는 관점에서 관용을 베푸는 것은 조국의 보존과 번영에 배반되는 것이므로 눈물을 머금고 극형에 처하는 것"이라고 판결 이유를 밝혔다. 각 피고인의 선고형량은 다음과 같다.<br>「경향신문」 1974. 7. 13. 1면; 「동아일보」 1974. 7. 13. 1면; 「조선일보」 1974. 7. 14. 1면.<br>◇ 사형(7명)<br>이철(민청학련 총책), 유인태(동부책), 김병곤(서울시내 대학책), 나병식(기독학생책), 여정남(인혁당 학원담당책), 김영일(배후 조종), 이현배(배후 조종)<br>◇ 무기징역(7명)<br>황인성(지방대학책), 정문화(서울대학책), 이근성(유인물제작책), 서중석(사회인사포섭책), 안양로(제2선 조직책), 유근일(배후 조종), 김효순(유인물책)<br>◇ 징역 20년, 자격정지 15년(12명)<br>강구철(서울문리대책), 임규영(경북대 담당), 송무호(연세대 담당), 김영준(연세대 담당), 이강철(무직, 경북지구대학책), 정윤광(제2선 지도책), 정화영(경북대 담당), 정상복(배후 조종), 이광일(배후 조종), 나상기(배후 조종), 이직형(배후 조종), 서경석(배후 조종)<br>◇ 징역 15년, 자격정지 15년(6명)<br>구충서(단국대 고교책), 윤영봉(전남대책), 김수길(성균관대책), 안재웅(배후 조종), 김정길(전남지구대학책), 이강(전남지구대학책) |
| | 7/16 비상보통군법회의 제3심판부(재판장 유병현 중장)는 16일 오전 국방부 법정에서 민청학련 국가변란 기도사건의 배후 지원자로 기소된 윤보선(77), 박형규(51), 김동길(46), 김찬국(47) 등 4명 피고인에 대한 내란 선동 및 대통령긴급조치 위반 사건에 대한 심리를 진행했다. 비상군재 대변인 이찬식은 위 피고인들이 민청학련 주요 관련자들에게 정권을 타도하라고 격려하고 거사 자금을 지원하는 등 내란을 선동한 혐의로 기소됐다고 밝혔다. 「경향신문」 1974. 7. 16. 1면; 「동아일보」 1974. 7. 16. 1면. |
| 1 | 7/18 목요기도회 공식적 출발<br>이해동, 김상근 목사를 주축으로 시작한 목요기도회는 성직자 기도회에서 구속자 가족들의 합류로 기도회가 공식화되었다.<br>구속자와 함께 드리는 정기 목요기도회 오전 10시, 기독교회관 소회의실에서 시작.[1]<br>7/18일을 공식 시작일로 알리는 기록은 1975년 2월 20일 "정의, 자유 구현을 위한 목요정기기도회"의 성명서에 명시되어 있다. "우리는 1974년 7월 19일 이후 31번의 정기 기도회를 가지고 자유의 실현, 정의의 구현, 구속 인사의 석방, 민주 회복 등을 위해 기도하여 왔다." 7월 19일은 금요일로서 약간의 착오가 있었던 듯하다. 처음 시작을 금요일에 했기 때문이 아닐까 생각된다. |
| | (박용길 기록: 1974년 7월 18일 2시 22명이 첫 예배를 드리고 기독교회관에서 이해동, 김상근 목사님이 주축이 되어 매 목요일에 모이게 되었는데 문동환, 허병섭 목사님도 도와주셨다. 석방 운동, 민주주의 회복을 이끌어 내는 운동의 중심이 되었다. 경찰은 기도회에 못 나가게 차에 태워 아무 데나 빙빙 돌며 두세 명씩 길에 내려놓으며 방해하였다. 한국기독교교회협의회, 정의구현사제단, 기독교 인권위원회 |

| | |
|---|---|
| | … 여러 기관의 뒷받침 세력이 점점 커졌다.) |
| 2 | 7/20 비상보통군법회의 관할관인 서종철 국방부 장관은 20일 민청학련 사건 공판에서 사형이 선고된 이철(서울문리대생), 유인태(서울문리대 졸), 나병식(서울문리대생), 김병곤(서울상대생), 김영일(일명 김지하·시인) 등 5명에 대해 각기 무기징역으로 그 형을 감형 확인했다. 서장관은 감형 조치에 즈음하여 "국토가 양단되고 휴전선을 경계로 무력의 극한 대치 하에서 국가를 보전하고 번영된 내일을 이루어야 하는 국가 위난 시 온 국민의 염원을 저버리고 북괴의 연합전선 형성 공작에 현혹되어 인혁당 공산 불순분자와 야합, 공산폭력혁명을 획책한 행위는 판결대로 사형에 처해야 할 것이나 피고인들이 공판 과정에서 개전의 정이 뚜렷하므로 정상을 참작한 것"이라고 감형 이유를 밝혔다. 「경향신문」 1974. 7. 20. 1면; 「동아일보」 1974. 7. 20. 1면; 「조선일보」 1974. 7. 21. 1면. |
| 2 | 7/25 목요기도회<br>목요기도회 참여율과 비중이 높아지자 당국의 방해 공작 심해짐 |
| | 목사 등 5명 상고 기각 「조선일보」 1974. 7. 28.<br>대법원 형사부는 26일 대통령 긴급조치(1호 4항) 위반 및 내란음모 혐의로 기소된 서울 제1교회 목사 권호경(32) 피고인 등 교인, 신학생 5명에 대한 상고심 판결 공판에서 피고인들의 상고를 기각, 원심대로 최고 17년에서 최하 3년까지의 징역형을 확정했다.<br>확정된 피고인들의 형량은 다음과 같다.<br>권호경-징역 17년 자격정지 15년, 김동완(32, 약수형제교회 전도사), 박상희(29, 한국신학대학 기독교교육 4년) 징역 7년, 김용상(24, 전주시 남노동 171의 6 무직) 징역 3년, 박주환(25, 한국신학대학 신학과 4년) |
| 3 | 8/1 목요기도회<br><br>구속자 가족들의 사례보고 |
| 4 | 8/8 목요기도회<br><br>구속자 가족들의 사례보고 |
| | 지학순 씨 2회 공판. 「조선일보」 1974. 8. 8.<br><br>비상보통군법회의 제3심판부(재판장 유병현 중장)는 7일 오전 국방부 법정에서 민청학련 국가변란 기도사건에 관련된 지학순 피고인에 대한 2회 공판을 열고 사실 심리를 끝냈다. 지 피고인은 "재판주가 특별히 관용을 베풀어준다면 앞으로는 오직 순수 종교 활동에만 전념하겠다"고 진술. 또 지 피고인은 주거지를 무단이탈한 혐의나 유인물을 불법적으로 배포하여 추가 기소된 사실에 대해 공소사실을 전적으로 시인하면서 "공소사실대로 피고인의 행동을 잘못되었다고 생각"한다고 말하고 "나의 건강한 모습을 나를 찾아온 사람들에게 보여주기 위해 주거지를 이탈했었다"고 진술했다. 이날 공판정에는 4명의 변호인단과 피고인 동생 지학삼 씨(43) 등 20여 명이 방청했다. |
| 5 | 8/15 목요기도회.<br><br>(목요기도회는 진지하고 경건했다. 시대의 아픔이 깊고 컸기에 절실한 기도가 드려질 수밖에 없었다. 이런 일도 있었다. 1974년 8월 15일은 목요일이었다. 내가 아직까지도 그날이 목요일임을 기억하는 까닭이 있다. 우리가 기도회를 진행하고 있는 중에 장충체육관에서 열린 8·15 기념행사장에서 총격에 의해 육영수 여사가 사망했다는 소식을 접했기 때문이다. 이해동 목사 회고) |
| 6 | 8/22 목요기도회.<br><br>구속자 가족들의 사례보고 |

| | 1974년 8월 23일 긴급조치 4호 해제 |
|---|---|
| 7 | 8/29 「구속자 석방과 자유민주주의 실현을 염원하는 기도회」 개최.<br><br>에큐메니컬선교협의체, YWCA, 한국교회여성연합, 수도권특수지역선교협의회, NCC, 개 교단, 지방노회, 개 교회 단위들이 함께 예배를 드림. |
| 8 | 9/5 목요기도회.<br><br>구속자가족협의회 구성. 회장: 공덕귀 여사, 부회장: 김윤식 씨(김학민 父), 총무: 김한림(김윤 母)<br>--------------------------------------------------------------------<br>(박용길 기록: 1974년 9월 구속자가족협의회 구성. 회장 공덕귀, 부회장 김윤식, 총무 김한림. 도와주신 분들 이해동, 김상근 목사, 나선정 총무, 문동환 박사, 동아 서권석 기자, 이태호 기자, 이부영 기자, 김종철 기자, 기독교방송 조남선) |
| | 국가 수호 특별기도회 영락교회 2천여 신도 「동아일보」 1974. 9. 9.<br><br>영락교회 2천여 신도들은 8일 오후 1시부터 영락교회에서 "나라를 바로 지키자"는 표어를 내걸고 국가 수호 특별기도회를 열었다. 이날 박조준 목사는 기도 형식의 설교를 통해 "우리는 지금 어느 때보다도 어려운 처지에 직면해 있으며 크리스트인은 이러한 책임을 먼저 느끼고 파수꾼이 되어 이 땅에 참 자유가 구현되고 국민과 정부가 한마음 한뜻이 되도록 기도하자"고 말했다. |
| 9 | 9/12 목요기도회.<br><br>① 구속기독자대책위원회, "구속자 석방 요청" 담화문 발표<br>② NCC, 한일 긴장관계에 대한 성명서 발표. 유감 표시, 반성 촉구 |
| | 수감자를 위한 기도회 「조선일보」 1974. 9. 13.<br><br>收監者를위한 기도회<br>오늘저녁 7시 YWCA서<br>서울YWCA는 대통령긴급조치위반으로 구속되어있는 수감자들을 위한 기도회를 13일 오후7시 서울 YWCA대강당에서 연다. 이 기도회에서는 수감자와 가족을 위한 헌금도 있다. △설교=마경일 목사△기도=공덕귀(믿음의 식구로서) 김명진(어머니로서) 이성덕(아내로서) 김종렬 목사(소망의 기도)<br><br>오늘 저녁 7시 YWCA서<br>서울 YWCA는 대통령 긴급조치 위반으로 구속되어 있는 수감자들을 위한 기도회를 13일 오후 7시 서울 YWCA 대강당에서 연다. 이 기도회에서는 수감자와 가족을 위한 헌금도 있다. 설교-마경일 목사, 기도-공덕귀(믿음의 식구로서), 김영진(어머니로서), 이성덕(아내로서), 김종렬 목사(소망의 기도)<br>--------------------------------------------------------------------<br>대통령 긴급조치 위반 수감자를 위한 기도회 YWCA 3백 명 모여 「동아일보」 1974. 9. 14<br>대통령 긴급조치 위반으로 구속되어 있는 "수감자들을 위한 기도회"가 13일 오후 7시 서울 중구 명동 YWCA 대강당에서 수감자 가족 신도 등 3백여 명이 모인 가운데 열렸다. YWCA 종교부 주최로 열린 이날 기도회에서 자교교회 마경일 목사, 연동교회 김종열 목사와 두 아들이 구속된 김명진 부인(54), 남편이 구속된 이성덕 부인 등이 "옥중에서 고생하는 사람들이 하루 빨리 풀려나기를 바라는" 내용의 기도를 했다. |

| | |
|---|---|
| | 9/19 목요기도회.<br><br>구속자 가족들의 사례보고 |
| 10 | 민주회복기도회 명동성당서 천여 명 모여 「동아일보」 1974. 9. 23.<br><br>22일 오후 3시 "조국과 정의와 민주 회복"을 위한 기도회가 명동성당 문화관에서 있었다.<br>한국가톨릭노동청년회, 한국기독학생회총연맹 등 12개 신·구교 단체가 주관한 이날 기도회에는 전국에서 1천여 명의 신도들이 참석, 구속된 성직자 기독교인 교수 학생 변호사 지식인들을 위해 기도했다.<br>기도가 끝난 후 이들은 ① 삼권분립으로 참된 민주주의를 실현하라, ② 긴급조치를 전면 무효화하고 구속자를 석방하라, ③ 선교 언론집회 결사의 자유를 보장하기 위해 우리는 노력한다, ④ 서민 대중을 위한 복지정책을 조속히 실현토록 한다, ⑤ 범 교회적으로 '한국교회 사회정의구현위원회'의 발족을 선언한다는 등 5개 항목의 「우리의 선언」을 채택했다.<br>-----------------------------------------------------------------<br>구속 성직자 위한 장로교회 기도회 「조선일보」 1974. 9. 24 ; 「동아일보」 1974. 9. 24.<br><br>대한예수교장로회는 지난 19일부터 23일 오후까지 4일간 서울 영락교회에서 통합 측 정기총회를 열고 구속된 성직자와 이들 가족을 위한 기도회를 가졌다.<br>23일의 기도회에서 강신명 새문안교회 목사는 "불의 부정부패를 싫다고 주장하다 구속된 성직자들을 하나님께서 지켜달라"면서 "위정자들이 인간을 수단과 방법으로 통치하지 말고 하나님의 뜻에 따라 통치하는 현명한 지도자가 되게 해 달라"고 했다.<br>-----------------------------------------------------------------<br>구속 학생 석방 서명운동 이화여대 학생 4천여 명 「동아일보」 1974. 9. 23.<br><br>23일 정오 이화여대 문리대 미대 등 학생 4천여 명은 교내 대강당에서 가진 예배 시간에 "구속된 민주인사와 학생들을 즉각 석방하고 학원의 자유를 보장하라"는 등 6개 항의 결의문을 채택하고 예배 시간이 끝난 뒤 강당에서 구속 학생 석방을 위한 서명운동을 벌였다.<br>-----------------------------------------------------------------<br>구속 학생 석방 기도회 감리교 신대생 백여 명 「동아일보」 1974. 9. 24.<br><br>감리교신학대학(서대문구 냉천동 31) 학생 1백여 명은 24일 오전 11시경 교내 예배당에 모여 ① 구속 성직자와 학생들의 석방, ② 부정부패 일소, ③ 민주헌정질서 등을 위한 구국기도회를 가졌다.<br>학생들은 이날 정규예배 시간을 이용, 이 같은 특별기도회를 가졌다.<br>-----------------------------------------------------------------<br>구속 성직자 위한 기도 예수교장로회 통합 측 「동아일보」 1974. 9. 24.<br>대한예수교장로회 통합 측은 제59회 정기총회 폐막일인 23일 오후 영락교회에서 구속된 성직자와 그들의 가족을 위한 헌금 기도를 가졌다. 3백 명의 대의원들이 참석한 이 기도에서 새문안교회 강신명 목사는 "불의와 부정부패가 싫다고 주장하다 구속된 성직자들을 하느님이 지켜 달라"면서 "위정자들이 인간을 하느님의 뜻에 따라 통치하는 현명한 지도자가 되게 해 달라"고 기도했다.<br>-----------------------------------------------------------------<br>한국기독교장로회서도 「동아일보」 1974. 9. 25. |

| | |
|---|---|
| | 【수원】 한국기독교장로회는 24일 밤 수원교회에서 제59회 총회를 갖고 구속자와 국가교회를 위한 기도의 밤을 가졌다.<br>구속 교역자와 학생들을 위해 기도를 한 은명기 목사(전주 남문교회)는 기도를 통해 구속자들에게 용기와 희망과 건강을 갖도록 기원하고 "자유와 정의가 실현되게 하는데 충성을 갖게 해 달라"고 기도, 구속자들을 위한 헌금도 받았다.<br>--------------------------------------------------------------------<br>구속자 석방기도회 감리교 신학대생들 「조선일보」 1974. 9. 25.<br><br>감리교 신학대학생 1백여 명은 24일 오전 11시 교내 예배당에서 구속된 성직자와 학생들의 조속한 석방을 기원하는 통성 기도회를 가졌다. 학생들은 "당국은 민주헌정질서의 확립과 학원 학문의 자유 보장, 부정부패를 일소하라"고 주장했다.<br>--------------------------------------------------------------------<br>신학대생도 기도회 「조선일보」 1974. 9. 26.<br><br>한국신학대학생 2백여 명이 25일 오전 10시 본관2층 기도실에 모여 구속 동료 석방 기도회를 가졌다. 학생들은 "구속 동료들의 아픔과 뜻을 따르기 위해 금식기도회를 갖자"고 결의, 이 중 40여 명이 철야 기도를 했다. |
| 11 | 9/26 목요기도회.<br><br>구속자 가족들의 사례보고 |
| | 무기한 단식기도 백여 한국신대생 「조선일보」 1974. 9. 27.<br><br>한국신학대학생 1백여 명은 26일 오전 10시 본관 2층 기도실에서 구속 학생 석방을 요구하며 무기한 단식기도를 시작했다. 다른 동교생 40여 명은 25일 오전 10시 30분부터 26일 오전 9시까지 "구속된 동료들이 하루속히 풀려나와 함께 기도하고 공부할 수 있도록 해달라"고 기원하며 철야 금식 기도를 했었다.<br>--------------------------------------------------------------------<br>신학대생 11명 연행 「조선일보」 1974. 9. 28.<br><br>단식기도 해산<br>서울 북부경찰서는 27일 오전 한국신학대학 학생회장 김수태(신학과 3년) 부회장 김충섭(3) 총무 김병국군(기독교교육과 3년) 등 학생회 간부 11명을 연행했다가 8시간 만에 훈방했다. 학생들은 오전 10시 30분 교내 예배실에서 대통령 긴급조치 및 민청학련 사건과 관련, 구속된 사람들의 석방과 자유민주주의 회복을 요구하는 공동 기도문을 채택했었다. 한편 25일부터 금식기도를 해온 학생 50여 명은 27일 밤 10시 해산했다.<br>--------------------------------------------------------------------<br>구속 인사 석방 등 주시 기독교장로회총회 선언 「동아일보」 1974. 9. 28.<br><br>【수원】 한국 기독교장로회 제59회 총회는 27일 최근 발생한 현대조선소의 분규와 상류층 부인들의 밀수 보석 거래 사건, 한일 관계 등을 주시한다는 4장 15개 항의 선언서를 채택했다.<br>이날 오전 10시 총회 참석자 3백여 명 전원이 만장일치로 채택한 이 선언서에서 신도들은 구속된 인사들을 즉시 석방하고 현대조선소의 분규와 각종 기업체의 근로자 대량 해고 등에 큰 관심을 표한다고 밝혔다. |

| | |
|---|---|
| | 또 총회는 정부는 일본기업에 국민의 노동력이 부당 수탈되는 것을 경계하고 국민의 이익이 보장되도록 할 것도 요망했다.<br>------------------------------------------------------------------------<br>신학대 교수·학생 백여 명 구속자 석방 횃불 시위 「동아일보」 1974. 9. 28.<br><br>서울 북부 경찰서는 27일 오전 한국신학대학 학생회가 발표한 공동 기도문의 일부 내용과 관련, 학생회장 김수태 군(신학과 3년) 등 학생회 간부 10명을 연행했다가 이날 저녁 7시경 돌려보냈다.<br>한편, 동 대학 교수 학생 등 1백 30여 명은 이날 밤 11시경부터 학교 뒷산 검도장에 "민주 체제를 확립하라"는 등의 예배를 본 뒤 "구속자를 석방하라", "자유민주 체제를 확립하라" 구호를 외치며 자정까지 교내 횃불 시위를 벌였다.<br>------------------------------------------------------------------------<br>장로교서 시국선언 「조선일보」 1974. 9. 29.<br><br>【수원】 한국기독교장로회 (회장 인광식, 대구 중부교회 목사) 제59회 총회는 27일 "구속된 성직자 학생 등 관련인들을 하루빨리 석방해 줄 것을 촉구하는 시국선언"을 채택하고 4일간의 회의를 끝냈다.<br>------------------------------------------------------------------------<br>학생 염원 지지 서한, 한국신학대 교수단 「동아일보」 1974. 9. 30.<br><br>한국신학대학 교수단은 28일 오전 최근 동 대학에서 있은 학생들의 움직임과 관련, 교수들의 통일된 의견을 밝히는 공개서한을 국무총리와 문교·법무부 장관에게 속달우편으로 발송했다. 교수들은 이 서한에서 "구속된 학생 종교인 등의 석방을 위한 단식기도회와 공동 기도문에서 표명된 학생들의 염원은 곧 우리 교수단의 염원과 다를 바 없다"고 밝혔다.<br>------------------------------------------------------------------------<br>감리교 신학대생 기도회 「조선일보」 1974. 10. 9.<br><br>감리교 신학대학생 1백여 명은 8일 오전 11시 20분 교내 예배당에서 구국, 구속학생석방기도회를 가졌다. 학생들은 정규예배 시간이 끝난 후 기도회를 열고 "인권과 지성이 무시되는 현실은 시정되어야 하며 현대는 절대 권력도 없으며 우리는 탄압받을 수도 없다"고 주장했다. |
| 12 | 10/3 목요기도회 |
| 13 | 10/10 목요기도회 ※ 인혁당 사건 구명운동을 위한 기도회<br><br>조지 오글 목사 '인혁당 사건 언급'(오글 목사는 11/14 NCC 사무실 구속자 가족과 함께 농성에 가담, 11/24 도시산업선교회 주최 기도회에서 민주주의 수립을 위해 현행 헌법 철폐를 주장).<br>인혁당 가족들이 대거 참석, 목요기도회 중대 전환점이 됨. 그동안 목요기도회는 민청학련 구속자 중심이었는데 이 기도회를 기점으로 인혁당과 함께 구속자 석방 운동을 하게 되었고 오글 목사 역시 이 기도회에서의 언급이 추방의 최초 원인이 되었다. |
| | 법무부가 밝힌 오글 씨의 입국 목적의 활동 내용은 다음과 같다.<br>▲10월 10일 오전 한국기독교교회협의회(NCC) 소강당에서의 구속자를 위한 목요기도회에서 "인혁당 사람들은 아무런 죄도 없고 증거도 없이 극형을 선고 받았으므로 우리는 인혁당 사람들을 살리도록 노력해야 한다"고 선동함으로써 재판에 간섭하고 반공을 국시로 하는 우리나라 국시를 위배했다. 「조선일보」 1974. 12. 15. 조간 1면 기사 |

교문 앞서 시위 감리교신대 백오십 명 「동아일보」 1974. 10. 10.

감리교신학대학 학생 150여 명은 10일 오전 11시 20분 구속자 석방을 위한 기도회를 가진 뒤 교문을 막 나와 "구속자를 석방하라", "민주헌정질서 되찾자", "언론자유 보장하라"는 등 구호를 외치면서 시위를 벌이다 교문 앞에 대기 중이던 경찰의 제지를 받고 학교 안으로 들어갔다.

---

교내시위 벌여 한국신학대 백오십 명 「동아일보」 1974. 10. 11; 「조선일보」 1974. 10. 12.
11일 오전 11시 20분경 교내 예배실에 모여 "현 정권이 언론을 탄압하고 학원과 교회에 대한 억압을 가중시켜 국민의 정당한 비판을 전면적으로 봉쇄하고 있다"는 내용의 성명서를 발표하고 ① 투옥된 성직자 지식인, 학생 등의 석방, ② 언론·종교의 자유 보장과 학원 사찰 중지, ③ 유신체제의 철폐 등 5개 항의 결의문을 채택했다. 이들은 구호를 외치며 교내시위를 벌인 후 11시 반경부터 교문 밖으로 세 차례나 향하다 경찰의 페퍼포그 제지로 나오지 못했다. 경찰은 신학과 2년 김제동 군을 연행했다.

---

구속자를 위한 기도 예배 가져 「조선일보」 1974. 10. 12.

한국기독학생총연맹이 주최한 '구속자를 위한 기도 예배'가 11일 오후 6시부터 종로구 종로5가 기독교회관 2층 강당에서 2시간 동안 거행됐다. 학생 구속자 부모 등 250명이 참가한 예배에서 긴급조치법 위반으로 두 아들이 구속된 김명진 씨는 "날씨가 추운데 따뜻한 아랫목이 이토록 고통스러울 수 있겠습니까. 기도를 얼마나 더 해야 하나님은 응답해 주시겠습니까. 이 고난을 이기고 살아갈 길을 열어주십시오"라고 기도했고, 한국신학대학 문동환 박사는 설교에서 "죄를 받아야 할 사람은 유혹에 약한 이브의 무리, 약한 자의 인권을 짓밟기를 좋아하는 가인의 후예, 하나님의 권위에 도전하려는 바벨탑을 쌓은 무리들"이라고 말했다. 예배는 찬송, 성경 봉독 순으로 이어져 학생 선언문 채택으로 끝났다.

---

구국기도회 … 데모 「조선일보」 1974. 10. 13.

감리교신학대학생 1백여 명은 12일 오후 1시쯤 "구속자의 즉시 석방과 민주헌정질서의 회복"을 요구하면서 1시간 동안 교문 근처에서 시위를 벌였다. 학생들은 낮 12시 교내예배당에서 구국기도회를 열고 ① 올바른 정치 풍토 속에 민주 헌정질서 회복, ② 구속자의 석방, ③ 언론자유 보장, ④ 국민 인권 존중 등을 내용으로 하는 시국 선언문과 전국교회 및 감리교 총회에 보내는 메시지를 채택했다. 학생들은 메시지에서 "국민의 자유와 민주 질서가 박탈당하고 기독교도의 신앙 양심으로 외치는 성직자 및 종교인의 양심마저도 외면당하고 있다"고 주장했다.

---

기독 학생 구속 조사 세계기독학생련 조사단 4명 내한 「동아일보」 1974. 10. 16.

한국의 기독 학생 구속 관계를 조사하기 위한 세계기독학생연맹조사단 일행 4명이 15일 오후 CPA 기편 서울에 왔다. 이들은 오스트레일리아 기독학생연맹 총무 '알렉산더율' 목사, 독일연맹의 '비캄프' 씨, 미국 루터교대학교 '거스 실츠' 목사 그리고 세계기독학생연맹간사 '제임스 에콰스' 씨 등으로 오는 21일까지 체한, 종교계 지도자·대학교수·구속된 기독 학생과 그 가족들을 만나보고 김수환 추기경도 만날 예정이다.

---

서울신학대도 시위 19일까지 휴강키로 「동아일보」 1974. 10. 16.

| | |
|---|---|
| | 【인천】15일 오전 10시 부천시 소사동 서울신학대학교 학생 2백여 명은 교내 기숙사 옥상에서 구국기도회를 갖고 가두데모를 벌이려다 경찰의 제지로 중단됐다. '학교 측은 교수회의를 열고 이날부터 19일까지 휴교에 들어가기'로 결정했다. |
| 14 | 10/17 목요기도회.<br><br>구속자 가족들의 사례보고 |
| | 검은 리본 달고 예배, 한국신학대생 「조선일보」 1974. 10. 18.<br><br>한국신학대학생 2백여 명은 17일 오전 가슴에 검은 리본을 달고 예배실에 모여 선언문을 채택하고 교내시위를 했다. 학생들은 운동장에 나와 교정을 돌며 헌법 개정 등 9개 항의 결의를 구호로 외치며 시위했다. 학생들은 폭력 앞에 조금도 비굴하지 말며 신앙적 양심을 지킨다는 등 4개 항의 행동강령을 결의하고 자진 해산했다.<br>------------------------------------------------------------<br>구속자를 위한 기도회 「조선일보」 1974. 10. 22.<br><br>대한예수교장로회청년회 신도 및 구속자 가족 등 4백여 명은 20일 오후 3시 서울 종로구 신문로 새문안교회에서 "구속자를 위한 청년연합기도회"를 갖고 사회정의구현과 구속자의 석방을 기구했다. 이들은 공동 기도문에서 "우리의 현실은 민족적 생존이라는 이름 아래 인간이 인간답게 살 수 있는 최소한의 권리마저 억압당하고 있으며 정의의 실현을 외친 이들은 감옥 속에서 핍박받고 있다"고 전제, "이 땅에서 이루어져야 하는 하늘나라의 질서는 권력분립과 건전한 비판에 기초한 민주주의의 실현일 뿐"이라고 말했다.<br>------------------------------------------------------------<br>신도 조속 석방 기원 「조선일보」 1974. 10. 22.<br><br>세계기독학련 대표<br>구속된 한국기독학생회총연맹(KSCF) 회원들의 진상파악을 위해 내한했던 세계 기독학생회연맹 대표 5명은 21일 오전 서울 KAL호텔에서 기자회견을 갖고 이날 오후 떠났다. 이들은 회견에서 "기독교 신앙의 차원에서 볼 때 한국 정부와의 견해 사이에 거리가 있음을 발견할 수 있었다"고 밝히고 구속된 신도들이 하루속히 석방되도록 기원한다고 말했다. |
| 15 | 10/24 목요기도회<br>구속자 가족들의 사례보고 |
| | 교외 시위-성토 「조선일보」 1974. 10. 26.<br><br>대한예수교장로회 신학대학(성동구 광장동) 학생 2백여 명은 25일 오후 2시 등교 채플실에서 구국기도회와 성토대회를 가졌다. 이들 중 1백여 명은 학교 서쪽 철조망을 넘어 밖으로 나와 ① 언론자유 보장하라, ② 구속 학생 석방하라는 등의 구호를 외치며 1백여 m 떨어진 광장초등학교 앞까지 진출, 경찰의 제지를 받으면서도 5백여 m쯤 시위하다가 30분 만에 학교로 되돌아갔다.<br>------------------------------------------------------------<br>선언문 발표 「조선일보」 1974. 10. 27.<br><br>한국기독교교회협의회 인권위원회는 26일 긴급회의를 열고 선언문을 발표했다. 선언문은 "언론기관 |

에 대한 사찰과 검열, 기자의 연행과 협박을 중지하고 강압적인 언론 정책을 철회할 것", "학원의 휴교 조처를 취소하고 학생들의 민주적 의사표시를 보장할 것" 등 5개 항을 주장했다.

---

연동교회서 선언문 「조선일보」 1974. 10. 29.

27일 오후 3시쯤 동대문구 연지동 136 연동교회 고등학생부와 대학생부 기독 학생 5백여 명은 교회창립 80주년 기념 예배를 끝내고 ① 헌법 개정, ② 구속 교역자와 학생 석방, ③ 언론자유 보장 등을 요구하는 선언문을 채택했다. 학생들은 이어 교회 밖으로 나와 시위하려다 경찰의 제지로 밤 9시쯤 교회 안으로 들어가 해산했다.

---

한국신학대학생 세종로서 데모 「조선일보」 1974. 10. 30.

서울 종로경찰서는 29일 세종로 네거리에서 가두데모를 벌이던 한국신학대학생 43명을 연행, 관할 북부 경찰서에 넘겼다. 이 학생들은 이날 오전 8시 30분쯤 "언론자주선언을 지지한다"는 등의 플래카드를 들고 가두시위를 벌였다. 이와는 별도로 한국신학대학생 70여 명이 아침 교내 예배실에서 시국 선언문을 낭독한 뒤 기도회를 가졌다.

---

백여 감리교신학대생 교문 밖까지 진출 「조선일보」 1974. 10. 30.

감리교신학대학생 1백여 명은 29일 낮 12시 45분쯤 "구속 학생과 성직자를 석방하라"는 등 플래카드를 앞세우고 교문 밖 10m까지 진출했다가 경찰이 쏜 페퍼포그에 밀려 교내로 들어가 농성했다. 학생들은 교내예배당에서 제7차 구국기도회를 열고 "정부는 처벌 중심의 문교정책을 철회하고 학원 질서 회복에 책임을 지라"는 등 4개 항을 결의한 뒤 교문을 뜯어내고 문밖에 나왔었다.

---

4명을 구류처분 장로회신학대생 「조선일보」 1974. 10. 30.

서울 동부경찰서는 25일에 있었던 대한예수교장로회 신학대학 학생들의 교외 시위와 관련, 동교 학우 회장 나겸일(33. 신학과 2), 총무 김평일(32. 신학과 2), 장세일(24. 목회학과 2), 함준호(27. 신학과 2) 군 등 4명을 28일 집회 및 시위에 관한 법률 위반 혐의로 즉결에 넘겨 각각 5일간의 구류처분을 받게 했다.

---

한국신학대에도 계고장 「동아일보」 1974. 10. 30.

문교부는 29일 학생 데모와 관련 한국신학대학에 계고장을 보냈다. 문교부는 이에 앞서 지난 15일경 경희대와 서강대에 대해서도 계고장을 보낸 것이 밝혀졌다. 이로써 계고장을 받은 것이 확인된 대학은 10개 대학에 이르고 이 밖에도 상당수가 계고장을 받은 것으로 알려졌다.

---

철야농성 벌여 한국신학대생 50명 「동아일보」 1974. 10. 30.

속보 = 한국신학대학생 50여 명은 29일 오후 6시 반경 동교 1층 도서관에 모여 "민주회복을 위한 무기한 농성"에 들어가 철야농성을 벌였다. 학생들은 구속 학생 석방과 29일의 두 차례 가두시위와 관련, 경찰에 연행된 학우 81명의 즉각 석방을 요구했다.

| | |
|---|---|
| | --- <br>과중처벌 유감 「동아일보」 1974. 10. 31.<br><br>한국신학대학생 50여 명은 30일 저녁 7시경 동교 도서관에 모여 "동료 학생들에 대한 당국의 과중한 처벌 조치를 유감으로 생각한다"는 성명서를 낭독하고 29일부터 시작했던 농성을 풀고 31일부터 수업을 받기로 했다. |
| 16 | 10/31 목요기도회.<br><br>① 인권위, 유신 개정 요구 선언문 낭독<br>② 인권위, 자유언론 지지 담화문 낭독<br>③ 오글, 중앙정보부 연행기 |
| | 구류 구속 학생 석방 진정 「동아일보」 1974. 11. 1.<br><br>한국신학대 교수단, 김 총리 등에…<br>한국신학대학(학장 김정준 목사) 교수단은 31일 오후 김종필 국무총리와 유기춘 문교부 장관, 박경원 내무부 장관, 황산덕 법무부 장관에게 "학교 정상화를 위해 현재 구속 입건 또는 구류처분을 받은 44명의 동교 학생들을 하루빨리 풀어 달라"는 내용의 진정서를 보냈다. 교수들은 이 진정서에서 동 대학 학생 전체의 1/4이나 되는 학생들이 처벌을 받게 된 상태에서는 정상수업을 계속할 수 없으므로 학교 정상화를 위해 처벌 학생들을 조속히 풀어달라고 말했다.<br>---<br>서울신학대생 3명 학생 처벌 철회 「동아일보」 1974. 11. 2.<br><br>【인천】 1일 경기도 부천시 서울신학대학교(학장 조종남)는 교수회의를 열고 학생들의 요구에 따라 교내 학생 데모와 관련, 지난달 18일 근신 처분을 받았던 동교 학생회장 박현모(24, 신학과 3년), 정은수(25), 이신건(22) 등 3명의 처벌을 철회했다. 이날 오전 재학생 220명은 교내에서 기도회를 갖고 조 학장에게 3명의 근신 처분 철회를 요구했었다.<br>---<br>기독학생연맹 또 십자가 선언 「동아일보」 1974. 11. 2.<br><br>한국기독교학생회총연맹은 1일 저녁 6시경 기독교회관 강당에서 모임을 갖고 헌정질서의 회복, 문교부 당국의 휴강·휴교 운운의 위협적인 발언과 일부 어용학자에 의한 학생 처벌을 무효화시켜야 한다는 내용의 「제2십자가선언」을 발표했다.<br>이 연맹은 이 선언에서 "포드 미국 대통령의 방한이 유신체제를 기정사실화 하는 것이 아니기를 바란다"고 말했다.<br>---<br>수감자 위한 기도회 YWCA 「동아일보」 1974. 11. 6.<br><br>YWCA의 "수감자를 위한 기도회"가 전국 15개 지부별로 5일 오후 7시에 일제히 개최됐다. 서울 YWCA 종교부 주최로 명동 YWCA 회관에서 열린 서울 YWCA기도회에는 회원 3백여 명이 참석했다. 김현자 YWCA연합회 부회장은 "나라를 위하여"라는 기도에서 "사회정의와 부조리 시정을 외치던 사람들이 옥에 갇힌 일차적 책임은 기독교도들에게 있으며 기독교도들은 위정자들이 남을 비판하고 탄압하기 |

| | |
|---|---|
| | 전에 자기의 잘못을 깨우칠 통찰력을 갖도록 기구하자"고 말했다.<br>이날 기도회에는 수감자 가족으로 우홍선 씨(45)의 부인 강순희 씨(42), 서울 문리대 사학과 3년 이철 군(26)의 어머니 정경조 씨(52) 등 7명이 자리를 같이 했으며 김대중 씨 부인 이희호 여사의 모습도 보였다.<br>------------------------------------------------------------<br>수감자 위한 기도회 「조선일보」 1974. 11. 6.<br><br>【광주】 수감자를 위한 YWCA기도회가 5일 오후 7시 광주 YWCA(회장 조아라)에서 1백여 명의 회원이 모인 가운데 열렸다. 기도회는 "나라를 위하여", "수감자와 그 가족을 위하여", "정의와 평화를 위하여", "기독교인의 책임을 위하여"란 제목으로 1시간 동안 열렸다.<br>------------------------------------------------------------<br>목원대 휴강 취소 「조선일보」 1974. 11. 6; 「동아일보」 1974. 11. 6.<br><br>【대전】 목원대학은 4일 오후 긴급 교수 회의를 열고 5일 하루 동안 휴강키로 했으나, 휴강을 모르고 등교한 학생들의 요구로 오후 2시부터 다시 수업에 들어갔다. 목원대학은 지난달 17일부터 22일까지 휴강했다가 23일부터 개강했는데, 4일 오후 6시쯤 학생들이 구국기도회를 열 움직임을 보이자, 이 같은 조처를 취했었다. |
| 17 | 11/7 목요기도회<br><br>① 언론자유 수호를 위한 선언문 낭독<br>② 11/4 수도권특수지역선교위원회 선교자금 횡령 고소 사건 공청회, 송정동 주민 NCC 사무실 난입 사건 경위서 및 공청회 보고서.<br>③ 구속자 가족 등 6개 항 결의문<br>------------------------------------------------------------<br>「조선일보」 1974. 11. 8<br><br>7일 오전 서울 종로5가 기독교회관 2층에서 구속자 가족, 미 선교사, 일반신도 등 120여 명이 모여 민주수호 기독자 회의를 열고 공동 기도문을 낭독했다. 이들은 언론계의 자유수호선언을 지지하며 학원과 종교계의 사찰을 중지할 것 등 6개 항을 결의했다. 결의문에는 박창균 목사 등 21명의 목사와 류근일 씨(전 중앙일보 논설위원)의 어머니 윤수현 씨(62) 등 50여 명이 서명했다. |
| | 경동교회 학생 신도 횃불 데모 나서 「동아일보」 1974. 11. 11.<br><br>서울 경동교회 대학생부 학생 2백여 명은 10일 밤 8시 반경 교회에 모여 "가난하고 억눌린 자를 위한 기도회"를 가진 다음 교회 문을 나와 약 20m가량 횃불 데모를 벌이다 목사·장로 등의 만류로 교회에 되돌아갔다. 교회에 되돌아간 학생들은 ① 유신 독재 철폐, ② 구속 성직자와 학생들의 석방 등 5개 항의 선언을 채택했다.<br>------------------------------------------------------------<br>기도회 … 횃불데모 「조선일보」 1974. 11. 12.<br><br>서울 중구 장충동 경동교회 대학생부 회원 2백여 명은 10일 오후 7시 교회에서 "가난하고 억눌린 자를 위한 기도회"를 열고 ① 민주 헌정 회복을 위해, ② 소외된 계층의 생존권 확보를 위해, ③ 구속된 성직자 |

| | 지식인 학생들의 석방을 위해 그리스도가 제시한 사랑과 화해의 길을 따라 결코 멈추지 아니한다는 등의 선언문을 채택했다.<br>--------------------------------------------------------------------<br>예배실서 한 때 농성 「조선일보」 1974. 11. 12.<br><br>서울여대생 6백여 명은 11일 오전 8시 30분쯤 교정에서 유신헌법 철폐할 것, 언론자유 보장할 것, 구속 학생 석방할 것 등 6개 항을 결의하고 가두데모에 나서려다 경찰의 페퍼포그에 밀려 교내로 들어갔다. 학생들은 예배실에서 구호를 외치며 정오까지 농성을 벌이다 해산했다.<br>--------------------------------------------------------------------<br>구속자 가족 50명 사흘째 단식기도 「동아일보」 1974. 11. 13.<br><br>11일 밤 9시 반경 기도회가 끝난 뒤 구속된 인사 학생들의 가족을 중심으로 구성된 구속자가족협의회 회원 50여 명은 명동성당 뒤 가톨릭 여학생회관에 모여 수감자들의 석방을 위한 단식기도회를 열고 ① 긴급조치로 구속된 사람들을 석방할 것, ② 가족들의 면회를 법적으로 보장할 것, ③ 구속된 학생을 위해 데모하는 이들을 처벌하지 말 것 등 4개 항을 결의, 13일까지 계속 기도를 벌였다. 이들은 국민에게 보내는 호소문에서 "진실을 밝히고 진리와 정의가 실현될 때까지 증언을 계속하겠다"고 말하고 '유엔' 회원국에 보내는 호소문에서는 "한국에 진정한 민주주의가 회복되고 인간의 생명이 존중되는 사회가 이루어지도록 '유엔' 회원국의 양심의 소리를 기다린다"고 말했다. 이 기도회에는 윤보선 전 대통령 부인 공덕귀 여사와 수감 중인 김지하 씨의 어머니 정금성 부인, 지학순 주교의 동생 지학삼 씨, 이철 군(서울대 문리대 사회학과 3년)의 어머니 정경조 부인 등이 참석, 철야 단식 기도를 벌이고 있는데 12일 오후부터 일부는 지쳐 더러 드러눕기도 했다. 이 기도회는 14일 아침 9시까지 계속될 예정이다. 한편 동 협의회는 13일 구속 학생 라병식 군(서울대 문리대 국사학과 3년)의 가족들이 연탄가스에 중독, 동생 2명이 숨지고 어머니 김공순 부인이 중태에 빠졌다는 소식을 듣고 장례식을 협의회장으로 치르기로 하고 대표들을 나 군의 집인 전남 광산군 송정읍 신촌동으로 보냈다.<br>--------------------------------------------------------------------<br>40명 사흘째 단식 「조선일보」 1974. 11. 14.<br><br>40명 사흘째 단식, 회원 가족 연탄중독사 돕기도. 구속자가족협의회.<br>지난 11일 밤 9시부터 가톨릭여학생회관(서울 중구 명동2가 1) 1층에서 금식 기도를 하고 있는 구속자가족협의회(회장 공덕귀 여사[윤보선 씨 부인]) 회원 40여 명은 13일 밤도 철야를 했다.<br>회원들은 회관 안에 "내 아들 내 남편 정치 제물 삼지 말라", "나라 사랑 무슨 죄냐, 감옥살이 웬 말인가", "내 아들 내 남편 하루속히 석방하라"는 등을 써 붙이고 13일 낮 12시 첫날 채택했던 4개 항의 결의문 이외에 "비밀재판 지양하고 과거의 재판 과정 공개하라"는 새로운 결의 사항을 추가 채택했다. 이날 오후 5시 30분에는 이영교 씨(37·하재완 씨 부인)가 졸도, 성모병원서 응급치료를 받았다. 이들은 이날 구속 학생 나병식 군(서울 文理大[문리대] 사학과 3년)의 가족들이 연탄가스에 중독, 동생 2명이 숨지고 어머니 김공순 씨(56)가 중태에 빠졌다는 소식을 듣고 이들의 장례를 구속자가족협의회장으로 하도록 결정하고 장례비로 10만 원을 모금. 한신대 이광일 군 어머니 백은순 씨(45)를 대표로 뽑아 나군의 집이 있는 전남 광산군 송정읍 신촌리로 보냈다.<br>나 군의 어머니 김 씨와 동생 영순 양(18), 병문 군(12) 등은 11일 오전 7시 30분쯤 방에서 잠자다 연탄가스에 중독되어 영순 양 남매는 숨지고 김 씨는 입원 중이다. 나 군의 아버지 나정근 씨(58)는 나 군 면회하러 10일 상경했었다. |
|---|---|

| | |
|---|---|
| | 11/14 목요기도회<br><br>수도권특수지역선교위원회 주최, 사례보고 전창일 씨 부인 이민영<br>오전 10시 기도회. 구속자가족협의회 인혁당 사건에 대한 항의 농성을 회관 로비에서 진행. 이 사건으로 연행된 사람들을 위한 농성이 NCC 인권위원회 사무실에서 계속되었고 밤 10시에 이들이 석방되자 농성을 해제. 오글 목사 참석<br>------------------------------------------------------------------------<br>“구속자와 함께 기도회” 가족 등 2백여 명 참석 「동아일보」 1974. 11. 14.<br><br>수도권특수지역선교위원회가 주최하는 “구속자와 함께 드리는 기도회”가 14일 오전 10시 반 서울 종로구 연지동 기독교회관 2층 강당에서 김지하 씨 어머니 정금선 부인(52), 박형규 목사의 처 조정하 부인 등 구속자 가족 50여 명과 국내외 교직자 함석헌 씨 등 2백여 명이 참석한 가운데 열렸다. 문동환 목사는 선교신앙 고백에서 “국민은 1천 달러 소득이라는 물질적 환상에 마비됐고 권력을 잡은 사람은 물질을 소유하고 축적하는 데 혈안이 돼 있다”고 말하고 “우리는 오늘 투옥된 동지와 함께 마지막 한 사람이 풀려나올 때까지 우리가 가진 모든 것을 다 바쳐 이 일에 전념할 것이요 우리의 이 행진을 아무도 막지 못할 것”이라고 말했다.<br>이날 정오 기도회가 끝난 후 구속자 가족 50여 명은 이날 아침 가두시위와 관련 경찰에 연행된 구속자가족협의회 김윤식 등 4명이 풀려나올 때까지 기도회장에서 농성키로 했다. |
| 18 | 단식기도 뒤 데모 「동아일보」 1974. 11. 14.<br><br>단식기도 뒤 데모. 30여 구속자 가족 등, 종로3가까지<br><br>지난 11일 밤 9시 반부터 구속자 석방을 위해 가톨릭 여학생회관에서 단식기도에 들어갔던 구속자가족협의회 회원 30여 명은 예정대로 14일 오전 8시 반경 기도회를 마치고 가두시위를 벌였다. 외국인 신부 2명도 낀 이들은 “내 아들 내 남편 정치 제물로 삼지 말라”, “나라 사랑 무슨 죄냐 감옥살이 웬 말인가” 등 4개의 플래카드를 들고 가톨릭 여학생회관에서 종로3가 지하철 정류장 입구까지 약 1.5km를 가두시위하다 뒤늦게 출동한 경찰의 제지를 받고 뿔뿔이 흩어져 종로5가 기독교회관으로 갔다.<br>------------------------------------------------------------------------<br>금식기도회 뒤 가두데모 벌여 「조선일보」 1974. 11. 15. 7면.<br><br>구속자 가족 종로3가까지…<br>지난 11일 밤 9시부터 가톨릭 여학생회관(서울 중구 명동2가 1) 1층에서 금식기도를 해온 구속자가족협의회(회장 공덕귀) 회원 35명은 14일 오전 8시 30분 예정대로 기도회를 모두 끝냈다. 이들은 기도회를 끝낸 뒤 “내 아들 내 남편 하루속히 석방하라”는 등의 플래카드를 앞세우고 명동성당 중앙극장 앞을 거쳐 종로3가 지하철 정류장 입구까지 행진하다 경찰의 제지로 해산했다. 경찰은 김윤식 씨(61. 연세대 김학민 군 아버지) 김순랑 씨(32. 김경남 목사 부인) 한맹순 씨 (59. 이해학 전도사 어머니) 진필세 신부(45. 미국명, 시노트(인천대교구부주교) 등 4명을 연행, 이종금 씨 등 3명은 집회 및 시위에 관한 법률 위반 혐의로 불구속 입건하고 미국인 진 신부는 훈방했다. 회원 30여 명은 오전 10시 30분 종로5가 기독교회관 대강당에서 열린 “구속자와 함께 드리는 기도회”에 참석했었다.<br>------------------------------------------------------------------------<br>백오십 명 연좌 농성 「조선일보」 1974. 11. 15. |

단식기도를 마치고 구속자 가족협의회원들이 찬송가와 애국가를 부르며 가두시위를 벌이고있다. <종로2街에서>

구속자와 함께 드리는 기도회가 종교인 함석헌 씨와 구속자 가족 30여 명, 신도 등 150여 명이 참석한 가운데 14일 오전 10시 30분 서울 종로5가 기독교회관 2층에서 수도권특수지역 선교위원회 주최로 열렸다. 이들은 공동 기도문에서 "권력 잡은 자는 자기들의 권좌를 영구화하여 자기 마음대로 유신체제를 구축하고 가난한 자를 절망과 좌절로 몰아넣었다"고 주장하고 "우리는 오늘 투옥된 동지와 함께 마지막 한 사람이 해방될 때까지 우리의 가진 것을 다 바쳐 충성할 것"이라고 말했다. 자교교회 마경일 목사는 '말씀 증인'에서 "억압과 착취와 비인간적인 것을 해방하기 위해 의로운 싸움에 다시 한번 불길을 올리자"고 말했다.

기도가 12시 끝난 뒤 인혁당 사건으로 수감 중인 전창일 씨 부인 이민영 씨가 "중앙청 앞에 재판대를 설치해 놓고 온 국민이 보는 앞에서 정당한 재판을 받아 죄가 있다면 달게 받겠다"고 울먹이며 호소하자 장내는 흐느낌으로 가득 찼다. 구속자 가족들은 찬송가 "우리 승리하리라"를 부르며 기도실을 나와 현관 안에서 30분 동안 연좌 농성을 벌이다 중부서에 연행된 4명이 나올 때까지 농성을 계속하겠다고 결의, 소회의실에서 다시 농성했다. 현관에서 연좌 농성을 벌이는 동안 기동 경찰 약1백여 명이 기독교회관을 둘러싸고 있었다.

구속자 가족 중엔 김지하 씨 어머니 정금성 씨, 이철 씨 어머니 정경조 씨, 서강대 영문과 김윤 양의 어머니 김한림 씨 등의 모습도 보였으며 "내 아들 석방하라", "내 딸 석방하라"는 등의 띠를 몸에 두르고 있었다. 구속자 가족 중 인혁당 사건으로 구속된 이성재 씨 부인 박순애 씨(45)는 농성을 벌이다 오후 4시 50분쯤 졸도, 성가병원에 입원했다. 이들은 이날 밤 10시 30분쯤 연행됐던 사람들이 돌아오자 자진 해산했다.

---

YMCA·YWCA 聯合(연합) 예배 「동아일보」 1974. 11. 15.

교회의 민권운동 비난 유감

세계 YMCA YWCA 기도 및 국제친선 주간 연합예배가 14일 저녁 7시 서울 중구 명동 서울 YWCA 강당에서 열렸다. 회원 3백여 명이 참석, 40분 동안 진행된 이날 예배에서 김관석 한국교회협의회 총무는 박순양 YWCA연합회 총무가 대독한 축도문에서 "우리 생활의 불안의 원인은 전쟁의 위험성보다 정치지도자들의 가치관과 윤리 감각의 마비에 있다"고 말하고 "교회의 민권운동을 정치적이라고 낙인찍어 비난하는 정치인이 있다는 데에 유감을 표한다"고 밝혔다.

이 축도문은 또 "하느님은 통치자에게 권세를 주되 백성의 동의와 지지를 받는 자에게 부여하며 예수의 십자가는 아무나 지고 싶어질 수 있는 것은 아니다"고 말했다.

---

총리발언취소 요구 「조선일보」 1974. 11. 15.

◇기도회를 마친 구속자가족협회 회원들이 「내 아들 내남편 하루속히 석방하라」는 등의 플래카드를 들고 거리로 나서 鍾路3가 지하철 정류장까지 가두시위를 벌였다.

민주수호기독자회(회장 윤반웅 목사)는 14일 "구속자와 함께 드리는 기도회장"에서 "김 총리의 종교 발언을 취소하라"고 했다. 성명은 "김 총리의 종교 발언은 기독교를 오늘의 역사에서 소외시키려는 망발이며 기독교를 정치적 도구로 이용하기 위해 성귀를 인용하여 자기들의 권위가 하느님으로부터 비롯된 것이라 한 것은 하느님의 선하시고 의로운 뜻에 따라야 함을 잊고 있는 것"이라고 주장했다.

---

김 총리, 김 외무 발언 기독교협 내일 성명 「동아일보」 1974. 11. 13.

한국기독교교회협의회(총무 김관석)는 14일 중으로 최근 국무총리와 외무부 장관의 발언 내용을 중대시하고 긴급히 동 협의회 실행위원회와 주한 외국인 선교사들의 공동회의를 소집, 이들 발언에 대한 교회의 견해를 종합한 성명을 발표키로 했다. 이 같은 조치는 정부의 중요 직위에 있는 인사들의 발언이 곧 한국교회 전체에 대한 중요한 문제를 제기했기 때문인 것으로 풀이된다.

---

장로회신학대생 90명 단식농성 「조선일보」 1974. 11. 17.

장로회신학대학 성동구 광장동 학생 90여 명이 16일 낮 12시 동교 3층 강당에 모여 책상으로 출입문을 막아 바리케이드를 치고 무기한 단식농성을 시작했다. 기독교교육학과 학생들은 이에 앞서 임시총회를 열고 구속 교역자를 위한 기도회를 가진 뒤 ① 유신헌법 개정하고 민주 헌정 회복하라, ② 구속 학생 교수 종교인을 즉각 석방하라, ③ 종교인 지식인은 인간생존권의 유린을 외면 말라, ④ 서민 생활을 위한 경제 정책을 확립하라, ⑤ 교회와 성직자들은 각성하라는 등 5개 항의 결의문을 채택했다. 이들은 지난 13일부터 11일까지로 공고한 중간시험도 거부했다.

---

전태일 군 추도예배 씨알의 소리 (社)서 「조선일보」 1974. 11. 17; 「동아일보」 1974. 11. 18.

고 전태일 군 4주기 추도 예배가 구속자 가족과 대학생 등 3백여 명이 참석한 가운데 16일 오후 6시부터 3시간 30분 동안 종로 5가 기독교회관 2층에서 열렸다. 식은 묵도 찬송, 약력 보고 등 순으로 진행됐으며 함석헌 씨는 "우리는 결국 승리하고야 만다"는 제목의 설교에서 "우리가 어려운 상황에 처하게 된 것은 이제까지 역사를 통해 원통하게 죽은 혼이 이 나라에 가득 찼기 때문이라"고 주장하고 "남을 위해 죽은 전 군의 정신을 본받아야 하며 우리가 자유를 위해 싸우는 것은 자유의 열매를 따먹기 위한 것이 아니다"고 말했다. 이어 전 군의 어머니 이소선 씨는 4년 전 전군의 시체가 성모병원에 안치되었을 때는 눈물이 나오지 않았는데, 지금 새삼스럽게 눈물이 나는 것은 올바르게 행동하라는 아들의 이야기를 따르지 못했기 때문인 것 같다면서, 평화시장의 노동 교실이 제대로 운영되고 있지 않다고 불만스러워했다.
식은 비상조치법 위반 혐의로 구속 중인 김영강 목사의 부인의 "우리 승리하리라"는 노래와 고려 대학교 이문영 교수의 "감화의 말씀", 최기식 신부의 "축복기도" 등으로서 끝났다. 식장에는 "나 하나 죽어지면 뭔가 좀 달라지겠지", "우리를 제쳐놓고는 그들은 결코 완성에 이르지 못한다"라는 현수막이 걸렸고 김영삼 신민당 총재, 공덕귀 여사(윤보선 씨 부인) 등이 보낸 조화가 놓여있었다.

---

국가, 정부 동일시는 부당 한국신학대 교수 등 64명 「신학적 성명」 발표 「동아일보」 1974. 11. 18.

한국신학대 문동환 교수를 비롯해, 강원용, 김관석, 조향록, 서남동, 한완상 씨 등 64명의 신학자 목사 대학교수 기독교단체 임원들은 18일 「한국 그리스도인의 신학적 성명」을 발표, ① 권력이 그 한계를 알고 정의를 위해 행사되느냐, ② 인간의 기본권이 보장되고 있느냐, ③ 신앙 행위의 자유가 보장되어 있느냐 등 세 가지 문제를 예의 주시했다고 밝혔다.
이들은 또 성명에서 *국가와 정부를 동일시해 정부의 정책을 비판하는 언론이나 행위를 국가안보라는 구실로 반국가적 죄로 다스리기에 이르렀으며, *대통령 비상조치라는 특별법 아래 국민을 소환장도 없이 체포하고 정당한 법의 옹호도 없는 재판 과정을 거쳐 처벌하고 있고, *교회의 사찰, 설교 내용의 간섭, 신앙 양심에 의한 정의의 외침과 선교 행위마저 범죄행위로 처벌하고 있다고 주장. 이 같은 정황에 직면해 그리스도교의 입장을 밝혀야 할 것을 절감해 이 신학적 해명을 내놓는다고 말했다.

---

YWCA연합회 수감자 위한 금식기도회 「동아일보」 1974. 11. 19.

대한 YWCA연합회와 서울 YWCA 직원 50여 명은 19일 오전 8시 반부터 45분 동안 동 연합회 회의실에 모여 수감자를 위한 금식기도회를 가졌다. 동 연합회는 23일까지 계속되는 아침 금식기도회에 참석한 회원들로부터 성금을 모아 수감 중인 교역자 지식인 학생 등에게 전달키로 했다. 또 이들은 오는 12월 말까지 '차 안 마시기' 운동을 벌여 여기서 모은 성금도 수감자들에게 전달할 예정이다.

---

6백여 명이 기도회 한국기독교장로회 「동아일보」 1974. 11. 19.

한국기독교장로회(총회장 인광식)는 18일 오후 7시부터 서울 중구 장충동에 있는 경동교회에서 "크리스트와 함께 이 겨레를 자유케"란 주제로 오늘의 선교를 위한 기도회를 6백여 명의 교역자들이 참가한 가운데 가졌다. 이날 기도회에는 전국 각 지방에서 올라온 3백여 명의 교역자들이 참석했는데 한국신학대 안병무 교수는 "자유케 하시는 크리스트"란 설교를 통해 '가난한 자와 억눌린 자를 위해 투옥된 지도자 및 학생들은 크리스트의 인간 전체를 자유케 하는 대열에 참가했다'며 이것은 크리스트의 제자들인 우리가 자유의 역군이 되었다는 사실이라고 말했다.
이들은 오는 20일 낮 12시까지 성서 연구 선교 현장 문제와 좌담회 등을 가지며 기도회를 갖는다.

---

목사 등 6백 명 상경 경동교회서 기도회 「조선일보」 1974. 11. 19.

전국에서 상경한 기독교장로회 소속 목사와 교역자 등 6백여 명이 18일 오후 7시 서울 경동교회에 모여 "오늘의 선교를 위한 기도회"를 가졌다. 한국신학대학 안병무 교수는 설교를 통해 "예수는 가난하고 묶이고 눌린 사람들을 해방시키기 위해 일하다가 정치범으로 몰려 십자가에 못박혔다"고 말하고 "지금 투옥된 인사와 학생들은 예수처럼 자유를 실현하기 위해 힘쓰다 희생되었다"고 주장했다. 이들은 기도회를 20일 낮 12시까지 계속하기로 했다.

---

한국신학대 백이십여 명 가두데모 기도 「동아일보」 1974. 11. 19; 「조선일보」 1974. 11. 20.

한국신학대학생 120여 명은 19일 오전 10시경 동교 예배실에서 예배를 마친 다음 ① 유신체제를 철폐하고 민주 헌정을 회복하라, ② 아전인수 격의 성서해석으로 진리를 모욕하지 말라, ③ '포드' 대통령의 방한이 유신체제를 지지하는 것이 되지 않기를 바란다는 등 6개 항의 결의문을 낭독한 다음 가두시위를 기도, 기동 경찰관 70여 명과 대치하다 정오경 자진 해산했다.

---

경동교회 기도회 참석 6백여 명 두 차례 가두데모 기도 「동아일보」 1974. 11. 20.

속보 = 경동교회에서 오늘의 선교를 위한 기도회를 벌이고 있는 한국기독교장로회 소속 목사 교역자 등 6백여 명은 이틀째 예배를 마친 19일 밤 9시경 십자가를 앞세우고 두 차례 가두데모를 벌이려다 경찰이 교회 문을 막고 페퍼포그로 제지, 교회 안에서 구국기도회를 갖고 이날 밤 10시 반경 해산했다. 이들 중 1백여 명은 11시경 동대문 고속 터미널에 모여 "구속 인사 석방하라"는 등 구호를 외치다 경찰의 제지로 해산했다.

---

「선교선언」 등 채택 「동아일보」 1974. 11. 20; 침묵 가두시위 「조선일보」 1974. 11. 21.

한편, 동 기도회 마지막 날인 20일 오전 9시 반 동 장로회 소속 250명은 경동교회에 모여 기도회를 갖고 「오늘의 선교선언」과 공동 기도문을 채택하고 "사회정의 구현과 교회갱신 선교회"를 각 도별로 조직하기로 했다. 이 교역자들은 「오늘의 선교선언」에서 ▲선교활동을 억압 말라 ▲구속자를 석방하라 ▲유신헌법을 철폐하라 ▲ 안보를 구실로 정권 연장을 획책 말라 등 8개 항을 결의했다.
그중 1백여 명은 종로5가 기독교회관까지 침묵 가두시위를 벌였다. 경찰의 저지를 받자 이들은 기독교회관에 들어가 "유신헌법 철폐하라"는 등의 플래카드를 걸어놓고 농성에 들어갔다.

---

신문고 강연회 기독학생회 총연맹 「동아일보」 1974. 11. 20.

한국 기독학생회 총연맹이 주최한 신문고 제14회 강연회가 19일 오후 6시 서울 종로5가 기독교회관에서 "학원은 말이 없다, 손님은 오시는데"라는 주제로 열렸다. 이날 강연회에는 함석헌 씨, 복음교회 오충일 목사, 박혜숙 양(이대 3년) 등이 강연했는데 오 목사는 "학생운동은 우리 민족사의 금자탑이며 현재의 학생운동을 반민주적이라고 말하는 일부 정치인의 발언은 말도 안 된다"고 말했다. 이날 총연맹은 「제3십자가」 선언을 발표, "현 정권에 지지가 될 수 있는 '포드' 미 대통령의 방한은 반대한다"고 밝혔다.

---

150여 명이 기도회 기독교 감리회 신자 「동아일보」 1974. 11. 20.

【인천】 19일 오후 7시 기독교감리회 내리교회에서 150여 신자들은 "구속자와 함께 드리는 기도회"를 가졌다. 밤 9시까지 계속된 기도회에서 신자들은 구속자 가족들을 돕기 위한 헌금을 했다.

---

감리교신학대생들 한 때 교문 나서 「조선일보」 1974. 11. 20.

<table>
<tr><td></td><td>감리교신학대학생 80여 명은 19일 오전 10시 교내 예배당에서 구속 학생 석방 등을 요구하는 제9차 구국기도회를 열고 10시 40분쯤 교문 밖 50m 떨어진 김화초등학교 앞까지 진출했다가 경찰의 저지로 해산했다. 경찰은 학생회장 최이우 군(23. 신학과 3) 등 40명을 연행 조사 중이다.</td></tr>
<tr><td rowspan="2">19</td><td>11/21 목요기도회<br><br>※ 구속자가족협의회를 위한 기도회<br>① 11/16 공문. SMCO 선교비 동결 해제 진정<br>② 구속자 가족들의 두 번째 결의문<br>③ KSCF, 「제3십자가」 선언<br>------------------------------------------------------------<br>구속자 위한 기도회 「조선일보」 1974. 11. 22.<br><br>장로회 교역자 등 21일 오전 10시 종로5가 기독교회관 2층 소회의실에서 한국기독교장로회소속 교역자 40여 명과 구속자 가족 등 모두 1백여 명이 모여 구속자와 그 가족을 위한 기도회를 가졌다.</td></tr>
<tr><td>구속자를 위한 사흘 단식기도 「조선일보」 1974. 11. 22.<br><br>새문안교회 대학생회 남녀학생 30여 명은 21일 밤 9시부터 동 교회 교육관에서 "구속자를 위한 3일간 단식기도회"에 들어갔다. 학생들은 밤 8시 40분쯤 교회 본당에서 제18회 언더우드 학술 강연회를 마친 뒤 「기독학생 구국선언」을 채택하고 ① 망국 유신헌법 철폐, ② 소수만 살찌우는 매판 경제 청산, ③ 구속 애국시민 석방 등 5개 항을 결의했다. 이들은 선언문에서 "민주주의를 싸워 얻을 힘이 없었기에 형식상의 민주주의마저 박탈당했다"고 주장, "기독 청년들은 나락으로 질주한 역사의 수레바퀴를 방치할 수 없다"고 말했다.<br>------------------------------------------------------------<br>연대 30여 교수기도회 구속자 석방 기원 「동아일보」 1974. 11. 22.<br><br>연세대 교수 30여 명은 22일 오전 9시 동 대학 신과대 강당에 모여 "구속 교수·구속 학생 석방 실현 교수 기도회"를 가졌다. 신과대 서남동 교수는 "자유와 진리의 실천을 논의하는 모임이 긴급조치 위반이라 해서 학생들이 구속됐다"고 주장하고 "사랑하는 이들이 석방되기를 기원한다"고 말했다. 또 성래운 교양학부장은 "진리를 이어받고 진리를 전하려다 구속된 김동길 교수와 김찬국 교수의 석방이 실현되기를 기도한다"고 말하고 진리를 배우며 실천에 옮기려다 구속된 학생 17명의 석방이 실현되기를 바란다고 기도했다. 이 교수들은 오는 28일까지 매일 오전 9시부터 기도회를 갖기로 했다.<br>------------------------------------------------------------<br>구속자 가족들 미 대사관 뜰서 데모 「동아일보」 1974. 11. 21.<br><br>경찰 연행에 대사관 측서 항의도<br>비상 군재에서 형을 받은 구속자들의 가족 19명은 21일 낮 12시 25분경 미국대사관(종로구 세종로) 앞뜰에서 "더 이상 못 참겠다 구속자 석방하라"는 등의 플래카드를 들고 찬송가를 부르면서 시위를 벌이다 15분 만에 경찰에 모두 연행됐다. 이날 이들이 시위할 때 경찰관들이 대사관 정문으로 들어가 한 사람씩 밖으로 데리고 나가자, 미 대사관 직원들은 평화적인 시위를 하는 시민들을 강제로 연행하지 말라"고 말하고 구속 인사 가족들을 버스에 태우려 하자 몸으로 버스를 가로막기도 했다. 시위자들이 모두 버스에 실리자, 미 대사관의 한 외교관은 "미국대사의 뜻"이라고 전제, 현장을 지휘하고 있던 경찰</td></tr>
</table>

간부에게 "아무것도 파괴하지 않고 평화적으로 시위를 벌이는 이들을 왜 강제로 데려가느냐"고 말하면서 "이들을 즉시 석방해 줄 것"을 요구했다.
이날 시위자들이 모두 버스에 실리자, 옆에서 시위를 지켜보고 있던 인천교구 부주교 '제임스 스노트' 신부도 연행에 항의하면서 함께 버스를 타고 갔다. 이날 시위에는 김지하 씨의 어머니 정금성 부인, 지학순 주교의 동생 지학삼 씨, 강신옥 변호사의 부인 그리고 박형규 목사의 부인 조정하 씨 등이 참석했다. 이들을 연행한 종로경찰서는 즉시 이들을 석방하려 했으나 이들은 계속 경찰서에 머물며 구속자들의 석방을 요구하고 있다고 말했다.

구속자 가족 19명이 미대사관 앞뜰에서 플래카아드를 들고 찬송가를 부르며 시위를 벌이고 있다.

---

구속자 가족 50명 미 대사관서 시위 「조선일보」 1974. 11. 22.

(중복내용 제외)
경찰은 미국 대사관 측과 사전 협의 없이 구내로 들어갔었다. 연행된 사람들은 오후 1시 30분쯤 경찰이 "훈방하겠으니 돌아가라"고 했으나 구속된 가족들이 석방될 때까지 못 가겠다며 정보과 사무실 안에서 버텼다. 경찰이 시노트 신부 등을 강제로 밀어내려다 책상 위의 화분이 깨지는 등 소동이 벌어졌다. 시노트 신부는 "나는 한국인도 아니며 구속자 가족도 아니지만 기독교 정신으로 이들과 고난을 같이 한다"고 말했다. 이들은 밤 10시 30분쯤에야 경찰의 설득으로 귀가했다. 이들은 오전 10시부터 기독교회관에서 "구속자를 위한 기도회"를 가진 뒤 택시에 분승, 미국대사관으로 몰려갔었다. 미 대사관 측은 이 사건과 관련, 다음과 같은 성명을 발표했다. "21일 낮 12시 45분쯤 일단의 한국 부인들이 미 대사관 구내서 불법시위를 했으며 한국 경찰은 미 대사관 관리들과 사전 협의 없이 구내에 들어왔다. 미 대사관은 해당 한국당국자로부터 경찰의 대사관 구내 진입에 대한 유감의 뜻을 전달받았고 한국당국은 이 부인들이 석방된다는 사실을 미 대사관 측에 알려왔다. 이날 사건에 대해 미 대사관 측은 더 이상 논평하지 않겠다…."

---

외교특권 침해 「조선일보」 1974. 11. 22.

미 국무성【워싱턴=AP합동특약】 한국 경찰은 21일 1명의 미국인 신부와 20여 명의 한국인 부인들을 연행하기 위해 미국대사관에 진입, 외교특권을 범했다고 21일 미 국무성이 말했다.

---

교수 30명 기도회 「조선일보」 1974. 11. 23.

연세대 교수 30여 명은 22일 오전 9시부터 1시간 동안 신학대 2층 기도실에 모여 구속된 교수와 학생들의 석방을 위한 기도회를 가졌다. 서남동 교수의 사회로 열린 기도회에서 성래운 교양학부장은 "진리를 이어받고 이를 전하려다 구속된 김동길·김찬국 교수와 자유를 배우고 이를 실천하려다 구속된 17명의

| | |
|---|---|
| | 학생들이 하루 속히 석방되기를 빈다」고 기원했다.<br>-----------------------------------------------------------------------<br>연대 교수 이틀째 기도회 「조선일보」 1974. 11. 24.<br><br>연세대 교수 30여 명은 21에 이어 23일 오전 9시 신과대학 강당에서 제2차 "구속 교수-학생 석방 실현 기도회"를 가졌다. 유동식 교수는 설교를 통해 "기독교인이 싸워야 할 대상은 인간의 힘을 넘어서 인간적인 것을 파괴하는 악한 권력과 경제와 사회구조다. 이를 물리치기 위한 길은 진리 정의 신앙 평화뿐"이라고 말했다. 가정대 이기열 교수는 "주님의 아들 그리고 우리가 존경하는 동료인 김찬국, 김동길 교수를 옥고의 어려움에서 하루속히 품어주소서"라고 기도했다.<br>-----------------------------------------------------------------------<br>「신앙고백서」 채택 「조선일보」 1974. 11. 26.<br><br>새문안교회대학생<br>속보=지난 21일 밤 9시부터 "구속자를 위한 3일간의 단식기도"에 들어갔던 새문안교회 대학생회 회원 20여 명은 24일 오전 6시 「신앙고백서」를 채택한 뒤 해산했다. |
| 20 | 11/28 목요기도회<br><br>※구속자를 위한 기도회<br>설교: 이해영 목사, 사례보고: 김희숙(장준하 씨 부인)<br>-----------------------------------------------------------------------<br>기독교회관서 구속자 위한 기도회 「동아일보」 1974. 11. 28.<br><br>28일 오전 10시 20분 기독교회관(서울 종로구 연지동) 2층 소회의실에 시인 김지하 씨의 어머니 정금성 부인(52) 등 구속인사 가족과 민주수호기독자회 회원 등 1백여 명이 모여 구속자를 위한 기도회를 가졌다. 이 자리에서 민주수호기독자회는 "유신헌법은 현 정권의 영구 지배를 꾀하는 악법으로 우리는 이의 철폐를 위해 모든 수단을 동원한다", "구속 인사를 더 이상 괴롭히는 것은 민주 정신을 박해하는 상징으로 본다"는 내용의 선언문을 채택했다.<br>-----------------------------------------------------------------------<br>구속자 위한 목요기도회 「조선일보」 1974. 11. 29.<br><br>가족 - 기독교인 등 백여 명 참석 28일 오전 10시 종로 5가 기독교회관 5층 회의실에서 함석헌, 김정준(한국신학대학 학장), 윤반웅 목사 등 기독교 인사와 구속자 가족 등 1백여 명이 모여 "구속자를 위한 목요정기기도회"를 가졌다. 이해영 목사는 "하느님께서 공포로부터의 구조적인 악을 물리쳐주시고 구속자들을 자유롭게 해 달라"고 말했다. 기도회에 앞서 장준하 씨 부인, 김희숙 씨(48)는 구속자 가족들의 신상발언을 통해 "장 씨가 만성간염, 심장병 등으로 위독한 상태에 있으니, 기도로써 도와 달라"고 호소했다. 이들은 ① 구속 인사들을 조속히 석방할 것, ② 유신헌법 철폐를 위해 모든 수단을 동원한다. |
| | 민주회복기도회 「동아일보」 1974. 12. 3.<br><br>민주회복기도회 기독교회관서 구속자 석방 호소<br>2일 오후 6시 기독교회관(서울 종로구 연지동) 강당에서 구속자가족협의회가 주최한 "민주 회복을 위한 기도회"가 동 협의회 회원 50여 명을 비롯해, 목사 신부 신도 등 2백여 명이 참석한 가운데 열렸다. |

| | |
|---|---|
| | 공덕귀 여사의 사회로 진행된 이 기도회에서 동 협의회는 "대통령에게 보내는 호소문"을 통해 긴급조치로 인해 구속된 우리 가족들의 주장은 어떤 제도로도 묻힐 수 없는 진리와 양심에 따른 행동이라고 말하고 이 백성의 참된 총화를 위해 구속자들을 하루 속히 석방해달라고 호소했다.<br>---------------------------------------------------------------<br>민주회복기도회 백여 구속자 가족 「조선일보」 1974. 12. 3.<br><br>"민주 회복을 위한 기도회"가 2일 오후 6시 이철 군의 어머니 정경상 씨 등 구속자 가족, 외국인 선교사 등 150여 명이 모인 가운데 서울 종로5가 기독교회관 2층에서 열렸다. 공덕귀 씨 사회로 열린 기도회에서 최기식 신부는 "하나님께서 신앙을 이용해서 사리사욕을 찾는 사람들을 벌하여 주시고 고통받는 이들에게 위로를 주며 정부 당국이 겸손과 국민의 뜻을 받아들일 수 있는 자세를 갖도록 해 달라"고 기도했다. |
| 21 | 12/5 목요기도회.<br><br>설교: 문정현 신부, 사례보고: 조정하 여사<br>---------------------------------------------------------------<br>기독교회관서 구속자 위한 기도회 「동아일보」 1974. 12. 5.<br><br>5일 오전 10시 반 기독교회관 2층 회의실에 구속자 가족 30여 명 외국인 선교사 신도 등 1백여 명이 모여 구속자를 위한 기도회를 가졌다. 이 기도회에서 천주교정의구현사제단 문정현 신부는 "구속 인사들은 불의를 보고 이를 없애기 위해 고난을 무릅쓰고 실천에 옮긴 사람들"이라고 말하고 "구속 인사 가족은 실망하지 말고 노력하면 끝내 영광을 차지하게 된다"고 설교했다.<br>---------------------------------------------------------------<br>구속자를 위한 목요정기기도회 「조선일보」 1974. 12. 6.<br><br>"구속자를 위한 목요정기기도회"가 5일 오전 10시 30분부터 서울 종로5가 기독교회관 2층 소회의실에서 함석헌 씨, 함세웅 신부, 구속자 가족 등 1백여 명이 모인 가운데 열렸다. 이 자리에서 박형규 목사 부인 조정하 씨는 "지난 3일 교도소로 남편을 면회가 솜버선을 넣어주려 했더니 교도소 측에서 불허했다"고 전했다. |
| | 수감자 가족위한 YWCA 기도회 「조선일보」 1974. 12. 6.<br><br>【광주】 광주 YWCA(회장 조아라) 회원 40여 명이 5일 오전 10시 수감자 가족을 위한 기도회를 열었다. 수감자 가족으로는 민청학련 사건으로 구속된 정찬용 군(서울대 징역 10년)의 어머니 임금순 씨(45. 광주시 주월동 582)가 참석했다.<br>---------------------------------------------------------------<br>광주서도 기도회 「동아일보」 1974. 12. 5.<br><br>【광주】 전남 출신 신학생 수감자와 그 가족을 위한 기도회가 5일 오전 10시 광주 YWCA 연합교회에서 있었다. 이 기도회에는 10명의 수감 학생과 일반인 1명 등 수감자 11명의 가족과 교인 등 50여 명이 참석했다.<br>---------------------------------------------------------------<br>기독교회관서 소란 판자촌 주민 80여 명 「동아일보」 1974. 12. 6.<br><br>6일 오전 10시 20분경 기독교회관 앞에 성동구 송정동 일대 판자촌 주민 남녀 80여 명이 몰려가 이중 |

청년 4명이 7층 기독교교회협의회 사무실에 난입, 오물을 뿌리고 10분 동안 소란을 피웠다.
이들 청년은 "빈민을 파는 종교 목사 물러가라"는 등 구호를 외쳤는데 경찰은 사무실 측의 신고를 받은 지 10분 후에야 출동했다. 이 회관 앞에 갔던 황영수 부인(31)은 5일 오후 2시경 '동네에 웬 아저씨가 강냉이 가루를 배급하면서 6일 기독교회관에서 강연회가 있으니 들으러 나오라 차비는 우리가 대 주겠다, 그리고 강연회가 끝나면 밀가루 한 말을 주겠다고 말해 이날 아침에 나왔다' 면서 소동은 무슨 영문인지 모르겠다고 말했다. 역시 이 회관에 갔던 주민 이인숙 부인은 '강연회를 듣고 진리를 깨달으라고 말해 나왔더니 아침에 웬 남자가 자전거에 김관석 목사 물러가라는 내용의 피켓을 싣고 와 나누어주었다' 고 말했다.
기독교교회협의회 이해영 목사는 "최근 우리 협의회가 인권을 위한 기도회를 갖는 등 움직임을 보인데 대해 반대파 정 모 목사가 사람들을 동원하여 한 짓 같다"고 말했다.

---

구속자가족협 성명 '개인의 구속 상태 해제에 앞서 근본적으로 민주 회복 이뤄야' 「동아일보」 1974. 12. 7.; 「조선일보」 1974. 12. 8.

구속자가족협의회는 7일 오전 10시 반 기독교회관 소회의실에서 최근 정부가 긴급조치 위반 인사들에 대하여 여건의 선행을 전제로 특사가 고려되고 있다는 설에 관련, 성명서를 발표 '개인의 구속 상태 해제에 앞서 근본적으로 문제가 해결되어 민주 회복이 이뤄져야 한다' 고 말했다.
이 성명서는 또 ① 구속자는 무조건 전원 석방돼야 한다, ② 구속자 석방은 유신헌법 철폐를 통한 민주 회복의 전제가 이루어져야 한다, ③ 정부는 소위 인혁당 관련자들을 조작 분열시키려는 간계를 철회하라는 등 5개 항을 요구했다.

---

기독교교회협의회 인권선언 기념 연합예배 가져 「동아일보」 1974. 12. 9.

세계 인권 주간을 맞아 한국기독교교회협의회 인권위원회는 9일 오전 9시 종로5가 기독교회관 대강당에서 "우리는 자유인이다"라는 주제로 인권선언 기념 연합예배를 가졌다. 이 자리에는 구속자 가족협의회 회장 공덕귀 여사와 한국기독교교회협의회 이해영 목사를 비롯한 신도 등 2백여 명이 참석했다. 이 예배에서 이 목사는 '인권의 회복 없이 자유는 없다' 고 말하고 '인권과 자유의 침해는 하나님의 주권과 영역을 모독하는 것'이라고 말했다.

---

빼앗긴 양심 슬퍼해야 할 때 「조선일보」 1974. 12. 10.

세계인권선언 기념 연합예배가 구속자 가족과 교역자 등 2백여 명이 참석한 가운데 9일 오전 9시부터 종로5가 기독교회관에서 열렸다. 조남기 목사(한국기독교협의회 인권위원) 사회로 열린 예배에서 이해영 목사(한국기독교협의회 인권위원회 위원장)는 "인권은 병들고 신음한다"고 주장하고 오충일 목사는 "언론과 학원의 자유를 위하여"라는 기도에서 "지금은 구속자와 그 가족을 위해 슬퍼할 때가 아니고 우리 자신의 빼앗긴 양심을 슬퍼해야 할 때"라고 말했다.

---

서울상대 오글 교수 외국 목사 출국 명령 「동아일보」 1974. 12. 9; 「조선일보」 1974. 12. 10.

유신 불 비난 각서 쓰지 않는 한.
서울상대 교수이며 감리교 목사인 미국인 '조지 E 오글' 목사(한국명 오명걸, 45)가 미 대사관을 통해

| | |
|---|---|
| | 지난 6일 외무부로부터 출국 명령을 받았음이 뒤늦게 밝혀졌다. '오글' 목사에 의하면 6일 오후 1시경 주한미국대사관 '에릭슨' 부대사로부터 대사관으로 나와 달라는 부탁을 받고 대사관에 도착, '에릭슨' 부대사로부터 "이것은 외무부 노신영 차관으로부터의 전달"이라고 전제, "이제부터 유신체제를 비난하지 않고 선교사업만 하겠다는 각서를 쓰지 않는 한 9일 오후까지 한국을 떠나야 한다"고 통고받았다고 말했다. 이에 대해 '오글' 목사는 '에릭슨' 부대사에게 "이는 내 개인에 관한 문제가 아닌 만큼 여러 선교사들과 한국인 동역자들과 타협한 후 알려 주겠다"고 말했다는 것이다. '오글' 목사는 지난 54년에 감리교 선교사로 내한, 대전·인천 등지에서 산업선교 일을 맡아보다가 지난해부터 서울대 상대에서 노사관계를 강의해 왔다. 가족으로는 부인과 모두 한국에서 출생한 1남 3녀가 있다.<br>---------------------------------------------------------------<br>전북장로회도 기도 「조선일보」 1974. 12. 11.<br><br>【전주】 한국기독교장로회 전북장로회는 10일 전주남문 교회에서 인권을 위한 기도회를 가졌다. 교역자와 신도 5백여 명이 참석한 이날 모임에서는 구속자, 세계 인권, 학원의 자유, 언론자유, 국가와 민족, 북한 동포를 위해 특별히 기도했다. |
| 22 | 12/12 목요기도회<br><br>① 호소문: 인혁당 관련자 부인<br>② 구속자가족협의회, 정의자유구현을 위한 목요정기기도회, 자체 성명서(1차 추정)<br><br>성명서<br>— 오명걸 목사 추방 결사 반대한다 —<br><br>우리 구속자 가족 및 정의자유구현 목요기도회 회원 일동은 최근 정부가 감리교 선교사로서 정의의 사도이며 우리의 진정한 벗인 오명걸 목사에 대해 추방 경고를 내리고 종교탄압을 가하고 있는 데 대해 심심한 유감의 뜻을 표하면서 다음과 같이 우리의 결의를 밝힌다.<br>오 목사는 20여 년 동안 한국 사회에서 선교사업을 통하여 가난하고 억눌린 사람들을 위해 일하면서 참된 하나님의 복음을 전파하기 위해 혼신의 노력을 기울여 온 분임을 우리는 잘 알고 있다. 정부가 지적한 오 목사의 행위 즉, 유신헌법 철폐와 구속자를 위한 기도회 등에 참석하며 우리들을 지원하고 소위 인혁당 관련 인사들의 무고함을 주장한 행위를 그의 선교 신학에 입각한 신앙적 행위임을 확신하며 이야말로 한국 사회에 정의를 구현하고 민주주의를 건설하려는 하나님의 뜻에 따른 충실한 종으로서의 결단임을 믿고 여기서 그의 인간에 대한 참사랑을 다시 확인하는 바이다. 우리는 오명걸 목사의 행위가 한국 사회 발전에 이바지하는 참된 길이라 믿어 그의 행위를 전폭 지지하며 우리의 결의를 다음과 같이 다짐한다.<br>정부는 오명걸 목사에 대한 추방 음모를 즉각 철회하라.<br>우리는 유신헌법 철폐 주장을 철회할 수 없고 구속자를 위한 기도 행위가 신앙적 양심에서의 발로였다는 오명걸 목사의 신앙 선언을 적극 지지한다.<br>우리는 오명걸 목사 추방이 노동자를 비롯한 억눌린 자에게 해방을 선포하는 하나님의 선교사업에 대한 탄압이라 간주하며 이와 같은 종교탄압 행위를 즉각 중지할 것을 강력히 촉구한다.<br>우리는 오명걸 목사에 대한 여하한 조사 명목의 소환도 거부하며 오 목사에 대한 추방 음모 공식 철회 시까지 우리의 몸으로 오 목사의 신변을 보호할 것을 결의한다.<br>우리는 이와 같은 우리의 결의가 하나님의 명령임을 분명히 인식하고 우리의 결의가 이루어질 때까지 어떠한 투쟁도 불사할 것이며 이에 파생되는 여하한 사태는 정부 당국에 그 책임이 있음을 엄숙히 경고하 |

는 바이다.

1974. 12. 12
구속자 가족 협의회 정의자유구현을 위한 목요정기기도회[2]

---

기독교회관서 정의구현기도회 함석헌·오글 목사 등 참석 「동아일보」 1974. 12. 12.

12일 오전 10시 10분 종로5가 기독교회관에서 "구속된 동지들과 함께 기도하는 정의자유구현 정기목요기도회"가 조지 오글 목사(오명걸 서울대상대 교수), 함석헌 씨, 구속자 가족, 신도 등 150여 명이 참석한 가운데 열렸다. 이 기도회에서 인혁당 관련자 부인들은 호소문을 통해 "인혁당이란 10년 전에도 없었고 현재도 존재치 않는 조작된 것이므로 정치 제물이 된 남편의 생명을 구해 달라"고 말하고 "공명정대한 재판을 요구하는 것은 국민의 권리이자 의무"라고 밝혔다.

구속자 크리스마스 전 석방을 「조선일보」 1974. 12. 14.

대한예수교장로회 총회(회장 이상근 목사) 임원과 역대 총회장 등 16명은 12일 오후 4시 기독교회관 사무실에서 "현 시국에 관해 대통령에게 보내는 건의문"을 채택, "교회는 국가가 하나님의 역사통치의 기본 원리를 이탈하여 국난을 초래한다고 볼 때는 그 시정을 촉구할 정신적 의무를 지닌다"고 주장하고 ① 긴급조치로 구속된 사람들을 크리스마스 이전까지 석방할 것, ②오글 목사 등 외국인 선교사를 추방하려는 일을 즉각 중지해 줄 것 등을 요청했다.

---

기독교 대한감리회 기도회서 지지 성명 "오글 목사 활동은 순수한 종교 신념" 「동아일보」 1974. 12. 12.

기독교대한감리회는 11일 밤 8시 정동제일교회에서 속개된 제12회 총회에서 "인권에 대한 기도회"를 열고 최근 정부의 오글 목사에 대한 출국령과 관련, 오글 목사의 선교활동을 지지하는 성명을 발표했다. 전국에서 참석한 목사 장로 등 180여 명의 총회 대표들은 "오글 목사의 유신체제에 대한 발언은 기독교 신앙에 근거한 그의 신앙적인 표현"이며 "그의 유신체제에 관한 발언은 찬성 발언과 같이 허용되어야 할 것이며 그의 불찬성 발언이 정치 행위로 규정되어 처벌되어서는 안 된다"는 성명서를 만장일치로 채택했다. 이어 성명서는 "그의 구속자 가족들을 위한 노력과 기도회에 참석하는 등의 행위와 영세근로자들의 노동조건 개선과 기업주와 고용자 간의 이익 분배 균등 호소 등은 인권회복운동과 같은 성격의 복음 선교활동"이라며 "그의 양심선언이 국가를 해치거나 민족을 불행케 하는 일이 아님을 선언하며 정부는 추방 사태를 야기치 않도록 해 달라"고 촉구했다. 기도회에 참석한 오글 목사는 인사말을 통해 "근로자들의 권리와 그들의 발전을 위해 정치적 목적이나 운동이 아닌 목사의 입장에서 사회정의를 위해 일했다"면서 "정부는 종교의 범위 안에서만 선교활동을 하라고 하는데 정부는 종교의 범위를 정할 권리가 없고 그것은 오직 하나님뿐이다"고 말했다.

---

오글 목사 추방 경고 철회를 「조선일보」 1974. 12. 12.

감리회 총회, "신앙인 신념 표현"
기독교대한감리회는 11일 오후 7시부터 서울 서대문구 정동교회에서 제12차 정기총회를 열고 최근 정부가 서울대 상대 교수 오글 목사를 추방하겠다고 경고한 데 대해 반박하고 이를 즉각 철회해 줄 것을 촉구했다. 180명의 전국 대표들은 이날 채택한 결의문에서 "오글 목사의 발언과 선교 행위는 기독교 선교 신학에 근거한 신앙적인 신념의 표현이므로 이를 적극 지지한다"고 밝히고 "그가 영세근로자들의 노동조건 개선을 호소하고 구속자가족기도회에 참석한 것 등은 인권회복운동과 같은 성격의 예언자적인 선교활동"이라고 지적했다.

---

'오글 목사, 시노트 신부 소환 종교탄압의 구체적인 표현' 도시산업선교회 구속자가족협 성명 「동아일보」 1974. 12. 13.

13일 오전 11시경 기독교회관 소회의실에서 전국도시산업선교회 소속 목사와 구속자가족협의회 회원 등 30여 명은 선교활동 제한에 대한 대책을 위한 감리교 선교사인 조지 오글 목사와 천주교 인천교구 제임스 시노트 신부의 소환 심문은 현 정부의 종교탄압의 구체적 표현이라고 주장하고 두 선교사의 소환 조사 행위는 중지돼야 한다는 내용의 성명서를 채택했다.
이 성명서는 ① 20여 년간 한국에서 일해 온 오글 목사의 행동은 가난하고 힘없는 대중에게 구체적으로 표현한 신앙 행위이며, ② 시노트 신부도 가난한 낙도 어민을 위한 봉사자로서 그가 구속자 가족을 돌보는 노력은 사랑에 참 신앙 행위이기 때문에 두 선교사의 행동을 지지하며 그들에 대한 추방 운운하는 말이 철회될 때까지 그들의 신변을 몸으로 보호하겠다고 밝혔다.

---

오글 목사 다시 조사 「조선일보」 1974. 12. 13.

법무부 서울출입국관리사무소는 12일 오후 2시 미국인 목사 조지 오글 씨(45, 한국명 오명걸)를 소환, 오후 7시 35분까지 약 5시간 30분 동안 그의 "최근의 정치적 활동"에 관해 두 번째 조사를 했다. 법무부 한 관계자는 이번 조사가 지난 10일의 1차 조사에서 미흡했던 부분을 보완하기 위한 것이었다고 말했다.

---

학생 석방요청 서한 「조선일보」 1974. 12. 13.

미 등 7개국 '앰네스티', 민 대법원장에
스위스, 네덜란드, 西獨(서독), 미국, 영국, 벨기에, 오스트레일리아 등 각국 앰네스티(국제사면위원회) 본부와 회원들이 최근 민복기 대법원장에게 긴급조치 위반 혐의로 구속된 학생, 지식인, 종교인, 변호사 등의 석방을 요청하는 서한을 보내왔다. 12일 대법원에서 밝혀진 이 서한들은 구속자들의 재판 과정, 건강, 범죄 사실 등을 구체적으로 묻고 이들에 대한 공개재판과 석방 등 특별 배려를 바랐다. 스위스 앰네스티 회원 마틴스테블러 씨는 도예종 씨의 구명을 요구했고 네덜란드 앰네스티 본부는 日本인 요시하라 하야까와 씨, 서독은 강신옥 변호사, 미국 샌프란시스코 지부 리크브엘 씨는 류근일 씨, 미국 뉴브룬스위크 지부는 김동길 씨에 대한 서한을 각각 보내왔다.

---

대한예수교장로회, 대통령에 건의문 "선교는 정치 사회운동 아니다. 추방 문제 등 재고를" 「동아일보」 1974. 12. 13.

우리나라 최대 기독 교단인 대한예수교장로회(통합 측 총무 김윤식)는 13일 구속 성직자 석방과 외국인 선교사 추방 문제에 대한 교단의 입장을 밝히는 건의문을 대통령에게 보냈다.
장로회는 12일 오후 총회 임원회와 역대 총회장 5명 등 16명이 참석한 가운데 기독교회관에서 긴급회의를 열고 "선교활동은 순수한 종교 활동이며 정치 사회운동이나 특정 정당을 지원하기 위한 행위가 아니므로 추방 문제 등은 정부가 신중한 재고를 해야 한다"는 견해를 모아 대통령에게 건의문을 보내기로 한 것이다. 동 장로회는 미국연합장로회, 미국 남 장로회, 호주장로회 등과 유대를 갖고 90년 동안 선교활동을 해온 2천7백여 교회 62만 명의 신도를 가진 우리나라 최대의 기독 교단이다. 한편, 동 장로회는 17일 오후 2시 새문안교회에 총회 임원 역대 총회장 전국 노회장 50여 명이 연석회의를 가질 예정이다.

---

기독학생련 주최 신문고 예배 선교사 박해 등 철회 요구 「동아일보」 1974. 12. 14 ; 「조선일보」 1974. 12. 14.

한국기독학생총연맹이 주최하는 신문고 제15성 예배가 13일 오후 7시 서울 종로5가 기독교회관 대강당에서 공덕귀 여사, 조지 오글 목사, 대학생, 시민 등 250여 명이 참석한 가운데 열렸다.
이화여대 문리대학장 현영학 교수는 "정치범 예수"란 연제의 강연에서 "예수가 나를 따르라고 한 말씀은 정치범이 될 각오를 하고 따르라 한 것이며 지금 현실에서 찬송과 기도만 한다는 것은 권력자에게 권력남용을 일으킬 여지를 주는 것"이라고 말했다.
이 자리에서 한국기독학생총연맹은 「제4십자가 선언」을 통해 ① 외국인 선교사 박해 철회, ② 인혁당의 공개재판, ③ 민주 회복을 요구하는 시민 학생에 대한 박해 중지 등 5개 항을 결의했다.

---

종교인 노조 관련 본분 망각한 행동 「동아일보」 1974. 12. 14.

기독학생총연맹은 13일 오후 9시 종로5가 기독교회관에서 있은 "노동자의 인권"이란 주제로 열린 노동문제 심포지엄에서 지난 10일 한국노동조합총연맹이 도시산업선교회를 중심으로 한 종교인들이 노동조합조직에 개입한 행동은 종교인들의 본분을 망각한 행동이므로 이를 규탄한다는 내용의 설명에 대해 반박성명을 발표했다. 이들은 성명서에서 ① 관제 어용 사이비 단체인 한국노총을 규탄한다, ② 노동자를 저버린 어용 노조 간부는 물러가라, ③ 민주노동운동의 자주성을 스스로 포기한 노조 간부는 역사의 심판 속에 응징될 것이라고 했다. 이날 심포지엄에는 조지 오글 목사, 구속자 가족 등 250명이 참석했다.

---

교회여성련서도 재고건의문 채택 「조선일보」 1974. 12. 15.

한국교회여성연합회(회장 이우정)는 14일 오후 1시 종로5가 기독교회관 3층 사무실에서 긴급 임원 회의를 열고 "우리나라의 참다운 종교자유와 신앙의 자유를 위해 오글 목사에 대한 강제퇴거명령을 재고해달라"는 내용의 건의문을 채택했다.

---

오글 목사 추방 재고 탄원 채택 「조선일보」 1974. 12. 15.

한국도시산업선교연합회(회장 조지송)는 14일 오후 4시 사무실(서울 영등포동7가 70)에서 오글 목사 추방령의 재고를 바라는 탄원서를 채택했다. 이들은 탄원서에서 "오글 목사에 대한 추방령에 대해 놀라움을 금할 수 없다"라며 "20여 년 동안 한국 교회와 한국 노동 사회의 민주화 및 복음화를 위해 심혈을 기울여온 그에게 추방이란 있을 수 없으며 추방령을 재고할 것을 탄원한다"고 밝혔다.

---

미 오글 목사 어제 출국 「조선일보」 1974. 12. 15.

법무부서 퇴거령 종교 외 활동 이유 오글 씨는 이날 오전 9시 30분 서울 종로구 안국동에 있는 서울출입국관리사무소에 소환되어 11시쯤 강제 퇴거명령 통지서를 받았다. '법무부 결정통지서'에는 "74년 12월

| | 14일 서울출입국관리사무소에서 심사한 결과 위의 사람은 미국으로 출국 명령을 받았다"고 밝혀있었고 "이 결정에 이의가 있을 때는 출입국관리법 43조 1항의 규정에 따라 통지를 받은 날로부터 7일 이내에 서울출입국관리사무소장을 거쳐 법무부 장관에게 이의 신청을 내야 한다"고 적혀 있었다. 오글 씨는 퇴거명령과 함께 여권이 회수됐으며 그는 즉석에서 "이유 없이 추방당하는 것은 부당하다"는 내용의 이의 신청을 서면으로 냈으나 오후 4시 30분 법무부 장관이 기각했다.<br>법무부는 이날 오글 씨의 강제퇴거 명령을 발표하며 "외국인이 타국에 입국이 허가되었을 때는 그 나라 법률에 따라 활동하는 것이 국제법상의 일반원칙인데도 불구하고 오글 씨는 이를 무시하고 설교 또는 강연회를 통해 우리나라 헌법의 철폐, 구속자 석방 등 불법적인 선동과 시위를 하여 사회질서를 어지럽게 했다"고 지적하고 "그뿐 아니라 공산주의자들인 인혁당 사람들의 행위까지 찬양 고무하면서 그들을 석방해야 한다는 등 반공을 국시로 삼고 있는 우리나라의 국시를 위배하고 우리나라의 재판에 간섭하는 등의 행위를 해 강제퇴거를 명하게 됐다"고 밝혔다.<br>법무부는 이어 "오글 씨가 외국인으로서 국내법을 위반하는 행위를 계속해 왔지만, 그가 교역자라는 점과 한미 간의 전통적인 우호 관계를 고려하여 수차례에 걸쳐 우리나라 법질서를 존중하도록 권고하면서 불법정치활동을 중지할 것을 요청하였으나 전혀 반성하는 빛이 보이지 않아 이와 같은 조처를 취하게 됐다"고 덧붙였다.<br>오글 씨는 지난 6일 오후 1시쯤 주한미국대사관 에리크슨 부대사를 통해 "이제부터 유신체제를 비난하지 않고 선교사업만 하겠다는 각서를 9일 오후까지 쓰지 않으면 한국 정부로부터 외국인 거주자로서의 신분에 관해 조사를 받게 될 것"이라는 통보를 받았고 10일과 12일 두 차례에 걸쳐 법무부에 소환되어 모두 9시간 30분 동안의 조사를 받았었다.<br>오글 씨는 지난 54년에 내한, 대전 인천 등지에서 산업선교 활동을 벌여 왔으며 작년부터 서울대 상대에서 노사관계론을 강의해왔다. 가족은 부인 도로시 여사(39)와 한국에서 태어난 1남 3녀가 있는데 학교 문제 등으로 가족의 출국일은 나중에 결정하기로 했다고 오글 씨는 말했다.<br>법무부가 밝힌 오글 씨의 입국 목적 외의 활동 내용은 다음과 같다.<br>▲10월 10일 오전 한국기독교교회협의회(NCC) 소강당에서의 "구속자를 위한 목요기도회"에서 "인혁당 사람들은 아무런 죄도 없고 증거도 없이 극형을 선고받았으므로 우리는 인혁당 사람들을 살리도록 노력해야 한다"고 선동함으로써 재판에 간섭하고 반공을 국시로 하는 우리나라 국시를 위배했다.<br>▲11월 14일 한국기독교 교회협의회 소강당에서의 "구속자를 위한 목요기도회"에 참석한 40여 명이 "구속자를 석방하라"고 머리띠를 두르고 농성 시위할 때 구속자 가족들과 함께 농성 시위를 지원했다.<br>▲11월 24일 흑석(黑石)동 감리교회에서 열린 도시산업선교회 주최 "구속자 가족을 위한 기도회"에서 "정부는 현행헌법을 철회하고 새로운 민주주의를 수립하는 것만이 최대의 과제이다. 사회 인권 문제 해결과 구속자들의 석방 문제를 포드 미 대통령이 내한하는데 기대하였으나 그는 이미 한국을 떠났다. 이제 각 교회 목사들과 손을 잡고 이를 해결하기 위해 기도하고 활동하는 교회가 되어야 하겠다"고 선동했다.<br>▲11월 1일 기독교회관 대강당에서 개최된 한국기독학생총연맹 주최 강연회에서 "한국 노동자의 권익은 70년대에 들어 국가보위법과 헌법으로 인하여 모조리 빼앗기고 있다. 인권은 사회적 투쟁으로 창조되어야 한다"는 등 선동했다.<br>---------------------------------------------------------------<br>출국 명령 취소 행정소송 제기 방침 「동아일보」 1974. 12. 16.<br><br>정부의 출국 명령을 받고 14일 우리나라를 떠난 오글 목사는 출국 명령 취소를 위한 행정소송을 제기할 |

것으로 알려졌다. 이 행정소송을 제기하기 위해 감리교 조승혁 목사(47)는 오글 목사로부터 위임장을 받았는데, 조 목사는 14일 오글 목사의 위임장에 서명을 받으러 집을 찾아갔다가 경찰의 출입 제지로 미 대사관 정치노동 담당 참사관 '리히트 브라우' 씨에게 부탁해 받았다는 것이다.

---

인권주간 연합예배 기독교교회협의회 주최 「동아일보」 1974. 12. 16.

한국기독교교회협의회 인권위원회와 여성연합회가 공동주최한 인권주간 연합예배가 15일 오후 2시 반 3백여 명의 교직자와 신도 등이 참석한 가운데 초동교회에서 열렸다. 연합예배에 이어 가톨릭대학 신학부 교수 정하권 신부의 "교회의 사회참여", 한국신학대학 교수 문동환 박사의 "인권 정권 신권"에 대한 강연이 있었고 세계인권선언문과 74년 한국 교회의 인권선언 낭독이 있었다. 한국교회의 인권선언은 "각종 사회단체가 유신체제의 정치 목적으로 동원되고 있으며 오글 목사의 추방은 선교의 자유 침해이며 종교 박해라고 전제 ① 유신헌법을 철폐하고 민주정치를 회복하라, ② 각종 사회단체를 어용화하지 말라는 등 5개 항을 요구했다.

---

구속자 위한 기도회 이화여대 교수, 학생 등 150명 「동아일보」 1974. 12. 16 ; 「조선일보」 1974. 12. 17.

이화여대 교수 학생 및 일반신도 150여 명은 15일 오전 11시경 동 대학교회에서 "구속자를 위한 기도회"를 갖고 구속자의 조속한 석방과 공정한 재판이 진행되기를 기도했다. 이 기도회는 또 오글 목사의 추방과 백낙청 교수의 파면 조치에 대한 부당성을 지적하는 등 현 시국에 대한 대학교회의 입장을 밝히는 「우리의 주장」이란 성명을 발표했다.

---

새문안교회도 3백여 명 모여 「동아일보」 1974. 12. 16 ; 「조선일보」 1974. 12. 17.

새문안교회는 15일 밤 7시 인권주간 마지막 날을 맞아 구속자 가족 등 3백여 명이 모인 가운데 구속자를 위한 기도회를 갖고 한국을 떠나면서 한국교회에 보낸 '조지 오글' 목사의 「신앙과 양심선언」을 들었다. 또한 이 자리에서는 독일 한인교회에서 구속자 가족들에게 보낸 2천 마르크의 위문금이 전달됐다.

---

감리사 등 20여 명 오글 목사를 위한 조찬기도회 열어 「동아일보」 1974. 12. 18.

감리교 경인 지방 대표 감리사 10여 명과 버클드, 포이트라스, 매튜스 등 3명의 선교사 그리고 김창희 감리교감독 등 20여 명은 18일 오전 8시 세종호텔에서 오글 목사를 위한 조찬기도회를 가졌다. 이날 기도회에서 참석자들은 감리교단은 전국적으로 '오글' 목사를 위한 기도회를 갖고 조속한 시일 내에 오글 목사에 대한 교단의 견해를 밝히기로 결의했다.

---

예수교장로회 구속자 석방 서명운동 「동아일보」 1974. 12. 18.

예수교장로회 "소수의견 아님 알리기 위해 62만 신도 대상"
대한예수교장로회(총무 김윤식)는 17일 오후 2시 서울 새문안교회에서 전국 각 지역 노회장 총회 임원단, 전 총회장 등 40여 명이 참가한 가운데 회의를 열고 시국에 관한 교단의 입장을 표명했다. 이날 회의는 지난 13일에 채택한 "구속자들을 성탄 전에 석방, 성탄절을 가족과 함께 보내도록 해달라는 대통령에게 보내는 건의문을 만장일치로 추인"하고 ① 민주 헌정 실시와, ② 구속자 석방 등에 관한 선언문을 발표키

| | |
|---|---|
| | 로 했다. 이 회의는 교단이 밝힌 지금까지의 의견이 소수의견이 아님을 알리기 위해 전국교회 62만 명의 신도들로부터 서명운동도 벌이기로 결의했다.<br>------------------------------------------------------------<br>주한감리교 선교사협회 성명 "오글 목사 강제추방은 한국국제위신에 손상" 「동아일보」 1974. 12. 18.<br><br>주한미연합감리교회선교사협회 회장 'MO버크홀더'는 17일 오후 2시부터 4시간 동안 서대문구 순화동에 있는 유니온클럽에서 40여 명의 선교사들이 참가한 가운데 오글 목사 퇴거에 관한 긴급회의를 열고 성명서를 발표했다.<br>이 성명서는 오글 목사의 퇴거에 대해 깊은 충격과 관심을 표명한다고 전제, ▲ 오글 목사의 퇴거는 한국의 국제적 위신에 큰 손상을 가져왔다고 보며 퇴거 절차에 있어 자신의 방어 기회와 설명할 수 있는 기본권이 무시되었으며, ▲ 우리는 그의 선교 사명에 공동의식을 가졌고 오글 목사와 함께 기독교의 신앙은 인간 생활 전면에 관여한다는 믿음을 강력히 주장한다고 말했다.<br>------------------------------------------------------------<br>구속자 석방기도회 여선교회 연합회서 「조선일보」 1974. 12. 19.<br><br>구속자의 석방과 오글 목사 귀환을 위한 기도회가 18일 오전 11시 기독교대한감리회 여선교회전국연합회 주최로 서대문구 정동교회에서 신도 2백여 명이 참석한 가운데 열렸다. 기도회에서 신자들은 "오글 목사가 다시 돌아와 이 땅에서 봉사할 수 있도록 해 달라"는 내용의 진정서를 채택, 대통령 국무총리 법무부 장관 앞으로 보내기로 했다. |
| 23 | 12/19 목요기도회.<br><br>오글 목사 추방령으로 강제 출국, 목요기도회 음성적인 탄압.<br>① 74년 인권 선언문 12/15(12/9~12/15 인권주간으로 정하고 전국 행사 진행)<br>② 구속자가족협의회, 정의자유구현을 위한 목요정기기도회 자체 성명서(2차 추정)<br>오글 목사 추방 관련 성명서<br><br>성명서<br><br>"구속자와 함께 기도하는 목요 정기 기도회"에 참가하고 있는 우리는 본 기도회 회원인 오글 목사가 지난 12월 14일 정부에 의해 강제 출국 당한 데 대하여 경악을 금할 수가 없다. 더욱이 그의 강제 출국 이유 중 몇 가지는 본 기도회와 관련되어 있다는 사실에 깊은 유감의 뜻을 표한다. 그러나 우리는 오글 목사와 함께 기도해 온 기도 회원으로서 그의 행위의 증인임을 자처한다. 이에 법무부가 지적하여 그를 추방하는 증거로 제시한 몇 가지 사항에 대하여 우리의 증언을 성명하려고 하는 바이다.<br>첫째, 우리 "목요정기기도회"는 이 나라에 자유와 정의가 실현되고, 구속된 우리의 동지들이 하루속히 전원 석방될 것과, 그들과 가족들의 고난을 나누어지려는 순수한 종교적 기도회이다.<br>둘째, 오글 목사나 그 밖의 다른 회원들이 인혁당 사건에 관해 기도도 했으며 설교도 했다. 그러나 그것을 "공산주의자들의 행위"를 "찬양 고무"하여 "국시를 위배"한 것이라고 판단하는 것은 부당한 판단이다. 만의 하나라도 한 정권을 위해 한 사람의 국민의 인권이라도 짓밟혀서는 안 된다는 그리스도의 정신을 선고 하고 기도한 것뿐이다. 우리는 오글 목사가 설교나 기도를 통하여 공산주의자들의 행위를 찬양하고 고무하여 국시를 위배한 사실을 보지도 듣지도 못했음을 증언한다.<br>셋째, 오글 목사가 "우리나라의 재판에 간섭하는 등의 행위"를 했다고 하나 구체적으로 어떻게 재판 |

| | 에 간섭했는지 우리는 알지 못하고 있다. 다만 우리가 아는 것은 그가 그의 신앙 양심에 따라 누구에게나 공정한 재판이 이루어져야 한다는 것을 주장했었다는 것뿐이다. 재판의 공정성 주장은 인권 존중 사상에 입각하여 누구나 주장할 수 있는 것이라 믿는다. 우리는 오글 목사가 "우리나라의 재판에 간섭했다는 등의 행위를" 한 사실이 없다는 것을 증언한다.<br>넷째, 11월 14일 구속자 전원 석방을 내 걸고 농성할 때 그가 우리의 "농성 시위를 지원" 했다고 하나 당시 많은 성직자들이 우리를 격려하고 위로했던 사실을 기억하고 있다. 우리는 그에게서 특별한 "농성 시위" 지원을 받은 바 없음을 증언한다.<br>따라서 우리 기도회 참가자 일동은 오글 목사의 강제 출국 이유를 납득할 수 없음으로 다음 사항을 결의, 정부 당국에 강력히 촉구하는 바이다.<br>1. 오글 목사의 강제 출국을 비롯한 일체의 종교탄압을 중지하라.<br>2. 잘못된 정보에 의해 외교적 중대한 손실을 초래하는 정보 정치를 즉각 중지하라.<br>3. 추방된 오글 목사의 재입국을 하루 속히 실현하라.<br><br>1974년 12월 19일 구속자와 함께 기도하는 목요정기기도회 참가자 일동3<br>------------------------------------------------------------<br>오글 목사 추방 반박 자유 구현 목요기도 「동아일보」 1974. 12. 19.<br><br>19일 오전 10시 서울 종로5가 기독교회관 2층 소강당에서 "구속된 동지들과 함께 기도하는 정의 자유 구현 정기 목요기도"가 제임스 시노트 신부, 함석헌 씨 구속자가족협의회 회원 등 1백여 명이 참석한 가운데 열렸다. 이날 기도회는 오글 목사의 강제 출국 조치를 반박하는 성명서를 발표했고 구속자가족협의회도 성명을 통해 오글 목사의 추방령을 취소하고 재입국을 보장하라. 백낙청 교수의 파면을 비롯한 학원 탄압을 중지하라는 등 5개 항을 요구했다.<br>------------------------------------------------------------<br>"사형선고 받은 7명 위해 기도하자 말한 것 때문" 오글 목사 추방당한 이유 밝혀 「동아일보」 1974. 12. 19.<br><br>【뉴욕 18일 AP합동】 한국으로부터 추방된 조지 오글 목사는 17일 자신은 한국 정부로부터 자신에 대한 특별한 추방 이유를 통보받은바 없으나, 자신이 받은 추방령은 한 기도회에서 사형선고를 받은 7명의 수감자들을 위해 기도하라고 말한 것 때문임이 분명하다고 말했다.<br>오글 목사는 이날 한국으로부터 추방되어 뉴욕에 도착한 후 가진 한 기자회견에서 현재 한국에 있는 다른 선교사들도 자기와 같은 추방령을 받을 가능성이 있다면서 포드 대통령의 최근 방한은 미국의 정책이 군사적 안보와 마찬가지로 민주적 권리와 사회정의에도 관심을 갖고 있음을 분명히 밝힐 수 있는 호기였으나 포드 대통령이 이와 관련 표명했던 것은 단지 정치범 석방에 관한 관심뿐이었음이 분명하다고 말했다. |
|---|---|
| | 구속자 석방기도회 여선교회 연합회 「동아일보」 1974. 12. 19.<br><br>구속자의 석방과 오글 목사 귀환을 위한 기도회가 18일 오전 11시 기독교대한감리회 여선교회 전국연합회 주최로 서대문구 정동교회에서 신도 200여 명이 참석한 가운데 열렸다. 기도회에서 신자들은 오글 목사가 다시 돌아와 이 땅에서 봉사할 수 있도록 해달라는 내용의 진정서를 채택, 대통령 국무총리 법무부 장관 앞으로 보내기로 했다.<br>------------------------------------------------------------<br>예수교장로회 시국 성명 오글 목사의 추방은 선교권에 대한 위협 「동아일보」 1974. 12. 20. |

| | |
|---|---|
| | 대한예수교장로회(통합 측 총무 김윤식)는 20일 현 시국에 관한 성명서 발표, “오글 목사의 강제 추방은 기독교 선교권에 대한 중대한 위협으로 보며 그의 재입국 선교를 조속한 시일 내에 실현하여 국제적 수치와 역사적인 오점을 씻으라”고 말했다.<br>---<br>구속자가족협 주장 “전원 석방으로 민주 회복돼야” 「동아일보」 1974. 12. 21.<br><br>구속자가족협의회(회장 공덕귀)는 21일 오전 기독교회관 7층에서 “크리스마스와 새해에 국민에게 드리는 말씀”이라는 유인물을 통해 “크리스마스와 새해에는 민주애국인사 2백3명 전원이 무조건 석방되고 그것이 곧 이 땅의 민주 회복의 첫 출발이 되어야 할 것”이라고 주장했다.<br>---<br>오글 목사 行訴 변호인단 구성 「조선일보」 1974. 12. 22.<br><br>한국기독교교회협의회(총무 김관석)는 21일 코리아나 호텔(서울 중구 태평로)에서 교계지도자 20여 명이 참석한 가운데 모임을 갖고 오글 목사의 행정소송을 담당할 12명의 변호인단을 구성했다. 변호인단은 이태영, 나석호, 이세중, 이태희, 박세경, 한승헌, 이병린, 민병국, 송영규, 이익재, 이영환, 정병채 씨 등이다.<br>---<br>종교탄압 중지 요구 「동아일보」 1974. 12. 23; 「조선일보」 1974. 12. 24.<br><br>대한기독교감리회 목사 선교사 일반신도 등 5백여 명은 22일 오후 3시 정동제일교회(서울 서대문 정동)에서 구속자 및 오글 목사를 위한 기도회를 가졌다.<br>이들은 이 기도회에서 종교탄압과 사찰의 중지, 선교활동의 자유 보장, 오글 목사 추방 철회 등을 요구하는 성명서를 발표하고 전국 40만 신도들을 대상으로 오글 목사 귀환을 위한 서명운동을 벌이기로 했다. |
| 24 | 12/26 목요기도회<br><br>① 인권위, 오글 목사 추방 관련 성명서 12/24<br>② 구속자가족협의회, 12/20 크리스마스와 새해에 국민에게 드리는 글<br>③ 오글, 김 총리에 대한 반박성명<br><br>12/20 인권위, 오글 목사 행정소송 변호인단 선정<br>---<br>구속자 위한 기도회 50여 가족 등 100여 명 모여 「동아일보」 1974. 12. 26.<br><br>50여 가족 등 백여 명 모여 26일 오전 10시 20분경 구속자를 위한 정기목요기도회가 서울기독교회관 2층 소회의실에서 구속자 가족 50여 명과 신도 등 1백여 명이 참석한 가운데 열렸다.<br>“감옥살이 억울한데 반성이 웬 말이냐”는 등의 구호를 벽에 붙이고 시작된 이 기도회에서 서울 제일교회 전도사 박성자 부인(45)은 구속 중인 박형규 목사의 논설집 “해방의 길목에서”라는 책의 구절을 인용하면서 구속자들의 조속한 석방을 기도했다. |
| | 오글 목사 추방 항의 육교 위서 사위 벌여 「동아일보」 1974. 12. 26. 7면.<br><br>26일 오후 1시 반 경 서울 종로구 안국동 육교 위에서 구속자 가족, 내외국 신부 등 20여 명이 ‘오글’ |

| | |
|---|---|
| | 목사의 강제 추방에 항의하는 시위를 벌였다.<br>이들은 "오글 목사의 출국 명령을 취소하라"는 등이 적힌 플래카드를 육교 난간에 내걸고 "내 아들, 내 남편을 석방하라"는 등 구호를 외치자, 경찰의 제지로 20여 분 만에 해산했다.<br>경찰은 이들 중 외국인 지정현 신부와 문정현 신부 등 3명의 신부와 구속된 이해학 전도사의 처 김영자 부인 등 17명을 연행했다.<br>------------------------------------------------------------<br><br><br>'오글' 목사의 추방에 항의, 시위를 벌이고 있는 내외국 신부와 구속자 가족들 「동아일보」 1974. 12. 26. 7면. <사진><br>------------------------------------------------------------<br>공덕귀 여사 등 구속자가족협회 회원 10명 「동아」 자유언론에 감사의 뜻 전달 「동아일보」 1974. 12. 28.<br><br>구속자가족협의회회장 공덕귀 여사(윤보선 전 대통령 부인) 등 회원 10명은 28일 오전 동아일보사 편집국을 방문, "자유언론의 사명을 다하기 위해 온갖 어려움을 겪고 있는 동아일보의 용기에 감사한다"는 뜻을 송건호 편집국장에게 전달했다.<br>구속자 가족들은 최근 동아일보가 뜻하지 않게 겪고 있는 어려움이 자신들의 일처럼 생각된다면서 "어려움이 겹칠수록 동아일보와 동아일보를 믿고 의지하는 국민들의 힘은 더욱 다져질 것"이라고 말했다.<br>------------------------------------------------------------<br>기독교교회협서 성명 동아 사원 생존 위협 전 기독인 구독 운동 「동아일보」 1974. 12. 28.<br>한국기독교교회협의회 인권위원회(위원장 이해영 목사)는 28일 오전 9시경 기독교회관 6층 사무실에서 모임을 갖고 "당국은 동아일보에 대한 박해를 중지하고 3백만 기독교인은 동아일보 구독 운동에 앞장설 것"을 다짐하는 성명서를 발표했다.<br>이 성명서는 "언론의 자유는 하느님께서 주신 민주주의의 척도이기 때문에 기독교인은 신앙 양심에 입각하여 정부가 언론의 주장을 받아들여 정책을 발전해나가기를 기대했었다"고 전제, "지난 25일에 민족의 얼을 지켜온 동아일보에 대해 광고주압력을 통해 광고 게재를 못 하게 한 것은 동아일보에 종사하는 수천 종업원의 생존권을 위협하는 무서운 인권침해"라고 지적했다. 이 성명서는 또 당국의 이 같은 처사는 민주 한국의 앞날을 암담케 하는 것이라고 말하고 ① 당국은 동아일보에 대한 박해를 중지하라. ② 3백만 기독교인을 포함한 모든 동아일보 독자는 구독 부수를 확장할 것을 권한다. ③ 민주 회복을 위해 온 국민이 고통을 받는 지금 권력에 눌리어 동아일보 광고 게재를 철회한 회사의 상품을 구입하지 않기 바란다. ④ 동아일보에서 빼내 간 광고를 게재한 신문을 국민은 구독하지 말고 대신 동아일보를 구독하길 바란다. ⑤ 양심 있는 기독교 실업인들은 동아일보에 광고를 게재하길 바란다는 등 5개 항을 결의했다.<br>------------------------------------------------------------<br>기독교회협 인권위장 등 내사 격려 "고통받는 신문 아픔을 함께" 「동아일보」 1974. 12. 30. |

| | |
|---|---|
| | 한국기독교교회협의회 인권위원회 이해영 위원장과 고환규 간사는 28일 오후 동아일보사에 찾아와 "고통받는 신문의 아픔을 함께 하겠다"며 용기를 잃지 말고 투쟁해달라고 말했다.<br>- - - - - - - - - - - - - - - - - - - -<br>신문광고 차단 비난 교회협의회 인권위 「조선일보」 1974. 12. 29.<br><br>한국기독교교회협의회 인권위원회는 29일 오전 "신문 광고주에 압력을 가하여 광고를 싣지 못하게 하는 것은 수천 종업원의 생존권을 위협하는 인권침해"라고 주장하고 "당국은 일부 신문에 대한 박해를 중지할 것" 등 5개 항을 요구했다.<br>- - - - - - - - - - - - - - - - - - - -<br>광주기독교연합회 동아일보 구독 각 교회에 호소 「동아일보」 1974. 12. 30.<br><br>【광주】 광주 기독교연합회(회장 박재봉)는 28일 오후 3시 시내 YMCA에서 모임을 갖고 광고 해약 등 탄압을 받고 있는 동아일보를 돕기 위해 동아일보의 구독 권장 및 성금을 모아 보내자는 호소문을 채택, 이를 시내 각 교회에 보냈다. |
| **1975년** | |
| 25 | 1/2 목요기도회<br><br>설교: 이우정<br>① 인권위, '동아 사태' 성명서 12/28<br>— 시국에 관한 견해와 결의를 밝히는 성명서 —<br>- - - - - - - - - - - - - - - - - - - -<br>구속자 위한 목요기도회 「동아일보」 1975. 1. 4.<br><br>2일 오전 10시 종로5가 기독교회관 610호실에서 구속자를 위한 정기목요기도회가 함석헌 씨, 공덕귀 여사, 김대중 씨 부인 이희호 여사 등 70여 명이 참석한 가운데 열렸다.<br>이 자리에서 서울여대 이우정 교수는 설교를 통해 "어둠이 아무리 기승을 부리더라도 촛불 하나로 밝혀지듯이 어둠이 빛을 이기지 못한다"고 말하고 수감자와 그 가족 언론인들이 당당히 소신을 펴나가면 악의 권세를 부술 수 있다고 말했다. |
| | 교회여성연합회 성명 "동아 돕기 전국 운동 광고 해약업체 조사 상품불매도" 「동아일보」 1975. 1. 1.<br><br>한국교회여성연합회(회장 이우정)는 30일 동아일보사의 광고 해약 사건은 동아일보의 수천 종업원의 생활을 위협하는 인권침해라고 규정, 동아일보를 돕는 전국적인 운동을 벌이겠다는 성명서를 발표했다. 이 성명은 ① 당국은 음성적인 언론기관 탄압을 중지하라, ② 전 회원은 동아일보 구독 운동을 벌인다, ③ 동아일보 광고 해약업체를 본회가 조사하여 회원에게 공개, 그 상품의 불매운동을 벌인다, ④ 구독료 1년 이상 선납 운동과 부수 확장 운동을 벌인다, ⑤ 모든 언론기관은 동아일보와 공동운명을 지기를 권한다고 말했다. 한국교회여성연합회는 한국기독교교회협의회와 밀접한 관련을 맺고 있으며 전국 1만여 교회에 150여만 명의 회원을 갖고 있는 한국 최대의 여성기독교단체다. 동 연합회는 또 산하 교회에 동아일보를 돕기 위한 긴급캠페인을 벌이는 지침을 긴급 시달했다.<br>- - - - - - - - - - - - - - - - - - - -<br>구속 교역자에 성금 충주기독교연합회 「동아일보」 1975. 1. 1. |

<table>
<tr>
<td></td>
<td>

◇7일오후 기독교회관에서 열린 민주회복 대강연회에는 1천여 청중이 모였다. 청중 앞자리(오른쪽)에 金大中씨부부 모습이보인다.

충주시 기독교연합회(회장 김만석 목사)는 지난 22일 밤 충주남부감리교회에서 열린 연합예배에서 모은 5만 원의 헌금을 구속 교역자 가족들에게 보내달라고 동아일보사에 기탁했다.

---------------------------------------------------------------------

오글 목사 돌아오게 기독교장로회 성명 「조선일보」 1975. 1. 7.

한국기독교장로회(총회장 인광식 목사)는 6일 오후 3시 기독교회관 2층 소회의실에서 각 노회 대표, 외국 선교사 등 70여 명이 모인 가운데 "선교 동력자 조지 오글 목사 추방에 대한 우리의 견해"라는 성명을 발표했다. 이들은 성명에서 "오글 목사는 목사의 신앙 양심과 성서적 근거에서 현 권력구조의 절대화를 비판한 것"이라고 주장하고 ① 오글 목사가 다시 한국에서 선교활동을 할 수 있게 하라, ② 인간의 기본적 권리가 침해될 때 그 진상을 폭로하고 지지하며 시정하는 노력을 계속한다, ③ 정부는 조속히 진정한 민주 질서의 회복을 단행하라는 등 6개 항을 결의했다.

---------------------------------------------------------------------

일방 대화로 총화 안 돼 범민족적 민주운동을…"민주회복 대강연회" 「조선일보」 1975. 1. 8.

'민주 회복 대강연회'가 7일 오후 6시 서울 종로5가 기독교회관 2층 강당에서 시민 학생 약1천 명이 모인 가운데 있었다. 연사로 나온 천관우 씨는 "민권운동의 전망"이란 제목의 강연에서 "올해에는 민주 회복이 평화적인 방법을 통해 개헌으로 꼭 구체화 돼야겠다"고 주장하고 "국민총화는 일방의 대화로써 이루어지는 것이 아니고 국민 전체의 자발적인 참여에 의해서만 이루어지는 것이며 국민의 자발적인 참여가 이룩되도록 하기 위해서는 국민과 정부 간에 폭넓은 대화가 있어야 한다"고 말했다. 전 서울대 문리대 백낙청 교수는 "민주 회복과 민족 문학"이라는 제목의 강연에서 "민주 회복 운동의 성격은 일차적으로는 단기적이고 잠정적인 성격을 띠어야 하지만 이차적으로는 보편적이고 범민족적 성격을 띠어야 한다"고 말했다. 또 박상래 신부는 "정의구현 운동의 신학적 해명"이라는 제목의 강연에서 "성서에서의 구원은 모든 사람이 구원을 받아야 할 외연적 보편성과 경제적, 문화적 등 모든 분야에서 모두 구원을 받아야 된다는 내포적 보편성을 말하는 것"이라고 정의했다. 이날 강연회에는 김대중 씨 부부, 함석헌, 조윤형, 김상현, 조연하 씨 등도 참석했다. 강연회가 끝난 뒤 구속자 가족 및 신도 50여 명이 강당에 남아 철야기도를 가졌다.
</td>
</tr>
<tr>
<td>26</td>
<td>
1/9 목요기도회

① 동아일보와 동아방송 기자들을 위한 기도회<br>
② 발언: 조정하 여사
</td>
</tr>
</table>

| | |
|---|---|
| | 구속자 가족 정보부서 연행 정의자유구현 목요기도회서 폭로 「동아일보」 1975. 1. 9.<br><br>구속된 동지들과 함께 기도하는 정의자유구현 정기목요기도회가 9일 오전 10시 반 종로5가 기독교회관 2층 소회의실에서 제임스 시노트 신부, 김대중 씨 부인 이희호 여사, 지학순 신부의 동생 지학삼 씨 등 구속자 가족 40여 명과 신도 등 1백여 명이 참석한 가운데 열렸다.<br>이 자리에서 구속된 박형규 목사의 부인 조정하 여사는 8일 오후 5시경 구속자 가족인 이은자 부인(36. 이규상 전도사 누이)이 정보부에 연행됐다가 이날 밤 11시경 풀려난 후 9일 오전 9시경 김윤식 씨(60. 연세대 김학민 군의 아버지)와 함께 다시 정보부에 연행됐다고 말했다.<br>이날 기도회에서는 언론자유 최전선에서 일하는 동아일보와 동아방송 기자들을 위해 기도를 하기도 했다. |
| | 구속자 위한 기도회 광주 YWCA서 「동아일보」 1975. 1. 10.<br><br>【광주】 9일 오전 광주 YWCA 회의실에서 수감자와 그 가족들을 위한 기도회가 열렸다. 50여 명이 모인 이 기도회에서 방림교회 강치원 목사는 "자유를 잃고 고통을 겪고 있는 수감자들의 고통을 같은 고통으로 느끼고 이들을 위해 기도하자"고 말했다.<br>----------<br>수감자 위한 기도회 가족-신도 등 백여 명 「조선일보」 1975. 1. 10.<br><br>【광주】 9일 오전 10시 수감자와 그 가족을 위한 기도회가 광주 YWCA 강당에서 열렸다. 구속자 가족 40여 명과 신도 1백여 명이 참석한 이날 이 기도회에서 방림교회 강치원 목사는 "환난과 핍박 중에서도 성도들은 의지를 굽히지 않고 이 옳은 일을 위해 투쟁하다 수감된 이들을 위해 최선을 다하자"고 설교했다.<br>----------<br>개헌 청원 서명운동 전개 민주수호기독자회 「동아일보」 1975. 1. 10. 1면.<br><br>민주수호기독자회 회장 윤반웅 목사는 9일 밤 명동대성당에서 "인권과 민주 회복을 위한 기도회"가 끝날 무렵 이 기도회에 참석한 신도들을 대상으로 개헌 청원 서명운동을 벌여 1천2백여 명의 서명을 받았다. 윤 목사는 이날 "민주수호기독자회의 개헌 청원 서명운동에 즈음하여"라는 유인물을 신도들에게 돌리고 서명을 받았다. 신도들은 "민주수호기독자회의 개헌 청원 운동에 참여합니다"라는 글이 적힌 서명 용지에 이름과 주소를 적어냄으로써 약10분 동안에 1천2백여 명이 호응했다. 민주수호기독자회의는 이날 나누어준 서명운동 취지문에서 "유신헌법으로 인해 2백여 명의 양심적인 백성이 옥고를 치르고 있고 말할 수 있고 들을 수 있는 권리가 빼앗기고 있으며 그 때문에 우리나라는 국제적으로 고립되어 있다"고 지적, "국회에서 정상적인 논의를 거쳐 합법적으로 개헌이 이루어질 수 없는 상황이기 때문에 개헌 서명운동을 벌이게 된 것"이라고 말했다. 기독자회는 또 이 취지문에서 서명자가 1백만 명에 이를 때까지 서명운동을 계속, 집계된 서명자명단을 첨부하여 대통령에게 개헌 청원을 하겠다고 밝혔다. 한편, 윤 목사는 이날 밤 10시경 서명받은 카드를 가방에 넣고 성당을 나오다가 성당 입구 앞길에서 7, 8명의 사복 경찰관에 의해 가방을 든 채 서울중부경찰서에 연행, 조사를 받고 있다.<br>----------<br>선교 압력 배제 선언 선교활동 자유수호위 결성 장로교 경기노회 「조선일보」 1975. 1. 14. |

【수원】 대한예수교 장로교 경기도노회 회원 60여 명은 13일 오후 2시부터 5시까지 수원시 교동 장로교회에 모여 '선교활동 자유 수호 위원회'를 결성, 어떠한 압력도 선교활동을 침해할 수 없다고 선언했다. 이들은 인천시 동구 만석동 대성목재에서 이국선 목사(56)를 부당 해고했던 사실을 중시, 종교 활동 자유 침해로 규정했다. 이 목사는 지난 성탄 예배 때 준비했던 메시지가 기업주의 비위에 거슬리는 내용이라고 해고됐다가 12일 자로 다시 복직됐다. 전남노회도 결의문.

[광주] 한국 기독교장로회 전남노회 소속 교역자 - 신도 70여 명은 13일 오전 11시 45분 광주 양림교회에서 구국기도회를 열고 ① 선교활동 억압 금지, ② 수감자 즉시 석방, ③ 유신헌법 철폐, ④ 언론·집회 - 시위 자유의 억압 금지, ⑤ 소시민의 생존권 보장 등을 요구하는 8개의 결의문을 채택했다. 이들은 기도회에 이어 개헌을 위한 서명을 마친 뒤 전남노회에 선교자유수호위원회를 구성하고 위원장에 양림교회 윤재현 목사, 부위원장에 충장교회 배성룡 목사를 각각 선출했다.

선교자유수호위원회 서기 윤기석 목사는 이날 오후 2시쯤 경찰에 연행됐다가 1시간 뒤에 풀려났으나 오후 3시쯤 위원장 윤 목사와 함께 다시 연행됐다.

---

수감자 처우 개선을 요구 구속자가족협의회 「조선일보」 1975. 1. 14.

대통령 긴급조치 위반 등 혐의로 기소된 구속자가족협의회 부회장 김윤식 씨는 13일 "구속자 처우에 관한 항의문"을 황산덕 법무부 장관에게 보내고, 형이 확정되어 복역 중인 수감자들에 대한 처우 개선을 요구했다. 김 씨는 항의문에서 작년 11월 수감자들이 집단으로 상고를 포기하자 법무부는 연고지로 보낸다는 명목으로 이들을 수원, 대구, 부산 등 각 지방교도소로 분산 수용했으나 서울에 가족을 가진 상당수의 사람도 지방으로 이송, 면회 등 뒷바라지에 불편을 주고 있으며 작년 12월부터는 가족 이외의 친지, 독지가 등이 들여보내는 차입품을 일체 받아주지 않고 있다고 주장했다.

---

인권 연합예배 「조선일보」 1975. 1. 14.

기독교교회협의회 인권위원회(회장 이해영 목사)가 주최하는 '인권 연합예배'가 13일 오전 9시 종로5가 기독교회관 2층 강당에서 교역자, 신도 등 150명이 참석한 가운데 열렸다. 이날 예배에서 인권위원회 간사 고환규 씨는 "전국 교회는 권력을 가진 특수층으로부터 가난한 사람들의 보호를 위해, 또 민주 회복을 위해 다 함께 참여하자"고 설교했다.

---

구속자가족협 총무 이은자 부인도 연행 「동아일보」 1975. 1. 15.

구속자가족협회 총무 이은자 부인이 14일 오후 2시 40분경 서울 중구 필동1가 45의 1 동방빌딩 301호실에 있는 '은네 의상실'에서 사복 차림의 남자 2명에 의해 연행돼 '서울 1다5632' 검정 코로나 차에 실려 갔다고 의상실 종업원 김순화 양이 말했다. 김 양은 이날 남자 2명이 의상실에 들어와 고객의 가봉을 하고 있는 이 부인을 연행해 갔다고 말했다. 이 부인은 긴급조치 위반으로 수감 중인 이규상 전도사의 누나로 지난 8일 오후 4시경에도 중앙정보부에 연행돼 7시간 동안 조사를 받고 그날 밤 11시경에 귀가했다가 9일 오전에 다시 정보부에 소환된바 있었다는 것이다.

이 부인은 15일 오전 현재 귀가하지 않고 있다.

---

기독교장로회, 언론자유 보장 등 성명 '민주 회복'에 전력 「동아일보」 1975. 1. 15.

| | |
|---|---|
| | 한국기독교장로회는 새해를 맞아 지난해부터 주장해 온 교단의 입장을 재확인하는 성명서를 15일 발표했다.<br>이 성명은 민주 회복을 위해 전력할 것과 인간의 자유 회복을 선언한다고 전제, ▲반공을 국시로 하여 민권을 희생시키지 말라 ▲정권을 절대화하지 말라 ▲삼권분립의 민주 정치체제를 확립하라 ▲금권을 우상화 말라 ▲구속 인사와 학생들을 석방하라 ▲오글 목사의 추방을 취소하라 ▲언론의 자유를 보장하라 ▲신뢰의 풍토를 조성하라 ▲자유우방의 신뢰를 회복하여 세계 속의 한국을 정립하라고 주장했다. |
| 27 | 1/16 목요기도회<br><br>① 기도회 후 구속자 가족들 40여 명, 가족들의 연행에 대한 항의 농성 17일 오전까지.<br>② 시국 견해와 결의를 밝히는 목요기도회 자체 성명서(3차 추정)<br><br>성명서(1975. 1. 16.)<br>우리는 소위 유신이라는 먹구름이 이 나라를 덮은 이후 유신헌법 철폐와 긴급조치 위반 구속 인사 석방과 언론자유 등을 꾸준히 기도해 오고 있다. 그러나 박 대통령은 지난 1월 14일 연두 기자회견을 통해 우리의 기도에 도전하고 국민의 염원을 완전히 배신하였을 뿐 아니라 최근 다시 신앙의 자유마저 유린하려는 사태가 빚어지고 있음은 심히 유감으로 생각하며 여기 우리의 견해와 요구와 결의를 다시 천명하려 하는 바이다.<br>1. 유신헌법을 고쳐서는 안 되겠다는 데 대하여<br>동 헌법이 국민투표에서 압도적 지지를 받았다고 하나 삼엄한 계엄 하에 찬성 발언만이 전국을 누볐으며 반대 의사는 법으로 강압 당했던 사실을 온 국민은 생생하게 기억하고 있다. 찬성만이 강요된 결과로서의 지지였음을 집권자들 자신들도 떳떳하지 못하게 느끼고 있지 않은가. 또한 북한 공산주의자들의 무력 도전에 대해 총력 안보태세를 견지해 온 것이나 국가와 민족의 생존권을 지켜온 것은 유신헌법 때문이 아니라 국민들의 자유에 대한 신앙과 철저한 반공 의식에 기인한 것임을 알아야 할 것이다. 우리가 헌법 개정을 촉구하는 것은 유신헌법이 지니고 있는 인권유린과 일인 독재화, 우상화 그리고 제도 절대화의 위험에서 민족과 국가를 건져야 되겠다는 순수한 신앙적 소명 때문이다.<br>2. 구속 인사들이 폭력으로 정부를 전복하려 했으며 공개재판을 시행했다는 주장에 대하여<br>박 대통령의 회견 중 그렇게도 줄기차게 주장되어 온 구속 인사 석방 문제가 한마디의 언급조차 없이 간과되고 말았음은 천만 유감으로 생각한다. 이것은 현 정부가 국민의 소리에 귀를 기울이려 하기보다는 일시적 감정으로 국민총화를 스스로 위협하고 있는 처사라 아니할 수 없다. 더구나 구속 인사들이 폭력으로 정부를 전복하려고 음모했다 하나 5.16 새벽의 그 계획을 이미 읽고 들어 알고 있던 그들이 과연 군대도 탱크도 없이 청와대 습격을 시도했겠는지 알 수 없다. 또한 이들에 대한 재판도 공개리에 진행되었다고 주장하지만 그렇다면 그 재판의 과정과 내용을 국민들이 알고 있어야 할 것 아닌가. 그러나 국민은 아직도 공개되었었다는 재판의 선고 외에는 아무것도 모르고 있지 않는가.<br>3. 언론자유가 있다는 주장에 대하여<br>일부 언론이 국민의 소리를 보도하고 있으며 국민들이 정부를 비판하고 있는 것을 현 정부가 언론의 자유를 허용하기에 가능하게 된 것이라 생각한다면 그것은 큰 착각이라 아니할 수 없다. 오늘의 언론자유 행사는 언론인들의 목숨 건 투쟁의 흔적이며 애국인사들의 순교자적 충심의 결과임을 깨달아야 할 것이다. 언론인들 자신이 일으키고 있는 '언론자유 수호 선언' 운동과 무더기 광고 해약 사건이 이 사실을 입증해 주고 있지 않은가? 언론의 자유를 지능적으로 고사시키고 있으면서도 언론자유가 건재하다는 회견 내용에 우리는 저 어안이 벙벙할 따름이다.<br>4. 예배 자유 수호에 대하여 |

연두 기자회견에 관계된 것은 아니나 최근 구속 인사 가족들을 수사기관에 강제 연행하여 본 '목요기도회'나 천주교의 미사에 참가하지 말라고 강요하고 있다는 소식을 우리는 중시하지 않을 수 없다. 이제는 권력이 예배의 자유마저 좌지우지하겠다는 실로 세기말적 징후까지 드러내려 하는 것인지 엄중히 항의한다.

우리의 결의

1. 국민적 열망대로 유신헌법을 즉각 철폐하여 민주 질서를 회복하도록 강력히 요구한다.
2. 애국 구속 인사를 즉시 석방하여 그들의 인권을 회복하도록 강력히 요구한다.
3. 군사재판 기록과 법정 진술을 공개하여 국민의 심판을 받게 할 것을 강력히 요구한다.
4. 지능적이며 비열한 언론탄압 정책 중지를 강력히 요구한다.
5. 우리는 이 같은 모든 요구가 관철될 때까지 역사의 주관자이신 하나님께 드리는 기도의 행렬을 결코 중단하지 않을 것임을 분명히 선언하는 바이다.

1975년 1월 16 일 목요기도회 회원 일동[4]

------------------------------------------------------------------

정의자유구현 목요기도회 군재기록(軍載記錄) 공개 요구 「동아일보」 1975. 1. 16.

"구속된 동지들과 함께 기도하는 정의자유구현 정기목요기도회"가 16일 오전 10시 기독교회관 2층 소회의실에서 '제임스 시노트' 신부, 함석헌 씨, 구속자 가족, 일반신도 등 150여 명이 참석한 가운데 열렸다. 이날 모인 사람들은 박 대통령의 연두 기자회견이 국민의 염원을 저버린 것이라는 내용의 성명서를 발표 ① 유신헌법을 철폐하고 민주 질서를 회복할 것, ② 구속 인사 석방할 것, ③ 군사재판 기록과 법정 진술을 공개할 것, ④ 지능적이고 비열한 언론탄압 정책을 중지할 것 등 5개 항을 결의했다.

민주수호기독자회서 성명 개헌 청원 서명운동 어떤 압력에도 계속 「동아일보」 1975. 1. 16.

한편, 이 기도회에서 민주수호기독자회는 "어떤 압력에도 개헌 청원 운동을 계속 하겠다"는 내용의 성명서를 돌렸다. 민주수호기독자회는 이 성명서에서 "지난 9일 명동성당에서 서명받은 1천2백 명의 서명 용지를 압수당한 데 대해 죄송스럽게 생각한다"고 말하고 앞으로 학생 종교 사회 단체별로 5백 명씩 개헌 청원 연서 명부를 작성하여 이 서명운동은 1백만 명이 달성될 때까지 계속하겠다고 밝혔다.
이틀째 농성. 구속자 가족 연행에 자극. 함석헌 옹도 합류 이틀째 농성.

------------------------------------------------------------------

인혁당 피고 부인 강순희 씨 귀가 「동아일보」 1975. 1. 16.

속보 = 지난13일 밤 10시쯤 경찰에서 왔다는 남자들에 의해 집에서 강제로 연행됐던 인혁당 관계 우홍선 피고인의 부인 강순희 씨(42. 서울 서대문구 갈현동 281의 149)가 15일 밤 9시 반경 집에 돌아왔다. '강 씨는 그동안 중앙정보부에 연행, 인혁당 사건 피고인들이 무고하다'는 호소 행위를 더 이상 하지 말도록 종용받은 것으로 알려졌다.

------------------------------------------------------------------

구속자 가족 연행에 자극 「동아일보」 1975. 1. 17.

16일 오전 10시 종로5가 기독교회관 2층 소회의실에서 "정의자유구현 정기목요기도회"에 참석했던 구속자 가족 등 40여 명은 기도회가 끝난 후 최근 잇달아 구속자 가족들이 수사기관에 연행되는 사태에 항의, 농성에 들어가 17일 오전까지 농성을 계속하고 있다. 이 농성은 지난 14일 오후 2시경 구속자 가족인

| | |
|---|---|
| | 이은자 부인(38, 이규상 전도사의 누나)이 정보부에 연행된 후 풀려나지 않은데 자극받아 일어난 것인데 이 부인은 17일 새벽 성북구 미아7동 자택에 돌아왔다. 17일 오전 9시20분경에는 함석헌 옹도 농성에 합류했다.<br>-----------------------------------------------------------------<br>압력 불구 개헌 청원 운동 「조선일보」 1975. 1. 17.<br><br>민주수호기독자회장 윤반웅 목사는 16일 오전 종로5가 기독교회관에서 "어떤 압력에도 개헌 청원 운동을 계속할 것이다"라는 제목의 국민에게 보내는 메시지를 발표했다.<br>윤 목사는 메시지에서 ① 학생단체, 종교단체, 사회단체별로 5백 명씩 연서 명부를 작성, 비밀리에 보관한다. ② 발표할 시기가 되면 서명 명부를 집계할 장소를 공고한다. ③ 여성단체와 연합전선을 편다. ④ 서명운동은 1백만 명을 달성할 때까지 계속한다는 운동의 구체적 방법을 제시했다.<br>-----------------------------------------------------------------<br>성남 신흥동교회 "개헌 서명 방해 말라" 「동아일보」 1975. 1. 20.<br><br>이해학 전도사 구속 1주 예배<br>【성남】 긴급조치 위반 혐의로 구속된 이해학 전도사 구속1주년을 맞아 19일 오후 성남시 신흥동 주민교회에서 예배가 있었다. 이날 초청 연사로 나온 민주회복국민회의 대표위원 함석헌 옹은 "개헌은 민족의 양심인데 양심을 강압으로 짓누르려는 것은 자연법칙에 따라 성공될 수 없는 일"이라고 말했다. 기독교회협의회 인권위원장인 이해영 목사는 설교를 통해 "고난과 핍박의 역사가 한국에서 되풀이되고 있다"면서 "동아의 광고 탄압은 무자비한 짓"이라고 말했다.<br>이날 1백여 명의 교인들은 ① 구속 성직자와 민주인사를 즉시 석방하라. ② 누가 극소수인지를 밝히는 개헌 서명운동을 방해하지 말라. ③ 광고 집단 해약 사태에 대한 진상을 밝혀라. ④ 교회학교 언론기관 등에 대한 사찰을 중지하라는 등 4개 항을 결의했다.<br>-----------------------------------------------------------------<br>언론탄압 중지토록 기독학생총련 결의 「조선일보」 1975. 1. 21.<br><br>기독학생회총연맹은 20일 오후 6시 종로5가 기독교회관 2층 강당에서 있은 '신문고 16성' 모임에서 당국은 언론기관에 대한 탄압을 즉각 중지할 것. 동아일보 광고 해약업체의 기업주는 기업주 양식으로 되돌아가 광고 난을 채울 것 등 6개 항을 결의했다. 이날 모임에는 학생, 신도 등 2백여 명이 참석했다. |
| 28 | 1/23 목요기도회<br><br>사회: 김상근 목사<br>-----------------------------------------------------------------<br>정의자유구현 목요기도회 「동아일보」 1975. 1. 23.<br><br>시노트 신부 등 백20여 명 참석<br>"구속된 동지들과 함께 기도하는 정의자유구현 정기목요기도회"가 23일 오전 10시 20분 기독교회관 2층 소회의실에서 '제임스 시노트' 신부, 문익환 목사, 구속자 가족 등 120여 명이 참석한 가운데 열렸다. 이날 기도회에서 사회를 맡은 김상근 목사(수도교회)는 "22일 밤 종로경찰서로부터 이 기도회에서 '유신헌법이나 국민투표에 관한 의사표시를 하지 말 것' 등을 종용받았다"고 말하고 "언제까지나 절망의 먹구름이 덮여 있겠느냐"고 기도했다. 김 목사는 또 이날 기도회에서 있을 예정이던 유신헌법과 국민 |

투표에 관해 의사를 밝히는 성명서의 발표는 보류한다고 말했다.

인권회복기도회 「조선일보」 1975. 1. 23.

22일 오후 5시쯤 서울 중구 저동 영락교회 봉사관에서 인권 회복을 위한 수요기도회가 대학생 회원 50여 명이 참석한 가운데 열렸다. 이 기도회에서 조남기 목사는 "동양 최대이며 한국교회의 상징인 영락교회는 그동안 인권을 위해서 무엇을 했는가"라고 반문하고 "최악의 위기를 의식하지 않으면 인권은 찾을 수 없다"고 말했다.

---

기독학련 회장 연행 「조선일보」 1975. 1. 24.

서울 노량진경찰서는 23일 한국기독학생총연맹 회장 윤선구 군(21. 서울공대 응용물리학과 3년)을 집회 및 시위에 관한 법률 위반 혐의로 입건 연행했다.
윤 군은 21일 오전 10시쯤 종로5가 한국기독교회관에서 "국민투표 전에 구속 학생을 석방하라. 국민투표법을 개정하라"는 내용의 성명서를 기독학생총연맹 이름으로 발표했다.

---

기독교학생총연맹 세 회원 석방돼 「동아일보」 1975. 1. 15.

속보 = 한국기독학생회총연맹 회장 윤선구(서울대 공대 3)와 회원인 안주원 군(감리교신학대 2) 박혜숙 양(이대 약대 3) 등 3명이 24일 오후 4시 동대문경찰서에서 풀려났다. 이 학생들은 지난 20일 '신문고 16성' 강연과 22일 국민투표 공고에 대한 성명서 발표와 관련, 22일 오후와 23일 오전에 각각 경찰에 연행됐다가 조사를 받고 "다시는 그런 활동을 안 하겠다"는 각서를 쓴 다음 풀려났다는 것이다.

---

기독학생총련 간사 차선각 씨 연행 「동아일보」 1975. 1. 24.

한국기독학생총연맹 간사 차선각 씨(36)가 지난 21일 국민투표에 관한 동 연맹의 성명서 발표와 관련, 23일 오후 6시 20분경 기독교회관 정문 앞에서 30대 청년 3명에 의해 검은 코로나 차로 연행됐다.

---

노총 선언 반박성명 「동아일보」 1975. 1. 25.

한국도시산업선교연합회와 에큐메니컬현대선교협의체는 25일 산하 13개 단체의 이름으로 한국노동조합총연맹이 3회에 걸쳐 도시산업선교회와 종교인에 대한 규탄선언에 대해 더 이상 침묵을 지킬 수 없다는 성명을 발표했다. "한국노총에 보내는 권고문"이란 동 성명은 "지난날 반공투쟁에 앞장선 대한노총과 피땀 흘려 일하는 5백만 노동자를 위해 민주노동운동을 헌신적으로 하는 참된 노조간부에게는 찬사를 보낸다"고 전제. "그러나 노동자의 권익을 외면하고 자주성을 저버린 한국노총 집행부에 다음과 같이 권고한다"고 말했다. 동 권고문은 ① 한국노총은 가톨릭노동청년회에 보낸 공개 경고문을 즉각 철회하고 본연의 임무로 돌아가고, ② 노동자의 권익 대변을 스스로 포기한 배상초 위원장은 스스로 물러가는 것만이 노동자를 위하는 길이며, ③ 노총이 사이비 단체가 아니라면 우리는 사이비성에 대해 공개토론을 벌이고, ④ 노동자들은 노동자의 권익을 대변하는 동아일보 구독에 앞장서 달라고 요구했다.

---

찬반 논의 보장돼야 복음교회교역회의 「동아일보」 1975. 1. 27.

| | |
|---|---|
| | 기독교대한복음교회 전국교역자회의는 27일 "시국에 대한 신앙양심선언"을 발표, 범국민적 개헌논의와 요청에 따라 국민투표를 해 민의를 묻겠다는 정부의 태도는 환영하나 자유로운 분위기에서 찬반 논의가 무제한 허용되는 등 선행조건이 보장되어야 한다며 그렇지 못할 경우엔 국민을 우롱하는 요식행위이고 막대한 국고 손실이므로 국민투표는 무의미하며 동시에 투표 거부 및 투쟁할 것을 선언한다고 말했다. |
| 29 | 1/30 목요기도회<br><br>사례보고: 김윤식<br>구속자가족협의회와 목요기도회 공동성명(4차 추정), 유신헌법 찬반 국민투표 비난[5]<br>----------------------------------------------------------------------<br>성명서<br><br>작금 진행되고 있는 유신헌법 찬반 국민투표가 갖가지 부조리 속에서 강행되고 있음은 유감이라 하지 않을 수 없다.<br>우리는 지난 수개월 동안 애국적 구속 인사의 석방과, 언론 자유 그리고 국민의 인권이 존중되는 민주사회에로의 회복을 하나님께 기도해 왔으며 또한 위정자에게 간곡하게 촉구하여 왔다.<br>그럼에도 불구하고 투표실시가 공포된 오늘날, 기왕에 억압된 국민적 고통 위에 강제 연행과 비인간적인 고문, 음흉한 미행과 노골적 감시 등의 완력을 낭비시켜 인권침해는 그 도를 더해 가고 있으며 언론탄압은 중지되지 않은 채 비판의 자유마저 완전히 박탈함으로써 더욱 극악한 공포 분위기가 조성되고 있음을 통탄하여 마지않는다.<br>더구나 투표를 찬성으로 유도할 의도에서 구속 인사들을 마치 "국가 변란 사범"이나 "정부 전복 자"라고 몰아서 정치 제물로 삼는 것에 분노를 금할 수가 없다. 확정된 형이라 할지라도 승복할 수가 없는 터에 아직 무죄로 추정되어야만 할 인사까지를 공보관의 광고판, 대한뉴우스 등에 정부 전복범으로 등장시키는 위정자의 인권침해를 우리는 좌시하지 않을 것이다.<br>그렇기에, 국민투표 강행 여부에 개의함이 없이, 우리는 현행헌법에서 인권침해의 독소를 제거시킨 것과 국민적 분노를 사고 있는 언론을 즉시 철회할 것과 부정부패를 일소할 것과 인권침해의 현실을 과감하게 척결할 것과 구속 인사의 지체 없는 석방을 다시 한번 강력히 촉구한다.<br>우리는 이 같은 급한 선진 사항을 외면한 채 강행되는 국민투표는 아무 의미 없는 낭비임을 지적함과 동시에 국민투표에는 하등의 관심도 없음을 선명하는 바이다. 우리는 오직 이 나라에 자유와 정의가 구현되어 민주 회복이 이루어지기를 기도할 뿐이다.<br><br>1975년 1월 30일 _ 구속자가족협의회 / 정기목요기도회[6]<br>----------------------------------------------------------------------<br>국민투표 의미 없어 「동아일보」 1975. 1. 30.<br><br>정의구현기도회, 구속자가족협서 성명. "구속된 동지들과 함께 기도하는 정의자유구현 정기목요기도회"가 30일 오전 10시 10분 기독교회관 2층 대강당에서 공덕귀 여사, 김대중 씨 부인 이희호 여사, 함석헌 씨, 구속자 가족 등 2백여 명이 참석한 가운데 열렸다. 이 자리에서 구속자가족협회는 성명을 통해 "작금 진행되고 있는 유신헌법 찬반 국민투표가 갖가지 부조리 속에서 강행되고 있음을 유감"이라고 전제, "언론탄압과 인권침해의 척결 구속 인사 석방 등의 시급한 문제를 외면한 채 강행되는 국민투표는 아무 의미 없는 낭비"라고 말했다.<br>구속자 가족인 김윤식 씨는 이 기도회에서 한 수감자로부터 온 편지를 공개, 민청학련 관계자로 수감된 |

사람들에게는 작년 말부터 서신 연락이나 책을 넣어주는 일을 규제받고 있으며 식사도 정량이 안 나오는 등 교도소 안에서 인권유린이 잦다고 폭로하고 이러한 부당 행위를 구속자 가족 등이 사회에서 떠들면 보복 조치도 하여 더 많은 곤란을 겪고 있다고 밝혔다.

민주수호기독자회와 구속자가족협의회가 참석한 정기목요기도회。

장로회 전남노회 국민투표 거부결의 「동아일보」 1975. 2. 1.

【광주】 한국기독교장로회 전남노회 선교활동자유수호위원회(노회장 김병두 목사, 위원장 윤재현 목사)는 31일 광주 무돌교회에서 "선교 자유를 보장하라", "언론탄압을 즉각 중지하라", "국민투표법 개정 없는 투표는 거부한다"는 등 3개 항의 결의문을 채택했다. 이날 위원들은 광고 해약 사태로 어려움을 겪고 있는 동아일보를 돕기 위한 성금을 모아 동아일보 광주지사에 기탁했다.

---

기독교단 등의 문제성 있는 집회 사전에 막도록 지시 「동아일보」 1975. 2. 4.

서울시경, 참석자 제한 격리도 … 서울시경은 4일 국민투표 공고 이후 기독교 각 교단의 집회가 잦고 그 내용이 격화되는 경향이 있으므로 문제성이 있는 모든 집회는 사전에 집회를 갖지 못하도록 하고 이것이 불가능할 경우 참석자를 극소화시키고 주동인들과 문제의 인물을 "격리 조정"시키라고 관할 경찰서에 긴급 지시했다. 이 지시는 또 집회가 열리는 경우 행사의 내용이 격화되지 않도록 조정하고 행사 또는 문제의 인물을 "순화 조정"할 때는 관계기관과 협조, 최선의 대책을 강구, 물의를 일으키는 일이 없도록 하라고 시달했다.
이 지시는 이밖에 순화 대상자인 교역자나 신도의 대정부 활동에 대해서 관할 경찰서장이 책임을 지고 대처하라고 시달하고 인권 회복을 위한 명동성당의 집회, 대한예수교장로회(통합 측)의 수요기도회와 임시임원회의, 젊은 목사들이 주도하는 구속자를 위한 목요기도회 등은 이 지시를 받는 즉시 전반적인 사항을 보고하도록 아울러 시달했다.

---

기독교단 집회 저지-조정지시 「조선일보」 1975. 2. 5.

서울시경은 4일 "국민투표안 공고 이후 기독교 각 교단의 집회가 잦고 그 내용이 격화되는 경향이 있으므로 문제성을 띤 모든 집회는 사전에 이를 막고 불가능할 경우 참석자를 극소화시키며 주동 인물과 문제의 인물을 격리, 조정하라"고 관할 경찰서에 지시했다. 시경은 이 지시에서 "집회가 열리는 경우 행사의 내용이 격화되지 않도록 조정하고 행사 또는 문제의 인물을 순화조정 할 때는 관계기관과 협조, 최선의 대책을 강구해 물의를 일으키는 일이 없도록 하라"고 시달했다. 이밖에 "순화 대상자인 교역자나 신도의

基督教團등의 문제성있는 集會

事前에 막도록지시

서울市警、參席者제한·격리도

기독교단 등의 문제성 있는 집회
사전에 막도록 지시
「동아일보」 1975. 2. 4.

대정부 활동에 대해서 관할 경찰서장이 책임을 지고 대처하라"고 시달했다.

---

노골적 종교탄압 "기독교 교회협서도 비난 성명" 「동아일보」 1975. 2. 5.

NCC는 서울시경이 기독교단체의 문제성 있는 모든 집회를 사전에 막도록 산하 경찰에 지시한 데 대해

| | |
|---|---|
| | 5일 오전 성명을 발표, 이는 공식적인 기독교 탄압 행위이며 헌법이 보장한 종교의 자유에 대한 노골적인 위반이라고 주장했다. NCC는 종교탄압을 양성화한 이번 조치로 당국이 그동안 종교의 자유를 침해한 일이 없었다는 종래의 억설을 정당화할 근거를 잃었다고 지적하고 한국교회는 일치단결하여 선교의 자유를 수호할 것을 다짐한다고 밝혔다. 한편, 5일 오전에 열린 NCC 교회와 사회위원회는 9일 오후 2시 30분 종교의 자유 수호를 위한 대집회를 서울 시내(장소 미정)에서 열기로 결정했다.<br>------------------------------------------------------------<br>오글 목사 가족 고별예배 「동아일보」 1975. 2. 5.<br><br>오글 목사 가족 고별예배 내일 오후 3시 서울종교교회서. 지난해 12월 14일 강제 출국 당했던 조오지 오글 목사의 가족들을 위한 고별 예배가 6일 오후 3시 서울 종로구 도렴동에 있는 종교교회에서 열린다. 이날 기도회에는 일본에 와있는 오글 목사를 만나기 위해 오는 10일 출국할 오글 목사의 도로시 부인과 모두 한국에서 출생한 1남 3녀가 참석한다.<br>------------------------------------------------------------<br>"양심 무시하면 멸망" 「동아일보」 1975. 2. 5.<br><br>목사 20명 두 번째 수요기도회<br>대한예수교장로회(통합 측) 소속 목사들의 모임인 성직자 수요기도회가 5일 아침 7시 반부터 기독교회관 소강당에서 20여 명의 목사들이 참가한 가운데 두 번째로 열렸다.<br>이날 영락교회 박조준 목사는 설교를 통해 "전사에겐 공포가 따르기 마련이지만 용기를 갖고 싸우면 충분히 이길 수 있다"면서 "믿음은 양심을 소생시키며 성직자들은 사회의 양심이고 양심의 소리를 무시하면 사회와 민족은 타락해서 멸망할 것이다"고 말했다.<br>이날 기도회에 참석한 목사들은 지난 1월 29일 첫 기도회에 참석하려던 조남기 목사를 참석지 못하게 당국이 제지한 것은 권력으로 예배 행위를 탄압하려는 사건이라고 규정. 이에 강력히 항의한다는 결의문을 채택했다.<br><br><br>대한예수교 장로회(통합측) 소속 목사들이 기독교회관에서 수요기도회를 가졌다. |
| 30 | 2/6 목요기도회.<br><br>① 인권위 성명서 2/3 국민투표 부당<br>② 목요기도회 담당처, 목요기도회 방해 항의에 대한 자체 성명서 발표(5회차 추정)<br>------------------------------------------------------------<br>(목요기도회 방해 관련) 성명서<br>(1975. 2. 6.) |

지난5일 시경이 내린 '목요정기기도회' 등에 대한 방해, 탄압 지시에 우리는 실로 경악을 금치 못한다. 그동안 음성적 탄압이 없었던 것이 아니기에 새삼 놀랄 일은 아니나, 그 결과를 깊이 염려하지 않을 수 없다.

우리 '목요정기기도회'는 남편과 자녀를 감옥에 둔 구속자 가족들 그리고 그들과 뜻을 같이하는 성직자들이 애절한 호소를 9개월이나 정기적으로 드려온 순수한 기독교의 신앙 행위 단체이다. 뿐만 아니라 이 나라에 정의와 자유가 구현되고 인권이 보장되도록 기도해왔으며 정부의 솔선적 결단을 촉구해 온 기도회이다. 그러나 이러한 기도회를 국민투표와 관련지어 탄압하도록 지시한 것은 이 정부의 어두운 속셈을 백일하에 드러내 놓은 것이라 지적하지 않을 수 없다.

우리는 기도회까지도 탄압하여 얻어낸 찬성이라는 결과가 과연 국민의 자유스러운 결정이라고 우길 수 있는 것인지를 묻고 싶다.

그러기에 우리는 어떠한 방해와 탄압 속에서도 기도의 행진을 결코 중지하지 않을 것이며 또한 정부에 반종교적 정책의 즉각적인 자진 철회를 엄숙히 충고하며 양심에의 복귀를 촉구한다.

또한 이 같은 억압적 공포 분위기 속에서 진행되는 국민투표에 400만 기독교도는 결코 응하지 않을 것임을 확신하는 바이다.

1975년 2월 6일 목요정기기도회[7]

---

정의자유구현 정기목요기도회 개최 "억압적 분위기 속 투표 불응"

「동아일보」 1975. 2. 6; 「조선일보」 1975. 2. 7.

"抑壓的분위기속投票不應"

正義自由구현 定期木曜기도會 개최

"구속된 동지들과 함께 기도하는 정의자유구현정기 목요기도회"가 6일 오전 10시 10분 기독교회관 2층 대강당에서 제임스 시노트 신부, 함석헌 씨, 오글 목사의 부인, 구속자 가족 등 2백여 명이 모인 가운데 열렸다. '구속 인사 석방하라'고 쓴 플래카드를 벽에 붙이고 열린 이날 기도회에서 기도 회원들은 최근 서울시경이 이 기도회에 대한 탄압 지시를 한데 대해 "어떠한 방해와 탄압 속에서도 기도회는 계속할 것이며 이 같은 억압적인 분위기 속에서 진행되는 국민투표에 결코 응하지 않겠다"는 성명서를 발표했다.

「구속된 동지들과 함께 기도하는 정기목요기도회」가 6일오전 기독회관회의실에서 열렸다.

이 성명서는 "또 우리들은 이 나라의 정의 자유가 구현되고 인권이 보장되도록 기도해왔는데 이 기도회를 국민투표와 관련지어 탄압하도록 지시한 것은 정부의 어두운 속셈을 드러내 놓은 것"이라고 지적했다.
한편, 구속자 가족인 김윤식 씨는 6일 아침 8시 반 영등포구 시흥동 자택에 경찰이 찾아와 이날 오후에 열리는 명동성당 인권회복기도회에 참가하지 말라는 종용을 했다고 말했다.

목포 시내 9개 교회 연합기도회 경찰 압력으로 좌절 「동아일보」 1975. 2. 6; 「조선일보」 1975. 2. 6.

【광주】 목포시 연동교회에서 열릴 예정이었던 한국기독교장로회 전남노회 목포 시찰회 산하 9개 교회의 연합기도회가 경찰의 압력으로 좌절됐다. 5일 동 시찰회의 김연재, 박종욱 목사 등 8명은 지난 2일 오후 연합기도회를 열려고 했으나 경찰에서 지도적 위치에 있는 신도들에게 집회를 열지 못하도록 압력을 넣는 바람에 좌절됐다고 밝히고 "선교활동의 자유를 억압하지 말라", "구속 교역자들을 석방하라"는 등 5개의 선언문을 발표했다. 박 목사는 경찰이 교회 장로 등 신자들에게 기도회를 취소하지 않으면 자신들은 물론 박 목사의 신상에도 영향이 미칠 것이라고 기도회를 말렸다고 말했다.

---

투표 거부 결의 12일 금식일로 「조선일보」 1975. 2. 7.

전남(全南)연합기도회(祈禱會) 【광주】 6일 오후 7시 광주 YWCA 강당에서 광주 기독교연합회 기독교장로회 전남노회 선교활동 자유수호위원회 광주 YWCA구속기도회가 공동으로 목요기도회를 열고 구속 성직자 석방과 투표법 개정을 선행하지 않은 국민투표를 철회하라는 내용의 결의문을 채택하는 한편 국민투표를 거부하고 국민투표일인 12일을 구국 금식 기도일로 정했다고 주장했다.

---

"구속자 못 만나고 떠나게 돼 가슴 아파 고국 아닌 타국으로 쫓겨 가는 것 같다" 「동아일보」 1975. 2. 7.

오글 목사 가족 송별기도회 5백여 명 참석.
조지 오글 목사의 가족을 위한 송별기도회가 6일 오후 3시 종로구 도렴동에 있는 종교교회에서 기독교대한감리회 중부연회 도시산업선교위원회 주최로 5백여 명이 참석한 가운데 열렸다.
한복으로 차려입은 오글 목사의 도로시 부인이 참석한 이날 기도회에는 오글 목사와 함께 일하던 국내외 성직자들과 그와 함께 땀 흘리며 일하던 근로자들이 참석, 20년 동안 정들었던 한국을 떠나는 오글 목사 가족의 평안을 빌었다.
한국기독교교회협의회 회장 김기동 목사의 사회로 거행된 이날 기도회에서 종교교회 박용익 목사는 "나라가 사는 길"이란 설교를 통해 역사를 보면 의로운 사람들로 지켜져 온 것을 볼 수 있다며 우리는 하나님께 바로 설 수 있는 자세가 필요하다고 말했다. 감리교신학대 교수 구덕관 목사는 송별사에서 "인간은 무엇을 먹느냐보다는 누구와 먹느냐"가 중요하다면서 오글 목사는 우리들에게 목사가 무엇이고 하나님의 식구가 누군가를 구체적으로 가르쳐 주었다고 말했다.
도로시 부인은 답사를 통해 "병들고 추위에 떠는 구속자들을 못 만나고 떠나 가슴이 답답하다. 남들은 고국으로 돌아간다고 하는데 나는 타국으로 쫓겨나는 것 같다며 거지들도 찾아와 나를 위해 기도해주고 라면 등을 건네주는 등 한국의 따뜻한 인심은 영원히 잊을 수 없다"고 울먹이며 말했다. 이날 기도회에서 감리교 김창희 감독은 오글 목사에게 감사패를 전달했으며 구속자가족협회 인천산업선교회 근로자 대표 등이 각각 도로시 부인에게 기념품을 전달, 오글 목사의 공로를 기렸다. 한편, 이날 기도회에서 거둔 헌금은 구속자 가족에게 일부를 전달하고 나머지는동아일보에 격려 성금으로 전달 했다.

"拘束者 못만나고 떠나게돼 가슴아파
故國아닌 他國으로 쫓겨가는것 같다"
오글牧師가족 送別기도회, 5百여명 참석

---

한국기독교교회협의회 연합기도회 3천여 명 참석 종교 박해 등 비난, "순교 자세로 난국 타개" 「동아일보」 1975. 2. 10.

한국기독교교회협의회(NCC·총무 김관석)가 주최하는 "신앙의 자유를 위한 연합기도회"가 9일 오후 2시 반부터 서울 신문로에 있는 새문안교회에서 기독교의 옥내집회로선 가장 많은 3천여 명의 신도가 모인 가운데 열렸다. NCC에 가입된 6개 교단의 최고지도자를 비롯해, 주요 성직자가 참석한 가운데 NCC 김기동 회장의 사회로 열린 이날 기도회에서 경동교회 강원용 목사는 "자유케 하는 진리"란 설교를 통해 "우리 기독교인이 지난 2천 년 동안 지켜온 신앙의 자유는 진리를 토대로 한 것이다"며 "이 진리를 지키기 위해 우리 기독교인은 순교자적 자세로 오늘의 난국을 타개하는 데 앞장서야 한다"고 말했다. 강 목사는 "유신헌법에도 3.1 정신과 4.19 정신을 얘기해 놓고 있으면서 그 정신에 따라 말하고 행동하는 기독교인을 박해하는 것은 무엇이냐, 일제 치하에서도 종교와 신앙의 자유는 있었으나 치안유지법이라는 악법으로 종교 박해를 일삼다가 끝내는 그 법 때문에 망하지 않았는가. 일찍이 교회를 박해해서 잘된 나라는 없었다"면서 "우리 기독교인은 모든 것을 용서할테니 하루빨리 회개하라"고 최근 잇달아 가해지고 있는 당국의 종교탄압 행위를 비난했다. 설교 도중 잇단 박수가 터져 나와 설교가 중단되기도 했는데 강 목사는 "전국 방방곡곡에서 국민투표를 앞두고 갖가지 찬성 유도 행위가 저질러지고 있는데 이 같은 괴상망측한 국민투표가 어디 있느냐"면서 "동아일보의 빈 광고 난은 하느님의 아들들이 메우라고 우리에게 준 선물이다"고 말했다.
이어 NCC 인권위원장 이해영 목사는 "최근 당국은 설교하는 목사와 신부를 죽인다는 등 민주국가에선 도저히 생각할 수도 없는 신앙의 자유가 침해되고 있는 것이 오늘의 현실이다"고 전제, "이 같은 몰지각한 행위는 역사와 하느님이 용서만 하고 있음을 우리는 잘 알고 있다"고 신앙 자유 및 인권침해 사례에 대한 보고를 했다.

이날 기도회에는 신민당 김영삼 총재 부처, 정일형 의원 부처, 공덕귀 여사, 이희호 여사, 함세웅 신부 그리고 구속자 가족 등 많은 저명인사가 참석했는데 5백여 명의 신도들은 입장하지 못한 채 새문안교회 계단과 마당에서 스피커를 통해 예배를 보았다.

이날 경찰은 정사복 등 3백여 명이 출동, 광화문 일대에 삼엄한 경비망을 펴 많은 시민들의 눈길을 끌었다.

한편, 새문안교회 대학생회는 기도회를 마치고 돌아가는 신도들로부터 동아일보 돕기 모금 운동을 펴 성금 11만여 원을 모아 격려광고를 냈다.

---

2백여 명 환송…재회 다짐 오글 목사가족 출국 「동아일보」 1975. 2. 10.

'조지 오글' 목사의 부인 '도로시' 여사와 1남 3녀 등 가족 5명이 10일 오후 1시 5분 김포공항에서 JA편으로 20여 년 동안 정들었던 한국을 떠났다. 이들 가족은 9일 밤 일본에 도착한 '오글' 목사와 합류, 미국으로 갈 예정이다. 이날 공항에는 '오글' 목사와 평소 함께 일하던 국내외 성자 50여 명과 평소 '오글' 목사를 따르던 일반신도 등 2백여 명이 나와 전송했다.

공항 2층 복도에서는 안광수 목사의 사회로 "우리 승리하리라. 우리 다시 만날 때까지"란 찬송가를 부르며 간단한 송별 예배가 열렸는데 '도로시' 부인은 이 한 인사를 통해 "「로마인서」 8장 38절과 39절을 기억해 달라. 다시 만나기를 확신하며 떠난다"고 말했다.

3천여명의 신도들이 연합기도회를 마치고 새문안교회를 나서자 (사진①) 광화문 일대의 거리는 경찰들이 골목마다 대기하고 있었다.

아현 감리교의 김성렬 목사는 송별기도를 통해 "'오글' 목사와 그의 가족이 한국에 심어준 영광과 용기가 새로운 싹을 나게 하여 우리 다시 기쁨으로 만나게 해달라"면서 '오글' 목사 가족의 평안을 빌었다.

'도로시' 부인은 감리교 선교부장 '올린 버크홀더' 목사의 안내로 출국수속을 받았는데 세관 당국이 '도로시' 부인이 가지고 가는 편지 신문스크랩 등을 일일이 체크하느라 출국 5분 전까지 긴 조사를 받았다.

---

민주수호기독자회 8백여 명 참석 기도회 "국민투표 거부 지지" 「동아일보」 1975. 2. 11.

민주수호기독자회(회장 윤반웅 목사)는 10일 저녁 6시 반 서울 서대문구 정동 '젠센'기념관에서 8백여 명의 신도들이 참석한 가운데 "조국의 오늘과 내일을 위한 대기도회"를 열고 성명서를 발표, "국민투표는 긴급조치의 변신이며 독재를 위한 서곡으로 천주교정의사회구현전국사제단과 기독교교회협의회의 국민투표 거부를 전적으로 지지한다"고 선언했다.

이 성명은 이어 "위헌과 비양심적 사고방식으로 실시되는 국민투표의 결과에 대해서 완전히 무시할 것"이라고 말하고 "유신헌법 철폐와 평화적 정권교체 언론자유 보장 구속자 무조건 석방만이 모든 문제의 해결점"이라고 주장했다.
이날 기도회에 연사로 초청된 함석헌 옹은 "저울대는 이미 민주주의 편으로 기울기 시작했으며 이제 남은 것은 우리 모두가 국민적 양심을 지키겠다는 결단을 하는 것뿐"이라고 말하고 "박 정권에게 물러나라고 하기 전에 내가 내 할 일을 하면 자연히 물러나게 될 것이며 내가 내 할 일을 하지 않으면 결코 물러나지 않을 것"이라고 말했다.
또 윤반웅 목사는 "이번 국민투표는 정권 연장을 위한 노골적인 운동"이라고 비난하고 박 대통령을 비롯한 정권 담당자들이 회개하지 않으면 반드시 다른 독재자들의 전철을 밟게 될 것이라고 말했다.
한편, 기도회를 마치고 돌아가던 민주수호기독자회 총무 홍일중 씨는 이날 밤 10시 50분경 경기여고 앞길에서 서대문경찰서에 연행됐다가 11일 새벽 1시경 풀려났다.
---------------------------------------------------------------------------------------
현상 고착 초래할 뿐 「조선일보」 1975. 2. 11.

기독협 등 14개 단체 투표 날 인권 기도회 「민주 회복」 등 14개 사회단체.
민주회복국민회의, 천주교정의구현전국사제단 등 14개 단체는 10일 오전 서울 명동 대성당에서 공동성명을 발표, "관권과 금권만이 난무하는 가운데 찬성만이 강요되는 현행 국민투표법과 국민투표 관리 운영의 상태 하에서는 국민투표란 단지 현 정권과 체제의 정당화를 위한 요식행위에 불과하며 국민의 기본권 억압이 제도적으로 현상 고착됨을 초래할 뿐"이라고 주장하고 국민투표에 관련한 민주회복국민회의, 기독교교회협의회, 천주교정의구현전국사제단의 결의와 성명을 재확인한다고 선언했다.
한국기독교교회협의회 인권위원회 조남기 목사가 발표한 공동성명은 "우리는 12일 국민투표 일에 각 교회와 성당에서 인권 회복, 민주 회복을 위한 예배 미사 기도회를 갖고 민주주의에 대한 우리의 노력이 계속될 것임을 확인할 것이며 현재도 진행되고 있고 또 앞으로 다가올지도 모르는 가혹한 탄압과 독재정권의 폭력에 대한 비폭력 무저항 투쟁의 일환으로 양심선언운동을 전개할 것"이라고 말했다. 공동성명은 "당국은 국민투표를 앞두고 국민에게 위기의식을 고취시킴으로써 국민투표에서 일방적 찬성을 유도하고 있다"고 주장하고 "우리는 누구보다 못지않게 국군을 신뢰하고 누구보다 못지않게 반공 의식에 투철하다고 확신하며 국가의 안보가 정권의 안보 위해 이용되는 것을 반대한다"고 말했다. 성명은 "부득이한 사유로 인해 국민투표에 참여하는 국민은 압력에 굴하지 말고 각기 자유로운 의사에 따라 투표하되 국민은 누구나 국민투표와 정상의 부정행위를 감시 적발하고 교회나 성당에 가서 양심의 고발을 할 것을 호소한다"고 말했다. 공동성명은 또 "현 집권층 내부의 책임있는 사람들은 현재의 동아일보 사태에 관해 아는 바 없다고 말하면서 마치 동아일보 내부에 문제가 있는 것처럼 책임을 전가시키고 나아가 내부 분열을 획책하는 듯한 발언은 극히 그 저의가 의심스럽다"고 지적하고 공동조사단 구성을 제의했다.

공동성명발표에 참여한 단체는 다음과 같다.
▲민주회복국민회의 ▲민주수호국민협의회 ▲가톨릭노동청년회 ▲구속자가족협의회 ▲민주수호기독자회 ▲수도권특수지역선교위원회 ▲자유실천문인협의회 ▲전국교회여성연합회 ▲정의자유구현목요정기기도회 ▲천주교정의구현전국사제단 ▲한국기독학생총연맹 ▲에큐메니컬현대선교협의체 ▲한국여성유권자연맹 ▲한국기독교교회협의회
---------------------------------------------------------------------------------------
현 감리회에서 구성 정의실현목사단 「동아일보」 1975. 2. 11.

기독교 대한감리회 소속의 젊은 목사 32명은 10일 낮 12시 서울 종로구 인사동에 있는 기독교태화관에서

모임을 갖고 정의실현 감리교목사단을 구성, 매주 화요일에 정의실현을 위한 기도회를 정기적으로 갖기로 했다.
이날 정의실현감리교목사단은 성명서를 발표, 유신체제 하에서의 억압 정책을 정당화하려는 요식에 불과한 국민투표를 거부하며 35만 감리교도는 각 교회에서 기도할 것을 촉구한다는 등 5개 항을 결의했다. 이 성명은 또 정부는 조속한 시일 내에 참된 민주제도를 수립하고 동아일보의 탄압을 즉각 중지하고 근로자의 기본 인권을 침해하는 보위법을 즉각 철폐하라고 요구했다.

---

국민투표 날 전국 교회서 기도회 「동아일보」 1975. 2. 12; 「조선일보」 1975. 2. 13.

"사회정의구현과 인권 회복을 기원하는 기도회"가 국민투표일인 12일 새벽부터 전국 각 교회와 성당에서 열렸다. 이날부터 시작되는 사순절은 앞으로 40일 동안 신·구교가 똑같이 거행하는 전통적인 행사로 회개를 통해 하느님과의 관계를 회복시키자는 것이다. 서울 명동성당에서는 오전 9시에 회개와 인권 회복을 위한 42번의 종을 울렸고 정오에는 정의구현 사제단주최로 천관우, 함석헌 씨 등 1천 5백여 명이 참석한 가운데 인권과 민주 회복을 위한 기도회가 열렸다.
한편, 오전 9시 반 서울 종로구 연지동 연동교회에서는 "국가와 민족을 위한 기도회"가 3백여 명의 신도들이 참석한 가운데 열렸다. 한국신학대학 교수 문동환 박사는 설교를 통해 "지금 이 시간 방방곡곡에서 이번 국민투표가 정부의 조작으로 진행되고 있음을 슬프게 생각한다"고 말하고 "많은 선량한 백성들은 국민투표가 잘못되면 북괴가 금방 쳐들어오는 줄 알고 있고 정부는 이 조작극이 무사히 끝나기를 기다리고 있다"면서 현명한 국민은 기도를 올리자고 말했다.

인권회복기도회를 갖고 있는 명동성당(上)과 연동교회에서 모인 성직자수요기도회가 주관하는 성회기도회(下).

---

"종교인 사찰 중지를" 예수교장로회 성직자 수요기도회 「동아일보」 1975. 2. 12.

대한예수교 장로회 수요기도회가 주관하는 '성직자수요기도회'가 12일 아침 7시 기독교회관 소회의실에서 30명의 목사가 참석한 가운데 열렸다. 이 자리에서 박종렬 목사(충무교회)는 "'스탈린'이 3천여 명의 기독교인을 죽였고 '헤롯'은 세례 '요한'의 목을 베었지만, 그 독재자들은 결국 쓰러졌고 하느님의 말씀이 승했다"고 말했다. 또 홍길복 목사(대현교회)는 "구속자들이 약해지지 않도록 해 달라"고 기도

| | |
|---|---|
| | 했고 김종열 목사(연동교회)는 "동아일보로 인하여 이 땅에 정의와 자유가 실현될 수 있도록 교회가 도와주자"고 말했다. 이어 이순경 목사(상도교회)는 증언을 통해 "지난주 한국기독교 교회협의회가 국민투표를 거부키로 한 사실을 신자들에게 알렸더니 경찰이 찾아와 그 내용을 알린 사실에 대한 자인서를 받아 갔다"고 말하고 "지난10일에는 교경협의회 소속 목사가 집에 찾아와 사진 2장을 요구했다"면서 "이 같은 교인에 대한 끊임없는 사찰 행위는 중지되어야 한다"고 말했다.<br>-------------------------------------------------------------------<br>지방 곳곳 교인들도 기도회 「조선일보」 1975. 2. 13.<br><br>【광주】 광주 기독교연합회 신도 1백여 명은 12일 오전 11시 광주 YWCA 소심당에서 구국기도회를 열고 수감자와 자유민주주의, 선교 자유를 위해 기도했다.<br>【마산-충무-진주】 오전 11시 마산시 남성동 중앙 성당에서 1천여 신도가 모여 장병화 주교 집전으로 기도회가 열렸다. 장 주교는 강론을 통해 "앞으로 40일간 남을 위해 기도하며 지학순 주교를 비롯해, 목사 교수 학생 등 구속 인사를 위해 기도하자"고 했다.<br>【원주】 원주 시내 4개 가톨릭 본당에서는 오전 11시부터 오후 1시까지 1시간씩 두 차례 1천여 신자가 모여 사순절 미사를 올렸다. 350여 신도가 참집한 원동성당 미사에서 이학근 신부(39)는 강론을 통해 "지 주교의 고행을 우리도 같이해야 할 것이며 그분의 무사함과 조속한 석방을 빌자"고 말했다.<br>-------------------------------------------------------------------<br>서울대 이화여대 교문 닫고 출입 통제 「동아일보」 1975. 2. 12.<br><br>'비상학생총회' 기도회 개최 소문에….<br>12일 오전 이화여대생들이 학교에 모여 기도회를 갖는다는 소문이 나돌자, 학교 측은 이날 아침 일찍부터 정문과 후문을 닫은 채 옆문을 통해 들어오는 학생들에게 "용무가 무엇이냐"고 묻는 등 출입을 통제, 대부분 돌려보냈다. 또 정문과 후문 수위실에는 사복경찰관 2, 3명이 나와 출입 학생들의 동태를 살폈다. 학교에 들어온 20여 명의 학생들은 기도회를 갖기 위해 대강당 문을 열어달라고 학교 측에 요구했으나 학교 측은 이를 들어주지 않았다.<br>또 이날 오전 비상학생총회가 있을 것이라는 소문이 나돈 서울대 문리대는 이날 아침부터 교문을 굳게 닫고 수위들이 외부 차량이나 사람들의 출입을 통제했으며 이따금 학교를 찾아오는 학생들도 되돌려 보냈다. 교문 안 수위실에는 사복경찰관 4, 5명이 서성거렸다.<br>한편, 서울대 비상학생총회가 문리대 4.19 기념탑 앞에서 열리지 못할 경우 학생들이 모이기로 한 혜화동 등 천주교회에도 동대문경찰서에서 나온 사복 경찰관들이 성당 구내에까지 들어와서 학생들이 오는가 지켜보는 등 삼엄한 경비를 펴기도 했다. |
| 31 | 2/13 목요기도회.<br><br>사회: 박성자 전도사, 설교: 조희순 목사<br>① 민주회복국민회의 14개 단체 성명서 2/10 낭독<br>② 기독교회협의회 성명<br>-------------------------------------------------------------------<br>정의구현목요기도회 2백 명 참석 "닥칠 고난 참아갈 용기, 결단 달라" 「동아일보」 1975. 2. 13; 「조선일보」 1975. 2. 14.<br><br>정의자유구현 정기목요기도회가 13일 오전 10시부터 서울 종로구 종로5가 기독교회관 대강당에서 2백 |

| | |
|---|---|
| | 여 명의 국내외 성직자, 구속자 가족, 학생 등이 참석한 가운데 제일교회 박성자 전도사의 사회로 열렸다. 이날 조화순 목사는 "조금의 정의마저 설 땅이 없는 이 땅에서 차라리 귀머거리와 장님이 되었다면 얼마나 좋았을까"라면서 "국민투표가 끝난 뒤에 오는 갖가지 어려움을 참아갈 수 있는 용기와 결단을 달라"고 호소했다. 이날 기도회에는 전 신민당 대통령 후보 김대중 씨 부부, 함석헌 옹, 공덕귀 여사, 윤반웅 목사, '시노트' 신부, '매티우스' 목사, 문정현 신부 등이 참석했다. |
| | 이번 투표는 무효 「조선일보」 1975. 2. 14.<br><br>기독교회협의회 성명<br>한국기독교교회협의회는 13일 성명을 발표. 1. 이번 국민투표는 위헌, 불법, 부정임을 재확인하고 무효임을 선언한다. 2. 투표 거부 방지를 위한 행정기관원들의 위협 대리투표 사전투표 무더기 투표 사례들을 묵과할 수 없다. 3. 불법적이고 일방적인 투표에도 불구하고 개표가 거의 완료된 13일 아침 현재 총유권자의 50%의 찬성밖에 얻지 못했다는 것은 현 체제를 반대하는 국민이 소수가 아니라는 것을 증명한다고 주장했다.<br>이 성명에서 이들은 "정부가 헌법을 자진 철폐하여 72년 10월 17일 이전의 헌법에 의해 대통령과 국회의원 선거를 실시해 주기 바라며 이것마저 받아들일 수 없다면 개헌을 전제한 여야 간의 대화를 열라"고 요구했다.<br>--------------------------------------------------------------<br>전북장로회기도회 「조선일보」 1975. 2. 14.<br><br>【군산】 13일 오전 11시 군산시 신창동 금성교회(목사 이병선)에서 한국기독교장로회 전북노회 주최(군산옥구지방연합회 주관) 구국 연합기도회가 열렸다. 옥구교회 이중표 목사 등 목사 20명과 신도 220여 명이 모인 기도회에서 이중표 목사는 "국가 산하 기관을 총동원하여 찬성 투표를 유도한 음성적 불법행위를 회개하여 국민투표를 전면 무효화하라. 유신헌법을 철폐하고 3권이 분립된 민주 체제를 회복하라"는 등 8개 항의 요구조건을 제시했다.<br>--------------------------------------------------------------<br>"우선 반갑다 기쁨의 눈물 — 석방되는 구속자 가족 표정 「동아일보」 1975. 2. 15.<br><br>"죄 없으니 풀려날 줄 알았다" 김옥길 총장 등 마중 위해 교도소에, 기독교회관에 몰려들어 못 나오는 사람들 걱정도….<br>"드디어 나오는구나 우선 반갑다" 구속자 석방 소식이 전해진 15일 오전 구속 인사 가정엔 온통 눈물과 함께 웃음꽃이 활짝 피었다. 어떤 가정에선 성급하게 옷가지를 싸 들고 교도소로 달려가는 가족이 있는가 하면 어떤 가정에선 환영 플래카드를 만들기에 부산한 모습도 보였다. 그러나 이와는 대조적으로 이번 석방 대상에서 제외된 인혁당 관계 인사 등의 가족들은 방송보도를 들으며 울음 터뜨렸다. 한편, 그동안 많은 우려를 표명해 오던 사회 각계 대부분의 인사들은 우선 환영의 뜻을 표하며 "정부가 이 같은 자세로 계속 약한 자와 사회 각계의 소리에 귀를 기울여 굳어진 정국을 풀고 사회 안정을 찾아야 한다"고 했으며 어떤 인사는 "학생이나 일반이나 신분을 가리지 않고 관대한 처분을 내렸었으면" 하며 아쉬운 표정을 짓기도 했다.<br>석방 보도가 전해지자, 서울 종로5가에 있는 기독교회관에는 교단 간부와 구속자 가족 등이 몰려들어 모두 기쁜 표정들 지으면서도 이번에 풀려나오지 못하게 된 인사들에 대한 걱정을 서로 나누었다. 한국기독교교회협의회 김관석 총무 등 교단 간부들은 총무실에 모여 석방에 따른 제반 대책을 숙의했고 자세한 석방 절차를 몰라 안타까워하고 있다. 동 협의회에는 국내 보도진들이 몰려들어 마치 잔칫날 같은 분위기를 이루었다. |

한편, 구속 인사들의 석방 소식이 전해진 15일 오전 서울의 '라디오 상회' 앞과 다방에 모여 이 소식을 전해 들은 시민들은 "기쁘기 그지없는 일"이라고 입 모아 말하면서 서로 쳐다보며 환한 표정을 지었다.

▲ 한국기독교교회협의회(총무 김관석)는 15일 오전 긴급조치 1, 4호의 수감자 석방 조치에 대해 다음과 같은 성명을 발표했다.

"구속자들이 석방된다는 소식을 듣고 반가운 마음 금할 길 없다. 작년 1.8조치 이후에 연속적으로 구속됐던 교역자 학생 그 밖의 인사들이 우리나라 역사에 획기적인 계기를 마련했고 그동안 구속자들의 가족 전국 교회 그리고 그 밖의 모든 국민들의 끈질긴 기도와 성원을 얻어 정부에서 석방 조처한 데 대하여 진심으로 기뻐한다. 지난 1년 동안 우리나라는 민청학련 사건으로 말미암아 말할 수 없는 진통을 겪었고 국내외를 막론하고 이로 말미암아 정치적 물의를 일으켜 왔다는 것은 참 불행한 일이었다."

▲ "석방은 民의 意勝" 에큐메니컬 현대선교협의체의 조승혁 목사는 "이사장 박형규 목사를 비롯해, 지학순 주교 등 운영위원 11명이 석방된다는 보도를 듣고 진심으로 기뻐한다"며 "이들의 행동은 교회가 오늘의 정치적 현실에서 정치적 정의를 실현하려는 선교적 행동이라는 것으로 해석하고 싶다. 앞으로 진정한 선교적 차원에서 행하는 행동을 정치 집권자들이 오해 말기를 바란다"고 말했다.

▲ 한편 구속자대책위원회의 오충일 목사는 "오늘의 석방 조치를 환영한다. 앞으로는 새로운 정치적 풍토가 조성되어 다시는 이 같은 비극이 발생되지 않기를 바란다"며 "오늘의 석방은 민주주의를 위해서 싸워온 민의의 승리이고 4백만 기독교인의 기도에 대한 응답이다"라고 말했다.

▲ 환영 플래카드(제작) 기독학생총연맹

기독학생회총연맹의 차선각(36) 간사는 15일 오전 구속 인사의 석방 소식을 듣고 "이같이 기쁜 뉴스가 어디 있겠느냐"며 흥분을 감추지 못하고 있었는데 자세한 석방 절차를 몰라 안타까워하고 있었다. 동 연맹에 관계된 인사는 이사 박형규 목사와 김동길·김찬국 교수, 서창석 회장(연세대 기계과 3년)을 포함해 모두 26명이 긴급조치 위반으로 구속됐었다. 차 간사는 "현재의 심정으로는 관광버스 한 대라도 빌려 전국 교도소를 순회하고 싶다"며 환영 플래카드 등 제작에 여념이 없었다.

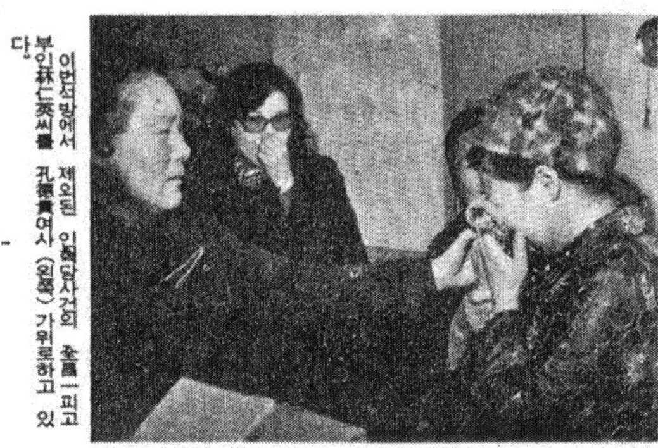

이번석방에서 제외된 인혁당사건의 [illegible] 피고 부인林仁英씨를 孔德貴여사(왼쪽)가 위로하고 있다.

---

구속자 석방 후 전국 교회 성당서 기도회 "하나님을 두려워할 줄 알도록 위정자들에게도 역사해 달라"

「동아일보」 1975. 2. 17.

구속자가 풀려난 뒤 처음 맞는 주일인 16일 서울을 비롯한 전국의 교회와 성당에선 석방된 민주인사들과 아직도 풀려나지 못한 사람들을 위해 기도를 올렸다.

박형규 목사가 맡고 있는 서울 중구 오장동 제일교회에선 오전 11시부터 서울대 나병식 군 등 석방된 학생들과 2백여 명의 신도들이 조그만 교회를 가득 메운 가운데 박 목사를 맞았다.

한국신학대 김정준 학장과 안병무 교수 그리고 석방된 전남대 김정길 군 등이 참석한 이 기도회에서 윤치덕 목사는 "주님의 아들과 함께 예배볼 수 있는 감격의 시간을 주어 하나님께 감사한다" 말하고 "위정자들에게도 하나님을 두려워할 줄 알도록 역사해 달라"고 기도했다.

이날 박형규 목사와 권호경 부목사는 오랜만에 신도들 앞에 나와 "여러분에게 수많은 눈물과 괴로움만을 끼쳐 면목이 없다"면서 "이제 몇 사람이 풀려났다고 해서 우리의 소망이 끝난 것은 아니므로 앞날에 자유와 정의가 실현될 때까지 우리 모두 함께 기도를 멈추지 말자"고 인사말을 했다.

* 또한 이화여대대학교회에서도 김옥길 총장과 김동길 교수가 참석한 가운데 예배를 보며 석방의 기쁨을

밀려든人波

달려온 敎人들과

監獄除隊 15일밤9시30분경 안양교도소를 나오는 한국신학대 李光日군에게 친구들이 「이제 감옥에서 제대했으니 예비군복을 입어라」며 기쁨을 나누고있다.

나눴다.

---

석방자 위한 환영기도회 「조선일보」 1975. 2. 16.

박형규 목사(제일교회) 이해학 전도사 등 석방된 교직자 학생 등 10여 명과 가족·친지 등 1백여 명은 이날 밤 10시 30분 서울 종로5가 기독교회관 1층에서 구속자 석방 환영기도회를 가졌다. 오충일 목사와 이해학 전도사의 어머니 한명순 씨(59)의 "이들의 석방은 하나님의 뜻"이라는 기도에 이어 김관석

한국기독교교회협의회 총무는 박형규 목사와 포옹으로 오랜만의 뜨거운 해후의 정을 나누며 "앞으로

**釋放뒤 첫禮拜** 15일밤 安養교도소에서 풀려나온 석방인사들이 기독교회관 1층복도에 모여 서울대학생들이 펴든 「자유혼은 더욱 절규한다」「한맺힌 박해자의 영광」이라고 쓴 플래카아드를 들고 예배를 보고있다.

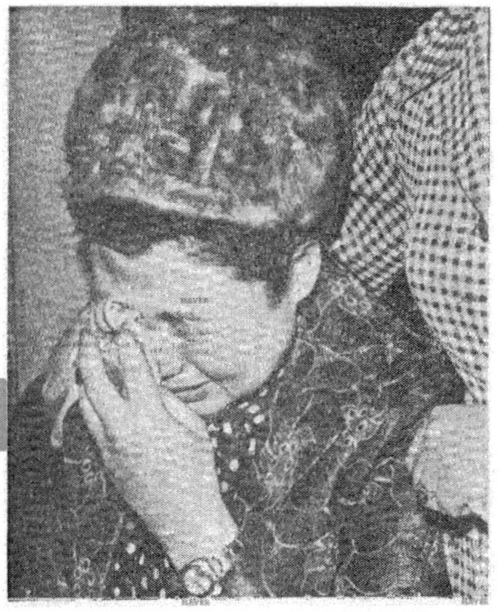

**人革黨관련 家族의 痛哭** 석방소식을 듣고 기독교회관으로 달려왔던 全昌一씨부인 林仁英씨는 인혁당관련인사들은 제외된다는 소식에 털썩 주저앉아 울음을 터뜨렸다.

**플래카아드아래 헹가래** 「자유혼은 더욱 절규한다」라는 플래카아드를 들고나온 學生들이 석방학생을 헹가래치고있다.

닥쳐올 어떠한 환난에도 대처할 수 있게 해 달라"고 말했다. 안양교도소에서 석방된 김정길 군(전남대

| | 중퇴)은 광주에서 가족들이 미처 상경하지 못해 잠잘 곳을 걱정하다가 같이 풀려난 나병식 군의 집에서 묵었다.<br>-------------------------------------------<br>동생 죽음 알고 통곡 「조선일보」 1975. 2. 16.<br><br>나병식 군 어머니 기억상실증 생계 막연.<br>나병식 군(서울대 문리대 사학과 4년)에겐 석방된 기쁨보다 더 슬픈 소식이 기다리고 있었다. 그가 옥살이를 하는 동안 두 동생이 연탄가스에 중독, 숨진 것이다. 가족들은 그동안 이 이야기를 숨겨오다가 안양교도소에 마중 나온 아버지 나정주 씨(56)가 집으로 향하는 버스 안에서 두 동생이 변을 당한 사실을 알려주었던 것이다. 어머니 김홍순 씨(54)와 동생 영순 양(18), 병문 군(12)은 작년 11월11일 고향인 전남 광산군 송정읍 신동1구 집에서 연탄가스에 중독, 동생들은 숨졌고 어머니는 기억력이 희미해진 채 아직도 회복을 못하고 있다.<br>가족들은 살기조차 어려워져 고향을 떠나 지난 1월19일 서울로 왔다. 지금 살고 있는 동대문구 답십리 2동 49의 124 집은 구속자 가족협의회의 도움을 얻어 25만 원에 단칸방을 전세든 것. 아버지는 만성 위장병과 울화병으로 가족들은 하루하루 생계를 꾸려나가기도 힘겨운 딱한 처지이다.<br>구정 전날인 10일 가족들이 교도소로 면회 갔을 때 나군이 "영순이와 병문이는 왜 오지 않았느냐"고 물었을 때만 해도 가족들은 "공부 때문에 오지 못한다"고 얼버무렸었다. 기독교회관에서 기도회를 마치고, 나군과 아버지는 시내버스를 타고 밤 11시 50분쯤 처음 가보는 집으로 가 방문을 열었을 때 어머니는 색이 바랜 요 위에 가만히 누워 웃고만 있었다.<br>대학 시절 방학을 맞아 고향에 내려가면 얼싸안고 뛸 듯이 기뻐하던 어머니가 정신이 혼미한 채 말도 제대로 못 하자 참았던 설움이 북받쳤으나 어머니가 걱정할까 봐 울음을 삼켜야 했다.<br>"동생들에 대해 무어라 말해야 할지 모르겠다"고 나군은 몰래 흐느끼며 "정신을 가다듬는 대로 고향에 내려가 언 땅에 묻힌 동생들의 넋이라도 위로하겠다"고 했다. "저 때문에 희생된 동생들입니다. 기쁨을 같이 나눠야 하는데… 헐벗고 고생만 하며 살다 간 그들에게 죄스러운 마음뿐입니다." 나군은 말을 잇지 못했다. 당장 살길이 막연한 식구들을 위해 나군은 한시바삐 아르바이트라도 해야겠다고 했다.<br>-------------------------------------------<br>땋은 머리 한복의 홍일점 「조선일보」 1975. 2. 18.<br><br>서강대 김윤 양 "내 작은 뜻 버리지 않겠다"<br>구속자 중 홍일점 여대생인 김윤 양(22. 서강대 영문과 4)이 서울 구치소 옆문을 열고 모습을 드러내자 군중은 놀란 듯 환호를 올렸다. 텁수룩한 차림의 다른 사람과는 대조적으로 곱게 빗어 한 갈래로 땋아 내린 머리에다 연분홍 저고리, 빨간 치마를 입은 아가씨가 감옥 속에서 홀연히 나타났기 때문이었다. 김 양은 출감 직전 어머니 김한림 씨(61)가 창문 너머로 이 한복을 넣어줬다고 했다. 언니 김영 씨(27)집에 도착한 김 양은 "이제 복학하면 전처럼 학업에 충실하겠지만 나의 조그마한 의지는 버리지 않겠다"고 말했다.<br>-------------------------------------------<br>"고난 통해 새 역사 창조 '감리교 목사단 기도회' 동아 돕기 앞장 다짐" 「동아일보」 1975. 2. 19.<br><br>정의실현 감리교목사단이 주최한 민주회복과 사회정의실현을 위한 화요기도회가 60여 명의 성직자들이 참석한 가운데 18일 오전 11시부터 젠센기념관에서 열렸다.<br>이날 기도회에는 출감한 감리교의 김동완, 정명기 전도사가 참석했는데 감리교신학대 윤성범 박사는 |

설교를 통해 "이 땅에 불의가 있기 때문에 핍박이 있고 불의에 항의하니까 고난이 따른다"면서 "그러나 기독교인은 이 땅의 진정한 의의 나라와 평화를 위해선 불의와의 타협보다는 고난을 통해서 새 역사를 창조하는 데 앞장서야 한다"고 말했다. 김동완 전도사는 인사말을 통해 "앞으로도 계속해서 하나님의 말씀을 따라 이웃을 사랑하는 선교적 사명을 위해 목숨을 바치겠다"고 신앙 간증을 했다. 한편, 조승혁 목사의 사회로 거행된 이날 기도회에서 고난을 받고 있는 동아일보와 동아방송을 위해 35만 감리교도는

◇어머니를 위로하기 위해 [illegible]군은 [illegible] 설움을 삼키고 억지웃음을 웃어야했다.

◇유일한 여학생 金[illegible]양이 말쑥한 한복차림으로 서울구치소 문을 나서고 있다.

동아일보 구독 운동에 앞장설 것을 결의했다.

---

출옥 기독자 간담회 「조선일보」 1975. 2. 20.

출옥 기독자와 교계 인사 간담회가 19일 오전 10시 30분 기독교회관 2층 강당에서 박형규 목사, 이해학 전도사, 나병식(서울 문리대 4년) 김병곤(서울 상대 4년) 서창석 군(연세대 4년) 김윤 양(서강대 2년) 등 석방자 29명과 한승헌 변호사, 강원용 목사 등 150여 명이 참석한 가운데 열렸다. 김해득 구세군 정령은 환영사에서 "기도와 은총이 합해서 오늘의 기쁨이 빨리 찾아왔다"고 말하고 "아직도 미진한 일은 옥사장이 회개함으로써 그야말로 영광이 나타났으면 좋겠다"고 사도행전 16장을 인용했다. 박형규 목사는 "10개월 만에 같이 구속됐던 학생들과 만나게 되니 눈물이 나온다"면서 "하나님의 채찍으로 학생, 청년들과 함께 고난에 참여했다. 교도소 안 생활은 수학여행 간 기분이었다. 다시 끌려갈 때는 우리가 좋아서 하는 것이 아니고 천사가 하나님의 계시를 받아 행동하는 것으로 알아 달라"고 말했다. 김창희 감리교 감독은 "이 땅이 의를 행하기 쉽고 바르게 살 수 있는 땅이 되고 불의와 부패가 행세 못 하는 나라가 되게 해달라"고 기도했다.

---

잠정적 석방은 국민 우롱 처사 「조선일보」 1975. 2. 20.

구속자가족협의회(회장 공덕귀)는 19일 오전 10시 종로5가 기독교회관에서 일부 구속자의 잠정적 석방은 국민을 우롱하는 처사라는 내용의 성명을 발표하고 1. 긴급조치 위반자는 무조건 전원 석방되어야 한다. 2. 석방의 형태는 사면이어야 한다. 3. 고문 행위는 철저히 규명돼야 한다. 4. 석방자 사면 및 활동은 자유로워야 한다. 5. 학생은 당연히 복교되어야 한다는 등 5개 항을 결의했다.

| | |
|---|---|
| 32 | 2/20 목요기도회.<br>석방 인사 환영회<br><br>기도: 공덕귀 여사, 설교: 김관석 목사, 인사: 김지하 시인<br>① 구속자 석방 조처에 대한 코멘트, 한국기독교교회협의회 총무 김관석[8]<br>② 정의, 자유구현을 위한 목요정기기도회(2.15 석방 조치 관련) 성명서(6회차 추정)<br>-----------------------------------------------------------------<br>① 구속자 석방 조처에 대한 코멘트 한국기독교교회협의회 총무 김관석<br>(1005-021-000-1520)<br><br>우선 구속자들이 석방된다는 소식을 듣고 반가운 마음을 금할 길이 없습니다. 작년 1.8 조처 이후에 연속적으로 구속되었던 교역자들, 학생들, 그밖에 인사들이 우리나라 역사에 획기적인 계기를 마련하였고 그동안 구속자들의 가족들, 전국 교회 그리고 그밖에 모든 국민들의 끈질긴 기도요 성원을 얻어 이번 정부에서 석방 조처한 데 대하여 진심으로 기뻐합니다.<br>지난 1년 동안 우리나라는 민청학련 사건으로 말미암아 말할 수 없는 진통을 겪었고 국내, 국외를 막론하고 이로 말미암아 정치적 물의를 일으켜 왔다는 것은 참 불행한 일이었습니다.<br>앞으로는 이런 일이 다시 없도록 해야 하며 참으로 한 사람의 인권이라도 존중하는 정치가 이루어지기를 바라며 석방이 확정되지 않은 인사들도 같은 조처로서 풀려나기를 바라마지 않습니다.<br><br>1975. 2. 15<br>한국기독교교회협의회 총무 김관석<br>-----------------------------------------------------------------<br>성명서<br><br>지난 15일에 취해진 구속 인사 석방을 진심으로 환영한다. 우리는 동 조치가 정략적 목적을 위한 것이 아니라 이 나라의 민주 회복을 향한 첫 발 딛음이기를 마음 깊이 바라고 있다.<br>우리는 1974년 7월 19일 이후 31번의 정기 기도회를 가지고 자유의 실현, 정의의 구현, 구속 인사의 석방, 민주 회복 등을 위해 기도하여 왔다. 그러나 우리는 다시 한번 지난 1년 동안의 악몽 같은 역사의 출발점을 짚어보지 않을 수 없다. 그것은 1인 절대화를 추구하는 소위 유신헌법의 발상에서부터 시작된 것이다. 유신체제 이전의 헌정질서로 되돌아가야 한다는 강력한 국민적 열망을 억압하는 수단으로써 구속의 비극이 연출되었던 것이다. 그렇기 때문에 대부분의 구속 인사가 석방되었다 하지만 그것은 1974년 1월 8일의 시점으로 돌아간 것이지 결코 1973년 10월 18일 이전으로 회복된 것이 아님을 우리는 분명히 말하고자 한다.<br>더구나 오늘날 소위 민청학련 사건이 비인도적 고문과 조작된 각본 위에서 이루어진 것이라고 폭로되고 있지 않은가. 그럼에도 불구하고 전원 석방을 보류하고 있는 현실이란 긴급조치 발동 이전으로 돌아간 것조차도 될 수 없다는 것을 지적하지 않을 수 없다. 몇 사람을 묶어두는 것으로써 정부의 도덕적 정당성이 주장될 수는 없을 것이다. 또한 속칭 인혁당 사건에 대하여도 한 정권의 유지보다 하나의 무고한 생명이 더 소중하다는 양심의 소리에 순복하여 공개재판을 시행하지 않는다면 조작극에 대한 영원한 비난을 결코 피할 수가 없게 될 것이다.<br>이에, 아직도 유보되고 있는 자유와 부정부패로 질식당하고 있는 정의와 천인공노할 고문에 짓밟히고 있는 인권이 우리의 기도를 더욱 요청하고 있음을 이 순간 우리는 확인하고 있다. |

그렇기에 우리의 기도 대열은 결단코 중단되지 않을 것임을 선언함과 동시에 다시 우리의 뜻을 천명하려 하는 바이다.

1. 아직까지 구속되어 있는 인사에 대하여도 지체 없는 석방의 단안이 내려져야 한다.
2. 속칭 인혁당 사건에 대하여 무조건 공개재판이 시행되어야 한다.
3. 정권 안보와 사건 조작 그리고 보복을 위한 고문 행위자는 그 행정 책임자와 함께 반드시 의법 조처되어야 한다.
4. 1인을 절대화, 신성화하는 유신체제는 촌각을 다투어 철폐되어야 한다.
5. 이상의 우리의 뜻이 관철되어 인권이 확립되고 민주 회복이 이루어질 때까지 우리는 기도하며 투쟁할 것이다.

20여명의 석방인사들이 함께 참석한 목요기도회가 기독회관에서 열렸다.

1975년 2월 20일 정의, 자유구현을 위한 목요정기기도회[9]

---

"고문 진상 밝혀야" 「조선일보」 1975. 2. 21.

'정의 자유구현 목요정기기도회'가 20일 오전 10시 기독교회관 2층 강당에서 김찬국 교수, 김지하 씨, 백기완 씨, 박형규 목사, 이해학 전도사, 이철 군, 김병곤 군 등 석방자 20여 명과 정일형 의원, 함석헌 씨, 공덕귀, 이우정 씨 등 신도 5백여 명이 참석한 가운데 열렸다.
김관석 기독교교회협의회 총무는 설교를 통해 "민청학련 수사 과정에서 학생들은 고문을 당했다고 주장하고 정부 당국자는 고문한 일이 없다고 하는데 그 진상을 분명히 밝혀 신의를 회복하는 정치가 이뤄져야 할 것"이라고 말했다. 김지하 씨는 옥중 소감에서 "혼은 감옥에 두고 껍데기만 나왔으니 감옥 안에서 울부짖고 있는 넋을 찾기 위해 모든 것 다 바칠 각오가 돼 있다"고 말했다.
"유신헌법 철폐케 해 주소서", "우리를 자유케 해 주소서"라는 플래카드를 걸어놓은 이날 기도회는 "무릎 꿇고 살기보다 서서 죽겠다"는 내용의 노래를 부르는 등 3시간 동안 진행됐다. 기도회에서는 인혁당 사건에 대한 공개재판을 요구하고 고문 행위자는 의법 조처할 것 등을 요구하는 성명도 발표했다.

---

박형규 김찬국 씨 참석 목요기도회 '제외 인사' 석방 요구 「동아일보」 1975. 2. 20.

"구속된 동지들과 함께 기도하며 정의와 자유를 구현하기 위한" 정기 목요기도회가 20일 오전 10시 서울 종로5가 기독교회관 대강당에서 열렸다. 이 자리에는 2.15 조치로 석방된 박형규 목사, 김찬국 교수, 서강대 김윤 양 등 3백여 명이 참석했다. 기도회에 앞서 정기 목요기도회 측은 2.15 조치에서 제외된 인사들의 즉시 석방과 고문으로 사건을 조작한 사람과 행정 책임자의 처벌을 요구하는 5개 항의 성명을 발표했다. 이날 기독교교회협의회 김관석 총무는 설교를 통해 "의로움과 믿음을 잃은 정치는 이미 국민을 위한 정부가 될 수 없다. 최근 종교적인 민권투쟁이 정치적으로 논의되는 것은 종래의 정치와 종교는 분리된다는 통념을 깨뜨렸다"고 말했다.
또 시인 김지하 씨는 인사말을 통해 "우리의 혼은 아직 감옥 안에 있고 껍데기만 나왔으므로 감옥 안에서 울부짖고 있는 혼을 찾기 위해 이제부터 피곤한 이 껍데기를 바치는 일만 남아있다"고 말하고 "현 집권층은 최소한의 도의적 명분마저 잃어버린 정치적 금치산 집단이므로 결산의 시기는 가까워 왔다"고 말했다.

'민주 수호 출옥투사 환영회' 개최 "인혁당계 인권 유린 진상 규명 앞장 호출" 「동아일보」 1975. 2. 21.

한국기독학생회총연맹이 주최한 석방인사환영회.

한국기독학생회총연맹(KSCF 회장 윤선구)이 주최한 '민주 수호 출옥투사환영회'가 20일 오후 3시부터 기독교회관 대강당에서 5백여 명이 참가한 가운데 열렸다. 이 자리에는 긴급조치 위반으로 구속된 26명의 KSCF 관계자 중 김효순 군을 제외한 25명의 석방자들이 참석, 그동안의 옥중생활을 털어놓았다.
석방자를 대표한 연세대 김동길 교수는 "이번에 석방된 것은 우리들의 석방을 위해 기도해 준 학생과 국민들의 적극적인 활동 때문이었다"며 "이렇게 나와서 보니 엄청나게 불어난 민주 세력에 오히려 감옥에 있다가 나온 것이 미안할 뿐이다"고 말해 박수를 받았다.
이날 환영회에서 KSCF는 "유신헌법은 철폐되어야 하며 인혁당계 인사에 대한 인권 유린 문제 진상 규명에 앞장서 줄 것을 호소한다"는 등 5개 항으로 된 성명서를 발표했다.
이 성명은 또 민청학련과 인혁당 사건이 잔학한 고문에 의하여 날조되었다는 사실이 밝혀진 만큼 정부는 관련자를 엄벌하고 담당 기관인 중앙정보부를 해체하라고 주장했다.

---

광주 4개 단체서도 「조선일보」 1975. 2. 21.

【광주】 광주기독교연합회 광주 YMCA, 광주 YWCA, 민주 회복 국민회의 전남지부 등 4개 단체는 20일 오후 7시 광주 YMCA 소심당에서 출감자를 위한 환영기도회를 가졌다.

---

출감자 무죄화 촉구 「조선일보」 1975. 2. 21.

민주수호기독자회는 20일 성명을 발표 "권력의 폭력으로도 백성의 양심만은 결코 죽이지 못한다"고 주장하고 "긴급조치로 구속된 자를 모두 무죄 석방하고 출감자는 전원 무죄로 해야 하며 국민투표에 있어서 무더기 부정투표의 책임을 지고 강제 연행, 구금, 날조, 무고 등을 즉각 중지하라"는 등 5개 항을 요구했다.

---

출감자 환영회 「조선일보」 1975. 2. 21.

한국기독학생회 총연맹 주최 '민주 수호 출옥 투사' 환영회가 20일 오후 3시 기독교회관 2층 강당에서 김동길 교수, 김찬국 교수, 이철 군 등 출옥자와 함석헌, 한승헌 변호사, 신도 학생 5백여 명이 참석한 가운데 열렸다. 환영회는 함 씨의 인사에 이어 김경락 목사, 김찬국 교수, 김지하 씨 등의 출옥자 석방 소감 순으로 진행됐다. 김지하 씨는 "우리들이 석방되는데 기독교인, 특히 한국기독학생회 총연맹의 힘이 컸으며 앞으로 비인간적이고 반민족적인 고문 행위를 백일하에 드러내는 일과 인혁당 사건이 무죄라는 것을 알리는 데 백방으로 노력해 달라"고 부탁했고 기독학생연맹 간사 정상복 씨는 "그동안 옥중에서 볼펜을 손가락에 끼여 돌리는 고문, 의자에 앉혀놓고 좌우에서 마구 때리며 의자를 가슴에 올려놓고 짓누르는 등의 순으로 고문을 받았다"고 말했고 강신옥 변호사는 "상식적인 발언이 문제가 되어 7개월 동안 구치소 생활을 했으며 긴급조치는 법 만능주의에서 나온 것이며 이것은 민주주의의 적"이라고 말했다.

---

출감자 환영 예배 「조선일보」 1975. 2. 25.

한국기독교장로회 서울노회 선교자유수호위원회는 24일 오후 2시 서울 수도교회에서 출옥 성직자 및 교우를 위한 환영 예배를 가졌다. 박형규 목사, 이해학 전도사 등 석방자들과 신도 1백여 명이 참석한 이날 예배에서 윤반웅 목사는 환영사를 통해 "인혁당 사건을 세상에 사실대로 밝혀야 하며 석방 학생들은 마땅히 학교로 보내야 할 것"이라고 말했다.

---

자유 위해 앞장다짐 장로회 전북노회 '인권 기도회' 「동아일보」 1975. 2. 25; 「조선일보」 1975. 2. 26.

【전주】 한국기독교 장로회 전북노회 주최로 "오늘의 선교와 인권을 위한 기도회"가 24일 오전 11시부터 임실 오수교회에서 2백여 교역자와 신도들이 참석한 가운데 열렸다.
김용욱 목사 사회로 열린 이날 기도회에서 송상목 목사는 설교를 통해 "오늘의 교회는 파수병의 사명감에 입각, 잃었던 자유를 되찾기 위해 앞장선 것"이라고 밝히고 "교회가 잘못된 정치를 바로 고치라고 외치는 것은 국가와 민족을 위해 당연하다"고 주장했다. 이 기도회에는 민주회복국민회의 전북도지부 고문인 은명기 목사와 동대표위원인 신삼석 목사, 문정현 신부 등이 참석했으며 대통령 긴급조치 위반으로 구속됐던 김용상 씨(학원강사)의 격려사가 있었다.
이날 기도회는 또 ▲ 유신헌법을 철폐하고 삼권이 분립된 민주 체제를 회복하라 ▲ 언론 집회 결사 시위의 자유를 억압 말라 등 8개 항의 선교선언문을 채택했다.

---

감리교 목사단 주최, 출옥자 환영 기도회 3백여 명 참석 「동아일보」 1975. 2. 26.

감리교 정의구현목사단이 주최한 출옥자 환영 기도회가 25일 오후 7시 서울 종로구 인사동 태화기독교사회관에서 김찬국, 김동길 교수, 김경락 목사, 정명기 군 등 출옥자와 함석헌 씨, 공덕귀 여사 등 3백여 명이 참석한 가운데 열렸다.
김찬국 교수는 "기도의 교두보"라는 제목의 설교에서 "기도의 힘을 어떻게 안정되게 집행하여 사회정의를 실현하고 양심의 세력을 지탱하느냐가 우리의 책임"이라고 말했다. 김동길 교수는 "오늘의 상황이 어렵더라도 멀리 내다보고 천천히 나아가는 자세가 필요하다"고 말하고 자신이 양보할 수 없는 최소의

| | |
|---|---|
| | 한계선은 "정직하게 사는 것, 다 함께 사는 것"이라고 말했다.<br>-----------------------------------------------------------<br>전주서도 환영대회 「동아일보」 1975. 2. 26.<br><br>【전주】 전북지구 기독학생연합회주최로 25일 오후7시 시내 중앙동 기독학생회관에서 열린 "민주 수호 인사 출옥 환영 대회"에서 국민대학 학생 장영원 군은 체포된 후 경찰에 의해 고문을 당했다고 말했다. 환영대회에서 장 군은 석방 소감을 통해 "경찰에 붙들려 갔을 때 몽둥이를 맞아가며 공산주의자와 접선했다는 자백서를 강요받았다"고 말했다. 이날 환영대회에는 대통령 긴급조치 위반 혐의로 구속됐다가 풀려나온 박윤수 전도사, 김용선 씨(학원강사)를 비롯해 최민화(연세대), 장영원 군(국민대) 등 4명의 석방 인사와 민주회복국민회의 전북도지부 고문 은명기 목사와 대변인 문정현 신부가 나왔는데 1백여 명의 기독 학생들이 참석했다. 장갑렬 회장의 사회로 열린 이날 환영대회에서 김용선 씨는 "이 나라의 민주 회복을 위해 계속 투쟁하겠다"고 석방 소감을 말했다. 환영대회는 "하나님이 주신 인간 권리가 제도적으로 보장받는 민주 회복의 시급함을 다시 한번 주장한다" 내용의 성명서를 채택했다.<br><br><br>출옥자 환영기도회에서 3백여 참석자들이 출옥자의 설교와 이야기를 듣고있다. |
| 33 | 2/27 목요기도회.<br><br>① 한국교회여성연합회 인권위원회 성명서 2/25<br>-----------------------------------------------------------<br>정의자유구현 목요기도회 "고문 사례 파헤쳐 재현 안 되게 기도" 「동아일보」 1975. 2. 27.<br><br>정의자유구현을 위한 목요기도회가 27일 오전 10시부터 기독교회관 대강당에서 함석헌, 박형규, 윤반웅, 공덕귀, 서남동 씨 등과 석방된 인사 그리고 아직 수감 중인 인사들의 가족 등 2백여 명이 참석한 가운데 열렸다. 기도회에 앞서 김상근 목사는 "앞으로 목요일을 정의자유구현과 민주회복을 위한 기도의 날로 정하자면서 2.15 석방 조치 이후에 드러난 고문 사례를 파헤치고 이 같은 사례가 재현되지 않도록 기도하고 |

| | |
|---|---|
| | 부정투표 폭로자를 위해 최선을 다하며 인혁당 사건의 공개재판을 요구한다"고 말했다. 이날 서울교회 배성산 목사는 기도를 통해 "이 나라의 우상화된 바벨탑과 민의를 떠난 체제를 타파하여 정의와 자유가 이 땅에 오게 하여 특정인을 위한 국가가 되지 않도록 해달라"고 말했다. |
| | 삼일절 기념 기도회 서울 YWCA 주최 「동아일보」 1975. 2. 27.<br><br>서울 YWCA가 주최한 "나라를 위한 3.1절 기념대회 기도회"가 26일 오후 7시 기독교인 3백 명이 참석한 가운데 열렸다. 감리교신학대학 박봉배 교수는 설교를 통해 "기독교는 개화기의 기수로서 민중에게 민족의식을 심어주었고 전국 교회가 3.1운동에 적극 참여, 독립운동의 본거지로서 역할을 다했다고 말하고 모든 기독교인은 이 같은 선열들의 참여 정신에 따라 민족적 의식을 갖고 정의의 행진 속에 뛰어들어 나가야 한다"고 말했다.<br>------------------------------------------------------------<br>출옥 두 교수 환영강연회 기독교수협 1일 새문안교회 「동아일보」 1975. 2. 28.<br><br>한국기독자교수협의회(회장 이문영 박사)는 3월 1일 오후 2시부터 새문안교회에서 동 협의회 회원인 연세대 김찬국, 김동길 교수의 석방환영회와 강연회를 갖는다. 이날 강연회에는 두 석방 교수와 함께 한국신학대 안병무 교수가 "민족 민중 교회"를 주제로 강연한다.<br>------------------------------------------------------------<br>예장 평신도연합회 3.1절 구국기도회 민주 회복 통성기도 「동아일보」 1975. 3. 1; 「조선일보」 1975. 3. 2.<br><br>대한예수교 장로회 평신도회 서울노회연합회가 주최한 "3.1절 민족 항거 기념 평신도 연합 구국기도회"가 1일 오전 7시 반부터 서울 새문안교회에서 6개 노회 대표 1백50여 명이 참석한 가운데 열렸다. 이날 기도회에서 조남기 목사는 설교를 통해 "민족의 저항정신이 평민들 속에 성숙되어 나타난 것이 바로 3.1운동이고 진실만은 빼앗기지 않으려는 저항이 3.1 정신이다"며 "신앙의 자유를 위해서 평신도들이 목숨을 내걸고 무엇인가 행동으로 표현해야 하는 것이 오늘의 현실이다"고 말했다. 이날 기도회에서 사회를 맡은 한국기독교교회협의회 인권위원회 고환규 간사는 지난해 긴급조치로 자신이 당한 고문과 인권 유린행위에 대해 양심선언을 한 후 폭로했다. 참석자들은 이날 기도회에서 민주 회복과 인권 수호, 고문 및 박해의 추방, 출옥 민주인사들의 인권 보장 등을 위해 통성기도를 했다. 한편, 이날 기도회에서 나온 헌금은 광고 탄압으로 고통받고 있는 동아일보를 위해 격려 성금으로 기탁했다.<br>------------------------------------------------------------<br>3.1운동 전통 살려 현실 극복 원천으로 「동아일보」 1975. 3. 1.<br><br>기독교감리회 기념 예배.<br>3.1운동 56주년 기념 예배가 서울 서대문구 창천동에 있는 기독교대한감리회 창천교회에서 김창희 감리교감독, 연세대 김찬국 교수, 3.1여성동지회 황신덕 여사 등 3백여 명이 참석한 가운데 열렸다. 이날 기도회에서 연세대 신과대 학장 문상희 박사는 "역사의 의미"란 설교를 통해 "아무리 위대한 역사를 가졌다고 해도 그 역사를 계승하여 발전시키지 못하면 죽은 역사"라면서 "3.1운동의 기억과 전통을 되살려 오늘의 현실을 극복하는 원천으로 삼자"고 말했다. 창천교회 박춘화 목사는 개회사를 통해 "3.1운동은 전 민족의 독립운동이요 자주운동이었으며 또한 우리 종교인들이 선봉에 섰던 구국운동이다"라고 말했다. 이날 기념 예배에서는 독립선언서 낭독이 있었다. 이 교회는 33인 중의 한 사람인 이필주 목사가 맡았던 교회로 지난 69년부터 매년 기념 예배를 보아왔다. |

---

출옥 교수 환영 강연 "민족이란 이름 밑에 민중은 수탈만 당해" 「동아일보」 1975. 3. 3

기독교교수협 최종길 교수 사인 규명 등 요구.
한국기독자교수협의회(회장 이문영 박사)가 주최한 김찬국, 김동길 교수 출옥 환영 강연회가 1일 오후 2시부터 새문안교회 교육관에서 출옥한 교수와 1천여 명의 시민들이 참석한 가운데 열렸다.
이화여대 김옥길 총장과 현영학 문리대학장, 연세대 서남동 교수, 경희대 김성식 교수 등 50여 명의 대학교수와 공덕귀·이희호·이우정 여사 등이 참석, 새문안교회 교육관 강당을 입추의 여지없이 메웠는데 장소가 좁아 입장치 못한 5백여 명의 청중들이 교회 뜰에서 강연회를 지켜보았다. 한국신학대 안병무 박사는 "민족 민중 교회"라는 설교를 통해 "우리 역사에서 민족은 있어도 민중은 없었다. 실재하는 것은 민중이고 민족이란 대외관계에서 형성되는 상대적 개념인데도 불구하고 민중은 민족을 위한다는 이름 밑에 계속 수탈당해왔다"면서 "이것은 결국 민족도 없고 민중도 없고 그것을 이용하는 정부만이 존재하여 중국 대륙에의 굴욕적인 협상이나 한일합방 같은 민족적 비극이 민중을 떠나 집권자 몇 사람의 손에서 이루어지게 됐다"고 말했다.
이날 강연에서 동 협의회는 서울대 한완상 박사가 낭독한 성명서를 통해 "우리 교수들이 역사의 전위에 서지 못했음을 부끄러워한다"고 전제, "73년 중앙정보부에서 취조받던 중 자살했다고 하는 전 서울대 법대 최종길 교수의 비운의 진상을 공명정대하게 밝히라"는 등 5개 항을 요구했다. 이 성명은 ▲ 출옥된 교수와 학생 그리고 민주회복국민회의 서명과 관련, 사표 내지 파면당한 교수들의 복권을 무조건 촉구한다. ▲ 부정투표를 폭로한 교사의 용기를 전폭적으로 지지하며 이들에 대한 압력을 단호히 배격한다. ▲ 동아에 대한 탄압과 동아돕기운동에 대한 압력을 단호히 배격한다고 주장했다. 박철원 기독교 전국청년회 부회장은 기도를 통해 "이 땅에 만연한 권력 금력의 횡포 부정부패 공포 불신 탄압 부조리 부도덕을 몰아내고 민주 및 인권 회복이 이뤄진 민주 낙원이 서도록 해달라"고 기구했다.
이날 신앙 강연회의 연사인 감리교신학대 교수 박봉배 박사는 "한국 수난사와 한국 교회"란 주제의 강연을 통해 "초기 한국교회는 3.1운동을 주도한 것을 비롯해 조국의 근대화에 큰 기여를 했다"고 전제, "한국 교회사를 보면 기독교가 너무 정치 사회문제에 깊숙이 관여한 것 같으나 그것은 모든 불의에 항거하는 기독교 정신의 발로로 교회의 정도를 벗어난 것은 결코 아니다"고 말했다. 한편, 이날 주최 측은 미리 환영회에 나오기로 됐던 경북대 이광하 군 등 대구지방의 구속자 6명이 "밝힐 수 없는 이유"로 타의에 의해 나오지 못했다고 말했다. 동 협의회는 이날 여하한 이유와 형태의 인권침해도 죄악이며 이의 묵인이나 용납도 죄악이라는 내용의 인권 선언문을 채택했다.

---

교회는 눌린 자 위해 노력을 「조선일보」 1975. 3. 2.

기독자교수협, 석방 교수 강연회.
2. 15 조치로 석방된 김동길, 김찬국 교수 환영 강연회가 한국기독자교수협의회 주최로 1일 오후 새문안교회에서 공덕귀 여사, 이대 김옥길 총장, 김대중 씨 부인 이희호 여사와 학생, 신도 등 1천5백여 명이 참석한 가운데 열렸다. "민족, 민중, 교회"라는 제목의 이날 강연에서 한국신학대학 안병무 교수는 "현 정권은 민족적 민주주의를 내세워 민중을 매도하고 있다"면서 "이번에 석방된 교수들은 민중의 소리를 대변하던 사람들이며 이들을 투옥한 것은 현 정부가 민중의 소리를 체질적으로 들을 수 없다는 사실을 의미한다"고 말했다. 안 교수는 또 "한국교회는 자유당 정권 때의 부끄러운 과거를 청산, 눌린 자 의로운 자 등 민중을 위해 모든 노력을 바쳐야 한다"고 강조했다. 이어 김동길 교수는 "대통령과 중앙정보부, 5.16 혁명 등에 관해 말하는 것이 지금까지 금기로 되어왔다"면서 "사실을 사실대로 논의함으로써 민중과

| | 지도자를 모두 정직하게 만들도록 하는 것이 기독교의 사명"이라고 말했다. 강연회를 마친 뒤 기독자교수협의회는 "오늘날의 상황에서 교수들이 역사의 전위에 서지 못했음을 부끄러워한다"고 전제, "인권과 자유, 평등이 신장되도록 민주적 국민 단합을 이룩할 것을 결의한다"면서 다음 5개 항을 밝혔다. ① 73년 중앙정보부에서 취조 받다 자살했다고 하는 전 서울 법대 최종길 교수의 비운의 진상을 명백히 밝힐 것. ② 2. 15 조처로 석방된 교수 및 학생과 74년 민주 회복 국민회의에 참여했다는 이유로 사표 내 파면당한 교수들의 무조건 복권을 촉구한다. ③ 교직자의 양심에 따라 부정투표를 폭로한 교사들의 용기를 전폭 지지한다. ④ 교사들의 용기 있는 행동을 억압하는 여하한 압력도 거부한다. ⑤ 동아일보 탄압을 배격한다.<br>-----------------------------------------------------------<br>민주 인권 회복 기원 「동아일보」 1975. 3. 3.<br><br>민주 인권 회복 기원 기독교청년연, 대구서 기도회<br>【대구】 한국기독교청년연합회협의회(회장 김태환)가 주최한 3.1절 기념 연합예배 및 신앙 강연회와 구속자 석방 환영회가 1일 저녁 8시부터 대구 제일교회에서 석방된 서창석 군(전 KSCF 회장) 등 3백여 명의 회원 및 일반 신자들이 참석한 가운데 열렸다.<br>-----------------------------------------------------------<br>8일 동안 기도 전남 강진 도암교회 「동아일보」 1975. 3. 3.<br><br>【광주】 전남 강진군 도암면 도암교회에서 지난 23일부터 시작된 3.1 정신 구현 민주회복기도회가 2일 정오까지 8일 동안 계속됐다. 이번 기도회에는 윤기석 목사 등 250여 명이 참가했다.<br>-----------------------------------------------------------<br>3.1절 기념 예배 성남 주민교회 「동아일보」 1975. 3. 3.<br><br>【성남】 1일 오후 3시 성남시 신흥동 주민교회에서 기독교 신자 1백여 명이 참석한 가운데 3.1절 기념 예배가 거행됐다. 이날 초청 연사로 나온 박형규 목사는 "현시점에서 한국의 진정한 혼은 감옥에 가는 것을 두려워하지 않는 것"이라고 강조하고 자신의 문제를 다른 사람이 해결해주기를 기다리는 의타심을 버려야 한다고 말했다.<br>-----------------------------------------------------------<br>광주서도 기념 예배 「동아일보」 1975. 3. 3.<br><br>【광주】 1일 오전 광주시 제일장로교회에서 각 교회 교역자 신도들 1천여 명이 모인 가운데 3.1절 기념 예배가 열렸다. 이날 한완석 목사는 설교를 통해 "우리 생존권을 억압하는 독재와 싸워 이겨야 한다"고 말했고 이학성 장로는 독립선언문을 낭독했다. 이 예배에서 동아일보를 돕는 성금도 있었다.<br>-----------------------------------------------------------<br>교역자들 가두데모 장로회 전남노회 「동아일보」 1975. 3. 3.<br><br>【목포】 1일 오전 한국기독교장로회 전남노회와 선교활동 자유수호위원회 주최로 목포 시내 남부교회에서 3.1절 기념 예배가 열렸다. 교역자 신도 등 2백여 명이 모인 이 예배에서 김현석 목사는 "교회는 3.1 정신의 뜻을 받들어 진정한 민주주의를 이룩하는 데 역사적 사명을 가져야 한다"고 말했다. 예배를 끝낸 후 교역자 15명은 "대한민국 만세, 민주 회복 만세" 등을 외치며 교회에서 5백m 떨어진 무안동 중앙교회 앞까지 가두시위를 벌였다. 예배 후 신도들은 동아일보를 돕는 성금을 거뒀다. |

8일간 구국기도회 「조선일보」 1975. 3. 4.

【광주】 3.1 정신구현 민주회복 구국기도회가 지난달 23일 낮 12시부터 전남 강진군 도암면 도암장로교회(윤기석 목사) 신도 250여 명이 참석한 가운데 2일 낮 12시까지 8일 동안 계속됐다. 이동교 씨(67) 등 신도들은 강단 위에 촛불을 켜 놓고 3인이 1조가 되어 2시간씩 교대로 강당 앞에 나가 기도를 올렸다. 이들은 2일 낮 12시 "3.1 정신 구현하여 유신헌법 철폐하고 민주 회복 이룩하자"는 등의 구호와 만세삼창을 부른 후 해산했다.

장로회 전북노회, 김제서 기도회 인권 억압 묵과 못해 「동아일보」 1975. 3. 4.

【전주】 한국기독교장로회 전북노회의 자유선교수호위원회(위원장 송상괴 목사)가 주최한 "오늘의 선교자유와 인권을 위한 기도회"가 3일 오전 11시부터 전북 김제읍 신풍교회에서 김제 정읍 관내 21개 교회를 대표한 2백 50여 명의 교역자 신도 등이 참석한 가운데 열렸다.
윤영구 목사 사회로 열린 이날 기도회에는 은명기 목사, 전 신민당 국회의원 유청 씨, 김기옥 변호사, 신삼석 목사, 김경섭 목사 등 민주회복국민회의 전북지부의 고문 대표위원과 대통령 긴급조치 위반으로 구속됐다가 풀려나온 전 국회의원 유갑종 씨 등이 참석했다.
이날 강희남 목사는 설교를 통해 "인권을 억압하고 고문을 자행하는 처사는 신앙인의 양심으로 도저히 묵과할 수 없다"고 전제, "이 같은 모든 악의 구조가 이 땅 위에서 없어질 때까지 다 같이 투쟁하자"고 호소했다.

고문 행위 근절 요구 장로회 '교회, 사회위원회' 성명 「동아일보」 1975. 3. 3.

한국기독교장로회총회(총회장 인광식) '교회와 사회위원회'는 권력기관이 법을 외면하고 무고한 국민과 야당 정치인들에게 가한 야만적인 고문은 정치나 법 이전에 인도주의와 민간 양심에 역행하는 행위로서 하나님의 진노와 형벌을 면치 못할 죄악이라고 단정하고 불법적인 고문과 사형의 근절을 주장하는 성명을 발표했다.
3일 오후 조향록 목사 사회로 진행된 회의에서 채택된 이 성명에서 기장총회는 "모든 국민은 고문을 받지 아니한다"는 헌법과 그 헌법을 수호해야 하는 대통령 그리고 사법부가 엄존하는 이 땅에서 이 같은 잔악한 고문이 자행되고 있는데 경악과 분노를 금할 수 없다고 말하고 권력기관에 고문당한 사람들이 그들뿐만이 아니라는 사실로 볼 때 국민과 전 세계 인류의 규탄을 받아야 한다고 주장했다. 이 성명은 "고문의 책임이 헌법의 수호를 맹세한 박 대통령에게 있으므로 대통령과 정부는 이를 객관적 위치에 설 수 있는 기관으로 하여금 철저히 조사케 하여 진상을 밝히고 천하가 수긍할 수 있는 근절책을 마련하라"고 주장했다. 또한 이 성명은 "전체 국민 특히 각계각층의 지도자들에 대해 무법한 폭력에 굴하지 말고 이와 같은 폭력행위를 보고 듣는 대로 폭로하여 이 땅에서 비인도적 행위를 근절하는 과감한 행동에 나서라"고 촉구했다.

기장 서울노회 종교 자유 활동 총리에 요구키로 「동아일보」 1975. 3. 5.

한국기독교장로회 서울노회 선교자유활동수호위원회(위원장 오병직)는 5일 "서울종로경찰서가 지난 1일 수도교회에서 각급 졸업생들에게 나눠주려고 한 인쇄물과 동판을 압수, 지금까지 사과나 반환

| | |
|---|---|
| | 조치를 하지 않은 것은 종교탄압"이라고 주장하고 자유로운 종교 활동을 보장해 줄 것 등 3개 항을 요구하는 공개 항의서를 국무총리 내무장관 등에게 보내기로 했다. |
| 34 | 3/6 목요기도회.<br><br>① 목요기도회 자체 성명서(7회차 추정)<br>항의서<br>우리는 온 국민과 더불어 공산주의의 남침야욕을 엄중 경계하며 반공 태세를 철저히 하고 있는 바이다. 공산주의자는 결코 용납할 수 없다는 국민의 감정과 같이 우리도 공산주의적 활동을 하는 인사들을 돕거나 비호할 의도도 갖고 있지 않다. 또한 우리는 어떠한 피고인이라 할지라도 유죄의 선고가 확정되지 아니한 이상 당연히 무죄의 추정을 받는 것이 형사소송법의 기본이념이라 믿고 있다. 그러나 현재 대법원에 계류 중에 있는 소위 인혁당 관련 인사에게 "공산주의자니, 김일성 지명을 받았다느니" 하는 방송선전은 비록 그들이 공산주의자로 혐의를 받고 있다 하더라도 엄연한 명예훼손이며 인권침해라 지적하지 않을 수 없다. 이에 최근 각 텔레비전 방송을 통해 그들이 공산당으로 형이 확정된 것인 양 선전하는 것을 즉각 중지하여 줄 것을 엄중히 항의한다. 이것이 실현되지 않을 때는 소정의 법절차를 밟아 시정을 요구토록 하겠음을 통고하는 바이다.<br><br>1975년 3월 6일<br>구속자가족협의회 김은식<br>구속자가족후원회 진필세<br>목요정기기도회[10]<br>------------------------------------------------------------<br>"기도는 민주 교두보" 정의자유 위한 목요기도회 「동아일보」 1975. 3. 6 ; 「조선일보」 1975. 3. 7.<br><br>정의와 자유를 위한 목요기도회가 6일 오전 10시 기독교회관 2층 대강당에서 함석헌 씨, '시노트' 부주교, 이희호 여사, 이철, 나병식 군과 구속자 가족 등 2백여 명이 참석한 가운데 열렸다.<br>기도회에서 긴급조치 위반 혐의로 서울구치소에 수감됐다가 지난 2월 17일 풀려난 연세대 김찬국 교수는 설교를 통해 구치소에 있을 때 교도관들마저 긴급조치 위반 혐의로 들어온 분들은 조금만 있으면 나가게 될 것입니다"라고 격려했다면서 "감옥 안에서나 밖에서 계속되는 기도의 힘이 이 사회의 양심 세력을 형성하고 민주주의의 교두보를 마련했다"고 말했다. 이어 경수도시산업선교회 안광수 목사는 기도를 통해 "인간이 만들어 낸 여러 가지 법과 조작된 행위가 인간의 가치와 존엄성을 짓밟고 아름다운 질서를 일그러뜨리고 헝클어지게 하고 있다고 말하고 이른바 인혁당과 민청학련 사건 등 역사에도 남길 수 없는 일로 인해 고난을 받는 사람들에게 용기를 주고 정의와 불의가 확실히 판가름 되는 날이 오게 해 달라"고 말했다.<br>------------------------------------------------------------<br>구속자가족협 목요기도회 「동아일보」 1975. 3. 7.<br><br>구속자가족협의회는 6일 오후 기독교회관 강당에서 열린 목요기도회에서 성명서를 통해 대법원에 계류 중인 인혁당 관련자에게 공산주의자니 북괴 지령을 받았다느니 하고 일부 방송에서 보도하는 것은 명예훼손이며 인권침해라고 주장했다. 이들은 성명서에서 우리는 온 국민과 더불어 공산주의의 남침야욕을 엄중 경계하며 공산주의자를 비호할 생각은 추호도 없다고 전제 어떠한 피고인이라도 대법원에서 유죄의 선고가 안 된 이상 무죄의 추정을 받는다는 것이 형사소송법의 기본이념이라고 믿는다고 말했다. |

<table>
<tr><td></td><td>출감 인사 강연회 「조선일보」 1975. 3. 8 ; 「동아일보」 1975. 3. 7.<br><br>【광주】 목요기도회 출감 인사 강연회가 6일 오후 7시 광주 YWCA, 광주기독교협회, 광주기독교학생회 등 4개 단체 공동주최로 광주시 동구 대의동, 광주 YWCA 강당에서 성직자 대학생 시민 등 4백여 명이 참석한 가운데 열렸다. 민청학련으로 투옥됐다 지난달 출감한 서울제일교회 박형규 목사는 강연을 통해 "한국의 혼을 되찾기 위한 민주 회복을 위해 계속 투쟁하겠다"고 밝혔다. "유신헌법은 악법이므로 민주 헌법으로 고쳐야 하며 이 악법에 근거를 둔 긴급조치법도 없애야 한다"고 말하고 "툭하면 안보나 반공을 내세워 정권 연장의 방편으로 이용하고 있다"고 지적했다.<br>--------------------------------------------------------------------------------<br>인간해방선언 선포 「조선일보」 1975. 3. 9 ; 「동아일보」 1975. 3. 7.<br><br>【원주】 기독교대한감리회 목사 44명이 7일 오후 원주 제일 감리교회에서 열린 75년도 동부연회에서 "동부연회정의구현 목사 44인단"을 결성, 정의 구현에 방해되는 모든 요소에 대해 무저항 비폭력 등 순교자적 자세로 투쟁한다는 행동강령을 채택했다. 이 목사들은 또 이날 오전 교회에서 구국기도회 및 석방자 환영 예배를 갖고 < 인간해방선언 >을 선포하고 인간의 양심을 억제하는 법 제도를 전면 거부한다는 등 5개 항의 결의문을 채택했다.<br>--------------------------------------------------------------------------------<br>장로회 전북노회 석방자 사면 등 요구 선교와 인권 기도회 「조선일보」 1975. 3. 11; 「동아일보」 1975. 3. 11.<br><br>【전주】 한국기독교장로회 전북노회가 주최한 "오늘의 선교와 인권을 위한 기도회"가 10일 저녁 7시 반경 전주시 중앙동 신흥교회에서 열렸다. 250여 명의 신도가 모인 이날 기도회에서 김제 신흥교회 이천수 목사는 "교회와 정치"라는 제목으로 설교하면서 "오늘의 현실은 권력을 장악한 소수에 의해 국민의 주권이 억압당하고 있으며 천대를 받고 있다"고 주장했다. 기도회는 '오글' 목사 추방취소 민주 투사들의 즉각 사면 동아일보에 대한 탄압 중지 등 9개 항목의 선교선언문을 채택했다.<br>--------------------------------------------------------------------------------<br>경수도시산업선교회 세미나 "노총 자율 기능 저해 말도록" 「동아일보」 1975. 3. 11.<br><br>경수도시산업선교회(총무 안광수 목사)가 주최한 3.1절과 노동절 기념 세미나가 10일 오후 6시부터 4시간 동안 3백여 명이 참석한 가운데 관악구 신대방에 있는 돈보스꼬센터에서 열렸다.<br>민주사회와 인권운동을 주제로 한 이날 세미나에서 서강교회 도건일 목사는 설교를 통해 "3.1운동은 기독교인이 앞장을 선 자주적인 구국운동이었다"며 "정신은 자유를 모체로 하고 있으므로 이웃의 인권을 짓밟지 말아야 한다"고 말했다. 이날 세미나에서 함석헌 씨가 "3.1운동과 인권운동", 고려대 김윤환 박사가 "민주주의와 노동운동"이란 제목으로 강연했다.<br>한편 경수도시산업선교회는 이날 세미나에서 "근로자에 대한 조직적이고 지능적인 탄압 정책을 시정하고 자율적 단체인 한국노총을 본의 아닌 목적으로 이용하거나 간섭, 근로자의 주체 의식과 자체 활동의 능률을 파괴시키는 행위를 하루속히 근절하라"는 등 4개 항을 요구하는 성명서를 채택했다.</td></tr>
<tr><td>35</td><td>3/13 목요기도회.<br><br>① 구속자가족협의회와 목요기도회 동시 성명(8회차 추정)</td></tr>
</table>

| | |
|---|---|
| | 성명서<br>우리는 동아일보와 조선일보에서 발생된 최근의 사태에 말을 잊고 말았다.<br>소위 유신체제의 발동 이후 일어난 자유언론실천운동은 질식해 가던 민족혼을 살렸으며 국민으로 하여금 용기를 가지고 민주 회복 대열에 참여할 수 있게 하였었다. 그랬기에 우리는 그동안 동아의 가족이 된 일체 감속에서 비열한 광고 탄압의 파도를 헤쳐 나가는 데 기도와 헌금으로 도와 왔던 것이다. 이제 동아의 아픔은 민족의 아픔이요, 동아의 고투는 민족의 고투가 되었다. 동아는 결코 몇몇 기자나 경영자의 것이 아니라 민족의 눈이 되고 있다. 그러나 그동안 사원 해고 사건이 일어났다는 것은 웬일인가? 이것은 이 민족을 천길 절망의 벼랑으로 떨어뜨려 추락사를 시키는 것과 다를 바가 없는 처사다. 더구나 조선일보에도 해고, 정직 사건이 일고 있음에 그저 경악을 금치 못할 뿐이다. 이것은 자유 언론을 염원하는 국민을 배신한 행위이다. 그러나 이제 민족의 절망은 분노로 그 분노는 다시 동아, 조선, 한국 언론을 희생시키는 운동으로 승화되고 있음을 엄숙히 밝히며 다음 몇 가지를 선언하는 바이다.<br>1. 우리는 언론자유실천운동을 분해하려는 자를 반민족 분자로 단정한다.<br>2. 정부는 지능적이고 간악한 자유 언론 말살 정책을 즉각 중지하라.<br>3. 언론 경영주들은 민족의 양심을 가지고 더 이상 국민을 배신하지 말 것이며 해고, 정직된 사원들을 즉시 복귀시킬 것을 국민의 이름으로 요청한다.<br>4. 해고와 정직의 위협 속에서 굴하지 않고 정하는 언론인들에게 뜨거운 눈물로 성원을 보낸다. 우리는 여러분과 더불어 끝까지 자유언론을 위해 투쟁할 것을 약속한다.<br>5. 오늘의 사태가 수습되지 않는다면 우리는 이미 신문이 아닌 신문, 방송이 아닌 방송이 되어버린 배신적 언론을 자기 눈알을 뽑는 아픔을 견디면서라도 이 민족사에서 영원히 도망시키고야 말 것을 선언한다.<br><br>1975년 3월 13일<br>구속자 가족협회<br>목요정기기도회[11] |
| | 3/20 목요기도회.<br><br>김상근 목사 사회, 설교<br>목요일 오후 3시에 기도회. 서울복음교회에서 30여 명 참석. 교회 주위 기관원 20여 명 배치하고 기도회를 감시하다. |
| 36 | 학생 사면 요구 구국기도회도 「조선일보」 1975. 3. 21.<br><br>감리교신학대생 2백여 명은 20일 낮 12시 30분쯤 교내에서 구국기도회를 열고 ① 면학 분위기를 흐리는 문교부 장관은 물러날 것, ② 석방 학생을 빨리 사면할 것 등을 요구하는 성명서를 채택했다.<br>-------------------------------------------------------------------<br>"하느님 사도로 양심을 되찾자" 광주 목요기도회 「동아일보」 1975. 3. 22.<br><br>【광주】 20일 밤 7시 광주 YWCA 강당에서 제8회 목요기도회가 많은 신자들이 모인 가운데 열렸다. 이날 밤 기도회에서 권인형, 조비오 목사는 강론을 통해 "고문의 몽둥이에 도살당하는 불쌍한 양 떼를 돕는 하느님의 사도로서 양심을 되찾자"고 말했다.<br>-------------------------------------------------------------------<br>전북 기독교 '고난주간' 특별예배 "예언자적 사명감 민주 회복 적극 참여" 「동아일보」 1975. 3. 26. |

| | |
|---|---|
| | 【전주】 전북도 내 기독교 각 교파의 성직자와 신도 등 1천여 명은 25일 오후 7시 반 시내 고사동 중부교회에서 고난주간을 기리는 특별 연합예배를 갖고 민주 회복과 학원 및 언론의 자유 수호를 다짐했다. 이날 예배에서 강원용 목사(크리스천 아카데미 원장)는 "크리스트 고난의 현대적 의의"라는 강연을 통해 "교회는 예언자적 사명감에서 사회 부조리의 제거와 민주 회복을 위해 적극 참여해야 하며 고난을 당하는 사람들의 편에서 싸워야 한다"고 말했다. 이날 예배에서는 시내완산교회의 염용택 목사의 인권과 민주 회복을 위한 기도와 시내 중산교회의 신삼석 목사의 신앙과 언론 학원의 자유 수호를 위한 기도가 있었다. |
| 37 | 3/27 목요기도회.<br><br>기도: 문정현 신부, 설교: 문동환 목사<br>① 목요정기기도회 자체 성명서(9회차 추정)<br><br>우리의 주장.<br>지난 11일의 조선일보 기자들의 농성, 축출 사건과 17일 동아일보 기자와 동아방송 제작자들에 대한 폭거 이후, 우리는 실로 착잡한 심정에 빠져 있다.<br>지난 13일의 성명과 20일의 기도회를 통하여 우리의 입장과 각오를 이미 밝힌 바 있으나, 최근 동아일보의 지면을 대하면서 경영주와 제작 참여 직원들이 말하고 있는, 자유 언론 실천 약속이 거짓된 것임을 알게 된 것을 유감으로 생각한다.<br>신문이란 원래 중립적 입장을 지켜 서로 반대되는 입장을 동일하게 취급함으로써 독자들로 하여금 진실을 찾고 판단하도록 하는 사회의 공기라고 생각된다. 그러나 동아, 조선, 동아방송은 이미 중립적 입장에 선 독자의 것이 아니라 경영주들의 것이 되고 말았다. 회사 측의 일방적인 변명과 선전으로 광고와 기사를 채우는 경영 자세를 걷고 자유 언론적 자세라 볼 수 없기 때문이다. 회사 측의 주장은 대서특필하면서 축출된 기자들의 주장은 왜 싣지 않는가? 그러면서도 자유 언론을 실천하고 있다고 말할 수 있는가? 동아는 아직 독자의 동아, 국민의 동아에서 회사의 유물, 경영주의 사유물로 전락하고 말았다.<br>또한, 언제부터 이 나라의 자유 언론투쟁이 경찰의 비호 하에 추진되게 되었는가? 17일 새벽 동아일보사 앞의 사복경찰을 관할 경찰서장이 진두지휘했던 사실은 동아가 과연 자유 언론을 하겠다는 결의 때문에 이루어진 것인가? 정치권력과 동아가 호흡이 맞아가고 있다면 회사 측이 별소리로 자신을 변명해도 굳이 듣는 백성은 한 사람도 없을 것임을 명심해야 할 것이다. 이제 회사가 갈 길은 하나밖에 없다. 해직된 기자, 직원들을 전원 복직시키고 악한 권력과 싸워 다시 정론을 펴나가는 길뿐이다. 우리는 동아와 조선의 경영주들에게 해고 직원의 복직과 국민의 기대를 배신하지 말 것을 정중히 촉구하는 바이다. 만약 이러한 국민의 주장이 받아들여지지 않는다면 우리는 동아를 배신 언론으로 규정할 뿐 아니라 민족사의 영원한 죄인으로 선고되는 자리에 증인으로 나선 것을 공언한다.<br>김지하의 재구속은 무엇을 뜻하는가? 정부는 백성을 솔직하게 대해야 할 것이다. 석방 후 그렇게도 철저한 감시를 해 왔으면서도 그를 재구속 하고만 것은 정치적 목적 때문이 아닌가, 국민은 의혹을 품고 있다.<br>구차한 이유를 달아 석방치 않고 있는 이현배 등은 정부의 인질 노릇을 하게 될 것이 아닌가 느껴진다. 김지하와 이현배 등은 국민의 의혹이 더 깊어지기 전에 조속히 석방되어야 할 것이다.<br>계속 논란이 되고 있는 소위 인혁당 사건에 대한 군사재판 기록의 공개와 앞으로의 재판을 공개리에 진행하라는 국민의 요청에 아무런 응답이 없음을 안타깝게 생각한다. 만약 그들이 공산당으로서 민청학련을 조종했다면 정부는 마땅히 공개재판을 통해 국민에게 경각심을 일으켜 주어야 할 것이다.<br>우리는 또한 석방 학생의 복교 문제에 대한 연세대의 결단을 적극 지지한다. 그것은 너무나 당연한 일이기 때문이다. 그러나 문교부가 공부하겠다는 학생을 막고 가르치겠다는 교수를 해직시키라고 강요 |

| | |
|---|---|
| | 하며 뜻대로 되지 않으면 총장을 해임하겠다고 협박하고 있는 사태를 슬프게 생각한다. 정부는 하루속히 이성을 찾아 하나님의 백성들을 더 이상 억압하지 말 것을 충심으로 진언한다.<br>우리는 하나님의 도우심으로 민주 회복, 인권 회복, 정의와 자유가 구현되는 날이 하루속히 올 것을 기도할 것이며 고통받는 모든 사람들의 이웃이 될 것을 다시 다짐하는 바이다.<br><br>1975년 3월 27 일 목요정기기도회.[12]<br>---------------------------------------------------------------------<br>목요정기기도회 기독교회관서 「동아일보」 1975. 3. 27.<br><br>27일 오전 10시 서울 종로5가 기독교회관 2층 강당에서 목요정기기도회가 공덕귀 구속자가족협의회 회장, 함석헌 옹, 김대중 씨 부인 이희호 여사, 신·구교 성직자 및 신도 등 2백여 명이 참석한 가운데 열렸다. 이날 기도회에서 문정현 신부는 "민주 회복과 자유 언론 고난받는 사람들을 위해서 죽을 수 있는 용기와 각오를 달라"고 기도했으며 문동환 목사(한국신학대학 교수)의 설교도 있었다. 목요정기기도회는 이날 "우리의 주장"을 통해 김지하 씨 재구속은 부당하며 인혁당 사건의 공개재판을 요구한다고 말하고 석방 학생의 복교 문제에 대한 연세대의 결단을 지지한다고 밝혔다. 기도회는 또 동아와 조선일보사에 대해 해임사원의 복직과 국민의 기대를 저버리지 말 것도 촉구했다. |
| | 민주회복구속자협의회 발족 「조선일보」 1975. 3. 28.<br><br>민주회복구속자협의회가 27일 오후 1시 종로5가 기독교회관 2층 강당에서 2.15 석방 학생 및 구속자 가족 등 30여 명이 참석한 가운데 발족됐다. |
| 38 | 4/3 목요기도회<br><br>4/3 선교자금 횡령, 배임 등으로 김관석, 박형규, 조승혁, 권호경 목사를 구속.<br>① 학원 횡포, 한승헌·김지하 구속, 언론 사태에 대한 목요정기기도회 자체 성명서(10회차 추정)<br><br>우리의 주장<br>우리는 지난 9개월간의 기도회에서 이 나라 백성의 인권 보장과 자유정의실현, 독재적인 현 유신체제의 철폐를 기도해 왔다. 언젠가는 우리의 기도가 성취되고야 말 것을 믿고 있다. 그러나 우리는 최근의 몇 가지 사태에서 오히려 독재체제의 심화 내지는 고질화 현상을 보게 되었음을 유감으로 생각한다. 국민에 봉사하고 사회질서를 유지하며 인권을 보장해야 할 정부가 어느 사이에 비이성적 완력 단체로 국민 앞에 나타나고 말았다. 이러한 현실 밑에서는 국가안보의 위협은 물론, 억눌리는 백성들의 자유의지는 압살당하고야 말 것이다. 이에 우리는 "무리가 목자 없는 양과 같이 고생하며 지친 것을 보시고 불쌍히 여기셨다"(마태복음 9:36)는 우리 주님의 심정을 헤아려 다음 몇 가지를 관계 당국에 엄중히 촉구하려 한다.<br>1. 학원에 대한 횡포에 대하여<br>도대체 문교부는 학원의 자율적 발전을 돕기 위한 기관인가 아니면 그것을 파괴하기 위한 기관인가? 연세대학의 복직, 복교 결정이 정치적 차원에서 취해진 것이 아님은 분명하다. 모처럼 이루어진 면학을 위한 석방 조치에 발맞추어 그 뒷 처리를 한 것에 불과한 것이다. 그렇다면 문교부의 총장 해임 방침은 무엇을 위한 것인가? 강경을 위한 강경, 탄압을 위한 탄압, 체면을 위한 고집에 급급하고 있다면 실로 이 나라의 오늘을 위해 우리는 통곡을 금치 못하고 있다. 만약 지금처럼 복직, 복교를 총장을 해임시켜서라도 저지해야 하는 것이라면 왜 그들을 석방시켰었는가? |

또한 한국신학대학에 계고장을 보내 휴업령을 발동하겠다고 했다니 실로 문교 당국자의 양식을 의심하지 않을 수가 없다. 정상수업을 하지 못하는 것도 아니요 비상 재해가 발생한 것도 아니지 않는가?

더구나 연세대학이나 한국신학대학은 모두가 교회와 직접적인 긴밀한 관계가 있는 한국교회의 대학들이다. 이에 우리는 문교부가 이성을 되찾아 대 학원 정책을 일신하여 국론분열을 촉진하는 반국가적 기관이 되지 않기를 엄숙히 경고하며 하나님께 기도하는 바이다.

2. 한승헌, 김지하 구속에 대하여

그동안 민청학련 사건 등을 소신껏 변론해 왔을 뿐 아니라 민주회복운동에 법조인으로 참여해 왔던 한승헌 변호사의 구속과, 김지하 씨의 재구속을 우리는 예의 주시하고 있다. 한승헌 변호사의 구속 이유인 글은 72년도에 『여성동아』에 발표되었던 글이라는 것은 만인이 다 아는 사실이다. 그러나 몇 년이 지난 오늘 반공법 위반으로 구속하는 근거가 되고 있다니 우리는 이 사건을 도저히 액면대로 받아들일 수가 없다.

김지하 씨 역시 동아일보에 실었던 수기가 반공법에 저촉되어 재구속되었다고 한다. 그러나 이제까지의 예처럼 그 글을 실었던 『여성동아』나 「동아일보」에는 아무런 조처를 취하지 않은 채 필자들만 구속하고 있는 것은 민주회복운동을 하는 인사들을 어떠한 구실을 붙여서라도 구속하여 그 활동을 제재하겠다는 것이 아닌가 사료된다.

여기서도 정부는 정권 안보를 위해서는 인권침해라도 불사하고 있다는 단죄를 면할 길이 없다고 본다. 그들이 도주와 증거인멸의 우려가 없는 한 자유로운 분위기를 위해서라도 일단 불구속으로 입건하여 공소 사안에 관계없는 민주회복운동에는 최대한의 자유를 보장해야 할 것이다.

3. 언론 사태에 대하여

작금의 언론 사태에 접하여 우리는 자유언론 실천이란 유신체제의 철폐 없이는 도저히 불가능함을 뼈아프게 느끼고 있다. 조직적이고 본질적으로 자유언론을 침해하는 힘이 있다면 그것은 분명히 민주한국의 영원한 죄인임을 지적해 둔다. 우리는 이제 이러한 형편 속에서의 기자들의 투쟁이 실로 험난한 가시밭길이 될 것을 아파하면서 한국교회협의회가 벌이고 있는 '고난받는 기자 돕기 운동'에 적극 호응할 것을 선언한다. 또한 전국 교회 역시 이 일에 전적으로 참여할 것을 믿어 의심치 않는다.

교회는 온 국민과 더불어 자유언론 실천을 위해 종교적 순교를 자취하고 있는 기자들을 돕고 기도할 것이며 보이지 않는 압력에 굴하고 있는 경영주들의 영단을 촉구하는 바이다.

1975년 4월 3일 목요정기기도회[13]

아동 구호기금 횡령 혐의 걸어 김관석 목사(NCC 총무) 수사 「동아일보」 1975. 4. 3; 「조선일보」 1975. 4. 4.

서울시경은 한국기독교교회협의회(NCC) 총무 김관석 목사가 서독 종교단체에서 보내온 빈민아동 구호금 2천7백만 원을 횡령했다는 혐의를 수사하기 위해 2일 오후 서울형사지법으로부터 압수수색영장을 발부받았다. 시경은 서독 세계급식선교회가 동 협의회에 보내준 2천7백만 원의 원조자금 신청 서류와 원조금 지출 관계 서류를 압수하기 위해 압수수색영장을 발부받은 것이다.

영장에 따르면 김 목사는 72년 초 청계천과 경기도 광주군, 남대문, 인천 등지에 빈민 아동들을 위한 교육·위생시설 건립 자금으로 서독의 세계급식선교회로부터 20만3천 마르크(한화 2천7백만 원)를 원조받아 횡령한 혐의를 받고 있다.

---

교문 사이로 1시간 대치 「조선일보」 1975. 4. 3.

한국신학대학생 120여 명은 2일 오후 1시 30분쯤 예배실에 모여 경찰에 연행된 김병국 군(23. 신학과

3)의 방면을 요구하는 기도회를 가진 뒤 교내시위에 들어가 1시간 동안 교문을 사이에 두고 경찰과 대치했다. 언론자유, 민주 헌정 회복이라고 쓴 흰 띠를 머리에 두른 이들은 망치로 잠긴 교문의 자물쇠를 부수고 밖으로 나가려 했으나 경찰의 최루탄에 밀려들어갔다.

---

소요 재발하면 휴업령 내릴 터 「조선일보」 1975. 4. 5.

한국 문교부는 2일 한국 신학에 대해 학원 내 소요 사태가 다시 발생할 경우 휴업 명령을 내리겠다고 학교 측에 통고했다. 문교부는 통고문에서 "한국신학대학은 학생들의 소요로 수업을 전폐하고 학사 질서가 문란해졌다"고 지적, "또다시 이런 소요 사태가 발생할 때는 대학의 지도 및 관리능력이 없는 것으로 보고 교육법 68조 1항(휴업 명령) 규정에 따라 조처할 것"이라고 밝혔다. 문교부 당국자는 이 같은 소요 사태가 다른 대학의 면학 분위기까지 해칠 우려가 있기 때문에 학교 측에 학칙의 엄격한 적용을 촉구한 바 있으나 지난 3월 26일에 이어 1일 전교생이 또다시 수업을 전폐하고 불법적 시위 선포 유인물 살포 등으로 문란 시켰기 때문에 이 같은 조처를 취했다고 말했다. 새 학기 들어 학원 소요 사태로 휴업령 경고를 내린 것은 이번이 처음이다.

---

"석방 인사-학생 강제 관광여행" 「동아일보」 1975. 4. 4.

사제단 등 항의.
3일 오후 6시쯤 함석헌 씨는 천주교정의구현 전국사제단, 기독교정의구현 전국성직자단, 목요정기기도회, 구속자 가족협의회, 구속자가족협의회 후원회 공동명의로 된 "관광여행에 대한 항의서"를 치안본부장에 전하려 했으나 만나지 못했다. 이 항의서는 당국이 석방 인사와 학생을 연행, 관광여행과 미인계를 쓰고 있다고 지적하고 이를 항의하는 내용으로 돼 있다. 이보다 앞서 이날 오전 기독교회관 강당에서 열린 목요 정기 기도회에서 석방 학생인 최민화 군(27·연세대 신과대 3년)의 아버지 최내길 씨(67)는 "수사 기관원들이 석방 학생들을 연행하여 관광여행을 시키면서 미인계를 쓰고 있다"고 폭로했었다.

---

광주서 목요기도회 「조선일보」 1975. 4. 4.

【광주】 3일 오후 7시 30분 제9회 목요기도회가 광주기독교연합회 YMCA YWCA 등 공동주최로 시내 제일감리교회에서 2백 명의 신도들이 모인 가운데 열렸다. 기도회에는 해임된 동아일보 기자 서권석 씨와 문영희 씨 등이 참석, 언론 사태에 대한 강연을 했고 조창석 목사는 설교를 통해 "이 사회에서 악한 세력을 물리쳐 하루빨리 정의를 구현하자"고 주장했다.

---

기독교교회협 종교 사찰 규정 「동아일보」 1975. 4. 5.

한국기독교교회협의회는 5일 기독교회관 2층 회의실에서 긴급실행위원회를 열고 동 협의회 총무 김관석 목사와 수도권특수지역선교위원회 위원장 박형규 목사의 연행 수사에 대한 대책을 논의했다. 동 위원회는 이날 사회적 신분이 뚜렷한 목사들을 불법연행하고 선교비를 유용했다는 사실무근한 일로 입건한 것은 종교의 사찰로 본다고 결론짓고 이에 대한 반박성명을 발표, 종교탄압의 중지와 목사들에 대한 연행을 풀고 납득할 만한 해명을 해줄 것 등을 요구했다.

---

김관석-박형규 목사 입건 「조선일보」 1975. 4. 5.

속보 = 한국기독교교회협의회 총무 김관석 목사에 대한 아동 구호금 유용 혐의를 수사 중인 서울시경은 4일 김 목사와 수도권특수지역선교위원회 위원장 박형규 목사를 업무상 배임 혐의로 입건했다. 경찰에 따르면 김, 박 두 목사는 서독 세계급식선교회가 한국의 극빈 아동 및 빈민촌 급식, 위생시설, 장학금, 직업훈련에 사용하도록 NCC에 보내준 20만 3천 마르크(약 2천7백만 원)를 이 같은 목적 이외에 선교자금 명목으로 변태 사용했음이 드러났다는 것이다.

---

"종교탄압의 조짐" 기독교성직자단 성명 「조선일보」 1975. 4. 5.

기독교정의구현 전국 성직자단은 4일 경찰의 김관석 목사에 대한 구호금 횡령 혐의 수사에 대해 "이 같은 처사는 종교탄압의 조짐으로 볼 수밖에 없다"고 주장하는 성명을 발표했다.

---

서울시경 기독교교회협 수사 확대 「동아일보」 1975. 4. 7.

기독교 6개 교단 구성인원도 조사.
속보 = 한국기독교교회협의회(NCC)의 구호금 유용 혐의를 수사하고 있는 서울시경은 7일 수사 범위를 확대, 동 협의회 가입 6개 교단의 구성인원, 기구, 교파별 실행 요원 등에 대해서도 조사에 착수했다. 경찰은 또 김관석 총무 명의의 입금 자금이 해당 은행으로부터 지출된 부분에 대해 그 취득자를 추적하는 확인 수사에 나섰으며 동 협의회가 각국 교단으로부터 지난 3년 동안 원조받은 내역 및 동 협의회의 금전 출납 요강 등에 대해서도 조사를 벌이고 있다. 한편, 경찰은 김 총무와 박형규, 조승혁. 권호경 목사 등 4명을 지난 3일 연행한 뒤 나흘째인 7일 오전까지 시내 모 호텔에서 조사 중이다. 또한 김 총무는 집에 전화를 걸어 아들 김하범 군(19)에게 장소를 옮겨 취조를 받고 있다고 알려왔으며 박 목사는 6일 동 협의회 직원을 통해 "계속 조사받고 있다"고 가족들에게 알려왔다는 것이다.

---

김관석 목사 영장은 기각, 박형규·조승혁 목사 구속 「동아일보」 1975. 4. 8; 「조선일보」 1975. 4. 8.

교회협 구호금 유용 혐의
속보 = 한국기독교 교회협의회(NCC) 구호금 유용 혐의를 수사 중인 서울시경은 7일 밤 수도권특수지역선교위원회 위원장 박형규 목사(51,서울제일교회 목사)와 기독교정의구현 전국성직자단 사무국장 조승혁 목사(40)를 업무상 횡령 혐의로 구속, 남대문경찰서에 수감했다. 이날 같은 혐의로 영장이 신청된 김관석 목사(57·NCC 총무)는 '증거불충분'으로 판사에 의해 영장이 기각됐으나 경찰은 김 목사의 신병을 계속 확보, 수사 중이다. 이날 구속영장은 서울지검 공안부 이재권 검사가 요구, 서울형사지법 김신택 판사가 발부했다. 영장에 따르면 조 목사는 NCC가 지난 72년 11월 서독교회원조기구(BFW)로부터 수도권 4개 지역 빈민 구호 등을 위해 원조받은 1천15만 1천4백 18원을 선교사업과 무관한 '구속자' 생활비로 5만 5천 원을 유용했으며 작년 12월 부평 공업단지의 삼원섬유 노조 분회장 유해우 씨(21)가 업무상 방해 등 혐의로 구속됐을 때 변호사착수금을 대주는 등 1천여만 원을 유용한 혐의를 받고 있다. 박 목사는 BFW로부터 보내온 원조금 6,895,640원 가운데 선교사업과 관계없는 변호사착수금으로 19,800원 개인 활동비로 175,000원 잡비로 5백여만 원 등을 변태 지출한 혐의다. 김 목사는 동 원조자금 중 구속자 가족 생활비, 변호사 착수금 등 1,304,000원을 변태 지출한 혐의로 구속영장이 신청됐었다.

---

김관석, 권호경 목사도 구속 「조선일보」 1975. 4. 11.

| | |
|---|---|
| | 서울시경 구호금 횡령-폭행 혐의로.<br>속보 = 한국기독교교회협의회(NCC)의 구호금 유용 혐의를 수사 중인 서울시경은 박형규, 조승혁 두 목사를 구속한 데 이어 9일 오후 NCC 총무 김관석 목사(56)를 업무상 횡령 혐의로, 수도권 특수지역선교위 주무 간사 권호경 목사(35)를 업무상 횡령과 폭력행위 등 처벌에 관한 법률 위반 혐의로 추가 구속했다. 김·권 두 목사에 대한 구속영장은 서울지검 공안부 이재권 검사가 청구, 서울지법 이상원 판사가 발부했다. 경찰은 김 목사에 대한 영장을 박·조 목사와 함께 7일 신청했다가 증거불충분으로 기각되자 9일 권 목사와 함께 다시 청구했다. 구속영장에 의하면 김관석 목사는 73년 1월부터 74년 말 사이에 서독세계기독교 급식선교회로부터 받은 수도권 4개 빈민 지역 원조금 1천9백여만 원을 집행하면서 ① 구속된 박형규 목사 가족 생계비로 10만 원, ② 구속된 전도사 김진홍 씨 등 3명의 변호사착수금으로 20만 원, ③ 퇴직된 高大(고대) 이 모 교수의 생활비로 20만 원, ④ 자신의 잡비로 1백13만 원을 지출하는 등 모두 3백43만 8천5백57원을 부당하게 쓴 혐의다. 권 목사는 같은 기간에 김 목사로부터 받은 5백30만 원 가운데 자신의 생활비로 56만 원, 활동비로 16만 원, 판공비로 14만 원을 쓰는 등 모두 94만 원을 유용했고 지난 2월 20일 밤 2. 15 조치로 풀려나 입원 중인 세브란스병원에서 구호금 유용을 따지는 청계천교회 정진영 목사를 쇠 의자로 때려 상해를 입힌 혐의다.<br>----------------------------------------------------------------<br>인혁당 피고들 사형집행 되던 날 구치소 앞서 가족들 호곡 「동아일보」 1975. 4. 10.<br><br>9일 오전 11시경 서울구치소 앞에는 사형수 가족들이 달려와 "면회 한 번 시켜주지 않은 채 판결 하루 만에 이럴 수 있느냐"면서 울부짖었다. 사형수 이수병의 부인 이정숙 씨(29)는 8일 대법원에서 남편의 사형 확정판결이 내리자 "대통령께 드리는 호소문"을 작성했으나 이를 발송하지도 못하고 사형 집행 소식을 들었다고 안타까워했다. 이에 앞서 서울구치소 측은 이날 오전 9시부터 일반면회객의 접견을 일절 중지했고 1백여 명의 기동 경찰과 교도관들이 구치소 앞 통행을 제한했다.<br>----------------------------------------------------------------<br>정의사제단기도회 "민주 회복만이 국민 단결의 길 목사 구속 등은 종교탄압의 하나" 「동아일보」 1975. 4. 10.<br><br>천주교정의구현전국사제단이 주최한 인권회복기도회가 8일 저녁 7시부터 2시간 동안 서울 명동대성당에서 열렸다. 이날 기도회에서 사제단은 "민주 회복, 인간 회복, 인권 회복만이 국민의 단결을 이룩하고 공산 위협에 대처할 수 있는 최선의 길"이라고 주장하고 학원의 자유 고문 행위자 처벌 종교의 자유 등을 요구하는 시국 선언문을 채택했다. 기도회는 이어 제2부에서 현실 고발을 통해 수도권특수지역선교위원회에 대한 수사와 박형규 목사 등의 구속은 기독교민주화운동을 둔화시키려는 것이며 일종의 종교탄압이라고 주장했다. |
| 39 | 4/10 목요기도회<br><br>설교: 문동환 목사<br>*SMCO 사건<br>① 한국교회사회선교협의체, 선교자금과 관련하여 성직자 구속한 사태는 교회 탄압이요 선교활동 방해라고 주장하는 성명서(4/8)<br>② 독일기독교세계선교회, 한국 NCC 전격 신임을 성명<br>③ 구속 통지서 - 김옥실 (업무상 횡령-김관석 총무) |

④ 4월 3일의 NCC 사건에 대한 성명서, 기독교정의구현전국성직자단(4/4)
⑤ 한국교회여성연합회 인권위원회 성명서(4/4)
⑥ NCC 성명서 (4/8)
⑦ 산업선교전국연합회 성명서(4/10)
⑧ 선교자유수호위원회 성명서
⑨ 수도권 특수지역선교위원회 성명서(4/9)
⑩ 김관석 목사 석방, 교회 탄압 중지, 인혁당 사형집행 해명 목요기도회 자체 성명서(11회차 추정)
*이해동·김상근 목사 '정의구현 목요기도회' 주도 혐의로 기관원에 연행

우리의 주장

우리는 정부의 거듭되는 강권발동에 국가 안위에 대한 불안을 느끼고 있다. 최근 "안보"라는 극한적인 용어가 함부로 낭비될 뿐 아니라 천주교에 대한 몰상식한 중상모략, NCC 산하 단체에 대한 선교비 지출간섭, 자유 언론 압살정책, 학원에 대한 긴급조치 발동, 형법의 날치기 통과, 인혁당 관련 피고인에 대한 전격적 사형 집행 등 실로 엄청난 사건들이 일일 일건주의로 진행되는 것을 우리는 불안과 안타까움으로 부딪치고 있다. 위의 사건들에 의해 얻어지는 것은 "사회불안의 극대화"요 "국론분열"의 심화이며 그에 이어질 수밖에 없는 "국가안보의 위기"라는 것을 두려움을 가지고 지적하지 않을 수 없다. 정부가 더 이상 사회불안 조성에 솔선키를 중지하지 않는다면 이 나라에는 중대한 위기가 오고 말 것을 우리는 깊이 염려하고 있기에 이에 우리의 주장을 설명하려는 바이다.

NCC의 김관석 총무는 지난 4월 3일 시경 직원에 의해 연행된 후 구속영장이 기각되었으나 오늘까지 사실상의 구속 상태에 있다. 이것은 중대한 인권의 침해요 NCC 산하 교단에 대한 정식도전이며 교회 탄압의 구체적인 효시라 보지 않을 수 없다. 더구나 수사기관은 교회의 선교비 지출 내용에까지 깊이 간섭하고 있을 뿐 아니라 배임 수사라는 명분으로 교회의 인권민주회복운동을 조직적으로 파괴하려는 심증은 깊이 주고 있다.

언론자유 실천 운동에 대한 정부의 원천적 봉쇄 정책은 쫓겨난 기자를 급기야 즉결재판에 회부하여 또다시 곤욕을 치루게 한 전례를 남겨놓고 있다. 우리는 정부의 악랄한 탄압에도 굴하지 않고 투쟁하는 조선, 동아의 투사들에게 뜨거운 박수를 보내며 그들의 투쟁에 발맞출 것을 다시 다짐하려 한다. 또한 걸핏하면 유신헌법의 특수조항의 하나인 대통령 긴급조치를 발동하여 학원을 짓밟는 정부의 신경질적 정책은 지양되어야 할 것이다.

우리는 수천 명의 학생이 시위에 가담했는데도 "일부 소수 학생들이 면학 분위기를 해치기 때문"에 동 조치를 어쩔 수 없이 발동했다는 옹색한 변명을 서글프게 듣는다. 독재적 권력을 휘둘러 학원을 탄압하기에 앞서 정부는 학생들의 소리에 귀를 기울이는 혁명을 찾아야 할 것이다.

세상을 그토록 떠들썩하게 했던 소위 인혁당 사건은 정부의 전격적 사형집행으로 영원한 미궁에 빠지고 말았다. 국민은 그동안 그들의 재판기록의 공개와 공개적인 재판을 끈질기게 요구에 있었다. 그러나 국민의 요구는 묵살되고 서둘러 그들을 형장의 이슬로 사라지게 하고야 말았다. 그들이 세상에 있는 한 재판기록 공개가 불가능했던 것인지도 모르겠다. 국민은 그들이 공산주의자인지 아닌지 알 수 없었으나 이 사건에는 무엇인가 흑막이 있는 것 같다는 의혹이 그렇게도 편만했는데 무엇이 급해서 판결 직후 미명에 그들을 죽이고야 말았는지 우리는 무한한 회의를 가져 본다. 정부는 결국 그들을 그렇게 급히 죽일 수밖에 없는 촉박한 사정이 있었던 것이라는 추정을 스스로 낳아놓고야 말았다. 그러나 역사는 결코 흑막을 흑막으로 묻어두지 않을 것이요 그 역사의 심판은 누구에겐가 가해지고야 말 것을 확신한다.

위와 같은 여러 사건들은 과연 무엇을 내놓을 것인가?

정부가 금과옥조처럼 친숙하게 사용하고 있는 국가안보에 결정적인 위기를 초래하는 분위기를 낳고

| | 있다. 여기서 우리는 이 나라 운명에 대한 불안을 느끼지 않을 수 없게 되는 것이다.<br><br>이에 우리는 다음의 사항을 정부에 강력히 촉구하려 한다.<br>1. 정부는 국가 흥망의 바탕인 "안보"를 정략적으로 사용치 말라.<br>2. 정부는 김관석 목사를 즉시 석방하고 교회에 대한 사찰과 탄압을 즉각 중지하라.<br>3. 정부는 인형극 같은 언론 정책을 뉘우치고 자유 언론의 기틀을 확립하라.<br>4. 정부는 고대에 내린 대통령 긴급조치를 즉각 철회하여 학원 자율화를 보장하라.<br>5. 정부는 소위 인혁당 사건의 전격적 사형집행을 국민에게 사과하고 납득할 만한 해명이 있기를 촉구한다.<br><br>1975년 4월 10일 목요 정기기도회[14] |
|---|---|
| | 장로회신대도 사실상 휴강에 「동아일보」 1975. 4. 10.<br><br>장로회신학대학은 10일부터 19일까지 자습 기간으로 정하고 사실상 휴강에 들어갔다.<br>------------------------------------------------------------<br>한신대 문동환 교수도 「조선일보」 1975. 4. 12.<br><br>한신대 문동환 교수가 11일 오후 4시쯤 도봉구 방학동 6의 1 자택에서 모 수사 기관원에게 연행됐다.<br>------------------------------------------------------------<br>10일~11일 새 정보부 등에 김상근, 이해동, 문동환 목사 연행 「동아일보」 1975. 4. 12. 1면.<br><br>함세웅·김택암 신부는 풀려나.<br>10일과 11일 민주회복국민회의 대변인 함세웅 신부를 비롯, 정의구현사제단의 김택암 신부, 김상근 목사(37, 수도교회), 이해동 목사, 문동환 목사(57, 한국신학대학 교수) 등 5명이 수사기관에 연행되어 이 중 함·김 신부만 풀려났다. 함 신부는 11일 오전 10시경 자신이 주임신부로 있는 서대문구 응암동성당에서 수명의 수사 기관원에 의해 연행된 후 12일 오전 11시 반경 풀려났다. 정의구현사제단 안충석 신부는 "함 신부는 모 수사기관에서 최근의 사태에 관해 조사받았다"고 말했다. 또 정의구현사제단의 김 신부는 10일 밤 9시경 수색성당에서 모 수사 기관원에 의해 연행됐다가 11일 아침 6시 반경 성당으로 돌아왔다. 서울 종로구 사직동 수도교회의 김상근 목사, 문동환 목사, 이해동 목사는 11일 오후 각각 교회나 자택에서 수사 기관원에 연행되었다. 이들이 연행된 이유는 밝혀지지 않았다.<br>------------------------------------------------------------<br>이해동–김상근 두 목사 연행 「조선일보」 1975. 4. 13.<br><br>정의구현 목요기도회를 주관해 오던 이해동 목사(42. 도봉구 한빛교회)와 김상근 목사(37. 종로구 수도교회)가 11일 밤 자택에서 기관원에게 연행됐다.<br>------------------------------------------------------------<br>광화문서 연좌시위 신일고생 120여 명 … 모두 연행돼 「동아일보」 1975. 4. 12.<br><br>서울 신일고교생 120여 명은 12일 낮 12시 15분경 세종로 지하도 옆에서 "진리는 어디에 있으며 정의는 진정 죽었는가" 등의 내용이 담긴 유인물을 낭독하고 연좌를 하다 모두 종로경찰서로 연행되어 북부서로 넘겨졌다. 이들은 3일간 영락교회에서 있은 전교생 수양회에 참석한 학생들의 일부로 많은 동료 학생들과 |

함께 "유신철폐" 등을 외치며 세종로로 오다 대부분 경찰 제지로 도중에서 흩어졌다고 말했다.

연좌끝에 경찰에 의해 버스에 실리는 신일고교생들.

---

정보부에 연행됐던 세 목사 풀려났다 다시 출두 「동아일보」 1975. 4. 14; 「조선일보」 1975. 4. 13.

속보 = 지난 11일 오후 중앙정보부에 연행됐던 김상근 목사(수도교회), 이해동 목사(한빛교회), 문동환 목사(한신대 교수) 등 3명은 12일 밤 일단 풀려났다가 14일 오전 9시 중앙정보부에 다시 출두했다. 이들은 그동안의 활동이 반공법에 저촉되는지 여부에 대해 조사를 받은 것으로 알려졌다.

---

두 목사 이틀째 밤에 풀리고 아침에 출두 「동아일보」 1975. 4. 15.

밤에 풀리고 아침에 출두 두 목사 이틀째….
속보 = 14일 오전 9시 중앙정보부에 다시 출두했던 김상근(수도교회), 이해동(한빛교회), 문동환 씨(한신대 교수) 등 세 목사 가운데 문 목사만을 제외, 김, 이 목사는 이날 밤 10시 반경 일단 풀려났다가 15일 오전 9시 중앙정보부에 다시 출두했다. 이들은 지난 11일 중앙정보부에 연행됐다가 12일 밤 일단 풀려났었다.

---

시노트 신부 소환 경고 「조선일보」 1975. 4. 15.

시위 가담 목적 외 활동 출입국사무소.
【인천】 법무부 인천 출입국관리사무소는 14일 오전 11시쯤 가톨릭 인천교구 부주교 시노트 신부(한국명 진필세)를 소환, 그의 국내 활동에 관해 경고했다. 구연택 소장이 구두로 전한 경고 내용은 "입국목적인 선교활동 외에 한국의 국법을 위반한 사실에 대해 작년에 두 차례 경고했음에도 계속 집회 시위 등에 가담, 입국목적 이외의 활동을 한 바 앞으로는 이런 일이 없도록 엄중히 경고한다"는 것이었다.

---

고 김상진 추모예배 천안 민주국민회의 「동아일보」 1975. 4. 16.

【천안】 민주회복국민회의 천안 천원군 지부는 15일 밤 9시 천안시 오룡동 김숭경 산부인과 병원에서 할복자살한 서울대 농대 김상진 군에 대한 추모예배를 가졌다.
동 지부는 앞으로 매년 김 군을 위한 추모예배를 갖기로 했다.

---

| | |
|---|---|
| | 세 목사, 정보부에 아침에 또 출두 저녁에 풀렸다. 「동아일보」 1975. 4. 16.<br><br>속보 = 15일 오전 9시 중앙정보부에 출두했던 김상근, 이해동 목사는 이날 오후에 귀가했다가 16일 오전 8시 반 중앙정보부에 다시 출두했다. 한편, 지난 14일 중앙정보부에 출두했던 문동환 목사도 15일 밤 8시경 귀가했다. 16일 아침 8시 반 다시 출두했다.<br>------------------------------------------------------------<br>무더기 구속 통탄 「민주 회복」 성명 「조선일보」 1975. 4. 16.<br><br>민주회복국민회의는 지난 11일 교내시위 중 할복, 12일에 절명한 서울농대 김상진 군의 죽음에 대해 15일 성명을 발표, "민주화를 요구하는 청년학도들의 항의를 휴교·휴강·무기정학으로 짓누르며 민주 회복과 사회정의 실현을 위해 애쓰는 종교인 등 민주 애국 인사들을 무더기로 구속 연행하는 사태에 대해 온 국민은 박 정권의 말기증상을 통탄한다"고 말하고 "진정한 민주주의 풍토, 이것이 곧 공산주의에 대항하는 강력한 세력이라고 믿는다고 말한 김 군의 유서는 김 군의 의혈이 무엇을 위해 뿌려졌는가를 웅변으로 설명해 주고 있다"고 말했다. |
| | 4/17 목요기도회<br>— SMCO 사건에 대한 항의.<br><br>① 대통령 각하에게 보내는 건의문(4/17),<br>(한국기독교교회협의회)한국기독교교회협의회 교단장 이상근, 임창희, 이상근, 전용성, 이천환, 지동식(4/22 대통령 면담 요청 및 건의문 전달)<br>② 한국기독교교회협의회 6개 교단이 대통령에게 안보 문제에 관한 면담 요청 건의문<br>③ 전국 교회에 알려드리는 말씀<br>④ 6개 교단 성명서(4/14) |
| 40 | 김관석, 박형규, 권호경, 조승혁 네 목사 구속 송치 「동아일보」 1975. 4. 17.<br><br>서울시경은 16일 오후 한국기독교교회협의회(NCC) 총무 김관석 목사(56) 수도권특수지역선교위원회 위원장 박형규 목사(51), 동 간사 권호경 목사(35), 동 위원 조승혁 목사(40) 등 4명은 업무상 배임 횡령 등 혐의로 서울지검에 구속 송치했다.<br>경찰은 그동안 이들이 지난 2년 동안 서독의 세계교회원조기구(BFW)로부터 원조받은 빈민 구호 자금 19,380,000여 원을 집행하면서 대부분의 돈을 본래의 목적에 위배된 구속 학생 목사 등의 변호사비 생활비 및 개인 잡비 등으로 변태 지출한 혐의로 구속수사 했었다.<br>------------------------------------------------------------<br>김상진 군 추모기도회 명동성당 「조선일보」 1975. 4. 19.<br><br>가톨릭학생회와 기도 신부단이 공동 집전한 "4.19 의거 15주년 기념 및 서울농대 김상진 군 추모기도회"가 18일 오후 7시 서울 명동 성당에서 1천5백여 명의 신도와 학생들이 참석한 가운데 열렸다. 기도회에서 동대문성당 안충석 신부는 강론을 통해 "4.19정신의 부활은 이 땅의 민주 회복 및 인간 회복과 직결되는 것"이라고 말하고 "김 군의 죽음은 4.19정신과 같아 이를 헛되게 하지 말아야 할 것"이라고 말했다. 또 기도회에서는 김 군이 목숨을 끊기 전에 한 육성녹음과 「대통령께 드리는 탄원서」도 낭독됐다. 기도회가 열리는 성당 앞에는 5백여 명의 기동 경찰과 사복형사들이 배치됐었다.<br>------------------------------------------------------------ |

광주서 추모기도회 「동아일보」 1975. 4. 18.

【광주】 17일 밤 광주 제일감리교회에서 할복자살한 서울대 농대생 김상진 군을 추모하는 목요기도회가 있었다. 이날 밤 기도회에는 3백여 명의 목사 교인 학생들이 참석했다.
이날 기도회는 고별찬송 목사 교직자들의 기도 순으로 진행됐는데 기도회에 참석한 연세대 서남동 교수는 "예수와 민중"이라는 신학 강의를 했다.
김 군은 호소문에서 "획득해야 할 자유에도 한계가 있지만 제한해야 할 자유에도 한계가 있는 것"이라고 말했고 선언문에서는 "학원이 병영이 되었고 교수들은 정부의 대변자가 되어가며 우리 학도들은 어미닭을 잃은 병아리처럼 반응 없는 울부짖음만 토하고 있다"고 마지막 말을 남겼다.

---

김상진 군 추모기도 1명 퇴학, 7명 휴학 광주일고 「동아일보」 1975. 4. 18.

【광주】 18일 광주일고는 지난 15일에 있었던 김상진 군 추모 기도와 수업 거부 사태에 관련, 3학년 1반 박상연 군을 퇴학 처분하고 학생회장 이형섭 군 등 3년생 7명을 무기정학 처분했다.

---

전남구속자협 회원 3명 연행 「동아일보」 1975. 4. 19.

【광주】 18일 경찰은 전남구속자협의회 회장 윤황봉 군(28. 전남대 축산과 4년), 회원 김정길·박형선 군 등 3명의 학생을 연행 조사 중이다. 경찰은 이들이 형집행정지자이기 때문에 동태 조사차 연행한 것이라고 말했다. 전남구속자협의회는 이날 광주시 구동 산광교회에서 출감한 전남대학교 학생들에 의해 구성됐는데 경찰은 협의회 구성 후 이들을 연행했다.

---

민주수호기독자회 윤반웅 회장을 연행 「조선일보」 1975. 4. 20.

민주수호기독자회 회장 윤반웅 목사가 19일 오전 7시쯤 서울 동대문구 회기동 103 신흥교회 안 자택에서 사복 청년 2명에게 연행됐다고 윤 목사의 부인 고귀선 씨(62)가 말했다.

---

감리교 마산청년련 4.19 부상자에 성금 「동아일보」 1975. 4. 22.

【마산】 21일 대한감리회 마산청년연합회(회장 허정도)는 마산 중앙감리교회에서 19일 밤 4.19 기념 예배를 보고 신도들이 헌금한 성금 15,200원을 4.19 의거 부상자들에게 전해달라고 동아일보 마산지사에 기탁했다. 또 마산기독학생연합회(회장 강상국)도 19일 밤 문창교회에서 기념 예배를 보고 모은 15,000원을 부상자들에게 전해달라고 마산지사에 맡겼다.

---

선교, 인권 기도회 전주서 3백 명 참석 「동아일보」 1975. 4. 22.

【전주】 선교와 인권을 위한 기도회가 21일 오전 11시부터 시내 남문교회에서 천주교와 개신교 및 민주회복국민회의 전북지부 합동으로 열렸다. 3백여 명이 참석한 이날 기도회에서는 "그리스도와 함께 이 겨레를 자유케"라는 이중표 목사(옥구교회)의 설교에 이어 ① 제2의 '크메르'와 월남이 되지 않게 자유와 사회정의구현으로 인화 단결하여 국가안보 태세를 확립하라, ② 국민의 대변자가 되지 못하고 정부의 시녀로 전락한 국회의원은 회개하고 자진 사퇴하라는 등 8개 항의 결의문을 채택했다.

|  |  |
|---|---|
|  | ---------------------------------------------------------------<br>김상진 추도회 「조선일보」 1975. 4. 23.<br><br>김상진 추도회 명동 일대 교통 차단.<br>국민회의 주최로 22일 오후 6시부터 명동 가톨릭 성당 앞 천주교 문에서 열기로 했던 고 김상진 군의 추도회는 경찰의 제지로 당초 예정보다 30분 늦은 6시 30분부터 신도 학생 등 1백 20여 명이 참석한 가운데 시작돼 1시간 30분 만에 끝났다. 이날 추도식에는 민주회복국민회의 상임대표 위원 천관우 씨, 김영삼(신민당 총재) 등이 나와 추도사를 낭독하기로 했으나 경찰은 식이 열리기 전 미리 명동성당으로 통하는 모든 길목에 바리케이드를 설치, 성당 쪽으로 가는 시민들의 통행을 금지했다. 김영삼 신민당 총재는 5시 55분쯤 예술극장 앞에서 경찰의 저지를 받고 차에서 미도파 백화점 쪽으로 1백m쯤 도보 시위를 벌이다가 경찰에 의해 강제로 승용차 안에 태워져 신민당 당사로 갔다. |
| 41 | 4/24 목요기도회.<br><br>① 목요정기기도회 자체 성명서(12회차 추정)<br>② 문익환 목사, 최승국 전도사 25~26일 연행, 28일 풀려남. 24일 목요기도회 개최 경위와 성명서 내용에 관해 조사를 받음.<br>성명서<br>현금 신분이 뚜렷한 기독교 목사들이 정부로부터 반공법에 저촉된다는 혐의를 받고 있음은 유감스런 일이 아닐 수 있다. 차제에 본 목요기도회 회원들은 어떠한 압력이나 체제 아래서도 인권의 회복과 자유의 쟁취를 위한 기도를 계속할 것을 다짐하면서 다시 한번 공산주의에 대한 우리의 기본적 태도를 밝히는 바이다.<br>하나님의 형상대로 지음 받은 인간은 어느 무엇을 위한 수단이나 방편이 될 수 없다. 인간의 기본권을 존중하고 개인의 자유와 창조적 삶을 누리게 하기 위하여 교회는 오늘도 일하고 있다. 그러나 공산주의자들은 철저한 유물사관에 입각하여 물리적 힘으로 전체사회를 건설하려 한다. 이 점에서 교회는 공산주의자와 근본적으로 다른 입장에 서는 것이다. 그러므로 교회의 인권을 위한 투쟁이 용공 행위로 간주될 수 없으며 또 되어서도 안 된다. 이는 한국교회가 공산주의자의 손에서 얼마나 많은 순교자를 내었는가 하는 역사적 사실이 증명한다.<br>1. 우리는 기독교인으로서 이북의 공산주의와는 결코 타협할 수 없다. 동시에 우리는 인권을 유린하는 어떤 독재와도 타협할 수 없다.<br>2. 우리는 최근 일어난 월남·크메르 사태의 교훈, 즉 부패한 독재정권은 다름 아닌 공산주의의 온상이다. 결국은 공산주의자의 손에 의해 도태되고 한다. 이 시점에서 사회정의를 하는 것보다 더 좋은 반공의 길은 없다. 비극적 사례가 이 땅에서 재연되지 않도록 반독재, 반부패, 반폭력의 투쟁을 더욱 강화한다.<br>3. 정부는 월남·크메르 사태의 위와 같은 문제성을 왜곡하며 국민을 호도하지 말라.<br>4. 북한 김일성은 우리의 깨끗하고 정당한 민주 회복 투쟁을 악용하지 말라.<br>5. 우리는 순수한 기독교 정신에 입각한 언동까지도 용공으로 낙인찍는 일부 기독교인의 맹목적인 반공에 대한 주장이 결과적으로는 독재정권을 합리화 시킬 우려가 있음을 분명히 지적하는 바 이다.<br><br>우리의 주장<br>첫째, 유신헌법을 완전 철폐하라.<br>둘째, 구속된 성직자를 즉각 석방하라. |

셋째, 비인간적인 폭력 정치를 즉각 중지하라.
넷째, 학원과 언론을 압살하지 말라.
다섯째, 종교탄압을 위한 모든 음모를 거두라.

1975. 4. 24 목요 정기 기도회[15]

민주회의 서울지부 대표위원 윤반웅 목사 연행 「동아일보」 1975. 4. 25.

민주회복국민회의 서울지부 상임대표 위원 윤반웅 목사가 24일 오전 9시 서울 동대문구 회기동 103 자택에서 수사 기관원에 의해 연행돼 25일 낮까지 돌아오지 않고 있다고 민주회복국민회의 서울지부 백철 대변인이 이날 성명을 통해 밝혔다.

---

시노트 부주교 30일까지 출국 「조선일보」 1975. 4. 26.

법무부 인천출입국관리사무소는 25일 가톨릭 인천교구 부주교 제임즈 피터 시노트(한국명 진필세) 신부가 낸 한국 체류 기간 연장신청을 "이유 없다"고 불허하고 4월 30일까지 출국토록 통보했다. 시노트 신부의 체류 만료 기간은 4월 28일까지이며 시노트 신부는 10일 전 체류 기간 연장신청을 냈었다. 인천 출입국 관리사무소는 시노트 신부에 대한 출국 통보가 강제 추방령이 아니며 체류 기간이 만료됨으로써 자동적으로 취해진 것이라고 말했다. 시노트 신부는 60년 8월 29일 선교활동 목적으로 입국했으며 국내의 집회 및 시위에 참가하는 등 입국 목적 외의 활동을 했다는 이유로 법무부로부터 3차례 경고 처분을 받았었다.

---

구국기도회 장로회 전남노회 등 「동아일보」 1975. 4. 26.

【목포】 24일 오전 10시 한국기독교장로회 전남노회와 선교자유수호위원회는 목포시 무안동 중앙교회에서 구국기도회를 갖고 유신헌법 철폐와 언론자유 보장 등 5개 항의 결의문을 채택했다.

---

기독교 7개 교파 8개 단체 '기독련 사회대책협' 설립 「동아일보」 1975. 4. 26.

한국기독교협의회 소속 7개 교파와 8개 기독교단체는 26일 오전 서울 종로5가 기독교회관 2층 회의실에 모여 '한국기독교연합사회대책협의회'를 설립했다. 이 협의회는 선교활동의 자유를 수호하고 교회와 외부 세력 사이에 일어나는 문제에 신속 효율적으로 대처하는 한편 공산주의와 독재체제를 배격, 자유 정의 평화의 실현에 이바지하는 것을 목적으로 설립하는 것이라고 밝혔다. 협의회를 설립한 7개 교파와 8개 단체는 다음과 같다.
한국기독교협의회 - 대한예수교장로회 - 대한 감리교회 - 한국기독교장로회 - 구세군 - 성공회 - 복음교회 - 정의구현성직자단 - 교회여성연합회 - 산업선교협의회 - 기독자교수협의회 - 한국기독학생총연맹 - YMCA - YWCA - 민주수호기독자회.

---

"부정부패는 정부의 책임 여야 대립 교회서 좁혀야" 「동아일보」 1975. 4. 28.

장로회 선교자유수호위 기도회.

| | |
|---|---|
| | 한국기독교장로회 서울노회 선교자유수호위원회는 27일 오후 3시 중구 을지로2가 향린교회에서 구속된 성직자들을 위한 기도회를 3백여 명의 신도들이 참석한 가운데 가졌다.<br>기도회에서 공덕교회 신양섭 목사는 "누구의 책임인가"라는 기도를 통해 "목사들을 구속 또는 연행하는 것은 종교탄압이며 선거 부정을 폭로한 사람을 구속하고 부조리 제거를 주장하면서 적은 돈을 먹은 하급 공무원만을 단속하는 것은 큰 잘못이며 부정부패 등은 국민의 책임이 아니고 정부의 책임"이라고 말했다.<br>또 신 목사는 "그러나 교회는 이 시점에서의 사명감을 자각, 서로 다른 사람들 특히 여야의 대립된 의견을 좁히는 역할을 하자"고 주장했다.<br>---------------------------------------------------------------<br>감리회여선교회 전국대회 분열된 교단 국토 통일 기도 「동아일보」 1975. 4. 28.<br><br>기독교대한감리회 여선교회는 –우리는 교회가 먼저 인권을 존중하고 어려움을 당하고 있거나 부당한 대우를 받고 있는 여성 근로자들을 위해 크리스트의 사랑을 실천한다. "우리는 하나로 뭉쳐 국내의 선교사업을 벌임으로써 교단 통합을 촉구한다." 가족법 개정안을 적극 찬성하고 이 법이 조속히 국회에서 통과되어야 한다는 등의 5개 항을 결의했다.<br>---------------------------------------------------------------<br>목요기도회 관련 2명 한때 연행 「동아일보」 1975. 4. 29.<br><br>목요정기기도회와 관련 지난 25, 26일 모 수사기관에 연행됐던 대한성서공회 구약 번역 위원장 문익환 목사(58)와 전도사 최승국 씨(36)가 28일 오후 모두 풀려났다.<br>최 씨는 "지난 24일에 있었던 목요기도회 개최 경위와 성명서 내용에 관해 조사를 받았다"고 말했다. |
| | 5/1 목요기도회 중단.<br>하지만 7/19(4회 공판), 7/25, 8/2, 8/16, 8/30, 9/6(9회 공판) 구속된 성직자를 찾아가는 예배를 드림.<br>해직 교수인 이문영, 서남동, 안병무, 이우정, 문동환 교수 중심으로 '갈릴리교회' 창립. |
| | 정의구현성직자단 기도회 안보 위해 민주 선행 「동아일보」 1975. 5. 2.<br><br>기독교정의구현전국성직자단(대표 김형태 목사)은 1일 오후 7시 YWCA에서 "선교자유와 정의구현을 위한 기도회"를 가졌다. 김대중 씨 부부와 공덕귀 여사 등 2백여 명이 참석한 기도회에서 김 목사는 설교를 통해 "'크메르'와 월남의 붕괴는 정부의 부패로 인한 것이라고 말했다. 이날 기도회에서는 ▲ 국가안보를 위한 민주 회복의 선행, ▲ 위기의식의 과장과 지나친 사회불안 조성 중지 성직자의 석방과 선교 자유 및 종교탄압의 중지, ▲ 학원 자율화와 언론자유 보장 등 5개 사항을 결의했다.<br>---------------------------------------------------------------<br>전남법대생들 고 김상진 군 추모 리본 달기로 결의 「동아일보」 1975. 4. 29.<br><br>【광주】 28일 등교한 전남대 법대 3백여 명은 고 김상진 군을 추모하는 리본을 가슴에 달고 다니기로 결의, 이날부터 일제히 리본을 달았다. 학생들은 교수들의 제지로 학교 밖에서는 달지 않기로 했다.<br>---------------------------------------------------------------<br>인천 출입국사무소 2차 출국 통보 시노트 신부에…. 「동아일보」 1975. 4. 30.<br><br>인천 출입국 관리사무소는 30일 '시노트' 신부에게 이 날짜로 체류 기간이 만료되므로 출국토록 다시 통보했다. 출입국관리법에 의하면 체류 연장 허가를 받지 못한 사람이 출국하지 않을 경우 법무부 장관은 |

국외로 강제퇴거 시킬 수 있게 규정돼 있다.

---

시노트 신부 출국 「조선일보」 1975. 5. 1.

어제 저녁 "다시 한국 와서 봉사" 천주교 인천교구 부주교 제임스 시노트 신부(48, 한국 이름 진필세)가 30일 오후 7시 미국행 칼 편으로 출국했다. 이날로 체한 기간이 만료된 시노트 신부는 법무부 출입국 당국으로부터 체한 기간 연장이 불허됐었다. 그는 트랩에 오르면서 "한국 국민이 내보내는 것이 아니기 때문에 즐거운 마음으로 떠난다. 되도록 빨리 한국에 돌아와 봉사하겠다"고 말했다. 오후 6시 35분 서울 0가 8399호 초록색 승용차편으로 10여 명의 동료 신부들과 함께 김포공항에 도착한 시노트 신부는 신자 등 30여 명의 배웅을 받았다. 쥐색 싱글 차림의 그는 왼팔에 삼베로 만든 상장(喪章)을 감았고 검은 천으로 된 용수를 뒤집어쓰기도 했다. 휴대품은 작은 손가방 2개뿐이었으며 그 안에는 신부복, 구두, 인쇄물 등이 들어있었다. 탑승권에는 일본 동경으로 행선지가 적혀 있었다. 그는 미 하원 프레이저 의원이 초청을 해와 우선 그에게 들르겠다고 말했다. 시노트 신부는 60년 8월 29일 우리나라에 와 14년 8개월 동안 체한 했었다.

---

기독교성직자단 정의구현 기도회 「조선일보」 1975. 5. 2.

기독교정의구현전국성직자단이 주최한 "선교자유와 정의구현을 위한 기도회"가 1일 오후 7시 30분 서울 종로 YWCA 강당에서 김대중 씨 부부, 전 대통령 윤보선 씨 부인 공덕귀 여사를 비롯한 성직자, 신도 등 2백여 명이 참가한 가운데 열렸다.

---

네 목사 구속기소 「동아일보」 1975. 5. 3.

속보 = 한국기독교협의회(NCC) 및 수도권특수지역선교위원회 소속 목사들의 선교자금 횡령 혐의 사건을 수사해 온 서울지검 공안부 이재권 검사는 3일 제일교회 목사 박형규(51), 부목사 권호경(35), 한국기독교교회협의회 총무 김관석 목사(56)와 조승혁 목사(39) 등 4명을 업무상 횡령 및 폭력행위 등 처벌에 관한 법률 위반 혐의로 구속 기소했다.

공소장에 따르면 이들은 지난 72년 9월 서독교회 원조기구(BFW)에서 수도권지역 선교자금으로 보내온 1천9백38만 원 중 14만4천 원을 작년 6월 당시 대통령 긴급조치 위반 혐의로 구속된 박형규 목사의 가족생활 보조비로 주는 등 수도권지역 선교가 아닌 구속자 가족 돕기 또는 타 지역에서의 선교사업 등에 4백60여만 원을 지출한 혐의를 받고 있다.

권 부목사는 또 지난 2월 20일 밤 9시 40분경 세브란스병원 입원실에서 청계천교회 목사 정진영 씨(36)와 선교사업 원조금 처리 문제로 언쟁을 벌이다 주먹으로 정 씨의 얼굴을 쳐 3주간의 상해를 입혔다는 것이다.

---

① 인권위원회 성명서(5/6)

---

고 김상진 군 공개장 유인물 돌린 '민주회의' 회원 즉심 회부 「동아일보」 1975. 5. 10.

【목포】 9일 목포경찰서는 민주회복국민회의 목포지부 회원 조영기 씨(21)를 경범죄를 적용, 즉심에 넘겨 10일간의 구류처분을 받게 했다. 조 씨는 지난 7일 오전 10시경 김상진 군이 대통령에게 보내는

| | 공개장과 정의구현사제단의 현실 고발 내용을 프린트한 전단 111장을 목포교육대학 앞에서 학생들에게 나눠주다 경찰에 연행됐다. |
|---|---|
| | 5/8 목요기도회 중단 |
| | "부조리 과감히 시정 민주 터전의 확립을" 「동아일보」 1975. 5. 12.<br><br>남서울 교회연합회 조찬 기도회<br>남서울 연합회 교역자회는 12일 오전 8시 구국 조찬 기도회를 열고 "집권당은 강자다운 아량으로 소수의견이라도 최대한 존중하고 각종 부정부패와 부조리를 과감히 시정하여 하루속히 민심을 수습하고 민주 터전을 다질 것"을 촉구했다.<br>남서울 교회연합회 교역자회는 영등포구와 관악구의 10개 개신교파 교회목사 65명으로 구성된 기독교 단체이다. |
| | 5/15 목요기도회 중단<br>① 진정서 5/12 국무총리, 각 형사지방법원 제3단독 재판장 곽동헌 판사 귀하 |
| | 5/22 목요기도회 중단 |
| | 5/29 목요기도회 중단 |
| | 6/5 목요기도회 중단<br>6/10 오전 8시 30분 젠센기념관 306호실, "구속 성직자를 위한 예배"(설교: 문동환 목사) |
| | 6/12 목요기도회 중단 |
| | 6/19 목요기도회 중단<br>6/21 오전 8시 30분 "구속 성직자를 위한 예배" 기독교회관 대강당에서 못하고 젠센기념관에서 하다. |
| | 6/26 목요기도회 중단 |
| | 7/3 목요기도회 중단 |
| | 7/10 목요기도회 중단 |
| | 7/17 목요기도회 중단<br>7/19 제4회 공판, 구속 성직자를 위한 예배(설교: 지동식 목사) |
| | 7/24 목요기도회 중단<br>7/25 제5회 공판, 구속 성직자를 위한 예배(설교: 오충일 목사) |
| | 7/31 목요기도회 중단<br>8/2 제6회 공판, 구속 성직자를 위한 예배(설교: 문용오 목사) |
| | 8/7 목요기도회 중단 |
| | 8/14 목요기도회 중단<br>8/16 제7회 공판, 구속 성직자를 위한 예배(설교: 서남동 목사) |
| | 8/21 목요기도회 중단 |
| | 8/28 목요기도회 중단<br>8/30 제8회 공판, 구속 성직자를 위한 예배(설교: 김준영 목사) |
| | 9/4 목요기도회 중단<br>9/6 선고공판(9회) 구속 성직자를 위한 예배(설교: 문익환 목사)<br>① 9/9 인권위원회 진정서 한승헌구속, 32명 서명날인 |
| | 9/11 목요기도회 중단 |
| 42 | 9/18 목요기도회 재개<br><br>한국교회사회선교협의회 사무실. 사회: 김경락 목사, 설교: 김상근 목사. |

| | |
|---|---|
| | 한국교회사회선교협의체 유관 단체 실무자 중심 기도회<br>① 수도권특수지역선교위원회 목사 연행 경위서(9/15)<br>이전 목요정기 기도회의 전통(흐름)을 이어받아 기도회가 열렸다. 목요기도회는 75' SMCO 사건을 위한 기도회가 중심 이슈였다. NCC 목요기도회의 사실상 1회차. 한국교회사회선교협의체 유관 단체 실무자 중심 기도회를 드리게 되었다. SMCO 사건으로 실무자 연행이 빈번해지면서 기도회를 시작하게 되었다고 추측된다. |
| | 김관석 목사 가석방 「조선일보」 1975. 9. 18. 7면.<br><br>법무부는 17일 오후 업무상 배임 등 혐의로 1심에서 징역 6월을 선고받은 한국기독교교회협의회 총무 김관석 목사(56)를 가석방했다. 김 목사는 항소를 포기, 그간의 구류 기간을 통산해 형기를 1개월 남겨두고 있었다.<br>같은 사건으로 실형을 선고받은 박형규, 권호경, 조승혁 목사는 항소를 제기했다. |
| 43 | 9/25 목요기도회.<br><br>기장 서울제일교회 개최 설교: 오충일 목사<br>150여 명 기도회(SMCO 호소문)<br>① 김옥실, 조정하, 이정민, 이은자 SMCO 구속자 아내 호소문(9/25) |
| 44 | 10/2 목요기도회 |
| 45 | (10/9 목요기도회, 10/11-13)NCC 직원 연행 사건. 수도권특수지역선교위원회 선교자금 사건 공판 기록을 유인물로 만들어 배포했다는 이유로 이경배, 김원식, 이대용 연행됨. |
| 46 | 10/16 목요기도회 |
| 47 | 10/23 목요기도회 |
| 48 | 10/30 목요기도회 |
| 49 | 11/1 목요기도회 |
| 50 | 11/13 목요기도회 |
| 51 | 11/20 목요기도회 |
| 52 | 11/27 목요기도회 |
| | 12/4 중앙정보부 요청으로 기도회 중단<br>수도권 선교자금 사건으로 인한 구속자들의 처리 문제를 놓고 중앙정보부의 요청으로 기도회 모임 중단 |
| | 12/11 기도회 중단 |
| 53 | 12/18 목요기도회 |

1 김상근, 이해동, 조승혁, 오충일 목사 등이 중심이 되어 구속자 가족과 교역자, 평신도들이 참석한 가운데 시작. 한국기독교교회협의회 인권위원회, 『1970년대 민주화운동 3권』(1987), 1965.

2 민주화운동기념사업회 오픈 아카이브, 등록번호 00480738.

3 민주화운동기념사업회 오픈 아카이브, 등록번호 00480773.

4 민주화운동기념사업회 오픈 아카이브, 등록번호 00479690.

5 현행 헌법의 인권 침해 독소 제거, 언론탄압 철폐. <민주회복과 인권을 위한 신, 구교의 각종 기도회> 구속자 가족들이 중심이 된 목요기도회.

6 민주화운동기념사업회 오픈 아카이브, 등록번호 00441652.

7 민주화운동기념사업회 오픈 아카이브, 등록번호 00480331.

8 한국기독교역사연구소 소장 사료 1005-021-000-1520.
9 민주화운동기념사업회 오픈 아카이브, 등록번호 00480348.
10 민주화운동기념사업회 오픈 아카이브, 등록번호 00844394.
11 민주화운동기념사업회 오픈 아카이브, 등록번호 00842477.
12 민주화운동기념사업회 오픈 아카이브, 등록번호 00497853.
13 민주화운동기념사업회 오픈 아카이브, 등록번호 00497854.
14 민주화운동기념사업회 오픈 아카이브, 등록번호 00483371.
15 민주화운동기념사업회 오픈 아카이브, 등록번호 00483416.

# II. 1975년 동아일보 백지광고 개신교인의 참여

## 1. 개신교인들의 격려광고

이紙面은 지엠·코리아社가 全面廣告를 내기 위해 契約했다가 新年初로 연기하는 바람에 부득이 本報를 격려하는 廣告와 一般廣告로 代置한 것입니다.



言論의 自由를 지키자

言論의 自由를 지키려는 한市民

言論自由를 위해 수고하시는 東亞日報 社員들을 위해서 기도드립니다

京東敎會 敎人 一同

알리는 말씀

우리는 사람이 말하고 듣는 기본적인 권리가 하나님의 해방하시는 구원의 역사에 속한 것임을 굳게 믿는다

이와 같은 신앙양심에서 우리는 동아일보사의 광고주 다량해약이라는 무시못한 사태가 언론탄압의 변형이며 나아가서는 동아일보사의 수천 종업원의 생활을 위협하는 인권 침해라고 보아 다음과 같이 우리의 태도를 천명하며 한편 본회 산하 만여 지회에서 아래의 일을 위한 운동을 전개할 것을 선언한다

1. 당국은 음성적인 언론기관 탄압을 중지하라
2. 우리 전 회원은 동아일보 구독운동을 벌이기로 한다
3. 동아일보 해약업체를 본회가 조사하여 회원에게 공개할 것이며 불매 운동을 벌인다
4. 동아일보 년구독료 선납 운동을 벌이며 구독 부수 확장 운동을 벌인다
5. 모든 언론 기관은 동아일보와 공동 운명을 지기를 권한다

한국교회여성연합회

회장 이우정

대한감리교여선교회 회장 김옥라
대한예수교장로회여전도회 회장 김금련
한국기독교장로회여신도회 회장 주재숙
구세군가정단 총재 이성조
한국루터교회연합부인회 회장 남혜자
대한성공회어머니회 회장 이사라

| 1/1<br>⑧<br>(원문<br>지는면 | 8면 전면광고.<br>이 지면은 지엠·코리아사가 전면광고를 내기 위해 예약했다가 신년 초로 연기하는 바람에 부득이 본보를 격려하는 광고와 일반광고로 대체한 것입니다.<br>(김대중 전 대통령의 글) |
|---|---|

<table>
<tr><td>수)</td><td colspan="5">-언론의 자유를 지키자 _ 언론의 자유를 지키려는 한 시민<br>(경동교회 교인 일동)<br>-언론자유를 위해 수고하시는 동아일보 사원들을 위해서 기도드립니다.<br>(한국교회여성연합회)<br>-알리는 말씀<br>1. 당국은 음성적인 언론기관 탄압을 중지하라.<br>2. 우리 전 회원은 동아일보 구독 운동을 벌이기로 한다.<br>3. 동아일보 해약업체를 본회가 조사하여 회원에게 공개할 것이며 불매운동을 벌인다.<br>4. 동아일보 연 구독료 선납 운동을 벌이며 구독 부수 확장 운동을 벌인다.<br>5. 모든 언론기관은 동아일보와 공동운명을 지기를 권한다.<br>_ 한국교회여성연합회 회장 이우정(6개 단체 공동 서명)</td></tr>
<tr><td>1/6<br>⑧</td><td colspan="5">민주 국민에게 호소합니다.<br>하나님은 당신의 형상대로 인간을 창조하시어 自由롭고 평등한 인간의 구현을 원하시었읍니다. 민주적 기본 질서를 확립하고 사회정의를 이룩하고자 하시는 하나님의 뜻은 인간이 자유롭게 말하고 보고 들을 권리를 전제로 한 것입니다.<br>우리는 동아일보의 광고 집단 해약 사태를 당국의 노골적인 언론탄압으로 규정하는 동시에 인권탄압의 극악상으로 봅니다. 이는 민주주의를 뿌리부터 말살하고자 하는 반역사적 침해로서 하나님의 종된 우리 교회와 현명한 민주 국민은 결코 이러한 사태를 좌시하지 않을 것입니다.<br>동아일보를 살리고 언론자유를 실천하고 민주 회복을 이룩하여 궁극적으로 인간의 민주적 기본권을 회복하기 위한 우리의 투쟁대열은 어떠한 폭력에도 굴하지 않고 어떠한 어려움도 극복해나갈 것임을 굳게 다짐합니다. 언론자유는 민주주의의 요체로 이것 없이는 종교의 자유도, 양심의 자유도, 모든 기본권도 그 생명을 잃게 됩니다. 동아일보에 붙은 불은 결코 彼岸의 불이 아닙니다. 일제하에서도, 자유당 독재정권 치하에서도 보지도 겪지도 못했던 언론탄압에 접하여 우리는 동아일보의 고통에 아픔을 같이하면서 민주 회복의 결의를 새삼 굳게 하는 바입니다.<br>東亞日報가 겪는 이 고통이야말로 민주 회복을 외치다 투옥된 박형규 목사님을 비롯한 여러 동역자, 민주인사들의 아픔이며, 이에 온 국민은 어떠한 형태로든 최선을 다하여 「동아」를 돕는 대열에 동참하여 민주 회복의 큰 흐름에 같이하여 주시기 바랍니다.<br>_ 1975년 1월 6일 수도권 특수지역 선교위원회<br>위원장 서리 문동환, 상임위원 조승혁 외 위원 실무자 일동</td></tr>
<tr><td>1/6<br>⑤</td><td>언론자유 수호 격려<br>_ 정기목요기도회<br>이해동 목사, 조화순 목사, 김상근 목사, 문정현 신부, 지정환 신부 — 3만 3천40원<br>고려대학교 중앙도서관 열람생 일동 — 2만 1천2백원</td><td>1/6<br>④</td><td>언론자유 수호 격려<br>_ 민주수호기독자회<br>윤반웅, 김상근 목사, 함석헌 씨 외 6명 5만원</td><td>1/8<br>④</td><td>불의는 짧고 정의는 영원하다</td></tr>
<tr><td>1/8<br>④</td><td>언론자유 없이<br>종교자유 없다<br>_ 한국기독교장로회 여교역자협의회 일동</td><td>1/9<br>①</td><td>민족의 횃불은 외롭지 않다. 정의의 하느님은 살아계시다. 1975년 1월 7일<br>_로스앤젤레스 교포 동아돕기 회원 일동</td><td>1/9<br>①</td><td>내가 곧 길이요. 진리요. 생명이다. 나로 말미암지 않고는 아무도 아버지께로 올 사람이 없다<br>_대한성서공회</td></tr>
</table>

| 1/9<br>④ | 동아는 민족의 보루 굳세어라 동아여!<br>_ 연합장로교회 홍윤호 여사 | 1/9<br>④ | 일본기독교단 목사(일본인) | 1/10<br>① | 축 발전. 언론자유 민권신장 민주사회 건설<br>_ 캐나다한국민주사회건설협의회 고문 이상철, 회장 문재린 외 회원 일동 |
|---|---|---|---|---|---|
| 1/10<br>⑦ | 「동아」 돕기 (운동) 동아일보 \| 1975. 1. 10.<br>/『東亞』돕기 운동 교회여성연합회 성금 20만 원.<br>토론토시 교포들 2백 달러.<br>장준하, 백기완 씨 가족 광고비.<br>서울 익명 고교생 일동 6만 원.<br>한국교회여성연합회(회장 이우정, 서울여대 교수)는 9일 오후 2시 서울 종로5가 기독교회관 3층 사무실에서 인권위원회를 열고 광고 해약 때문에 고통을 받는 동아일보와 동아방송을 위해 성금 20만 원을 마련, 본사에 전달했다.<br>이들은 성금을 마련하면서 국민에게 보내는 호소문을 통해 ① 동아일보의 구독료 선납 운동을 벌이자, ② 동아 방송에 청취료를 내는 셈 치고 성금을 보내자, ③ 동아일보와 동아 방송의 광고 계약을 취소한 업체의 제품에 대한 불매운동은 명단이 입수될 때까지 당분간 보류하고 불매운동이 시작되면 1백50만 교회 여성은 적극 협조할 것을 결의했다.<br>캐나다 '토론토'시에 사는 한국교포들이 "캐나다 한국민주사회건설협의회"를 결성, 광고 무더기 해약으로 고통을 받고 있는 동아일보를 돕기로 했다. 회장으로 선임된 문재린 씨(부회장 장정문, 전충림)는 9일 오후 동아일보사에 2백 달러를 보내 "축 발전 언론자유 민권 신장 민주사회 건설"이란 광고를 내달라고 부탁했다 | | | | |
| 1/10<br>⑦ | 기독교청년연합회(9개 교단) 간부 성금. 동아일보 10만 명 구독 운동 벌이기로. 언론자유 기도회, 성명서 발표. | 1/11<br>④ | 언론자유 수호 격려<br>_ 한국기독교장로회 충남노회 교역자 일동 | 1/11<br>⑤ | (기원) 자유 언론 수호<br>_ 새시대선교연구회 회장 손인웅 목사, 부회장 이용남 목사 외 회원 일동 |
| 1/11<br>④ | 의를 위하여 핍박을 받는 자가 복이 있나니 천국이 저의 것임이라 (마태복음 5:10)<br>_ 서대문구 역촌동 예일학교 앞 대한예수교장로회 백석교회 교우 일동 | | | 1/11<br>⑤ | 동아일보 언론자유운동 축하합니다. (인편으로 보낸 메시지 입니다)<br>_뉴욕·조지 글 |
| 1/11<br>⑤ | 정의는 승리한다.<br>1. 동아는 민족의 입이다. 왜 막느냐? 2. 동아의 압살은 민족을 죽이는 것이다.<br>3. 우리는 언론자유의 정상화를 촉구한다. 4. 전국 학도여 곤경에 빠진 동아를 돕자.<br>_ 1975년도 대광고등학교 제27회 졸업생 일동 | | | | |
| 1/11<br>⑤ | 우리는 결코 불운의 시대에 살고 있다고 할 수는 없습니다. 오히려 한국인 모두가 정의와 진정한 자유에 대한 것을 알고 그것을 갈구하게 되었으니까요.<br>마음이 젊고 밝은 사람들에게는 정의의 피가 흐릅니다.<br>정의는 동아, 그 자체라고 믿습니다.<br>역사는 정의에의 사명을 가진 여러분의 손에 의하여 이루어집니다.<br>동아는 영원토록 사회의 빛과 소금이 되어야 합니다.<br>행복하여라! 정의를 위해 싸우다가 목숨을 바친 사람들이여. | | | | |

| | | | | | |
|---|---|---|---|---|---|
| | _ 모 여고 2학년, M반 일동 | | | | |
| 1/11<br>④ | 언론자유 수호!<br>_ 한국신학대학 새벽의집 문동환 | 1/13<br>⑤ | 창천교회 교인 일동 | 1/13<br>④ | 예수께서 우시리라<br>_ 영등포 김 |
| 1/13<br>⑤ | 의인이 고난을 받는 것은 새역사를 창조하는 하나님의 고통이다. 동아여! 새역사의 징을 크게 울려라.<br>_ 목사 신익호, 전도사 김성재, 지도교사 송재희, 동부교회 학생회 일동 | | | 1/13<br>⑥ | 강하고 담대하여라<br>_ 기독교인 백석은 |
| 1/13<br>⑥ | 1975년 1월 11일<br>_ 한국기독자 교수협의회 | 1/13<br>⑥ | 동아는 반드시 이긴다.<br>_ 전주 한신대 구속 학생 가족 | 1/14<br>④ | 십자가의 사명을<br>_ 서울 장신 17회 동창회 |
| 1/14<br>③ | 민족지 동아돕기운동은 바로 조국 민주화 투쟁 운동이다. 재미교포는 한마음 한뜻으로 힘을 모아 자유 언론의 마지막 보루인 동아일보 돕기 운동을 전개하자 1975년 1월 11일<br>_ 샌프란시스코 연합 감리교회 송정율 | 1/14<br>③ | 민족지 동아일보의 아픔에 동참하면서<br>_ 한국기독교장로회 경기노회 선교 활동 자유 수호위원회 노회장 이국선, 부회장 강경규, 소속 교회 명단 | 1/14<br>① | 온 국민에게 전하노라. 회개하라 천국이 가까웠느니라. (마태복음 4:17) 주 예수를 믿으라. 그리하면 너와 네 집이 구원을 얻으리라. (사도행전 16:31)<br>_하나님의 종 김정원 |
| 1/14<br>① | 너희는 마음에 근심하지 말라. 하나님을 믿고 또 나를 믿으라.<br>_ 대한성서공회 | 1/14<br>④ | 의의 공로는 화평이요 의의 결과는 영원한 평안과 안전이라.<br><사 32:16-17><br>_ 숭전대학교 사생 ○명 | 1/14<br>⑤ | 【세상은 무법천지가 될 것입니다. 그러나 끝까지 참는 사람은 구원을 받을 것입니다】<br>마태복음 24:12-13<br>_ 외국인 선교사 |
| 1/14<br>④ | YMCA 징검다리 회원 김선희 | 1/14<br>⑤ | 자유와 정의 그리고 진리를 위해 혈투하시는 동아일보와 동아방송을 위해 적극적이고 지속적으로 성원하고 기도드리겠습니다.<br>_경동교회 청년회 일동 | 1/14<br>④ | 천만 부 돌파 하나님의 가호가 있으시기를 기원하나이다.<br>_ 익명 |
| 1/14<br>⑤ | 동아 죽으면 나라 죽고 동아 살면 나라 산다.<br>_ 부산 변호사회 소속 변호사 김광일 | | | | |
| 1/15<br>② | 2면 하단광고.<br>성명서<br>본 장로회 총회는 고난과 시련의 해를 보내고 새해를 맞이하여 역사를 지배하시는 하나님의 주권과 예수 그리스도의 사랑과 성령의 능력을 힘입어 온 겨레 위에 은총이 있기를 빌면서 그동안 우리의 주장을 요약하여 다음과 같이 성명한다.<br>1. 민주 회복을 위해 진력할 것을 선언한다<br>인간은 하나님의 모습으로 창조된 존재다. 그러므로 이 존엄한 인권을 침해하는 것은 하나님의 주권을 침해하는 것이다. 우리 교회는 겨레와 자유와 민주 회복 그리고 인간화를 위하여 계속 헌신할 것이다. | | | | |

<table>
<tr><td></td><td colspan="5">1) 반공을 국시로 하여 민권을 희생시키지 말라.<br>우리나라의 국시는 민주주의요 반공은 이를 보장하기 위한 수단이다. 따라서 자유 민주 체제의 확립만이 반공 태세를 확립할 수 있다. 민주 회복은 국민의 주권 회복이며 하나님의 자녀인 인간 회복의 첩경이다.<br>2) 정권을 절대화하지 말라<br>국민은 자유로운 의사로 정권을 선택할 수 있어야한다. 따라서 국민의 자유로운 투표에 의하여 평화로운 정권교체가 이루어져야 한다.<br>3) 삼권분립의 민주 정치체제를 확립하라<br>권력이 삼권을 장악하면 독재가 된다. 민주 정치체제는 삼권분립 아래 만인이 평등하게 사는 제도이다. 삼권이 분립되어 있지 않은 유신헌법은 민주헌법으로 개헌되어야 한다.<br>4) 금권을 우상화하지 말라<br>특권층은 돈을 우상으로 섬겨 부익부하여 영화와 권력에 취하고 민생고에 시달리는 서민 대중은 빈익빈되어 사회 안정과 균형이 파괴된다. 인권을 소중히 여기는 평등만이 정의를 구현시킨다.<br>2. 인간의 자유 회복을 선언한다<br>자유는 존엄한 인간 생존에 있어서 생명처럼 귀중한 것이다. 성서는 우리에게 "그리스도께서 우리를 자유케 하려고 자유를 주셨으니 그러므로 굳세게 서서 다시는 종의 멍에를 메지 말라"고 하였다(갈라디아서 5:1). 그런데 우리의 현실은 정치, 경제, 사회, 문화, 모든 영역에 있어서 자유가 침해당하고 있다. 온 겨레는 목마른 사슴처럼 자유를 갈구하고 있다.<br>1) 구속 인사와 학생들을 석방하라<br>자유와 민주 회복을 위한 양심적 행동 때문에 고난을 겪는 동역자들과 학생들 그리고 민주인사들을 석방해야 한다.<br>2) 오글 목사 추방을 취소하라<br>선교 동역자의 추방은 100주년 선교의 역사를 유린하는 선교의 자유 침해다. 철의장막 아닌 자유세계에서 눌린 자의 자유를 위해 일해 온 선교 동역자의 추방은 종교 박해다.<br>3) 언론의 자유를 보장하라<br>언론의 자유는 신앙과 양심, 집회와 시위의 자유와 함께 보장되어야 하는 국민의 기본 권리다. 그러므로 당국은 언론기관에 대한 탄압을 즉시 중지하기를 바란다. 특히 동아일보와 동아방송에 대한 광고 해약 압력은 무자비한 언론탄압 정책이며 권력의 횡포로 본다.<br>4) 신뢰의 풍토를 조성하라<br>정보 사찰로 인한 공포 분위기를 일소하고 국민 서로가 믿고 살 수 있는 사회를 이루게 하라<br>5) 안보와 남북 평화통일은 민족의 지상 과업이다.<br>그러나 이것은 단독으로 수행될 수 없는 자유세계 공동의 과업이다. 국제적으로 고립됨이 없는 주체성과 민주 회복에 의한 국민의 일치로 자유우방의 신뢰를 회복하라. 그 유대를 강화하여 세계 속에 한국을 확립하기 바란다.<br>1975년 1월 14일<br>한국기독교장로회 총회장 인광식<br>교회와사회위원회 위원장 이해영<br>선교활동자유수호위원회 위원장 은명기</td></tr>
<tr><td rowspan="2">1/15<br>④</td><td rowspan="2">시일야방성대곡. 회개하라, 말세가 가까워 왔느니라.<br>_ 경희대 기독학생회</td><td rowspan="2">1/15<br>⑤</td><td rowspan="2">동아여! 모든 것이 합력하여 선을 이루느니라<br>(성서 로마서 8:28)</td><td>1/15<br>④</td><td>사탄아 물러가라<br>_ 자매 이영혜, 승아, 천애</td></tr>
<tr><td>1/15</td><td>한국신학대학 학보사</td></tr>
</table>

| | | | | | |
|---|---|---|---|---|---|
| | | | _ 중구 김길식 | ⑤ | |
| 1/15<br>④ | 존경하는 신문 동아일보의 곤경에 대해 소년동아일보와 더불어 자라온 저는 분노와 비통함을 금할 길 없습니다. 여기 적은 액수지만 고향에서 부쳐온 돈을 절약해서 쓰고 푼푼이 모았던 돈을 '동아 광고'에 헌납합니다.<br>하나님 동아를 도우소서<br>_ 성동고 2학년생 | | | 1/15<br>④ | ○지에 옳은 자의 편이신 하느님의 가호 있으시도록 기도 올립니다.<br>_ 정읍군 임광순 |
| 1/15<br>④ | 미움이 있는 것에 사랑을, 분열이 있는 것에 일치를, 어두움에 빛을 가져오는 자 되게 하소서<br>_ 성심여고 2학년 S반 일동 | 1/15<br>④ | 주님께서 우리에게 물으실 것입니다. 민주 회복을 위한 민주 투쟁을 할 때 너는 어디 있었느냐?<br>_ 미아 10동 임 | 1/15<br>⑤ | 하늘이여 살피소서.<br>이 민족의 양심을.<br>우리의 동아를,<br>_ 이부임, 계천계 |
| 1/16<br>④ | "욕심이 잉태하면 죄를 낳고 죄가 장성하면 사망을 낳는다"<br>_ 중앙대학교 신문방송학과 졸업반 일동 | 1/16<br>⑤ | 일어나라 빛을 발하라<br>-정의와 평화를 위하여<br>_ 서울 YMCA 직원 일동 | 1/16<br>⑤ | "민족의 등불 하느님의 은총 있으라"<br>_ 런던감리교회 목사 김준영 |
| 1/16<br>⑤ | 너희는 먼저 그의 나라와 그의 의를 구하라<br>(마태복음 6장)<br>하나님이 보우하사<br>우리 동아 만세 만세<br>_ 정일송, 강혜란 | | | 1/17<br>⑤ | 자유 언론의 아픔!<br>신앙인의 아픔!<br>그날은 오리라<br>_ 경주연합기독청년회원 일동 |
| 1/16<br>⑤ | 동아가 진 십자가를 나누어 집시다.<br>_ 애독자 정 | 1/16<br>⑤ | 동아여 승리의 스크럼을!<br>_고대 기독학생연합회 교우회 일동 | 1/17<br>⑥ | 우리의 광명<br>동아일보<br>_ 나야고보 신학생 |
| 1/17<br>① | 1주년을 맞이하면서….<br>1년 전 오늘에 기독교회관에서 기독교 성직자들이 다음과 같은 선언문을 발표하셨읍니다.<br>선언문<br>역사의 주인이신 하나님의 선하신 명예 따라 우리 기독교 성직자 일동은 오늘에 조국이 처한 현실에 대하여 순교자적 각오로 다음과 같이 우리의 신앙을 고백한다.<br>금번 대통령의 1.8 비상조치는 국민을 우롱하는 처사이므로 이는 즉시 철회되어야 한다.<br>개헌논의는 민의에 따라 자유롭게 전개되어야 한다.<br>정부는 유신체제를 폐지하고 민주 질서를 회복할 것을 촉구한다.<br>1974년 1월 17일<br>한국 기독교 성직자 일동<br><br>이러한 소위 범죄로 인하여 김경락 목사, 김진홍 전도사, 박윤수 전도사, 이규상 전도사, 이해학 전도사, 인명진 목사님께서는 징역을 받게 되어 옥중생활을 하고 계십니다.<br>그리스도 안의 이 형제님들이 양심상으로 옳은 일을 하신 것과 그들의 그리스도다운 용기를 기억하고 있다는 것을 광고합니다. | | | | |

| | 신·구교 선교사들 오글 목사님께 생일 축하드립니다. _ 신·구교 선교사들 | | | | |
|---|---|---|---|---|---|
| 1/18<br>④ | 오! 하나님!<br>이 민족의 앞날에 영광의 빛을…<br>_ 천왕동의성심애미자(남매) | 1/18<br>④ | 주여<br>정의가 승리하게 하여 주시옵소서! _ 백도기 | 1/18<br>② | 동아의 건투를 빌며<br>_ 전북전주예수병원 George M. Patton |
| 1/18<br>④ | 불의한 법령을 발포하며 불의한 말을 기록하며 빈곤한 자를 불공평하게 판결하여 내 백성의 가난한 자의 권리를 박탈하며<br>(이사야 10:1-2)<br>_ 돈암성결교회 교우 일동 | | | 1/18<br>③ | 어려운 일을 하고 무거운 짐에 허덕이는 사람은 다 내게로 오시오<br>내가 여러분을 쉬게 하겠습니다.<br>(마태복음 11:28)<br>_ 예수님의 작은 자매들 |
| 1/18<br>④ | ✞<br>_ 박·이·신·이·유 | 1/18<br>④ | 자유<br>사랑<br>평화<br>_ 이화여고87회 동문5인 | | |
| 1/18<br>② | 꺼져가는 민족의 횃불 이대로 버려둘 수 없다.<br>_ '샌프란시스코 동아돕기회' 회장 안용준 목사, 실행 위원 송정율, 이진한, 이정근, 정재동, 두명섭, 조수경 목사 외 회원 김상화, 김건용, 김충일, 박서규, 박성철, 송선근, 신건희, 신혜선, 안교민, 옥분열, 유병한, 이춘삼, 이하전, 이학성, 장정자, 장중일, 장폴, 장신지, 정장복, 조 그레이스, 최봉윤, 최병영, 허건, 홍경자, 황영애, 황인춘(가나다순, 33인) | | | | |
| 1/18<br>④ | 정의 편에 선다.<br>_ 연희동 주부 독자가 | 1/18<br>⑤ | 위로하라 나의 백성을!<br>_ 기독교대한감리회 서울 동지방 평신도 성경학교 | 1/18<br>④ | 우리 승리 하리라.<br>_ 한국기독교장로회 충북노회 공동성서연구회원 일동 |
| 1/18<br>④ | 새벽<br>-동아에 부치는 글-<br>영광과 환희보다는 아픔이 많았던 이 민족과 함께<br>반세기를 동무했던 내 짝, 동아여!<br>밤은 깊어도 새벽을 밴 수탉은 홰를 친다.<br>_「샌프란시스코」(시), 목사 강석천 | | | 1/18<br>④ | 신문고 제16성<br>주제: 생존권은 어디로<br>시간: 1월 20일(월) 오후 6시<br>장소: 종로5가 기독교회관 대강당<br>_ 한국기독학생회총연맹(KSCF) |
| 1/18<br>⑤ | 「제3일」<br>바위가 깨지고<br>무덤들이 열리는 날 아침<br>황금빛 나팔 소리<br>구만리 장공에 길게<br>울려 퍼지리.<br>_ 벌의 딸 아들들 | 1/18<br>⑤ | 내 나라와 우리 민족의 참살 길을 바로 보고 굳게 싸워주시는「동아」를 위하여 모든 것을 아껴 매월 십일조를 드리기로 하였나이다<br>_ 샐러리맨의 한 주부 | 1/20<br>④ | 하나님의 강하신 손이 잠시 동안 고난을 받은 여러분을 친히 온전하게 하시고 굳게 세워주시고 강하게 해주실 것입니다.<br>_ 한국기독교장로회 안암교회 중고등학생회 |
| 1/20<br>④ | 어둠이 빛을 이겨본 적이 없다. (요한복음 1장) | 1/20<br>④ | 아버지여! 그들을 용서하소서.<br>_ 한금자 외 5인 | 1/20<br>④ | 일어나라! 빛을 발하라<br>(이사야 60:1)<br>_ 정동 감리교회 청년부 |
| 1/20 | 의인이 득의하면 큰 영화가 | 1/20 | 이 시대의 아모스「동아」 | 1/20 | '의'를 위하여 핍박을 받 |

| ④ | 있고 악인이 일어나면 사람이 숨느니라<br>(잠언 28:12)<br>_ 남창조 목사 | ④ | 에 하나님의 은총이 늘 함께하소서!<br>_ 초동교회 대학생회 | ④ | 는「동아」와 구속된 인사들에게 주님의 크신 은총이 함께 하시기를 기원합니다.<br>_ 가족 일동 오혜련 |
|---|---|---|---|---|---|
| 1/20<br>④ | 우리의 잠시 받는 환난의 경한 것이 지극히 크고 영원한 영광의 중한 것을 우리에게 이루게 함이니…<br>(고린도후서 4:17)<br>_ 충무로 의상실 종업원 일동 | 1/20<br>④ | "천부의 인권 생매장 말라"<br>"부정과 불의에 침묵하거나 외면하는 자도 그 공범이다"<br>(마가복음 7:34)<br>_ 에바다회 | 1/20<br>⑤ | 우리 동아에 하느님의 가호 있으시기를…<br>_ Dr. Melicent Huneycutt, Chairman of Humanities Pfeiffer college, Northcarolina, U.S.A |
| 1/20<br>⑤ | 너희는 세상의 소금이니 만일 그 맛을 잃으면 무엇으로 짜게 하리오<br>(마태복음 5:13)<br>_ 숙대 정외과 4학년 일동 | 1/20<br>⑤ | 오늘도 동아일보를 읽으시는 하느님<br>_ 서울제일교회 학생회 | 1/20<br>⑤ | 너희가 세상에서 시련을 당할 것이나 용기를 내라 내가 세상을 이겼다<br>(요한복음 16:33)<br>_ 대한예수교장로회 연동교회 대학생회 |
| 1/20<br>⑤ | 부끄러움을 삼키며 영어의 몸이 된 새문안 일곱 형제와 아픔을 같이하며 자유민주주의 회복을 위해 투쟁하는 동아의 선한 싸움의 원군이 되려합니다.<br>_ 새문안교회 대학생회 일동 | 1/20<br>⑧ | 인권탄압과 자유언론탄압은 하나님의 뜻을 거역하는 것이다.<br>1975. 1. 20.<br>_ 대한기독교감리회 중부연회도시산업선교회 위원회 위원 일동 | 1/21<br>② | 자유,<br>정의,<br>진리<br>1975년 1월 18일<br>_ 남가주 고려대학교 교우회 회원 일동 |
| 1/21<br>② | 고함!<br>전국기독학생회원은 동아돕기운동을 적극적으로 전개하기 바랍니다.<br>1975. 1. 21.<br>_ 한국기독학생회총연맹 (KSCF) | 1/21<br>③ | 의를 위하여 핍박을 받는 자는 복이 있나니 천국이 저희 것임이라<br>(마태복음 5:10)<br>_ 전주예수병원 수련의 24인 | 1/21<br>② | 기독 청년 동기 수련대회<br>주제: 너 거기 있었는가<br>일시: 1월 22~25일<br>장소: 대구제일교회<br>_ 대한예수교장로회 청년회 전국연합회 |
| 1/21<br>③ | 정의와 자유를 실현하기 위해서 싸우는<br>동아일보 사원들을 위하여 기도합니다.<br>_ 한국기독교장로회 여신도회 서울연합회 | 1/21<br>④ | 신앙적인 양심으로 청년들 분기함<br>_ 광주군기독교장로회 청년회 일동 | 1/21<br>④ | 침묵은 악덕이다.<br>_ 성암교회 소수 |
| 1/21<br>④ | 불의한 법령을 발포하며 불의한 말을 기록하며 빈핍한 | 1/21<br>④ | 의를 위하여 핍박받는 자는 복이 있나니 천국 | 1/21<br>④ | 행복하여라<br>의를 위하여 핍박을 받는 |

| | | | | | |
|---|---|---|---|---|---|
| | 자를 불공평하게 판결하며<br>내 백성의 가련한 자의 권리<br>를 박탈하며…<br>(이사야 10:1 이하)<br>_ 장로회신학대학 졸업 샬<br>롬 일동 | | 이 저희 것임이요<br>(마태복음 5:10)<br>_ 명륜동 중앙교회 청년<br>회 | | 사람들!<br>_ 헌신 예배를 마치고<br>도화동 감리교회 청년회 |
| 1/21<br>⑤ | 나라를 위해 기도하면서<br>_ 전남지구 목사 몇 사람 | 1/21<br>⑤ | 필흥민주<br>_ 우국기독생 父, 女, 子 | 1/21<br>⑤ | 진리를 알지니 진리가 너<br>희를 자유케 하리라<br>(요한복음 8장)<br>_ 연대 동문 모임 |
| 1/22<br>⑤ | 하나님께 보내는 편지<br>전능하신 하나님 간밤엔 포<br>근히 잠자고 배불리 먹었습<br>니다.<br>이제는 알 것을 주는 이웃, 핍<br>박받는 동아를 도와주세요.<br>_ 부산진교회 청년회 | 1/22<br>⑤ | 마귀 제아무리 강할지라<br>도 우리들의 대장관은 구<br>주예수니 두려워 말고 용<br>기 있게 힘써 싸우자.<br>_ 동아 위해 기도하는 하<br>나님의 자녀 | 1/22<br>④ | 찾아라! 주실 것이요 두들<br>겨라! 열릴 것이니 동아<br>여! 투쟁하라!<br>_ 성남주민교회 청년회 일<br>동 |
| | | | | 1/22<br>⑧ | 약한 것을 강하게<br>_ 노동자의 뜻을 받들어<br>인천기독교 도시산업선교<br>회 |
| 1/22<br>⑤ | 하나님의 영광과 인류의 평화와 민족의 부흥 위하여 드리는 호소문<br>애신 하나님 예수님 성신님 만일 하나님 사랑하기 싫거든 숨쉬지 말라<br>애인 인류 민족 가족 만일 애국애족하기 싫거든 살지 말라<br>애토 애평 애축 애목 만일 일하기 싫거든 먹지 말라<br>애권 영권 인권 주권 양심 파산 영원 멸망 양심 숙청 영원 생명<br>_ 연세대학교 (목장) 정경호 | | | | |
| 1/22<br>⑧ | 너희는 살기 위하여 선을 구<br>하고 악을 구하지 말지어다<br>(아모스 5:14)<br>오직 공법을 물같이 정의를<br>하수같이 흘릴지로다<br>(아모스 5:24)<br>_ 경기고등학교 기독학생회<br>동문 일동 | 1/22<br>⑧ | 두려워 말고 할 말은 하<br>시오! 하나님과 민중이<br>당신들 뒤에 있소.<br>_ 종교친우회 서울 모임<br>'퀘이커' | 1/22<br>⑧ | "정의는 악의에 항상 짓밟<br>혀 지낼 수만은 없다. 동아<br>일보는 정의의 대변지요<br>우리 민족의 긍지다. 우리<br>모두 궐기하여 우리 겨레<br>의 자존심의 상징인 동아<br>일보를 지키자"<br>1975. 1. 15.<br>_ 토론토 한인교포 박재근 |
| 1/23<br>④ | 사람들이 너희를 미워하고 또 정의 때문에 너희를 배척하고 욕하<br>고 누명을 씌우면 너희는 복이 있다.<br>(누가복음 6:22)<br>_ 선·무·식·진·홍·환·철 | | | 1/23<br>④ | 핍박받는 자에 복이 있나<br>니<br>_ ○○제약 관리과 직원<br>일동 |
| 1/23<br>④ | 「동아」를 사랑하는 하나님<br>이기에 고난의 기회도 주셨<br>다. 그러나 동아는 이겼다. | 1/23<br>④ | 영혼이 없는 몸이 죽은<br>것 같이 행함이 없는 믿<br>음은 죽은 것이니라 | 1/23<br>④ | 사탄아 날이 밝는다.<br>_ 의분의 상고머리 |

<table>
<tr><td></td><td>이기고 있다. 이길 것이다.<br>_ 기독교장로회<br>정악교회십자군 일동</td><td></td><td>(야고보서 2:6)<br>_ 이성</td><td>1/23<br>④</td><td>미국 오클랜드 한인감리교회 목사 김광진</td></tr>
<tr><td rowspan="2">1/23<br>④</td><td colspan="3" rowspan="2">옥중에서도 꺾이지 않는 불굴의 민주 정신 만세! 매주 목요일 오전10시 기독교회관 2층에서 구속자들과 뜻을 같이하는 정의구현 목요기도회가 있읍니다. 사회정의를 열망하는 모든 시민은 다 참여합시다.<br>_ 이대 졸업생들</td><td>1/23<br>⑤</td><td>조국을 위해서<br>_ 성결교 샌프란시스코 한인기독교회</td></tr>
<tr><td>1/23<br>⑤</td><td>동아여!<br>눈 부릅뜬<br>파수꾼이 되어다오<br>_ 고대 동문 한울</td></tr>
<tr><td>1/23<br>⑤</td><td>그분은 생겨난 모든 것을 당신의 생명으로 살게 하셨는데 그 생명은 사람들의 빛이었다.<br>그 빛이 어두움 속에서 비치고 있다. 그러나 어두움이 빛을 이겨본 적이 없다.<br>(요한복음 1:4-5)<br>_ 메리놀 신학생 일동</td><td>1/23<br>⑤</td><td>우리가 선을 행하매 낙심하지 말지니 피곤하지 않으면 때가 이르매 거두리라<br>(갈라디아서 6:9)<br>_ 연세의대 2년</td><td>1/23<br>⑧</td><td>의를 위해서 박해를 받는 자에게 하나님과 국민은 함께 하나니…<br>동아의 붓대여!<br>언론자유 수호를 위해 과감히 투쟁하시오<br>_ 전주 남문교회<br>남 신도 회원</td></tr>
<tr><td>1/23<br>⑧</td><td colspan="5">우리는 동아돕기 기도회를 갖고 적은 헌금을 했읍니다. 우리 기독대학생들이 이런 뜻깊은 운동을 계속해 나갈 것을 알려 드립니다.<br>우리는 29일(수) 오후 5시에 다시 모입니다. 젊은 신앙인들의 많은 참여를 바랍니다.<br>1975. 1. 23.<br>_ 영락교회 대학생회</td></tr>
<tr><td>1/24<br>②</td><td>진리는 반드시 따르는 자가 있고 정의는 반드시 이루는 날이 있다! 爲東亞<br>_ 흥사단 연세대학교 아카데미동문회</td><td>1/24<br>④</td><td>의를 위하여 핍박을 받는 자는 복이 있나니 천국이 저희 것임이라<br>_ 극동선교회청년봉사단 일동</td><td>1/24<br>④</td><td>지혜자의 책망을 듣는 것이 우매자의 노래를 듣는 것보다 나으리니<br>(전도서 7:5)<br>_ 충현교회 한 성도</td></tr>
<tr><td>1/24<br>④</td><td>오! 어느 때까지이니까?<br>_ 마포 고성강</td><td>1/24<br>④</td><td>동아일보 만세<br>_ 목사 김해철</td><td>1/24<br>⑤</td><td>상한 갈대도 꺾지 않으시는 하나님이 계십니다.<br>동아여! 굳게 서서 빛을 발하라.<br>_ 한국신학대학 학생회</td></tr>
<tr><td>1/25<br>③</td><td colspan="5">한국노총에 보내는 권고문<br>우리는 한국노동조합 총연맹이 1974년 1월 19일과 12월 9일 2회에 걸쳐 도시산업 선교회와 종교인에 대한 극언 규탄 성명에 침묵을 지켜왔다. 그러나 지난 1월 22일 한국일보에 게재한 한국 가톨릭 노동청년회에 보낸 경고문을 보고 우리는 이이상 경악을 금치 못하여 이에 성명하는 바이다….<br>그러나 우리는 지난날 반공 투쟁에 앞장선 대한노총과 피땀 흘려 일하는 500만 노동자와 조직 일선에서 민주노동운동을 위해 헌신적 노력하는 참된 노조 간부의 노고에 대하여는 계속적인 찬사와 격려를 보낸다.</td></tr>
</table>

<table>
<tr><td></td><td colspan="5">우리는 한국 가톨릭 노동청년회가 1958년부터 노동자와 더불어 고통을 함께하며 권익옹호에 앞장서 온 그들이 노동자의 비참한 현실을 외면할 수 없는 가톨릭교회의 신앙적인 양심에서 지난 1월 11일 발표한 성명을 전폭적으로 지지한다. 한편 노동자의 권익을 외면하고 자주성을 저버린 한국노총 배상호 집행부에 대하여 다음과 같이 권고한다.<br>1. 한국노총은 가톨릭 노동청년회에 보낸 공개권고문을 즉각 철회하고 본연의 임무에 충실하여 관제어용, 사이비 단체와 무위도식하며 건들거리는 노동귀족의 오명을 벗을 수 있도록 노동자를 위해 투쟁할 것을 진심으로 권고한다.<br>2. 노동자의 권익 대변을 스스로 포기한 한국노총 배상호 집행부는 역사의 심판 속에 응징되기 전에 위원장 배상호가 공언한대로 스스로 물러나는 길만이 500만 노동자를 위하는 기림을 명심해 줄 것을 권고하면서 73년도와 74년도 노총 대의원 대회의 추태를 상기시키고저 한다.<br>3. 진정 한국노총 집행부가 사이비 노동단체가 아니라면 우리는 사이비 여부에 대한 공개토론을 제안한다.<br>1975. 1. 25.<br>_ 한국 도시산업 선교연합회 에큐메니컬현대선교협의체(한국교회노동자인권위원회, 수도권특수지역선교위원회, 인천기독교도시산업선교회, 경주·영등포·동서울·동인천·청주·대전·대구·부산·울산·광주도시산업선교회)</td></tr>
<tr><td>1/25<br>③</td><td>예수가 현대에 살아있다면 그의 직업은 목수가 아니라 신문기자일거야<br>_ 백양로에서</td><td>1/25<br>④</td><td>진리가 너희를 자유케 하리라<br>_ 이대 사회생활과 동문</td><td>1/25<br>④</td><td>주님!<br>동아가 진정한 의미로 당신의 종이 되게 하소서<br>_ 옥희·혜정</td></tr>
<tr><td>1/25<br>④</td><td>카인아 아벨은 어디에?<br>_ 성신사대 서울약대생</td><td>1/25<br>④</td><td>동아에게 주님의 가호가 함께 하기를<br>_ 여교사 2</td><td>1/25<br>④</td><td>주여! 언제까지니이까?<br>_ 명지·연대 동문</td></tr>
<tr><td>1/25<br>④</td><td>회개하라…<br>그리하지 아니하면 내가 네게 속히 임하여 내 입의 검으로 그들과 싸우리라<br>(요한계시록 2:16)<br>_ "재건" 교회 성</td><td>1/25<br>⑤</td><td colspan="3">성령!!! 이 빛을 타고 지상에 내리시면 어두움은 짧은 시간을 타고 사라지리다. 주여 우리 곁에 영원히 머무르시어 주옵소서<br>_『손으로 짓지 않은 성전』의 저자 안정선<br>광명만의 새역사를 안배해 주옵소서 인간의 힘으로는 불가능하오니 창조주 성령의 힘으로 하옵소서</td></tr>
<tr><td rowspan="2">1/25<br>⑤</td><td rowspan="2">우리는 아무리 짓눌려도 찌부러지지 않고 절망 속에서도 실망하지 않으며 궁지에 몰려도 버림받지 않고 맞아 넘어져도 죽지 않습니다.<br>(고린도후서 14:8-9)<br>_ 한국기독교교회협의회 직원 일동</td><td>1/25<br>④</td><td>격려<br>_ 샌프란시스코 정장복 목사</td><td>1/25<br>④</td><td>새 노래로!<br>_ 연세 9인</td></tr>
<tr><td>1/25<br>⑤</td><td>진리가 너희를 자유케 하리라.<br>_ 이대 74년 졸업 사회생활과 지리 전공 12인</td><td>1/25<br>⑤</td><td>동아야 너의 무거운 짐을 덜어주기 위하여<br>_ 종교인</td></tr>
<tr><td>1/25<br>⑧</td><td>모든 교회는 비열한 탄압이 중지될 때까지 주일마다 동아를 위한 특별헌금을 하여</td><td>1/25<br>⑤</td><td>동아의 필승을 빕니다.<br>_ 여신도들</td><td>1/25<br>⑧</td><td>주님! 우리는 주님의 진리를 아직도 굳게 믿고 있아옵나이다.</td></tr>
</table>

| | | | | | |
|---|---|---|---|---|---|
| | 거룩한 대열에 동참합시다.<br>_ 12명의 교인 | | | | _ 서울공대 광주일고 한얼회 일동(1차) |
| 1/25<br>⑧ | 엄마가 보낸 한국 신문「동아」를 아끼는 김 목사 딸들<br>빛나니 펴나니 꽃나니 벼슬이 구슬이 이쁘니<br>1975년 1월 21일<br>_ 미국 메릴랜드주 실버스프링 | 1/25<br>⑧ | 워싱턴 수도 지역 연합 장로교회는 진통을 겪고 있는 한국 국민들을 신뢰하고 또 그들을 위해 기도합니다.<br>1975년 1월 22일<br>_ 워싱턴 수도 지역 연합 장로교회 | 1/27<br>⑤ | 동아 건투 기원<br>여호와는 나의 목자시니 내게 부족함이 없으리로다. 주께서 내 원수의 목전에서 내게 상을 베푸시고 기름으로 내 머리에 바르셨으니 내 잔이 넘치나이다.(시편 23편) 입이 열인들 무슨 말하리요<br>_ 애독 할머니 답답 生 |
| 1/27<br>④ | 제2차 가두판매 성금<br>_ 한국신학대생 일부 극소수 | 1/27<br>④ | 구세군 서대문 찬양대 | 1/27<br>⑤ | 우리 엄마 건강하시길 주님께 빌며<br>_ 경 |
| 1/27<br>④ | 동아에 주님의 뜻이 있기를!<br>_ 삼청견회 일동 | 1/27<br>⑤ | 숭의 동문 신우회 | | |
| 1/27<br>⑧ | "사람들이 잠잠(침묵)하면 돌들이 소리 지를 것이다"(누가복음 19:40)<br>_ 한국기독교장로회 서울노회 향린교회 교인 일동 | 1/27<br>⑧ | 정언 정론의 필봉에 면류관 대신 가시관이 웬 말이냐?<br>_ ○○은행 20명의 주장 | 1/27<br>⑧ | 민족의 동아! 민주의 동아!<br>불사조 동아야!<br>"든든히 서시오. 진리로 허리띠를 띠고 의의 호심경을 붙이시오"(에베소서 6:14)<br>_ 기독교장로회 수유동교회 대학생회 |
| 1/28<br>③ | 주여! 깨우쳐 주지 못한 저희들을 용서하소서.<br>_ 전국에서 모인 젊은 목사 24인 | 1/28<br>③ | 세계가 무질서한 암흑의 시대에 하느님께서 말씀(언론)으로 광명의 세계를 창조하셨읍니다. 동트기 전이 가장 어둡다 하였으니 위대한 동아는 위대한 국민에 의하여 밝은 새 아침을 반드시 잉태할 것입니다.<br>전남 장흥에서<br>_ 동아 애독자 김연식,<br>고바우를 좋아하는 조두호, 교회 신입생 조경대, 동아 기자 희망 꼬마 윤종, 예장합동 집사 장석암, 전 천주교사도회장 박준구 | | |
| 1/28<br>④ | 이러지들 맙시다.<br>_ 이대 기독교학과 | | | | |
| 1/28<br>④ | 우리 하나가 되어 낮 12시 정각에 동아와 민주 수호 그리고 조국을 위하여 합심 기도(묵념)합시다<br>_ 하월욕인 | 1/28<br>④ | 민주주의를 배우고 싶읍니다. 옥중에 있는 형님 이광일 형님을 보고 싶읍니다.<br>_ 중학생 창근 | 1/28<br>④ | 에스더야<br>네가 자라서 자유와 진리를 사랑하고 사회정의를 실현하는 여성이 되기를 빈다<br>_ 광주 무명 독자 |
| 1/28 | 진리를 알찌니 진리가 너희 | 1/28 | We Shall Overcome | 1/28 | 약한 이 힘 되고 어둠에 빛 |

| | | | | | |
|---|---|---|---|---|---|
| ⑤ | 를 자유케 하리라<br>-성서-<br>_ 숭전대학교 서의필<br>(John N. Somerville) | ⑤ | Someday!<br>_ 한국신학대학 33회 졸업생 3인 | ⑤ | 되자.<br>_이화여고 72졸 밀알들<br>(첫 번째) |
| | | 1/28<br>④ | 원희형을 생각하며<br>_ 경록회 | 1/28<br>⑤ | 동아는 삭발당한 삼손이 되지 말 것!<br>_ 송허이 |
| 1/28<br>⑤ | “너는 벙어리와 버림받은 자의 권리를 찾아주기 위하여 너의 입을 열어라. 너는 입을 열어 정의로운 판단을 내리며 불행한 자와 궁핍한 자의 권리를 옹호해 주라”<br>(잠언 31:8-9)<br>_ 영암교회 청년회 | | | 1/28<br>⑤ | 우리는 교회와 동아에 헌금합니다.<br>_ 기독교 대한서울복음교회 청년회 |
| | | | | | 칼을 집에 꽂으라. 칼을 쓰는 자는 칼로 망한다. (성경에 있는 말씀) |
| 1/28<br>⑧ | 행복하여라 옳은 일을 하다가 박해를 받는 사람들 하늘나라가 그들의 것이니<br>(마태복음 6:10)<br>_ 성은감리교회 제2속회원 일동 | 1/28<br>⑤ | QUO VADIS?<br>KOREA!!!<br>_ 창시기독대학생회 | 1/28<br>⑧ | 동계 수련회<br>주제: 새로운 십자가<br>때: 2월 3일~6일<br>곳: YMCA 캠프장<br>_ 양광감리교회 청년회 |
| 1/28<br>⑧ | Be not like dumb, driven cattle,<br>But be a hero!<br>-H.W. Longfellow-<br>_ 영락교회 교우 몇 사람 | 1/29<br>③ | 우리 가난한 겨레는 이렇게 민주주의를 지킬 준비가 다 되었읍니다<br>_ 한국기독교장로회 한빛교회 여신도회 | 1/29<br>④ | 주의 사랑은 정의의 칼도 됨<br>_ 시흥장로교회 평신도 1인 |
| 1/28<br>⑧ | 빛은 모든 선과 정의와 진실을 열매 맺습니다.(에페소 5:9)<br>어느 민족 누구에게나 결단할 때 있나니 참과 거짓 싸울 때 어느 편에 설 건가? 주가 주신 새 목표가 우리 앞에 보이니 빛과 어둠 사이에서 선택하며 살리라.(찬송 363)<br>_ 천주교 청주교구사제·신교 청주시 성직자<br>목사 홍정흠(기장 동부), 목사 황창모(기장 남산), 목사 정기환(예장 성서학원), 목사 정진동(예장 도시산업선교), 목사 이한흥(예장 청남), 목사 이석주(기감 제일), 목사 이래재(기장), 목사 서경래(기장 방서), 목사 심일섭(기장 율량), 목사 서도섭(기장 제일), 목사 박성동(예장 복대), 준목 김원배(기장 YMCA), 목사 권헌중(기장 북문), 신부 현안신(장호원), 신부 지대건(진천), 신부 정충일(수동), 신부 윤기국(서운), 신부 이한구(서운), 신부 이종태(보은), 신부 안예도(내수), 신부 김원택(오승), 신부 김흥열(내덕), 신부 김유철(목행), 신부 김병철(아현), 신부 경덕수(괴산), 신부 김광혁(내덕), 신부 구재국(증평), 신부 곽동철(부장). | | | | |
| 1/29<br>④ | 선을 행하다가 낙심하지 맙시다. 꾸준히 하노라면 거둘 때가 올 것입니다.<br>(갈라디아서 6:9)<br>_ 동교동 어머니와 딸 | 1/29<br>④ | 고난받는 동아에 하나님의 은총을<br>_ 익명 6인 | 1/29<br>④ | 사랑의 하나님은 지금도 당신을 기다리고 계십니다<br>_ 대한예수교장로회 북서울교회 학생회 |

<table>
<tr><td>1/29<br>⑤</td><td>언론자유 수호 격려<br>동아! 만세!<br>_ 한국기독교장로회 충남청년연합회</td><td>1/29<br>⑤</td><td>하나님의 은총이 함께 하시기를…<br>_ 운전수</td><td>1/29<br>⑤</td><td>의를 위하여 핍박을 받은 자는 복이 있나니…<br>(마태복음 5:10)<br>_구로지구 기독 청년 33명</td></tr>
<tr><td>1/29<br>⑤</td><td>오 주여!<br>어서 오시옵소서<br>_ 하루찻집의 이익금을 드리며 한국신학대학 군산·옥구 학우회</td><td>1/29<br>⑧</td><td>그리스도께서 우리로 자유케 하려고 자유를 주셨으니 그러므로 굳세게 서서 다시는 종의 멍에를 메지말라<br>(갈라디아서 5:1)<br>_ 한국기독교장로회 전북노회</td><td>1/29<br>⑧</td><td>너는 벙어리와 버림받은 자의 권리를 찾아주기 위해 너의 입을 열어라. 너는 입을 열어 정의로운 판단을 내리며 불행한 자와 궁핍한 자의 권리를 옹호해 주라(잠언 31:8-9)<br>_ 대한예수교장로회 수유동 교회 청년회</td></tr>
<tr><td rowspan="2">1/30<br>②</td><td colspan="3" rowspan="2">우리의 씨름은 혈과 육에 대한 것이 아니요 정사와 권세와 이 어두움의 세상 주관자들과 하늘에 있는 악의 영들에게 대함이라<br>(에베소서 6:12)<br><청년 신앙 강좌><br>주제: 신앙과 현실<br>강사: 김용옥, 한승효, 함성국 교수<br>일시: 2월 6일~8일 오후 7시<br>장소: 시온감리교회(서울운동장 뒤)<br>_ 시온감리교회 청년회</td><td>1/30<br>③</td><td>미움이 있는 곳에 사랑을<br>_ 익명 장사꾼</td></tr>
<tr><td>1/30<br>③</td><td>너희를 핍박하는 자를 축복하라. 축복하고 저주하지 말라.<br>(로마서 12:14)<br>_ 미국 샌프란시스코 제일장로교회 청년회</td></tr>
<tr><td>1/30<br>③</td><td>1975년 1월 29일 워싱턴에서<br>_ '에덴'회 회원들이</td><td rowspan="2">1/30<br>④</td><td colspan="3" rowspan="2">우리는 십자가의 의미를 압니다. 우리는 고난의 의미를 압니다. 우리는 그 속에서 삶의 의미를 발견합니다. 우리는 모진 바람 속에서 조금도 흔들림 없는 동아와 영원히 함께 합니다.<br>_ 이대 영문과 졸업생 2인</td></tr>
<tr><td>1/30<br>④</td><td>주여. 이 민족을 불쌍히 여기소서.<br>_ 불광동 은, 련, 정, 천</td></tr>
<tr><td rowspan="2">1/30<br>④</td><td rowspan="2">동아를 위하여 매일 하나님께 기도드립니다. 우리의 부모 형제들의 수많은 억울함과 연행 구속을 동아가 아니면 어떻게 알았으랴 생각만 해도 아찔하다.<br>_ 박찬희</td><td>1/30<br>④</td><td>내가 너희 각 사람의 행위대로 갚아 주리라<br>(요한계시록 2:23)<br>_이대 제약과 1년 6명</td><td rowspan="2">1/30<br>⑤</td><td rowspan="2">무릇 악인더러 옳다 하는 자는 백성에게 저주를 받을 것이요 국민에게 미움을 받으려니와 오직 그를 견책하는 자는 기쁨을 얻을 것이요 또 좋은 복을 받으리라<br>(잠언 24장)<br>_ 백인</td></tr>
<tr><td>1/30<br>④</td><td>빛과 소금<br>_ 전남대학보사 학생기자 일동</td></tr>
<tr><td>1/30<br>④</td><td colspan="3">치리자들아 너희에게 족하니라 너희는 강포와 겁탈을 제하여 버리고 공평과 공의를 행하여 내 백성에게 토색함을 그칠지니라 나 주 여호와의 말이니라</td><td>1/30<br>⑤</td><td>일어나라 빛을 발하라!<br>(이사야 60:1)<br>-겁먹은(?) 광고주들님</td></tr>
</table>

| | | | | | |
|---|---|---|---|---|---|
| | (에스겔 45:9)<br>-모든 가증한 일로 인하여 탄식하며 우는 자-<br>_ 김영규 | | | 1/30<br>⑤ | 께-<br>동아 넌 이 민족의 십자가<br>_ 참과 사랑에 사는 사명인 |
| 1/30<br>⑤ | 풍뎅이의 거대한 몸을 끌고 가는 개미 떼들 중의 한 마리라도 되고 싶어.<br>_ 한국신학대학 YWCA 회원들 | 1/30<br>⑤ | 에스더와 같이 이 민족과 나라를 위해 기도하렵니다. 이것만이 이름이 부끄럽지 않기를 바라는 소녀의 최선의 길입니다!<br>_ 천혜정 | 1/30<br>⑤ | 귀사의 언론자유 수호 운동에 삼가 성원을 드립니다.<br>_ 한국기독교장로회 수도교회 남신도회, 요나회, 중고등학생회 |
| 1/30<br>⑦ | 우리의 고백<br>우리 예장교회 젊은 목사들은 "교회와 국가" 연구모임을 마치며 다음과 같이 우리의 신념을 고백한다. 1. 우리는 정권보다 정부가, 정부보다 국가가, 우위에 있어야 함을 고백한다. 2. 우리는 정부가 하나님의 청지기 구실을 못 할 때 이를 깨우치는 예언자적 책임이 교회에 있음을 고백한다. 3. 우리는 국민의 인권과 자유, 정의와 평등이 보장되어야 함을 고백한다. 4. 우리는 신앙적 양심 때문에 갇힌 회원 인명진 목사와 김진홍 전도사와 구속자들의 고난을 기억하며 그 고난이 속히 종식되기를 기원한다.<br>1975. 1. 29. 역사의 새벽을 기다리며<br>_ 새시대 선교 연구회 | | | | |
| 1/30<br>⑦ | 어찌하여 열방이 분노하며 민족들이 허사를 경영하는고, 세상의 군왕들이 나서며 관원들이 서로 꾀하여 여호와와 그 기름 받은 자를 대적하며 우리가 맨 것을 끊고 그 결박을 벗어버리자 하도다. 하늘에 계신 자가 웃으심이며 주께서 저희를 비웃으시리로다.(시편 2:1-4)<br>_ 에카페 일동. 목사 윤재현, 박재봉, 강치원, 방철호, 조창석, 문정식, 유연창, 박찬성, 서용주, 고민영 | | | | |
| 1/31<br>② | =공개 좌담회=<br>주제: 알 권리 알릴 의무 - 동아 탄압 사건은 무조건 종결되어야 한다 -<br>일시: 1975. 2. 1. (토) 하오 3시<br>장소: 기독교회관 대강당<br>- 참석자 -<br>라석호 장로(변호사), 박인석 선생(CBS 사회부 차장), 서남동 교수(연세대학교), 오충일 목사(복음교회), 장을병 선생(문인)<br><br>_ 한국기독교전국청년연합회협의회(회원 교단)<br>구세군 대한본영 청년회전국연합회, 기독교대한감리회 청년회전국연합회, 기독교대한복음과 청년회전국연합회, 기독교 대한성결교회 청년회전국연합회, 대한예수교장로회 청년회전국연합회, 한국그리스도의교회 청년회전국연합회, 한국루터교회 청년회전국연합회, 한국침례회연맹 청년회 전국연합회 | | | | |
| 1/31<br>④ | 하나님께서 "우리 민족의 동아", "우리 민족의 자유" 지켜주시고 회복시켜주시기 기도합니다.<br>_ 시카고 훈·회<br>배재의 형제들아 합창을 하자. "에이멘"과 함께 "민주 수호"의 노래를…<br>_ 시카고 회 | | | 1/31<br>② | 진리와 자유가 생명입니다<br>_ 연세의 한 가족 모두 드림 |
| | | | | 1/31<br>④ | 동아에 붙은 귀신을 몰아냅시다<br>-성서연구회(1.27~30)를 끝내고- |

| | | | | | _ 신일감리교회 학생회 |
|---|---|---|---|---|---|
| 1/31<br>④ | 하나님 감사합니다.<br>_ 원병숙 | 1/31<br>④ | 불의의 씨를 말려 버리리라.<br>_ 지성과 야성 | 1/31<br>④ | 심은 대로 거두리라.<br>_ 종로약대인(2차) |
| 1/31<br>④ | 제1성<br>보수 교단 고신 지도자여 하나님 사업에 동참하다가 고생하는 하나님 종들에 신앙 양심상 부끄럽지 않는지<br>_ 부산남교회 교인이 | 1/31<br>④ | 나는 무리에게 이상함이 되었사오니 주는 나의 견고한 피난처시오니<br>(시편 1:7)<br>_ 샛별 | 1/31<br>④ | '진' 하느님의 아들딸<br>_ 현경 현웅 |
| | | 1/31<br>⑤ | 귀사의 뜻을 하나님은 헛되이 하지 않을 것입니다<br>_ 한국기독교장로회 수도교회 여신도회, 자보회, 청년회 | 1/31<br>⑤ | 정의와 사랑의 실천으로 평화의 사도가 되렵니다_<br>SR. 오딜리아 |
| 1/31<br>⑤ | 어떤 사람이 있어 자기가 아무것도 아니면서 무엇이나 된 것처럼 생각한다면 그는 자기를 속이는 것입니다<br>(갈라디아서 6:3)<br>_ 감리교신학대학 1970학년도 졸업생 16인 | 2/1<br>③ | 민족의 행진<br>동아의 행진<br>승리의 행진<br>_ 한국기독교장로회 구광주 지방 도제직회 | 2/1<br>③ | 또 내가 새 하늘과 새 땅을 보니 처음 하늘과 처음 땅이 없어졌고 바다도 다시 있지 않더라<br>(요한계시록 21:1)<br>_ 종희 |
| | | 2/1<br>② | 후회하는 사람에게도 신의 은총이…<br>_ 환숙 | 2/1<br>⑤ | 아는 것이 죄!<br>_ 이대 기독학과 요번 졸업생 21명 |
| 2/1<br>⑤ | 의를 위하여 핍박을 당하는 동아에 이 적은 성금을 드립니다<br>_ 박영모 | 2/1<br>⑧ | 전 세계는 주시한다!<br>누구든지 당신의 용기를 감탄한다. 당신의 2세들은 당신의 용기를 찬양할 것이다. 라이트 온 동아! (제2차분)<br>_ George Patton (부적 수집가) 예수병원 전주 520 | | |
| 2/1<br>④ | 아! 목마르다<br>_ 광고인 | 2/1<br>⑤ | 밤이 깊고 낮이 가까워 왔습니다<br>(로마서 13:12)<br>_ 전도사 박성완 | 2/3<br>② | 늦어서 죄송합니다.<br>_ 중앙교회 김창순 |
| 2/1<br>⑧ | 여호와의 눈은 의인을 향하시고 그 귀는 저희 부르짖음에 기울이시는도다<br>(시편 34:15) 개봉 청년부 흥회를 마치고<br>_ 개봉감리교회 | 2/3<br>② | 동아일보, 동아방송과 함께 김영삼 변호사 선생님 사업에 하나님에 보살피심 있으시길<br>_ 신길동 제과 성금 | 2/3<br>② | 오! 주여 오소서<br>_ 수도교회 청년회 |
| | | | | 2/3<br>③ | '씨알의 소리'<br>'동아' 만만세<br>_ 의정부 기독교인 소정 |
| 2/3<br>② | 신이여 살피소서<br>동아에 아픔을 | 2/3<br>② | 신음하는 나그네를 보고 지나갈 수 없는 사마리 | 2/3<br>② | 소금과 빛에 사명을 다하시요 |

| | | | | | |
|---|---|---|---|---|---|
| | _ 다동영철 | | 아 사람의 흉내나 내보려고… | | _김연복 |
| 2/3<br>② | 다윗의 용기를「동아」에 드립니다.<br>_ 무악재교회 유년부 다윗반 | 2/3<br>② | 동아에게 신의 축복이 항상 같이하길<br>_ 예일여중 졸업생 | 2/3<br>③ | "진리를 알지니 진리가 너희를 자유케 하리라"<br>(요한복음 8 : 32)<br>_ 평화의 사도 외국인 자매들 |
| 2/3<br>④ | 믿는 사람이 여기 모였고<br>사자는 동아를 지킨다<br>_ 대학생 중동동문회 신우회 | 2/3<br>④ | 네 형제가 죄를 범하거든 가서 너와 그 사람과만 상대하여 권고하라 만일 들으면 네가 네 형제를 얻을 것이요<br>(마태복음 18장 15절)<br>_ 유 | | |
| 2/3<br>④ | "세상의 약한 것들을 택하사 강한 것들은 부끄럽게 하려 하시며"<br>(고린도전서 1 : 27)<br>_ 이화여자대학교 대학교회 | 2/3<br>④ | 보라!<br>새 하늘과 새 땅이 임하리라<br>_ 기독교 대한감리회 충주지방 교역자 일동 | 2/4<br>② | 동아일보, 동아방송과 함께 김영삼 변호사 선생님 사업에 하나님의 보살피심 있으시길<br>_ 신길동 제자 금·성 |
| 2/3<br>⑦ | 세칭 '인혁당' 가족이 박 대통령에게 보내는 호소문<br>박 대통령 각하께<br>저는 세칭 인혁당 관련사건에 무기징역을 언도받은 전창일 피고인의 아내입니다. 연약한 아녀자가 온갖 곤란을 무릅쓰고 남편의 무죄를 호소하는 데는 귀를 기울여 주시지 않겠사옵니까. 이미 알려진 바와 같이 이번 재판은 사실상 비밀재판이나 다름없는 것으로 증거조사나 증인 채택 없이 일방적으로 진행되었으며 가족 한 사람씩 들어간 재판정에서는 남편들이 죄가 있다기보다는 억울한 정책적인 제물이 되는구나 하는 생각만을 가지게 될 뿐이었읍니다. 남편의 재판정에서 "나는 무죄다", "검찰에 넘어와서까지 전기고문을 당했다"는 울부짖음을 들었을 때… 또 증거가 없고 공소사실은 그 전부가 사실과 다르다고 부인하는데도 일사천리로 재판을 진행 무기징역이라는 납득할 수 없는 형을 받았을 때… 그 아내로서의 심정을 상상조차 해주실 수 없겠아옵니까. 저는 너무도 억울하고 원통하여 호소문을 써 가지고 울면서 호소하러 다닌 것이 죄가 된다 하여 모 기관에 연행돼 4일 만에 집에 돌아왔읍니다. 이제까지 남편의 무죄함을 호소하러 다녔고 또 그것을 확신하는 저로 하여금 모 기관은 제 임의대로 쓴 각서는 몇 번이고 취소해버리고 써 주는 대로 각서를 받아쓰게 하였읍니다. 만약 쓰지 않으면 검찰에 넘기겠으며 한 달이고 두 달이고 모 기관에 감금하겠다고 하니 아버지도 없는 어린 자식들이 애태우며 울고 있을 것을 생각해서 마음과 전혀 틀린 각서에다 지장을 찍고 나와 보니 마음은 더 괴롭고 살수가 없어 대통령께 진실된 마음으로 간절히 호소하오니 남편의 억울함에 울고 있는 저희 아녀자들을 더 이상 괴롭히지 않게 하실 수는 없겠아옵니까….<br>저는 모 기관에 연행 당함으로써 남편이 강제자술서에 강제지장을 찍지 않을 수 없었다는 것을 뼈저리게 이해 했아오며 남편이 무죄하다는 사실에 대하여 더욱더 확신을 가지게 되었읍니다. 저는 제 심장에서 맥박이 뛰는 한 남편이 무죄라고 생각합니다. 박대통령 각하. 어찌 저 뿐이겠습니까. 인혁당에 묶인 모든 피고인들 부인들은 억울하다고 가슴에서 피눈물을 흘리고 있읍니다. 저희 아녀자들이 두 손 모아 바라는 간절한 소망을 들어주시옵소서 언론의 자유가 충분히 보장된 상태에서 공정한 공개재판을 받게끔 관용을 베풀어 주십시오. 공개재판을 하여 죄가 있다면 정부에 충성된 마음으로 달게 받겠아오니 이 마지막 소원을 들어주실 수는 없겠아옵니까. 오늘도 남편이 사형이 되면 아이들을 데리고 죽겠다고 | | | | |

| | | | | | |
|---|---|---|---|---|---|
| | 독약을 사 모으는 사형수 가족을 보았읍니다. 이들은 오늘이나 내일이나 남편에게 사형소리가 면해지기를 피를 토하는 아픔과 절망 속에서 얼마나 학수고대 기다리고 있겠아옵니까. 이 사형수들에게는 70이 넘은 노부모와 사랑하는 아내와 귀여운 자녀들이 있읍니다.<br>이 사람들은 살인한 것도 아닙니다. 간첩 노릇을 한 것도 아닙니다. 재판 과정을 전부 지켜보았을 때 사형을 받을만한 죄를 졌다고는 절대 생각하지 않았읍니다. 이들의 생명을 구해주십시요. 살려주고도 이들을 다스릴 수 있는 것이 아니옵니까. 꼭 이 사람들을 죽여야만 이 나라가 잘되옵니까. 이 불쌍한 가족들에게 또 한 번 사형이라는 몸서리쳐지는 말을 안 듣게끔 도와주십시요. 관용을 베풀어 주십시요. 역사에 길이 남을 한 페이지에 부디 오판을 하였다는 기록을 남기지 않게끔 공명정대한 공개재판을 받게끔 도와주시기를 간절히 간절히 바라옵나이다.<br>전창일 아내 임인영 올림<br>_ 구속자 가족 후원회 회장 진필세(Sinnott) | | | | |
| 2/4<br>② | 동아의 승리를 확신한다.<br>_ 신암교회 대학생부 | 2/4<br>② | 참사랑과 참성실로 참자유를 되찾자<br>_ 부산대 규 | 2/4<br>② | 사랑(고린도전서 13:13)<br>_ 남서울 그리스도의 교회(학생회 일동) |
| 2/4<br>② | 주님에 은총이<br>_ 배영선 | 2/4<br>② | 밀알이 썩으면…<br>_ 영신회 | 2/4<br>② | ✞<br>_ 감리교 목사 |
| 2/4<br>② | 정릉감리교회 청년회 | 2/4<br>② | 예수를 믿읍시다.<br>_ S.D 교회 성가대 | 2/4<br>② | 주여 저들을 용서하소서.<br>_ 정릉 1동 2구역 일동 |
| 2/4<br>② | 우리가 알거니와 하나님을 사랑하는 자 곧 그 뜻대로 부르심을 입은 자들에게는 모든것이 합력하여 선을 이루느니라<br>(로마서 8:28)<br>_ 종희 | 2/4<br>② | 조약돌에 쓰러진 골리앗!<br>_ 기독교 대한감리회 충주지방 교육부 | 2/4<br>② | 주여 어느 때까지이니까? Young P.E.M을 마치고<br>_ 대한예수교장로회 일신교회 학생회 |
| | | 2/4<br>② | 개구쟁이라도 좋다! 잘만 커라!<br>_ 대신교회청년회 | 2/4<br>② | 산돌의 청년들! |
| 2/4<br>② | 하나님. 동아를 도우소서! 형의 도움으로 두 번째를<br>_ 성동고 2학년생 | 2/4<br>② | 진리는 반드시 따르는 자가 있고 정의는 반드시 이루어지는 날이 있다.<br>_ 흥사단 전남대학교 아카데미 동문 일동 | 2/4<br>③ | 결코 내 입술이 불의를 말하지 아니하며 내 혀가 궤휼을 말하지 아니하리라!<br>(두 번째 성금)<br>_ 동아만을 사랑하는 이들 |
| 2/4<br>③ | 들으라!<br>부한자들아 너희에게 임할 고생을 인하여 울고 통곡하라(야고보서 5:1)<br>_ 기독교대한감리회 서울동일동 지방 젊은 목사들 | 2/4<br>③ | 자유에 대한 사랑이 동아에 대한 사랑을<br>인간의 가슴속에서 지워버리지 않음은 그토록 우리는 이 나라를 보호하고 싶어 하기 때문 이제 한 덩이 불꽃이 끊이지 않은 화염이 되어버린 것이 결국 자유는 동아의 원천이고 보면 이것은 우리가 가진 본능적인 삶인 것인걸<br>1975년 2월 3일<br>_ 성산감리교회 청년부 일동 | | |
| 2/4<br>④ | 광고 탄압 그만두고 이제라도 대오 각성하여 민족 본연의 자세로 돌아올 것을 당부 | 2/4<br>④ | 여호와여 주의 대적은 다 이와 같이 망하게 하시고 주를 사랑하는 자 | 2/4<br>④ | 어느 민족 누구에게나 결단할 때 있나니 참과 거짓 싸울 때 어느 편에 설 건가. |

| | 해 두는 바이다.<br>1975년 1월 21일<br>_ 메어리랜드 침례교인 50년 동안 애독한 김중희 올림 | | 는 해가 힘 있게 돋음 같게 하시옵소서<br>(사사기 5:31)<br>_ 충무교회 청년회 대학생회 | | 주가 주신 새 목표가 우리 앞에 보이니 빛과 어둠 사이에서 선택하여 살리라<br>_ 서독 뒤스부르크 목사 장성환 |
|---|---|---|---|---|---|
| 2/4<br>④ | | 2/4<br>④ | 너희는 이 마음을 품으라 곧 그리스도 예수의 마음이니<br>_ 희 | 2/4<br>⑤ | 행복하여라.<br>옳은 일을 하다가 박해를 받는 사람들!<br>하늘나라가 그들의 것이니라(마태복음 5:10)<br>_ 평화를 갈망하는 샛별들 |
| 2/4<br>⑤ | 한국기독교장로회 전남노회 선교활동자유수호위원회<br><우리의 결의><br>선교 자유를 보장하라. 언론탄압을 즉각 중지하라<br>노회장 김병두 목사, 위원장 윤재현 목사 외 5개 시찰 37개 교회 목사 공동성명 | | | | |
| 2/4<br>⑤ | 동아일보에 드리는 글<br>우리 '브루클린' 한인교회 교인 일동은 사랑하는 조국 대한민국의 민주주의를 수호하기 위해 뼈아픈 진통을 겪으시며 온갖 시련 속에서도 굴하지 않은 동아일보와 직원 여러분께 끝없는 찬사와 격려를 보내 드립니다. 동시에 우리의 나라 형편이 지금의 사태에까지 이르게 한 사람들에게 의분을 금치 못하는 바입니다.<br>이 이상 더 침묵을 지키는 것은 어디서 살든 간에 조국을 염려하는 국민으로서의 자세가 아님을 확신합니다. 오히려 우리의 침묵이 우리의 역사 앞에 규탄을 받아야 할 특정인들을 동조한다고 오해한 사람들에게 우리 교회 전 교인의 의사가 무엇인지 분명히 전달하도록 우리의 양심은 강요하고 있읍니다.<br>우리는 "자유가 아니면 죽음을 달라!"고 외칠 만큼 착한 국민이었다고 생각됩니다. 그러나 이보다 더 허망한 구호가 없다고 믿습니다. 남에게 얻을 수 있는 자유라면 그것은 이미 자유는 아니기 때문입니다. 또 그 자유를 선뜻 내어줄 사람들이라면 그 자유를 빼앗아 가지 않았을 것입니다. 이에 우리가 할 수 있는 일은 빼앗긴 자유를 우리의 것으로 다시 찾는 일뿐이라고 믿습니다. 역사를 주관하시는 하나님께서 시련 속에 있는 우리 민족과 이 민족의 앞날을 그저 버려두시지 않으실 것과 정의를 사랑하는 그의 백성을 통해 그의 뜻이 분명히 역사하시고 계심을 믿습니다. 때문에 위로 하나님을 두려워할 줄 모르며 아래로 그의 백성의 권리와 값을 짓밟아버리는 이 흉악한 현실이 속히 종식되고 하나님의 정의가 우리 조국에 실현되도록 우리는 계속 기도하고 있읍니다.<br>여러분이 당하시는 시련과 고통의 멍에를 함께 메지 못하여 멀리 이역에 사는 저희들은 부끄러움과 괴로운 마음 금할 수 없으며 정의를 위해 굳세게 나선 여러분께 하나님의 보호와 위로가 늘 함께 하실 것을 기도합니다. "우리가 선을 행하되 낙심하지 말지니 피곤하지 아니하면 때가 이르며 거두리라."<br>_ 1975년 1월 26일 미국 '뉴욕'시 '브루클린' 구 "브루클린 한인교회" 목사 안중식 외 교인 일동 | | | | |
| 2/4<br>⑧ | "의를 위하여 핍박을 받는 자는 복이 있나니 천국이 저의 것임이라"<br>(마태복음 5:10)<br>옥중에서 고생하시는 목사님들 기독 학생들이 하루속히 자유의 몸이 되시기를 하나님께 기도드리면서<br>_ 이리에서 살고 있는 한 교인 | | | | |
| 2/5<br>② | 검을 도로 집에 꽂으라! 검을 든 자는 검으로 망하느니 | 2/5<br>② | 십자가 군병들아<br>_ 일현 병현 | 2/5<br>② | 언론의 자유 없이 종교의 자유만 따로 갖을 순 없다. |

| | | | | | |
|---|---|---|---|---|---|
| | 라(마태복음 26:51)<br>_ 흑석동 ○○교회 왕희 | | | | 분발하라! 동아여!<br>_ 금강교회 청년회 위승옥 |
| 2/5<br>② | 주머니에서 돌을 취하여 팔매를 던져 블레셋 사람 이마에 박히니 그가 땅에 엎드려지니라(다윗)<br>_ 일신교회 청장년회 일동 | 2/5<br>② | 예수님 뵈러「동아」를 찾았습니다.<br>_ 2월 헌신 예배를 마치고 안양중앙교회 학생회 | 2/5<br>② | ✞ 김형! 아리의 순산을 축하하며 주께서 강복하소서.<br>_ 을지로 오 |
| 2/5<br>② | 주여! 왜 저들을 그대로 두고 보시나이까?<br>_ 청주 장섭 | 2/5<br>④ | 1975. 2. 5<br>_ 목사 17인 | 2/5<br>③ | 하늘과 땅은 없어지더라도 자유와 정의의 말은 결코 없어지지 않을 것이다.<br>_ 포항제2교회 청년회 일동 |
| 2/5<br>⑦ | "광주의 대학생들이여 YWCA에서 만납시다"<br>행사: 구속자를 위한 기도회<br>일시: 1975년 2월 6일 오후 8시<br>_ 광주의 뜻있는 대학생 몇 명이 | 2/5<br>⑤ | 오늘도 동아일보와 고바우를 생동케하시는 하느님께 감사드립니다. 고생스러우시죠? 그러나 잊지마세요. 승리하고 있음을!<br>_ 미국 시카고의 한 교인 부부 | 2/6<br>② | 주여 어디로 가시나이까<br>_ 현 |
| | | | | 2/6<br>② | 온 국민의 소리를 들어보시오! 이미 동아는 민주주의는 승리하고 있지 않읍니까?<br>_ 재서독 DUISBURG교회 어느 교인 |
| 2/6<br>② | 죄의 삯은 클 것이다.<br>_ 명지고 2 | 2/6<br>④ | 저는 그날 교회에서 기도만 드리고 있겠읍니다.<br>_ 인천 조화순 목사 | 2/6<br>④ | 하늘은 이슬비처럼 의인을 내리소서.<br>_ 노정혜 |
| 2/6<br>③ | 3면 하단 광고<br>동아일보의 수난은 우리를 대신한 것이며 그 싸움은 바로 우리를 위한 것으로 알고 동지애를 표시한다.<br>언론의 자유 없이는 종교의 자유도 없다!<br>-우리의 뜻은 1974년 11월에 발표한 "한국 그리스도인의 신학적 성명"에 "씨ᄋᆞᆯ의 소리지 12월호 전재됨" 밝혔다-<br>_ 한국 그리스도인의 신학적 성명 서명자 유지 일동 | | | | |
| 2/6<br>④ | 풀은 마르고 꽃은 떨어지되 주의 말씀은 영원하도록 있도다<br>(베드로전서 1:24-25)<br>_한국성서연구회원 일동 | 2/6<br>④ | 저는 교인이 아니지만 그날 교회를 찾겠읍니다<br>_ 김병관 | 2/6<br>④ | 이제 새벽이 와야겠다. 밤에 집착한 사람이야 기다리든 안 기다리든 새벽은 오는 것이다.-새벽의집-<br>_ 도봉구 방학동 6-1 |
| 2/6<br>④ | 찰스 비어드의 역사관<br>첫째, 하나님이 멸망시키려는 자는 먼저 권력으로 그를 미치게 한다.<br>둘째, 꿀벌이 꿀을 도둑질하는 동안 꽃의 꽃가루를 매개시킨다.<br>셋째, 하나님의 연자 맷돌은 돌아가는 속도는 느리나 그 안에 있는 모든 것을 가루로 부셔뜨린다.<br>넷째, 하늘이 어두워지면 별들이 나타난다.<br>"젊어지는 세계"에서<br>_ 광호, 한호, 선혜 | | | | |
| 2/6 | 동아 예찬 | | | | |

| | |
|---|---|
| ④ | 세계에 우리 조상의 빛난 얼과 슬기를 모아 널리 전파하는 위대한 권위지 동아는 ____ 입니다. 조국에 우리의 찬란한 역사와 전통, 백의민족의 긍지를 심어주는 위대한 민주지 동아는 _____ 입니다.<br>-------------------------------------------------<br>너와 나에게 자유와 정의를 심어주는 동아. 생명과 재*을 지켜주는 동아. 언론과 문화예술을 창조하는 동아.<br>항상 젖과 꿀이 흐르는 동아샘입니다. '우리 후손들에게 길이길이 물려줄 유산이요 생활인의 필수품이며 지침서요 반려자입니다.<br>1975년 2월 5일<br>_ 정수진 |
| 2/6<br>⑤ | 정의는 승리한다.<br>요즘 동아일보를 볼 때마다 마음이 후련해집니다. 세상을 떳떳하게 못사는 사람들에게 한 말씀 하고 싶습니다. "악을 선하다 하며 선을 악하다 하며 흑암으로 광명을 삼으며 광명으로 흑암을 삼으며 쓴 것으로 단 것을 삼으며 단 것으로 쓴 것을 삼는 그들은 화있을진저(이사야 5:20)." 저희 시골에서도 동아일보를 한 사람 한 사람 애독해 가고 있습니다. 정의는 승리하리라 믿고 열심히 기도하겠습니다.<br>_ 전남 순천시 김경언 |
| 2/6<br>⑤ | 국가와 교회를 위하여 기도합시다.<br>때: 매주 수요일 아침 7시<br>곳: 기독교회관 소회의실<br>_ 대한예수교장로회 성직자 기도회 |
| 2/6<br>⑤ | 너희가 세상에서 고난을 당하나 담대하라<br>내가 세상을 이기었노라<br>(성서) (1차분)<br>_ 광주 YMCA 직원 일동 |
| 2/6<br>⑤ | S.O.S!<br>동아일보 난파=민족의 위기<br>_ 재서독 "Duisburg 한인교회" 교우 일동 |
| 2/6<br>⑤ | 저가 내게 간구하리니 내가 응답하리라 저희 환난 때에 내가 저와 함께하여 저를 건지고 영화롭게 하리라(시편 91편 중)<br>내가 부르짖고 또 부르짖었더니 나를 기가 막힐 웅덩이와 수렁에서 끌어 올리시고 내 발은 반석위에 두사 내 걸음을 견고케 하셨도다 (시편 40편 중)<br>_혜구하는 여인 |
| 2/7<br>② | 소금과 빛<br>_ 항상 아끼는 사람들 |
| 2/7<br>② | ✞ 죽으면 죽으리라<br>_ 당산동교회 강연길 |
| 2/7<br>② | 주여 이 나라를 버리지 마시옵소서<br>_충무교회 성가대 |
| 2/7<br>② | 누나의 생일에, 모든 억압받는 자에 하나님의 정의와 자유가 있기를<br>_ 김순홍 |
| 2/7<br>② | 여호와는 내 편이시라. 내게 두려움이 없나니 내게 어찌할꼬<br>(시편 118:6)<br>_ 서울신학대학 2학년 일동 |
| 2/7<br>② | 자유를 위해 영어의 몸이 된 신대균, 이종구에게 드린다.<br>_ 대광23회 김윤호, 박형준 |
| 2/7<br>② | 소돔과 고모라의 최후를 아는가!<br>_ 오죽 |
| 2/7<br>② | 첫 돌을 맞이하여 동아와 같이 용감한 남아가 되기를 하나님께 간구하면서<br>_ 세민 군의 아빠 엄마가 |
| 2/7<br>③ | 자유의사의 발표를 억압하는 민권 행사는<br>국민을 우롱하는 것이다. |
| 2/7<br>③ | 양심에 페인트칠한 위선의 그대들이여!<br>언론의 자유 없이 신앙 |
| 2/7<br>④ | '오글' 목사 가족을 위한 송별기도회를 마치고 탄압받는 자유 언론을 위해 |

| | | | | | |
|---|---|---|---|---|---|
| | _ 성경문제연구회 | | 의 자유 없다는 외국 대통령의 말이 안 들립니까?<br>_ 용산구에서 애통하는 자가 | | 1975년 2월 7일<br>_ 기독교대한감리회 중부연회 도시산업선교위원회 |
| 2/7<br>④ | 전국의 뜻있는 민주시민들이여!<br>오는 12일을<br>"구국 금식 기도일로…"<br>수감 중인 윤한봉 군의 부친 사망을 통곡하면서<br>_ 전남 구속자 가족협의회 | 2/7<br>⑤ | 한국의 기독 청년들아! 잠자는 신앙에서 깨어 각성하자.<br>_ 상도성결교회 청년회 일동 | 2/7<br>⑤ | 너 근심 걱정 말아라 주 너를 지키리<br>주 날개 밑에 거하라 주 너를 지키리<br>(시편 91편 중)<br>_ 주안에 거하는 한 딸 |
| 2/8<br>② | 누가 망쳤을까? 아가의 꽃밭<br>_ 대광고 2년 1부 | 2/8<br>② | 누가복음 6장 46절을 큼직하게 내고 싶은데 주머니 사정이<br>_ 박수웅 | 2/8<br>② | 여호와의 눈은 어디서든지 악인과 선인을 감찰하시느니라.<br>(잠언 15:3)<br>_ 승남, 경하, 경희, 성희, 한별, 정화 |
| 2/8<br>② | 말못하는니귀가말한다. 권리를 찾기 위하여.<br>_ 석전경우 | | | | |
| 2/8<br>② | 핍박하거들랑 기도하고 저주하거들랑 축복하라<br>(마태복음 5:44)<br>_ 성동제일교회 청장년회 | 2/8<br>② | 욕심이 잉태한즉 죄를 낳고 죄가 장성한즉 사망을 낳느니라<br>(야고보서 1:15)<br>_ 동대문 이영삼 | 2/8<br>⑥ | 저희는 그날 국가와 민족을 위해 기도하며 교회에 있겠읍니다.<br>_ 서울 제일교회 |
| 2/8<br>④ | 언론의 자유없이는 종교의 자유가 있을 수 없습니다. 늦기 전에 이 사실을 깨달아야 합니다.<br>_ 대한예수교 장로회 영락교회 몇몇 교우들 | 2/8<br>④ | 나의 첫 논설집<br>"새것, 아름다운 것"<br>-신학과 문학의 접경에서서-<br>동아일보에 광고를 내고 싶어 출판을 서두르면서<br>_ 진실이 담긴 활자를 사랑하는 사람 문익환 | 2/8<br>⑧ | "우리를 유혹에 빠지지 않게 하옵시고, 악에서 구원하여 주옵소서"<br>(주기도문-마태복음 6:3 중에서)<br>_ 향린교회 성가대원 대학생회원 일동 |
| 2/8<br>⑤ | 구국기도회<br>장소: 덕수궁 뒤 정동교회 옆<br>일시: 1975년 2월 10일 오후 6시부터<br>말씀에 함석헌, 윤반웅, 홍일중 선생<br>_ 민주수호기독자회 | | | | |
| 2/8<br>⑦ | 신앙의 자유 수호를 위한 연합기도회<br>때: 1975년 2월 9일(주일) 오후 2시 30분<br>곳: 서울 새문안교회<br>주: 한국기독교교회협의회(KNCC)<br>성명서 | | | | |

| | | | | | |
|---|---|---|---|---|---|
| | 우리는 지난 2월 4일 보도된 서울시경이 취한 기독교의 집회 방해와 탄압지시에 대하여 이것은 헌법이 보장한 신앙의 자유에 대한 노골적인 위반이라고 단정한다. 이것은 오늘까지도 이미 시행해 온 처사였으나 다만 음성적인 탄압이 공식화한 데 불과하다. 이것은 서울시경의 관내에 국한된 것이 아니라고 생각한다.<br>이제는 당국도 종교의 자유를 침해한 일이 없다는 종래의 억설을 정당화할 근거를 상실하였다. 신앙의 자유를 위해 수많은 순교자를 낸 한국교회의 역사를 이어받은 우리들은 순교자적인 정신을 이어받아 적극적인 항의를 할 것이고 우리와 뜻을 같이하는 전국의 교회는 일보의 후퇴도 없이 일치단결하여 우리의 선교의 자유를 수호할 것을 다짐하는 바이다.<br>1975년 2월 5일<br>한국기독교교회협의회<br>-------------------------------------------------------------<br>성명서<br>한국기독교교회협의회는 이번 국민투표에 대한 우리의 견해를 다음과 같이 밝힌다.<br>우리는 이번 국민투표는 위헌이라고 생각한다.<br>현행 헌법상 국민투표를 할 수 있는 경우는 첫째 헌법 제49조에 의하려 국가의 중요정책에 대한 경우, 헌법 개정의 경우뿐이며 위의 두 가지 경우 외에는 국민투표를 할 수 없는 것이다.<br>이번 국민투표안은 헌법 개정을 위한 것이 아님은 명백하며 또 이는 헌법에서 말하는 "국가의 중요정책"이 아니라 이번 국민투표는 이미 지속해 온 유신체제 또는 대통령에 대한 신임을 묻기 위한 것이므로 헌법의 위반이라고 본다.<br>우리는 현재 진행되고 있는 국민투표 계몽운동은 불법이라고 생각한다.<br>현행 국민투표법은 찬, 반 어느 쪽 발언도 못 하게 되어 있으나 정부는 공무원, 소위 학식과 덕망이 높은 자로 위촉했다는 계몽 지도를 담당한 인사들이 능동적으로 찬성 운동을 전개하고 영화, 책자들까지 찬성 운동에 동원시키고 있다.<br>우리는 이번 국민투표를 위한 정부의 동원은 부정이라고 생각한다. 일반서민의 생활이 생존의 위협을 받고 경제적인 불황이 격심한 이 때에 막대한 수의 공무원, 계몽 운동자를 동원시켜 막대한 경비를 소비하고 있다. 예를 들어 보도에 의하면 마산의 경우 유권자 27명당 1인의 동원을 하고 있다고 한다. 막대한 국고 낭비에 의한 선심 공세로 국민의 세금을 사용하고 무허가음식점의 묵인 등 헤아릴 수 없는 부정행위가 진행되고 있다.<br>이상과 같은 위헌, 불법, 부정행위에 우리는 가담할 수 없음을 명백히 밝힌다.<br>1975년 2월 5일<br>_ 한국기독교교회협의회 | | | | |
| 2/8<br>⑧ | 생일 선물을 드립니다 _ 허경신<br>공법을 물같이 정의를 하수같이 흘릴지라 이를 다 지켜 행하면 너를 세계 모든 민족 위에 뛰어나게 하리라 (아모스 5:24; 신명기 28:1) | | | | |
| 2/8<br>⑧ | (2차) 동아광고가 무더기로 해약되던 그날부터 우리 크리스천들의 마음들에서 정부를 사랑하던 것들이 하나씩 사라져 가고 있읍니다.<br>_ 서대문구 역촌동 예일여자중학교 앞 대한예수교장로회 백석교회 교우들 | | | | |
| 2/10<br>② | 하나님은 의로운 자 돕는다.<br>_ 박기철 | 2/10<br>② | 경석, 창석 건강을 빕니다.<br>_ 새문안 대학생회 졸업생 | 2/10<br>② | 자유는 풀어주면 얻고 거두어들이면 뺏기는 물건이 아니다. |

| | | | | | |
|---|---|---|---|---|---|
| | | | | | _ 영등포 영광교회 교우 몇 사람 |
| 2/10<br>② | 그리스도께서 우리로 자유케 하려고 자유를 주셨으니 그런고로 굳세게 서서 다시는 종의 멍에를 메지 말라.<br>(갈라디아서 5:1)<br>지학순 신부님과 박형규 목사님·구속 학생들의 건강을 기도하면서<br>_ 영락교회 교인 | 2/10<br>② | 끝까지 분투하자<br>여호와께서 함께하신다<br>_ 마산 출신 이종 | 2/10<br>② | 독재에의 반항은 하나님에의 순종이다 -제퍼슨-<br>_ 윤수 |
| | | 2/10<br>② | 주여 저희를 용서하소서<br>_신기 | 2/10<br>② | 주여! 주여! 나그네와 같은 동아를 버리지 마옵소서!<br>_ 교회 청년 홍·장 |
| 2/10<br>② | 내주는 강한 성이요 방패와 병기되시니 큰 환난에서 우리를 구하여 내시리로다.<br>_ 한 믿음의 가정 | 2/10<br>② | "임금님 귀는 당나귀 귀다아~" 휴-시원해<br>_ 영등포교회 의숙 | 2/10<br>② | 사랑엔 거짓이 없나니 악을 미워하고 선에 속하라!<br>(로마서 12:9)<br>_ 제48회 경기상업고등학교 기독교반 동문회 일동 |
| 2/10<br>③ | 저들이 우리의 입을 막으면 길가의 돌들이 모두 일어나 소리치리라(설교 중에서)<br>NCC 주최 신앙의 자유를 위한 연합기도회에서<br>_ 새문안 대학생회 성금 | 2/10<br>③ | 악에게 지지 말고 선으로 악을 이기라<br>(로마서 12:21)<br>_ 서울침례교회 몇 청년들이 | 2/10<br>③ | 할 말이 있다 나도 할 말이 있다<br>…에게는 할 말이 없다<br>주여! 이 노양들이 제 직분을 다하게 인도하소서<br>_ 함윤함 |
| 2/10<br>③ | 십자가 군병들아 주 위해 일어나기 들고 앞서 나아가 힘차게 싸우라<br>_ 박영하 | 2/10<br>③ | 기독교 2000년은 피의 역사입니다<br>_ 전남순천중앙교회 교인 중 | 2/10<br>③ | 기도회를 마치고…<br>_ 한국기독교장로회 흑석동 교회청년회 |
| 2/10<br>③ | 내 하나님이여! 내 하나님이여!<br>어찌! 우리나라를 버리셨나이까! 어찌! 우리 국민을 멀리하여 돕지 아니하옵시며 우리 민족의 신음하는 소리를 듣지 아니하시나이까? (성서에서)<br>_ 승환윤 | | | | |
| 2/10<br>③ | 부자가 바늘구멍에 들어가는 길은 동아에 돈을 희사하는 길이다. 배만 부르면 아무 불평을 모르는 우리 순진한 국민을 우롱하지 말라. 방관만 하고 있던 한 민주 학생이 점점 크게 들려오는 인권의 소리에 같이 외치기로 했다.<br>_ 김연식, 김관식 | | | | |
| 2/10<br>③ | 흔들리지 않으리! 흔들리지 않으리<br>시냇가에 심은 나무처럼 흔들리지 않으리 예수가 대장되시니 예수가 대장되시니<br>시냇가에 심은 나무처럼 흔들리지 않으리<br>전국의 KSCF 동지들 그날은 발 씻고 기도하는 날로 합시다<br>_ KSCF 경북지구 | | | | |
| 2/10 | 눈이 있어도 소경이고 귀가 있어도 귀머거리인 백성을 이끌어내라(이사야 43:8) | | | | |

| | | | | | |
|---|---|---|---|---|---|
| ③ | _ 영란 | | | | |
| 2/10<br>③ | 주여 이 나라를 버리지 마시옵소서.<br>_ 충무교회 성가대 | 2/10<br>③ | 오! 훌륭한 백성<br>_ 외국인 신부 | 2/10<br>③ | 한국교회는 악마적 불의와 투쟁할 수 있는 교회가 되라<br>_ 연동교회 대학부 ② |
| 2/10<br>③ | 그리스도께서 우리로 자유케 하려고 자유를 주셨으니 그러므로 굳세게 서서 다시는 종의 멍에를 메지 말라<br>(갈라디아서 5:1) | 2/10<br>③ | 그리스도께서 우리로 자유케 하려고 자유를 주셨으니 그러므로 굳세게 서서 다시는 종의 멍에를 메지 말라<br>(갈라디아서 5:1)<br>_ 시골의 한 감리교인 | 2/10<br>④ | 항상 기뻐하라<br>쉬지 말고 기도하라<br>범사에 감사하라<br>_ 오늘 김활란 선생님 5주기에 금란동산에 서서 |
| 2/10<br>④ | 믿음으로 일하는 자유인<br>_ 신일고 1-돌 일동 | 2/10<br>④ | 오늘의 기독자여<br>그대는 아모슨가, 아마샨가?<br>(아모스 7:10-17)<br>_ 경남거창읍하동466-5 조창섭 | 2/10<br>⑤ | 2월 4일 자 한국교회여성연합회 인권위원회 성명을 본 회도 전폭 지지함<br>_ 한국기독교장로회 여신도회 전국연합회 |
| 2/10<br>④ | "…나는 애굽에 있는 내 백성의 굴욕과 억압을 익히 보았고 또 그들이 자기들을 학대하는 자들 앞에서 울부짖는 소리를 들었노라. 그러므로 나는 그들을 애굽의 손아귀에서 구해내어…"(출애굽기 3:7-8)<br>_ 원주지구 목사 신부 일동 | | | | |
| 2/10<br>⑤ | 너희는 먼저 하느님의 나라와 그의 의를 구하라<br>_ 신암교회 여신도회 | 2/10<br>⑤ | 그리스도 예수의 마음을 품으면서<br>_ 동인회 일동<br>김성환, 김호식, 신종선, 정용섭, 정웅섭, 주재용, 황성규, 한정삼 | 2/10<br>⑦ | 아버지 그리고 같이 계신 구속 인사들 빨리 집에 오시기를 기다리며 음력 설 세배 받으세요.<br>_ 박형규 목사 4남매 |
| 2/10<br>⑦ | -자아 혁신을 위한 성명-<br>내 속에 선악이 대결하는 시대로구나. 상사의 명령을 따르자니 양심이 죽겠고 양심의 명령을 따르자니 직장을 잃겠도다. 아 — 난, 자아의 분열로 죽을 지경이다. 자유언론을 탄압하는 그런 사회라면 나는 어떻게… 자유언론을 탄압하는 자가 어떻게… 간악한 공산독재를 싫어하는 국민에게 어떻게… 언론의 자유, 사회정의, 신앙 양심의 자유 없이 어떻게… 말로서 옳고 그름을 가름하고 서로 이해하여 국민총화를 이루는 비판의 자유가 보장되어 있는 그런 나라로 오 — 하나님! 이 나라를 구원하소서. 비리와 횡포여! 물러가라! 국민을 속이지 말라! 음성적으로 무도하게 사람들을 잡지 말라! 「동아」의 언론을 교살하고자 하는 자 누구냐?<br>1975. 2. 8.<br>_ 양심 있는 한 봉급 생활자 | | | | |
| 2/10<br>⑦ | 영락 청년의 시간<br>극동방송(1190KC)<br>시간: 매주(일) 아침 7시 10~30분(20분간)<br>담당: 영락교회 박조준 목사 | | | | |

<table>
<tr><td></td><td colspan="5">본 청년협의회에서는 오천만을 위하여 매 주일 아침에 위와 같이 방송을 보내드리고 있습니다.<br>“의를 위하여 핍박을 받는 자는 복이 있나니 천국이 저희 것임이라”(마태복음 5:10)<br>_ 영락교회 청년협의회</td></tr>
<tr><td>2/10<br>⑧</td><td>하나님!<br>우리 주위의 저 불의를 언제까지 버려두시려니이까?<br>_ 서강 감리교회 청년회원 일동</td><td>2/10<br>⑧</td><td>서경석·김형기·서창석·권진관·신대균·이구락·이원희<br>구속된 일곱 형제들의 건강과 조속한 석방을 기원하며, 동아를 격려합니다.<br>_ 새문안교회 청년회 일동</td><td>2/10<br>⑧</td><td>다시 동아일보의 언론투쟁을 성원합니다.<br>“역사를 썩어 가슴에 흙을 쌓으면 희망은 묻혀 새로운 종자가 되는 지금은 수목들의 체온도 뿌리에서 뿌리로 흐른다”<br>김현승 님『신종』에서<br>_ 한국 그리스도인의 신학적 성명 서명자들</td></tr>
<tr><td>2/10<br>⑧</td><td colspan="5">사욕에 눈이 어두워 공의와 인권을 외면하는 정치인들이여!<br>부정 축재하여 사치와 향락에 도취된 특혜 부실 기업가들이여!<br>74억 원 부정자보다 민주 회복을 주창한 애국인사들을 엄벌한 불의한 처사들이여!<br>권력 앞에 아부하며 양심을 잃어버린 간사한 자들이여!<br>고귀한 국민주권을 선심 공세에 빼앗기려는 나약한 자들이여!<br>십자가만 찬양하고 십자가를 지지 않는 무능한 종교인들이여!<br>우리는 준엄한 하나님의 심판과 닥쳐올 역사의 심판을 두려워하고 속히 회개합시다.<br>우리의 생존을 위하여 악한 길을 버리고 그 나라(신앙)와 그 의(정의)를 구합시다.<br>(구약성서 아모스 5:4-27)<br>_ 종로5가 기독교회관 807호 대한민국 국민이며 대한예수교장로회 목사 고영근</td></tr>
<tr><td>2/10<br>⑧</td><td colspan="5">성명서<br>우리는 1975년 2월 3일 월례 정기 교역자 회의에서 결의한 바 천주교정의구현사제단 및 기독교 각 교단 각계각층의 현 시국에 관한 선언문과 결의문을 전폭적으로 지지하며 다음과 같이 우리의 주장을 천명한다.<br>구속 중인 박형규 목사님과 지학순 주교님을 비롯하여 성직자, 교수, 학생, 모든 민주 애국자들을 즉각 석방하라<br>국민의 생존권과 기본권을 존중하고 종교(신앙) 자유, 언론자유, 보도의 자유, 집회의 자유, 결사의 자유를 보장하라<br>서민 대중의 최소한의 생활과 복지를 보장하는 경제정책을 확립하라<br>동아일보 및 (방송)에 대한 광고 해약을 즉각 취소하고 국민의 진정한 여론에 순복하라<br>1975. 2. 7.<br>_ 한국기독교장로회 대구 교역자회</td></tr>
<tr><td>2/11<br>①</td><td colspan="5">공동성명<br>국민투표일을 앞두고 우리의 결의를 다음과 같이 공동으로 재천명한다. 아울러 우리는 민주 회복의 줄기찬 노력을 온 국민과 더불어 계속 할 것을 분명히 밝히는 바이다.<br>… 1~7개 조 성명 내용 생략 …<br>_ 민주회복국민회의(민주수호국민협의회, 가톨릭노동청년회, 구속자가족협의회, 민주수호기독자회, 수도권특수지역선교위원회, 에큐메니컬현대선교협의체, 자유실천문인협의회, 전국교회여성연합회, 정의자유구현목요정기기도회, 천주교정의구현전국사제단, 한국기독교교회협의회인권위원</td></tr>
</table>

<table>
<tr><td></td><td colspan="5">회, 한국기독교학생총연맹, 한국여성유권자연맹)<br>------------------------------------------------------------<br>양심선언 운동에 즈음하여<br>본 민주회복국민회의가 양심선언 운동을 제창한 이래 각계로부터 열광적인 호응을 받은 바 있다. 또 앞으로 민주구국의 활동을 전개함에 있어 탄압과 불법적인 연행이 속출할 가능성 또한 없지 아니하므로 여기 지학순주교의 양심선언 내용을 공개하여 양심선언 운동의 참고로 삼게 하고자 한다. 내용은 각기 다를 수 있어도 형식은 대개 여기에 준하면 될 것이다.<br>…지학순 주교 양심선언 전문 생략…<br>12일 각급 성당과 교회에서는 양심선언을 서면 또는 많은 사람 앞에서 자기의 양심선언 내용을 공개하고 목사나 신부에게 보관시킬 수 있을 것이다. 양심을 보위하고 되찾는 양심선언 운동에 적극 호응해 줄 것을 온 국민에게 호소하는 바이다.<br>_ 민주회복국민회의</td></tr>
<tr><td>2/11<br>②</td><td>누가 너더러 아브라함의 자손이라더냐?<br>_ 교인</td><td>2/11<br>②</td><td>하나님이 보고 계시겠지요<br>_ 답십리동 은경아빠</td><td>2/11<br>②</td><td>동아와 구속자들을 위해 기도드립니다.<br>_ 화영엄마·아빠가</td></tr>
<tr><td>2/11<br>②</td><td>승리하고 있는 동아<br>_ 한국기독교장로회 신촌교회 학생회</td><td>2/11<br>②</td><td>주 예수를 믿어라 그리하면 너와 네 집이 구원을 얻으리라<br>(사도행전 16:31)<br>_ 박재원</td><td>2/11<br>②</td><td>진리는 통하고 정의는 이긴다.<br>_ 원근, 순태, 종화</td></tr>
<tr><td>2/11<br>②</td><td>의를 위하여 핍박을 받는 자는 복이 있나니 천국이 저희 것입니다<br>(마태복음 5:10)<br>_ 영동교회청년회 일동</td><td>2/11<br>②</td><td>진리가 우리 것일 때까지<br>_ 인하대 점돌이 경북대 한풍</td><td>2/11<br>②</td><td>주여 저들이 앞을 보지 못하는 시야를 벗겨주시옵소서<br>_ 수원 동방박사크럽</td></tr>
</table>

<table>
<tr><td>2/11<br>②</td><td>어둠 속의 빛<br>_ 유균</td><td>2/11<br>②</td><td>저녁이 되며 아침이 되니<br>(창세기 1장)<br>_ 형·영</td><td>2/11<br>②</td><td>빵만으로는 살 수 없다.<br>_ 의정부 찬</td></tr>
<tr><td>2/11<br>③</td><td colspan="5">진리! 자유! 정의! 민심! 용기! 이것을 빼놓고 인간이 무슨 뜻으로 사는가? 이것을 행하기가 정신적으로 경제적으로 그렇게들 어렵단 말인가? 동포여!<br>_ 시골 교회 집사 참 죄인, 시골 교사 황 민주</td></tr>
<tr><td>2/11<br>③</td><td colspan="5">그리스도께서 우리로 자유케 하려고 자유를 주셨으니 그러므로 굳세게 서서 다시는 종의 멍에를 메지 말라(갈라디아서 5:1)<br>_ 대한예수교 장로회 동산교회청년회</td></tr>
<tr><td>2/11<br>③</td><td colspan="5">시편 일장 일절 복 있는 사람은 악한 자의 꾀를 좇지 아니하며 죄인의 길에 서지 아니하며 오만한 자의 자리에 앉지 아니하며<br>_ 순복음중앙교회 교인 중 일인</td></tr>
<tr><td>2/11<br>③</td><td colspan="5">어찌하여 형제의 눈 속에 있는 티는 보고 네 눈 속에 있는 들보는 깨닫지 못하느냐(마태복음 7:3)<br>악에게 지지 말고 선으로 악을 이기라(로마서 12:21)</td></tr>
</table>

<table>
<tr><td></td><td colspan="5">_ 전주, 성광교회 청년회</td></tr>
<tr><td>2/11<br>③</td><td colspan="5">회개하라 천국이 가까웠느니라 칼을 쓰는 자는 칼로 망하느니라<br>양들은 위기를 알고 우는데 어찌하여 목자들은 침묵만 지키렵니까 어느 때까지<br>_ 대한예수교장로회 합동 측 고등부 교사</td></tr>
<tr><td>2/11<br>④</td><td>열두 명 더 되는 천군 천사를 동원할 수 있지만…<br>(마태복음 26:53)<br>_ 월곡 감리교회 청년회</td><td rowspan="2">2/11<br>④</td><td rowspan="2">미련한 자는 자기의 행위를 바른 줄로 여기나 지혜로운 자는 권고를 듣느니라<br>(잠언 12:15)<br>_ 삼선감리교회 청년, 학생회</td><td rowspan="2">2/11<br>④</td><td rowspan="2">그리스도께서 우리로 자유케 하려고 자유를 주셨으니 그러므로 굳세게 서서 다시는 종의 멍에를 메지 말라<br>(갈라디아서 5:1)<br>_ 삼양동 동아 애독자</td></tr>
<tr><td>2/11<br>④</td><td>헌신 예배를 마치고…<br>_ 한국기독교 장로회 관악교회 청년회</td></tr>
<tr><td>2/11<br>⑤</td><td colspan="3">민심의 고백<br>아아! 하느님! 우리는 어찌해야 합니까? 의롭지 못한 ○○○ 노릇을 해야 하는 이 신세, 정말 괴롭습니다.<br>_ 동아 사원을 부러워하는 일 시민</td><td>2/11<br>⑤</td><td>사랑하는 마음으로<br>_ 기장 성북여신도회, 수유동여신도회</td></tr>
<tr><td>2/11<br>⑤</td><td colspan="5">언론의 자유를 위해 수고하시는 여러분의 뒤에는 우리 모두의 기도와 노력이 항상 함께 있읍니다.<br>_ 경동교회 대학생회, 여신도회·젊은 여성클럽, 장년클럽·청년회</td></tr>
<tr><td>2/11<br>⑥</td><td>정의와 자유를 수호하기 위해 고투하는 동아를 우리는 기도하는 마음으로 지켜봅니다.<br>_ 몇 사람의 여성들이</td><td>2/11<br>⑥</td><td>구번 김동완 전도사님!<br>불의가 사라지는 그날이 오기까지 기다리면서 사십시다…<br>_ 1년을 기다리다 지친 신앙의 형제 일동.<br>기독교 대한감리회 약수형제교회</td><td>2/11<br>⑥</td><td>누구나 악을 일삼는 자는 자기 죄상이 드러날까 봐 빛을 미워하고 멀리한다.<br>(요한복음 3:20)<br>_ 서독 이름: Arno Kgrber<br>한국 이름: 장휘</td></tr>
<tr><td>2/11<br>⑥</td><td>그날에는 하나님의 정의가 이 땅에 실현되도록 교회에 나가서 기도를 드립시다<br>_ 한국기독교장로회 여신도회 전국연합회</td><td>2/11<br>⑥</td><td>청년들이여! 하나님 나라의 의를 구하라.<br>_ 민주 수호 기독교회 주최 구국기도회에서의 모음, 정동교회 청년부</td><td>2/11<br>⑧</td><td>청년 신앙 강좌를 마치고 작은 정성은 동아를 위해 바칩니다<br>_ 시온감리교회 청년회</td></tr>
<tr><td>2/11<br>⑦</td><td colspan="5">1. 동아의 소리는 이 시대 이 상황에서 진정한 믿음이여 복음임을 믿는다.<br>2. 입법, 행정, 사법의 삼권 분립을 확신하는 것 같이 언론, 신앙, 학문의 삼 자유의 불가 분립을 믿는다.<br>_ 한국기독자교수협의회 중앙위원<br>김용옥(감신대 교수), 노명식(경희대 교수), 서광선(이대 교수), 서남동(연대 교수), 안병무(한신대 교수), 이계준(연대 교수), 이문영(고대 교수), 이우정(서울여대 교수), 정우현(고대 교수), 조요한(숭전대 교수), 한관상(서울대 교수), 현영학(이대 교수) 1975. 2. 11.</td></tr>
<tr><td>2/11<br>⑧</td><td>성회 수요기도회 안내<br>목요 정기 회원 구속자가족협회 회원은 성회 수요기도회에 참가하시기 바랍니다<br>_ 목요 정기 기도회</td><td>2/11<br>⑧</td><td>민주 회복 기도의 날!<br>그날 가까운 교회에 모여 기도합시다.<br>_ 한국기독교 전국청년연합회 협의회</td><td>2/11<br>⑧</td><td>자유케 하소서<br>너희 발은 어디에 묶여 있는가<br>_ 이대 YMCA 아녀회</td></tr>
</table>

<table>
<tr><td>2/11<br>⑧</td><td>나라를 걱정하는 이화의 딸들에게<br>-10일 자 동아광고를 보고-<br>조국을 위해 2월 12일을 기도회 날로 정한 것에 적극 참여할 것을 약속드리고 이 기도회가 민주 국민들의 뜻을 적극 지지하는 모임이 되길 원합니다. 우리 모두 2월 12일 오전 9시에 이화동산에서 만납시다.<br>_ 8천 이화인 중</td><td>2/11<br>⑧</td><td>○○○○○○하여 자유대한 이룩하자.<br>10일 자 동아광고를 통한 이화인의 제안을 적극 지지합니다.<br>1975.2.12.9 : 00-이대에서 만납시다.<br>_ -멋쟁이 이화인들-</td></tr>
<tr><td>2/11<br>⑧</td><td colspan="3">이른바 민청학련사건을 고발합니다.<br>하나님과 자유 그리고 인권을 사랑하는 국민 여러분!<br>작금에 이르러 민청학련 사건은 일찍이 당국에 의하여 보도된 사실과는 내용이 전혀 다른 사상 유례 없는 최대의 자연법 유린 사건임이 명백해진 이상 대한민국 법의 최고기관인 대법원의 판결조차 승복할 수 없다는 통곡할 현실을 직시하지 않을 수 없읍니다.<br>한 나라의 국민은 원하는 법은 언제라도 바꿀 수 있으나 정부만이 원하는 법은 존재할 수도 없다는 것이 국민주권의 원칙이며 불가변의 진리일 텐데 이 순간에도 국민 여러분 가슴속에 불타오르고 있을 바로 그 진리에 이른바 민청학련사건의 극히 제한된 방청 과정을 통해 얻을 수 있었던 관련 구속 인사들의 법정 진술 및 법정 기록 항소 이유서 등을 토대로 해서 사건의 진면모를 밝혀두고자 합니다.<br>◎ 사건 성격에 관하여<br>유인태 ● ● 학생운동은 역사적 전통 속에서 반독재 반외세적 민족주의 및 민주주의 구현을 위한 횡적인 국민 의사 연결의 집약적 표출로써 확고한 견제 세력이 없는 대한민국의 후진적 사회 구조상 통치권의 부당한 행사에 대항하여 온 거의 유일한 통제기능의 역할을 해왔으며 이는 민주주의 국가에서 정당한 권리 및 의무이기도 하다. 이러한 전통에서 우리는 당국의 각성과 시정을 촉구하는데 뭐를 하려고 했을 뿐이지 그 이상은 모르며 생각할 필요도 없었고 더욱이 계획한 일도 없다.<br>서중석 ● ● 학생운동이 곧 반국가나 반정부일 수 없다. 사회봉사 활동, 실태조사, 학술 세미나 그리고 순수한 학생 입장에서의 서명운동 및 데모 시위 등이 있다.<br>김효순 ● ● 현재와 같이 국민경제 정책의 실정이 허다하고 정당정치 활동이 제 기능을 다하지 못하며, 언론의 자유가 극도로 제한되어 있는 현 체제 하에서는 민주주의를 배우는 순수한 학생의 입장으로써 항의 시위란 필연적이다. 이러한 견지에서 학생 데모를 도시의 쓰레기 치우는 작업으로 비유할 수 있다. 쓰레기를 치우지 않고 방치해 둔다면 부패되어 냄새가 진동할 뿐만 아니라 시민의 건강을 해치는 전염병까지도 유발시키게 된다. 될 수만 있다면 본인은 언제나 청소부의 입장에 서고 싶다.<br>◎ 단체로서의 조직에 관하여<br>이철 ● ● 전국 민주 청년 학생총연맹이란 반국가단체가 1974년 3월 7일 정식 결성을 보았다고 하나 그 자리는 친우들 상호 간에 지니고 있던 오해를 해소키 위한 정문화, 라병식, 유인태, 서중석, 본인 불과 5인의 모임이었으며 이른바 민청학련의 지도적 임무에 종사하였다는 이유로 현재 기소 중인 다른 여러 피고인들로부터 어떤 결정권을 위임받은 자리도 아니었음은 물론 대표자나 직책 및 범위 강령 또는 규약에 관한 아무것도 갖춘 바 없는 모임이었는데 어떻게 국가 변란, 정부 전복, 노농 정권을 수립하기 위한 반국가단체의 정식 결성일 수가 있는가. 우리가 반정부로는 보여질 수도 있겠으나 반국가는 아니며 반국가단체일 수는 더욱 없다. 세계 각처에서 학생</td></tr>
</table>

데모가 일어나고 있어도 국가 변란이라고는 하지 않는다.

황인성 • • 학생운동이란 운동 관계자들의 창의적이고 상호 대등한 입장에서 자율성을 바탕으로 이루어짐이 전통의 흐름이며 상명하복 관계란 있을 수 없고 더욱이 있어서는 학생운동이 성립되질 않는다.

◎ 명칭이란 무엇을 말하는가?

황인성 • • 전국 민주 청년 학생총연맹이란 명칭은 1974년 3월 27일 이철, 정문화, 김병곤, 본인 4명이 만나 유인물 초안을 검토하던 중 학생운동 전례에 준하여 유인물 하단에 기재할 명칭을 구상했는데 정문화는 '반팟쇼전국학생총연맹' 김병곤은 '민주회복전국학생총연맹' 본인은 '전국민주청년총연맹' 으로 생각했던바 그중 가장 학구적이고 민주적인 의미가 있다 하여 유인물 하단에 넣기 위한 명칭으로써 채택한 것에 불과했다.

◎ 변호사 상고 이유서에 나타난 수사 과정에서의 고문

피고인 전원은 중앙정보부에서 물고문 전기 고문 잠 못 자게 하는 고문 등을 받았고 그 상처와 공포가 가시기도 전에 검찰관의 심문 장소 역시 중앙정보부 안인 경우가 많았고(이철, 유인태, 이근성, 정화영 등의 경우) 심문 시 언제나 중앙정보부원이 동석하였으며 부인하면 중앙정보부에 되돌려 보내겠다고 위협하거나 또 실제로 되돌려 보내 고문을 받게 하기도 하였으며(김효순, 서중석의 경우) 사법경찰관의 의견서를 읽게 한 다음 이를 받아쓰고선 심문조서라 하여 무인을 강요했다 함은 헌법 제10조 "신체의 자유"에 반하는 중대한 위법이었다.

이철 • • 법정에서 공소사실대로 시인하지 않았다고 하여 구치소까지 찾아온 기관원에게 구타를 당했다.

이강철 • • 모처 지하실에서 20일 동안 전기고문을 당했다.

여정남 • • 공소사실은 처음부터 끝까지 전부가 허위다. 모처에서 전기 고문등 각종 고문을 받으며 하루에도 수차례에 걸쳐 심문 조서를 받아 인간으로서는 더 이상 견딜 수 없는 육체적, 정신적 극한 상황에서 이미 검찰에 송치된 진술서를 수사관이 읽어 주는 대로 쓸 수 밖에 없었다.

◎ 민족 지도부 및 10인 협의회에 관하여

학생들이 당국에 요구하고 싶은 것들이 있어도 그들이 정치 단체가 아니기 때문에 협상할 수 있는 길도 없어, 자연히 격한 구호로써 데모를 하기 마련인데 그러나 결국에 가서는 명분도 못 찾고 힘에 의해 해산당하는 경우가 허다하다. 그렇다면 이러한 학생들의 정당한 요구를 당국에 대변할 수 있는 사회 저명인사들로 구성된 협의회 같은 것이 있다면 학생들도 그분들의 지도를 받을 수 있을 것이라는 공상을 해 본 일이 있어 수사관에게 진술한 적이 있는데 당시에 수사관이 어느 분들이냐기에 생각나는 대로 평소에 존경해오던 윤보선, 김수환, 박형규, 정일형, 정구영, 장준하, 천관우 등의 몇 분을 대답하게 된 것이 공소장에 사회주의 정부 수립을 위한 과도 기구로써 탈바꿈 되었다.

◎ 무력 봉기에 의한 내란에 관하여

이철 • • 과거 서울 문리대 데모 시 경찰과 수사관이 교내로 밀고 들어 온 일도 있었고 청강 중에 있는 학생들까지 연행한 일도 있었다. 1971년 10월 13일 문리대 데모 시에 사이다병으로 만든 화염병이 사용되었다고 하는 데 인명에 피해를 줄 만큼의 파괴력이 없었다 한다. 이러한 이유에서 이번 데모는 국내 언론의 보도 자유가 폐쇄된 점을 감안, 우리의 정당한 요구를 국민에게 알리기 위해 가두시위를 생각했기 때문에 곤봉과 체류탄 페퍼포그로 무장한 저지 경찰력에 밀려 교내 성토 대회로만 그치는 것이 되지 않도록 바라는 마음에서 페니실린 병이나 박카스 병으로 화염병을 제작하려 했으나 제작이 불가능하여 포기하고 말았으며 실상 제작이 되었다 하더라도 총도 탱크도 없는 우리가 파괴력 없는 조그마한 화염병 정도로 어떻게 국회 중앙청 청와대 기타 중요 정부 기관 등을 강점 할 수 있고 정부를 전복하려 했다 하는가.

유인태 ● ● 우리들은 모두가 백치 내지 정신병자들이 아니다.
서중석 ● ● 모처에서 수사관이 말하기를 "이곳에서는 일정한 사항을 쓰도록 되어 있다. 헌법 개정을 요구한 것은 정부 전복을 하려는 것과 같다" 고 말했다.
◎ 불온서적 및 논문, 노래 가사에 대하여
이현배 ● ● 논문을 쓰기 위해 전공과목에 관계되는 자료로써 구입했다. 모두가 문공부에서 수입 허가 및 출판 허가를 얻은 책들이다. 군인은 총으로 나라를 지키고 학자는 글로써 국가를 지킨다. 죄가 있다면 연구해 보고 싶은 죄 밖에 없다.
이철 ● ● 「테러리즘의 평가란」 논문은 서울 문리대 배성동 교수의 과제물로써 학점을 취득키 위해 제출한 논문이다. 본인이 공산주의자라 가정하더라도 학교에 제출하는 논문에 왜 공산주의 이론을 전개하겠는가.
김효순 ● ● "날아가는 까마귀야…"라는 노래 가사는 과거 데모 시에 문리대 선배들에게서 배운 노래이며 일제 치하에서 독립군들이 만주에서 부르던 노래로 알고 있으며 1970년 사상계 5월호에 실린 태윤기 씨의 「회상의 황야」에도 같은 내용의 노래 가사와 해설이 있다.
◎ 일본 공산 세력이라는 일본인 관계에 대하여
이철, 유인태 ● ● 모처 지하실에서 송종의 검사는 "일본인 관계의 과장된 부분은 재판 때 그대로 시인해 달라 지금 한일 관계가 미묘한 상태에 있으니 국가 이익을 고려해서 공소장 내용대로 진술해 주면 결코 너희들에겐 불리하지 않게 하겠다"라고 말했는데 그 후에도 이러한 종용을 몇 차례 받고 국가적 이익이라는 관점에서 과장된 부분을 시인했던바 그 과장된 부분이란 "곽동의 부탁으로 입국하였다는 내용, 공산 폭력화 혁명에 관한 이야기가 있었다는 내용, 정부 중요기관 강점 계획들에 관한 내용, 근로인민당의 이야기를 들었다는 내용, 그들로부터 무기 반입을 종용받았다는 내용, 통혁당 방송을 들으라는 교양을 받았다는 내용" 등은 조작된 허위 내용이다.
◎ 인혁당 세력에 관하여
이철, 유인태 ● ● 우리가 여정남으로부터 학생 데모에 관해 인혁당의 지령과 교양을 받았다고 하나 정말 터무니없는 허위이다. 다만 여정남을 만났을 때 오히려 우리가 그에게 서울대 학생운동을 소개해 주었으며 학생운동의 올바른 방향에 관하여 우리들의 생각을 이야기해 주었다.
◎ 관련 인사의 최후진술
나이 77세로 내 생애에 처음으로 국가 내란 죄명으로 재판을 받게 되니 감회가 깊다. 재판장이 내 의견을 물으나 내일에 대해서는 더 말하고 싶지 않다. 그러나 국가에 유망한 청년들을 억울하게 죄를 주는 데 대해서는 말하지 않을 수 없다. 이 학생들은 절대 공산당이 아니다. 이 학생들은 독실한 기독교인의 자질들이며 자진해서 기독교 기관에서 일한 사람들이다. 말할 것도 없이 공산당은 하나님을 부인하는 사람들이며 기독교 신자는 하나님을 신봉하는 사람들이 아니냐. 특히 이번 사건을 인혁당과 연결시키고 있는데 현재로서는 존재하지 않는 단체이다. 어째서 없는 단체를 가지고 학생들과 결부시키느냐. 나는 이 학생들이 우리나라에서 훌륭한 인재들이라 생각한다. 법이 허락한다면 그들에게 주는 벌을 내가 대신 받고 싶다. 지금 나를 15년 구형을 했는데 15년이 아니라 너희가 사형장으로 끌고 가는 한이 있어도 민주주의를 해야 산다는 내 신념은 변하지 않을 것이다.
지학순(주교) ● ● 김지하에게 돈을 준 사실이 있다. 민주주의를 부르짖고 자연법에 어긋난 것을 지적하고 비판한 것은 천주교 주교로써의 당연한 의무요 책임이라고 믿고 있다. 누가 정권을 잡던 정치를 하던 관심이 없다. 내가 바라는 것은 국민이 기본권을 침해 받지 않고 정의가 수립되는 사회와 잘 되는 내 나라를 바랄 뿐이다

<table>
<tr><td></td><td colspan="5">박형규(목사) ● ● 언제나 나라를 위해 기도한다. 이번 사건에 학생들에게 자금을 지원해 주었다. 진정한 민주 회복을 위한 학생들의 움직임을 미리 알고 있었다. 그리고 그들이 옳은 일을 하고 있다고 생각했다. 나는 가능하다면 학생들보다 더 무겁지는 못하더라도 나에게 가벼운 죄가 아닌 무거운 죄를 달라.<br>김지하(시인) ● ● 독재 타도만이 민족을 구할 수 있다. 학생운동을 도와줄 수만 있다면 무엇이든지 도와주고 싶었다. 극한 투쟁이란 정부 전복만을 의미하는 것이 아니다. 이 자리에 이렇게 묶여 와서 서 있는 것이 저항이고 극한 투쟁이다. 국민의 비판을 받기 싫으면 세금도 받지 말아야 한다. 불의에 항거하고 비판하는 것이 민주주의의 의무이며 권리이다.<br>◎ 법정 변론 요지<br>일본이 국권을 탈취하여 통치하던 당시 우리나라 독립을 부르짖던 33인에 대한 재판도 국권 문란의 변란이나 내란으로 보지 않고 소요죄를 적용하여 최고 12년에 그쳤다. 아무리 가혹하게 보아도 집회 시위에 관한 법률 위반 내지 소요죄로밖에 볼 수 없는데 사형 무기 20년형이라니 법의 인플레가 아닌가. 나치스의 법은 악법이었다. 악법은 진리를 발견치 못하며 정의를 구현치 못한다. 검찰관들은 애국하는 학생들을 빨갱이로 몰아 사법살인을 하고 있다. 증인 및 증거신청도 일방적인 기각을 당했다. 검찰 측 증인에 대한 변호인 반대 심문권도 행사할 수 없었다. 적법 절차가 무시된 재판에서 사형 및 과중한 형량은 부당하다.<br>_ 구속자가족협의회, 구속자가족후원회</td></tr>
<tr><td>2/12<br>③</td><td>믿음이 더욱 두터운 형제가 되자<br>_ 향준, 세준, 재준</td><td>2/12<br>③</td><td>거짓된 세상에 빛 된 생활!<br>_ E.J 청년회</td><td>2/12<br>③</td><td>캄캄한 이 땅에 복음의 빛을!<br>_ 정도현</td></tr>
<tr><td>2/12<br>③</td><td>십자가 군병들아! !</td><td rowspan="2">2/12<br>③</td><td colspan="3" rowspan="2">"의를 위하여 핍박을 받는 자는 복이 있나니 천국이 저희 것임이라"(마태복음 5:10)<br>_ 한국기독교장로회 전주신광교회 대학생회·청년회</td></tr>
<tr><td>2/12<br>③</td><td>우리는 소금과 빛의 직분을 다하련다.<br>_ 염광상고우정회</td></tr>
<tr><td>2/12<br>③</td><td>주님! 우리 민족을 긍휼히 여기소서<br>_ 신원철, 전영배, 송정애, 황경애</td><td>2/12<br>③</td><td colspan="3">주여! 당신의 종님들에게 우리의 부모님들에게 선생님들에게 그리고 선배들에게 우리로 존경심을 갖고 본받을 수 있는 행동을 허락하소서…<br>_ 내일을 위해 학업에 전념하는 삼성이수 광수·근수·성덕·성진·성혁</td></tr>
<tr><td>2/12<br>④</td><td>『엑소서스!』<br>_ 원주제일 감리교회 작은모임</td><td>2/12<br>④</td><td>한 알의 밀이 썩지 않으면…<br>_ 동아에 있는 친구를 격려하는 뜻에서 김준</td><td>2/12<br>④</td><td>검을 쓰는 자는 검으로 망하느니라.<br>_ 하나님의 뜻에 사는 사람들</td></tr>
<tr><td>2/12<br>④</td><td colspan="5">청년들아<br>너희는 괴로움을 작은 데 두지 말고 어떻게 하면 옳게 살고 의롭게 죽을 수 있는가를 염려하라<br>/지휘자가 뜻을 같이하는 부원들의 마음을 대신하여 규</td></tr>
<tr><td>2/12<br>④</td><td colspan="5">자유와 민권의 전사 동아일보여! ! 그대는 이기리<br>1975. 2. 11.<br>_ 한국기독교장로회 부산중부교회 여신도회 일동</td></tr>
<tr><td>2/12<br>⑤</td><td>해봐야 별 볼 일 없네.<br>_ 한빛교회 비둘기모임</td><td>2/12<br>⑤</td><td>그러나 당신들은 그럴 수가 없습니다</td><td>2/12<br>⑤</td><td>길이 아니면 가질 마시오!<br>-공자 왈-</td></tr>
</table>

<table>
<tr><td></td><td></td><td></td><td>(마가복음 10:43)<br>_ 성서연구를 마친 목사들</td><td></td><td>_ 한국교회 선교구조연구회</td></tr>
<tr><td>2/12<br>⑤</td><td colspan="5">무화과나무에서 비유를 배우라 가지가 연해지고 잎이 돋으면 여름이 가까운 줄 안다. (마태복음 24:32)<br>_ 태평교회 남선교회원</td></tr>
<tr><td>2/12<br>⑤</td><td colspan="5">악인이 칼을 빼고 활을 당기어 가난하고 궁핍한 자를 엎드러뜨리며 행위가 정직한 자를 죽이고자 하나 그 칼은 자기의 마음을 찌르고 그 활은 부러지로다. (성서 시편 중에서)<br>_ 믿음의 아들들 장춘식, 성식, 만식</td></tr>
<tr><td>2/12<br>⑤</td><td colspan="5"><국론통일을 원하는 모든 국민에게><br>우리 다 같이 쓰라린 일제 36년을 회고합시다. 국토가 있어도 살지 못하고 만주 들판으로 쫓겨 가며, 입이 있어도 말을 하지 못하고 글이 있어도 쓰지 못한 우리 한글, 이제 우리는 모두 입을 다물고 참된 마음으로 하나님 앞에 기도를 합시다.<br>_ 진리와 애민을 바라는 사람들</td></tr>
<tr><td>2/12<br>⑤</td><td>우리 모두 작은 등불을 켜자!<br>_ 한국신학대학 젊은 교수 부인들이</td><td rowspan="2">2/12<br>⑤</td><td rowspan="2">진리가 사람을 자유하게 하리라.<br>_ 박대인 내외, 피터(아들), 캐티(딸)</td><td rowspan="2">2/12<br>⑧</td><td rowspan="2">대저 의인의 길은 여호와께서 인정하시나 악인의 길은 망하리로다<br>(시편 1:6)<br>_ 군산특별연합 구국기도회 일동</td></tr>
<tr><td>2/12<br>⑦</td><td>자유케 하소서<br>너의 발은 어디에 묶여 있는가<br>_ 이대 YWCA 마녀회</td></tr>
<tr><td>2/12<br>⑧</td><td colspan="5">여럿의 윤리적인 무관심으로 해서 정의가 밟히는 일이 있어서는 안 될 거야<br>걸인 한 사람이 이 겨울에 얼어 죽어도 그것은 우리의 탓이어야 해<br>_ 이대 선교부</td></tr>
<tr><td>2/13<br>②</td><td colspan="3">내가 네게 명한 것이 아니냐 마음을 강하게 하고 담대히 하라 두려워 말며 놀라지 말라 네가 어디로 가든지 네 하나님 나 여호와가 너와 함께 하느니라. (여호수아 1:9)<br>_ 감리교회 김·박 장로</td><td>2/13<br>②</td><td>불같은 시험 많으나 겁내지 맙시다<br>구주의 권능 크시니 이기고 남겠네<br>_ 익명</td></tr>
<tr><td>2/13<br>③</td><td>주여! 우리가 잘못한 이를 용서하듯이…<br>_ 사당동 Y</td><td>2/13<br>③</td><td>주여 당신은 또 우리의 피를 원하시나이까<br>_ 양수와 창길</td><td>2/13<br>③</td><td>정의가 사도가 되자<br>_ 현·혜</td></tr>
<tr><td>2/13<br>③</td><td>"이 땅 위에 참다운 민주주의가 꽃필 것을 믿고, 기다리고, 또 기도하면서"<br>_ 대전에서 정수, 정현</td><td>2/13<br>③</td><td>정의의 사자 동아야!<br>끝을 보아라 동아야!<br>_ 강원도 황봉욱 외 중기사원 일동</td><td>2/13<br>③</td><td>의를 위하여 핍박받는 203명에게 자비하시고 전능하신 하나님의 은총이 함께하시길 간절히 기도합니다.<br>_ 지혜 엄마</td></tr>
<tr><td>2/13<br>③</td><td>언제까지니이까 주여!<br>_ 문망아</td><td rowspan="2">2/13<br>③</td><td colspan="3" rowspan="2">밤나무, 상수리나무가 베임을 당하여도 그 그루터기는 남아있는 것 같이 거룩한 씨가 이 땅의 그루터기니라<br>(이사야 6:13)<br>_ 사랑의 대학부</td></tr>
<tr><td>2/13<br>③</td><td>○○가 ○○의 구실이라면 ○○○도 애국자 되게?<br>_ 월남한 기독교인 의대교수</td></tr>
</table>

| 날짜 | 내용 | 날짜 | 내용 | 날짜 | 내용 |
|---|---|---|---|---|---|
| 2/13<br>④ | 국민투표일에<br>구국기도회를 마치고<br>_ 기독교대한성결교회 ○○○교회 청년 회원<br>기·형·정·차·도·광·상·영·국·혜·남·경 | 2/13<br>④ | 참으로 나의 의로운 손으로 너를 붙들리라<br>(이사야 41:10)<br>_ 동대문구 제기동 628번지 동원교회 청년회 | 2/13<br>④ | 투표보다 기도가 더 귀하다<br>(미국 포드 대통령의 말 중에서)<br>_ 연동교회 대학생부(3탄) |
| 2/13<br>④ | 하루속히 광명의 길목에서 내려서 굳게 설 수 있는 참된 민주의 날이 오기를<br>_ 박형규 목사님의 아들, 며느리 | 2/13<br>④ | 선교의 자유를 위하여<br>_ 대한예수교장로회 연동교회성회 수요금식기도회 | 2/13<br>⑤ | 나와 우리 가정은 여호와를 섬기겠노라<br>_ 어머니와 결혼한 큰딸 |
| 2/14<br>③ | 구파발 교회 | 2/14<br>③ | 쿼바디스 도미네!<br>_ 문정만 | 2/14<br>③ | 회개하라! 청주여! 교회여! 우리가 하나님을 죽였다<br>_ 청주서부교회 학생회 |
| 2/14<br>③ | "의를 위하여 핍박을 받는 자는 복이 있나니…"<br>_ 원주제일감리교회 고등부 일동 | 2/14<br>③ | 가정예배를 드리면서 이 적은 성금을…<br>_ 신림동 김진호 | 2/14<br>③ | 곡을 해도 울지 않고 피리를 불어도 춤추지 않는 곳에 동아 너만은…<br>_ 건우회 |
| 2/14<br>③ | 어버 므브부브버 왈<br>나는 벙어리가 아닌데…<br>_ 인천 송현동 젊은 크리스천 중 극 극소수 | 2/14<br>③ | 보는 형제를 사랑하지 못하는 자가 어떻게 보이지 않는 하나님을 사랑할 수 있습니까?<br>(요한1서 4장)<br>_ 전남의 장로교인 성이가 | 2/14<br>③ | 주여! 어느때까지니이까?<br>12일 불우이웃돕기 자선 모임을 마치고<br>_ ANGEL'S SONG FAMILY 24명 일동 |
| 2/14<br>④ | 동아여! 우리 하나님께서 이 민족에 다시 축복을 주실 때까지<br>_ 김제군 백구면 난산교회 일동 | 2/14<br>④ | CCC여 깨어 굳세어 다오<br>아! 엑스폴로여 지금 이 땅에<br>_ 대학생 선교회를 못 잊는 여인 제주 영 | 2/14<br>④ | 우리는 한 공동체입니다<br>_ 수고한 대학생 몇 명이 속죄하며 |
| | | | | 2/14<br>④ | 출세해서 잘 살기보다 의롭게 사는 사람이 되기를<br>_ 복규의 네돌이 되는 2월 13일 복규·신규 엄마가 |
| 2/14<br>⑤ | 순교자의 피는 통곡한다<br>십자가를 바로 지자<br>_ 한○복 장로 가족 정실, 동성, 인희, 동신 | | | | |
| 2/14<br>⑤ | ✞ 전국의 기독교인들이여!<br>날마다 정성껏 구국의 기도를 드립시다. 머슴꾼들(상급 공무원을 비롯한 많은 공복들)이 주인(주권자인 국민)을 멸시한 사악한 역천역민의 죄를 회개하도록, 조국 평화통일이 속히 되게 하시고 공의와 인애가 해일 같이 넘쳐흐르는 참된 민주주의 복지국가가 이룩되도록… 신부와 목사는 누구나 만유의 주 하나님 그리스도의 종다운 제사장과 선지자의 사명을 수행하고 있는가? 십자가 지는 것을 두려워하는 비겁 비굴한 자는 없는가? 이사야 예레미야 다니엘 아모스 세례요한 같은 한국의 선지자가 크게 부르짖음이 오늘보다 더욱 절실히 필요했던 적이 언제 있었든가? | | | | |

| 날짜 | 내용 | 날짜 | 내용 | 날짜 | 내용 |
|---|---|---|---|---|---|
| | _ 1975.2.13. 하늘의 소리(천성생) | | | | |
| 2/14<br>⑤ | 불행한 이웃을 돕는 사마리아 인이 되자<br>_ 예수교 장로교회 여집사 몇 사람 | 2/14<br>⑤ | 눈을 들어 하늘을 보라! 어지러운 세상 중에 곳곳마다 상한 영의 탄식 소리 들려온다. 빛을 잃은 많은 사람 길을 잃고 헤매이며 탕자처럼 기진하니 믿는 자여 어이할고!<br>_ 광주에서 젊은 의사들(25인) | | |
| 2/15<br>② | 악인은 쫓아오는 자가 없어도 도망하나 의인은 사자같이 담대하니라 (잠언 28:1)<br>민주 수호에 앞장서다 고통받는 동아와 구속당한 여러분께 진정으로 감사드립니다<br>_ 성북구 석관동 조희철, 김혜영 부부 | | | 2/15<br>② | 주제: 서로 사랑하라<br>1975. 2. 17.(월)~2. 21.(금)<br>오전 10시, 오후 2시, 7시<br>숭동교회(허리우드 극장 옆)<br>_ 서울대학교 총기독학생회 |
| 2/15<br>② | <장청서울> 동기 수련회<br>주제: 역사 속에서의 기독교<br>한국 근대사회와 기독교 … 민경배 교수<br>한국 현대사회와 기독교 … 문동환 교수<br>일시: 1975. 2. 21.(금), 22.(토) 오후 7시<br>장소: 새문안교회<br>_ 대한예수교장로회 청년회서울연합회(동아를 격려합니다) | | | | |
| 2/15<br>③ | 하늘이 두렵지 않느냐!<br>_ ✞ | 2/15<br>③ | _ 신현교회 | 2/15<br>③ | 하느님께서 우리가 하는 일에 미소지으신다<br>_ 우철 |
| 2/15<br>③ | 오 하느님!<br>듣고 보고 말할 수 있는 자유를<br>_ 아빠·엄마·주·준 | 2/15<br>③ | 누구든지 제 목숨을 구원코자 하면 잃을 것이요, 누구든지 나와 복음을 위하여 제 목숨을 잃으면 구원하리라<br>(마가복음 8:35)<br>_ 시골 신촌교회 청년회 일동 | | |
| 2/15<br>③ | 2. 7일 학우와 함께 광고에 동참치 못했음을 사과하며<br>황소에 의한, 황소를 위한, 황소의 (○○) 아!<br>_ 서울신학대학 2년 상·일·웅·경·범·한·주·석 | | | 2/15<br>③ | 무사, 이럴쑤가?<br>뭐, 마시<br>_ CCC 제주 영 |
| 2/15<br>④ | _ 대한예수교장로회 남대문교회 뜻있는 교인 일동 | 2/15<br>④ | 진리가 자유케하리라<br>(성서)<br>_ 부산영락교회 자유를 사랑하는 이들 청년회원 일동 | 2/15<br>⑤ | 이 적은 誠<br>_ 사마리아 사람 '준'이가 |
| 2/15<br>⑤ | 몸은 죽여도 영혼은 능히 죽이지 못하는 자들을 두려워하지 말고 오직 몸과 영혼을 능히 지옥에 멸하시는 자를 두려워하라<br>(마태복음 10:28)<br>_ 신동아, 여성동아, 동아일보 애독자 김 | | | 2/15<br>⑤ | 태초에 하나님이 천지를 창조하시니라<br>(성서 창세기 제1장 1절)<br>하하→쿨쿨→벌떡<br>_ 경동고 동문, 형제, 제물포고 동문 |
| 2/17<br>② | 쿼바디스 언론자유<br>_ 기철 | 2/17<br>② | 자유언론 수호하자<br>_ 동수감리교회 성룡· | 2/17<br>② | 주여 두려워하는 이에게 용기를, 용기를 잃은 이에게 |

<table>
<tr><td></td><td></td><td></td><td>성해·아빠</td><td></td><td>힘을</td></tr>
<tr><td>2/17<br>②</td><td>의로운 일하는 모든 이에게 하나님의 은총을!<br>_ 엄귀섭</td><td>2/17<br>②</td><td>멍에를 씌워야겠군!<br>_ DECA(P·S)</td><td>2/17<br>②</td><td>욕심이 잉태한즉 죄를 낳고 죄가 장성한즉 사망을 낳느니라 (야고보서 1:15)<br>_ 호·기</td></tr>
<tr><td>2/17<br>②</td><td>주여! 당신의 심판과 구원의 날이 어느때까지니이까? 감명의 예배를 마치고<br>_ 홍은동 GOLEN COUNTRY (오)</td><td>2/17<br>②</td><td>주가 너희에게 자유를 주셨는데 너희가 왜 종의 멍에를 지려 하느냐 (장은덕 목사님의 설교 중) _ 구로동 젊은 명</td><td>2/17<br>②</td><td>자유를 주셨으니 그러므로 굳게 서서 다시는 종의 멍에를 메지 말라<br>_ 대한예수교장로회 삼성장로교회(영등포)</td></tr>
<tr><td>2/17<br>②</td><td>의는 나라를 영화롭게 하고 죄는 백성을 욕되게 하느니라 (잠언 14:34)<br>_ 신정현 교회 청년회</td><td>2/17<br>②</td><td>우리는 조국을 사랑합니다<br>_ 용두동 감리교회 고등부 기독 학생들</td><td>2/17<br>③</td><td>교수님들께 감사드리며<br>_ 장로회신학대학 조병철</td></tr>
<tr><td>2/17<br>③</td><td>너희는 먼저 그의 나라와 그의 정의를 구하라 그리하면 염려하는 것을 더하시리라<br>(성서에서)<br>_ 한 고교 교사</td><td>2/17<br>③</td><td>의인이 악인 앞에 굴복하는 것은 우물의 흐리어짐과 샘의 더러워짐 같으니라<br>(잠언 25:26)<br>_ 미아 10동 임</td><td>2/17<br>④</td><td>졸업 예배를 마치고…(1차)<br>_ 연세대학교 졸업생</td></tr>
<tr><td>2/17<br>④</td><td colspan="3">무덤 사이에서 나와서 사람을 괴롭히는 미치광이 아! 예수 이름으로 명하노니 우리들(동아)에게서 나와 돼지 떼에게로 가라!!<br>(마가복음 5:1-13)<br>1975년 2월 9일<br>_ 한국기독교장로회 충남노회 오덕교회 목사 추요한 외 교우 일동</td><td>2/17<br>④</td><td>파수꾼이여 밤이 어떻게 되었느뇨?<br>파수꾼이여 밤이 어떻게 되었느뇨?<br>(이사야 21:11)<br>_ 대한예수교장로회 연동교회 중고등학생회</td></tr>
<tr><td>2/17<br>⑤</td><td>일어나라 빛을 발하라<br>(이사야 60:1)<br>_ 기독교대한성결교회 서울·인천 지방 교역자들이…</td><td>2/17<br>⑤</td><td colspan="3">구속된 민주인사들의 석방을 환영하면서!<br>동아와 함께 주님의 은총이 계시기를…<br>_ 민주투옥인사후원회<br>김덕규, 김종준, 김중석, 백청수, 송창달, 이원범, 이태용, 덕산 외 일동</td></tr>
<tr><td>2/17<br>⑤</td><td colspan="5">1년여의 옥고를 치르고 나오신 선배·동지·학생들을 뜨겁게 환영합니다.<br>아울러 김한수 동지와 긴급조치 구속자 중 아직 출가하지 못한 분들의 빠른 석방을 기원합니다.<br>조연하, 조윤형, 김상현.<br>괴로움은 투옥 당하는 데 있지 않고 우리의 민중이 억압받는다는 사실에 있고,<br>즐거움은 출옥하는 데서가 아닌 자유·평등·박애를 위해 투쟁하는 순간에 있다.<br>------------------------------------------------------------------------<br>폭력을 사용하는 자 그 말로가 좋은 자가 있다면 내 장차 그를 스승으로 삼겠노라(노자).<br>비밀경찰의 봉사가 없이 독재를 행할 수 있는 자가 있다면 그런 자를 나에게 가르쳐 달라. 나는 그의 부하가 되련다(임어당).</td></tr>
</table>

<table>
<tr><td></td><td colspan="5">허위와 조작이 없는 독재자가 있다면 내 그를 동지로 삼겠노라(조연하).<br>언론탄압 없는 독재자가 있다면 내 그를 사돈으로 삼을 것을 주저하지 않겠노라(조윤형).<br>감옥에 반정부적 정치범과 조작된 수인이 없이 독재할 수 있는 자가 있다면 내 그와 형제를 맺을 것을 두려워하지 않겠노라(김상현).</td></tr>
<tr><td>2/17<br>⑧</td><td>제2탄<br>여호와는 의로우신 주님이시니 하나님은 정의를 즐기시나니 오직 올바른 자 주님의 얼굴을 뵙게 되리<br>(시편 11:7)<br>_ 감리교 청년들</td><td>2/17<br>⑧</td><td>새벽을 재촉하는 한밤이기에 깊어만 가는 밤의 아픔을 버텨갑니다<br>_ 대전에서 한 목사 가족이, HANK</td><td>2/18<br>②</td><td>주 예수여! 불의의 골리앗이 전능자를 무시하는 소리 때문에 내 심령이 분노의 열기로 죽게 되었나이다 홍해를 다시 갈라야 합니까? 이대로 용납하는 것이 옳습니까?<br>_ 강 불이웅</td></tr>
<tr><td>2/18<br>②</td><td>구속 학생 석방을 진심으로 환영한다<br>_ 연세대학교 기독학생회</td><td>2/18<br>②</td><td>축 졸업<br>_ 영주교회 청년부</td><td>2/18<br>②</td><td>소금과 등대<br>_ 제물포고·인천중 일부</td></tr>
<tr><td>2/18<br>②</td><td>석방된 분들과 기쁨을 같이하며 소위 '인혁당 관계자'들을 위해 공개된 민간 재판이 이루어지기를!<br>_ 외국인 신구선교사 60인</td><td>2/18<br>②</td><td colspan="3">우리의 기도<br>땅만 보고 하늘을 보지 못하는 어리석음에서 오늘만 생각하다 내일을 망치고 먼 산만 바라보다 수렁에 빠지고 우리 모두 벗어나게 하소서 아멘<br>_ 한빛교회 성가대</td></tr>
<tr><td>2/18<br>②</td><td colspan="3">총회장(통합 측) 임원 및 목사님들 귀하<br>이 어려운 시기에 무엇들을 하고 계시는지 궁금합니다<br>_ 경북 영덕군 대한예수교장로회 영덕읍교회 청년, 강구교회 청년, 영해제일교회 청년 유지 일동</td><td>2/18<br>③</td><td>서로 사랑하라<br>(요한복음 13:34)<br>_ 대전감리교회 몇 목사</td></tr>
<tr><td>2/18<br>③</td><td colspan="5">선언서<br>우리는 이 나라의 국민된 긍지와 슬기로 직면한 고난과 부조리를 극복하고 하나님의 뜻에 의한 정의로운 나라를 이룩하기 위해 사회정의구현 부산 기독인회를 결성하고 다음과 같은 결의를 선언한다.<br>① 우리는 오늘날 사회가 세상의 빛과 소금의 직분을 다하지 못한 것을 통회하며 형제의 고통과 아픔에 동참하는 그리스도인의 사랑을 실천한다.<br>② 우리는 하나님의 권세에 도전하는 모든 불의와 죄악이 소멸되고 하나님의 공의가 실현되도록 기도하며 노력한다.<br>③ 우리는 하나님을 부인하는 공산독재와 이와 유사한 모든 독재를 배격하며 진정한 자유민주주의의 실현을 위하여 투쟁한다.<br>④ 우리는 세상의 불의한 세력과 결탁한 모든 사이비 기독교인들을 규탄한다.<br>⑤ 신앙과 언론자유는 직결됨으로 모든 언론탄압은 즉각 중지되어야 한다.<br>_ 사회정의구현 부산 기독인회</td></tr>
<tr><td>2/18<br>④</td><td>주여! 이 땅 위에 당신의 뜻을 이루소서<br>_ 동대문감리교회 청년부</td><td>2/18<br>④</td><td colspan="3">아뿔싸! 돼지에게 진주를 주었구나 지혜로운 아들은 아비의 훈계를 들으나 거만한 자는 꾸지람을 즐겨듣지 아니하느니라<br>(잠언 13:1)<br>_ 경서지방 성은감리교회 전교우</td></tr>
<tr><td>2/18<br>④</td><td>_ YWCA 회원 20명</td><td>2/18<br>④</td><td colspan="3">죽으면 죽으리라. 동아여 건투하라. 하느님과 민중은 결코 불의를 꺾고 만다.</td></tr>
</table>

<table>
<tr><td></td><td></td><td></td><td colspan="3">_ 서독의 1천m 지하에서 광부 장행길</td></tr>
<tr><td>2/18<br>⑤</td><td>주께서 저희를 비웃으시리로다(시편 2:4)<br>_ 기독교장로회 보광동교회 여신도회</td><td>2/18<br>⑤</td><td colspan="3">맹세하고 따르기로 한 그리스도는 오늘 십자가를 지시고 골고다 언덕을 오릅니다. '네로'에게 학살당하는 '로마'를 향해 발길을 옮기고 있읍니다. 주여, 어디로 가시나이까? 만남이 반가워 여쭈었을 때 "나는 피 흘리며 죽어가는 사랑하는 대한의 아들딸에게로…."<br>고난에 동참하지 못함을 부끄러워하면서.<br>_ '로스앤젤레스' 한인침례교회 목사 김동명 1975년 2월 12일</td></tr>
<tr><td>2/18<br>⑤</td><td colspan="3">여호와께서 네게 구하시는 것이 오직 공의를 행하며 인자를 사랑하며 겸손히 네 하나님과 함께 행하는 것이 아니냐?<br>(미가 6:8)<br>_ 대신감리교회</td><td>2/18<br>⑤</td><td>의를 위하여 핍박을 받은 자는 복이 있나니 천국이 저희 것임이라<br>(마태복음 5:10)<br>_ 한빛교회 어느 믿음의 가장</td></tr>
<tr><td>2/19<br>③</td><td>사랑은 불의를 기뻐하지 않습니다. 그리고 진리와 함께 즐거워합니다.<br>_ 최·이·임·황·박·유</td><td>2/19<br>③</td><td>환자는 의사가, 죄인은 예수가, 우리에게 필요한 자는?<br>_ 쨔니</td><td>2/19<br>③</td><td>구미혜 선교사님의 한국선교 20주년을 축하하면서<br>_ 한국기독교장로회 수도교회여신도회</td></tr>
<tr><td>2/19<br>③</td><td colspan="3">어떻게 기도해야 합니까?<br>1. 저들을 불쌍히 여겨달라고?<br>2. 저들을 멸해달라고?<br>3. 우리에게 더욱 인내할 수 있게 해달라고?<br>_ 윤삼하</td><td>2/19<br>③</td><td><두 번째><br>무명 무실 무감한 님!<br>그분을 위하여 기도를…<br>_ 72졸 이화여고 밀알들</td></tr>
<tr><td>2/19<br>③</td><td colspan="3">일찍이 아시아의 황금시대에 빛나던 대한 그 등불 다시 한번 켜지는 날엔 너는 동방의 밝은 빛이 되리라<br>「인도의 시성 타골」<br>_ 성광감리교회 청년회 일동</td><td>2/19<br>③</td><td>어와 우리 산 생명들 거름 속의 씨가 되니<br>많은 사람 밟는구나.<br>그러나 세월이 가면?<br>(인간신흥우전기에서)<br>_ Y생</td></tr>
<tr><td>2/19<br>③</td><td colspan="3">핍박을 받아도 버린 바 되지 아니하며 거꾸러뜨림을 당하여도 망하지 아니하고<br>(고린도후서 4:9)<br>_ 대한예수교장로회 앙림교회 청년회</td><td>2/19<br>④</td><td>진리가 너희를 자유케 하리니 … 우리는 진리와 의의 편에 서기를 원하노라!<br>_ 창현교회 중고등부 일동</td></tr>
<tr><td>2/19<br>④</td><td>(기2) 회원 안재웅 씨의 석방을 맞이하여<br>"호산나, 주의 이름으로 오시는 이여, 복이 있으라!"<br>(마가복음 11:10)<br>_ 한국성서연구회</td><td>2/19<br>④</td><td colspan="3">구속자 가족들의 간절한 기도와 주님의 종들의 끊임없는 기도를 응답해주신 하나님께 감사드립니다. 정의 구현에 앞장서시는 여러분과 동아와 함께 하는 마음에서….<br>"정의는 반드시 승리할 것"이라 확신하며, 우리 모두 뜻을 모아 기도드립니다.<br>_ 이대 조교 월남 가족</td></tr>
<tr><td>2/19<br>④</td><td>악인을 몰아세우자.<br>_ 익명</td><td>2/19<br>④</td><td>욕심이 잉태한즉 죄를 낳고 죄가 장성한즉 사</td><td>2/19<br>⑤</td><td>때는 이때다!<br>교회의 재산을 사회 정의구</td></tr>
</table>

| | | | | | |
|---|---|---|---|---|---|
| | | | 망을 낳으니라!<br>(성서 중에서)<br>_ 행당동 무학교회 청년부 | | 현에 바치자!<br>_ 상도동 감리교회 한 교인 |
| 2/19<br>⑤ | 제목: 민주 수호 투사 출옥 환영대회<br>일시: 2월 20일 오후 3시<br>장소: 종로5가 기독교회관 대강당<br>주최: 한국기독학생회총연맹(K.S.C.F) | | | 2/19<br>⑦ | 석방 교수 및 학생을 위한 예배<br>때: 1975년 2월 21일(금) 오전 11시<br>곳: 연세대학교 루스채플<br>_ 연세대학교 교목실 |
| 2/19<br>⑦ | "진리가 너희를 자유케 하리라"<br>(요한복음 8:32)<br>전 편집위원장 김동길 교수와 은사 김찬국 교수 및 이상철 군(의대 2년) 등 18인의 연세 가족의 스스로 되찾은 자유에 경의를 표함<br>_ 연세춘추 편집동인회 일동 | | | | |
| 2/20<br>② | 동아 하나님의 사랑으로 보존<br>_ 송 | 2/20<br>② | 주 예수를 믿으세요 그리하면 구원을 얻게 됩니다<br>_ 양승달 | 2/20<br>② | 출감한 새문안의 7형제와 기쁨을 같이하여<br>_ 대전 김동배 |
| 2/20<br>② | 아버지의 나라가 임하옵소서<br>_ 기독교장로회 능동교회 학생회 | 2/20<br>② | 주님의 사랑으로 동아여 힘을 내라!<br>_ 이리여고23회, 남성여고25회 | 2/20<br>② | 구속 인사 석방과 세영 졸업을 축하한다.<br>_ 천국에서 어머니 |
| 2/20<br>② | 빛과 소금의 직분을!<br>_ 보성여고 졸업생 무지개 일동 | 2/20<br>② | 양반들의 영화는 풀의 꽃과 같습니다. 하루속히 각성하시고 크게 반성하여야 됩니다.<br>_ 한의사 이 | 2/20<br>② | 가칭 "민주 회복 구속자동지회" 결성식<br>21일 오후 6시<br>기독교회관 2층 강당<br>_ 구속자 및 가족, 사회 인사의 많은 참석 바랍니다. |
| 2/20<br>② | 나 주 여호와가 말하노라 내가 어찌 악인이 죽는 것을 조금인들 기뻐하랴 그가 돌이켜 그 길에서 떠나서 사는 것을 어찌 기뻐하지 아니하겠느냐(에스겔 18:23)<br>후손에게 할 말이 있어야지?<br>_ 중기, 병일, 해출, 수남, 영배 대규, 경희, 중혁, 웅열 | | | | |
| 2/20<br>② | 난세를 지혜롭게 살지 못하고 '아니오'를 말해버린 죄목으로 유죄 선고받은 내 사랑하는 학생들, 젊은 아모스들을 생각하면서<br>_ 미국 듀북 김경재 | | | | |
| 2/20<br>② | 사랑은 불의를 기뻐하지 않습니다.<br>그리고 진리와 함께 즐거워합니다.<br>(고린도전서 13:6)<br>_ 미국 아이오아주 백도현, 김인수, 김경재, 선한용 | | | | |
| 2/20 | 우리의 목적 | | | | |

| ⑤ | "젊은 여성들로 하여금 하나님이 창조주이심을 믿게 하며 온 인류는 하나님 안에서 한 형제가 됨을 인정하게 하고 구세주이신 예수의 교훈을 자기 생활에 실천하게 함으로써 평화와 정의의 사회를 건설함을 목적으로 한다."<br>청년들의 '하루찻집'을 성원해 주심을 감사합니다.<br>_ 알로하 | | | | |
|---|---|---|---|---|---|
| 2/20<br>⑥ | 기독교대한감리회 강화 서지방 회원 일동 | 2/20<br>⑥ | 민주 회복에 앞장서신 여러분을 뜨겁게 환영합니다.<br>의를 위하여 핍박을 받는 사람은 복이 있습니다.<br>(마태복음 5:10)<br>_ 태평양교회① | | |
| 2/21<br>② | 너희가 진리를 알면 진리가 너희를 자유케 하리라(성서)<br>_ 독자 | 2/21<br>② | 내 아버지가 심지 않으신 나무는 뽑힐 것입니다. 그들은 앞 못 보는 길잡이들입니다<br>_ 대전의 딸들 | 2/21<br>③ | 그저 조용히 좋은 씨만 뿌리자.<br>_ 1969년 이대 가정관리과 졸업생-단비모임 |
| 2/21<br>② | 기독인 최희섭 | 2/21<br>② | 진리·봉사·사랑<br>_ 목원대 신학 1년 | 2/21<br>③ | 아담아! 너는 어디에 있는가?<br>_ 고교 교사들 |
| 2/21<br>④ | 환영<br>박형규 목사님 및 구속 인사 석방<br>_ 한국기독교장로회 충북노회 교역자회 임원 일동 | 2/21<br>④ | 눈물을 흘리며 씨를 뿌리는 자는 기쁨으로 거두리라(시편 126:5)<br>_ 경기고등학교 장기풍 | 2/21<br>④ | 지가 뭔데 날 울려!<br>_ 대한예수교장로회 대구중앙교회 대학생회 |
| 2/21<br>④ | 기독 청년들이여!<br>만약 청년 예수께서 침묵을 지키셨다면 십자가는 없었을 것이요, 십자가가 없었다면 지금 우리에게는 구원이 없었을 것입니다.<br>_ 대한예수교장로회 성수동교회 청년회 | | | | |
| 2/21<br>④ | 교회가 나라의 양심될 사명이 있다면 이미 정치의 차원을 벗어난 불의와 악이 판치는 오늘의 우리 현실에서 아무 괴로움도 없는지요. 어용 정치 목사는 말할 것 없고 분별 있는 지도층의 양심적 행동을 기대합니다.<br>_ 벙어리 같은 부끄럼을 안고 합동 측 목사 | | | | |
| 2/21<br>④ | 진리가 승리하리라!<br>감리교 교역자도 궐기하였습니다<br>_ 제천제일감리교회 고등부 | 2/21<br>⑤ | 욕심이 잉태한즉 죄를 낳고 죄가 장성한즉 사망을 낳느니라<br>(야고보서 1:15)<br>_ 대구제일장로교회 교인 | 2/21<br>⑤ | 해외 교우들의 뜨거운 신앙과 지원에 감사합니다. 밤이 깊었으니 새벽이 가까움을 믿으면서.<br>_ 경동교회교인 어둠의 딸 강서정 |
| 2/21<br>⑤ | 경동교회 교우와 강 목사님의 건투에 감사합니다<br>_ 해외 거주 교인 빛의 아들 오승현 드림 | 2/21<br>⑤ | 주의 영이 있는 곳에는 자유가 있습니다.<br>(고린도후서 3:17)<br>_ 주한 감리교 선교사 중 15인 | 2/22<br>③ | 옳은 길이면 힘을 다하여 가리라.<br>_ 중원군에서 강서* |

<table>
<tr><td>2/22<br>③</td><td>청량리 중앙교회<br>_ 어느 여신도가</td><td>2/22<br>③</td><td>진리 지인</td><td>2/22<br>③</td><td>광마야 진정해<br>_ 신성교회교인</td></tr>
<tr><td>2/22<br>③</td><td>보라 세상 죄를 지고 가는 하나님의 어린양이로다<br>(요한 1:29)<br>_ ✞</td><td>2/22<br>③</td><td colspan="3">매사에 하나님께 감사하고 교회지도자 형제자매께 감사하고 동아일보와 동아방송에 감사하고 그리고 나를 사랑하시는 분께 감사하련다<br>_ 의정부=차연자</td></tr>
<tr><td>2/22<br>③</td><td>역시가 역시다<br>_ 기독 의학생회</td><td>2/22<br>③</td><td>동아 아프면 삼천만이 다 아프다 동아 괴롭힌 자들에게 벌을.<br>지옥 가!<br>_ 숙대 우리문화연구회</td><td>2/22<br>④</td><td>전국 청년수련회 및 총회<br>기도하며 나가는가?<br>일시: 1975. 2. 27.~3. 2.<br>장소: 성화산기도원(원지동)<br>_ 구세군 혈화청년회 전국연합회</td></tr>
<tr><td>2/22<br>④</td><td>그리스도는 자유케 하시며 하나 되게 하신다.<br>_ 문희석, 에스터, 김상화, 한나, 레이철</td><td>2/22<br>④</td><td colspan="3">역사를 주관하시며, 심판하시는 하나님을 두려워하라.<br>소위 "사사오입 개헌"이라는 용어를 백과사전에서 찾아 읽어 보라<br>_ 한국기독교장로회 수유동교회 대학생회</td></tr>
<tr><td>2/22<br>④</td><td colspan="5">김찬국, 김동길 교수 출옥 기념 예배<br>때: 1975년 3월 1일 오후 2시, 곳: 새문안교회<br>연사: 안병무 교수, 제목: 민족, 민중, 교회<br>_ 한국기독자교수협의회</td></tr>
<tr><td>2/22<br>④</td><td colspan="5">김찬국 목사님, 김경락 목사님, 김동길 목사님, 김동완 전도사님, 정명기 전도사님, 이광일 선생님, 석방을 환영합니다<br>우리는 이 땅에 의의 나라가 이룩되고 언론의 자유가 보장되는 그날을 위해 매주 화요일 기도회를 갖고 있습니다<br>때: 1975년 2월 25일 (화) 오후 7시<br>곳: 기독교 태화사회관(화신백화점 뒤편)<br>설교: 김찬국 목사님, 김경락 목사님<br>_ 정의실현 감리교 전국목사단</td></tr>
<tr><td>2/22<br>⑤</td><td colspan="5">"그리스도께서 우리를 해방하여 자유하게 하셨습니다.<br>그러므로 굳게 서서 다시는 종의 멍에를 메지 맙시다." (갈라디아서 5:1)<br>_ 감리교신학대학 교수, 직원들</td></tr>
<tr><td>2/22<br>⑤</td><td>성남교회 여신도회</td><td rowspan="2">2/22<br>⑦</td><td colspan="3" rowspan="2">동아!<br>반공민주 학도! 크리스천!<br>4·18! 4·19!<br>함석헌 선생님!<br>진짜 민주주의!<br>"부르다가 내가 죽을 이름이여"<br>_ 인천에서 한 고교 교사가</td></tr>
<tr><td>2/22<br>⑦</td><td>축 약혼<br>임안 성석 참난<br>_ 갈릴리 친우 일동</td></tr>
<tr><td>2/22<br>⑦</td><td colspan="5">출옥자를 위한 연합예배<br>일시: 1975년 2월 23일 (주일) 오후 2시 30분</td></tr>
</table>

| 날짜 | 내용 | 날짜 | 내용 | 날짜 | 내용 |
|---|---|---|---|---|---|
| | 장소: 새문안교회<br>주최: 한국기독교 교회협의회(NCC) | | | | |
| 2/22<br>⑧ | 국민과 동아일보의 성원에 깊은 감사를 드립니다<br>1975년 2월 22일<br>_ 연세대학교 석방 교수 학생 일동 | 2/24<br>② | 영혼의 병을 고치소서<br>_ 한우 | | |
| 2/24<br>② | 권세에 굴복하랴!<br>_ 기독인 조<br>죽으면 살리라.<br>_ 공주우성 홍문장 | 2/24<br>② | 한국에 한 빛이 있으니 그 빛을 우리가 보기에 좋더라<br>명국의 성대 졸업을 축하하며<br>_ 초우 | | |
| 2/24<br>② | 가빈아! 동아의 기상처럼 주님을 위하여 이웃과 나라를 위하여 너의 생명 품성 의지를 다하기 바란다.<br>_ 아빠·엄마 | 2/24<br>② | 크고자 하거든 남을 섬겨라<br>_ 배재학당 2년 | | |
| 2/24<br>② | 너희는 이 세대를 본받지 말고 오직 마음을 새롭게 함으로 변화를 받아 하나님의 선하시고 기뻐하시고 온전하신 뜻이 무엇인지 분별하도록 하라(하나님의 말씀 로마서 12:2)<br>_ 신촌성결교회 현 | 2/24<br>③ | 진리를 알찌니 진리가 너희를 자유케 하리라<br>(요한복음 8:32) | | |
| 2/24<br>③ | 담에서 돌이 부르짖고 집에서 들보가 응답하리라(하박국 2:11)<br>침묵만을 지킬 수 없어서 _ 합동 측 장로(○○의원) | | | | |
| 2/24<br>③ | 역사 속에 살아계신 하나님<br>말해야 할 때 저희가 말하게 하시고 불의와 싸워야 할 때 저희가 싸울 수 있게 하시고 이웃이 고통을 당할 때 저희가 동참하게 하시고 사랑이 필요할 때 저희가 사랑하게 하소서<br>_ 한국기독교장로회 공덕교회 청년회 | | | | |
| 2/24<br>④ | 21일 광화문에서 차를 드신 분들께 감사드립니다<br>_ 한빛모임 | 2/24<br>⑤ | 범사에 감사하라<br>(데살로니가전서 5:18)<br>_ 대천 기독 젊은이들 | 2/24<br>⑤ | 민족의 소금이 되고 인류의 빛이 되라<br>_ 배명고 2학년 일동 |
| 2/25<br>③ | 성령의 검 곧 하나님 말씀을 가지라(성서)<br>_ 안성제일장로교회 청년회 | 2/25<br>③ | 우리의 아픈 가슴과 함께 조국의 아픈 상처가 하루빨리 완쾌되기를 그리스도의 이름으로 기원합니다<br>_ 결핵환자들이 함께하는 실로암감리교회 일동 | | |
| 2/25<br>③ | 외식하는 자여 너희가 천지의 기상은 분별할 줄을 알면서 어찌 이 시대는 분변치 못하느냐 또 어찌하여 옳은 것을 스스로 판단치 아니하느냐(누가복음 12:56-57)<br>교우님들의 성원에 감사드립니다<br>_ 대한예수교장로회 송정교회 청년회 | | | | |
| 2/25<br>③ | 제1차 “누구든지 제 목숨을 구원코자 하면 잃을 것이요 누구든지 나와 복음을 위하여 제 목숨을 잃으면 구원하리라”<br>_ 동기 수양회를 마치고, 대현교회 대학생부 | | | | |
| 2/25<br>③ | 자!<br>우리 모두 봄을 맞이합시다<br>_ 감신대 이덕주 | 2/25<br>④ | _ 한국기독교장로회 서울노회 선교자유활동수호위원회 | | |
| 2/25<br>④ | 오는 세대를 위하여 이것을 적어야 하오리니 새로운 백성이 주를 찬양하리다. 주께서 드높은 성소에서 내려다보시고, 포로들의 탄식을 들으셨나이다 죽기로 작정된 자들을 살리셨나이다(시편 101편).<br>_ 구속자가족후원회 | | | | |
| 2/25 | “동아여 건투하라” 오늘의 상황에서 민주 회복은 인간 회복인 것 | 2/25 | 세계와 조국을 사랑한다고 | | |

<table>
<tr><td>④</td><td colspan="3">을 우리는 확신한다<br>_ 성서문제연구회</td><td rowspan="2">⑤</td><td rowspan="2">말하는 것은 어려운 일이 아니나 참으로 문제되는 것은 내 이웃에 대한 사랑이다<br>_ 서울서문교회 중·고·대학부</td></tr>
<tr><td>2/25<br>④</td><td colspan="3">무릎을 꿇고 사느니보다 서서 죽기를 원한단다<br>우리들은 한신동지<br>_ 한국신학대학 제34회 졸업생 일동</td></tr>
<tr><td>2/25<br>⑦</td><td>김동완 전도사<br>만나보니 반갑소<br>1975. 2. 24.<br>_ 감리교신학대학 72년도 졸업생(72동문회) 26명</td><td>2/25<br>⑦</td><td colspan="3">주의 영이 있는 곳에 자유함이 있느니라<br>(고린도후서 3:17)<br>_ 한국기독교장로회 경복교회 청년회, 주일학교 반사회, 성가대 일동</td></tr>
<tr><td>2/25<br>⑦</td><td colspan="3">국민, 교회, 동아일보에 진심으로 감사드립니다.<br>1975년 2월 25일<br>_ 한국기독학생회총연맹(KSCF) 석방 실무자 및 학생 일동</td><td>2/26<br>①</td><td>내 하늘 아버지께서 심으시지 않은 나무는 모두 뽑힐 것이다<br>(마태복음 15:13)<br>_ 계성45회 6인</td></tr>
<tr><td>2/26<br>①</td><td>2월 22일 호산나에 오신 분들께 감사드리며<br>_ 동아를 위하는 선·경·미·연·숙</td><td>2/26<br>③</td><td>J형의 졸업을 축하하며<br>_ ✞ 대방동 현이</td><td>2/26<br>③</td><td>진리가 너희를 자유케 하리라<br>교수님들께 감사드리면서…<br>_ 1972년 연세대학교 영문과 졸업생 다섯 명</td></tr>
<tr><td>2/26<br>③</td><td colspan="3">내게 생의 의미를 주신 함석헌 선생님께 감사드리며 불의에의 저항, 그것은 성도의 특권이다.<br>_ 예수교대한감리회 새생명교회 예수의 가족들</td><td>2/26<br>⑤</td><td>크고자 하거든 남을 섬기라<br>(마태복음 20:26)<br>_ 미국 시카고의 배재인 이경희</td></tr>
<tr><td>2/26<br>④</td><td colspan="5">“내가 돌이켜 해 아래서 행하는 모든 학대를 보았도다. 오호라 학대받는 자가 눈물을 흘리되 저희에게 위로자가 없도다. 저희를 학대하는 자의 손에는 권세가 있으나 저희에게는 위로자가 없도다.”<br>(전도서 4:1)<br>전명기 군(감리교신학대학원)을 비롯하여 석방 인사 교수, 학생의 건강·복교·복직을 희망하며<br>_ 지방부흥사경회를 마치고 원주지방 감리교 목사 전도사 일동</td></tr>
<tr><td>2/26<br>⑤</td><td colspan="5">이때일수록 “일어나서 빛을 발하라”는 부름에 응답을 절감합니다.<br>재작년에 있었던 교회 수양회를 기억하면서….<br>_ 미국 로스앤젤레스 한인연합장로교회 동아 돕기 모임에서</td></tr>
<tr><td>2/26<br>⑤</td><td colspan="5">하느님, 양심만으로는 부족하오니 양심을 따르는 용기를 우리 국민에게 주시옵고, 자유언론을 실천하는 민주주의의 방패 동아일보와 동아방송을 지키시사, 우리 국민이 하루바삐 민주 회복을 이룩하게 하시옵기 기도합니다.<br>_ 미국에서 웨스턴 일리노이대학교 신문학과 부교수 신문학 박사 이재현</td></tr>
<tr><td>2/27<br>③</td><td>충남 판교교회 청년회</td><td>2/27<br>③</td><td>의인은 악인의 길에 서지 아니하며<br>_ 의한·의성·의주</td><td>2/27<br>③</td><td>진리를 알지니 진리가 너희를 자유케 하리라.<br>_ 동숭동 이기준</td></tr>
<tr><td>2/27</td><td>의를 위하여 핍박받는 자는 복</td><td>2/27</td><td>그대들이여 하나님께</td><td>2/27</td><td>허헌구 선생님의 건강을 간</td></tr>
</table>

<table>
<tr><td>③</td><td>이 있나니 하나님이 그들의 것<br>이니라<br>(마태복음 5:10)<br>_ 석류회 일동</td><td>③</td><td>서 주신 본 양심을 찾으<br>라.<br>당신의 생명을 잃는다<br>면 무슨 소용 있으리요.<br>_ 성동교회 부부 집사</td><td>③</td><td>절히 기도드립니다.<br>_ 혜경이네 가족</td></tr>
<tr><td>2/27<br>③</td><td>고대인<br>_ 광림교회</td><td>2/27<br>③</td><td>믿음·진리·자유<br>_ 기장광주양림교회 대<br>학생 일동</td><td>2/27<br>④</td><td>자선 음악회를 마치고<br>_ 대한예수교장로회 안동<br>교회 대학생회</td></tr>
<tr><td rowspan="2">2/27<br>④</td><td colspan="3" rowspan="2">괴로웠던 사나이<br>행복한 예수 그리스도에게처럼<br>십자가 허락된다면<br>모가지를 드리우고<br>꽃처럼 피어나는 피를 어두워 가는 하늘 밑에<br>조용히 흘리겠다.<br>(윤동주의 「십자가」 중에서)<br>_ 서독 두이스 부르그에서 이유옥, 천영윤</td><td>2/27<br>④</td><td>서울에서<br>_ 목사 대목영이</td></tr>
<tr><td>2/27<br>⑤</td><td>바보들의 행진!<br>_ 밀알 3개가</td></tr>
<tr><td>2/27<br>⑤</td><td>하느님 우리 아빠께<br>더 끈질긴 힘을<br>_ 어느 동아 가족의 두 딸<br>김지영·정현</td><td>2/27<br>⑤</td><td colspan="3">정의는 언제나 단두대 위에 불의는 언제나 상좌에 그러나 미래를 지배하는 것은 정의니라. 왜냐고? 멀리 보이지 않는 곳에서 하나님이 지켜보시기 때문에 -Lowell-<br>나는 이 Lowell의 시를 종종 나의 훈화 중에 인용합니다.<br>_ 거창 전 모</td></tr>
<tr><td>2/27<br>⑦</td><td>침묵은 또 하나의 동조이다.<br>고려 교우들은 제2의 신사참<br>배 사태가 오기 전에 단합·각<br>성·준비하라.<br>_ 대한예수교장로회(고신) 몇<br>몇 젊은이</td><td>2/27<br>⑦</td><td colspan="3">대구에서 - 삼일절 기념 신앙 강연회<br>"예수 그리스도는 우리를 자유케 하시고 연합케 하신다"<br>● 해방자 예수<br>● 민족 수난사와 한국 교회<br>일시: 3월 1일 하오 7시<br>장소: 대구 제2교회<br>"동아의 언론탄압을 조속히 중지할 것을 재삼 천명한다"<br>_ 한국기독교 전국청년연합회 협의회</td></tr>
<tr><td>2/28<br>③</td><td colspan="2">3·1절 민족 항거 기념<br>평신도 연합 구국 기도회<br>일시: 3월 1일 오전 7시 30분<br>장소: 새문안교회<br>설교: 조남기 목사<br>주최: 대한예수교장로회<br>평신노회 서울노회 연합회</td><td>2/28<br>③</td><td colspan="2">김찬국·김동길 교수<br>출옥 환영 강연회<br>일시: 3월 1일 오후 2시<br>장소: 새문안교회<br>연사: 안병무·김찬국·김동길<br>연제: 민족·민중·교회<br>주최: 한국기독자교수협의회</td></tr>
<tr><td>2/28<br>④</td><td>파수꾼이여! 밤이 어떻게 되<br>었느뇨?(이사야 21:11)<br>_ 감리신대 대광동문회</td><td>2/28<br>④</td><td colspan="3">주민교회 설립 예배 및 3·1절 기념 강연회<br>설교: 이국선 목사, 강연: 박형규 목사<br>때: 3월1일 오후 2시<br>곳: 주민교회(성남시 국제시장 하차 광주의원 앞)<br>※ 동아를 탄압하는 자 내일이 있음을 알라</td></tr>
</table>

<table>
<tr><td>2/28<br>④</td><td colspan="3">괴로웠던 사나이<br>행복한 예수 그리스도에게처럼<br>십자가 허락된다면 모가지를 드리우고<br>꽃처럼 피어나는 피를<br>어두워 가는 하늘 밑에 조용히 흘리겠다.<br>(윤동주의 「십자가」 중에서)<br>_ 서독 두이스 부르그에서 천명윤·이유옥</td><td>2/28<br>⑥</td><td>하나님이 주신 인간의 자유, 평등, 민권 회복을 쟁취할 때까지 우리 모두 분투합시다.<br>_ 부산 좌천동서</td></tr>
<tr><td>2/28<br>⑦</td><td colspan="5">뉴욕시 삼일절 기념 대강연회<br>강사: 조지 오글(George Ogle) 박사<br>시일: 3월 2일(일) 저녁 7시 30분<br>장소: St.Hilda's School 강당 619 West Broadway 114가(뉴욕 한인교회당 옆)<br>주최: 뉴욕 한인인권옹호회 동아일보 돕기 운동 뉴욕 지부</td></tr>
<tr><td>2/28<br>⑥</td><td>크리스토퍼들께 격려를 보냅니다.<br>_ 바르나바</td><td>2/28<br>⑥</td><td>주여 저들을 용서하소서 저들이 하는 바를 알지 못함이니다<br>_ 요셉이 가족</td><td>2/28<br>⑥</td><td>당신은 어떻게 사시렵니까. 진실 최선 사랑 나는 이렇게 살렵니다<br>_ 전도사 임윤고①</td></tr>
<tr><td rowspan="2">2/28<br>⑥</td><td rowspan="2">사명감에 투철한 동아 너만 믿는다<br>_ 부산 사마리아인회(S·B·R)</td><td rowspan="2">2/28<br>⑥</td><td rowspan="2">권세가들의 말과 생활 방식만이 길이요, 진리요, 생명이며 애국이다. 한국적 민주주의.<br>_ 애·희·심</td><td>3/1<br>②</td><td>동아여! 등잔 밑을 밝히는 등불이 돼라.<br>_ 승선</td></tr>
<tr><td>3/1<br>②</td><td>무너질 바벨탑을 더 이상<br>_ 동오</td></tr>
<tr><td>3/1<br>③</td><td>예나 발표회를 마치고<br>_ 경동교회 대학생회</td><td>3/1<br>③</td><td colspan="3">"자기 자신을 속이지 맙시다.<br>하나님은 조롱을 받으실 분이 아닙니다.<br>사람은 무엇을 심든지 그대로 거둘 것입니다."<br>(갈라디아서 6:7)<br>_ 기독교장로회 성암교회 세 아이의 아빠</td></tr>
<tr><td>3/1<br>③</td><td colspan="5">하나님이 주신 인권을 유린하는 고문을 철폐하고 불법연행, 감금을 추방하라.<br>고난받는 동아방송과 동아일보에 격려를 보냅니다.<br>_ 3·1절 민족 항거 기념 장로교(예장) 평신도연합회 구국기도회</td></tr>
<tr><td>3/1<br>④</td><td colspan="3">동아일보 성원<br>_ 뉴욕 한인교역자회<br>회장 목사 유태영<br>2943. Bainbridge Ave. Bronx, N. Y. 10458 U.S.A</td><td>3/1<br>④</td><td>International Christian Friends in Geneva</td></tr>
<tr><td>3/1<br>⑧</td><td colspan="5"><제3차분><br>Be Kind to Humans. Kiss ok, Komun An-ok.<br>어쨌든 귀신에 대한 미신이나, 부적·전설·이름·굿·주문·고사 등에 취미가 있고 많이 알고 계신 분은 (수집) 연락 주십시오.<br>_ George Patton 전주예수병원(우편번호 520)</td></tr>
<tr><td>3/1</td><td colspan="5">결의문</td></tr>
</table>

| ⑧ | 우리는 하나님께서 가장 귀중한 존재로 창조하신 인간의 기본권과 존엄성이 참되게 보장될 수 있는 사회를 위해 신앙적 양심에 따라 최선의 노력을 다할 것을 다짐한다.<br>신앙의 자유와 언론의 자유가 진정으로 보장되어야 하며 특히 참된 종교적 집회와 활동에 대한 여하한 간섭도 결코 용납될 수 없음을 분명히 밝힌다.<br>1975년 2월 23일<br>_ 대한예수교장로회 평신도회 서울서노회 연합회 | | | | |
|---|---|---|---|---|---|
| 3/3<br>④ | 삼천만 동족의 자유의 숨통을 끊는 자들아 하나님과 민족의 무서운 심판이 두렵지 않는가?<br>_ 서독 1천m 지하에서 장행길 | 3/3<br>④ | 옥중에 매인 성도이나 양심은 자유 얻었네 우리도 고난받으면 죽어도 영광되도다!!<br>_ 기독교 대한감리회 대현교회 성가대 일동 | 3/3<br>④ | 여호와께서 너「동아」로 실족지 않게 하시며 너「동아」를 지키시는 자가 졸지 아니 하실 것이다<br>(시편 121:3)<br>_ 한국기독교장로회 신사동교회 학생회 |
| 3/3<br>④ | 세상의 빛이 되기 위해 적은 정성을 모았읍니다<br>_ 상도성결교회 중·고등부 | 3/3<br>④ | 청년아! 일어나라<br>_ 헌신 예배를 마친 기독 청년들 | 3/3<br>④ | 무기를 발명한 자 저주 있으리라.<br>_ 요한과 베드로 |
| 3/3<br>④ | 들어보라<br>저 거짓의 거리에서 물결쳐 오는 뭇 구호와 빈 찬양의 울림을 모두가 영혼을 팔아 예복을 입고 소리 맞춰 목청 뽑을지라도 여기 진실은 고독이 뜨거운 노래를 땅에 묻는다.<br>(청마 시선에서)<br>_ 영혼을 가진 자를 찾는 한 시민 | | | 3/3<br>④ | 대한민국의 유일한 소망은 크리스트입니다<br>_ 서독 본 한인교회 정옥희, 정명자, 이춘화, 김은남 |
| 3/3<br>④ | 축 삼일절 기념 예배<br>곳: 목포남부교회<br>우리의 결의<br>1. 선교의 자유 보장하라(종교 사찰 즉각 철폐).<br>2. 언론의 자유 보장하라.<br>3. 양심의 자유를 보장하라.<br>4. 삼일정신 구현하여 민주 헌정 회복하라.<br>5. 이상의 결의가 수행되기까지 순교자의 사명을 다하자.<br>_ 한국기독교장로회 전남노회 선교활동자유수호위원회 | | | 3/3<br>⑤ | 이 땅 위에 하루속히 주님의 이름으로 화해와 자유와 소망이 이룩되기를 간구합니다.<br>「동아」의 고난에 같이하면서<br>_ 기독교 대한감리회 자교교회 유지 일동 |
| 3/3<br>⑥ | 빛의 사자여 빛을 발하라!<br>_ 경일·원호 | 3/3<br>⑥ | 길 잃은 어린양 | 3/3<br>⑥ | 일어나 빛을 발하라 동아여!<br>_ 이태원 정씨 |
| 3/3<br>⑥ | 크고자 하거든 남을 섬기라<br>_ 배재 21회 | 3/3<br>⑥ | 너희가 진리를 알지니 진리가 너희를 자유케 하리라(성서)<br>_ 독자 | 3/3<br>⑥ | 33인의 목사들 |
| 3/3<br>⑥ | 죽은 교회여! 일어나라!<br>…예수께서 눈물을 흘리시다(요한복음 11:35)<br>_ 기독교 대한감리회 광희문교회 성가대 일동 | | | 3/4<br>③ | _ 광주무돌교회 교우 일동 |

<table>
<tr><td>3/4<br>③</td><td colspan="5">75년은 여성의 해, 문공부 장관 귀하<br>언론의 자유는 신앙의 자유, 여성의 자유와 직결된 것입니다. 동아 탄압 사태를 즉각 철회하도록 조처하여 주시기를 바랍니다.<br>_ 기독교장로회 여신도회 "세계 여성의 해"를 기한 전국 지도자 강습회 참가자 일동</td></tr>
<tr><td>3/4<br>③</td><td>사랑의 길로 인도하소서.<br>_ 성대청년회</td><td>3/4<br>③</td><td colspan="3">"오직 공법을 물같이 정의를 하수같이 흘릴지로다"<br>(아모스 6:24)<br>_ 성덕교회 학생회</td></tr>
<tr><td>3/4<br>③</td><td>그러므로 내가 사나 죽으나 주의 것 이로다 (로마서 14:8)<br>_ 한국기독교장로회 영신교회 청년회</td><td>3/4<br>③</td><td>주여 우리는 일흔 번씩 일곱 번이나 참고 있습니다<br>_ 한국기독교장로회 함열교회 중·고등부, 청년회</td><td>3/4<br>③</td><td>"…주를 경외함이 곧 지혜요 악을 떠남이 명철이라 하셨도다"<br>(욥기 28:28)<br>_ 언니의 세 번째 결혼기념일을 축하하며 막내 동생이</td></tr>
<tr><td>3/4<br>③</td><td>인간들의 뜻대로 마옵시고 아버지의 원대로 하옵소서<br>_ 창신교회 고3</td><td>3/4<br>④</td><td colspan="3">하나님! 이 나라를 구하소서! 이 민족의 소망을 들으소서 동아를 지켜주소서. 주신 것의 십분의 일을 동아의 제단을 통하여 당신께 감사하나이다.<br>_ 이상만</td></tr>
<tr><td>3/4<br>④</td><td>(기3) "너희는 살기 위하여 선을 구하고 악을 구하지 말라"<br>_ 한국성서연구회</td><td>3/4<br>④</td><td colspan="3">정의와 진실을 위하는 모든 사람들 그리고 동아 가족을 하나님이 지키시고 인도하실 것을 굳게 믿으며…<br>_ 김재현</td></tr>
<tr><td>3/4<br>④</td><td colspan="5">이광일, 김경남, 박상희, 박주한<br>출옥을 환영하며 복교를 희망한다<br>_ 한국신학대학 동문회</td></tr>
<tr><td>3/4<br>④</td><td>출옥자 민주 회복 강연회<br>일시: 1975년 3월 6일 오후 7시<br>장소: 광주 YWCA 강당<br>연사: 박형규 목사 외 2인<br>주최: 광주YWCA, 광주YMCA, 광주K.S.C.F</td><td>3/4<br>④</td><td colspan="3">천국 복음<br>愛死 직전의 인류를 구출하자<br>(아가 8:7)<br>서로 사랑하면 산다!<br>THE FIRST IS LOVE<br>(고린도전서 13:3, 13) (누가복음 3:11) (야고보서 2:15)<br>◉ 원숭이보다 못할 수 있겠나?<br>三千世界有一罪人 是及我罪<br>(요나 1:12)<br>絶望世上 惟一所望은 오직 주 예수님 사랑뿐이다<br>예수 사랑 全能, 無價之寶<br>(아모스 8:11)<br>_ 충남 천안군 풍○면 미죽리 정경호</td></tr>
<tr><td>3/4<br>④</td><td colspan="3">우리의 씨름은 혈과 육에 대한 것이 아니요,<br>정사와 권세와 이 어두움의 세상 주관자들과 하늘에 있는 악의 영들에게 대함이라<br>(에베소서 6:12)</td><td>3/4<br>④</td><td>하나님의 아픔에 동참하자<br>_ 안암 감리교회 M·Y·F</td></tr>
</table>

| | _ S교회 청년들 | | |
|---|---|---|---|
| 3/4<br>⑤ | 우리는 동아에 무슨 말을 할까 얼굴을 서로 마주합니다<br>곧 저마다 자신에게 전체로서의 우리에게 무슨 말을 해야 할지?<br>_ 부산 주일모임 일동 | | |
| 3/5<br>① | 성명서<br>본 교단의 교회와 사회위원회는 최근 성직자, 교수, 학생들 석방자들이 밝힌 고문 행위의 사실과 이어서 야당 국회의원들이 공개한 잔악한 고문 행위 등에 대하여 경악과 분노를 금치 못한다. 우리는 이러한 보도를 접하고 마치 이 나라에는 일본 군국주의자들의 망령이 들어와 날뛰는 것이 아닌가? 혹시 목적을 위해선 수단을 가리지 않는 공산도배들의 놀이터가 된 것이 아닌가? 싶은 환각마저 갖게 된다. “모든 국민은 고문을 받지 아니한다”는 헌법 조문을 가진 대한민국에서, 그 법을 수호하기로 맹세한 대통령이 엄존한 이 땅에서 그리고 때마다 국민에게는 법을 지키라고 말하고 추상같이 법을 집행하는 정부와 사법부가 엄존한 이 나라 안에서 권력기관이 법을 외면하고 무고한 국민 그리고 국민의 정치 의사를 대표하는 야당 정치인들에게 천인공노할 야만적인 고문 행위를 자행하였다면 이는 정치나 법 이전에 인도주의와 인간 양심에 역행하는 행위로서 전 국민의 용서를 받을 수 없고 전 세계 인류의 규탄을 받아 마땅하며 하나님의 진노와 형벌을 면치 못할 죄악으로 단정하는 바이다. 우리는 이미 고문 사실을 밝힌 이들의 증언을 미루어 아직도 이 나라 안에는 불법 무도하게 권력기관의 손에 의하여 집단 폭행적인 고문을 당한 사람들이 그들뿐만은 아닐 것이란 생각을 갖게 된다. 그러므로 본 교단은 한 사람의 생명을 천하보다 더 귀하다 하신 그리스도의 말씀을 따라 금후 이 땅에서 권력자들의 무법한 폭력행위와 불법적인 고문, 사형 등을 근절시켜야 할 것을 주장하면서 이에 우리의 견해를 밝힌다.<br>1. 박 대통령과 정부 당국자에게<br>① 이미 석방자들과 국회의원들이 밝힌 바 있는 고문 사실을 객관적인 위치에 설 수 있는 기관으로 하여금 철저히 조사하여 그 진상을 만천하에 밝힐 것이며,<br>② 이에 대한 책임은 헌법의 수호를 맹세하고 대통령의 직무를 담당한 박 대통령에게 있으므로 대한민국 대통령직의 권위와 존엄은 물론 민주국가의 위신을 위하여서도 박 대통령은 이 사건을 천하가 수긍할 수 있도록 조사 척결하여 이와 같은 불법 행위 근절을 강구하여 주실 것을 요망한다.<br>③ 민주국가에서 정치적 견해를 달리하는 야당 국회의원 정치인들을 무법하게 연행 구금하여 잔인한 고문을 가하였다면 이는 폭력배로 하여금 국가 기틀을 뒤엎고 국권을 좌우케하는 중대한 국가 변란적 사태라고 본다. 그러므로 정부 당국자는 이와 같은 불법 행위와 고문 행위의 근절을 위한 근본적이고 실질적 대책을 시급히 강구할 것을 요망한다.<br>2. 전체 국민에게<br>① 전체 국민, 특히 각계각층의 지도자들은 이 나라를 공정한 법에 의하여 다스려지게 하기 위하여 무법한 폭력에 굴하지 말고 이 민족 전체의 자유 쟁취를 위해 이와 같은 폭력행위를 당하고 보고 듣는 대로 전 국민 앞에 폭로하며 전 세계 인류의 양심에 호소하여 이 땅에서 비인도적 행위를 근절시키는 과감한 행동에 나설 수 있기를 요망한다.<br>기도: 하나님이시여! 이 민족을 불쌍히 보시옵고 잔인한 고문과 무법한 폭력에서 건져주옵소서. 그리고 이 겨레가 다 함께 서로 아끼고, 존경하며, 사랑하고 살 수 있게 하옵소서. 아멘.<br>1975년 3월 3일<br>한국기독교장로회 총회장 인광식<br>교회와 사회위원회 위원장 이해영 | | |
| 3/5<br>② | 한국의 주님 밑에 계시는 형제자매들이여<br>여러분들이 주님의 증인으로서 투쟁하고 있는 데 대해 경의를 표하며, 하나님의 위로와 격려가 있기를 | | |

| | | | | | |
|---|---|---|---|---|---|
| | 진심으로 기도합니다.<br>_ 한국 문제를 생각하는 일본인 그리스도 신자 유지 일동<br>방한 중인 한 일본인 장로가 대표로 동아일보사에 들려… | | | | |
| 3/5<br>④ | 사로잡는 자는 사로잡힐 것이요. 칼로 죽이는 자는 자기도 마땅히 칼에 죽으리라.<br>(요한계시록 13:10)<br>_ 광희문감리교회 교회학교 교사 일동 | 3/5<br>④ | 그대들의 조상들이 박해하지 않은 예언자가 한 사람이나 있었습니까?(성경)<br>_ 수원장로교회 청년회원 | 3/5<br>④ | 이 여우 같은 자들아 그래도 우린 우리의 길을 갈 것이다<br>(누가복음 13:32-33)<br>_ 청주서부교회 학생회와 동문들 |
| 3/5<br>④ | 동아를 지원하자<br>_ 군산 복음·돌기둥 | 3/5<br>④ | (2번째) 어느 때까지 헛된 것을 좋아하며 거짓된 것을 좋아하려느냐?(시편 4편)<br>_ 성남 주민교회 청년회 일명 | | |
| 3/5<br>④ | 우리는 진리를 거슬러서는 아무것도 행할 힘이 없습니다<br>다만 진리를 위해서만 힘이 있습니다<br>(고린도후서 13:8)<br>_ 기독교대한성결교 ○○○교회<br>뜻을 같이하는 남 전도회원 몇 명 | | | 3/5<br>⑤ | 동아의 고난에 동참하면서<br>_ 샌프란시스코 연합장로교 청년회 |
| 3/5<br>⑤ | 김찬국 목사님의 석방을 환영합니다.<br>"두려워 말라 내가 너와 함께 함이니라. 놀라지 말라. 나는 네 하나님이 됨 이니라. 내가 너를 굳세게 하리라. 참으로 너를 도와주리라. 참으로 나의 의로운 오른손으로 너를 붙들리라."<br>(이사야 41:10)<br>_ 기독교 대한감리회 중부연회 강남지방 교역자 일동 | | | | |
| 3/5<br>⑤ | 3월 7일은 온 세계 167개국의 교회 여성들이 한날한시에 한 제목으로 기도드리는 세계 기도일입니다. 금년도 제목은 "완전히 하나 되게 하소서"입니다. 교회 여성은 지정된 교회로 꼭 출석하시기 바랍니다.<br>_ 세계 기도일 한국위원회 | | | | |
| 3/5<br>⑤ | 민주 회복을 위한 기도회<br>곳: 무안군 무안면 제일교회, 때: 1975년 3월 4일<br>우리의 결의<br>1. 선교의 자유를 보장하라 2. 언론의 자유를 보장하라<br>3. 양심의 자유를 보장하라 4. 민주 헌정을 회복하라<br>이상의 결의가 수행되기까지 우리는 순교자의 사명을 다한다.<br>_ 한국기독교장로회 전남노회 선교활동 자유수호위원회 함무시찰회 | | | | |
| 3/5<br>⑦ | 너희는 다만 '예' 할 것은 '예'하고, '아니오' 할 것은 '아니오'라고만 하라<br>여기서 지나치는 것은 악에서 오는 것이다<br>(마태복음 5:37)<br>_ 서독함부르크 한인교회 교우 일동 동아 돕기 운동 참가자 일동 | | | | |
| 3/6<br>④ | 길 찾는 어린양 | 3/6<br>④ | 소는 그 임자를 알고 나귀는 주인의 구유를 알건만… 슬프다 죄를 범하느니라! 허물진 백성이요… 너희가 어찌 매를 더 맞으려고 더욱 패역하느냐…. (이사야 1:3-5)<br>_ 위생원 | | |
| 3/6 | 악한 길에서 돌이키며 너희 길 | 3/6 | 교회에 나갑시다. 가족 | 3/6 | 바로 말하는 한국기독교장 |

<table>
<tr><td>④</td><td>과 행위를 선하게 하라<br>(성서에서)<br>_ 원주 제일침례교회 뜻있는 청년들이</td><td>④</td><td>과 함께 가정예배를 봅시다.<br>_ 연대 독수리 신입생</td><td>⑤</td><td>로회와 같이 일함을 자랑스럽게 여기며…<br>_ 캐나다연합교회 한국 선교회 중 몇 명</td></tr>
<tr><td>3/6<br>⑤</td><td colspan="5">(2차) "하늘을 몇 번이나 쳐다본 후에야 하늘을 진정 볼 수 있겠느뇨? 도대체 귀를 몇 개나 가져야 사람들의 쓰라린 울부짖음을 들을 수 있겠느뇨? 그리고 사람들은 언제까지나 그들이 하는 것을 보고도 못 본 체 외면만 하고 있어야 하느뇨? 사람들은 진정 몇 년이나 살아야 자유로워질 수 있겠느뇨? 오 내 친구여 묻지를 마라 그 대답은 불어오는 봄바람 속에서만이 들려오리라 그 대답은…?"<br>_ 메리놀 신학생 일동</td></tr>
<tr><td>3/7<br>④</td><td>그대 영광 빛을 얻으소서…<br>_ 뜻을 같이 한 서·심이가</td><td>3/7<br>④</td><td>청소년 전도대회를 마치고<br>_ 성암성결교회</td><td>3/7<br>④</td><td>예수님이 눈물 흘리신다<br>_ ○산교회 청년회</td></tr>
<tr><td>3/7<br>④</td><td colspan="5">'해빙' 하느님-그날이 빨리 오게…<br>동천<br>세찬 바람 그만 거두시고 따뜻한 햇볕 보내주시어 우리 모두 훨훨 벗게 하소서 모두의 마음 해빙이 되고 모두의 마음 하나가 되는 그날이 빨리 오게 하여주소서<br>1975. 3. 1. (56주년 3.1절에) 동아를 격려하며</td></tr>
<tr><td>3/7<br>⑤</td><td colspan="3">고민의 기도<br>"아버지, 만일 아버지의 뜻이 오면 내게서 이 잔을 걷어 가시옵소서 그러나 내 뜻대로 마옵시고 아버지의 뜻대로 하옵소서"<br>(누가복음 22:42)<br>_ 대한예수교장로회 을지로교회 청년회</td><td>3/7<br>⑤</td><td>_ 한국기독교장로회 흑석동교회 여신도회 일동</td></tr>
<tr><td>3/8<br>③</td><td colspan="5">예수는 오늘 여기 이 무수한 사람들 속에 부활하셨습니다. 이 작은 예수들의 소리는 고통 앞에서 성실한 한 국민을 통해 전 세계 인류에게 보내는 하나님의 메시지입니다. 작은 예수님들은 십자가의 고통을 피하지 않으시고 또 다른 부활을 준비하고 계신 겁니다.<br>_ 홍승희</td></tr>
<tr><td>3/8<br>③</td><td>춤추는 광대여! 무사 경 햄수꽈? … 그럴 수 없느니라<br>(시편 151편)<br>중기의 약혼을 축하하며<br>_ 창택, 무영, 수인</td><td>3/8<br>③</td><td colspan="3">악에게 지지 말고 선으로 악을 이기라(로마서 12:21)<br>_ 광주시 임동에서 기독대학생 몇 명이</td></tr>
<tr><td>3/8<br>③</td><td colspan="5">우리가 아직 죄인 되었을 때 그리스도께서 우리를 위하여 죽으심으로 하나님께서 우리에게 대한 자기의 사랑을 확증하였느니라(로마서 5:8)<br>_ 택시 운전사 이만승</td></tr>
<tr><td>3/8<br>③</td><td colspan="5">한국 교회 (특히 보수 교단) 목사님들께<br>흉악범이 형무소에 가도 그들과 그들 가족을 돌봐야 할 우리 목사들이 바른말 한 죄(?)로 고통을 겪는 동아일보를 강 건너 불구경해야 됩니까?<br>콩나물 팔아 바친 헌금으로 성가대 파티, 목사 휴양비, 예배당 바닥에 고급 융단, 전자 오르간, 크리스마스 때 목사님 양복, 일제 녹음기로 차임벨은 치시면서….<br>그러고서도 법조인, 문인, 학생들 앞에서 설교가 술술 나오십디까? 제 말이 틀렸으면 동아일보에 반박성명을 내주십시오.</td></tr>
</table>

<table>
<tr><td></td><td colspan="5">_ 서대문구 역촌동 예일여중 앞 백석교회 이 목사</td></tr>
<tr><td>3/8<br>④</td><td>젊어지겠다던 십자가 이젠…<br>_ 제기어문학연구소</td><td>3/8<br>④</td><td>고난 중에 하나 되고 짐질 때도 하나 되어…<br>_ 동성감리교회<br>M·Y·F 중·고·청년부</td><td>3/8<br>④</td><td>우리가 그리스도와 함께 죽으면 그와 함께 살 것을 믿습니다(로마서 8:6)<br>_ 한국기독교장로회 경서교회 여신도회</td></tr>
<tr><td>3/8<br>④</td><td colspan="5">동아의 근로자와 함께 아픔을 … 제17회 노동절 기념 강연회<br>주제: 민권운동과 3·1정신, 강사: 김동길 교수(연세대)<br>일시: 3월 11일 (화), 장소: 인천 답동성당 앞 가톨릭회관 강당<br>_ 인천 기독교도시산업선교회</td></tr>
<tr><td>3/8<br>④</td><td colspan="5">결의문<br>우리는 인간 해방 선언에 의하여 아래와 같이 결의한다.<br>첫째: 본 교단의 '오글 목사'의 언행은 전적으로 기독교 복음과 신앙 양심에 의한 것임을 믿고 지지하며 그에 대한 추방 조치는 국제사회에 한국의 위신을 추락시켰고 국내 근로대중의 큰 실망을 주었음에 비추어 복음과 한국을 위한 그의 봉사 기회가 다시 주어지도록 그의 입국이 다시 허용되어야 한다.<br>둘째: 최근 밝혀진 구속자와 국회의원에게 가해진 고문 행위는 인간 기본권과 국민권에 대한 유린임을 선언하고 이 사실에 대한 정직한 사죄와 함께 이러한 고문 행위의 근절을 제도적으로 보장되어야 한다.<br>셋째: 의혹에 싸인 민청학련과 인혁당 사건의 진상은 정직하게 밝혀져야 하고 진상에 대한 왜곡과 오해가 없도록 공개재판에 의하여 공정하게 처리되어야 한다.<br>넷째: 순수한 복음의 신앙 활동에 대한 사찰 행위와 간섭 행위는 신성한 종교적 영역에 대한 침해이며 엄연한 종교 생활에 대한 탄압 행위이므로 철저히 금지되어야 한다.<br>다섯째: 정치권력과 정보 정치에 의한 언론탄압 행위는 국가의 위신과 국민의 양심을 위해 하루속히 중지되어야 한다.<br><br>위의 선언과 결의는 거룩하신 하나님의 뜻이며 깊은 인간 양심의 요청이므로 이에 궁극적인 구현을 위해 신앙적이고 비폭력적인 방법으로, 그러나 굴함이 없는 순교적인 각오를 가지고 끝까지 투쟁할 것을 결의한다.<br>1975년 3월 7일<br>_ 기독교 대한감리회 제26회 동부연회 회원 일동</td></tr>
<tr><td>3/8<br>⑤</td><td>격려광고조차 줄면 동아는 어디로<br>_ 디모데 모임의 한 사람</td><td>3/8<br>⑥</td><td colspan="3">언론의 자유는 우리의 생명입니다<br>_ 재형, 정수, 동주, 혁구, 병욱, 영진, 세종, 천희, 병관, 광성, 석일, 성식, 철웅, 기택, 민자, 석민, 덕신, 창섭, 현철, 최 감리교 젊은 교역자</td></tr>
<tr><td>3/8<br>⑦</td><td colspan="5">성명서<br>언론 자유는 신앙 자유와 불가분리의 관계를 가졌으며, 부정, 부패, 인권유린 등의 사례에 대해 보도해 줄 때에만 이의 시정이 가능하고, 사회 정의와 인권이 보장되는 민주주의가 가능하다고 보기 때문에 우리는 아래와 같이 우리의 입장을 밝힌다.<br>우리는 조선일보 기자들의 자유언론 실천 선언을 적극적으로 지지한다.<br>회사 측은 1개 회사의 이득만을 추구하여 부패한 권력에 아부 굴종하고 기자들의 알릴 의무, 국민들의 알 권리를 박탈하여 국민을 우롱하는 일을 즉각 중지하라<br>자유언론 실천을 선언하고 기자로서의 본분을 다하다가 희생된 7인의 기자를 즉각 복직시켜라.</td></tr>
</table>

<table>
<tr><td></td><td colspan="5">모든 신문사들은 동아 사태에 대해서 공동으로 해결책을 모색해주기를 바란다.<br>이상의 사항들이 실현되지 않으면 본회는 150만 회원과 각 교회 교인들에게 호소하여 조선일보 안 보기 운동을 적극적으로 벌일 것이다.<br>1975년 3월 8일<br>_ 한국교회 여성연합회 인권위원회<br>※ 본 회원들에게 알립니다. 조선일보 사태가 수습 안 되면, 2~3일 내 조선일보 안 보기 운동을 곧 벌여주시기 바랍니다.</td></tr>
<tr><td>3/10<br>②</td><td>의의 길을 가자!<br>_ 중화동에서 재창이가</td><td rowspan="2">3/10<br>④</td><td rowspan="2" colspan="3">주의 성령이 내게 임하셨으니 이는 가난한 자에게 복음을 전하게 하시려고 내게 기름을 부으시고 나를 보내사 포로 된 자에게 자유를 눈먼 자에게 다시 보게 함(누가복음 4:18)<br>_ 정희</td></tr>
<tr><td>3/10<br>②</td><td>범사에 감사하며<br>_ 운현숙</td></tr>
<tr><td>3/10<br>④</td><td>민족과 역사, 고난과 사랑, 고난받는 종의 부활, 주의 부활과 기독교인의 자세<br>_ 우주의 돌</td><td>3/10<br>⑤</td><td colspan="3">죽는 날까지 하늘을 우러러 한점 부끄럼이 없기를 잎새에 이는 바람에도 나는 괴로워했다….<br>(윤동주 동문 시에서) 동아의 건투를 기원하면서.<br>_ 연세대학교 신과대학 동창회</td></tr>
<tr><td>3/10<br>⑤</td><td colspan="5">3월 10일은 근로자의 날이다. 기아선상에서 헤매며 인간다운 삶을 누리지 못하는 500만 노동자의 생활권은 어디로 갔는가? 정부는 70만의 실업자에 대한 대책을 조속히 밝혀라. 본래의 사명을 망각한 노총은 즉시 제 기능을 찾을 것을 재삼 촉구하며 무능하고 타락한 지도층의 각성을 요구한다.<br>여당은 목하 심각한 국사를 처리하는 국회에서 다수결의 횡포를 능사로 삼지 말고 당리 당권보다 국가와 민족을 우선시 하기를 바란다.<br>시중에서 나돌고 있는 화폐 개혁설이 거짓이라는 명백한 논거를 제시하라. 환율 인상이 절대 없을 것이라고 천명한 후 환율을 인상한 정부를 우리는 믿기 어렵다.<br>언론 자유에 앞장서고 있는 기자들을 대량 해고시키고 있는 사태를 주시한다.<br>※ 페넌트를 사주신 여러분께 감사드립니다.<br>_ 한국기독학생회총연맹(K·S·C·F)</td></tr>
<tr><td>3/10<br>⑦</td><td colspan="5">그중에 십분의 일이 오히려 남아있을지라도 이것도 삼키운 바 될 것이나 밤나무 상수리나무가 베임을 당하여도 그 그루터기는 남아있는 것 같이 거룩한 씨가 이 땅의 그루터기니라<br>(이사야 6:13)<br>_ 기독교 감리회 광림교회 청년회</td></tr>
<tr><td>3/10<br>⑦</td><td colspan="5">모든 근로자여! 참여합시다.<br>제17회 노동절 기념 강연회<br>주제: 인권운동과 3·1정신, 강사: 김동길 교수(연세대)<br>일시: 3월 11일 (화) 오후 6시 30분, 장소: 인천 답동성당 앞 가톨릭회관<br>_ 인천 기독교 도시산업 선교회</td></tr>
<tr><td>3/11<br>③</td><td>너희가 내 말에 거하면 참 내 제자가 되고 진리를 알지니 진리가 너희를 자유하게 하리라<br>_ 장로회 신학대학 68회 동문 일동</td><td>3/11<br>③</td><td>75년은 여성의 해<br>민주 회복과 여성 해방을 위해 애쓰시는 강원용 목사님이 계신 경동교회 신도임을 자랑스럽게 생각한다.</td><td>3/11<br>③</td><td>"의를 위하여 핍박을 받는 자는 복이 있나니"<br>1975. 3. 9.<br>_ 부산시온감리교회 중등부 일동</td></tr>
</table>

| | | | | | |
|---|---|---|---|---|---|
| | | | _ 경동교회 여성들 | | |
| 3/11<br>③ | _ 기독교 감리회 강남지방 고등부연합회 | 3/11<br>③ | 도봉구에서 움튼 새싹의 내일을 위해서<br>_ 임마누엘 부청장 | 3/11<br>③ | 회개하라! 예수믿어라! 구원받아라!<br>_ 신앙 청년 몇몇 |
| 3/11<br>④ | 축 출옥 민주인사 결혼<br>이규상 전도사, 고순희 양<br>때: 1975. 3. 15(토) 오후 2시<br>곳: 기독교회관 대강당(종로5가)<br>주례: 문동환 박사<br>_ 수도특수지역선교위원회 | 3/11<br>④ | 강도 만난 사람들…<br>(누가복음 10:31 인용)<br>강도 만난「동아」에 한국 교회의 헌금을!<br>_ 권호경 목사 | 3/11<br>④ | “크고자 하거든 남을 섬기라”는 말은 다만 배재인의 교훈만은 아닐 겁니다<br>_ 마음을 같이하는 재미 배재 22기<br>의상·동철·유식·혜연 |
| | | 3/11<br>④ | 축!! 인생의 새 출발을 하느님과 부모님께 감사드리며…<br>1975년 3월 12일<br>_ 구자만, 주미순 | | |
| 3/11<br>⑤ | “출옥 민주 투사들을 환영하며 그들의 더욱 용감한 계속 투쟁을 바라면서…”<br>_ 캐나다 토론토 한인 연합교회<br>목사 이상철, 당회원, 제직원, 교우 일동 | | | 3/12<br>③ | We shall overcome<br>_ S.J.U. HANARM |
| 3/12<br>③ | 1975년은 세계 여성의 해 “여성의 해 강연회”<br>강사: 이효재 교수(이화여대)<br>때: 1975.3.15.(토) 오후 2시<br>곳: 광주 YWCA 강당<br>_ 광주 YWCA | | | 3/12<br>③ | †<br>_ 뉴먼클럽 |
| 3/12<br>③ | 가난한 자에게 복음을 포로 된 자에게 자유를 눈먼 자에게 다시 보게 함을 눌린 자를 자유케 하고<br>(누가복음 4:18)<br>_ 이재인 | | | | |
| 3/13<br>② | 주님 입대합니다<br>훈병 생활을 마칠 때까지는 이 땅에 봄이 오게 하시고 군 복무 기간 동안 붙들어 주세요<br>_ 익명 | | | 3/13<br>② | 일어나라 빛을 발하라<br>자유와 평등을 향하여<br>_ 이화여대 문리대 YWCA 졸업생 일동 |
| 3/13<br>③ | 자유는 강제로 막을 수 없다. 정의는 수갑으로 채울 수 없다<br>박형규 목사와 나상기 선생을 모신 제7회 목요기도회를 마치고<br>_ 광주 목요기도회 | | | | |
| 3/13<br>③ | 겸손히 주를 섬길 때 괴로운 일이 많으나 구주어 함께 계시사 잘 감당하옵소서<br>_ 토론토 한인장로교회 민창식(데이비드·민) | | | | |
| 3/13<br>③ | 노동절 기념 강연회를 마치고 동아를 위해 모은 성금을<br>우리의 선언<br>1. 민주 노동 운동을 위한 자율화 투쟁을 적극 지지한다(동아일보 3·10일 자)<br>2. 언론 자유를 위해 투쟁하는 동아일보와 조선일보 근로자들의 복지를 요구하며 전 언론인의 단결된 행동을 촉구한다<br>3. 진정한 근로자의 친구 오글 목사의 입국을 허용하라 | | | | |

| | 1975. 3. 11<br>_ 인천기독교도시산업선교회 | | | | |
|---|---|---|---|---|---|
| 3/14<br>② | 가난한 청초를 민주 제단에 바칩니다.<br>_ 보광동교회 청년회 | 3/14<br>② | 이 나라의 유일한 범야 정치지도자 김대중 선생을 양심으로 뭉치기를 하나님께 기도합시다.<br>_ 기장회 여신도연합회 | 3/15<br>① | 진리는 가장 강하다<br>_ YMCA 회원몇명 |
| 3/15<br>③ | 인사 말씀<br>금반(今般) 한일문화교류협회와 한국종교협의회 공동주최로 동양친선협도전·묵해귀국보고전을 국립공보관에서 갖고 성황으로 종료하였음은 항상 존경하는 노대가(老大家) 선배님과 유교·불교대종교·천도교 용담연원회(龍潭淵源會)·기독교 등 각 종단 대표님 그리고 동호제위 및 각 언론계의 협조함이라 아뢰옵고 진심으로 감사드리오며 우선 지상을 통하여 인사 말씀 드립니다. 앞으로도 계속 지도 편달 있으시기 바랍니다.<br>1975. 3. 8.<br>_ 한일문화교류협회부이사회, 한국종교협의회 지도위원 기독교 장로·묵해서도 원장 김용옥 | | | | |
| 3/15<br>④ | 그리스도와 함께 부활을! 억눌린 자와 함께 고난을!<br>_ 역천동 백영길 | 3/15<br>④ | 배달의 얼과 그리스도의 사랑으로 번영된 조국을 전승합시다.<br>_ 75년 3월 15일 동림 | 3/17<br>④ | _ 서문밖교회 학생회<br>한국기독교장로교 |
| 3/17<br>④ | 자유, 그것은 보류할 수 없는 천부의 권리<br>_ 하 | 3/17<br>④ | 경동교회 강원용 목사님의 설교를 듣고<br>_ 한일교회 교인 | 3/17<br>④ | 3월14일 자 2면 격려광고란 중 기장회여신도연합회는 여신도 몇 명이옵기에 정정함 |
| 3/17<br>⑤ | 자기의 죄를 숨기는 자는 형통치 못하나 죄를 자백하고 버리는 자는 불쌍히 여김을 받으리라<br>(잠언 28:13)<br>_ 미아동 임 | | | 3/18<br>④ | 우리는 계속 주시하고 있다.<br>_ 기독교장로회 성북교회 학생회 |
| 3/19<br>④ | 구상 동문의 많은 참여를 바라며<br>_ 46회 박승·예수 | 3/19<br>④ | 백절불굴의 민족의 동아야! 우리는 너를 주시하고 있다. 의의 하나님께 영광있으소서<br>_ 영등포 S·J·K | 3/19<br>④ | 너희가 진리를 알지니 진리가 너희를 자유케 하리라<br>_ 시흥교회 신광회 |
| 3/19<br>⑤ | Mrs. John H. Muir church Women United in Illinois | | | | |
| 3/20<br>① | 성명서<br>지난 15일 국회에서 김경인 의원의 질의에 응한 유기춘 문교부 장관의 답변 골자는 한마디로 주객이 전도된 느낌이다. 높은 자리에 있을 때 미미한 일개 시골 교사쯤이야 아무렇게나 몰아세워도 괜찮다는 지고자존(至高自尊)에 치우친 기장지호(其場之糊)의 지록위마 격인 변명으로 들려 슬픔을 금치 못한다. 문학인의 본분을 지키려는 것도 죄가 되는가를 개탄하면서 민주 창달을 위한 표현의 자유 수호에 고고한 나의 젊은 영혼을 바칠 것을 다시 다짐한다. | | | | |

<table>
<tr><td></td><td colspan="5">_ 양성우</td></tr>
<tr><td>3/20<br>①</td><td colspan="5">민족과 함께 고난을 겪는 동아일보를 후원합니다.<br>‘시카고’ 지역 동아돕기회<br>회장: 차현희 목사(감리교회), 부회장: 고병철 박사(일리노이대학)<br>실행 위원: 김응렬 목사, 이기춘 씨(머시 병원), 현순호 목사(시카고신학대학), 김의석 목사(매디슨한인교회), 김상호 씨(매코믹신학대학), 송병화 씨(TWA 항공사), 김경일 씨(시카고 YMCA 총무)<br>따뜻한 손길을 보내주신 분들: 장원찬, 김명천, 신현정, 신익길, 강금화, 김준용, 박희숙, 조.D.R, 김상신, 안병훈, 고병길, 김유선, 이종욱, 손성완, 김정광, 정태용, 김동수(멤피스시), 조영준(시애틀시) 외 익명인<br>미국인: 데이비트 W.존스 목사(데칼브, 일리노이주), 린다 C.존스, 개리 E.허프만 목사(카펜터스빌리지, 일리노이주), 알타 버네트 교수(루이빌, 켄터키주), 나오미 허프만여사(로크포드, 일리노이주), 브래드 허프만씨(비행기 조종사), 할 허프만씨(신문인)<br>_ 동아구출위원회 837 W.Sheridan Rd. Chicago, Ill. 60613<br>Tel. 312-5281148, 312-5281268</td></tr>
<tr><td>3/20<br>②</td><td colspan="3">오직 공정이 콸콸 솟게 하고 정의가 마르지 않는 냇물처럼 흐르도록 하라 (아모스 3:24)<br>_ 시골에서 입신출세하려고 상경한 일청년</td><td>3/20<br>②</td><td>언론탄압 중지하라.<br>_ 재경 청주여고 실로암회</td></tr>
<tr><td>3/20<br>②</td><td>광주 YMCA주최 3월 7일 시민 논단에 참석한 광주 시민들</td><td>3/20<br>②</td><td colspan="3">정의를 위해 박해를 받을 이는 복되다. 그들은 천국을 차지하리라. 지 주교님과 민주투사 여러분의 옥중고초를 위문드리고 아울러 영광된 지위를 찬양하기 위해 동아새가 노래하는 지상 초대석을 마련하오니 무위 참석하시기를 앙망하나이다.<br>1975년 3월 18일<br>_ 샌프란시스코 지역 한인천주교교회 회원 일동</td></tr>
<tr><td>3/20<br>⑤</td><td colspan="5">결의문<br>하나님의 형상으로 태어난 인간의 존엄성과 가치는 인간의 어떤 사상이나 제도나 법률이나 힘으로도 손상되어서는 안 된다.<br>하나님의 의가 실현되며 인간의 자유와 평화가 보존되도록 진정한 민주제도와 사회정의가 실현되기를 바란다.<br>‘오글’선교사의 언행은 복음에 입각한 기독교 정신운동(선교)과 인권운동이었으므로 그의 입국은 조속히 허용되어야 한다.<br>인간의 양심과 자유가 무시되며 교회의 자율적인 활동(인권운동 등)이 간섭되며 기본권이 잔혹한 심문과 고문으로 억압되는 모든 탄압은 금지되어야 한다.<br>정보정치와 정치권력에 의한 언론탄압을 개탄한다. 동아광고탄압 등 모든 종류의 탄압은 국민의 알 권리와 알릴 권리를 위해 중지되어야 한다.<br>모든 사건(국민투표부정상, 민청학련, 고문사건 등)은 정직하게 규명되어야 하고 모든 부정과 부패는 발본색원되어 정직과 공평의 법이 이 사회에 이루어지기를 바란다.<br>1975년 3월<br>_ 기독교대한감리회 제26회 중부연회회원 일동</td></tr>
<tr><td>3/21<br>③</td><td>강자와 약자 사이에는 주님밖에 없사오니<br>_ 야만 영덕 철학이가 미국 TEXAS에서</td><td>3/21<br>④</td><td>화양감리교회 청년부</td><td>3/21<br>④</td><td>많은 황소가 나를 에워싸며 바산의 힘센소들이 나를 둘렀으며 (시편 22:12)<br>_ 능곡교회 청년회</td></tr>
</table>

<table>
<tr><td>3/21<br>④</td><td>위정자들이여!<br>온민족이여! 여호와의 말씀을 순종하라<br>_ 루씨 화더</td><td>3/22<br>①</td><td colspan="3">동아여, 먼 이국땅에서나마 너를 통해 심호흡을 하고 사실을 보고 사실을 듣는다. 결코 권력에 굴하지 않기를 제삼 부탁한다. 하느님 우리 모두에게 용기를 주소서.<br>_ 미국 로스앤젤레스 한인연합장로교회 1인분 동아돕기모임(제2차분)</td></tr>
<tr><td>3/22<br>①</td><td colspan="3">너희가 내 말대로 살면 참으로 내 제자가 되고 진리를 알게 될 것이요, 진리가 너희를 자유케 할 것이다 (요한복음 8:31-32)<br>_ 미주 샌디에이고 한인장로교회 동아돕기 그룹 및 뜻을 같이하는 교포</td><td>3/22<br>①</td><td>진리를 가르칠 수 있는 자유를 한국에 계시는 교수분들도 함께 가질 수 있기를 기원하면서…<br>_ 미주 샌디에이고 한인교수 7인</td></tr>
<tr><td>3/22<br>①</td><td colspan="3">(제1탄) 욕심이 잉태한즉 죄를 낳고 죄가 장성한즉 사망을 낳느리라 (야고보서 1:15) 늦기 전에 회개하라.<br>_ 미국 산호세 장로교회 교인들</td><td>3/22<br>②</td><td>자유, 정의, 진리 이름하여 동아의 얼이니 그것은 민족의 정기 속에 영원하리라<br>_ 애독자 박</td></tr>
<tr><td>3/22<br>②</td><td>가시밭길도 마다하지 않는 너 동아일보와 DBS의 결의에 탄복하고 있다<br>_ 한 가정교사</td><td>3/22<br>②</td><td>끝까지 선전 분투하는 동아에 갈채를 보낸다.<br>_ 새문안교회 한 청년</td><td>3/22<br>②</td><td>목사님의 생일을 축하합니다.<br>_ 백석교회 청년회</td></tr>
<tr><td>3/22<br>②</td><td>하느님 동아를 탄압하는 자들에게 양심을 되살려 주소서.<br>_ YMCA 한 학생</td><td>3/22<br>②</td><td>욕심이 잉태한즉 죄를 낳고 죄가 장성한즉 사망을 낳느니라<br>(야고보서 1:15)<br>_ 대구 장로교회</td><td>3/22<br>②</td><td>정직한 동아여 앞으로도 영원히 너를 사랑하노라.<br>_ 동덕고 동창생 몇명</td></tr>
<tr><td>3/22<br>②</td><td>꺼지지 않는 등불<br>_ 에너지</td><td>3/22<br>⑧</td><td>자유와 정의와 진리의 영원한 고향은 너 동아이어라.<br>_ 고우</td><td>3/22<br>⑧</td><td>창용, 정희의 결혼을 축하하며<br>_ 자유,정의,진리의 모임에서</td></tr>
<tr><td>3/22<br>③</td><td colspan="5">종교자유, 민주회복을 위해 애쓰시는 분들, 동아를 비난하면 그것은 바로 집권세력이 바라는 바를 행동하는 것… 깊이 반성해 보시는 게…<br>_ 일월남가족</td></tr>
<tr><td>3/22<br>③</td><td colspan="5">민주회복국민회의 원주지부확대개편대회<br>고문: 양대석(신부), 박영녹(국회의원), 양덕인(전국회의원)<br>상임대표위원: 신현봉(신부), 백구영(목사),<br>대표위원: 이학근(신부), 노세현(신부), 최충수(목사), 전의남(목사), 조문행(목사)<br>사무국장: 선종원(정당인)<br>대변인: 백구영(목사겸임)</td></tr>
<tr><td>3/22<br>⑧</td><td>아버지여, 저희를 사하여 주옵소서 자기 하는 것을 알지 못함이니이다<br>(누가복음 23:24)</td><td>3/24<br>③</td><td>선한 일을 행한 자는 생명의 부활로 악한 일을 행한 자는 심판의 부활로 나오리라</td><td>3/24<br>③</td><td>부활절도 다가오고 제발 높으신 분들의 양심도 부활하시도록 기도드립니다.<br>_ 한국신학대생 K</td></tr>
</table>

<table>
<tr><td></td><td>_ 삼각청년회</td><td></td><td>(요한복음 5:29)<br>_ 시내 관악구 최문수</td><td></td><td></td></tr>
<tr><td>3/24<br>④</td><td>주님 예삐와 함께 예배함을 감사합니다.<br>_ 은혜</td><td rowspan="2">3/24<br>④</td><td rowspan="2">우리가 환난 중에도 즐거워하나니 이는 환난은 인내를 인내는 연단을 연단은 소망을 이루는 줄 앎이로다<br>(로마서 5:3-4)<br>_ 이대 금년졸업생</td><td rowspan="2">3/24<br>④</td><td rowspan="2">주님 저들의 무지함을 불쌍히 여기시옵소서.<br>_ 정동교회 일고교생</td></tr>
<tr><td>3/24<br>④</td><td>나는 길이요 진리요 생명이니라! (성경 말씀)<br>_ 어느 시골목사</td></tr>
<tr><td>3/24<br>④</td><td>마음의 경영은 사람에게 있어도 말의 응답은 여호와께로부터 나오느니라<br>(잠언 16:1)<br>_ 미국에서 한 교○</td><td>3/24<br>④</td><td colspan="3">하나님의 능하신 손아래서 겸손하라 때가 되면 너희를 높이시리라 너희 염려를 다 주께 맡겨버리라 이는 저가 너희를 권고하심이니라<br>(베드로전서 5:6-7)<br>_ YMCA 일회원</td></tr>
<tr><td>3/24<br>⑤</td><td>행복하여라 옳은 일을 하다가 박해를 받는 사람들! 하늘나라가 그들의 것이니<br>_ 이명자</td><td rowspan="3">3/24<br>⑤</td><td colspan="3" rowspan="3">…사람의 삶의 내용과 모습에 대하여 정치라는 한가지 사회적 기능이 오늘날처럼 무섭게 힘을 발휘한 시대가 언제 또 있었던가 "사람이 어떻게 살아야할까"라는 질문을 종교가 피해 갈 수 없다면, 이 정치만능의 시대에서 교회가 과연 생명력을 가질 수 있는가의 여부는, 정치권력의 악마적 가능성을 교회가 이해할 능력이 있느냐 없느냐에 달려 있다.<br>…민주회복을 향한 한국교회의 순례는, 세계교회가 오늘날의 역사 안에서 어떻게 신앙을 고백해야 할 가를 보여주는 큰 상징이다.<br>-뉴욕에서 74년 가을에 우리가 발간한 '견해'지에서-<br>_ 지금 한국에 있지 않는 것을 부끄럽게 알며 김일수, 이일영, 이신행</td></tr>
<tr><td>3/24<br>④</td><td>일부 교인들 잘못 판단으로 대의에 역행하는 일이 없도록<br>_ 흑석1동 박만규</td></tr>
<tr><td>3/25<br>④</td><td>동아에 하나님의 가호가 있으리라<br>_ 김지복</td></tr>
<tr><td>3/25<br>④</td><td>동아의 고난을 같이하며 주님의 은총이 깃들기를…<br>_ 이병산</td><td>3/25<br>④</td><td colspan="3">축 창간 55주년을 맞이하여 동아의 계속적인 발전을 기원하며 김대중 선생님의 신변에 주님의 은총이 있기를 기도하며 _ 제기동 민</td></tr>
<tr><td>3/25<br>⑧</td><td>전지전능하신 주님이시여 고난당하는 동아에 힘과 용기를<br>_ B·J·H</td><td>3/26<br>④</td><td>무식하면서 유식한 체하는 장○의원들 회개하셔요<br>_ 청주 섭</td><td>3/26<br>④</td><td>하느님의 은총이 하루속히 동아에 내리시길 기도드립니다.<br>_ 일 윤회</td></tr>
<tr><td>3/26<br>④</td><td colspan="3">의인의 길은 돋는 햇볕 같아서 점점 빛나서 원만한 광명에 이르거니와 악인의 길은 어둠 같아서 그가 거쳐 넘어져도 그것이 무엇인줄 깨닫지 못하니라 (잠언 5:20)<br>_ 교인 몇명</td><td rowspan="2">3/26<br>⑤</td><td rowspan="2">사랑에 끝이 있다면 주여, 그것은 당신으로부터 나오는 사랑이 아니고 인간의 사랑입니다. 주님의 사랑이 동아와 함께 하시기를<br>_ 음악을 즐기는 일독자</td></tr>
<tr><td>3/26<br>⑤</td><td colspan="3">북악산아, 남산아, 너만은 모든 것을 지켜보고 알겠지 동아의 이 고난을 진정코 하느님이 계시다면 왜 보고만 계시옵니까? 동아를 구해 주시옵소서!<br>_ 신촌 사는 김</td></tr>
</table>

| | | | | | |
|---|---|---|---|---|---|
| 3/27<br>③ | 하느님의 구호가 동아에 있기를!<br>_ 일 시민이 | 3/27<br>④ | 죽으면 살리라<br>_ <전주> 신상교회 청년회 | 3/27<br>④ | 콰바디스<br><동아일보 광고난을 보고><br>_ 조재신 |
| 3/27<br>④ | 자유언론을 수호하려다 안팎으로 수난을 겪는 동아를 격려한다<br>_ 고대기독학생회C·H·Y | 3/27<br>④ | 주 예수를 믿으라.<br>_ 경남 충무 (제근) | 3/27<br>⑦ | 지난 22일 주님의 품에 안긴 과우 고함명숙양의 명복을 빌며…<br>1975. 3. 26.<br>_ 단대 2년 일동 |
| 3/28<br>④ | 동아와 이모님의 빠른 회복을 기도드리오며<br>_ 한강맨션, 유미 | 3/28<br>④ | Exodus!<br>_ 영남 | 3/28<br>④ | 최후에 웃는 자 네가 승리자니라.<br>_ 영락교회 고등부C |
| 3/28<br>⑤ | 광고난을 보니 아픔이 더해가는 것 같습니다. 모쪼록 용기 잃지 마시고 꿋꿋이 전진하시길 바랍니다.<br>_ 동아를 위하여 기도드리는 동덕여대 몇학생 | 3/28<br>④ | 빛의 아들들은 빛을 좋아하고 어둠의 아들들은 어둠을 좋아하느니라 (성서)<br>_ 금호동 완식 | 3/28<br>④ | 헛되고 헛되며 헛되고 헛되니 모든 것이 헛되도다 (전도서 1:2)<br>_ S.L 모임 |
| | | 3/28<br>⑦ | 비겁하고 더러운 것 물러가고 사랑하는 것들만 가득히 서서 양심으로만 얘기하기를!<br>_ 시골교회 전도사 | 3/28<br>⑦ | 주여! 자유언론을 위하여 갖은 고난과 시련을 겪고 있는 동아에게 힘과 용기를 주시옵고 하루속히 광고탄압이 중지되게 하소서! _ 기독교인 부부 |
| 3/29<br>⑦ | 찬란한 부활은 고난의 십자가를 필요로 합니다<br>_ 익명 독자 | 3/29<br>⑧ | 동아의 빛을 받고 떳떳이 살아갈 수 있는 주님의 은총을 알게 하소서<br>_ 부르노 | 3/29<br>⑧ | 동아의 승리를 두손 모아 빈다!<br>_ 수원 남궁 |
| 3/29<br>⑧ | 뿌린 대로 거두리라<br>(성서 중에)<br>_ 감리교신대 강 | 3/31<br>⑤ | 미움이 미움을 반성하지 않는 것처럼 정의는 정의를 외면하지 않는다. 참으로 돕고 싶은 마음 ②<br>_ 영·봉·화·정·희 | | |
| 3/31<br>⑤ | 국민은 동아와 재야 민주권의 분렬을 제일 염려한다 부활절을 맞아 자유 민주체제 부활을 기원하며<br>_ 하나 되지 못하는 교계의 부끄러움을 안고 박장로 일가 | | | | |
| 4/1<br>⑧ | 하느님의 말씀 안에 절대 불멸의 진리를 깨닫고, 영원한 행복에의 길을 찾아가야 할 것입니다<br>_ 미국 메릴랜드에서 전 반석회원 | 4/1<br>⑧ | 물을 떠난 고기는 혹시 산다해도 예수 떠난 심령은 사는 법이 없네<br>_ 충무 B죄인 | 4/1<br>⑧ | 동아여 빛과 소금이 되어주옵소서<br>_ 시골교회 전도사 |
| | | | | 4/1<br>⑧ | 「우리를 보라」<br>(사도행전 3:4)<br>_ 전답지구 학생회연합) |
| 4/1<br>⑧ | 격 동아!! (其2) 저는 진심으로 새마을운동을 지지하는 국민의 한 사람입니다. 그러나 동아의 사태는 정말 슬픕니다. 시정해 주시기 원합니다.<br>3월 30일 영락교회 부활절 예배에서 박조준 목사님의 설교 말씀 중에서 민권은 국민 스스로 찾고 개발하는 | | | | |

<table>
<tr><td></td><td colspan="5">것이라는 말씀에<br>※ 본인은 신앙생활을 바꾸어 월분 십일조를 계속 동아사태가 정상회되기까지 동아에 격려하기로 했습니다.<br>_ 영락교회 신도인 경동중고 동문</td></tr>
<tr><td>4/3<br>④</td><td>사랑 믿음 소망<br>_ 초롱회 12인</td><td>4/3<br>④</td><td>진리와 정의와 사랑의 나라를 위하여<br>_ 모대학 뜻있는 학생들</td><td>4/3<br>⑦</td><td>정의구현<br>_ 경주 기독교연합회</td></tr>
<tr><td>4/5<br>④</td><td colspan="5">거짓 것을 믿게 하심은 진리를 믿지 않고 불의를 좋아하는 모든 자로 심판을 받게 하심이니라. (성경 말씀)<br>_ 종로5가 265의 5호 (조용한 방구함) 김도연 군</td></tr>
<tr><td>4/5<br>④</td><td>모래알이 싹트느냐 세월이 약이겠지요.<br>_ 전남 함평군 엄다면 엄다교회내 윤복등</td><td>4/5<br>⑦</td><td>축 부활절<br>동아는 부활한다<br>_ 부산 시온중앙감리교회 청년회</td><td>4/7<br>⑤</td><td>악이 성하는데 필요한 모든 것은 선인들이 아무것도 하지 않는 것이다.<br>_ 재미국 보성고54회 중민, 우갑, 성진, 레이놀M,길스톤</td></tr>
<tr><td>4/7<br>⑤</td><td colspan="5">통일과 분단, 자유와 예속, 민주와 독재, 이 중에서 우리의 선택은 분명하다. 나라의 주인인 우리가 이 선택의 관건을 쟁취해야 한다.<br>미국 워싱턴에서 동아일보 돕기 소음악회를 마치고<br>_ 김광서(조오지워싱턴대학교 의과대학교수), 안용구(피바디음대교수), 신현승(존홉킨스대학교 의과대학교수), 신문리(매릴랜드대학교 의과대학교수), 신대식목사, 로광욱, 유병환, 유기홍박사, 최지애, 강서라, 김정현, 이효숙, (재미 여성동우회), 외 40명</td></tr>
<tr><td>4/10<br>⑧</td><td colspan="3">그날 밤 남망산에서 수백 명 성도들은 주의 부활을 찬미했고 이 죄인도 엎드려 내 영혼을 주께 부탁했다.<br>_ 부산에서 병관모</td><td>4/10<br>⑧</td><td>우리도 보고 있다②<br>_ 새문안 여</td></tr>
<tr><td>4/10<br>⑧</td><td colspan="5">천하에 범사에 기한이 있고 모든 목적이 이룰 때가 있나니 날 때가 있고 죽을 때가 있으며…<br>슬퍼할 때가 있고 춤출 때가 있으며… 찢을 때가 있고 꿰맬 때가 있으며… 잠잠할 때가 있고 말할 때가 있으며…<br>(전도서 3장에서)<br>_ 고려신학대학 학생들</td></tr>
<tr><td>4/11<br>④</td><td>동아야 어찌 십자가를 너만이!<br>_ 대전 송</td><td>4/11<br>④</td><td colspan="3">세계 기독학생연합회 북미지부는 자유와 정의를 위해 전진적인 투쟁을 하고 있는 한국기독학생연합회의 형제자매에 대한 인사와 계속적인 지원을 보내는 바입니다.<br>_ 미국 뉴욕 소재 세계기독학생연합회 북미지부</td></tr>
<tr><td>4/16<br>④</td><td colspan="5">목요기도회 「회원 여러분께」<br>4월 17일 목요 정기 기도회는 사정에 의하여 개최하지 않기로 하였습니다. 양해하여 주시기 바랍니다<br>1975. 4. 16.<br>_ 구속자 가족협의회, 민주수호기독자회, 여교역자협의회, 전국교회여성연합회, 목요정기기도회</td></tr>
<tr><td>4/16<br>④</td><td>13일 미명에 서진을 새로운 가족으로 보내주신 하나님! 보시기에 기쁘도록 기르겠습니다.<br>_ 서진의 아빠, 엄마</td><td>4/21<br>④</td><td colspan="3">날 위하여 십자가에 모진 고초 받으사 대신 죽으신 주예수님 사랑하는 은혜여 보배로운 피를 흘려 영혼 죽을 불에서 구속함을 받은 우리 어찌 찬양 않을까?<br>_ 부산에서 BU · SUK</td></tr>
</table>

<table>
<tr><td>4/21<br>④</td><td>동아여! 소금이 되어다오.<br>_ 숙대 4년 희</td><td>4/21<br>④</td><td colspan="3">욕심이 잉태한즉 죄를 낳고 죄가 장성한즉 사망을 낳느니라(야고보서 1:15)<br>_ 서울 관악구 최문수</td></tr>
<tr><td>4/21<br>④</td><td>주여! 어느 때까지입니까?<br>_ 평택 감리교회</td><td rowspan="2">4/21<br>④</td><td rowspan="2">그리스도는<br>자유케 하시며 하나되게 하신다<br>_ 대한예수교장로회 신학대학 학생일동</td><td rowspan="2">4/21<br>④</td><td rowspan="2">4·19는 만세!<br>목원자유현장만세!<br>이하원 학우만세!<br>_ 목원대 신과일동</td></tr>
<tr><td>4/21<br>④</td><td>민족지 동아!<br>더욱 더 밝은 빛이 되기를 기도드립니다.<br>_ 애독자 이윤수</td></tr>
<tr><td>4/22<br>④</td><td colspan="5">전국교회에 알려드리는 말씀<br>한국기독교교회협의회를 구성하는 본 6개 교단 교단장들은 1975년 4월 17일 본 협의회 총무실에서 각 교단 총무 배석 하에 긴급회의를 갖고 최근 야기된 한국기독교 교회협의회 총무 김관석 목사의 선교자금 사용관계와 구속된 목사들의 문제에 대하여 깊은 우려와 관심을 가지고 논의한 끝에 다음과 같이 합의하였읍니다.<br>한국 기독교교회협의회 총무 김관석 목사의 선교자금사용에 대한 당국수사의 경위보고를 받고 그간 교회협의회가 취해 온 조치를 전적으로 지지하기로 하다.<br>본 6개교단장들은 대통령에게 건의문을 보내고 또한 면담을 요청키로 하다.<br>한국기독교교회협의회 회원교단의 전국 노회장 및 감리사 그리고 동급의 지방 책임자 전원의 연석회의를 갖기로 하다.<br>세계교회협의회 의장 및 총무를 포함한 동 협의회 대표단 방한제의에 대해서는 이를 환영하고 준비한 것에 뜻을 모으다.<br>그간 연행 구속된 김관석 목사, 박형규 목사, 조승혁 목사, 권호경 목사 등의 사건에 대한 세계교회의 위로와 격려의 전문을 전국교회에 알리기로 하다.<br>위와 같이 뜻을 모으고 일동 뜨거운 마음으로 기도한 후 회의를 마치었읍니다. 전국의 모든 신도들은 선교자유의 기본권 수호를 위하여 기도해 주시기 바랍니다.<br><br>대한예수교장로회 총회장 이상근, 기독교대한감리회 감독 김창희, 한국기독교장로회 총회장 인광식, 구세군대한본영 사령관 전용섭, 대한성공회 주교 이천환, 기독교대한복음교회 이사장 지동식<br><br>-각국교회 격려전문-<br><캐나다 연합교회> 김관석 목사와 박형규 목사 등의 인권과 법적 권한은 보장되어야 합니다.<br><미국연합장로교> 김관석 목사의 인품과 정신적 지도력을 확신합니다.<br><미국기독교협의회> 김관석 목사는 과거 수년 동안 정의와 사랑의 뜻을 확신시켜 주었읍니다.<br><세계교회협의회> 일체감을 가지고 계속해서 지원하겠읍니다.<br><아시아기독교협의회> 여러분의 활동을 적극 지원합니다.<br><독일기독교회> 구속된 이들을 위하여 기도합니다.<br><남서부독일교회협의회> 김관석 목사와 구속된 분들의 정의와 평화를 위하여 누구보다 힘써 일하고 계신 분들인 줄을 압니다.<br><바젤선교회> 큰 충격을 받았읍니다. 구속될 만한 하등의 근거가 없다고 믿읍니다.<br><베를린기독교회> 김관석 목사 등이 구속된 데 대하여 항거합니다.<br><독일선교협의회> 유감입니다. 일체감을 가지고 기도하고 있읍니다.</td></tr>
</table>

| | | | |
|---|---|---|---|
| | <영국런던기독교협의회> 연민의 정을 금할 수 없읍니다.<br><독일교회세계원조회> 대단히 유감스럽게 생각하며 깊은 관심을 표합니다. | | |
| 4/23<br>④ | 아모스의 목자처럼 외쳐라 동아여<br>_ 대전·감리교고등부 학생 일동 | 5/1<br>③ | 선교자유와 정의구현을 위한 기도회<br>때: 1975. 5. 1 오후 7시 곳: Y.M.C.A 대강당<br>강연: 서남동 교수 설교: 김형태 목사<br>주최: 기독교정의구현 전국성직자단 |
| 5/3<br>④ | 그린, 케이, 케시, 메리 훌러는 미국 캘리포니아주 로스앨토스로부터 한국의 용감한 교회와 학생들과 아름다운 한국인들에게 사랑과 기도를 보냅니다.<br>_ GLENN, KAY. CATHY. and MARY FULLER | | |
| 5/7<br>④ | (그3) 신 망 애<br>_ 남을 돕고 살려는 아이들이 | 5/7<br>④ | 자주 책망을 받으면서도 목이 곧은 사람은 갑자기 패망을 당하고 피하지 못하리라. 의인이 많아지면 백성이 즐거워하고 악인이….<br>(구약 잠언 29:1-2)<br>_ 미국 센타크라라에 있는 애독자들 |

## 2. 구속자가족후원회 회장 Sinnott 신부의 격려광고

| | |
|---|---|
| 1/16<br>⑤ | 루터 킹 목사님의 탄신일을 맞이하여 오글 목사님의 행운을 빌며<br>_ 아직 추방되지 않은 SINNOTT 신부 |
| 1/23<br>⑧ | 자유는 결코 압제자에 의해서 자발적으로 주어지지 않다는 것을 우리는 쓰라린 경험을 통해 잘 알고 있다. 자유는 억압받은 자에 의해서 얻어져야만 할 것이다. -고 King목사 투옥 당시-<br>_ Sinnott 신부<2차 성금> |
| 2/14<br>④ | 여러분들이 우리의 주인이 되는 데는 여러분에게 이익이 있겠으나, 우리는 여러분의 노예가 되면 우리에게 어떤 이익이 있겠읍니까? <희랍고전 Thucydides에서><br>_ SINNOTT 철학박사 |
| 2/15<br>④ | 예수 그리스도의 말씀 <너희가 나의 극소수의 형제들에 하는 것은 무엇이든 내게 하는 것이니라> 1975년 대한민국의 극소수여 <그들은 진실과 정의를 위해 싸웠다해서 그들의 아버지가 투옥되고 어머니가 괴로움과 고난을 당하는 자녀들이 아닙니까? 이들 극소수의 나의 형제들을 돕는 것은 그리스도교인뿐 아니라 모든 인간의 의무인 것입니다><br>_ 구속자가족 후원회 회장 Sinnott 신부 |
| 2/20<br>⑤ | How long O Catiline, Will you abuse our patience? (CICERO)<br>세칭 인혁당 사건의 공개재판은 언제 열 것인가?<br>_ 구속자 가족 후원회 회장 Zweber and Sinnott Latin어 박사들 |
| 2/22<br>⑦ | 당신은 항상 일부 사람들을 우롱할 수 있으며, 당신은 한동안 모든 사람을 우롱할 수도 있을 것이다. 그러나 당신은 항상 모든 사람을 우롱 할 수는 없다 (아브라함 링컨)<br>"우리가 바라는 모든 것은 세칭 인혁당사건의 공개재판이다" _ Sinnott |
| 2/25<br>④ | Let us look at the record (1928 미국대통령후보인 Al,Smith의 말)<br>_ SINNOTT |

| | |
|---|---|
| 2/28<br>⑤ | 황법무부 장관께!<br>매일 그렇게 「game」의 「rule」을 바꾸시면 흥미가 없습니다<br>_ 구속자가족 후원회장 Zweber & Sinnott |
| 2/28<br>⑤ | 어떤 종교가 인간의 영혼에만 관심을 가지면서 인간을 병들게 하고 사회에 대해선 관심을 가지지 않는다고 하는 것은 매장을 기다리며 정신적으로 다 죽어가는 종교이다<br>-William Self와 그의 한 한국 친구에게-<br>_ Sinnott & Zweber 그리고 OGLE 목사의 많은 친구들이 |
| 3/1<br>⑤ | 나는 "불의한 법률은 법이 아니다"고 한 '어거스틴' 성인의 말씀에 동의한다. 인간성을 타락시키는 어떠한 법도 이것은 불의다. 인간은 그의 양심이 불의라고 판단하여 법을 어기게 될 때, 그 법의 불의를 타인에게 공지 시켜주는 양심의 확립을 위해서도 감옥에 가는 형벌을 공개적으로 즐겁게 확신을 가지고 감수하지 않으면 안 된다. 이것이야말로 법을 존중하는 최상의 현실적 표현이다.<br>「버밍햄」 형무소 안에서 보낸 편지 중 일부 「마틴 루터 킹」<br>OGLE 목사 석방된 여러분 그리고 아직 석방 안된 많은 분들을 생각하면서<br>_ 구속자가족후원회 Zweber 와 Sinnott 그리고 충북의 친구들이 |
| 3/5<br>④ | 덕이 있는 사람이 득세할 때 국민은 즐거워하고 부덕한 사람이 지배할 때 국민은 괴로워한다. (격언)_ Zweber & Sinnott |
| 3/5<br>⑤ | How to attract tourists England-Tower of London, France-Bastille, Italy-Coliseum, Germany-Dach며, Korea- _ SINNOTT and Zweber Recreation 박사 |
| 3/7<br>⑤ | 「법에 대한 침해로 교회와 정부 간의 마찰이 야기되는 것이다」<br>이는 인간의 존엄에 관하여 하나님이 제정하신 법에 대한 침해인 것이다. 또한 우리는 침해자가 아니다. 이와 같이 생각하는 사람은 비단 젊은 성직자들뿐이 아니며 반면에는… 자유롭고 책임 있는 인간으로서 보다는 오히려 단순한 이윤의 도구와 같이 대우받는 수치스러운 근로조건뿐 아니라, 신체나 정신에 가하는 고문과 같은 인간의 순결을 침해하는 어떠한 것도, 인간의 의지 그 자체를 강압하려 시도하는 어떠한 것도, 임의 투옥 추방과 같은 인간의 존엄을 모독하는 어떠한 것이든… 이 모든 것들이야말로 인간 사회를 망쳐버리게 하는 것이다. _ Zweber Sinnott |
| 3/12<br>③ | 장노교회와 이해영 · 인광식 두 목사님 만세!<br>If more voices like yours are raised, this nation will be saved from destruction<br>_ 구속자가족후원회 Zweber, Sinnott |
| 3/13<br>② | 우리의 정치적 재판들은 그 과정에 있어 불분명의 결핍 즉 미리 예정된 형벌의 선고가 가장 큰 특징이다. 다시 말한다면 판사는 항상 그의 상전들이 그에게 무엇을 기대하고 있는 지를 잘 알고 있다 (더구나 이런 문제에 그대가 의심나거들랑 그들이 있는 곳에 항상 전화가 놓여 있다는 것에 유의하기 바란다) _ Zweber + Sinnott |
| 3/13<br>③ | 인천 거리에서 일어난 어느 날의 일<br>순경: 당신 가슴에 단 그 메달을 당장 떼시오<br>Zweber: (사회봉사로 대통령 표창 훈장을 탄 분) 당신이 나를 체포할 수는 있지만, 나는 이 메달을 뗄 수는 없오.<br>독자: 여러분 무슨 메달 때문에 Zweber 신부님이 이런 곤욕을 당하신 줄 아세요? 그리고 Zweber신부님이 무슨 메달이기에 그처럼 소중히 하고 계시는지를? 당신도 이 메달을 소유할 수 있는 그런 것입니다. 자유에 대한 희생! 당신도 돈을 가져와 동아일보에 격려광 |

| | 고를 내십시오. _ 거의 거지가 된 SINNOTT 신부 |
| --- | --- |

# 참고문헌


강병익. "'발전주의 복지체제'의 두 가지 담론적 기원: 조국근대화론과 대중경제론." 「한국정치연구」 24집 2호 (2015).

강영원. "남산부활절 사건 박형규 목사 구속과 10.2 데모의 관련성." 사)한국기독교민주화운동. 「1973년 남산부활절 연합예배 사건 50주년 기념행사 자료집」. 2023.

강인철. 『저항과 투항』. 오산: 한신대학교 출판부, 2013.

______. 『종교권력과 한국 천주교회』. 오산: 한신대학교 출판부, 2008.

______. 『한국의 개신교와 반공주의』. 서울: 중심, 2006.

______. 『한국기독교회와 국가 시민사회』. 서울: 한국기독교역사연구소, 1996.

경동현. "대항 공론장과 한국 천주교회 공동체 운동의 통합적 전망: 5.18 공론장의 교회화를 위한 성찰." 「신학전망」 2권 5호 (2019).

고봉진. "자연법과 '자연권으로서 인권'." 「법과 정책」 18/2 (2012).

고성휘. "조국근대화 담론에 맞선 한국교회여성연합회 활동의 역사적 의의." 「한국기독교와 역사」 제61호 (2024).

______. "1980년대 기독교 공론장의 공통적 가치와 공공성 ― 목요 예배와 교양 강좌회를 중심으로." 「신학사상」 193 (2021).

______. "한국 민주운동사 최장기 정치 및 저항 공론장으로서의 NCC 목요기도회." 「기독교사상」 2021년 11월호.

고원. "새마을 운동의 농민동원과 '국민 만들기'." 공제욱 편. 『국가와 일상 박정희 시대』. 서울: 한울아카데미, 2008.

공덕귀. 『나, 그들과 함께 있었네』. 서울: 여성신문사, 1994.

권창규. "산업으로서의 관광 속 관광기생의 존재." 「대중서사연구」 21권 2호 (2015).

권호경. 『역사의 흐름, 사람을 향하여』. 서울: 대한기독교서회, 2019.

기쁨과 희망 사목연구소. 『암흑속의 횃불: 7,80년대 민주화운동의 증언 제1권』. 서울: 가톨릭출판사, 1996.

______. 『암흑속의 횃불 2』. 서울: 가톨릭출판사, 1996.

김경애. 『원폭피해 한국여성들』. 파주: 푸른사상사, 2019.

김기진·전갑생. 『원자폭탄, 1945년 히로시마… 2013년 합천』. 서울: 선인, 2012.

김동춘. 『근대의 그늘: 한국의 근대성과 민족주의』. 서울: 당대, 2000.
______. "1960, 70년대 민주화운동세력의 대항이데올로기." 『한국정치의 지배이데올로기와 대항이데올로기』. 서울: 역사비평사, 1994.
김동현. "한국의 원폭피해자." 「신동아」 1973년 8월호.
김명구. 『공덕귀 – 생애와 사상』. 파주: 박영사, 2022.
김설이·이경은. 『잿빛 시대 보랏빛 고운 꿈』. 서울: 민주화운동기념사업회, 2007.
김성국. "한국자본주의 발전과 시민사회의 성격." 『한국의 국가와 시민사회』. 서울: 한울, 1992.
김윤옥. 『빗장을 풀다 평화를 살다』. 서울: 대한기독교서회, 2009.
김원. 『박정희 시대의 유령들』. 서울: 현실문화, 2011.
김정남. "유신정권의 개신교 탄압, 기묘하게 일하시는 하느님." 『진실, 광장에 서다』. 서울: 창작과 비평사, 2005.
김흥수. 『자유를 위한 투쟁: 김관석 목사 평전』. 서울: 대한기독교서회, 2017.
노명식 외. 『시민계급과 시민사회』. 서울: 한울, 1993.
동아자유언론수호투쟁위원회. 『자유언론 40년: 실록 동아투위 1974~2014』. 파주: 다섯 수레, 2014.
민주화운동기념사업회연구소. 『한국민주화운동사 1』. 파주: 돌베개, 2008.
민청학련계승사업회. 「한국민주화운동사(1970년대) 쟁점연구 결과보고서」, 2022.
______. 『민청학련』. 서울: 메디치미디어, 2018.
______. 『비상보통군법회의 판결문』. 서울: 학민사, 1994.
민청학련 동지회. 「민청학련 50주년 기념 및 작고회원 추모식 자료집」. 2024. 5. 30.
박명규. 『국민·인민·시민: 개념사로 본 한국의 정치주체』. 서울: 소화, 2009.
박수복. 『핵의 아이들』. 서울: 한국기독교가정생활사, 1986.
박신규·이채문·이토히로코. 『합천원폭피해자 1·2세 삶과 기록』. 대구: 경북대학교 사회과학연구원 인문사회연구소, 2022.
박신오. "근로로 생활을 재건하자." 「새가정」 124 (1965).
박원빈. 『레비나스와 기독교』. 성남: 북코리아, 2011.
박정미. "성, 제국주의, 민족 전통, 그리고 '기생'의 침묵 '기생관광' 반대운동의 재현 정치, 1973-1988년." 「사회와 역사」 101집 (2014).
박정희. "우리 민족의 나아갈 길." 『한국국민에게 고함』. 서울: 동서문화사, 2005.
박형규목사기념사업회. 『(박형규와 함께) 그 길을 걷다: 박형규 목사 추모집』. 서울: 동연, 2018.
박홍근. "사회적 배제의 형성과 변화-넝마주이 국가동원의 역사를 중심으로." 「사회와 역사」 108집 (2015).

사회와 철학연구회. 『한국사회의 현실과 하버마스의 사회철학』. 서울: 씨아이알, 2023.
손석춘. 『한국 공론장의 구조 변동』. 서울: 커뮤니케이션북스, 2005.
손승호. 『유신체제와 한국기독교 인권운동』. 서울: 한국기독교역사연구소, 2017.
송호근. 『국민의 탄생: 식민지공론장의 구조변동』. 서울: 민음사, 2020.
______. 『시민의 탄생: 조선의 근대와 공론장의 지각변동』. 서울: 민음사, 2013.
신용구. 『박정희의 정신분석, 신화는 없다』. 서울: 뜨인돌, 2000.
안교성/NCCK100주년기념사업특별위원회 기획. 『한국기독교교회협의회 100년사』. 서울: 한국기독교교회협의회, 2024.
안병욱. 『유신과 반유신』. 서울: 민주화운동기념사업회, 2005.
안재웅. 『역사가 내미는 손 잡고』. 서울: 대한기독교서회, 2021.
역사문제연구소. 『한국정치의 지배이데올로기와 대항이데올로기』. 서울: 역사비평사, 1994.
오승성. 『하버마스와 민중신학 — 개혁신앙적 민중신학을 향하여』. 서울: 동연, 2013.
오승용. "국가폭력과 가족의 피해 —'인혁당 재건위' 사건을 중심으로," 「담론」 201호 (2007).
오재식. 『나에게 꽃으로 다가오는 현장』. 서울: 대한기독교서회, 2012.
윤수진·손동영. "사회적 익명성이 온라인 커뮤니티 구성원의 공동체 신뢰도와 인식에 미치는 영향: 인지된 동질성과 공감경험을 중심으로." 「사이버 커뮤니케이션 학보」 31/4 (2014).
이건혜. 『박정희는 왜 그들을 죽였을까』. 서울: 책으로 보는 세상, 2013.
이경애. 『하느님, 엄마아빠가 나를 이랬어요』. 서울: 사회평론, 1996.
이삼성. "한국입장에서 본 히로시마·나가사키 원폭 투하의 정치·군사적 의미." 원폭국제민중법정실행위원회·평화와 통일을 여는 사람들 편. 『1945년 미국의 핵무기 투하의 책임을 묻는 원폭국제민중법정 제1차 국제토론회 자료집』. 서울: 나무와 숲, 2024.
이삼열. 『해외에서 함께 한 민주화운동』. 서울: 동연, 2021.
이상록. "추방당한 두 성직자의 초국적 인권 연대 이야기 — 인혁당 재건위 사건 구속자 구명운동을 중심으로," 「역사비평」 146 (2024).
이승훈. "강제된 주거공간과 농민의 일상." 공제욱 편. 『국가와 일상 박정희 시대』. 서울: 한울아카데미, 2008.
이영록. "책임의 분류와 유기적 이해." 「법학논총」 30/3 (2023).
이우정·이현숙. 『한국기독교장로회 여신도회 60년사』. 서울: 한국기독교장로회 여신도회 전국연합회, 1989.
이정은. "한국 인권운동의 토대형성 — 해방후부터 1970년대 초까지." 「역사비평」 103호 (2013).
______. "제도로서의 인권과 인권의 내면화 — 1960년대 인권담론의 정치학," 「사회와 역사」 제79집

(2008).

이정자. "1970년대 크리스챤 아카데미의 여성인간화 교육." 「젠더연구」 19호 (2014).

이재호. 『나병식 평전: 걷고 또 걸었다 풀빛으로』. 서울: 풀빛, 2023.

이철. "'민청학련' 사건에서 사형수가 되기까지." 「역사비평」 16호 (1991).

이해동·이종옥. 『둘이 걸은 한 길』. 서울: 대한기독교서회, 2014.

이해학. "더 밝은 세상을 향해가는 과정에서." 「남산부활절연합예배 사건 50주년 기념예배 설교」. 2022.

이희호. 『이희호 자서전 동행』. 서울: 웅진지식하우스, 2008.

이현숙. 『한국교회여성연합회 25년사』. 서울: 한국교회여성연합회, 1992.

전진성. 『삶은 계속 되어야 한다: 원폭 2세 환우 김형률 평전』. 서울: 휴머니스트, 2008.

정명기. "남산부활절 연합예배 사건에 참여하게 된 경위." 사)한국기독교민주화운동. 「1973년 남산부활절 연합예배 사건 50주년 기념행사 자료집」, 2023.

정상호. 『시민의 탄생과 진화』. 강원: 한림대학교 출판부, 2013.

정운현. 『청년 여정남과 박정희 시대』. 서울: 다락방, 2015.

정지아. 『김한림 어머니, 우리들의 어머니』. 서울: 민주화운동기념사업회, 2006.

정찬일. 『삼순이: 식모, 버스안내양, 여공 1』. 서울: 책과 함께, 2022.

조효제. 『인권의 문법』. 서울: 후마니타스, 2007.

조희연. 『동원된 근대화: 박정희 개발동원체제의 정치사회적 이중성』. 서울: 후마니타스, 2010.

조희연 편. 『한국의 정치사회적 저항담론과 민주주의 동학』. 서울: 함께읽는 책, 2004.

천주교인권위원회. 『사법살인 1975년 4월의 학살』. 서울: 학민사, 2001.

최민석. "1970, 80년대 가톨릭 사회 참여의 조건과 전개양상: 시국기도회를 중심으로." 「공공사회연구」 제13권 3호 (2023).

최원. 『라캉 또는 알튀세르』. 서울: 난장, 2016.

한국교회여성연합회. 『씨가 자라 나무가 되듯이』. 서울: 고려글방, 2017.

______. 「한국인 원폭피해자 실태조사보고서」. 1983.

한국기독교교회협의회. 『인권운동 30년사』. 서울: 한국기독교교회협의회, 2004.

한국기독교교회협의회 인권위원회. 『1970년대 민주화운동 I, II, III, IV』. 서울: 한국기독교교회협의회, 1987.

한국기독교교회협의회 한국교회산업선교 25주년기념대회자료편찬위원회. 『1970년대 노동현장과 증언』. 서울: 풀빛, 1984.

한국기독교교회협의회 총회록. 『한국기독교사회운동사 제7권』. 서울: 한국기독교교회협의회, 2020.

한국기독교사회문제연구원. 『1970년대 민주화 운동과 기독교』. 조사연구자료 1982-3.

한국기독자교수협의회. 「한국기독자교수협의회 30년 자료집」. 1998.
한국기독학생회총연맹. 『한국기독학생총연맹 50년사』. 서울: 다락원, 1998.
______. 「활동현황보고서: 1970년 9월~1971년 9월」.
한국신학대학 민주화운동동지회. 『서서 죽기를 원한 사람들』. 서울: 대한기독교서회, 2023.
한국원폭피해자협회 편찬위원회. 『원폭피해자 65년사』. 서울: 한국원폭피해자협회, 2011.
한형성. "1970년대 한국가정의 경제생활." 「역사연구」 37 (2019).
홍준기. "자끄 라깡, 프로이트로의 복귀." 『라깡의 재탄생』. 파주: 창비, 2002.
황광우. "'도서관에 불이 났다'는 거짓말이 만든 역사, 그리고 이 사람. 풀빛처럼 살다 간 고 나병식 선생을 회고하며." 「오마이뉴스」 2023. 12. 18.
황병주. "해방 이후 민권과 인권의 정치적 상상력." 「역사비평」 146호 (2024).
3.1민주구국선언 관련자. 『(새롭게 타오르는) 3.1민주구국선언』. 서울: 사계절, 1998.
71동지회 편. 『나의 청춘 나의 조국: 71동지회 30년 기념문집』. 서울: 나남출판, 2001.
Foucault, Michael/이정우 옮김. 『담론의 질서』. 서울: 중원문화, 1993.
Freeman, Michael/김철효 옮김. 『인권: 이론과 실천』. 서울: 아르케, 2005.
Habermas, Jürgen/장춘익 옮김. 『의사소통행위이론』. 파주: 나남, 2006.
______/이진우 옮김. 『담론윤리의 해명』. 서울: 문예출판사, 1997.
______/홍윤기·이정원 옮김. 『(하버마스의) 이론과 실천』. 1994.
Saito, Junichi/윤대석·류수연·윤미란 옮김. 『민주적 공공성』. 서울: 이음, 2009.
岩波 편/한울림 편집부 옮김. 『한국으로부터의 통신: 유신선포에서 민청학연까지』. 서울: 한울림, 1985.

<1차 사료>

민주화운동기념사업회 오픈 아카이브 등록번호
00842658, 00480348, 00075374, 00951846, 00526106, 00007819, 00951834. 00480738, 00480773, 00479690, 00441652, 00480331, 00480348, 00844394, 00842477, 00497853, 00497854, 00483371, 00483416.
한국기독교역사연구소 소장사료
1005-089-266-20, 1005-042-000-1911, 1005-083-242-29. 1005-021-000-1520, 1006-035-000-1666, 1005-021-000-1520.
「인권소식」 254~ 307호 (1987. 6.~1988. 7.)
「NCC 인권위원회 회의록」 1974. 4.~1976. 5

4.9통일평화재단. 『인혁당 재건위 사건 재심백서 I』. 서울: 4.9통일평화재단 사료위원회, 2015.
________. 「긴급조치 위반사건의 재심현황」. 2018.
국가인권위원회 편. 『원폭피해자 2세의 기초현황 및 건강실태조사』. 서울: 국가인권위원회, 2004.
"규제의 역사 노조법 70년, 대수술 시급하다." 「매일노동뉴스」 2023. 6. 26.
「동아일보」 1974. 7.~1975. 9.
"석방인사-학생 강제관광여행" 「동아일보」 1975. 4. 4.
"엥겔계수가 높아졌다." 「동아일보」 1975. 3. 10.
'광고탄압 그 실상: 본사 광고 담당자 좌담회' 「동아일보」 1975. 1. 23.
민청학련운동계승사업회. 『비상보통군법회의 판결문집』 서울: 학민사, 1994.
서권석. "동아투위, 유신을 말하다, "「미디어 오늘」 2013. 2. 8.
이부영. 자유언론에 사로잡힌 나의 삶, 「미디어 오늘」 2013. 1. 24.
이해동. "동아투위 명예회원으로 함께 한 38년" 「미디어 오늘」 2013. 2. 18.
조병하. "1970~80년대 교회의 부흥과 도전." 「아이굿뉴스」 2014. 12. 28.
「조선일보」 1974. 7.~1975. 9.
"소요 재발하면 휴업령 내릴 터" 「조선일보」 1975. 4. 5.
"(서울판) 인권 무적자, 여차장백서: 신분 보장 전혀 없고 몸수색·굶주림 밥 먹듯, 돈만 나오면 무조건 파면」, 「여차장 몸수색 첫 입건」," 「조선일보」 1966. 12. 13.
"넝마주이에도 인권은 있다" 「조선일보」 1961. 12. 13.
"식모의 불평과 요구" 「조선일보」 1960. 1. 13.
https://encykorea.aks.ac.kr/Article/E0073426
https://ko.wikipedia.org/wiki/10%EC%9B%94_%EC%9C%A0%EC%8B%A0
https://m.cafe.daum.net/reformedvillage/D3IG/31?listURI=/reformedvillage/D3IG
https://namu.wiki/w/%EC%A7%80%EB%8B%88%20%EA%B3%84%EC%88%98
https://theme.archives.go.kr/viewer/common/archWebViewer.do?singleData=Y&archiveEventId=0049318587
https://www.kmib.co.kr/article/view.asp?arcid=0015228518
https://www.joongang.co.kr/article/2369989
https://www.hani.co.kr/arti/society/society_general/855149.html
https://www.hani.co.kr/arti/society/society_general/855149.html
https://www.hani.co.kr/arti/society/media/626939.html
https://www.hani.co.kr/arti/area/honam/1144184.html

<구술>

(사)한국기독교민주화운동 주최로 열린 '한국기독교민주화운동 역사 발굴 2차 집담회. 2021년 9월 30일.

금영균 목사. 2023. 12. 5.

김경이 선생. 2024. 1. 18.

김상근 목사. 2024. 4. 29.

김윤옥 선생. 2024. 3. 15.

김창근 선생. 2024. 12. 26.

문정현 신부. 2024. 6. 2.; 12. 19.

박종렬 목사. 2024. 3. 21.

백남운 목사. 2025. 1. 24.

서창석 선생. 2024. 11. 28.

신대균 선생. 2024. 12. 5.

안순애 선생. 2024. 5. 9.

안순애, 김영순, 김은혜 선생 집담회. 2024. 3. 28.

윤수경 장로. 2024. 2. 29.

이광일 목사. 2024. 12. 24.

이문우 장로. 2024. 2. 15.; 2024. 3. 7.; 2024. 4. 20.

이부영 선생. 2024. 5. 23.; 2024. 6. 17. (문자)

이신건 교수. 2025. 1. 8.

이원희 목사. 2024. 12. 20.

이종옥 여사. 2024. 12. 20.

이해동 목사 · 이종옥 여사. 2024. 1. 11.

정명기 목사. 2024. 12. 31.

정해랑 선생. 2024. 8. 9.

최순영 선생. 2024. 9. 26.

최연봉 선생. 2024. 6. 23.